수정증보

훈민정음연구

姜信沆

1930년 충남 아산에서 출생
서울대학교 국어국문학과 졸업
동 대학원에서 문학석사, 문학박사 취득
台北과 東京에서 연구(1970. 1~1971. 9)
성균관대학교 문과대학 교수(1964~1995)
성균관대학교 명예교수(1995~현재)
台北 국립정치대학, 洛陽 외국어대학, 北京 중앙민족대학에서 한국어 강의
『國語學史』,『「韻解訓民正音」연구』,『四聲通解研究』,『「朝鮮館驛語」研究』,
『李朝時代의 譯學政策과 譯學者』,『鷄林類事「高麗方言」研究』,
『현대국어 어휘사용의 양상』등 저술

수정증보 **훈민정음 연구**

1판 1쇄 발행 1987년 4월 5일
7판 1쇄 발행 2003년 4월 25일
7판 10쇄 발행 2019년 3월 31일

지은이 | 강신항
펴낸이 | 신동열
펴낸곳 | 성균관대학교 출판부

등록 | 1975년 5월 21일 제1975-9호
주소 | 03063 서울특별시 종로구 성균관로 25-2
전화 | (02) 760-1252~4
팩시밀리 | (02) 762-7452
홈페이지 | http://press.skku.edu

ⓒ 1987, 2003, 姜信沆

ISBN 89-7986-525-2 93710

수정증보

훈민정음연구

姜信沆 著

성균관대학교
출 판 부

『수정증보 훈민정음 연구』를 펴내면서

1987년 4월 1일에 『訓民正音 硏究』를 펴내고 1990년 4월 1일에 『增補版 訓民正音 硏究』를 펴낸 후 1999년 4월 5일에 제6판을 내어 세상에 보인지 얼마 안 되었는데 제7판을 출간하게 되었다.

그래서 이번에는 처음부터 끝까지 본문을 다시 검토하여 수정·보완하고, 시대의 흐름에 따라 漢字를 상당히 많이 줄였으며, 漢文原典 引用文은 거의 다 번역문을 함께 실었다.

'世宗御製訓民正音' 부분의 주해는 韓在永 교수가 전적으로 보완해 주었고, 본문 검토와 컴퓨터 입력 작업은 성균관대학교 대학원 박사과정에 재학중인 유하라 女士가 도와주었다.

요 근래에도 '훈민정음'에 대해서는 여러 각도에서 끊임없이 새롭게 검토되고 있으며, 훌륭한 업적도 연이어 발표되고 있다. 앞으로도 이러한 현상은 변함이 없을 것이다. 그러나 이번 수정증보판에서도 이러한 훌륭한 업적을 일일이 반영하지 못한 것을 아쉽게 생각한다.

끝으로 이 보잘것없는 저술을 15여 년 동안 꾸준히 출판해 주신 성균관대학교 출판부 관계 여러분의 호의를 고맙게 여긴다. 출판부 여러분께 두 손 모아 고마운 뜻을 표하는 바이다.

2003년 춘분
강신항 삼가 씀

增補再版 序

이 책의 初版을 내었을 때, 校正刷를 同學들에게 돌려서 '叱正'을 받았더라면, 內容과 校正面에 있어서 좀더 正確을 期할 수 있었을 것이라고, 切親한 同學들이 忠告해 주었다. 그리고 影印한 訓民正音도 底本이 좋지 않다는 지적을 받았다.

그러나 이미 紙型을 떠 놓은 것을 바로잡기란 여간 어려운 일이 아니어서 이번의 再版에서는 初版 刊行後에 지적을 받은 誤謬들을 다 고칠 수가 없었다. 또 그 동안 訓民正音과 연관시켜서 발표한 論文들을 다 싣는 것이 좋겠다는 의견이 있어서, 拙稿 가운데 「15세기 국어의 ㅗ에 대하여」만 내용 一部를 고치고 나머지들은 손을 대지 않고서, 4篇의 논문을 追加로 收錄하였다.

初版 發行後 다시 增補再版 刊行後까지, 여러 同學들로부터 이미 지적을 받았고, 앞으로 더 받게 될 '잘못'은, 앞으로 版을 다시 짜서 出版할 때 제대로 고쳐 보려고 한다.

同學들의 아낌없는 鞭撻과 叱正을 바라는 한편, 이 책을 다시 出版해 주시는 성균관대학교 출판부와 인쇄소 여러분께 심심한 謝意를 表하는 바이다.

1990년 4월 1일
강신항 삼가 씀

이 책은 네 부분으로 되어 있다. 제1부 世宗朝의 語文政策과 訓民正音 解題에서는 훈민정음이 創制된 背景과 훈민정음 解例本 및 國譯本의 내용을 자세히 설명하였고, 제2부에서는 한문으로 된 해례본을 우리말로 번역한 다음 충실하게 註를 달았으며, 15세기 중세국어로 기록된 국역본에 대하여 語學的인 고찰을 꾀하였다.

제3부에서는 崔萬理等諺文創制反對上疏文을 비롯하여 훈민정음 창제와 밀접한 관련을 가지고 編纂事業이 진행되었던 4개 문헌들의 序文과 申叔舟의 文集인 保閒集內의 훈민정음 관련 기사를 가려뽑아서, 우리말로 번역하고 해설과 주를 알아 훈민정음 창제의 배경과 朝鮮朝語文政策의 내용을 이해하는 데 도움이 되도록 하였으며, 약 80년 뒤의 訓蒙學會 引과 凡例도 이런 뜻에서 제3부에 덧붙였다. 제4부에 수록한 세 편의 논문은, 1957년부터 1963년 사이에 각각 독립된 논문으로 발표한 未熟하기 그지없는 업적들이지만 훈민정음이 창제된 뒤 약 60년 동안에 훈민정음이 어떻게 쓰이었는가 하는 면을 이해하는 데 도움을 주기 위하여 여기에 함께 수록하였다.

제2부와 제3부가 「譯解」 형식으로 되어 있는데도 이 책의 이름을 『訓民正音硏究』라고 한 것은 60년대 초부터 대학에서 학생들과 훈민정음을 함께 공부해 오는 동안, 「註」 부분에 힘을 많이 기울여 왔으므로 단순한 주석이 아닌, 연구라는 면을 강조하고 싶은 마음에서 나온 결과다.

이 책은 새롭게 훈민정음을 공부하고자 하는 학생들을 위해서는 하나의 길잡이가 될 수 있고, 이미 이 분야에 관하여 깊이 연구한 분들로서는 筆者가 잘못 생각하거나 옳게 보시 못한 내용들을 타일러 주실 수 있는 자료가 될 수도 있을 것이다. 오직 많은 가르침을 받고자 할 따름이다.

원래 계획은 註 부분도 本文의 活字와 크기를 같게 하여 읽기도 편하도록 하려고 했었는데, 모든 것이 뜻대로 되지 않아서 읽는 분들께 不便을 드리게 되어서 송구스럽게 생각한다. 또 引用한 漢文을 우리말로 번역할 때에 똑같은 原文인데도 번역을 달리한 것은, 文意만 같다면 번역문을 달리해 보는 것도 좋을 것 같아서, 일부러 試圖해 본 것이다.

이 책의 내용은 모든 부분이 새로 執筆된 것이 아니라, 필자가 이미 여러 곳에 발표하였던 論著들의 내용을 綜合한 부분도 상당히 많이 포함되어 있으므로, 뜻하지 않게 重言復言한 부분도 생기게 되었다. 讀者 여러분들께서 널리 양해하여 주시기를 바라는 바이다.

끝으로 어려운 組版을 훌륭히 해내어, 이 책이 나오도록 힘써 주신 천풍인쇄주식회사 여러분과, 단시일 내에 이 책이 간행되도록 특별히 배려하여 주신 성균관대학교 출판부장 김길수 교수와 그밖에 李鍾旭 선생 등 관계 직원 여러분께 심심한 사의를 표하는 바이다.

1987년 4월 1일
姜信沆 삼가 씀

차 례

제1부 세종 시대의 언어정책과 훈민정음 창제

제1장 세종 시대의 언어정책

제2장 『훈민정음』 해제

제3장 『訓民正音』 번역과 주해

제4장 훈민정음 관련 문헌

제2부 『훈민정음』 관련 논문

제1장 조선 초기 불경의 언해 경위에 대하여

제2장 『용비어천가』의 편찬 경위에 대하여

제1부
세종 시대의 언어정책과 훈민정음 창제

제1장 세종 시대의 언어정책

1. 머리말

세종 시대의 언어정책은 세종을 비롯한 세종 시대의 정책 수행자들이 가지고 있었던 언어관과 이 언어관을 바탕으로 수행된 언어정책으로 나누어 고찰할 수 있다.

세종 시대의 언어정책은 세종 시대의 모든 시책과 함께 고찰되어야 할 것이다. 세종 시대에 다른 분야에 대한 시책은 소홀히 하였는데 유독 언어정책만이 훌륭하게 펼쳐진 것은 아니었다. 세종 시대는 鄭麟趾가 『훈민정음해례본』(1446) 서문에서

我殿下 天縱之聖 制度施爲 超越百王
우리 전하께옵서는 하늘이 내신 성인으로서 베푸신 치정 업적이 모든 왕보다 뛰어나십니다

라고 표현하였듯이 모든 분야에 걸쳐서 빛나는 업적을 남긴 시대였다. 세종 시대는 太祖·太宗 때부터 새로운 국가를 건설한 사람들이 표방해 온 王道政治思想·天道思想·禮治主義思想·法治思想 등을 바탕으로 하여 이상적인 정치를 실천해 보고자 하는 이념 밑에서 유교 국가의 여러 시책이 실시되었으며 언어정책도 전개되었다. 또 집현전과 經筵을 뒷받침으로 해서 古制 硏究, 六鎭 개척, 法令 정비,『고려사』편찬, 地理志와 지도 작성, 田制 정비, 測雨器 설치, 雅樂 제정 등 '우리 고유 문화'에 대한 인식과 자각에서 우러나온 여러 시책이 펼쳐질 때 우리 고유문자인 훈민정음도 창제되고 언어정책도 활발히 전개되었다.[1]

이들 가운데 세종 시대에 전개된 언어정책은 다음과 같이 요약할 수 있다.[2]

① 고유문자인 훈민정음의 창제
② 외래어음인 우리 한자음의 정리－표준 한국한자음의 설정
③ 중국 본토 표준자음의 제시－표준 중국자음의 제시
④ 이웃 여러 민족어 학습을 위한 四學(漢·蒙·女眞·倭學)의 장려

---

[1] 홍이섭(1980),『세종대왕』, 세종대왕기념사업회, 3판 참조.
鄭求福(1982),「世宗朝의 歷史意識」,『世宗朝文化研究(Ⅰ)』, 韓國精神文化研究院, pp.121~147.
金雲泰(1982),「世宗朝의 政治思想」,『世宗朝文化研究(Ⅰ)』, 韓國精神文化研究院, pp.227~279.
中村完(1968),「訓民正音における文化の構造と意識について」,『朝鮮學報』47, pp.1~33(日文).
李成九(1985),『訓民正音研究』, 東文社, p.18에서 宋代 性理學은 自主精神을 강조하는 동시에 中華主義를 강조하고 尊王攘夷를 주장하는 민족적 大義名分論의 요소를 가지고 있었는데, 이를 도입한 朝鮮 初에도 自主精神이 訓民正音 창제에 영향을 주었을 것이라고 하였다.
[2] 兪昌均(1978),「朝鮮時代世宗朝言語政策의 歷史的 性格」,『東洋學報』59-3·4, pp.1~27(日文). 첫머리에서 세종 시대 언어학상의 성과를 다음의 세 업적으로 보이었다.
① 新文字의 制定:『訓民正音』頒布
② 漢字音의 整理와 統一:『東國正韻』編纂
③ 中國字音에 대한 研究와 中國標準字音의 提示:『洪武正韻譯訓』과『四聲通攷』選定

이들은 서로 밀접한 관련 아래 유기적으로 진행된 사업으로서 고유문자인 훈민정음은 백성들에게 표기 수단을 마련해 주기 위한 것이었으나, 동시에 나머지 3개항의 문제도 해결해 주어야 하는 필요성에서 창제된 것이었다. 그리하여 훈민정음은 다음의 세 가지 요구를 다 충족시켜 주어야 될 문자였다.[3]

① 순수한 국어의 표기
② 개정된 우리 한자음의 완전한 표기
③ 외국어음의 정확한 표기

이밖에 정책 수행자들이 표방하고 있던 敎化와 訓民政策에도 이용될 수 있는 문자이어야만 했다.

훈민정음은 이러한 여러 목적을 충족시키기 위한 글자로 제작되었기 때문에 음소문자로서는 훌륭한 글자였음에도 문자 체계상으로 보아서는 순수한 국어 표기에는 불필요한 글자도 약간 내포하고 있었다. 그러면 훈민정음을 창제한 세종 및 그 보필자들은 어떠한 언어관에 의하여 이러한 문자를 창제하고 언어정책을 수행하였는지 살펴보고자 한다.

2. 세종 시대 언어관의 형성

세종 시대를 중심으로 한 조선 전기의 언어관은 여러 가지 복합적인 요인에 의하여 형성된 것이다. 이러한 요인들 가운데 제일 먼저 생각해

---

3) 李基文(1972), 『國語音韻史硏究』, 서울대학교 한국학연구소, p.8 참조. 訓民正音 創制 目的의 하나로 敎化·訓民政策을 생각할 수 있는 것은, 세종이 훈민정음을 창제하고, 곧 三綱行實圖와 四書五經 등의 번역을 계획했던 점 등을 근거로 들 수 있다.

볼 수 있는 것은 조선의 건국이념인 유교다. 세종 시대의 가장 중요한 언어정책이 고유문자인 훈민정음 창제로 실현되었지만, 이러한 위대한 업적도 당시의 사상적·학문적 배경이었던 유교 중심의 언어관에서 나온 것이다. 이에 대하여 자세히 언급하면 다음과 같다.

① 조선은 宋學에 바탕을 두고 새로운 국가 체제를 확립하려 하였고, 조선의 유교는 송학에 바탕을 둔 것이었으므로, 우주 만물의 모든 현상을 易의 원리나 太極說로 설명하는 송학자들의 우주관에 따라서 인간의 聲音도 파악했고, 유교의 禮樂思想에 의하여 正聲·正音의 설정이 治國의 요결이라고 생각했다.

② 聖人之道를 옳게 이해하려면 聲韻學(漢語音韻學)과 문자학에 관한 이론적인 연구가 필요하다는 송나라 유학자들의 설을 따랐고, 『洪武正韻』 서문 등에 나타난 표준음으로서의 '正音' 設定 思想에서도 영향을 받았다.

③ 때마침 당시 무르익고 있던 '우리 문화'에 대한 자각으로 삼국시대부터 한자·한문으로 표기 생활을 해 오고 있는 것이 억지라는 것을 알고 있었고, 신라 때부터 사용해 오던 漢字音訓借表記法(借字表記法)에 대해서도 불만을 가지고 있었다.

④ 중국 주변의 이웃 여러 나라들이 한자 아닌 고유문자를 창제하여[4] 사용하고 있는데, 우리나라만 고유문자가 없다는 사실을 알고 있었다.

⑤ 이밖에 건국 초부터 적극적으로 추진해 온 譯學 政策을 원활히 수행하기 위해서는 적절한 표음문자가 필요함을 절감하고 있었다.

이러한 여러 요인[5]들이 세종과 그 보필자들로 하여금 하루 속히 우리 어

---

4) 중국 주변의 이웃 여러 나라들 가운데, 契丹(遼)은 10세기, 西夏는 11세기, 女眞(金)은 12세기, 蒙古(元)는 13세기, 安南은 14세기에 각각 고유문자를 마련했다.

5) 최현배(1961), 『한글갈』(개정판), 정음사, pp.38~39에서는 다음 네 가지로 정음 창제의 시대적 원인을 설명하고 있다.

① 고려 오백 년간에 끊임없이 다른 겨레들로 더불어 겨루는 살림을 하여 오다가, 끝장에는 몽고에 큰 곤욕을 당하기까지 하였으니, 겨레 의식이 눈뜨게 되었음은 자연의 사세이며,

② 원나라, 명나라의 갈음에 즈음하여, 왕조를 초창한 이씨 왕실에는 저절로 자아의식이 생기게 되었으며,

③ 세종대왕이 동북으로 육진(六鎭)을 개척하고, 서북으로 사군(四郡)을 차려 놓고, 남쪽

음에 맞는 고유문자를 창제하여 올바른 언어정책을 시행하여야 할 필요성을
느끼게 하였다. 이제 이러한 여러 요인을 하나하나 고찰해 보고자 한다.

1) 儒敎와 言語觀

조선 이전에도 우리나라에는 유교가 전래되어 있었지만 조선 전기에
특히 존숭한 것은 교화에 중점을 둔 程朱學이었다. 이것은 고려 충렬왕
때에 安裕(珦)의 제창에 의하여 전래되어 오기 시작한 송나라 유학의 영
향으로서, 고려 말기부터 조선 초기까지에 걸쳐서는 李齊賢·李穡·鄭
夢周·鄭道傳·權近 등이 성리학을 연구하였다. 이들 성리학자들이 주

백성들을 옮겨 심었으니, 자아 충실의 필요감이 강렬하게 되었으며,
④ 세종대왕이 전제(田制), 세제(稅制)를 개혁하여, 백성과 나라의 부강을 꾀하였으니, 경
제적 및 사회적 발전에는 백성들의 지식의 보급이 앞서는 조건됨을 실감하였을 것이다.
허웅(1974), 『한글과 민족문화』, 세종대왕기념사업회, pp.55~56에서는 다음과 같이 말하고
있다. 그 당시의 상황은 새 글자를 만들어 낼 만한 여러 가지 조건이 갖추어져 있었다.
첫째, 고려 말기 몽고에 당한 곤욕으로, 그리고 원·명나라 교체기에 즈음하여 나라 안에
서는 자아의식이 강해지기 시작했다.
둘째, 주위의 민족들이 각자 자기 나라 글자를 가지고 있는데, 우리는 한자를 빌려쓰는 데
실패하고, 다른 글자는 빌려 쓸 만한 것이 없어서, 백성의 글자 생활이 극도로 빈곤해졌
다. 한문은 극소수의 특수 계급의 사람만이 쓸 수 있는 귀족의 글이었고, 이두문마저 상당
한 한문 지식 없이는 제대로 쓸 수 없었는 데다가, 이것도 그리 잘 정리되지 않아서, 정인
지(鄭麟趾)의 표현을 빌면, 이두는 막혀 잘 통하지 않고 비단 품위가 없고 체계가 없어
상고할 길이 없을 뿐 아니라, 말을 표기하는 데 있어서는 만에 하나도 제대로 전달하지를
못했다.
셋째, 세종대왕의 개인적인 성격과 재주는 새 글자 만드는 데 크게 작용을 했다. 대왕은
학문을 좋아하여 성군으로서의 도리를 깊이 체득하였고, 외세에 대하여 자아를 지키려는
주체성이 강하였으며, 거기에다 혁신적인 정책을 수행하여 나가는 과감한 성격이 겸해 있
었다.
넷째, 집현전에는 세종의 이러한 정책을 보좌할 만한 많은 학자들이 모여 있었다. 특히 언
어학자로는 신숙주(申叔舟)·성삼문(成三問)·정인지(鄭麟趾)·최항(崔恒)·박팽년(朴彭
年)·강희안(姜希顔)·이개(李塏)·이선로(李善老)·조변안(曹變安)·김증(金曾)·손수
산(孫壽山) 등 학문 이론에 통달한 많은 학자들이 모여 있었다(물론 이러한 우수한 학자
들을 모이게 한 것은 역시 대왕의 정치적 능력이었다).

로 강론한 서적은 여러 유교 관계 서적 가운데에서도 程頤(伊川)의『易傳』과 朱熹(晦庵)의『四書集註』였다. 이밖에 周敦頤(濂溪)와 邵雍(康節)의 설도 연구하였다.[6] 여기에다 세종 초에 전래된『四書大全』등이 세종 및 그 보필자들의 언어관 형성에 가장 결정적인 영향을 준 것으로 보인다.

훈민정음 制字解 이론을 보면 처음부터 끝까지 송학 이론을 응용한 문자론으로 일관하고 있다. 이것은 주자학을 國是로 하여 건국한 조선으로서는 당연한 일이었다.

송학은 송나라 때에 고도로 발달하였던 유교 철학을 말하는 것이다. 漢나라 武帝 때에 國敎로 정해진 유교는 한나라와 당나라 시대를 지나는 동안 주로 訓詁와 詞章 중심적인 것이었으나, 北宋 시대에 이르러 비로소 儒·佛·仙 삼교를 융합하여 고도의 이론적인 철학으로 발달하였다. 즉 송학의 근본 이론은 앞선 시대의 훈고학이 字義의 주해에 중점을 둔 데 반하여, 유학의 根本義인 形而上의 입각점을 철학적·심리학적으로 밝히려는 것으로서, 우주의 원리나 인간의 본성 또는 理나 氣 등을 窮究함에 있어서 불교와 선교의 사상을 섭취하는 한편, 특히 易經說을 정리 발전시켜 太極說을 기반으로 하였다. 태극설은 송학의 개조라고 일컬어지는 북송 인종 시대의 주돈이(字 茂叔, 號 濂溪, 1017~1072)에서 비롯한 것이었다. 그가 지은 太極圖·太極圖說에 의하면 우주 개벽의 시초는 형상이 없는 듯하면서(無極) 실은 만물의 근본을 이루는 것이 있어서(太極), 이 근원이 활동하거나 정지하여 陽과 陰의 두 가지 原則을 생성시키고 그 배합에 의하여 水·火·木·金·土의 五行을 생성시키며, 다시 그 五行 二氣의 작용으로 남녀의 구별이 생기고 이들이 서로 교감하여 만물을 化生하며 변화는 한이 없는 것이라고 하였다.

이 설에 입각해서 송나라 때 유학자들은 우주의 근본을 논하고 人性

---

6) 成樂薰(1979),『韓國思想論稿』, 放隱紀念事業會編, p.28 참조.

의 본질을 논하여 이론 철학으로 발전하여 갔는데, 역시 송학 개조의 한 사람으로 여겨지고 있는 소옹 등 일부 학자들 중에는 이 설을 근본으로 하여 인간의 성음에 대해서도 설명을 가하기에 이르렀던 것이다. 이리하여 종래 따로 발달해 온 중국음운학과 역학에서 나온 음양오행설·태극설은 송나라 때에 이르러 더욱 밀접하게 결부되었다고 할 수 있다.

이 송학은 朱子에 이르러 대성되었으므로 특히 주자학이라고도 하며, 주자학이 원나라 때에 官學으로 인정받고 명나라 때에 이르러 국학으로 존숭되자 송학이 동양 사상에 미친 영향은 자못 큰 것이었다.

송학이 세종 시대에 와서 더욱 깊이 연구되고 송학 가운데에서도 주자학을 특히 존숭하게 된 것은 당시 외교·문화적으로 밀접한 관계를 맺고 있던 明과의 관계에 기인하는 일면도 있었다.[7]

조선은 崇儒抑佛을 國是로 하여 건국하였는데 당시 명나라 초기의 사상계 동향이 바로 송학 사상을 집대성하였다고 볼 수 있는 주자학의 계승이었다. 원나라 때에도 주자학이 관학으로서 인정은 되었으나 라마교·도교·회교·기독교 등 이질적인 요소도 용인되어 유교만이 존중된 것이 아니었다.

그러나 명나라 때에는 복고주의를 취하여 송나라 때로 환원하고자 하여 송나라 유학자들이 새로이 해석을 가하였던 사서·오경을 태조 홍무제 이래 교과서로 사용하고 송나라 때에 고도의 유학 철학이었던 주자학을 존숭하게 되었다. 명나라 제3대 성조 영락제 시대에는 경서에 대하여 송나라 때 새롭게 해석한 것을 집대성하고 통일을 기하고자 여러 학자들을 동원하여 『四書大全』·『五經大全』·『性理大全』을 편찬하였다. 이들 대전은 관료가 되기 위한 필독서로서 현실적으로 강력한 세력

---

7) 拙稿(1968), 「訓民正音」解例理論과 「性理大全」과의 聯關性, 『국어국문학』 26, pp.177~185 참조. 李成九(1985), 『訓民正音硏究』, 東文社, p.19에서는 이들 가운데 정도전의 『佛氏雜辨』, 『心氣理篇』과 권근의 『入學圖說』, 『五經淺見錄』이 큰 영향을 주었고, 권근의 『入學圖說』에는 역학적 聲音論과 관계가 있는 '五聲八音之圖'와 훈민정음 모음의 구조 원리와 관계가 있는 '河圖五行相生之圖'가 들어 있음을 지적하고 있다.

을 가지고 있었으며 이 과거용 표준이 되는 학설 이외의 경서 해석이나 대전을 벗어난 사고는 허용되지 않고 사상계는 주자학 일색이 되었다.

이와 같이 강력한 세력을 지니고 있던 명나라 초기의 주자학이 그대로 조선 초기에 '대전'을 통하여 이 땅에 전래되어 이 나라에도 큰 영향을 미친 것으로 보인다. 『사서대전』·『오경대전』·『성리대전』을 永樂의 三大全이라고 하거니와 이들 삼대전 중에서도 가장 큰 비중을 차지하는 『성리대전』은 1415년(明 成祖 永樂 13)에 胡廣 등이 편찬한 것으로서 조선 세종이 즉위하기 불과 3년 전의 일이었다.

이 대전은 당시 최대의 양서이었는데 1419년(세종 원)에 우리나라에 전래되었다. 즉 세종 원년 8월 25일에 謝恩使로서 명에 간 敬寧君 裶 등이 같은 해 12월에 북경에서 귀국할 때, 영락 황제는 御製序가 붙은 『新修性理大全』·『四書五經大全』 등을 特賜한 일이 있었다.[8] 『세종실록』에는 북경에서 귀국했다고 했는데, 명의 수도가 남경에서 북경으로 천도한 것은 1421년(명 성조 영락 19)이므로 사은사가 남경까지 갔을 것이다.

『사서대전』 및 『오경대전』 그리고 송나라 때 여러 학자들의 학설을 총망라한 『성리대전』이 이 땅에 들어오자 好學의 군주인 세종은 이 책의 내용에 큰 관심을 가지고 주로 집현전 학사들에게 이에 대한 연구를 착수케 하였다. 이리하여 역경·서경·시경·춘추·예기 등 五經과 논어·중용·대학·맹자 등 四書 그리고 『성리대전』에 수록된 태극도·태

---

8) 『世宗實錄』 권6, 10ab, 元年 12월 7일 丁丑條에는 다음과 같이 기록되어 있다.
敬寧君 裶 贊成鄭易 刑曹參判洪汝方等 回自北京 (중략) 皇帝待裶甚厚 命禮部照依世子視朝見時例 接待一日 詔裶陞殿上 帝降御座 (중략) 特賜御製序新修性理大全 四書五經大全及黃金一百兩 (하략)
경녕군 배, 찬성 정역, 형조참판 홍여방 등이 북경에서 돌아왔다. (중략) 황제가 배를 매우 후하게 대우하여, 예부에 대하여 세자 제가 황제를 알현하던 경우대로 하루 동안 접대하라고 명하였다. 또 배더러 전상에 올라오도록 말씀하시고 황제가 어좌에서 내려오셨다. (중략) 특히 어제서가 붙은 새로운 『성리대전』과 『사성오경대전』 및 황금 백 냥을 하사하셨다. (하략)

극도설·황극경세서·역학계몽·율려신서 등에 대한 깊은 고찰이 시작되었다.

세종은 이들 '대전'을 여러 차례 국내에서 간행시키는 한편,[9] 전국 향교에 배치시키어 그 내용을 소개하는 데 힘썼으며 세종 스스로 『성리대전』 등을 열람하였다. 『國朝寶鑑』에는 세종 9년의 기사에 다음과 같이 기록되어 있다.

　　上覽性理大全 謂集賢殿應教金鉤曰 予試讀之 義理甚精 未易究觀 爾可刻意觀之 以備顧問
　　임금께서 『성리대전』을 보시고는 집현전 應教 金鉤에게 "내가 시험 삼아 읽어보니 뜻과 이치가 매우 정묘하여 연구하고 읽기에 쉽지 않으니 경은 마음 써서 읽어 질문에 대비토록 하오"라고 말씀하셨다.

세종 10년 4월 16일 무진에는 집현전 金墩에게 명하여 譯語大護軍 金聽, 判官 李邊과 함께 명나라 사신 鴻臚寺少卿 趙泉, 兵部員外郎 李約 등에게 性理大全語錄을 질문케 하였는데, 명나라 두 사신이 대답을 할 수 없었다고 할 정도였다니,[10] 『성리대전』에 대한 연구 수준이 상당히 높았음을 알 수 있다. 金鉤와 金墩 등은 세종 시대의 가장 뛰어난 성리학자이므로, 훈민정음이 창제된 1443년(세종 25)경까지 『성리대전』에 대한 고찰이 더욱 진척되었을 것이다.

---

9) 『세종실록』의 기사에 의하면 세종 9년, 세종 10년, 세종 17년 등 여러 차례에 걸쳐 『성리대전』 등 삼대전을 간행하여 문신에게 나누어 주고 각 지방 향교에까지 비치케 하였다.
10) 『세종실록』 권40, 40a, 10년 4월 16일 무진조 기사 참조. 그리고 『세종실록』 권61, 24ab, 15년 계축 8월 계사조에도 '御經筵 進講性理大全 至聲音以養其耳 采色以養其目 上曰昔在成周之盛 文物大備 重其聲音采色之養 予以爲在成周中和之時則可矣 其在後世聲音易失奢 宜當以此爲戒(왕께서 경연에 나시니 『성리대전』을 진강하였다. "성음으로 그 귀를 수양하고 채색을 가지고 그 눈을 수양한다"는 구절에 이르러 상감께서 다음과 같이 말씀하셨다. "옛날에 성왕·주왕 같은 盛世에는 문물이 크게 갖추어져 있었으므로 성음이나 채색에 의한 수양을 중히 여겼던 것이다. 내 생각으로는 성왕·주왕 같은 中和의 時世에는 옳은 일이었겠으나, 사치에 빠지기 쉬운 후세에 있어서는 마땅히 이것으로써 조심해야 할 것이다')라고 한 기사가 있다.

훈민정음 창제 무렵의 문헌을 보면 일반적 이론에 있어서는 『성리대전』의 첫머리에 실려 있는 周敦頤의 이론에서 취한 점이 많고, 聲音에 관한 이론에 있어서는 邵雍(康節)의 「황극경세서」 및 여기에 대한 여러 학자들의 주석에서 취한 면이 상당히 많다. 이것은 세종 시대의 언어관 형성에 『성리대전』의 영향이 컸음을 말하여 주는 것이다.

훈민정음 창제 무렵의 학자들이 성음에 관한 이론을 「황극경세서」에서 취하게 된 것은 소옹의 학문과 관계가 있다. 그는 성리학자이면서도 인간의 성음에 관심을 가졌고, 인간의 성음을 易數로써 설명하기는 하였으나 종래의 '切韻'계 음계를 나타내는 운서들과는 음운에 대한 고찰 태도를 달리하여 12세기 開封 지방(송나라 수도)의 현실음을 올바르게 나타낼 수 있는 韻圖인 '皇極經世唱和圖'를 창안하였다. 이 운도는 그의 후배 蔡元定이 간략화하여 '十正聲 十二正音(十聲十二音唱和圖)'이라는 이름으로 『성리대전』 권8에 수록되어 있고, 이어서 여러 학자들의 주해가 달려 있다. 따라서 『성리대전』의 내용을 열심히 고구한 세종 시대의 학자들이 이러한 「황극경세서」의 특징을 간과했을 리 만무하여, 훈민정음 창제 무렵의 여러 문헌에 소옹의 설이 반영된 것이다.

이제 좀더 구체적으로 유교와 세종 시대의 언어관 형성과의 관계를 살펴보고자 한다.

(1) 易과 聲音

『훈민정음해례본』(1446) 제자해 첫머리에서

> 天地之道 一陰陽五行而已 … 故人之聲音 皆有陰陽之理 顧人不察耳
> 天地의 道는 순전히 음양오행일 따름이다. … 그러므로 사람의 성음도 모두 음양의 이치를 지녔건만, 진실로 사람이 살피지를 못할 뿐이다

라고 하고, 계속해서 인간의 성음을 太極·陰陽·五行·易數 등으로 설명하였다. 이것은 우주간의 모든 원리가 易을 바탕으로 해서 발달한 태극·음양·오행 등에 있다고 생각한 송나라 유학자들의 사고방식을 계승한 것으로서, 『易學啓蒙』(朱熹)에서도

> 知聲音之理而後 萬物之理得矣
> 성음의 이치를 깨달은 뒤에라야 만물의 이치를 터득하게 된다

라고 하였다.[11]

소옹은 그의 아버지 邵古의 사상을 이어받아 우주의 모든 현상을 易數로 해석하여 운모를 天聲, 성모를 地音이라 하고 인간의 성음은 이들 천성과 지음의 이원적인 결합으로 이루어진다고 생각하였다. 그리하여 「황극경세서」에서 '皇極經世正聲正音唱和圖'를 제시하였다.

세종 초기부터 『성리대전』을 연구한 학자들이 『성리대전』 권7부터 권12에 걸쳐 수록되어 있는 「황극경세서」를 크게 주목하였을 것은 당연한 일이다. 그 결과 정인지의 '훈민정음해례본 서문'(1446), 신숙주의 '동국정

---

11) 우주 만물의 모든 현상을 易의 원리나 太極·陰陽·五行 등으로 설명한 문헌은 많은데 훈민정음 창제 시기에 가장 많이 읽혔을 『易經繫辭』上만 보더라도 다음과 같은 설명들이 있다.

易與天地準 故能彌綸天地之道(제4장)
역학은 천지자연의 현상을 지축으로 하기 때문에 천지의 도를 통일하고 꿰뚫을 수 있는 것이다.

一陰一陽之謂道(제5장)
一陰 一陽의 변화는 처음도 끝도 없고 그 운행은 멈추지 않으며 相反하면서 相生한다. 이것이 다름 아닌 도다.

子曰 夫易何爲者也 夫易 開物成務 冒天下之道 如斯而已者也 是故 聖人以通天下之志 以定天下之業 以斷天下之疑(제11장)
공자가 말하기를 역학은 도대체 무엇 때문에 만들어진 것일까? 무릇 만물을 개발하고 衆務를 성취하며 천하일체의 도를 포괄하지 않는 것이 없다. 역이란 이러한 것이다. 이리하여 역으로 성인은 천하의 의지와 통하며, 역으로 천하의 사업을 정하며, 역으로 천하의 모든 의문을 판단한다.

운 서문'(1447), 신숙주의 '홍무정운역훈 서문'(1455) 등에 그 내용이 반영
되어 있다.[12)

(2) 禮樂思想과 성음

정인지의 '훈민정음해례본 서문'에서는 훈민정음이 창제되어 '칠음이
고르게'(因聲而音叶七調) 되고, '노래의 음계도 고르게'(樂歌則律呂之克
諧) 되었다고 하였다. 이것은 훈민정음을 창제해서 단순히 표기 수단만
을 해결하려던 것이 아니라, 음악도 정비하려 한 것임을 말한 것이다.

훈민정음 창제 무렵의 당사자들이 이런 생각을 갖게 된 것은 유교의
예악사상에서 나온 것이었다. 유학자들은 '禮'를 아는 것이 '치국안민'을
위하여 불가결한 일이며, '樂'은 치국의 요결이라고 생각하였다. '예'는
일체의 제도·儀文(儀式)을 말하는 것인데, '악'은 백성들의 근심과 즐거
움이 표현되는 것으로 보았다. 또 음악의 용도는 백성의 소리(民聲)를
온화하게 하는 데 있다고 보았으므로, 성음의 사정(邪正; 빗나가고 바른

---

12) 예를 들어 보면 다음과 같다.
⟨황극경세 서⟩
音非有異同 人有異同 人非有異同 方有異同 謂風土殊而呼吸異故也
음이 같고 다름이 있는 것이 아니고 사람이 같고 다름이 있으며, 사람이 같고 다름이 있는
것이 아니고 지역이 같고 다름이 있다. 그래서 지리적 환경이 다르면 사람의 발음도 달라
지는 것이다.

⟨훈민정음 서(정인지)⟩
然四方風土區別 聲氣亦隨而異焉
그러나 사방의 풍토가 다르기 때문에 사람의 발음도 또한 그것에 따라서 다른 것이다.

⟨동국정운 서⟩
夫音非有異同 人有異同 人非有異同 盖以地勢別而風氣殊 風氣殊而呼吸異
대개 지세의 차이가 있기 때문에 풍기가 다르며 풍기가 다르기 때문에 발음도 다르게 된다.

⟨홍무정운역훈 서⟩
盖四方風土不同而氣亦從之 聲生於氣者也 故所謂四聲七音 隨方而異宜
대개 사방의 풍토가 같지 않으면 기도 이에 따라 다르게 되는데 소리는 기에서 생기는 것
이다. 이른바 사성과 칠음, 곧 성과 운이 지역에 따라서 다르게 마련이다.

것)이 능히 사람들의 행위에 영향을 미칠 수 있다고 보았고, 이에 음악
의 준칙을 만들어야 한다고 하였다.

『禮記』 권37 樂記 첫머리에서는 다음과 같이 말하였다.

> 凡音之起 由人心生也 人心之動 物使之然也 感於物而動 故形於聲
> 대개 소리는 사람의 마음에 따라 생기는데, 사람의 마음이 움직임은 外物이
> 그렇게 시키는 것이니, 외물에 감응하여 움직이게 되므로 성으로 나타나게 된다.

이어서 그 주에서는 다음과 같이 '音'과 '聲'을 구별하였다.[13]

> 宮商角徵羽 雜比曰音 單出曰聲
> 궁상각치우가 뒤섞임을 음이라 하고, 홀으로 나오는 것은 성이라 한다.

---

13) 이밖에 각 문헌에서 성음에 관하여 언급한 것을 보면 다음과 같다.
 ①『禮記』樂記
  ㉠ 聲成文 謂之音「集說」詩疏曰 雜比曰音 單出曰聲 哀樂之情 發見於言語之聲
   於是 雖言哀樂之事 未有宮商之調 惟是聲耳 至於作詩之時 則次序淸濁 節奏高
   下 使五聲爲曲 似五色 成文 卽是爲音 此音 被諸絃管 乃名爲樂-『集說』詩疏에
   말하기를 상합할 때 음이라 하며 홀로 나올 때 성이라 한다. 애락의 정서가 언어의 소
   리에 나타나기 때문에, 가령 애락에 관한 것을 말하더라도 궁상의 조화가 없으면 단순
   한 소리에 지나지 않는다. 시를 지을 때에도 청탁을 자리 매김하고 고저를 節奏하여 오
   성을 곡으로 하여 마치 오색이 문양을 이룰 때처럼 할 때에만 음이 되는 것이다. 이 음
   을 관현악기에 연주할 때에만 악이라 일컫는 것이다.
  ㉡ 變成方 謂之音「疏」方謂文章 聲旣變轉 和合次序 成就文章 謂之音也 音則
   今之歌曲也-변화하여 문양을 이룰 때 이를 음이라 한다.「疏」방이란 문장(문양)을
   말한다. 소리가 이미 변화하여 次序가 화합하여 문장(문양)을 이룰 때 이것이 음이다.
   음이란 오늘날의 가곡이다.
 ②『說文』音 聲生於心 有節於外 謂之音 宮商角徵羽 聲也 絲竹金石匏土革木 音
   也-음이란 소리가 마음 속에 생겨서 밖으로 節奏할 때에 이를 음이라 한다. 궁상각치우
   는 소리며 絲(紋)·竹(管)·金(鏡) 같은 打樂器, 石(磬)·匏·土(壎)·革·木 등의 악
   기는 음이다.
 ③「詩 大序」情發於聲 聲成文 謂之音「鄭注」聲 謂宮商角徵羽也 聲成文者 宮商
   上下相應-정서가 소리를 내며 그 소리가 문(紋)을 이룰 때 이것을 음이라 한다.「정주」
   소리란 궁상각치우다. 소리가 문(紋, 文體)을 이룬다는 것은 궁과 상이 위아래에서 상응
   하는 것이다.

『禮記』 권37 樂記에서는 또 다음과 같이 ‘治世之音 安以樂 其政和’를 강조하고 있다.

凡音者 生於人心者也 樂者 通倫理者也 是故知聲而不知音者 禽獸是也 知音而不知樂者 衆庶是也 唯君子爲能知樂
대개 음이란 것은 인심에서 생겨나는 것이고, 악이란 것은 윤리와 통하는 것이다. 그러므로 성은 알되 음을 모르는 이는 금수이며, 음은 알되 악을 모르는 이는 대중들이니, 오직 군자라야 능히 악을 알게 된다.

凡音者 生於人心者也 情動於中 故形於聲 聲成文謂之音 是故治世之音 安以樂 其政和 亂世之音 怨以怒 其政乖 亡國之音 哀以思 其民困 聲音之道 與政通矣
대개 음이란 것은 인심에서 생기고 정은 마음속에서 우러나는 것이므로 성(소리)◉로 나타나게 된다. 성(소리)이 조화를 이루어 아름다운 곡조를 이룬 것을 음악이라 한다. 그러므로 태평세월의 음악은 편안하고도 즐거우며 그 정치도 평화스럽고, 난세의 음악은 원망스럽고 노여우며 그 정치도 인심과 어긋나고, 망국의 음악은 슬프고도 근심스럽고 그 백성은 고달프다. 성음의 도는 이렇듯 정치와 통한다.

是故審聲以知音 審音以知樂 審樂以知政 而治道備矣
이러므로 성을 살피면 음악을 알게 되고 음악을 살피면 악을 알게 되고 악을 살피면 정치를 알게 되니, 치도는 완비되는 것이다.

‘예’와 ‘악’, ‘악’과 ‘성음’, ‘악’과 ‘정치’가 얼마나 밀접하고도 중요한 관계에 있는가를 밝히고, 다시 다음과 같이 강조하였다.

樂者 天地之和也 禮者 天地之序也
악이란 천지의 조화이며 예란 천지의 질서다.

是故先王之制禮樂也 非以極口腹耳目之欲也 將以教民平好惡 而反人

道之正也

　이러므로 선왕이 예악을 제정하심은, 구·복·이·목의 욕구를 충족시키기 위해서가 아니고 장차 백성들에게 好惡를 고르게 하는 것을 가르쳐서 인도의 바른 데로 돌아가도록 하자는 데 있었다.

　『예기』는 유교 경전인 오경의 하나이므로 유교를 존숭하고 있던 조선 초기에 『예기』 속에 담겨진 이런 내용을 간과하지 않았을 것이다.
　훈민정음을 창제할 무렵에, 명나라 태조 때 편찬된 『홍무정운』(1375)에 대해서도 큰 관심을 가졌는데, 『홍무정운』의 서문에도 『예기』 악기의 내용을 요약한 부분이 있고, 다음과 같이 마무리하였다.

　旋宮以七音爲均 均音韻也 有能推十二律以合八十四調 旋轉相交而大樂之和 亦在是矣
　12律과 7音을 配合하는 것은 7音으로 고르게 하는데, 음운을 고르게 하려면 능히 十二律을 미루어 팔십사조를 어우를 수 있다. 돌고 돌며 서로 어울리게 하는 데에 대악의 조화가 또한 여기에 있다.

　신숙주는 이를 본받아 '동국정운 서문'(1447)에서 『예기』의 내용과 함께 아울러서 설명하고 있다.

　淸濁旋轉 字母相推 七均而十二律而八十四調 可與聲樂之正 同其太和矣 吁 審聲以知音 審音以知樂 審樂以知政 後之觀者 其必有所得矣
　청탁은 돌고 구르며 자모는 서로 미루고 칠음은 고르게 되고 십이율에 팔십사조가 어우러지면, 가히 성악의 바름에 참여할 수 있고, 그 큰 화평을 같이 누릴 만한다. 아! 성을 살피면 음을 알게 되고, 음을 살피면 악을 알게 되고 악을 살피면 정치를 알게 되니, 훗날의 보는 이 반드시 그 얻음이 있으리라.

　'치세지음'을 '安以樂'하게 하고, 정치를 화하게 하기 위하여 성음을 순정하게 해야 한다는 사상이 훈민정음 창제 무렵의 위정자들에게 그대로 받아들여졌던 것으로 보인다.

(3) 正音·正聲思想

치국의 요체로서 '예'와 '악' 그리고 '성음'을 생각했던 유자들은 언제나 표준음으로서의 정음과 정성을 생각하고 있었다.

소옹은 天聲(正聲, 韻母)과 地音(正音, 聲母)의 결합으로 나타낼 수 있는 자음을 황극경세창화도로 보였는데, 여기에 주를 단 鍾過는 '伊川丈人'(소옹의 아버지 邵古)의 말을 인용하여 음에는 異同이 없으나 풍토가 다르면 인간의 발음도 달라져서 정성과 정음이 있어야 바로잡을 수 있다고 하였다.

이러한 사고방식이 표준음을 정확하게 나타낼 수 있는 운도나 운서를 편찬해야 된다는 생각으로 발전하였다. 「황극경세서」에서도 다음과 같이 설명하고, '성음창화도'만은 모든 음을 제대로 나타낼 수 있다고 하였다.

> 江左之儒 爲韻書 知縱有四聲 而不知衡有七音 縱成經 衡成緯 經緯不交 所以失立韻之源
> 양자강 하류(江東)의 선비가 운서를 만드는데 세로에 사성이 있음만 알았지 가로로 칠음이 있는 줄은 몰랐다. 세로는 날이 되고 가로는 씨가 되니 날과 씨가 어울리지 않으므로 운목을 세우는 근원을 잃게 되는 것이다.

명나라 태조가 편찬시킨 『홍무정운』의 편찬 목적도 같은 것이었다. 운학이 강좌에서 일어나 '殊失正音(정음이 많이 변하였다)'하였으므로 고칠 점이 많으니 널리 쓰이고 五方之人(모든 지방 사람)이 다 통할 수 있는 정성·정음으로, 즉 中原雅音으로 기준을 삼아 『홍무정운』을 편찬한 것이라고 하였다.[14] 이리하여 '千古之陋習(오래된 잘못된 습관)'이 씻겨졌

---

14) 『홍무정운』 서문(宋濂)에는 '壹以中原雅音爲定', '以洗千古之陋習'이라고 있으며, 同 범례에는 '以中原雅聲正之', '五方之人 皆能通解者 斯爲正音也'라고 있다.

다고 하였다.

『홍무정운』 서문(송렴)에서는

> 皇上稽古右文 萬機之暇 親閱韻書 見其比類失倫 聲音乖舛 …
> 임금이 옛 것을 상고하고(즉 학문) 글을 좋아하여 국가의 정사를 돌보는 틈
> 틈이 친히 운서를 뒤져서 그 동류이면서도 차서(순서)를 잃음과 성음이 현실의
> 음계와 어긋남을 보고는 …

라고 하여 명나라 태조가 어긋난 성음에 관심이 있어 그 결과 널리 물어
서 음운에 밝은 사람으로 하여금 운서를 편찬하도록 명하였다고 하였다.

이러한 언어관, 즉 언어의 방언적인 분포나 변천을 '訛(어긋남)'나 '陋
쮑(잘못된 습관)'으로 보고 이를 '正之(바로 잡다)'하려는 방향으로 언어정
책을 펴던 방식이 그대로 세종에게서도 발견된다.

1444년(세종 26) 2월 20일(경자)에 최만리 등이 '언문 제작'에 의문을 제
기하고 반대소를 올린 데 대하여, 세종은

> 若非予正其韻書 則伊誰正之乎
> 만약에 내가 운서를 바로잡지 않는다면 그 누가 바로잡겠는가?

라고 하였다. 신숙주도 '동국정운 서문'(1447)에서 국어에 동화된 한국한자
음의 '訛'와 '亂'과 '變'을 '一大正之'하지 않는다면, 날이 갈수록 혼란이
더욱 심해져서 이를 구할 수 없는 상태에까지 이를 것이라고 말하였다.

이른바 『훈민정음언해』에서

> 訓民正音은 百姓 ᄀᆞ르치시논 正ᄒᆞᆫ 소리라

하고 '석보상절 서문'(1447)에서

正音은 正흔 소리니 우리나랏마를 正히 반듸기 올히 쓰논 그릴씨 일후믈
正音이라 ᄒᆞᄂᆞ니라

라고 한 것도 '正音·正聲' 사상과 일맥상통하는 관념이라고 할 수 있다.

(4) 성운학과 聖人之道

송렴은 『홍무정운』의 서문에서 司馬光의 말을 인용하여 문자와 성운
연구의 중요성을 다음과 같이 말하였다.[15]

字는 만물의 體·用을 갖추고 있고, 韻은 모든 자의 形·聲을 포괄하고 있
어서 이른바 三才之道와 性命(人性과 天命)·도덕의 근원과 禮樂刑政의 바
탕이 모두 이와 연관이 있으므로 신중히 연구하지 않으면 안 된다.

신숙주도 그의 '동국정운 서문'에서[16] 똑같이 강조하고 있다.

문자가 만들어지기 이전에는 성인의 도가 서적에 기록되지 못하고 천지에 떠
돌고 있었으나 문자가 만들어진 다음에는 성인의 도가 여러 서적에 실리게 되
었다. 그래서 성인의 도를 밝히려 한다면 마땅히 文義(문장의 뜻)부터 공부해
야 하고 문의의 요점을 알려면 마땅히 성운부터 공부해야 하니, 성운이란 곧
학문과 도를 연구하는 시초다.

신숙주의 서문과 송렴의 서문은 흡사한 점이 있으니 이는 세종 시대
의 정책 수행자들이 '聖人之學'의 연구를 위하여 얼마나 절실히 성운학

---

15) '홍무정운 서문'에는 다음과 같이 되어 있다.
  臣濂竊惟 司馬光有云 備萬物之體用者 莫過於字 包衆字之形聲者 莫過於韻 所謂
  三才之道 性命道德之奧 禮樂刑政之原 皆有繫於此 誠不可不愼也
16) '동국정운 서문'(신숙주, 1447)에는 다음과 같이 되어 있다.
  況乎書契未作 聖人之道 寓於天地 書契旣作 聖人之道 載諸方策 欲究聖人之道 當
  先文義 欲知文義之要 當自聲韻 聲韻乃學道之權輿也 而亦豈易能哉

연구의 필요성을 통감하고 있었는지를 말하여 주는 것이라 하겠다. 그러나 아무리 성운학이 가장 필요한 학문인 줄 알고 있었다고 하더라도 이에 관한 학습 없이는 연구가 불가능했을 것이다.

중국음운학이란 동양의 언어학을 말한다. 중국에서는 예로부터 字音을 二分하여 고찰하는 방식이 발달하였다. 남북조 시대(5~6세기)에, 특히 시를 지을 때 운율에 민감하였던 남조에서 인도 음운학의 영향을 입어 字音의 四聲을 구분하여 의식하고, 또 운별로 분류하고 정리하는 법이 마련되었다. 이것을 운서에 관한 학문이라 하며 남조에서는 6세기경에 여러 종류의 운서가 편찬되었는데 수나라 때에 이르러 陸法言 등에 의하여 중국 운서의 大宗이라 일컬어지는 『절운』(601)으로 집대성되었다. 그 후 역대 중국에서는 시대에 따라 여러 운서가 편찬되었으니 『당운』(당), 『광운』(송), 『예부운략』(송), 『집운』(송), 『고금운회』(원), 『고금운회거요』(원), 『중원음운』(원), 『홍무정운』(명) 등이다.

또 한편 당나라 말기부터 북송 시대에 걸쳐 삼십육 자모표의 완성과 함께 중국자음을 표로 표시하는 운도의 학이 발달하였다. '韻鏡'(북송), '切韻指掌圖'(남송), '皇極經世聲音唱和圖'(북송) 등이 대표적인 운도이다.

우리나라는 고대로부터 중국과 접촉했으며 특히 신라 때부터 한문학이 발달하였고 고려 때부터는 과거를 실시했으므로 운서 등 중국음운학에 관한 것이 일찍부터 전래하였을 것은 짐작할 수 있으나[17] 현재로서는 고려

---

17) 李圭景(1788~?)의 『五洲衍文長箋散稿』에 수록되어 있는 '韻書辨證說 1'에서도 필자와 견해를 같이 하여 다음과 같이 말하고 있다.
我東之有韻 雖無史冊之可證 然新羅百濟句麗 旣通中國 三國亦有文人 則韻書之來 自必其時 文獻無徵 今不考 勝朝光宗時 設科取士 則韻當用中國所行切韻 而自此 以下隨歷代所用矣 入于本朝 初因麗韻矣 世宗朝命撰洪武正韻通考 本國正韻
우리나라에 운서가 있었다는 것을 비록 역사책으로 증명할 수는 없으나, 신라·백제·고구려가 이미 중국과 교류하였고, 삼국시대에도 역시 문인이 있었으므로 운서는 반드시 이 때부터 전래되었을 것이다. 다만 증명할 수 있는 문헌이 없어서 지금 고증할 수가 없다. 전 왕조(고려) 광종 때 과거제도를 실시하여 선비를 뽑았으므로 마땅히 중국에서 사용하던 절운을 사용하였을 것이고 그 이후 대대로 사용해 왔다. 조선 초기에는 고려시대의 운서를 사용했으나 세종 때 『홍무정운통고』(『홍무정운역훈』과 『사성통고』)·『본국정운』(『동국

때에 전래된 예밖에 제시할 수 없다. 또 고려 중기·말기에는 한시 작법이 일반 교양인의 상식이 되고 조선 태종 시대에는 『동국략운』이라는 운서가 우리나라에서 출간까지 되었다고 하니 중국음운학에 대한 관심이 차츰 높아져 갔음을 알 수 있다. 이밖에도 조선시대에 들어와서는 『예부운략』 등 중국 운서가 여러 차례 복간되었다.[18]

그러나 세종 시대의 학자들이 가장 큰 관심을 가진 성운학 관계 서적은 『성리대전』에 수록되어 있는 「황극경세서」의 성운 관계 부분, 『홍무정운』, 『고금운회거요』, 『七音略』, 『절운지장도』 등이었으므로 그들은 이런 서적들의 서문·범례·주 등에서 성운학 관계 지식을 습득한 것으로 보인다.

「황극경세서」의 '성음창화도'에는 상세한 주가 붙어 있는데 이 가운데에 36자모, 운도 등에 관한 설명이 있다. 또 『통지』에 수록되어 있는 鄭樵(1104~1162)의 '칠음략' 서에도

七音之韻 起自西域 流入諸夏 … 華僧從而定之 以三十六爲之母 重輕淸濁 不失其倫 天地萬物之音 備於此矣 雖鶴唳風聲 鷄鳴狗吠 雷霆驚天蚊虻通耳 皆可譯也 況於人言乎

칠음의 운에 관한 지식은 서역에서 생겨서 중국에 전해 들어왔다 … 중국 僧이 이를 따라서 정하되 삼십육으로 자모를 삼으니 중·경·청탁이 그 차서를 잃지 않고 천지만물의 소리가 갖추어져 있어서 학 울음소리, 바람 소리, 닭 울음소리, 개 짖는 소리, 천둥 번개가 우지끈 뚝딱하고 모기나 등에가 귀를 스쳐 가더라도 모두 다 옮겨 적을 만하거늘, 하물며 사람의 말은 말하여 무엇하리?

라는 구절이 있는데, 마치 자모가 표음문자처럼 모든 음을 마음대로 표기할 수 있는 듯이 말하고 있다. 송대의 대학자였던 정초의 저술이 고려

정운』) 편찬을 명하였다.

18) 『태종실록』 권31에는 다음과 같은 기사가 있다.
命印左議政河崙撰進東國略韻頒諸中外(16년 5월 정축조)

중기에 전래되었으므로 본질적으로 표음문자인 훈민정음의 성격을 설명한 '훈민정음해례본 서문'에서 정인지가

雖風聲鶴唳 鷄鳴狗吠 皆可得而書矣
비록 바람 소리, 학 울음소리, 닭 울음소리, 개 짖는 소리라도 다 표기할 만하다

라고 한 것을 우연의 일치라고 말하기는 어려울 것이다. 다만 '鶴唳風聲 鷄鳴狗吠'라는 표현은 중국의 여러 문헌에 '자연의 소리'를 표현하는 관용구로 널리 사용되어 왔으므로, 정인지가 이것을 참고하였다고 할 수도 있다.

'홍무정운 서문'의 맨 첫머리에서도

사람이 생겨나면 '聲'이 있고, 성이 있으면 '七音'이 갖추어진다. 이른바 칠음이라는 것은, 아ㆍ설ㆍ순ㆍ치ㆍ후와 반설ㆍ반치인데 智者가 이를 살펴서 淸濁으로 나누고, 궁ㆍ상ㆍ각ㆍ치ㆍ우와 반상ㆍ반치를 정하면 천하의 음이 모두 여기에 있게 된다. 그런즉 '음'이란 운서의 시초로구나!

라고 하여 종래의 여러 운서에서 해온 것처럼 성운의 음과 음악의 음을 결부하여 설명하였다.[19] 또 그 범례에서는 반절법까지도 설명하고 있다.

翻切之法 率用一字相摩 上字爲聲 下字爲韻 聲韻苟叶 則無有不通
반절법은 대개 한 자를 서로 갈아서 쓰되 위 자는 성으로 하고 아래 자는 운으로 하여 성운이 진실로 어울린다면 통하지 않을 게 없다.

---

19) '홍무정운 서문'(宋濂)의 첫머리는 다음과 같다.
人之生也 則有聲 聲出而七音具焉 所謂七音者 牙舌脣齒喉及舌齒各半是也 智者察知之分其淸濁之倫 定爲角徵宮商羽 以至於半商半徵 而天下之音 盡在是矣 然則音者 其韻書之權輿乎
聲韻의 음과 음악의 음을 결부하여 설명하는 방식은 『切韻指掌圖』, 『古今韻會擧要』其他 여러 운도와 운서에서 취해 온 것이므로, 세종 시대의 학자들이 참고하였을 운서가 『홍무정운』만은 아니었을 것이다. 이에 관해서는 成元慶(1970), 「訓民正音制字理論과 中國韻書와의 關係」, 『건국학술지』 11, pp.131~147 참조.

또 세종 시대에 가장 중시되었던 『고금운회거요』 권1 수록자의 제일
소운자 '公'字 아래에도 36자모, 수록자의 배열법, 운서 등에 관한 설명
이 붙어 있다.[20]

세종과 그 정책 담당자들은 이러한 서적을 통하여 성운학을 연구하고
그 지식을 바탕으로 해서 표음문자의 창안을 생각하고 이를 성운학적으
로 설명하게 된 것으로 볼 수 있다. 신숙주가 '홍무정운역훈 서문'(1455)
에서

我世宗莊憲大王 留意韻學 窮研底蘊 創制訓民正音若干字 四方萬物之

---

20) 『고금운회거요』 卷之一 第一小韻字인 '公'字 아래에는 다음과 같은 주가 붙어 있다.
〈排列順 문제〉
舊韻之字 本無次第 而諸音前後互出錯糅尤甚 近吳氏作叶韻補音 依七音韻 用三十
六母排列 韻字始有倫緒 每韻必起於見字母角淸音 止於日字母半商徵音 三十六字
母周徧爲一韻
옛 운서에 배열되어 있는 글자는 본래 순서가 없어서 여러 음은 서로 앞뒤로 들락날락하
여 혼란이 심하였다. 근자 吳씨(棫)가 叶韻·補音을 만들어 7음운에 따라서 36자모를 배
열하여, 운을 기준으로 해서 배열한 글자에 처음으로 순서가 생겼다. 그래서 각 운에 배열
된 글자는 반드시 見母 소속자부터 시작하여 日母 소속자로 끝나게 하여 36자모가 한 바
퀴 돌아서 하나의 운을 이루게 되었다.
이러한 자모순에 의한 배열법은 세종 시대 이후 우리나라 운서의 전통이 되었다.

〈36자모 관계〉
聲音之學 其傳久失 韻書起於江左 爲舛相承千有餘年 莫之適正 近司馬文正公作切
韻始依七音韻 以牙舌脣齒喉半舌半齒 定七音之聲 … 又以三十六字母 定每音淸濁
之等然後天下學士 始知聲音之正
성운학이 오래 전해오지 않아서 운서의 편찬이 양자강 유역에서 시작되었기 때문에, 잘못
된 내용이 천 년 이상이나 전해왔으나 이를 바로잡는 이가 없었다. 근래 사마온공이 『절
운지장도』를 만들어서 처음으로 7음운에 따라 아·설·순·치·후·반설·반치음을 기초
로 하여 7음의 소리를 정했다. … 또 36자모를 가지고 각 음의 청·탁의 구별을 정하여 처
음으로 천하의 학사들이 올바른 성음을 알게 되었다.

〈육서 관계〉
六書之義 … 惟許愼說文 爲文字之宗 今韻所編 並先述說文 如象形指事會意諧聲
轉注假借 各從本義 以明其正 …
육서의 의미 … 다만 허신의 설문이 문자학의 기본이 되고 있다. 이제 운서를 편찬함에 있
어서 우선 설문을 설명한다. 가령 상형·지사·회의·해성·전주·가차에 대하여 그 본래
의 뜻에 따라서 올바른 내용을 밝혔다 …

聲 無不可傳

　　우리 세종 장헌대왕께서 운학에 유의하사 그 깊은 데까지 몸소 연구하시어 훈민정음 약간 자를 창제하시니, 사방 만물의 소리를 전하지 못할 것이 없다

라고 하여 세종의 운학 연구 결과로 훈민정음이 창제된 듯이 말했고, 또 같은 글에서 세종이 운학에 대하여 깊은 조예가 있음을 극구 칭송하고 있다.

　　臣等 學淺識庸 曾不能鉤深至賾 顯揚聖謨 尙賴我世宗大王天縱之聖 高明博達無所不至 悉究聲韻源委 而斟酌裁定之 使七音四聲 一經一緯 竟歸于正 吾東方千百載 所未知者 可不浹旬而學 苟能沈潛反復 有得乎是則聲韻之學 豈難精哉

　　신 등이 학문이 얕고 학식이 모자라서, 일찍이 깊은 이치를 연구하고 밝혀서 임금님의 뜻을 현양하지 못하고, 오히려 하늘이 내신 성인 세종대왕께서 밝고 넓게 아시지 못하는 바가 없는 결과로 성운학의 근원도 밝게 연구하시어(우리가 밝히지 못한 바를) 헤아리시고 결정해 주심에 힘입어서, 성모(칠음)와 운모(사성)를 배열한 하나의 經, 하나의 緯로 하여금 마침내 바르게 돌아가도록 하였습니다. 우리 동방에서 천백 년 동안 아직 알지 못하던 바를, 열흘이 못 되어 공부할 수 있게 되었으니, 진실로 능히 되풀이하여 깊이 생각하여 여기에서 소득이 있다면 성운학인들 어찌 연구하기가 어렵겠습니까?

　　위와 비슷한 기사는 '동국정운 서문'과 『보한재집』 부록의 '비명'(李承召)에도 실려 있다.

　　여기에다가 세종 시대에는 집현전의 소장학자들이 세종대왕의 의도를 받들고 크게 협찬하였다. 당시 신숙주·성삼문·최항 등은 유명한 운학 및 중국어 학자들로서 훈민정음 창제 및 세종 시대의 운서 관계 여러 사업에 이들이 중추적 구실을 하였다.

　　또 최만리 등이 훈민정음 창제 반대의 한 이유로

又輕改古人已成之韻書 附會無稽之諺文 聚工匠數十人 刻之 劇欲廣布 其於天下後世 公議何如

또한 옛사람이 이미 만든 운서를 가벼이 고쳐 황당무계한 언문을 붙이고 刻字工 수십 명을 모아 새기게 하여 갑자기 널리 공포하고자 하시니, 이 일에 대한 천하 후세에 여론이 어떠하겠습니까?

라고 말하여 운서 개편을 반대한 데 대하여 세종이

汝知韻書乎 四聲七音字母有幾乎 若非予正其韻書 則伊誰正之乎

경이 운서에 대해서 아는가? 사성이니 칠운이니 자모는 몇이나 되는지? 만약 내가 운서를 바로잡지 않는다면 그 누가 바로잡겠는가?

라고 자신 있게 말한 것도 당시의 성운학 연구가 상당한 수준에 이르렀음을 보여주는 면이다.

(5) 문자학과 聖人之道

최만리 등의 반대소는 6개 항의 내용으로 되어 있는데, 언문 창제 반대소의 특징으로 보아 문자에 관한 언급이 많다. 이것은 국어의 문자화에 있어서 문자의 성격에 관하여 깊은 고찰이 있었음을 말하여 주는 것이다. 이러한 문자에 대한 고찰에 있어서 중국의 문자학에 관심이 있었음을 쉽게 짐작할 수 있다. 중국 문자학의 鼻祖는 후한 때 許愼으로, 그의 저서는 『說文解字』(B.C. 99)이며 『고금운회거요』 권1 첫머리에도 이에 대한 언급이 있으므로 조선 전기의 학자들이 이에 대하여 알고 있었을 가능성이 있다.

그러나 시대적으로 보아 조선 전기의 학자들이 참고하였을 책은 송나라의 徐鉉이 지은 『校定說文』 30권(986) 또는 그 아우 徐鍇가 지은 『說文繫傳』 40권이었거나 『通志』에 실려 있는 鄭樵의 '六書略'이었을 가능성이 더 크다. 특히 『통지』는 고려 때 전해 왔다. '육서략'의 내용을 검토해 보면 새로운 문자를 창제할 때 이 책의 설명을 많이 참고하였던 것으로 보인다.

정초는 '육서 서'에서 문자학이 '성인지도'와 얼마나 중요한 관계가 있는지를 다음과 같이 설명하였다.[21]

경술이 불명한 것은 소학이 부진하기 때문이다. 소학이 부진한 것은 육서가 전하지 않기 때문이다. 성인지도는 오직 육경에 실려 있고 육경은 문언으로 씌어 있으며 문언의 근본은 육서에 있으므로, 육서를 밝히지 않고 어떻게 그 뜻을 알겠는가!

소학의 본의는 첫 번째로 마땅히 자모의 상생을 알아야 하고, 두 번째로 '문'과 '자'의 구별을 알아야 한다. 육서 가운데 상형과 지사는 '문'이고, 회의·해성·전주는 '자'이며, 가차는 '문'과 '자'를 겸한 것이다.

이 글에서 말하는 '子母'란 설문에서 말한 '部首'는 '母', '소속자'는 '子'를 뜻하거니와 이와 같이 '성인지도'를 밝히기 위하여 육서의 학문, 곧 문자학의 연구가 필요하다는 생각이 앞에서 인용한 '홍무정운 서문'에 그대로 나타난 것이다.

備萬物之體用者 莫過於字 包衆字之形聲者 莫過於韻 所謂三才之道 性命道德之奧 禮樂形政之原 皆不可不愼也

만물의 본체와 작용을 갖추고 있는 것으로는 자보다 더한 것이 없으며 여러 자의 형성을 포함하기로는 운보다 더한 것이 없다. 이른바 천·지·인 삼재의 도라든지 성명도덕의 오묘함이며 예악형정의 근본은 다 이에 달렸으니 진실로

---

21) 정초는 '육서 서'에서 다음과 같이 말하고 있다.
經術之不明 由小學之不振 小學之不振 由六書之無傳 聖人之道 惟藉六經 六經之作 惟藉文言 文言之本 在於六書 六書不分 何以見義
小學之義 第一當識子母之相生 第二當識文字之有間 象形指事 文也 會意諧聲 轉注 字也 假借 文字俱也

연구하지 않을 수 없다.

즉 삼재지도·성명도덕·예악형정과 관련이 있는 자·운 연구의 중요
성을 말하고 있다. 신숙주의 '동국정운 서문'에서도 이와 같이 표현하고
있다.

문자학의 기초가 되는 '육서' 가운데 가장 기본이 되는 것은 '상형'으로
서 정초는 다음과 같이 말하고 있다.

> 육서라는 것은 상형이 근본이며, 상형의 종류에는 天地之形, 山川之形, 井
> 邑之形, 草木之形, 人物之形, 鳥獸之形, 蟲魚之形, 鬼物之形, 器用之形,
> 服飾之形을 상형한 것 등 10종이 있다(육서 서).

> 육서라는 것은 모두 상형이 변한 것이다(상형 제일).

바야흐로 새로운 문자를 창안하려고 하고 있던 세종과 그 보필자들에
게 이러한 이론이 크게 참고가 되었을 것이다. 그 결과 『훈민정음해례본』
제자해에서는 문자의 제자 원리를 밝히기를 '正音二十八字 各象其形而
制之'라고 한 것이다.[22]

'육서략'의 '殊文總論'에서

> 諸國之書 有同有異 各隨所習而安 不可彊之使同
> 여러 나라의 글씨(書法)는 서로 달라서 자기가 배운 바에 따라야 편안하므로
> 억지로 같게 하려 해서는 안 된다

라고 한 것과 정인지가 '훈민정음해례본 서문'에서

---

22) 정인지가 『훈민정음해례본』 서문에서 '象形而字倣古篆'이라고 한 것을 가지고 마치
훈민정음이 古篆字를 본받아 만들어진 것처럼 말하는 견해들이 있으나 훈민정음 창제는
역시 '象形'이 바탕이 되고 상형으로 제자된 '결과'가 '古篆'과 비슷하게 되었다고 해석하는
것이 더 타당할 것이다.

盖外國之語 有其聲而無其字 假中國之字 以通其用 是猶枘鑿之鉏鋙也
豈能達而無礙乎 要皆各隨所處而安 不可强之使同也

　대개 외국의 말은 그 소리는 있어도 이를 나타낼 글자는 없어서 중국 글자를
빌려서 때우고 있으니, 이는 마치 모난 자루가 둥근 구멍에 맞지 않음과 같으
니, 어찌 능히 시원스레 통하여 막힘이 없겠는가? 요컨대 다 저마다 처한 바를
따라서 편안하게 해야 하니 억지로 같게 해서는 안 된다

라고 한 것은 그 표현이 너무나도 일치하여, 훈민정음 창제 무렵의 우리
나라 학자들이 '육서략'을 참고하였을 것임을 말해주고 있다.

2) 한자 및 차자 표기법의 불편23)

　최만리 등의 반대소를 보면 최초로 시도된 우리말의 문자화·과정에
있어서 새 문자인 훈민정음의 기능을 놓고 논의가 활발히 전개되었던
것으로 보인다.
　논의 과정에서 크게 부각되었던 논제가 한자, 이두(광의의 이두, 곧 차
자표기법)와 대비하여 새 문자의 성격, 학문 발달에 대한 도움 여부 그리
고 便民性 등이었다.
　정인지는 '훈민정음해례본' 서문에서 한자로는 의사소통이 힘들고, 책
(한문 서적)을 배우기가 어려우며, 죄인 다스리기가 힘들고, 이두 사용으
로는 충분한 의사 표시가 불가능하다는 점을 들어 훈민정음 창제의 필
요성을 말하였고, 최만리 등은 반대소에서 이를 하나하나 반박하는 형식
으로 반대 이유를 내세우고 있다.
　정인지와 최만리의 논의는 반박문 형식으로 된 반대소가 세종 26년 2

---

23) 이 문제에 대해서는 南豊鉉(1978), 「訓民正音과 借字表記法과의 관계」, 『國語學論
集』 9, 檀國大, pp.3~26 참조.

월의 『세종실록』 기사에 나오고 훈민정음 창제의 필요성을 주장한 정인
지 서문이 『세종실록』의 28년 9월조 기사에 나와서, 얼핏 전후가 뒤바뀐
듯한 인상을 주고 있다. 그러나 이 문제는 이미 여러 사람이 지적하였듯
이 결과물만 보고 기술한 실록 편찬상의 문제이고, 실지로는 훈민정음
창제 이전에 새 문자의 필요성 여부를 놓고 활발히 논의가 계속되었기
에 이런 주장과 응수가 있었던 것으로 보인다.

　'반대소'를 올린 근본 취지가 한자·한문을 버려서는 안 된다는 데 있
으므로 최만리 등이 '今當同文同軌之時　創制諺文　有駭觀聽(지금 중
국과 한가지로 한자·한문을 사용하여 똑같은 문화생활을 영위하고 있는 때를
맞이하여 언문을 창제하면, 이것을 보거나 듣는 사람 가운데 이상하게 여기는
사람이 있을 것입니다)'이라고 표현한 것은 당연한데, 새 문자의 표음문자
적 성격이 한자의 본질과 어긋나는 점까지도 문제로 삼아 다음과 같이
주장한 것은 최만리 등도 새 문자의 성격에 대하여 알고 있었던 증거다.

　　儻曰　諺文皆本古字　非新字也　則字形雖倣古之篆文　用音合字　盡反於
古　實無所據
　　혹시 말하기를 언문은 모두 古字에 근원을 두었으니 新字가 아니라고 한다
면 글자 모양이 비록 옛날 篆字를 본떴다고 하지만 음으로 글자를 어우르는
법은 모조리 예와는 어긋나서 실상 근거한 바가 없는 셈입니다.

　이 '반대소'를 본 다음 세종은

　　汝等云　用音合字　盡反於古　薛聰吏讀　亦非異音乎
　　그대들이 말하기를 음으로 글자를 어우르는 법이 모조리 예와는 어긋난다 하
는데, 그러면 신라의 설총이 만들었다는 이두는 異音이 아니란 말이냐?

라고 하여 이두도 한자의 본질대로 쓰이고 있지 않음을 지적하였다. 당
초에 이두의 불편함이 새로운 문자를 창제한 이유로 거론되었는데, 정인

지는 '훈민정음해례본' 서문에서

옛날에 신라 설총이 이두를 만들어서 관부 민간에서 지금까지 쓰고 있으나 모두 한자를 빌려 쓰는 것이 혹 꺽꺽하고 막히어 비단 鄙陋 無稽(황당스러움) 할 뿐만 아니라 이두를 가지고는 언어생활에 있어서 그 만분지일도 전달할 수 없습니다

라고 하여 차자표기법의 사용에 크게 불만을 나타내고, 이를 해소하기 위하여 새로운 문자를 창제하여야 한다고 하였다.
그런데 최만리 등은 '이두의 興學性(학문 진흥의 유효성)'을 내세워 그 '반대소'에서 다음과 같이 주장하였다.[24]

이두가 비록 비루하나 모두 中國에서 通行하는 글자를 빌려 쓰고 어조사로 사용하기 때문에 한자와 밀접한 관계가 있고 한자를 알아야 이두를 쓸 수 있으므로 이두로 말미암아 한자를 알게 되는 사람이 자못 많아 학문 진흥에 도움이 됩니다. 하물며 이두는 수천 년 써 왔으나 簿書 期會(약속) 등에 사용해도 아무 탈이 없었습니다. 그런데 지금까지 아무 폐단 없이 써 온 글자(이두)를 그만두고, 촌스럽고 이익이 없는 글자를 왜 따로 새로 만들려고 하십니까?

서로 상반된 견해이기는 하나 위의 내용을 통해 차자표기법의 불편이 훈민정음 창제의 동기 중 하나였음을 알 수 있다. 그래서 세종은 '반대소'를 보고 '便民'을 내세워 최만리 등을 꾸짖고 있다.

---

24) '훈민정음해례본 서문'에서 정인지는 다음과 같이 불만을 말하였다.
昔新羅薛聰 始作吏讀 官府民間 至今行之 然皆假字而用 或澁或窒 非但鄙陋無稽
而已 至於言語之間 則不能達其萬一焉
'반대소'에 나타난 최만리 등의 주장은 다음과 같다.
新羅薛聰吏讀 雖爲鄙俚 然皆借中國通行之字 施於語助 與文字 元不相離 故雖至
胥吏僕隷之徒 必欲習之 先讀數書 粗知文字然後 乃用吏讀 用吏讀者 須憑文字乃
能達意 故因吏讀而知文字者 頗多 亦興學之一助也 (중략) 況吏讀 行之數千年而簿
書期會等事 無有防礙者 何用改舊行無弊之文 別創鄙諺無益之字乎

吏讀制作之本意 無乃爲其便民乎 如其便民也 則今之諺文亦不爲便民乎

이두를 만들어 낸 본의는 편리하게 써서 백성들을 편안하게 하자는 게 아니었겠는가? 편리하게 써서 백성들을 편안하게 한다는 점에 있어서라면 지금의 언문이 또한 백성을 편안하게 하자는 것이 아니겠느냐?

정인지처럼 이두가 불편하기 때문에 훈민정음을 창제하였다고 분명하게 말하지는 않았으나 '편민성'을 내세워 이두를 대신할 훈민정음을 창제한 뜻을 분명히 밝히고 있다.

3) 학문 진흥 수단

이두 문제가 거론될 때에도 학문 진흥에 대한 도움 여부가 문제로 제기되었지만, 훈민정음 창제도 학문 진흥 문제와 밀접한 관계를 가지고 있었다. 훈민정음 창제의 첫 번째 목표가 표기 수단을 갖지 못했던 백성들에게 표기 수단을 갖게 하여 자유로이 의사표시를 할 수 있도록 하는데 있었음은 물론이다. 그러나 창제 과정에 있었던 논의나 창제 후의 언어정책, 특히 국한자 혼용(國字인 한글과 한자의 혼용문)의 번역문 사용 등을 보면, 새로운 문자를 창제하여 당시 존숭하던 聖學(성리학)의 연구에 도움을 주려고 한 것도 사실이었다.[25]

세종 및 그 보필자들은 표음문자인 훈민정음의 창제가 학문 진흥에 도움이 된다고 생각하였기 때문에, 정인지는 '훈민정음해례본 서문'에서 훈민정음 창제 이전에는 '글(한문 서적)을 배우는 사람이 그 뜻을 깨우치기 어려워 괴로워하다가 훈민정음이 창제된 뒤에는 책(한문책)을 읽어도 그 뜻을 알 수 있게 되었다'고 하였다. 이에 대하여 최만리 등은

---

25) 이 문제는 이미 金完鎭(1972), 「世宗代의 語文政策에 對한 研究」, 『省谷論叢』 3, pp.186~294에서 자세히 다루어지고 있다.

① 훈민정음을 사용하게 되면 관리들이 훈민정음만 배우고 (한문으로 된) 학문을 돌보지 않을 것입니다.
② 훈민정음만 가지고 관리가 될 수 있다면 후세 사람들이 이를 보고 '二十七字諺文'만으로도 출세할 수 있다고 생각할 것이니, 무엇 때문에 애를 써서 '性理之學'을 연구하겠습니까?
③ 이렇게 되면 수십 년 뒤에는 한자를 아는 사람이 반드시 줄어서 '聖賢之文字'를 알지 못하는 사람은 사리도 가릴 줄 모르고 우리나라가 쌓아올린 문화가 말끔히 씻기고 말 것입니다.

이렇게 말하고서

今此諺文 不過新奇一藝耳 於學有損 於治無益 反覆籌之 未見其可也
이제 이 언문은 기이한 한 재주에 지나지 않아서 학문에 해가 되고 정치에도 도움이 안 되니 아무리 생각해 봐도 쓸모가 없습니다

라고 다시 다짐을 하였다. '於學有損'이란 뒤집어 말하면 훈민정음 창제자들이 '於學有益'이라고 생각하고 있었던 증거가 될 것이다.

4) 중국에 대한 외교와 譯學

조선은 건국 초기부터 이웃 나라들과의 원만한 외교 관계를 유지하는 것이 중요한 국가 시책의 하나였다. 당시의 기록자들은 이를 '事大交隣'이라고 표현하였다. 그런데 이러한 외교정책을 활발하게 전개하기 위해서는 이를 수행할 담당자들이 이웃 나라의 언어에 능통할 필요가 있었다.
고려 때에는 이러한 필요성에 의하여 通文館을 설치하고 漢語(중국어) 교육을 실시했는데, 조선시대에는 1393년(태조 2) 9월에 사역원을 설치하고 외국어 교육에 힘을 기울이었다. 여기에서 교육한 외국어는 漢

語·蒙古語·倭語·女眞語이었으며, 이들을 四學이라 하고 이러한 외국어 학습 및 연구를 역학이라고 하였다.[26] 이들 四學 가운데 조선의 역대왕들이 특히 힘을 기울인 것은 對中國外交와 밀접한 관계가 있는 漢學(중국어학)이었다.

조선 전기의 문헌에는 중국 외교와 관련이 깊은 역학의 중요성을 강조한 기사가 많이 실려 있다. 1394년(태조 3) 11월의 실록 기사에는 사역원 제조 偰長壽 등이 사역원의 운영 문제를 건의하는 상소문에서 다음과 같이 설명한 일이 있다.

我國家 世事中國 言語文字不可不習 是以殿下肇國之初 特設本院 置祿官及敎官敎授生徒 俾習中國言語音訓文字體式 上以盡事大之誠 下以期易俗之效

우리나라는 대대로 중국을 섬겨 왔으므로 언어 문자를 배우지 않을 수 없습니다. 그래서 전하께서는 개국 초에 특별히 本院을 설치하사 祿官과 敎官, 敎授, 生徒를 두어 중국언어·음훈·문자·문체 등을 익히게 하셨으니, 위로는 큰 나라 섬기는 정성을 다하고, 아래로는 풍속을 좋게 바꾸는 효과까지 기할 수 있습니다.

건국 초기부터 중국의 언어, 문자, 음훈을 배우는 일이 큰 문제로 등장한 것이다. 1429년(세종 11) 9월의 실록 기사에도

申商啓我國事大莫重譯學
上曰譯學實國家重事

申商이 상감께 아뢰기를 "우리나라의 중국에 대한 외교에 있어서 역학보다 더 중요한 것은 없습니다" 하니,
임금께서 "譯學은 진실로 나라의 크나큰 일이다"라고 하셨다

---

26) 졸고(1978), 『李朝時代의 譯學政策과 譯學者』, 탑출판사; 졸고(2000), 『韓國의 譯學』, 서울대학교 출판부 참조. 이 두 글에는 이 저술에서의 인용이 많을 것이다.

라는 구절이 있어 세종이 얼마나 譯學을 중시했는지 알 수 있다. 세종
은 1434년(세종 16) 정월에 '本國學術淺狹', '華語訛謬'를 깊이 걱정하여
명나라에 유학생을 파견하려 했었고, 집현전 학사들에게 중국에 대한 외
교에 대비하기 위해서는 五經과 四書를 모두 華語(중국어)로 읽도록 하
는 것이 좋겠다고 말한 일조차 있었다. 이와 같이 세종의 한어에 대한
관심은 대단한 것이어서, 동왕 14년 정월에도 다음과 같이 한어 실력이
모자라는 통사들에 대하여 안타까워한 일이 있었다.

　凡言語辨通曲折 而味趣在焉 今通事等汎言其概而已 其曲折處 不能變
通 是可恨也
　대개 언어란 辨通曲折(자세한 내용을 잘 통하게 하는 것)하는 데 맛과 멋이
있는 법인데, 이제 통역관들이 그 대충만 얼버무리고 그 曲折處(자세한 내용)
를 변통할 줄 모르니 이게 문제거리다.

　1433년(세종 15) 12월에도

　漢音有關事大
　중국어음은 중국에 대한 외교와 관련이 있다

라고 말한 일이 있었다. 세종이 한어와 그 발음에 대하여 얼마나 큰 관심
을 가지고 있었는가 하는 일은 다음과 같은 일로도 알 수 있다. 즉 세종
은 1434년(세종 16) 봄에 李邊과 金何에게 요동으로 가서 그곳의 식자인
許福, 鄒望, 劉進 등한테 건국 초기부터 한어 교과서로 써오던 『直解小
學』(설장수 저)을 질정하게(물어서 바로잡게) 하고, 그들이 돌아오자 『직해
소학』을 왕께 강의하게 하였다. 그리고 1438년(세종 20) 3월에는 김하로
하여금 세자(뒷날의 문종)에게 사흘에 한 번씩 한어를 가르치도록 한 일도
있었다. 또 1441년(세종 23) 10월에는

漢音傳音 漸致差訛 慮恐倘有宣諭聖旨 難以曉解 朝延使臣到國應待言
語 理會者小 深爲未便

　중국어음이 전해질 때 그 음이 점점 달라지게 되어, 가다가 천자의 뜻을 선
포함이 있을 때에도 똑똑히 알기 어려울까 걱정이 된다. 중국의 사신이 우리나
라에 와도 대접할 때 말을 아는 이가 적어 매우 불편하다

라고 말하였다. 언어의 변천을 '訛(그릇됨)'라고 생각하였던 당시의 사고
방식에 의하여 제대로 전해 오지 못하는 한음을 역시 '와'라고 생각했다.
이로 인하여 명과의 관계에서도 제대로 의사소통이 안 되는 것을 걱정
한 것이다.

　이리하여 이와 같은 한어에 대한 큰 관심과 정확한 한어에 대한 탐구
심이 1444년(세종 26) 이후의 중국 운서 번역(훈민정음에 의한 注音) 사업으
로 발전한 것이다. 즉 한음을 정확하게 표기하는 데 있어서, 새로 창제된
훈민정음은 참으로 적절한 표음문자이었던 것이다. 최세진(1468~1542)도
그가 지은 '사성통해 서문'(1517년)에서 훈민정음 창제가 역학과 밀접한 관
계가 있는 듯이 말하고 있다.

　惟 我東國世事中華 語音不通 必賴傳譯 故設官委任 俾專其業 恭惟
世宗莊憲大王 至誠事大 恪謹侯度 凡干咨奏 必經睿覽 始究學譯 當先聲
韻 創制訓民正音 命譯洪武正韻

　생각건대 우리나라가 대대로 중국을 섬기는 데 어음이 통하지 않아서 반드시
통역에게 의뢰하게 되므로 역관을 두어 그 일을 위임하여 전담케 하였습니다.
그런데 우리 세종대왕은 지성으로 중국을 섬겨 제후로서의 도리를 정성껏 하시
어, 대개 황제에게 올리는 문서를 반드시 친히 보시었습니다. 그래서 역학 연구
를 시작하실 때, 무엇보다 먼저 성운에 관한 학습부터 시작해야 한다 하시고,
훈민정음을 창제하시자 『홍무정운』을 번역토록 명하였습니다.

　표현이 좀 지나친 감이 있으나 이 글에는 중국에 대한 외교 문서에까
지 세종이 얼마나 일일이 마음을 썼는가 하는 면이 나타나 있다.

신숙주도 '홍무정운역훈 서문'(1455)에서 말하기를[27]

　　어지러운 한음을 바로잡는 이가 없더니 명나라 태조가 중원아음을 기준으로
하여 한음을 통일시키고 『홍문정운』을 편찬시켰습니다. 이 운서는 실로 천하가
근본으로 하지 않으면 안 되는 것입니다. 그런데 우리 세종대왕께서는 운학을
연구하여 훈민정음 약간자를 창제하시니 '사방 만물의 소리'를 모두 적을 수 있
게 되었습니다. 이에 세종대왕께서는 그 동안 어음이 통하지 않아 중국과 외교
관계를 유지하는 데 크게 불편을 겪었던 일을 생각하시어 새 문자로 『홍문정운』
을 번역하도록 명하셨습니다

라고 말하였다. 이와 같이 새로운 문자가 통일된 한음(중국자음)과 매우
깊은 관계가 있었음을 비치고 있다.
　　성삼문도 '直解童子習 서문'(1453년)에서 다른 사람과 마찬가지로 설
명하고 있다. 우리나라는 해외에 있어서 언어가 중국과 달라 통역을 두
고서야 외교관계를 유지할 수 있는데, 한음을 배우는 사람들이 잘못된
음을 그대로 이어 받아 혼란이 심해도 옆에서 中原學士가 바로잡아 주
는 것도 아니어서 그 결과 다음과 같이 되었다고 하였다.

　　號爲宿儒老譯 終身由之 而卒於孤陋
　　이름난 유학자나 나이 많은 역관도 종신토록 그대로 지내다가 고루한 대로
마칩니다.

　　그리고 이어서

---

27) 신숙주의 '홍무정운역훈 서문'에서는 다음과 같이 기술하였다.
　　聲韻之學 最爲難精 (중략) 自沈約著譜 雜以南音 有識病之 而歷代未有釐正之者
　　洪惟皇明太祖高皇帝 愍其乖舛失倫 命儒臣 一以中原雅音 定爲洪武正韻 實是天下
　　萬國所宗 我世宗莊憲大王 留意韻學 窮硏底蘊 創制訓民正音若干字 四方萬物之聲
　　無不可傳 吾東方之士 始知四聲七音 自無所不具 非特字韻而已也 於是 以吾東國
　　世事中華 而語音不通 必賴傳譯 首命譯洪武正韻

我世宗文宗慨然念於此　旣作訓民正音　天下之聲　始無不可盡矣　於是
譯洪武正韻　以正華音

　　우리 세종, 문종께서 이를 탄식할 일로 여기시어, 이미 훈민정음을 만드시니
천하의 소리를 비로소 다 표현하지 못할 것이 없게 되어, 이에 『홍무정운』을
번역하여 화음을 바르게 하시었습니다

라고 하여 역시 훈민정음의 창제가 정확한 한음의 표기를 위해서도 필
요했음을 밝히고 있다.

5) 열국의 문자와 언어정책에 대한 관심

　　조선시대에는 건국 초기부터 사역원을 설치하고, 漢·蒙·倭·女眞
등 四學에 관한 외국어를 교육하고 있었고, 또 이들 이웃 나라의 언어
와 문자를 이해하는 사람을 양성하고 보존하려고 대단히 고심하였다. 이
런 사실은 실록 기사의 여러 곳에 나타나 있는데, 이는 일부 국가의 언
어정책에 대해서까지 잘 알고 있었음을 보여 주는 것이다.
　　『보한재집』 부록에 수록된 '신숙주의 행장'(姜希孟 지음)에는 다음과
같이 기록되어 있다.

　　上　以本國音韻　與華語雖殊　其牙舌脣齒喉淸濁高下　未嘗不與中國同
列國皆有國音之文　以記國語　獨我國無之　御製諺文字母二十八字

　　임금(세종)께서 우리나라 음운이 화어와 비록 다르나 아·설·순·치·후와
청·탁·고·하(즉 자음, 모음과 성조)를 중국과 마찬가지로 다 갖추고 있으며,
여러 나라들이 모두 제 나라 말소리를 기록할 글자를 가지고 제 나라 말을 기록
하고 있는데, 우리나라만 글자가 없다고 하셔서 임금께서 언문자모 28글자를 만
드셨다.

　　신숙주의 年譜·墓誌(李坡)·碑銘(李承召) 등과 『증보문헌비고』(1770

~1908 편찬) 권245 樂考에도 동일한 기사가 실려 있다.

이러한 새 문자의 창제를 최만리 등의 '반대소'에서는 거꾸로 받아들여 '이적'과 같은 행위라고 규정하였다.

自古 九州之內 風土殊異 未有因方言而別爲文字者 唯蒙古・西夏・女眞・日本・西蕃之類 各有其字 是皆夷狄事耳

예로부터 중국 안의 각 지방은 풍토가 매우 다르나 아직까지 방언이 다르기 때문에 따로 글자를 만든 일이 없고, 오직 몽고, 서하, 여진, 일본, 서번 등의 무리들만이 각각 제 글자를 가지고 있으니, 이는 모두 오랑캐의 일일 뿐입니다.

이와 같이 훈민정음 창제라는 같은 사실에 대해서도 입장에 따라 다른 견해를 보였다.

훈민정음 창제 시기에는 이웃 문자 가운데에서도 몽고 문자의 영향이 가장 컸던 것으로 인정되고 있다.[28] 몽고에서는 위구르 문자를 바탕으로

28) 이 문제에 대해서는 金完鎭(1972), 「世宗代의 語文政策에 對한 硏究」, 『省谷論叢』 3과 兪昌均(1978), 「朝鮮時代世宗朝言語政策의 歷史的性格」, 『東洋學報』 59-3・4 (日文) 그리고 이들 이외의 유창균 교수 논저에서 비교적 상세히 다루고 있다. 상기 논저들에서 인용한 원나라 세조의 파스파 문자 頒布勅書는 다음과 같다.
至元六年詔頒行於天下 詔曰 朕惟 字以書言 言以紀事 此古今之通制 我國家肇基朔方 俗尙簡古 未遑制作 凡施用文字 因用漢楷及畏吾字 以達本朝之言 考諸遼金以及遐方諸國例各有字 今文治寢興 而字書有闕於一代制度實爲未備 故特命國師八思巴創爲蒙古新字 譯寫一切文字期於順言達事而已 自今以往凡有璽書頒降者 幷用蒙古新字 仍各以其國字副之(元史 권202)
至元 6년(1269)에 널리 온 세상에 조서를 발표하였다. 조서에서 다음과 같이 말하였다. 짐이 생각건대, 글자(字)로써 말을 적고 말(言)로써 일을 기록하는 것은 고금의 통제다. 우리나라는 북방에서 터를 잡아 세속에 옛 것을 숭상하고 아직 제도를 만들 겨를이 없었다. 그래서 문자를 사용함에 있어서는 그대로 한자와 畏吾字를 사용하여 本朝의 말을 통달해 왔다. 요・금과 먼 나라들이 각각 글자를 가지고 있는 예를 생각건대, 이제 문치가 점점 일어날 때에 한 시대의 제도로서 자서(字書)가 모자라고 미비된 바가 있다. 그래서 특히 국사인 파스파에게 몽고 신자를 만들게 하고 모든 문자를 번역하여 적게 함으로써 말을 순편하게 하고 일을 통달하도록 하였을 따름이다. 지금부터는 모든 새서(천자의 도장을 찍은 문서)를 반포함에 있어서는 몽고 신자를 아울러 쓰고 각 나라의 글자로 부서하도록 할 것이다.
二月己丑 頒新製蒙古字於天下 詔曰 朕惟 字以書言 言以紀事 此古今之通制也 我國家肇基朔方 未遑制作 凡文字皆用漢字及畏兀字以達本朝之言 今文治寢興 而字

해서 만든 몽고 문자를 쓰다가 원나라를 건립한 뒤로는 위구르 문자식 몽고 문자의 결함을 보완하고, 원나라 판도 내의 여러 언어까지도 다 표기할 수 있는 문자로서 파스파(ḥPhags-pa, 팍바 또는 八思巴라고도 함) 문자를 창안하였다. 이 파스파 문자는 범어 계통인 티베트 문자를 기초로 한 것으로서 티베트의 고승 파스파가 1269년(元 至元 6)에 음소문자식으로 만들고 음절문자처럼 쓰도록 마련한 문자이다. 따라서 파스파 문자는 다음과 같은 목적으로 창안된 것이라고 할 수 있다.

　　① 자유로운 몽고어 표기
　　② 한음(중국자음)의 정확한 표기
　　③ 원나라 판도 내의 모든 언어의 적절한 표기

　이러한 파스파 문자의 창제 목적이 그 뒤의 원나라 치정에서 제대로 실행에 옮겨지지는 못하였으나, 이 문자는 한자와 병용되기도 하고 이 문자로 표음한 운서(『蒙古字韻』)가 편찬되기도 하였다.

　고려시대부터 원나라와 밀접한 관계를 맺고 있던 우리나라에서는 원나라의 문자 생활이나 언어정책을 잘 알고 있었다. 그러므로 세종과 그 보필자들이 훈민정음과 같은 새로운 문자를 창제함에 있어서 표음문자인 파스파 문자를 당연히 참고하였을 것이며 그와 함께 원나라의 문자·언어정책까지도 참고하였을 것임은 짐작하고도 남음이 있다.

6) 세종의 개인적 성격

　이상에서 설명한 여러 가지 요인을 배경으로 해서 새 글자 훈민정음

書方闕 其於一代制度 實爲未備 特命國師八思巴創爲蒙古新字 譯寫一切文字期於順言達事而已 自今以後凡有璽書頒發 並用蒙古新字 仍各以漢字副之 其餘公式文書 咸仍其舊(新元史 권8, 至元 6년, 1269. 元史 권202 글과 같아 번역 안 함.)

은 창제되었다. 그러나 무엇보다도 직접적인 동기가 된 것은 세종대왕의 개인적인 성격과 학문에 대한 열정이었다.

세종대왕은 우리 역사뿐만 아니라 인류사에 있어서 드문 위인이다. 천성이 어질고 부지런하였으며 학문을 좋아하고 여러 분야에 걸쳐 능통하였다. 특히 음운학 이외에도 음악과 성리학 등에 조예가 깊었고, 이 가운데에서도 훈민정음 창제와 밀접한 관계가 있었던 성리학을 깊이 연구하였음은 앞에서 이미 언급한 바 있다.

세종의 치정 관계 업적을 보면 외교상으로는 중국에 대하여 '至誠事大'를 내세우면서도 주체성이 강하여 안으로 법령을 정비하고 영토 확장에 힘써서 여진과 대마도를 정벌하는 한편, 북방 지역에 四郡을 창설하였으며 田制와 稅制를 개혁하고 화폐를 주조하였다. 또한 학문 진작에도 힘써서 집현전과 경연제도를 활용하여 經學을 本으로 삼고 史學을 用으로 삼는 병용책을 썼으며, 고서의 수집과 번각, 신서의 편찬·간행에 힘써서 이를 위한 활자의 개주·판본 정리 등도 이루어졌다.

세종은 이러한 학문적 분위기를 조성하는 데 항상 앞장서서, 손에서 책을 놓은 일이 없었고 여러 학자들과 학문을 논하기를 즐기었다. 이러한 학문 중에도 세종은 실무자적이고 실리주의적인 면이 강해서 鄭招에게는 천문을 연구하게 하고, 蔣英實과 李蕆에게는 시계(自擊漏)를 만들게 하였으며, 朴堧에게는 음악(雅樂)을 정리토록 하였다. 또 농서를 간행하였으며 地志(지방 역사지)와 州郡沿革도 편찬케 하였다. 이러한 실리적이고 민본주의적인 대왕의 성격이 백성의 표기 수단을 해결하려고 하는 훈민정음 창제로 이어졌던 것이다.

여기에 한 가지 더 보탠다면, 세종은 특히 백성(일반 서민)을 사랑했다. 어떠한 국왕도 백성을 사랑하지 않는 것은 아니지만, 세종은 언제나 백성의 편리한 생활을 생각했다. 그래서 한글을 창제하자마자 불경을 번역하도록 지시했다. 이것은 '崇儒抑佛'을 표방하고 건국한 조선으로서는 특단의 조치였다.

3. 세종과 훈민정음

지금까지 조선시대 전기, 특히 세종 및 그 보필자들이 가지고 있었을 언어관을 살펴보았다. 앞에서 설명한 바를 요약하면 다음과 같다.

① 조선시대의 언어관은 건국이념이었던 유교(특히 송학)를 바탕으로 해서 성립된 것이다.

② 때마침 우리 문화에 대한 자각이 강하였던 시대이었으므로 삼국시대부터 차용하여 써오고 있던 한자, 한문과 차자표기법을 가지고는 도저히 우리 언어생활이 제대로 이루어질 수 없다는 것을 알고 있었다.

③ 게다가 백성들을 교화하기 위해서도 그들에게 자유로이 의사표시를 할 수 있는 표기 수단을 마련해 줄 필요를 느껴서 새로운 문자의 창제를 더욱 절실히 생각하게 되었다.

④ 유교와 중국 성운학의 영향으로 '성인지도'를 터득하기 위해서는 文義와 성운, 六書를 밝혀야 된다고 생각하고 있었고, 여기서 한 걸음 더 나아가 표준적인 正聲, 正音의 확립이 필요하다고 여기고 있었다.

⑤ 그리고 역학 정책의 원만한 수행을 위해 적절한 표음문자가 필요하였다.

이리하여 이웃 여러 나라의 문자를 참고하여 모든 필요성을 충족시켜 줄 표음문자인 훈민정음을 창제하게 되었고, 그 결과를 정인지는 '훈민정음해례본 서문'(1446, 세종 28)에서 다음과 같이 밝혔다.

① 우리 민족은 모든 음을 자유로이 표기할 수 있는 표음문자를 가지게 되었으며,

② 한문 서적도 쉽게 해석할 수 있게 되어 文義 파악도 쉬워졌고,

③ 사법, 행정 등에서 백성의 뜻도 제대로 알게 되었으며,

④ 한자의 음(字音)도 분명히 구별할 수 있게 되었고,

⑤ 음악의 律呂(음계)도 고르게 할 수 있게 되었다.

이에 따라서 여러 한문책이 언해되고, 표준 한국한자음을 나타내는 운서가 편찬되었으며, 아악도 정리되었다.

지금까지 설명한 언어관과 이를 바탕으로 해서 세종 시대에 전개된 언어정책에 관하여 살펴보고자 한다.

먼저 세종 시대에 이룩된 어문 관계 업적을 열거해 보면 다음과 같다.

① 1443년(세종 25) 12월
　새로운 음소문자인 고유문자 훈민정음 창제
② 1445년(세종 27)~1447년(세종 29)
　『용비어천가』 보완 완료
③ 1445년(세종 27)경~1455년(단종 3)
　표준 중국한자음용 『홍무정운역훈』, 『사성통고』 편찬 완료
　한어 교재인 『直解童子習譯訓評話』 편찬 완료
④ 1446년(세종 28) 9월
　고유문자에 관한 해설서인 『훈민정음』(해례본) 편찬 완료
⑤ 1447년(세종 29) 9월
　표준 한국한자음용 『동국정운』 편찬 완료
⑥ 1447년(세종 29)
　『석보상절』, 『월인천강지곡』 편찬 완료
　『훈민정음언해본』 완성(추정)

다음에 앞의 여러 사업에 관하여 살펴보겠다.

1) 훈민정음 창제

세종 시대의 언어정책 가운데 가장 뛰어난 업적은 훈민정음의 창제이다. 고유문자의 창제로 우리 겨레는 비로소 마음대로 자기 의사를 기록할 수 있는 표기 수단을 갖게 되었으며, 문자 생활은 한자나 한문으로

하고, 일상 언어생활은 우리말 구어로 행해 오던 '이중 언어생활'에서 어느 정도 벗어나게 되어 고유문자에 의한 문장어가 발달될 길이 열렸다. 또한 훈민정음 창제로 구비문학이 기록으로 남게 되었다. 그러면 이제 훈민정음 창제와 관련된 몇 가지 사항을 생각해 보고자 한다.

(1) 훈민정음(문자)의 성격

훈민정음은 국어뿐만 아니라 한자음과 이웃의 여러 나라의 언어음도 표기할 수 있도록 창제된 표음문자였다. 또한 훈민정음의 문자로서의 성격은 위구르 문자계 몽고 문자나 티베트 문자계 파스파(ḥPhags-pa) 문자와 같은 음소문자였으며, 표기할 때는 한자나 파스파 문자처럼 몇 개의 음소문자를 하나로 묶어 음절 단위로 나타냈다.

훈민정음이 문자로서 이상과 같은 성격을 띠게 된 것은 당시 주변 민족들의 문자로부터 받은 영향의 결과였다. 세계 문자사상 아시아에서 훈민정음과 비슷한 성격을 가졌던 문자 체계는 모두 저 멀리 셈족 사이에서 발달된 아람(Aram) 문자 계통의 글자들이 중앙아시아를 거쳐서 두 갈래로 東進해 온 것들로 보고 있다.

하나는 북방계로서 위구르 문자를 거쳐 몽고 문자에 이르고 다시 17세기에 만주 문자로까지 발전하였다. 또 하나는 남방계로서 역시 아람 문자로부터 브라흐미(Brāhmi) 문자 등 인도계 문자로 이어지고, 여기에서 티베트 문자로 나아가고 이를 기초로 하여 원나라의 파스파 문자가 만들어졌다.[29] 이들 문자는 앞에서 언급한 바와 같이 15세기의 우리나라에 잘 알려져 있었다.

훈민정음 창제자들이 음소문자를 만들게 된 배경은 이러한 문자들에 대한 지식에서 나온 것으로 볼 수 있다. 그런데 위에서 말한 문자들은

---

29) 河野六郎(1989), 「ハングルとその起源」, 『日本學士院紀要』 43-3, 東京 참고.

음소문자이면서도 독특한 성격을 가지고 있었다. 위구르 문자는 母音字의 독립성이 약했고, 이 계통을 이은 몽고 문자는 한 문자가 둘 또는 그 이상의 자음이나 모음을 나타내기도 하였다. 따라서 이 문자로 기록된 문헌은 몽골어를 아는 사람만이 옳게 읽을 수 있었다. 또 파스파 문자는 橫書를 하던 티베트 문자와는 달리 한자와 마찬가지로 縱書를 하고 음절 단위로 구분하여 표기하였다.

이들과 달리 훈민정음은 역시 모음자가 독립적으로 쓰이지는 않았으나 거의 완전한 음소문자였는데도, 한자나 파스파 문자처럼 음절을 단위로 해서 표기하였다. 이런 점으로 보아 훈민정음이 이웃 나라의 문자와 표기 방식을 참고하였음을 알 수 있다. 그러나 정인지는 '훈민정음해례본 서문'에서

> 正音之作 無所祖述 而成於自然
> 정음은 어떤 계통을 이어받아서 만든 것이 아니라 저절로 이루어진 것입니다

라고 말하고 있다. 이것은 문자 자형의 계통으로 보면 어떤 문자의 직접적인 영향을 받지 않고 완전히 독창적으로 창안된 문자라는 뜻이다. 그렇다고 하더라도 국어를 문자화하기 위하여 음소문자를 창제할 수 있었던 것은 훈민정음 창제 담당자들이 15세기의 중세국어를 분석하여 국어의 음소를 파악할 수 있었기 때문에 가능하였다. 이러한 음소 분석 방법은 당시의 동양 언어학이었던 중국 성운학(또는 漢語音韻學, 中國音韻學이라고 함) 연구에서 터득한 것이었다. 또한 이러한 문자화 과정에 있어서 당시의 문자학이었던 중국 문자학에 관한 지식을 援用하였을 가능성이 충분히 있다.

(2) 제자 원리

『훈민정음해례본』 제자해에서는 훈민정음의 제자 원리가 우선 '象形'
에 있었음을 밝히고 있다.

> 正音二十八字 各象其形而制之
> 정음 28 글자는 각각 그 모양을 본떠서 이를 만들었다.

이것은 새로운 문자의 훈민정음도 그 기본적인 제자 원리에 있어서는
한자와 마찬가지로 '象形'의 원리를 응용하였음을 말하는 것이다. 즉 제
자 방식에 있어서 파스파 문자나 다른 문자를 모방[30]한 것보다는 육서
의 방식인 '상형'을 본떴음을 증언한 것이다. 상형의 기본인 자획을 설명
한 정초의 '육서략'의 '기ー성문도'에는 훈민정음의 자형, 특히 자음자(초
성자)의 기본자가 되는 글자들과 비슷한 것들이 너무나도 많다.[31] 여기
에서 말하는 '文'이란 정초의 '칠음략서'에서 '獨體爲文 合體爲字'라고
하여 '字'와 구별하고 있는 문자의 기본 획을 말하는 것이다. '육서 서'에
서 '象形·指事 文也. 會意·諧聲·轉注 字也, 假借 文字俱也'라고
한 '文'과는 다른 것이다. 다음에 '기ー성문도'를 인용해 보겠다.

---

30) 파스파(八思巴) 문자 모형설은 兪昌均(1974), 『蒙古韻略과 四聲通攷의 研究』, 형설
    출판사, pp.141~142와 그 밖의 여러 가지 유 교수 논문을 참고할 것.
31) 洪起文(1946), 『正音發達史』下, pp.34~36, 孔在錫(1967), 「한글 古篆起源說에 대한
    한 考察」, 『中國學報』7, pp.45~54 등 참조. 또 이규경의 『오주연문장전산고』 권33 안의
    '反切飜紐辨證說' 가운데에는 이덕무의 盎葉記에서 인용한 글이 있는데, '起ー成文圖'를
    참고로 한 듯이 설명한 내용이 있다.
    我王考 靑莊館所撰 盎葉記 訓民正音初終聲通用八字 皆古篆之形也 ㄱ 古文及字
    象物相及也 ㄴ 匿也 讀若隱 ㄷ 受物器 讀若方 ㄹ 篆ㄹ字 ㅁ 古圍字 ㅂ 篆口字
    ㅅ 篆入字 ㅇ 古圓字
    우리 할아버지께서 편찬한 『청장관전서』 안의 『앙엽기』에는 '훈민정음초종성통용팔자'가
    모두 고전의 모습이라고 설명하고 있다. 'ㄱ'은 古文의 '及'자로서, '物相及'을 상형한 것
    이다. 'ㄴ'은 '감추는 것'이며 '隱'이라고 읽는다. 'ㄷ'은 '물건'을 받아들이는 '그릇'으로서 '방'
    이라고 읽는다. 'ㄹ'은 전자의 'ㄹ'자이며, 'ㅁ'은 고문의 '圍'자다. 'ㅂ'은 전자의 'ㅁ'자이며,
    'ㅅ'은 전자의 '入'자이며, 'ㅇ'은 고문의 '圓'자다.
    참고 : '起ー成文圖'에는 ㄱ音及, ㄴ音隱, ㄷ音方, ㅅ音入, ㅁ音圍라고 있다.

起一成文圖

衡爲 一 從爲 丨(音袞)

邪丨爲 丿(房必切) 反 丿 爲 乀(分勿切) 至 乀 而窮

折一爲 ㄱ(音及) 反 ㄱ 爲 ㄴ(呼旱切) 轉 ㄱ 爲 ㄴ(音隱) 反 ㄴ 爲 ㄴ(居目切了丶此見了部) 至 ㄴ 而窮

折一爲 ㄱ 者側也 有側有正 正折爲 ∧(卽 宀 字也 又音帝 又音入) 轉 ∧ 爲 ∨(側加切) 側 ∨ 爲 〈(音畎) 反 〈 爲 〉(音泉) 至 〉而窮

一再折爲 ㄇ(五犯切) 轉 ㄇ 爲 凵(口犯切) 側 凵 爲 匚(音方) 反 匚 爲 ㄱ(音播) 至 ㄱ 而窮

引一而繞合之 方則爲 口(音圍) 圓則爲 〇(音星) 至 〇 則環轉無異勢 一之道盡矣(中略)

一能生而 ●不能生 天地之道 陰陽之理也(六書略 第五)

훈민정음의 자음자 자형이 모두 이것을 참고로 하여 제자한 것이라고 단언하기는 어렵겠으나 '기—성문도'에는 훈민정음 자음자의 기본자와 너무나도 같은 자형이 많다.

正音	基本字	起一成文圖
牙	ㄱ	折一爲 ㄱ
舌	ㄴ	轉 ㄱ 爲 ㄴ
脣	ㅁ	方則爲 口
齒	ㅅ	正折爲 ∧
喉	ㅇ	圓則爲 〇

흔히 인용되고 있는 파스파 문자와 비교해 보면 다음과 같다.

36자모	見	端	幇	心	喩	來	日
파스파 문자	ꡀ	ꡊ	ꡌ	ꡛ	ꡝ	ꡙ	ꡥ
훈민정음	ㄱ	ㄷ	ㅂ	ㅅ	ㅇ	ㄹ	ㅿ

위와 같이 서로 비교해 보면, 전자에 비하여 후자에서는 그 관련성을 발견하기가 매우 힘든 것을 알 수 있다. 그렇다고 훈민정음을 창제할 때 파스파 문자 등을 전혀 참고하지 않았다는 것이 아니다. 다만 문자의 성격을 참고로 하여 문자로서의 훈민정음의 성격을 규정짓는 것과 훈민정음의 제자 방식을 규정짓는 것은 개별 문제로 보아야 될 것이다.

'육서략'의 '殊文總論'에서

    諸國之書 有同有異 各隨所習而安 不可疆之使同
    여러 나라의 글은 같기도 하고 다르기도 하니 각각 그 배운 바를 따라서 순서대로 쓸 것이고, 억지로 똑같이 쓰게 해서는 안 된다

라고 한 것과 '훈민정음해례본 서문'에서 정인지가

    盖外國之語 有其聲而無其字 假中國之字 以通其用 是猶柄鑿之鉏鋙也 豈能達而無礙乎 要皆各隨所處而安 不可强之使同也
    대개 중국 이외의 외국말은 중국어와 다른 그 말의 음이 있으나 글자가 없어서 중국의 글자인 한자를 빌려서 쓰고 있다. 그러나 이는 마치 둥근 구멍에 모난 자루를 낀 것과 같이 서로 어긋나는 일이니 어찌 능히 통달해서 막힘이 없겠는가! 그러므로 요는 각각 그 처해 있는 바를 따라 순리대로 할 것이오 억지로 똑같게 할 것이 아니다

라고 한 것은 '육서략'의 내용과 '훈민정음해례본 서문' 사이에 어떤 관계가 있었던 증거로 보는 것이 좋다.

『훈민정음해례본』제자해에서는 단순히

    正音二十八字 各象其形而制之
    정음 28자는 그 모양을 본떠서 이를 만들었다

라고만 하였으므로 모음자의 기본문자인 '•ㅡ ㅣ'의 자형도 위에서 보인

'기—성문도' 안에서 '一ㅣ'와 같은 유사 자형을 찾아 그 상호 관계성을 말할 수 있다. 그러나 훈민정음 창안자들은 훈민정음의 자음자나 모음자의 자형을 창출해 냄에 있어서 '起一成文圖'를 참고로 하여 그 자형을 얻어낸 것 같으나 '各象其形'의 '其形'은 자음자와 모음자에 따라 그 근거를 따로따로 제시하고 있다. 이를 '제자해'의 설명을 가지고 요약해 보면 다음과 같다.

子音字				
五音	基本字	象形 內容	加劃字	異其體字
牙	ㄱ	象舌根閉喉之形	ㅋ	ㅇ
舌	ㄴ	象舌附上腭之形	ㄷㅌ	ㄹ
脣	ㅁ	象口形	ㅂㅍ	
齒	ㅅ	象齒形	ㅈㅊ	ㅿ
喉	ㅇ	象喉形	ㆆㅎ	

母音字			
陰陽別	基本字	字形	象形 內容
陰	•	圓	象乎天
陽	一	平	象乎地
陰	ㅣ	立	象乎人

初出字	制字 基準 (음성적 성격)	字形 說明
ㅗ	•與一合而成	取天地初交之義也
ㅏ	ㅣ與•合而成	取天地之用發於事物待人而成也
ㅜ	一與•合而成	亦取天地初交之義也
ㅓ	•與ㅣ合而成	亦取天地之用發於事物待人而成也

再出字	制字 基準	字形 說明
ㅛ	與ㅗ同而起於ㅣ	起於ㅣ而兼乎人, 二其圓者 取其再生之義也
ㅑ	與ㅏ同而起於ㅣ	起於ㅣ而兼乎人, 二其圓者 取其再生之義也
ㅠ	與ㅜ同而起於ㅣ	起於ㅣ而兼乎人, 二其圓者 取其再生之義也
ㅕ	與ㅓ同而起於ㅣ	起於ㅣ而兼乎人, 二其圓者 取其再生之義也

제자해의 설명에서 자음자는 조음할 때의 조음기관의 상태를 상형하였다고 한 것은 언어의 문자화라는 견지에서 볼 때 타당성 있는 설명이었다. 그런데 모음자에 관한 설명은 역학의 원리를 응용하여 설명하고 있다. 이것은 '언어관의 성립'(1부 1장 2절)에서 언급한 것처럼 인간의 성음도 역의 원리에 입각해서 파악하고 있었음을 반영한 것이다.

(3) 제자 기준

훈민정음의 제자 기준은 15세기 중세국어의 음소를 분석해서 파악하고, 이를 기본 단위로 하여 표기할 수 있도록 한 것이다. 그 결과 자음자를 23(각자병서 포함), 모음자를 11로 하고 따로 성조를 나타내는 聲点(傍点) 2를 정했다.

그러나 이 숫자는 15세기 중세국어의 음소 수와 완전히 일치하는 것은 아니다. 그 원인은 국어의 문자화 과정에 있어서 15세기 중세국어를 직접 분석한 것이 아니라 당시까지 전해 오면서 국어의 어음으로 변한 한국한자음을 먼저 분석 대상으로 삼았고, 이를 기초로 해서 중세국어의 음운 체계를 파악한 데 있었다.[32] 이러한 과정에서 약간의 차이가 생겼다. 왜냐하면 이런 분석을 맡았던 학자들은 이미 터득하고 있던 중국음운학 지식을 활용하였으나 15세기의 한국한자음의 상태를 '있는 그대로' 본 것이 아니라 '訛'나 '變'으로 보고 있었기 때문이었다. 그래서 이를 바로잡고자 『동국정운』을 편찬하였으며, 새로 창제하게 된 문자의 체계도 이 '동국정운의 체계'에 맞추려고 하였다. 그 결과 훈민정음의 문자 체계, 특히 자음 체계는 15세기 중세국어의 체계와 어느 정도 거리가 생기게 되었다. 더군다나 훈민정음의 자음 체계는 중국 사람들이 당말 북송 때부터 한자음의 어두음을 분석하여 만든 36자모 체계를 본받아 23자모 체

---

32) 이 문제에 대해서는 河野六郎(1959), 「再び '東國正韻'に 就いて」, 『朝鮮學報』 14 등 그의 여러 논저에서 언급하고 있다.

계로 한 것이었다. 이것은 체계상으로는 정비된 것이었으나 15세기의 실지 중세국어의 자음 체계와는 거리가 있게 되었다. 그러나 『동국정운』의 음계도 전승 한국한자음(=15세기 중세국어 음운 체계)을 기초로 한 것이므로, 15세기 한국한자음과의 괴리가 그렇게 심한 것은 아니었다.

훈민정음(한글)의 초성(자음) 체계는 중국음운학의 36자모 체계를 참고로 해서 한국한자음에서는 구별되지 않는 순중·순경, 설두·설상, 치두·정치음의 구별을 없애서 23자모 체계로 한 것이다.

◆ 훈민정음 23초성 체계(=동국정운 23초성 체계)

	아음	설음	순음	치음	후음	반설음	반치음
전청	ㄱ	ㄷ	ㅂ	ㅈ	ㆆ		
차청	ㅋ	ㅌ	ㅍ	ㅊ	ㅎ		
전탁	ㄲ	ㄸ	ㅃ	ㅉ	ㆅ		
불청불탁	ㆁ	ㄴ	ㅁ		ㅇ	ㄹ	△
전청				ㅅ			
전탁				ㅆ			

◆ 15세기 중세국어의 자음 체계[33]

ㄱ	ㄷ	ㅂ	ㅈ	ㅅ	ㆆ	
ㅋ	ㅌ	ㅍ	ㅊ			
ㅺ	ㅼ	ㅽ		ㅆ	ㆅ	
		ㅸ		△	ㅇ	
ㆁ	ㄴ	ㅁ				
	ㄹ					

그런데 모음에 관해서는 중국음운학에서 36자모표처럼 정비되어 있는 표가 없었다. 『동국정운』 편찬자들은 전승 한자음과 중세국어의 모음 체

---

33) 이기문(1972), 『개정 국어사개설』, 민중서관, p.130에 의함.
河野六郎 교수가 본 15세기 중세국어의 子音音素는 다음과 같다. 河野六郎(1968), 『朝鮮漢字音の研究』, 天理時報社, p.40.

계를 독자적으로 분석하여 이를 표기할 모음자를 마련하였다. 이것이 •ㅡㅣㅗㅏㅜㅓ 7단모음 체계다. 다만 무슨 까닭인지 이중모음인 ㅛㅑㅠㅕ도 훈민정음의 중성 체계에서는 단모음과 함께 다루어서 '中聲凡十一字'라고 하였다.[34) 이 11모음 체계는 『동국정운』의 음계와도 일치한다.

(4) 새로운 문자 '훈민정음'에 대한 해설서 편찬

1443년(세종 25) 12월 고유문자인 '훈민정음' 창제에 성공하자 세종은 정인지 이하 8명의 '정음' 전문가들에게 이 새 문자에 대한 해설서를 편찬하도록 명하였다. 이 책은 1446년(세종 28) 9월에 완성되었는데, 한문으로 씌어졌으며 한글로 표기된 단어의 예가 123개 나타나 있고 책 이름은 역시 '훈민정음'이었다.

일찍이 元나라의 경우처럼 새 문자를 창제하고 그 취지를 밝힌 적은 있으나 '훈민정음'처럼 새 문자에 대한 해설서를 편찬한 일은 다른 민족에서 볼 수 없는 드문 예였다.

이 책은 본문이라고 할 수 있는 예의편과 이를 설명한 부분이 되는 해례편으로 되어 있다. 해례편은 다시 제자해 · 초성해 · 중성해 · 종성해 · 합자해 · 용자례로 되어 있으며 끝에 정인지의 서문이 붙어 있다.

이 책의 첫머리에서 세종은 표기 수단을 갖지 못하여 제 의사를 마음대로 표현 못하는 백성들에게 표기 수단을 마련해 주어 일상생활에 불

-p-(ㅂ)	-t-(ㄷ)	c-(ㅈ)	-k-(ㄱ)	- • (ㆆ)
p'-(ㅍ)	t'-(ㅌ)	c'-(ㅊ)	k'-(ㅋ)	
-m-(ㅁ)	-n-(ㄴ)		-ng-(ㆁ)	
	-s-(ㅅ)			h-(ㅎ)
		ss-(ㅆ)		hh-(ㆅ)
v-(ㅸ)		z-(ㅿ)		
	-r-(ㄹ)			

34) 兪昌均(1962), 「訓民正音 中聲體系 構成의 根據」, 『語文學』 12에서도 훈민정음 중성 체계의 중성 글자도 역시 '동국정운 한자음' 체계에서 나온 것이라고 하였다.

편이 없도록 하기 위하여 새로운 문자 훈민정음을 창제하였다고 밝히고 이어서 새로운 문자의 음가와 사용법을 간단히 설명하였다.

해례편에서는 이를 이어 받아서 새 문자의 제자 원리·제자 기준·사용법·사용례 등을 비교적 상세히 설명하였다. 그러나 애당초 세종과 그 보필자들이 송학과 중국 성운학을 바탕으로 한 언어관을 가지고 있었으므로 새로운 문자에 대한 설명도 이 두 가지 학문적인 견지에서 이루어졌다.

정인지의 서문에서는 한자를 빌려 쓰는 생활에서는 언어생활을 제대로 할 수 없으므로 이런 불편을 없애기 위해 '훈민정음'을 창제하게 된 것이라고 그 창제 동기를 밝혔다.

2)『동국정운』편찬 : 표준 한국한자음 설정

(1) 편찬 경위

세종 및 보필자들은 지리적 조건이 다르면 언어도 다르고, 시대가 변하면 언어도 변한다는 사실을 알고 있었다. 그래서 정인지는 '훈민정음 해례본 서문'에서 다음과 같이 말하였다.[35]

四方 風土가 다르면 聲氣도 역시 이에 따라 달라서, 중국 이외의 다른 나라의 말은 중국어와 같지 않은 그 말의 음이 있으나 이를 나타낼 글자가 없어서 중국 글자를 빌려서 쓰고 있다.

---

35) 정인지의 '훈민정음해례본 서문'에는 다음과 같이 나타나 있다.
四方風土區別 聲氣亦隨而異焉 盖外國之語 有其聲而無其字 假中國之字 以通其用
신숙주의 '동국정운 서문'에는 다음과 같이 되어 있다.
矧吾東方 表裏山河 自爲一區 風氣已殊於中國 … 文字之音 … 亦必有自牽於語音
者 此其字音之所以亦隨而變也

그리고 신숙주도 '동국정운 서문'에서 아래와 같이 말하였다.

하물며 우리 東方은 안팎으로 산하가 스스로 한 구획을 이루고 있어서 기후
나 발음이 중국과 다르며 이에 따라 字音(漢字之音)도 저절로 우리 語音에
이끌리어 변하게 되었다.

그러면서도 한국한자음의 변화를 '訛'나 '變'으로 보고 크게 걱정하였
다. 다시 신숙주의 표현을 빌리면 다음과 같다.

由是 字畫訛而魚魯混眞 聲音亂而涇渭同流 橫失四聲之經 縱亂七音之
緯 經緯不交 輕重易序 而聲韻之變極矣
이로 말미암아 자획이 그릇되어 魚와 魯를 구별할 수 없을 정도가 되고, 성
음이 어지러워져서 맑은 물과 흙탕물이 뒤섞여 함께 흐르는 것과 같이 되었으
며, 한자음을 나타내는 운도에서도 橫欄에 사성을 제대로 나열하지 못하고, 縱
欄에도 7음을 옳게 표시하지 못하여, 이들 둘의 결합으로 나타내는 한자음이
제대로 표시되지 못하게 되었으므로 순경음과 순중음의 차례가 바뀌는 등 성음
의 변함이 극에 달하게 되었다.

이렇기 때문에

若不一大正之 則愈久愈甚 將有不可救之弊矣
한번 이것을 크게 바로잡지 않는다면 시간이 가면 갈수록 혼란이 더욱 심해
져서 장차 바로잡지 못할 폐단이 있게 될 것이다

라고 하였고, 최만리 등의 '반대소'에 대한 세종의 답변에서도

만일에 내가 운서를 바로잡지 않는다면 누가 이를 바로잡을 것인가?

라고 말하였다. 이것은 한자음의 발음 사전인 운서를 바로잡겠다고 분명
하게 의사를 천명한 구절이라고 할 수 있다.
세종과 그 보필자들이 『동국정운』을 편찬하겠다는 의사를 굳히게 된

것은 '언어관의 성립'에서 이미 지적한 바와 같이 『홍무정운』의 영향도 컸던 것으로 보인다.

『홍무정운』 첫머리의 서문(宋濂)에서는 명나라 태조가 표준 운서를 편찬시킨 경위를 다음과 같이 말하고 있다.

皇上 稽古右文 萬機之暇 親閱韻書 其見比類失倫 聲音乖舛 召詞臣諭之曰 韻學起於江左 殊失正音 有獨用 當倂爲通用者 如東冬淸靑之屬 亦有一韻 當析爲二韻者 如虞模麻遮之屬 若斯之類 不可枚擧 卿等當廣詢通音者 重刊定之

황제께서 옛 것을 상고하고(즉 학문을 하여) 문을 높이어 모든 정사를 돌보시는 틈에 친히 운서를 보시다가 그 분류가 기준을 잃고 실제 언어생활의 성음과 어긋남을 보시고 문신들을 불러 말씀하시기를 "운학이 양자강 하류에서 일어난 까닭에 정음을 크게 잃어서, 각각 나누어 쓰지만 마땅히 어울러 쓸 것으로 동(東)운과 동(冬)운, 청(淸)운과 청(靑)운 같은 것이 있고, 또 한 가지 운으로 쓰지만 마땅히 두 가지 운으로 나누어 쓸 것에 우(虞)운과 모(模)운, 마(麻)운과 차(遮)운 등과 같은 것이 있으니, 이런 예를 이루 다 들 수 없다. 경들은 마땅히 음운에 통달한 사람에게 널리 물어서 운서를 편찬하고 간행하여 음운을 다시 정해야 한다"라고 하셨다.

그리고 '홍무정운 범례'에서는 '정음'을 다음과 같이 규정하였다.

欲知何者爲正聲 五方之人皆能通解者 斯爲正音也 沈約以區區吳音 欲一天下之音難矣

어떤 것으로 '정성'을 삼을 것인지 알고 싶다면 각 지방 사람들이 다 통할 수 있는 음이 '정음'이며, 심약이 개별적인 '吳音'으로 천하의 음을 통일하려고 한 것은 어려운 일이었다.

'五方之人'이 다 통할 수 있는 음을 '정음'이라고 생각하였던 『홍무정운』 편찬자들은 남북조 시대부터 남조에서 편찬해 온 운서들을 '吳音'계라 규정하고, 이 음계(음운 체계)를 가지고는 '정음'을 삼을 수 없으니 새로운 음계를 제시해야 한다고 하였다.

명나라 태조가 밝힌 『홍무정운』의 편찬 목표는 '동국정운 서문'에도 그대로 나타나 있다. 즉 모든 방침은 세종에게서 나왔으며, '可倂者倂之 可分者分之 一倂一分一聲一韻(합칠 것은 합치고, 나눌 것은 나누었는데, 하나로 합치거나 하나씩 나누거나, 하나의 성과 하나의 운을 세울 때)'에도 모두 세종의 재가를 받았다고 하였다.

이와 같이 『동국정운』을 편찬하게 된 동기는 당시 혼란 상태에 빠졌다고 생각한 한국한자음을 통일하여 세상에서 널리 쓰이도록 하자는 데 있었다. '동국정운 서문'에 의하면 신숙주 등은 당시의 한국한자음을 다음과 같이 파악하고 있었다.

◆ 혼란 원인
① 정확한 한자음을 전해 주는 책이 일찍이 없었다(曾無著書 以傳其正).
② 어리석은 선생이나 선비들이 반절법 등 성운학에 어두워서 글자 모습이 같으면 음이 같다고 하고(庸師俗儒不知切字之法 昧於紐躡之要 或因字體相似而爲一音),
③ 고려시대에 諱字를 피하여 다른 음으로 읽었던 것이 원인이 되기도 하고(或因前代避諱而假他音),
④ 혹은 두 글자를 하나로 하고(或合二字爲一),
⑤ 혹은 한 음을 둘로 나누었으며(或分一音爲二),
⑥ 혹은 다른 글자를 차용하고(或借用他字),
⑦ 혹은 점이나 획을 가감하고(或加減點劃),
⑧ 혹은 漢音을 따르고(或依漢音),
⑨ 혹은 우리말을 따르기도 하여(或從俚語) 자모, 칠음, 청탁, 사성이 모두 변했다(而字母七音淸濁四聲皆有變焉).

◆ 혼란상
① 牙音을 가지고 예를 들면, 溪母(kʻ-)가 대부분 見母(k-)로 발음되고(若以牙音言之 溪母字 太半入於見母─字母之變),

② 溪母(kʻ-)字들은 曉母(h)로 발음되는 것도 있으며(溪母之字 或入於曉母－七音之變),

③ 우리 국어의 음은 청탁의 구별이 중국과 다르지 않건만 한국한자음에 있어서만 탁음이 없다(我國語音 其淸濁之辨與中國無異 而於字音獨無濁聲－淸濁之變).

④ 국어에서는 四聲이 심히 분명한데 한국한자음에서는 상성과 거성의 구별이 없고, -t(端母) 입성으로 발음되어야 할 質·勿韻 등이 -l(來母)로 발음되고 있다(語音則四聲甚明 字音則上去無別 質勿諸韻 宜以端母爲聲 而俗用來母－四聲之變).

⑤ ㄷ음이 ㄹ음으로 발음되고 있는 것은 종성만 그런 것이 아니어서, 次第의 第(뎨→례), 牧丹의 丹(단→란) 등과 같이 초성이 변한 것도 많으며, 또 국어에서는 溪母(kʻ-)가 많이 쓰이는데, 한국한자음에서는 夬(쾌)자음 하나뿐이다(端之爲來 不唯終聲 如次第之第 牧丹之丹之類 初聲之變者亦衆 國語多用溪母而字音則獨夬之一音而已－初聲之變).

◆ 개정 방법

① 일반 사람들의 습관과 傳籍을 참고하고(旁採俗習 博考傳籍),

② 널리 쓰이는 음을 바탕으로 하고 古韻의 반절에 맞도록 하며(本諸廣用之音 協之古韻之切),

③ 자모·칠운·청탁·사성의 본말을 밝혀 바로잡도록 한다(字母七音淸濁四聲靡不究具源委 以復乎正).

④ 성모와 운모의 설정에 있어서는 모두 세종의 결재를 받고(因古人編韻定母 可倂者倂之 可分者分之 一倂一分一聲一韻 皆稟宸斷 而亦各有考據),

⑤ 평·상·거·입 사성, 91운모, 23자모 체계로 된 운서를 편찬하여(於是調以四聲 定爲九十一韻二十三字母),

⑥ 훈민정음으로 주음하고(以御製訓民正音定其音),

⑦ 질·물운 등은 '이영보래' 형식(ㅭ로 표기)으로 조정하였으며(又於質勿諸韻 以影補來 因俗歸正),

⑧ 운서 이름은 '동국정운'이라고 한다(書成 賜名曰東國正韻).

원래 세종은 한어 자음도 학습하고 15세기 한국한자음도 바로잡기 위하여 당시 가장 중시하고 있었던 『고금운회거요』(1297)의 수록자에다가 새로 만들어진 훈민정음으로 注音하는 일을 추진하고 있었다.

『세종실록』 26년 2월 丙申(16日)조의 기사에는 '운회'(곧 『고금운회거요』)에 대한 주음 사업이 이때에서야 시작된 것으로 되어 있다.

命集賢殿校理崔恒 副校理朴彭年 副修撰申叔舟 · 李善老 · 李塏 敦寧府注簿姜希顔等 詣議事廳 以諺文譯韻會 東宮與晉陽大君王柔 安平大君瑢 監掌其事 皆稟睿斷 賞賜稠重供億優厚矣

집현전 교리 최항, 부교리 박팽년, 부수찬 신숙주 · 이선로 · 이개, 돈령부 주부 강희안 등에게 의사청에 나아가 언문으로 운회를 번역토록 명하시고, 동궁(후의 문종)과 진양대군 유(후의 세조), 안평대군 용에게 이 일을 감독하고 책임지게 하되, 모두 임금의 재가를 얻도록 하였는데, 하사를 많이 하고 부족함이 없도록 넉넉히 주셨다.

그러나 4일 후인 26년 2월 경자(20일)에 최만리 등이 올린 상소문에는 '韻會諺譯(주음)' 사업이 상당히 진척되었음을 보여주고 있다.

又輕改古人已成之韻書 附會無稽之諺文 聚工匠數十人 刻之 劇欲廣布 其於天下後世公議 何如

또 옛사람이 이미 만든 운서를 가벼이 고쳐 가지고 황당한 언문을 붙여서 공장 수십 사람을 모아 이를 새기고 갑자기 널리 공포하려 하니 천하 사람과 후세 사람의 공론이 어떻겠습니까?

그러나 이 사업은 이상적인 한자음 체계를 백성들에게 보여 주려고 하였던 세종과 그 보필자들에게 있어서도 전승 한국한자음과는 너무나도 체계가 다른 중국 본토 자음 체계를 그대로 제시할 수는 없었던 일이어서, 결국 중단하고 만 듯하다. 그 대신 이 언역 사업은 『고금운회거요』의 체계를 바탕으로 해서 전승 한국한자음 체계를 정리한 『동국정운』의 편찬으로 이어졌다.

『고금운회거요』는 원래 원나라 黃公紹가 1292년에 편찬한 『고금운회』를 1297년에 熊忠이 간략화한 것으로서, 그 체계는 107운식 『예부운략』 (劉淵)의 계통을 이은 것이었다. 그러나 이것은 표면적인 체계로서 수록자의 배열도 『오음집운』과 같이 자모순으로 하였으며, 당시의 현실 자음 체계를 표시하기 위하여 같은 운목에 수록되어 있는 자음들이라고 하더라도 운목자의 운과 구별되는 자음들은 '자모운'이라고 주를 달았다. 예컨대 東韻은 公 字母韻·弓 字母韻·雄 字母韻으로 갈라지며, 冬韻은 公 字母韻과 弓 字母韻으로 나뉜다.

『동국정운』의 91운 설정은 대체로 이들 '자모운'을 기준으로 한 것이었으며 운목의 명칭도 대개 '자모운'의 이름을 그대로 따른 것이었다. 『동국정운』의 일부 운목명 가운데 '자모운'과 부합되지 않는 것은 분류상의 차이일 뿐이다.

『동국정운』은 우리나라에서 편찬된 독특한 운서로서, 모든 수록 한자들을 먼저 운모가 같은 운목별로 모으고 이들을 평·상·거·입의 순서로 배열하였다. 같은 성(사성) 안에서는 훈민정음 23자모순(자모 명칭도 훈민정음대로 함)으로 배열하고, 운모의 배열 순서도 대체적으로 훈민정음의 중성 체계 순서를 따랐다. 다만 다른 운서들에서 볼 수 있는 바와 같은 字釋(글자 뜻풀이)은 전연 없고 같은 한자로서 다른 성(사성)이나 운목에도 소속되는 경우에 한하여 간단히 주를 달았다.

이런 면으로 보면 『동국정운』은 순전히 새로운 한국한자음 체계만을 보이려고 편찬된 운서임을 알 수 있다.

(2) 개정 한자음의 시행

1444년(세종 26)경부터 『고금운회거요』 언역 사업 대신에 진행된 『동국정운』 편찬 사업은 1447년(세종 29) 9월에 완성된 후, 모든 언해류에 나타나는 한자마다 '동국정운식 개정 한자음'을 훈민정음(한글)으로 표기하는 방향으로 전개되었다. 공교롭게도 이 운서의 완성 무렵에 왕비인 소헌왕후 沈氏가 1446년(세종 28) 3월 24일에 薨去하고 왕비를 위한『석보상절』·『월인천강지곡』등 불경 간행 사업이 감행되어 일차적으로 이 한자음이 이들 간행물에서 표시되었다.

그리고 이를 주관하였던 수양대군이 즉위한 이후에는 刊經都監을 설치하고 더욱 대대적으로 불경을 언해하여 간행한 결과 개정 한자음은 주로 불경 언해의 한자음 표기에 널리 쓰이게 되었다. 그리하여 1447년(세종 29)부터 1480년대(성종 초기)까지의 모든 간행물의 한자음은 새로운 표음문자인 훈민정음에 의하여 '동국정운식 개정 한자음'으로 병기되었다.

3)『홍무정운역훈』편찬 : 표준 중국자음의 제시

세종 시대의 언어정책에 있어서『동국정운』편찬 사업 못지않게 주력한 것은『홍무정운역훈』의 편찬 사업이었다. 우선 주목해야 할 것은『훈민정음해례본』편찬,『고금운회거요』언역(주음),『동국정운』과『홍무정운역훈』편찬, 아울러 뒤에 설명할『용비어천가』보수 사업 등이 거의 동일 진영의 인물들에 의해서 이루어졌다는 점이다.

아마도 이들은 그 시대를 대표하는 언어학자들이었음에 틀림없다. 각종 사업에 참여한 인사들의 일람표는 다음과 같다.

『홍무정운역훈』편찬 과정에서는 담당자가 많이 바뀌었으나 핵심 인물인 신숙주·성삼문은 그대로 남아 있었으며 위 표에 나타난 인사들 이외에도 문종 시대에는 다음과 같은 사람들이 讎校(수교, 수정 보완)에 참여하였음을 신숙주는 '역훈'의 서문에서 밝히고 있다.

前判官 魯參, 監察 權引, 副司直 任元濬

참여인사명 \ 사업명	운회언역	훈민정음 해례본	동국정운	홍무정운 역훈	용비어천가 보수	직해동자습
정인지		○				
최 항	○	○	○		○	
박팽년	○	○	○		○	
신숙주	○	○	○	○	○	○
이선(현)로	○	○	○		○	
이 개	○	○	○		○	
강희안	○	○	○		○	
성삼문	○	○	○	○	○	○
신영손					○	
손수산				○		○
조변안			○	○		○
김 증			○	○		○
監掌 동 궁	○					
監掌 진양대군	○			○		
監掌 안평대군	○					
監掌 계양군				○		○

※ 또 1453년(단종 1)에 완성된 『직해동자습』은 김하와 이변이 교정했다.

그리고 『동국정운』 편찬 때와 마찬가지로 일일이 세종의 재가를 받았음을 설명하고 있다.

(1) 편찬 목적

세종이 훈민정음을 창제하자마자 『홍무정운』을 언역(주음)시킨 것은 무엇보다도 중국에 대한 외교를 원활히 수행하기 위함이었다. 이 사실을 신숙주는 '역훈 서'에서 다음과 같이 설명하고 있다.

我世宗莊憲大王 留意韻學 窮研底蘊 創制訓民正音若干字 四方萬物之聲 無不可傳
우리 세종대왕께서 운학에 뜻을 두시고 깊이 연구하시어 훈민정음 약간자를 창제하시니 사방 만물의 소리를 못 전할 것이 없게 되었다.

吾東邦之士 始知四聲七音 自無所不具 非特字韻而已也 於是 以吾東
國世事中華 而語音不通 必賴傳譯 首命譯洪武正韻

우리 동방 사람들이 비로소 사성·칠음이 스스로 갖추어지지 않은 것이 없어
서 유독 자운뿐이 아님을 알게 되었다. 이에 우리나라가 대대로 중국과 사귀어
왔으나 말이 통하지 않아 반드시 통역하는 사람의 힘을 입어야 했으므로 맨 먼
저 『홍무정운』을 번역(주음)하도록 명하시었다.

정확한 한어의 학습을 위해서도 새로운 표음문자는 필요하였다. 이러
한 필요에 의해 표음문자인 훈민정음이 창제되었다. 훈민정음은 종래 운
서에서 字音을 표시하기 위하여 사용해 왔던 반절법보다 더 정확하게
자음을 표시할 수 있었다. 이제 남은 문제는 당시의 중국자음을 제대로
보여주고 있는 대표적인 운서를 선정하는 일이었다.

당시까지 우리나라에서는 과거용으로 중시해 온 『예부운략』(유연의 107
운계, 실제로는 106운계가 더 쓰이었음)과 『고금운회거요』(107운)가 있었다.[36]
그래서 세종은 우선 『고금운회거요』의 언역(주음)을 명하였던 것 같다.
그러나 앞에서 언급한 바와 같이 『고금운회거요』의 언역 사업은 『동국정
운』 편찬 사업으로 이어지고, 새로이 『홍무정운』이 언역 사업 대상으로
채택되었다.

『홍무정운』은 명나라 1375년(태조 8)에 편찬되었는데, 흠정 운서이었으
므로 세종 및 신숙주 등이 이를 중시한 것은 당연한 일이었다. 신숙주의
'역훈 서'를 보면 『홍무정운』이 얼마나 중시되고 있었는가를 알 수 있다.

聲韻之學 最爲難精 盖四方風土不同 而氣亦從之 聲生於氣者也 故所
謂四聲七音 隨方而異宜 自沈約著譜 雜以南音 有識病之 而歷代未有釐
正之者 洪惟皇明太祖高皇帝 愍其乖舛失倫 命儒臣 一以中原雅音 定爲
洪武正韻 實是天下萬國所宗

---

36) 우리나라에서 통용된 『예부운략』에 대해서는 拙稿(1970), 「韓國의 禮部韻略」, 『국어
국문학』 pp.49~50 그리고 졸저(2000), 『한국의 문서』, 태학사, pp.17~36을 참조할 것.

성운학은 꼼꼼히 알기가 가장 어려운 학문이다. 대개 사방의 풍토가 같지 않으므로 기도 이에 따라 다르게 마련인데 소리는 기에서 나는 것이므로 이른바 사성과 칠음, 곧 성과 운이 지역에 따라 다른 것은 당연하다. 심약이 『사성운보』를 지은 이후로 중국 남방음이 섞이어서 식자들이 이를 걱정해 왔으나 역사상 아직 이를 바로잡은 사람이 없었다. 그런데 명나라 태조 高 황제께서 성운체계가 어그러지고 순서가 어지러워진 것을 딱하게 여기시어, 유신들에게 오로지 중원아음으로 기준을 삼아 『홍무정운』의 음계를 정하라고 명하시니, 『홍무정운』은 실로 천하의 만국이 받들 기준으로 삼아야 될 책이다.

즉 『홍무정운』을 '天下萬國所宗'이라고 믿고 있었고 '홍무정운 서문'에서 '中原雅音'을 가지고 천하의 공통음으로 삼았다고 한 구절을 그대로 받아들여서 세종도 『홍무정운』의 음계만 알면 중국의 표준자음을 알 수 있을 것이라고 믿었다. 그래서 새로 만든 훈민정음으로 『홍무정운』에 대하여 주음하도록 명하였다.

(2) 편찬 경위

위에서 말한 바와 같이 세종과 신숙주 등은 훈민정음 창제 후 곧 『홍무정운』에 대하여 훈민정음으로 주음하기로 결정하여, 신숙주 · 성삼문 · 조변안 · 김증 · 손수산 등에게 이 일을 맡겼다. 그리고 수양대군 · 계양군에게 출납을 감장시켰으나 세종은 친히 모든 일에 참여하여 칠음 · 사성 · 청탁 등을 바로잡으려 하였다.

그런데 『홍무정운』은 흠정 운서이기는 하나 다음과 같은 특색을 지닌 운서였다.

① 이 운서가 편찬된 1375년(홍무 8년 간행)경의 중국 북방음에서는 입성이 이미 소실되었는데도 이 운서에서는 입성을 유지하고, 음조와 양조로 나뉜 평성도 하나로 묶어 성조를 평 · 상 · 거 · 입 4조로 하였다.

② 입성의 소실로 북방음에서는 -p, -t, -k 운미를 가진 한자음들이 다른 운

들과 혼용되던 것을 10개 운으로 독립시켜 보존하고 각 양성운(-m, -n, -ŋ)과 배합시켰다.

③ 당시의 북방어에서는 20개 성모이었던 것을 전탁음을 존립시켜 31성모로 하였다.

④ 그러나 입성을 제외한 운들은 66운(평·상·거 각 22운)으로 줄였는데, 이것은 『중원음운』처럼 대담하게 당시의 중국 북방음 음계를 취했기 때문이다.

『홍무정운』이 이와 같아 평·상·거·입 4성조·31성모·76운모 음계의 운서로 편찬된 것은 그 편찬자들이 대부분 남방인이었고, 이 운서를 편찬하던 당시의 명나라 수도가 남경이었던 데에 원인이 있었다. 명나라가 북경으로 천도한 것은 1421년(성조 영락 19)이었다.

그런데 신숙주 등은 당시의 중국 북방음을 알고 있었고, 비록 반절로만 표시되어 있기는 해도 이 운서의 음계도 알고 있었으므로 서로 어긋나는 음계를 그대로 주음할 수가 없었다. 그래서 신숙주 등은 중국자음을 더 확실히 파악해 보려고 다음과 같은 노력을 기울였다.

① 중국으로 7·8번(13번이라는 설도 있음)이나 왕래하여 중국의 학자와 학사에게 물어보았다.

② 연도(북경)에서 각계 각층 사람들과 만나 '正俗異同之變'을 밝히려고 노력하였다.

③ 또 명나라 사신이 오면 정확한 음을 알아보았다.

④ 8년 동안에 걸쳐서 원고를 10여 차례나 개고하였다.

신숙주 등이 '역훈'을 편찬하는 데 있어서 이렇게까지 고심한 것은 그들이 파악하고 있었던 중국음이 다음과 같았기 때문이다.

① 36자모 가운데에서 설상음 4모와 순경음 차청 1모가 이미 안 쓰이고,

② 전탁자의 평성은 차청과 가깝고 상·거·입성은 전청과 가까우며,

③ 세속에서는 입성 운미를 쓰지 않았고,

④ 원나라 때에 편찬된 『고금운회거요』(1297)의 음계도 이와 같았다(다만 「거요」의 성모는 35).

그렇다고 신숙주 등이 흠정 운서인 『홍무정운』의 체제나 음계를 마음대로 고칠 수는 없었다. 그 결과 『홍무정운』의 체제와 자순과 반절을 거의 그대로 두고서 31성모의 자모를 각 소운의 대표자 앞에 표시하고 그 자모와 대표자와의 사이에 그 소운의 자음(이것을 '정음'이라고 함)을 한글로 표시했으며, 때로는 대표자 밑의 반절 다음에 그 속음(그 당시의 실지 북방음)이나 두 가지로 발음되는 음을 표시하고, 경우에 따라서는 간단히 주석을 첨기했다. 그리고 색인격인 『사성통고』를 앞에 붙이고 범례를 첨부하였다.[37]

신숙주는 이 『홍무정운역훈』의 편찬도 모두 세종대왕의 '천종지성'과 '고명박달'에 힘입은 결과로 이루어진 것이며, '역훈'의 '편찬'으로 우리 동방에서 천백 년 동안 알지 못하던 사람도 10일 간이면 그 어려운 성운학을 깨우칠 수 있게 되었다고 하였다. 그리고 또한 훈민정음으로 주음하면 제대로 발음할 수 있어서, 자음을 정확하게 나타내게 되어 지리적 조건으로 음의 차이가 나는 것도 걱정할 필요가 없다고 하였다.

『홍무정운역훈』 편찬에 이렇게 힘을 기울인 것은 세종 시대 譯學 정

---

37) 신숙주는 '역훈 서'에서 '역훈'의 체제를 다음과 같이 설명하고 있다.
夫洪武韻 用韻倂析 悉就於正 而獨七音前後 不由其序 然不敢輕有變更 但因其舊 而分入字母於諸韻各字之首 用訓民正音 以代反切 其俗音及兩用之音 又不可以不知則分注本字之下 若又有難通者 則略加注譯 以亦其例 且以世宗所定四聲通攷 別附之頭面 復著凡例 爲之指南
대저 『홍무정운』은 운을 가지고 합하고 나눈 것이 다 바르게 되었으나 유독 성모만은 그 순서가 맞지 않는다. 그러나 감히 가벼이 변경할 수가 없어서, 그것만 그대로 두고 운을 표시하는 글자들의 위에 성모를 나타내는 자모를 분류하여 기입하고, 훈민정음으로 반절을 대신하여 음을 표시하였으며, 그 속음과 두 가지 음이 있는 것으로 꼭 알아야 될 것은 해당 글자의 밑에 기입하였다. 또 만일에 이해하기 어려운 음이 있다면 간단히 주를 달고 그 예를 보이었으며, 또 세종께서 정하신 『사성통고』를 따로 첫머리에 붙이고 다시 범례를 실어서 기준이 되도록 하였다.

책의 일환이라고 할 수도 있다. 조선 초기의 역대 왕 가운데에서도 세종은 역학 정책에 가장 주력한 왕이었던 것이다.

이밖에 세종은 효율적인 한어 교육을 위하여 실용 한어 교재인 『童子習』도 훈민정음(한글)으로 주음하였다. 『直解童子習譯訓評話』로 되어 있는 성삼문이 쓴 '直解童子習 序'에는 『홍무정운역훈』을 편찬하게 된 경위와 거의 같은 내용으로 이 책을 편찬하게 된 경위를 말하였다. 그리고 신숙주·조변안·김증·손수산 등이 '以正音譯漢訓 細書逐字之下 又用方言以解其義'하고, 김하·이변이 단종 초기까지 보완하여 간행하였다고 하였다.38) 이로 보면 '동자습'에 대한 주음 사업은 세종 말년(1450년경)에 시작되어 단종 초기(1453년)에 『홍무정운역훈』보다 앞서서 완성된 것을 알 수 있다.39)

• '동국정운 서문' 이외에도 『사성통고』(1455년, 단종 3, 신숙주) 범례에서는 한어와 국어의 어음을 다음과 같이 비교한 것이 있다(「사성통고 범례」 전문은 이 책 4장에 실려 있음).

大抵本國之音 輕而淺 中國之音 重而深 今訓民正音 出於本國之音 若用於漢音 則必變而通之 乃得無礙

如中聲 ㅏㅑㅓㅕ 張口之字 則初聲所發之口 不變

ㅗㅛㅜㅠ 縮口之字 則初聲所發之舌 不變

故中聲爲ㅏ之字 則讀如ㅏ·之間 爲ㅑ之字則讀如ㅑ·之間 ㅓ則ㅓ一之

---

38) '직해동자습 서'에서는 漢音의 혼란상을 말한 다음, 아래와 같이 편찬 경위를 설명하고 있다.

我世宗文宗 慨然念於此 旣作訓民正音 天下之聲 始無不可書矣 於是譯洪武正韻 以正華音 又以直解童子習譯訓評話 乃學華語之門戶

우리 세종·문종께서 이를 개연히 (딱하고 분하게) 여기시어 이미 훈민정음을 만드시니, 천하의 모든 소리가 비로소 다 기록하지 못할 것이 없게 되었다. 이에 『홍무정운』을 번역(주음)하여 화음(한어 자음)을 바르게 하시고, 또 『직해동자습역훈평화』는 곧 화어를 배우는 문(입문서)이라고 하시었다.

39) 洪起文(1946), 『正音發達史』上, 서울신문사, pp.224~225에서도 『童子習』 편찬 경위를 설명하고 있다.

間 ㅕ則ㅕㅡ之間 ㅗ則ㅗ·之間 ㅛ則ㅛ·之間 ㅜ則ㅜㅡ之間 ㅠ則ㅠㅡ之
間 ㅡ則ㅡ·之間 ㅣ則ㅣㅡ之間 然後 庶合中原之音矣

여기서 말하는 '輕而淺'과 '重而深'은 같은 범례 안에 있는 다른 기사
로 보면 국어와 한음의 조음점을 비교한 것으로 보이며, 본국의 음은
'輕而淺', 중국의 음은 '重而深'이라고 하였는데 조음 위치가 앞이면 '淺'
이고 뒤면 '深'이라고 한 것이다. 그리고 위의 설명이 한어와 국어의 모
든 모음에 적용된 것은 아니다. 『홍무정운역훈』의 주에서는 중국자음(한
음)의 'ㅏ'음은 국어의 'ㅏ와 · 사이'에서 발음해야 하며, 중국자음(한음)
의 'ㅓ'음은 국어의 'ㅓ와 ㅡ 사이'에서 발음하면 '時音'인 �에 가깝
게 된다고 설명하고 있을 따름이다.

또 이 범례에는 모음의 분류가 제시되어 있는데, 중국음운학에서 '開口'
와 '合口'로 분류하는 것과 거의 동일한 기준에서 '張口'와 '縮口'로 나누
었다. '장구 글자' ㅏ ㅑ ㅓ ㅕ가 나타내는 음은 비원순(장순)모음이어서 개
구음과 같고, '축구 글자' ㅗ ㅛ ㅜ ㅠ가 나타내는 음은 원순모음으로서 합
구음과 같다.

4) 번역 사업의 전개

훈민정음을 창제한 목적이 '愚民'(한자 교육을 받지 않은 일반 백성)들에
게 표기 수단을 갖게 하는 동시에 이들을 교화하여 유교 국가에 순응시
키려는 뜻도 있었으므로, 훈민정음 창제 후 곧 착수된 운서 편찬 사업
이외에도 다른 번역 사업이 바로 계획되었다.

(1) 『삼강행실도』와 '경서'의 번역

최만리 등의 반대 상소문을 받고 세종이 다음과 같이 정창손을 꾸짖은 내용이 있다. 먼저 그 경위를 보면 다음과 같다.

又 鄭昌孫曰 頒布三綱行實之後 未見有忠臣孝子烈女輩出 人之行不行 只在人之資質如何耳 何必以諺文譯之而後 人皆效之 此等之言 豈儒者識理之言乎 甚無用之俗儒也

또 정창손이 『삼강행실도』를 반포한 다음 아직 충신·효자·열녀가 배출되지 않는 것을 보면 사람이 행하고 행하지 않는 것은, 사람의 자질 여하에 달린 것이지 반드시 한글로 번역한 뒤에야 사람이 이것을 본받겠습니까"라고 말했는데, 이러한 말은 어찌 사리를 아는 유자의 말이라고 할 수 있겠는가, 매우 쓸모없는 속된 유자다.

세종이 이와 같이 꾸짖은 것은 다음과 같은 일이 있었기 때문이다.

前此 上敎昌孫曰 予若以諺文 譯三綱行實 頒諸民間 則愚夫愚婦 皆得易曉 忠臣孝子烈女 必輩出矣 昌孫 乃以此啓達

이에 앞서 임금께서 창손에게 말씀하시기를 "내가 만일에 언문으로 『삼강행실도』를 번역하여 민간 사람에게 나누어준다면, 어리석은 남녀들도 다 쉽게 깨우쳐서 충신·효자·열녀가 반드시 많이 나올 것이다"라고 하신 바가 있으므로 창손이 곧 이렇게 말씀 올린 것이다.

이와 같이 세종은 1431년(세종 13)에 교화를 위하여 간행한 한문으로 되어 있는 『삼강행실도』를 훈민정음으로 번역하여 대중화시키면 충신·효자·열녀가 배출될 것으로 기대했었고, 정창손도 처음에는 이에 동감을 표시했었다. 그런데 반대소를 올릴 무렵에 정창손의 마음이 변했던 것으로 보인다.

上曰 前此 金汶啓曰 制作諺文 未爲不可 今反以爲不可

임금께서 말씀하시기를, 이보다 앞서 김문은 언문을 꼭 만들어야 한다고 말하더니 이제는 도리어 만들어서는 안 된다고 한다.

모처럼 알기 힘든 한문책을 번역시켜 백성들의 교화에 힘쓰려고 계획하고 있던 세종에게 있어서 정창손의 반론은 이들을 '無用之俗儒'라고 꾸짖을 정도로 매우 노여운 일이었던 것이다.

이『삼강행실도』번역 사업이 세종의 뜻대로 강행되었는지 오늘날 확실한 자료가 없어서 추측할 길이 없지만, 위와 같은 논의가 훈민정음 창제 직후에 행하여졌다는 점은 크게 주목할 만하다. 이 책의 번역 사업은 세종 시대에 시작되어 성종(9대) 초에 완성된 듯, 성종 시대에는 간행되었다.

경서의 번역은 세종 시대에 이루어진 것은 없으나, 일찍부터 계획은 수립되어 있었던 것으로 보인다.

徐居正(1420~1488)의 '崔恒碑銘'(太虛亭集 所收)에는

英陵命臣金汶金鉤及公等 定小學四書五經口訣[40]
세종께서 김문, 김구와 최항 등에게 소학·사서·오경의 구결을 정하도록 명하시었다

라고 있고,『세종실록』30년(1448) 4월의 기사에는 다음과 같이 되어 있다.

驛召尙州使金鉤 鉤爲尙州未半年 時集賢殿奉敎以諺文譯四書 直提學 金汶主之 汶死 集賢殿薦鉤 故特召之
역 관원을 시켜 상주목사 김구를 불러들였다. 구는 상주목사가 된 지 아직 반년도 안 되었으나, 그때에 집현전에서 세종의 명을 받들어 언문으로 사서를 번역하고 직제학 김문이 이 일을 주관하고 있었다. 문이 죽어서 집현전에서 구

---

40) 번역의 순서상 종래부터 사용되어 온 口訣로써 먼저 文義를 파악하고, 이 口訣을 訓民正音(한글)으로 바꾸는 方法을 취했을 것이다. 安秉禧(1977),『中世國語의 口訣硏究』, 一志社 참조.

를 추천하였으므로 특별히 구를 부른 것이다.

위의 기사로 보아 세종이 유교의 경전인 '사서오경'을 번역시키려고 노력하였음을 알 수 있다. 그러나 이러한 노력에도 불구하고 '사서오경' 은 훨씬 후대인 선조 시대(16대)에 가서나 완성되었다.

(2) 『용비어천가』의 창작

조선의 건국이 하늘의 뜻에 의하여 이루어지고 세종의 六代祖 이래 의 공덕에 의하여 저절로 건국되었다는 사실을 증명하기 위하여 세종은 용비어천가를 짓게 하였다.

실록 기사에 따르면 용비어천가를 짓기 위한 자료 수집은 훈민정음이 완성되기 이전인 1442년(세종 24) 3월 1일부터 시작되었다. 그리고 역시 『세종실록』의 기사대로 한다면 용비어천가 125장의 가사와 주석은 1445 년(세종 27) 4월 무신(5일)에 10권으로 완성된 것으로 나타나 있다.

> 議政府右贊成權踶 右參贊鄭麟趾 工曹參判安止等 進龍飛御天歌 十卷
> 箋曰 … 歌用國言 仍繫之詩 以解其語 … 命刊板以行
> 의정부 우찬성 권제, 우참찬 정인지, 공조참판 안지 등이 용비어천가 10권을
> 지어 올렸다. … 노래는 우리말을 쓰고 이와 연결되는 시(한시)를 지어서 노래
> 가사를 풀이하였다. … 왕께서 인쇄하여 실행하도록 명하셨다.

그러나 1446년(세종 28) 11월 임신(8일)의 기사에는 언문청에서 『태조실 록』을 참고하여 용비어천가의 기사 내용을 보수한 일이 있고, 최항이 쓴 용비어천가의 발문에는 『훈민정음해례본』을 집필했던 필진과 대체로 같 은 최항 · 박팽년 · 강희안 · 신숙주 · 이현로 · 성삼문 · 이개 · 신영손 등이 1447년(세종 29) 2월까지 '就加詳解, 粗叙其用事之本末(자세히 주석을 서술함, 가사가 성립된 배경을 대강 기술했다)'하고 '復爲音訓 以便觀覽(한

자의 음을 반절로 나타내든지, 훈을 기록하여 읽고 보기에 편리하도록 함)'하도록 보수하였다고 하였다. 그리고 실지로 『용비어천가』 550부가 간행되어 여러 신하에게 나누어진 것은 1447년(세종 29) 10월 갑술(16일)이었다.

이러한 전후 사실로 본다면 1445년(세종 27) 4월에 권제 등이 간단히 한시로 초고를 작성하고, 뒤이어 훈민정음 전문가들인 최항 등이 국문 가사와 상세한 주석을 만들어 10권으로 완성한 것으로 보인다.[41]

이 『용비어천가』는 16세기 전반기인 중종 때까지 궁중연회용 음악 가사로 사용되었다고 하므로 세종 시대에 있어서는 가장 중요한 사업의 하나였으며, 이 노래의 제작으로 국문 가사가 새로운 문자인 훈민정음에 의하여 정착되는 길이 열리었다.

(3) 불경 언해

崇儒抑佛을 내걸고 건국한 조선이었지만, 천 년 동안 이어져 온 불교에 대한 일반 대중의 신앙심이 하루 아침에 없어지는 것은 아니었다. 이런 형편은 왕실 안에서도 마찬가지여서 불교 정비를 단행한 세종조차도 불교를 맹신한 것은 아니었으나 불교를 인정 내지 비호하였고, 1434년(세종 16) 이후에는 불교 행사에 직접 참여하기도 하였다. 이러한 불교에 대한 세종의 태도가 소헌왕후 승하 후 훈민정음으로 불경을 간행하게 하는 데까지 나아간 것이다.

1446년(세종 28) 3월 24일 中宮(소헌왕후)이 승하하자 그 명복을 빌기 위하여 세종은 제2 왕자인 수양대군을 중심으로 하여 『석보상절』을 편찬케 하였고, 이것이 완성되자 『월인천강지곡』을 지었다. 이들은 모두 1447년(세종 29)에 간행되었는데 한글과 한자를 섞어 쓴 이른바 국한문

---

41) 『龍飛御天歌』의 편찬 경위에 대해서는 拙稿(1958), 「龍飛御天歌의 編纂 經緯에 對하여」, 『文理大學報』 6-1, 서울대학교(이 책의 제5부에 수록) 및 李崇寧(1958), 「世宗의 言語 政策에 關한 연구」, 『亞細亞研究』 1-2, 고려대학교를 참조.

혼용체 문장으로 되어 있고,『석보상절』문장 안의 한자에는 그 음과 뜻을 훈민정음으로 적었다. 다만『월인천강지곡』은 훈민정음으로 본문(가사)을 적고 가사 중에 나타나는 한자어의 한자는 훈민정음으로 그 음을 먼저 적은 다음 그 밑에 한자를 적었다. 두 책 다 甲寅字체 한글 활자(목활자)로 인쇄된 우리 역사상 가장 오래된 한글 활자본이며, 이 사업에 주동이 된 인물들은 수양·안평 양 대군과 김수온이었다.[42]

5) 정음청 설치

국어의 문자화와 같은 대사업을 수행하는 데 있어서, 이를 전담하던 전문 부서가 있었을 것임이 틀림없는데도 기록상으로는 집현전의 일부 학사들이 훈민정음 관련 사업을 도맡아 한 것으로 나타나 있다. 그러나 단편적인 기록이나마 이와 관련이 있는 기사들을 모아 보면 훈민정음 전담 기구가 엄연히 있었음을 알 수 있다.

『세종실록』26년(1444) 2월 병신(16일)의 기사에 의하여 집현전교리 최항, 부교리 박팽년, 부수찬 신숙주·이선로·이개, 돈령부 주부 강희안 등이 동궁의 집무처인 '議事廳'에서 '韻會'를 번역하도록 명을 받았다고 하였다. 그런데 4일 후인 2월 경자(20일)에 최만리 등이 올린 '反對 上疏文'에는

今不博採群議 驟令吏輩十餘人訓習 又輕改古人已成之韻書 附會無稽之諺文 聚工匠數十人刻之 劇欲廣布 其於天下後世公議何如
오늘날 널리 여론을 들어 보지 않고 갑자기 하급 관리 십여 인으로 하여금 배우게 하며, 또 가벼이 옛사람이 이미 이루어 놓은 운서를 고쳐서 황당한 언

---

42) 拙稿(1957),「李朝初 佛經諺解經緯에 對하여」,『國語研究』1, 서울大國語研究會 참조. 이 책의 2부 1장에 수록.

문을 붙이고 공장 수십 인을 모아서 이를 새기어 급히 널리 세상에 공포하려
하고 있사오니, 이 일에 대한 온 천하와 후세 사람들의 공론이 어떠하오리까?

라는 구절이 있어서 '議事廳'과는 다른 어떤 기구에서 훈민정음 관련 사
업을 진행하고 있었음을 알 수 있다.

강희맹(1424~1483)이 쓴 '신숙주의 행장'(『보한재집』 권11 所收)에서는

上以本國音韻 與華語 雖殊 … 御製諺文字母二十八字 設局於禁中 擇
文臣撰定
임금께서 우리나라 음운이 중국어와 비록 다르나 … 언문 자모 28자를 만드
시고 궁중 안에 기관을 설치하여 문신을 뽑아 언문 관계 서적을 편찬케 하셨다

라고 한 것으로 보아 세종이 훈민정음 전담 기구를 궁중에 설치하였음
을 알 수 있다. 강희맹이 쓴 최항의 묘지(太虛亭集 所收)에도

世宗創製諺文 開局禁中 親簡名儒八員 掌制訓民正音 東國正韻等書
세종께서 언문을 창제하고 궁중 안에 기관을 설치하여 친히 명유 8명을 뽑아
『훈민정음』과 『동국정운』 등의 책을 관장케 하셨다

라고 하였으므로, 명칭을 분명히 밝히지는 않았으나 궁중에 훈민정음을
위한 기구가 있었음이 분명하다.

『세종실록』 28년 11월 임신(8일)의 기사를 보면, 용비어천가의 보수를
'언문청'에서 담당하였는데 '언문청'은 궁중에 있었다고 하였다. 즉

命太祖實錄入于內 遂置諺文廳 添入龍飛詩 … 且諺文廳淺露 外人出
入無常
태조실록을 궁중에 들어오게 하여 드디어 언문청에 두고 용비어천가의 시에
첨가하고 … 또 언문청이 눈에 띄는 곳에 있어 외인이 항상 드나들었다

라고 한 것으로 보면 애당초 '언문청'이라고 하였던 것 같다. 『세종실록』 29년 7월 신묘(권117, 1a)에도 '언문청' 관련 기사가 나오고, 31년 3월 병오(권123, 27b)의 기사에도 세종의 말씀 가운데

予本不知賢老 初置諺文廳時 賢老亦與焉 乃始知之
내가 본래 현로를 알지 못하는데 처음 언문청을 설치할 때에 현로도 역시 참여하였으므로 비로소 그를 알게 되었다

라는 구절이 있다.

이상의 여러 기사로 보아 세종 시대에 궁중에 '언문청'이 설치되어 있었음을 알 수 있는데, 이 '언문청'이 '正音廳'이라고도 불린 듯하다. 『문종실록』의 기사에는 여러 차례 '정음청'으로 나오고, 또 문종이

正音廳則非今日所建 曾已設置也
정음청은 이제 설치된 것이 아니고 이미 일찍부터 설치된 것이다

라고 한 것을 보면, 두 가지 이름이 통용되었던 것으로 보인다.[43]

어떻든 새로운 고유문자를 창제하고, 이와 관련된 사업을 추진하는 기구로서 '정음청'(또는 '언문청')을 설치한 것은 세종이 이 사업에 얼마나 큰 관심을 가지고 있었는가 하는 점을 보여준다.

---

43) 金東旭(1957), 「正音廳始末」, 『서울大論文集 5』, pp.109~126 참조.

4. 맺음말

이상에서 고찰해 본 바를 요약하면 다음과 같다.

조선은 '숭유억불'을 국시로 하여 건국하였으므로 건국 초기부터 유교 정신에 입각하여 이상적인 정치를 시행하려고 노력하고 있었다.

특히 세종 시대에는 이러한 목표를 달성하기 위하여 다양한 분야에 걸쳐 모든 정책을 힘차게 펼쳤고, 이 결과 내치·외교·문화 등 여러 분야에서 눈부신 성과를 이룩하였다.

세종 시대의 언어정책도 이러한 노력의 일환으로 추진된 것으로서 고유문자인 훈민정음의 창제는 세종 시대에 고조되어 있던 '우리 문화(우리 것)'에 대한 자각에서 나온 것이었다.

더군다나 세종과 그 보필자들은 다음과 같은 언어관을 가지고 있었으므로 이와 같은 언어정책의 추진이 가능했다.

첫째 무엇보다도 삼국시대부터 한자·한문을 차용하여 사용하고 있는 것이 실지 음성 언어생활과 이중적인 표현 생활을 해오고 있어서 이 일이 이만저만 억지가 아니라는 것을 뼈저리게 느끼고 있었고, 궁여지책으로 사용해 온 차자표기법을 가지고는 도저히 만족할 만한 언어생활을 할 수 없다는 것을 알고 있었다. 다음으로 유교를 바탕으로 하여 예와 악을 치국안민의 요결이라고 생각하고 있었고, 이와 밀접한 관계가 있는 성음이 순정해야만 된다고 생각하고 있었다.

그래서 치국의 요체로서 악과 성음을 생각하였던 정책 담당자들은 '홍무정운 서문' 등에 나타난 바와 같이 표준음으로서의 '정음'과 '정성'을 설정해야 한다고 생각하였다.

게다가 송나라 학자들과 마찬가지로 성인의 도를 옳게 이해하기 위해서는 모든 학문의 기초가 되는 성운학과 문자학에 관한 이론적인 연구부터 필수적으로 시작해야 한다고 느끼고 있었다.

이밖에 조선 건국 초기부터 이웃 여러 나라들과 원활한 외교 관계를 유지하기 위하여 사역원을 설치하고, 譯學 정책을 펴는 과정에서 외국 어음을 정확히 파악하기 위해 이를 옳게 표기할 표음문자의 필요를 느끼고 있었다.

그래서 세종과 그 보필자들은 중국 성운학과 문자학 이론을 바탕으로 하고 여러 나라 문자를 참고로 하여 표음문자인 훈민정음(한글)을 창제하였고, 새 문자 사용법의 표준을 제시하기 위하여 새로운 문자의 해설서인 『훈민정음』을 편찬하였다. 이것은 일찍이 다른 민족의 언어정책에서는 볼 수 없었던 일이다.

고유문자인 표음문자의 창제로써 자유자재로 표기 생활을 할 수 있게 되어 우리 국어의 훌륭한 문장어가 육성될 수 있는 길이 마련되었다. 실제로 훈민정음이 창제된 뒤로 여러 종류의 어려운 한문 서적을 쉽게 번역할 수 있게 되어 훈민·교화 사업도 순조롭게 추진할 수 있게 되었다. 특히 훈민정음 창제 후 곧 지은 『용비어천가』와 『월인천강지곡』은 새 문자로 창작된 문학 작품이 정착될 수 있는 가능성을 보여 주었다. 그리고 『동국정운』을 편찬하여 표준 한국한자음 체계를 설정하고 이를 모든 간행물에서 제시하였으며(물론 이 개신 한자음 사업은 너무나도 인위적인 음계를 설정한 관계로 약 30년 뒤인 성종 시대에 가서 실패로 돌아갔다), 표준적인 중국 본토 자음을 충실히 나타내기 위해 『홍무정운역훈』도 편찬하였다.

또 표음문자의 창제로 역학 정책도 원활히 수행할 수 있게 되어 조선 오백 년 동안 대외 관계에 필요한 譯學書(대역서 또는 대역 사전)가 꾸준히 간행될 수 있는 기틀이 마련되었다.

이와 같이 세종 시대에는 언어 이론에 관한 연구가 고도로 발달되었으며, 이를 토대로 한 언어정책이 가장 활발히 전개되었다.

세종대왕은 그 시대의 최고 학문을 깊이 소화하고 그 진수를 터득하여 마침내 국어의 문자화까지 성공했다는 면이 위대하다고 할 수 있을 것이다. 세종 시대에 이와 같은 언어정책을 성공적으로 수행할 수 있었던 것은 집현전과 같은 전문 연구 기관과 정음청과 같은 전담 기구가 있어서 세종의 뜻을 충분히 펼 수 있도록 보필하였기 때문이다.

그러나 또 한 가지 간과해서는 안 될 중요한 사실은 한자음 개신 사업이 아무리 위대한 세종의 정신 밑에서 추진되었어도 지나치게 인위적으로 설정된 음계였기 때문에 일반 대중이 받아들여 주지 않아서 결국 실패하고 말았다는 점이다.

제2장 『훈민정음』 해제

1. 『훈민정음해례본』 해제

　1443년(세종 25) 12월에 중국음운학 등의 지식을 활용하여 중세국어의 음운을 분석하고 이의 문자화, 곧 훈민정음 창제에 성공한 세종은 그 보필자들로 하여금 이 새로운 문자를 위한 해례서를 편찬케 하였다. 이 해례서는 한문으로 되어 있으며 1446년(세종 28) 9월 상한(상순)에 완성되었는데, 그 책 이름은 새로운 문자와 똑같은 『훈민정음』이었다.

　내용은 세종어제 서문과 새로운 문자의 음가 및 운용법을 밝힌 '예의' 편이 본문처럼 되어 있고, 이를 해설한 '해례'편이 제자해, 초성해, 중성해, 종성해, 합자해, 용자례의 순으로 나뉘어 기술되어 있다. 그리고 권말에 정인지의 서문이 실려 있다. 정인지의 서문에 "계해 겨울(1443년, 세종 25)에 우리 전하께서 정음 28자를 창제하시고 간략히 예의를 들어 보이시고(癸亥冬 我殿下 創制正音二十八字 略揭例義以示之)"라는 구절이 있어, 훈민정음 본문을 흔히 '예의'편이라고 하고, 새 글자인 '훈민정음'을 세종대왕이 친제한 것으로 인정하고 있다.

현존본은 1940년 경상북도 안동군 와룡면 주하동에서 발견된 것으로서, 고 전형필 씨 소장본(현 간송문고 소장, 국보 70호)이며, 전권 33장 1책의 목판본이다. 아직까지는 국내 유일본으로서 판광은 가로 16.8cm, 세로 23.3cm다. 예의 부분은 매 페이지 7행에 매 행 11자, 해례 부분은 매 페이지 8행에 매 행 13자이며, 정인지의 서문은 한 자씩 낮추어서 매 행 12자가 되었다. 이 책도 원래 완전한 것이 아니고 첫머리 두 장이 낙장되어 있던 것을 나중에 붓글씨로 적어 넣은 것인데, 적을 때 실수하여 세종어제 서문의 끝자를 '耳'로 쓸 것을 '矣'로 쓰고 말았다. 그래서 다음과 같이 복원하는 것이 옳다고 한다(안병희 교수설).

御製訓民正音
國之語音。異乎中國。與文字
不相流通。故愚民有所欲言。
而終不得伸其情者多矣。予
爲゜此憫然新制二十八字。欲
使人人易゜習。便於日用耳
ㄱ。牙音。如君字初發聲。並書。
如虯字初發聲
※ 爲(去聲) 易(去聲) 便(平聲)

이 책의 집필자는 정인지·신숙주·성삼문·최항·박팽년·강희안·이개·이선로 등 8인인데 '해례'편이 있다고 해서 책 이름을 『훈민정음해례본』 또는 '원본 훈민정음'이라고 한다.

소위 '언해본 훈민정음'은 '한문본 훈민정음'의 '예의'편만을 국역한 것인데, 역자나 간행된 연대를 확실히 알 수는 없으나, 1447년(세종 29)에 『석보상절』이 번역되어 간행될 때에 책 첫머리에 실려서 함께 간행된 것으로 보고 있다(안병희 교수설).

다만 한문본과 국역본 사이의 내용은 완전히 같은 것이 아니어서, 국역본에는 원 한문본에는 없는 치음자에 관한 규정, 즉 치음을 표기하는 치음자를 치두음자(ㅈㅊㅉㅅㅆ)와 정치음자(ㅈㅊㅉㅅㅆ)로 따로 제자해서 중국어의 치음을 기록할 때 사용하도록 하는 규정이 첨가되어 있다.

국역본 '훈민정음'은 단행본으로 간행되어 전해 내려오는 것이라는 박승빈 씨 본도 있으나, 일반적으로 국역본의 원전이라고 인정되고 있는 것은 1459년(세조 5)에 간행된 『월인석보』의 책머리에 실려 있는 '세종어제훈민정음'이다. 『월인석보』 권1과 권2 초간본은 현재 서강대학교 도서관에서 소장하고 있다.

『훈민정음해례본』의 내용은 다음과 같다.

본문

어제서문 : 훈민정음 창제 목적을 밝힘.

예의 : 한글의 음가와 운용법을 설명함. 종성, 병서, 순경음, 방점 등에 관한 규정도 포함되어 있음.

해례

제자해 : 한글의 제자 원리, 제자 기준, 자음(초성) 체계, 모음(중성) 체계, 음상 등에 관하여 중국음운학과 송학 이론으로 설명함.

초성해 : 초성이란 무엇인가를 다시 설명함.

중성해 : 중성이란 무엇인가를 다시 설명하고, 중성 표기에 쓰일 수 있는 모음 문자의 예를 모두 들었음.

종성해 : 종성(음절말 자음)의 본질, 8종성법, 4성 등을 설명함.

합자해 : 초・중・종성 문자를 합해서 표기하는 예(25개 단어)를 보이고, 중세국어의 성조에 대하여 다시 설명함.

용자례 : 초・중・종성별로 중세국어에서 단어의 표기 예를 보임. 94개 단어를 예시하고 있음.

정인지의 서문

한글 창제 이유, 창제자, 새로운 문자의 우수성, '해례본'의 편찬자와 편찬일
등을 명기함.

이제『훈민정음해례본』의 내용을 좀더 자세히 살펴보겠다.

1) 본문(예의편)

예의편의 서문에서 세종대왕은 훈민정음을 창제하게 된 목적을 분명
히 밝혔다. 즉 표기 수단을 갖지 못한 백성들에게 표기 수단을 갖도록
하는 것이 목적이었다.

① 우리 어음이 중국과 달라 한자를 가지고는 우리말을 그대로 적을 수 없으
   므로(國之語音 異乎中國 與文字不相流通),
② 일반 대중은 말(뜻)을 나타내고자 하여도 마침내 (글자로) 그 뜻을 펴지
   못하는 사람이 많다(故愚民 有所欲言而終不得伸其情者 多矣).
③ 내(세종)가 이를 딱하게 여기고 새로 28자를 만들어 사람마다 쉽게 익히
   고 날마다 쓰는 데 편하도록 하였다(予 爲此憫然 新制二十八字 欲使
   人人易習 便於日用耳).

이렇게 세 가지로 창제 이유를 들고, 이어서 새 글자는 초성, 중성,
종성으로 나뉘는 음소문자임을 설명하였다. 즉 새 글자의 초성은 ㄱㅋ
ㆁ, ㄷㅌㄴ, ㅂㅍㅁ, ㅈㅊㅅ, ㆆㅎㅇ, ㄹㅿ 17자, 병서로 ㄲㄸㅃㅉㅆ
ㆅ 6자, 중성은 •ㅡㅣㅗㅏㅜㅓㅛㅑㅠㅕ 11자이고, 종성은 초성 글자를
다시 쓰라고 규정하였다. 이와 같이 훈민정음은 단독으로는 쓰일 수 없
고 초성과 중성 또는 초·중·종성을 아울러 써야 제 구실을 하기 때문
에 각각의 글자는 '字素'라고도 한다.

이상의 설명은 새 글자의 제자 기준과 그 운용법을 말한 것으로서 먼

저 제자 기준을 보면, 표음문자인 단음(음소)문자를 창제하였음을 밝힌 것이다.

훈민정음이 창제되었다는 것은 문자 발달상으로 보아 최고의 단계에 속하는 음소문자가 창제된 것을 말한다. 이것은 당시의 우리나라 언어학이 음운을 분석할 줄 아는 단계에 이르렀음을 뜻한다. 그러나 이러한 지식은 그들 단독으로 터득한 것이 아니고, 중국음운학에 대한 연구에서 얻은 것이다. 중국음운학에서는 일찍부터 한어(한자음)에 대하여 음운을 분석해 왔다.

이러한 음운 분석 결과 훈민정음은 다음과 같은 제자 기준을 세웠다.

자음—중국 36자모 체계의 영향 아래에 훈민정음을 23자모(자음) 체계로
모음—중세국어의 모음 체계를 파악하여 11모음 체계(단모음 7, 중모음 4)로

그런데 여기서 주목해야 할 것은 새 글자를 설명하기 위하여 이용된 한자들이 중국 36자모표에 나오는 한자들이 아니라는 점이다. 훈민정음 23초성 체계는 중국 36자모 체계를 본받은 것이었으나, 삼국시대에 전래되어 이미 천 년이 지난 한자음은 국어 음운 체계에 맞도록 변화되어 있었으므로 36자모표에 나오는 한자를 그대로 이용할 수가 없었다. 그래서 훈민정음에서는 새로이 23자의 한자를 골라 새로운 23자모 체계를 만들었다. 그리고 예의편에서는 초성자 설명에 이용된 23개 한자를 가지고 새 글자의 중성자(모음자)와 종성까지도 설명할 수 있도록 고려했다(홍기문(1946), 『정음발달사』상, p.13에서도 이렇게 언급하고 있다).

훈민정음 23자모 체계를 설명하기 위하여 고른 한자들은 아래 표에서 알 수 있듯이 15세기의 한국한자음을 고려한 것이며 중국자모 체계내의 한자와 다른 것이다. 그리고 동일한 한자로 훈민정음의 초·중·종성을 동국정운식 개정 한자음에 의하여 다 설명할 수 있도록 ㅇ와 ㅱ 종성을 제외하고는 모든 중성과 종성에 각각 2자씩 배당되도록 선정했다. 다만

중성＼종성	ㅇ	ㄱ	ㄴ	ㅭ	ㅁ	ㅂ	ㆁ	ㅱ	計
ㆍ			呑ᄐ				慈ᄍ		2
ㅡ		卽즉				挹흡			2
ㅣ					侵침		彌밍		2
ㅗ	洪ᅘ						步뽕		2
ㅏ					覃땀		那낭		2
ㅜ			君군					斗둫	2
ㅓ						業업	虛헝		2
ㅛ		欲욕						漂푷	2
ㅑ	穰샹						邪썅		2
ㅠ				戌슗				虯뀸	2
ㅕ				彆볋			閭령		2
ㅙ							快쾡		1
計	2	2	2	2	2	2	8	3	23

『훈민정음해례본』 편찬 당시에는 동국정운식 한자음이 아직 확정이 안 되었던 듯 『훈민정음해례본』 종성해에서는 彆 등의 종성을 ㅡㄷ(-t) 종성으로 발음하도록 설명하고 있다(위의 표에서는 ㅡㅭ로 표기).

다음에 중국 36자모표와 훈민정음 23자모표를 비교해 보겠다.

그런데 훈민정음 창제에 있어서 한 가지 특기할 사실은 중국음운학에서 모든 字音을 성과 운, 즉 어두자음과 그 나머지의 요소로 분류하던 2分法에서 한 걸음 더 나아가 운에 해당하는 부분을 다시 둘로 나누어

중국 36자모표

七音	牙音	舌頭音	舌上音	脣重音	脣輕音	齒頭音	正齒音	喉音	半舌	半齒
全清	見	端	知	幫	非	精	照	影		
次清	溪	透	徹	滂	敷	清	穿	曉		
全濁	群	定	澄	並	奉	從	牀	匣		
不清不濁	疑	泥	孃	明	微			喻	來	日
全清						心	審			
全濁						邪	禪			

七音	牙音	舌音	脣音	齒音	喉音	半舌	半齒
全淸	君ㄱ	斗ㄷ	彆ㅂ	卽ㅈ	挹ㆆ		
次淸	快ㅋ	呑ㅌ	漂ㅍ	侵ㅊ	虛ㅎ		
全濁	虯ㄲ	覃ㄸ	步ㅃ	慈ㅉ	洪ㆅ		
不淸不濁	業ㆁ	那ㄴ	彌ㅁ		欲ㅇ	閭ㄹ	穰ㅿ
全淸				戌ㅅ			
全濁				邪ㅆ			

서 국어의 어음을 초·중·종 3성의 3分法으로 고찰하는 태도를 취한 점이다. 이러한 생각은 한자음에도 적용되었다. 그리고 국어의 종성을 초성에서 쓰이는 동일한 자음의 이음(allophone)으로 보고 따로 글자를 만들지 않았다. 훈민정음 본문에서 "종성은 초성을 다시 쓴다"라고 한 것은 이를 말하는 것이다. 또 23자모 체계 중 전탁음계(경음)는 따로 문자를 만들지 않고 전청자를 나란히 쓰는 각자병서로써 처리하였다.

모음 체계는 기본모음(단모음)을 7모음으로 파악하고 있었는데도 중모음인 ㅛㅑㅠㅕ까지도 각각 단일 단위로 인식하여 ·ㅡㅣㅗㅏㅜㅓㅛㅑㅠㅕ 11모음 체계를 제시하였다.

이어서 훈민정음 23초성 체계 내에 들어가지 못한 순경음자를 위하여 연서법을 마련하였고, 중세국어의 중모음과 어두자음군을 표기하기 위하여 합용법과 병서법을 마련하였다.

훈민정음은 음소문자로 창조되었으나 그 운용법은 음절문자와 같이 음절 단위로 표기하도록 규정하여, 우선 초성 글자와 중성 글자를 합해서 쓸 때 초·중성자가 놓이는 위치를 규정하였고(종성 위치는 합자해에 나옴) 이를 '부서법'으로 표기 방법을 설명하고 '凡字必合而成音'이라고 표현하였다.

이들 이외에 중세 국어의 성조를 표기하기 위해서 방점법을 마련하였다.

2) 훈민정음해례

'해례' 부분에서는 '예의'편에서 제시된 대강을 제자해·초성해·중성해·종성해·합자해로 나누어 다시 자세히 설명하고, 용자례에서 새 글자에 의한 15세기 국어의 표기례를 94개 단어 중심으로 방점을 찍어서 제시하였다.

(1) 제자해

제자해의 첫머리에서는 새로운 문자에 대하여 설명한 방법론과 원리론이 제시되어 있다.

① 방법론과 원리론 제시

훈민정음 창제의 학문적 배경이 중국음운학과 송학이었으므로 새로운 문자에 대한 설명도 이 두 학문의 방법론과 원리론을 따랐다. 실상 음양오행설이나 태극설 등은 중국 고대부터 발달된 중국의 고유 사상으로서, 우주의 모든 현상을 태극·음양·오행 등으로 설명해 왔다. 이 사상은 송대에 이르러 유교와 결합하여 성리학으로 발달하자 인간의 성음에 관한 설명도 더욱 이 학문의 적용을 받게 되었다. 그래서 훈민정음 해설자들도 이를 따른 것이다. 제자해 첫머리에는 다음과 같이 전제되어 있다.

　　天地之道 一陰陽五行而已 坤復之間爲太極 而動靜之後爲陰陽 凡有生類在天地之間者 捨陰陽而何之 故人之聲音 皆有陰陽之理 顧人不察耳 今正音之作 初非智營而力索 但因其聲音而極其理而已 理旣不二則何得不與天地鬼神同其用也
　　천지의 도(원리)는 오직 음양오행일 뿐이다. 이 원리를 이용해서 만든 易의

卦圖에서는 곤(괘)과 복(괘)의 사이가 태극이 되고 이 태극이 動하면 양, 靜하면 음이 되는 것이다. 무릇 천지 사이에 있는 목숨 가진 것들로서 음양을 버리고 어디로 가랴. 그러므로 사람의 소리도 다 음양의 이치가 있는 것인데 사람이 살피지 못할 뿐이다. 이제 정음을 만듦도 애초부터 슬기로써 마련하고 애씀으로써 찾은 것이 아니라 다만 그 성음을 바탕으로 하여 그 이치를 다한 것뿐이다. 이치가 이미 둘이 아니니 어찌 천지 귀신과 함께 그 用(활용, 응용)을 같이하지 않겠는가.

즉 해례에서는 『태극도』·『역학계몽』·「황극경세서」 등 송학 계통의 서적에서 이론을 섭취하여 제자해의 첫머리에서 태극, 음양, 오행과 결부된 언어관을 제시하고, 훈민정음의 창제도 성음을 바탕으로 하여 음양의 이치를 다한 것이라고 하였다.

② 제자 원리
제자해에서는 위와 같이 전제한 다음 훈민정음의 제자 원리가 상형에 있음을 말하였다.

正音二十八字 各象其形而制之
정음 28글자는 각각 그 모양을 본떠서 만들었다.

먼저 子音(초성) 17글자는 조음 위치별로 기본이 되는 초성자를 정하고 이 기본자들이 각각 그 조음 위치와 조음 방법을 상형하여 제자된 것이라고 설명하였다. 그리고 각 조음 위치에서 발음되는 자음은 그 발음이 세게(厲) 나는 정도에 따라 이 기본 문자에 획을 더하여 제자한다고 하였다.

◈ 자음자

音聲 分類	基本字	象形 內容	加劃字	異其體字
牙	ㄱ	象舌根閉喉之形	ㅋ	ㆁ
舌	ㄴ	象舌附上腭之形	ㄷㅌ	ㄹ
脣	ㅁ	象口形	ㅂㅍ	
齒	ㅅ	象齒形	ㅈㅊ	ㅿ
喉	ㅇ	象喉形	ㆆㅎ	

不厲 ⟶ 厲

계속해서 다시 오행설을 가지고 오성(오음, 성음), 오행, 사시(오시), 오음(악음), 오방(방위)과 결부하여 설명하였다.

◈ 초성 배열표

五聲	牙	舌	脣	齒	喉
五行	木	火	土	金	水
五時	春	夏	季夏	秋	冬
五音	角	徵	宮	商	羽
五方	東	南	(未)	西	北

이 배열표는 중국에서 일반적으로 통용되는 것이 모두 동일한 것이 아니라 약간씩 서로 다르며 제자해는 『고금운회거요』를 참고로 한 것이다.

제자해에서는 이러한 배열 관계를 설명하는 과정에서 음상에 대하여 설명하고 있다. 음성과 이와 결부된 의미와의 사이에는 필연적인 관계가 존재하지 않는데, 어떤 음성과 의미와의 사이에는 필연적인 관계가 존재하는 것 같이 느껴져서 이것을 음성상징(sound symbolism)이라고 한다. 국어의 자음에는 평음 : 경음(농음) : 격음(유기음)의 대립에 따라서 우리에게 주는 느낌이 달라 이것을 '子音加勢法則'이라 하고 음성 하나 하나가 주는 독특한 어감을 음상이라고 한다.

제자해에서도 이러한 음상에 대하여 다음과 같이 관찰하고 있다.

五行	五音(調音器官)	性 質	音 相
木	牙	錯而長	似喉而實 如木之生於水而有形
火	舌	銳而動	轉而颺 如火之轉展而揚揚
土	脣	方而合	含而廣 如土之含蓄萬物而廣大
金	齒	剛而斷	屑而滯 如金之屑瑣而金鍛成
水	喉	邃而潤	虛而通 如水之虛明而流通

이어서 자음 체계·자음 대립을 파악하여 이를 설명하였다. 본문(예의)에서는 이렇게 구체적인 것은 아니었다.

以聲音淸濁而言之 ㄱㄷㅂㅈㅅㆆ爲全淸 ㅋㅌㅍㅊㅎ爲次淸 ㄲㄸㅃㅉㅆㆅ爲全濁 ㆁㄴㅁㅇㄹㅿ爲不淸不濁

이와 같이 자음들을 분류한 것은 중국 자모표의 지식에서 나온 것이지만, 또한 한글 창제자가 국어의 자음 간의 대립 관계와 자음 체계를 인식하고 있었던 증거다. 전청은 무성자음(평음)이고, 차청은 유기무성음이며, 전탁은 경음(중국 자모표상으로는 유성자음)이다. 불청불탁은 주로 비음과 유음 및 기타 일부 유성자음인데, 불청불탁을 제외하고 자음 간의 대립 관계를 보면 다음과 같다.

	平音	有氣音	硬音
牙音(軟口蓋音)	ㄱ	ㅋ	ㄲ
舌音(齒莖音)	ㄷ	ㅌ	ㄸ
脣音(兩脣音)	ㅂ	ㅍ	ㅃ
齒音(齒莖破擦音)	ㅈ	ㅊ	ㅉ
喉音(聲門音)	ㆆ	ㅎ	ㆅ

이러한 자음 대립 관계는 제자상에도 반영되어서 厲 대 不厲의 대립으로 설명하고 자형상에도 제시되었다.

不厲	$\longrightarrow$	厲
ㄱ		ㅋ
ㄴ	ㄷ	ㅌ
ㅁ	ㅂ	ㅍ
ㅅ	ㅈ	ㅊ
ㅇ	ㆆ	ㅎ

이밖에 자음 체계에 대하여 해례에서 설명한 바를 추려 보면 다음과 같다.

㉠ 'ㆁ'과 'ㅇ'에 대한 인식

중국에서는 어두자음을 정리한 36자모 체계를 완성할 때, 아음의 불청 불탁음으로 '疑'모를 설정하여 /ŋ/을 표시하도록 하였다. 그러나 국어의 어두자음으로는 /ŋ/음이 존재하지 않는다(어중에서 음절 초성으로 표기된 예는 있음. ㅎ리이다 등). 또 중국어에서도 15세기경에는 이 음이 어두에 서는 소실되어서 제자해에서는 다음과 같이 설명하고 있다.

　牙之ㆁ 雖舌根閉喉 聲氣出鼻 而其聲與ㅇ相似 故韻書疑與喩多相混用

　어금닛소리의 ㆁ은 비록 혀뿌리가 목구멍을 닫아서 소리의 기운이 코로 나오 는 비음이지만 그 소리가 ㅇ과 비슷해서 운서에서도 의(疑)모와 유(喩)모가 많 이 서로 혼용되고 있다.

　종성해에서 'ㅇ聲淡而虛'라고 하였으니, 비음인 ㆁ/ŋ/과 ㅇ/ø/음이 중 세국어에서도 상사(서로 비슷하다)가 될 수 없는 것이나, 제자해에서 자형 에 사로잡혀서 위와 같이 설명을 한 것은 한자음이 어두에서는 /ŋ/음이 소실되었음을 말하는 것이다.

ⓛ 전탁의 음가

전탁은 중국 36자모표상으로는 유성자음의 계열을 말한다. 그런데 15세기 중세국어에서도 어두에 유성자음이 실현될 수 있었던 것은 아니다. 따라서 제자해에서는 전탁이란 엉기어서 발음되는 경음(농음)의 계열이라고 설명하였다.

全淸並書則爲全濁 以其全淸之聲凝則爲全濁也
전청 글자를 나란히 쓰면 전탁 글자가 되는 것은 전청 소리가 엉기어 전탁 소리가 되기 때문이다.

ⓒ 순경음의 음가

국어의 순경음은 훈민정음 23자모 체계 안에는 들지 못했고, 예의편 끝에서 따로 규정하였다.

ㅇ連書脣音之下 則爲脣輕音
ㅇ을 순음 글자 밑에 이어서 쓰면 순경음 글자가 된다.

제자해에서는 다시 순경음이 양순마찰음이라고 설명하였다.

ㅇ連書脣音之下 則爲脣輕音者 以輕音 脣乍合而喉聲多也
ㅇ을 순음 글자 밑에 이어 쓰면 순경음 글자가 되니 가벼운 소리로써 조음할 때 입술이 잠깐 닿았다가(입술을 잠깐 다물었다가) 바로 열려서 목구멍소리(호기)가 많이 난다.

중성 글자도 훈민정음 제자 원리인 '상형'으로 만들어졌으나, 조음기관을 상형한 초성 글자와는 달리 易의 기본인 천·지·인 삼재를 상형하여 기본모음자 ·ㅡㅣ를 제자했다. 이 기본모음자에 대한 설명은 다음과 같다.

자형	상형 내용	발성 상태	성(聲)	제자 순서
•	천원(天圓)	혀를 옴츠림 (舌縮)	깊음 (深)	天開於子
ㅡ	지평(地平)	혀를 조금 옴츠림 (舌小縮)	깊지도 얕지도 않음 (不深不淺)	地闢於丑
ㅣ	인립(人立)	혀를 옴츠리지 않음 (舌不縮)	얕음(淺)	人生於寅

여기에서 '설축' 또는 '성심'이라고 한 것은 이들 모음의 조음위치를 밝힌 것이다. ㅣ는 전설모음(설불축·성천), ㅡ는 중설모음(설소축·성불심불천), •는 후설모음(설축·성심)으로 볼 수 있다.

이들 기본 글자에 대한 설명 다음에, 제자해에서는 '此下八聲 一闔一闢'이라 하고 나머지 여덟 모음 글자의 제자 방식과 성질을 설명하였다.

원래 이 세 기본 글자는 중세국어의 모음 체계를 세 갈래로 인식하고 제자한 것이다. 제자해에서는 ㅣ 모음을 별도로 보고 • 계열, ㅡ 계열로 나누어서 나머지 모음자들을 제자했음을 설명하고 있다. 이때 모음의 원순성도 충분히 고려하여 원순모음을 '합', 비원순모음을 '벽'이라고 했다.

계열	자질	자형	성격	음·양
ㅗ與•同	口蹙	• + ㅡ → ㅗ	합(闔)	양
ㅏ與•同	口張	ㅣ + • → ㅏ	벽(闢)	양
ㅜ與ㅡ同	口蹙	ㅡ + • → ㅜ	합(闔)	음
ㅓ與ㅡ同	口張	• + ㅣ → ㅓ	벽(闢)	음

그리고 • 계열과 ㅡ 계열은 다음과 같은 관계를 갖는 것으로 설명했다.

입을 오므림(口蹙)　　ㅜ　　ㅗ
　　　　　　　　　　↑　　↑
기본모음　　　　　　ㅡ　　•
　　　　　　　　　　↓　　↓
입을 폄(口張)　　　　ㅓ　　ㅏ

모음자 창제에서 기본자 셋을 창제하고, 나머지는 이 세 글자의 여러 가지 결합으로 이루어지도록 하였는데, 이것은 易의 相互交易·變易法을 응용한 것이다.

국어의 모음은 이른바 양성모음 계열(ㅏㅐㅑ…)과 음성모음 계열(ㅓㅔㅕ…)의 대립으로 어감이 차이가 나는데(이것을 '모음상대법칙'이라고 한다), 제자해에서도 모음들을 양(·ㅗㅏㅛㅑ) 대 음(ㅡㅜㅓㅠㅕ)의 대립으로 고찰하고 있으니, 이것은 그들이 이러한 관계를 파악하고 있었던 증거다.

이와 같이 제자해에서는 모음에 대하여 과학적인 설명을 계속해서 전개하고 있다. 즉 현대 음성학에서는 발음할 때의 개구도(혀의 높낮이), 혀의 위치(전설, 중설, 후설 등 높아지는 혀의 부분), 입술의 모양(원순성 여부) 등 세 가지를 기준으로 하여 모음을 설명하거니와 제자해에서

- 舌縮而聲深
- ㅡ 舌小縮而聲不深不淺
- ㅣ 舌不縮而聲淺

이라고 한 것은, 바로 현대 음성학과 부합되는 설명이다. 이것을 검토해 보면 다음과 같다.

가. 혀의 위치에 의한 모음 설명

- 舌縮
- ㅡ 舌小縮
- ㅣ 舌不縮

이라고 한 것은, 현대 음성학에서 모음을 혀의 위치에 의하여 분류하고 설명하여, 전설·중설·후설모음이라고 하는 것과 완전히 일치하는 것이다. 불축·소축·축이란, 모음을 발음할 때의 혀의 높아지는 부분을 말하는 것으로서, 설불축은 전설모음을, 설소축은 중설모음을, 설축은 후설모

음을 가리키는 것이다.

나. 음향감의 파악

- • 聲深
- ㅡ 聲不深不淺
- ㅣ 聲淺

이것은 현대 음성학에서 sonority(음량, 소리의 감각량)에 의하여 음을 분류 설명하는 태도와 일치하는 것이다.

다. 개구도와 원순성에 의한 설명

제자해에서 설명한 口蹙은 개구도가 작은 원순모음을 말한 것이고 口張은 개구도가 큰 비원순(張脣)모음임을 말한 것이다.

이는 중세국어의 기본모음(단모음)을 다음과 같은 체계로 생각한 데서 오는 설명이었다.

ㅣ   ㅜ   ㅗ

ㅡ   •

ㅓ   ㅏ

ㅛㅑㅠㅕ는 단일 문자 단위로 다루었으나 그 중모음적인 성격은 알고 있어서 이들을 '起於ㅣ'로 처리하고 다음과 같이 설명하였다.

初出字	形	ㅗ	ㅏ	ㅜ	ㅓ
	口	蹙	張	蹙	張
再出字	形	ㅛ	ㅑ	ㅠ	ㅕ
	起(於)	ㅣ	ㅣ	ㅣ	ㅣ

양모음과 음모음의 대립을 천·지의 대립과 자형에 결부하여 설명하기도 했다.

ㅗ ㅏ ㅛ ㅑ 之圓	居上與外	出於天	陽
ㅜ ㅓ ㅠ ㅕ 之圓	居下與內	出於地	陰

이어서 易法上의 '位數圖'를 응용하여 모음자를 설명하였다.

◆ 位數圖

五行四方	北水	南火	東木	西金	中土
定 位	天一ㅗ	地二ㅜ	天三ㆍ	地四ㅓ	天五ㆍ
定 數	地六ㅠ	天七ㅛ	地八ㅕ	天九ㅑ	地十一 (ㅣ는 無位)

제자해의 후반부에서는 전반부에서 초성·중성·자형 등에 관하여 설명한 내용을 주로 성리학 분야의 이론을 가지고 다시 정리하였다.

즉 태극도, 소옹의 황극경세성음수도, 『通書』, 『성리대전』 중의 理氣편(제26), 『주역』 등의 이론으로 설명하였다.

일례를 들면 태극도에는

　一動一靜互爲其根, 分陰分陽兩儀立焉
　한 번 동하고 한 번 정하여 서로 뿌리가 되어서 음으로 나뉘고 양으로 나뉘
어 양의가 된다

라는 구절이 있는데, 제자해에서는

　以初中終合成之字言之 亦有動靜互根 陰陽交變之義焉
　초성, 중성, 종성 글자가 어울려 이루어진 글자(음절)로 말할 것 같으면 또한
동과 정이 서로 뿌리가 되고 음과 양이 엇바뀌어 변하는 뜻이 있다

라고 하였다.

제자해 끝에 붙은 '訣'은 제자해에서 산문으로 설명해 온 내용을 다시

장편(86행)의 七言詩로 읊은 것이다.

위에 든 예에 해당되는 부분을 보면 다음과 같다.

陰變爲陽 陽變陰	음은 변하여 양이 되고 양은 변하여 음이 되어
一動一靜 互爲根	한 번 동하고 한 번 정하여 서로 뿌리가 되네
初聲復有 發生義	초성은 또다시 발생의 뜻이 있어서
爲陽之動 主於天	양의 동이 되므로 하늘을 주관하고
終聲比地 陰之靜	종성은 땅에 비기어 음의 정이니
字音於此 止定焉	자음은 여기서 그치어 정해지는 것이니.

(2) 초성해

초성, 즉 어두자음의 본질이 어떤 것인가 하는 것을 '正聲初聲 卽韻書之字母也(훈민정음의 초성은 곧 운서에서 말하는 자모에 해당된다)'라 하고 다시 구체적인 예를 들어 설명하였다. 훈민정음 23초성 체계에 있는 자모 가운데, 먼저 아음인 君, 快, 虯, 業 4자를 가지고 초성의 실례를 들었으며, 나머지 19자는 이와 같다고 하였다. 訣에서는 8행의 칠언시로 이러한 내용을 읊었다.

(3) 중성해

중성해에서는 呑(ㅌ·ㄴ), 卽(ㅈ一ㄱ), 侵(ㅊㅣㅁ)字를 실례로 들어가며 중성이 무엇인가를 다시 설명하고, 洪(ㅗ) 覃(ㅏ) 君(ㅜ) 業(ㅓ) 欲(ㅛ) 穰(ㅑ) 戌(ㅠ) 彆(ㅕ)도 '튼, 즉, 침'을 참고로 하여 이해하도록 하였다.

그리고 제자해에서 기본자 •一ㅣ에서 나온 초출자, 재출자 등 11자 이외에 다음과 같이 여러 모음자가 합용되어 중모음으로 쓰일 수 있음을 설명하였다(모음 글자는 인쇄의 편의상 자형을 현행과 같이함).

基本字	• ㅡ ㅣ
初出字	ㅗ ㅏ ㅜ ㅓ
再出字	ㅛ ㅑ ㅠ ㅕ
合用字 二字合用字	ㅘ ㅝ ㅹ ㅵ
與ㅣ相合者	ㆎ ㅢ ㅚ ㅐ ㅟ ㅔ
	ㅚ ㅒ ㅟ ㅖ
	ㅙ ㅞ ㅙ ㅖ

二字合用字의 원리는 '同出而爲類'라 하여 같은 계열끼리 결합할 수 있다고 설명하였고, ㅣ모음과 결합된 중모음들은 ㅣ모음이 '舌展聲淺 而便於開口(혀를 펴서 발음하여 소리가 얕아서 입을 벌리기에 편하다)'로 설명 하였다. '결'에서는 8행으로 된 칠언시로 읊었다.

이상의 중모음자들을 검토해 보면, 모음자 제자 및 그에 대한 설명에 서도 역시 중국운학의 지식이 작용한 것으로 보인다.
중국의 等韻學에서는 자음을 韻頭(介母)나 韻腹(主母音)의 모음을 기준으로 하여 다음과 같이 4등호로 분류한다.

開口呼	아래의 삼호가 아닌 자음
合口呼	운복음이 u이거나 운두음이 반모음 w로 시작되는 자음
齊齒呼	운두음이 반모음 j로 시작되는 자음
撮口呼	운두음이 반모음 jw로 시작되는 자음

훈민정음 해례 집필자들은 이러한 사등호의 지식도 활용한 것으로 보 인다. ㅛㅑㅠㅕㅖ 등은 제치나 촬구에 속하는 것이고 ㅘㅝㅙㅞ 등은 합구에 속하는 것이며, '동국정운식 한자음'에서는 촬구음인 '說쉃, 轉뒌' 등이 쓰이기도 하였다.

(4) 종성해

종성해에서는 即(ㅈㅡㄱ), 洪(ㅎㅗㅇ) 자를 예로 들어 'ㄱ'과 'ㅇ'과 같은 종성이 무엇인가를 다시 설명하였는데, '終聲者承初中而成字韻'이라고 표현한 것을 보면 중국 사람들이 하나의 음절(字音)을 성과 운으로 나누던 2분법 인식과는 달리 하나의 자음(음절)을 초, 중, 종성의 결합으로 인식하고 있었음을 알 수 있다. 그래서 여기의 '成字韻'은 하나의 음절로 된 자음이라는 뜻으로 이해할 수 있다.

다음에는 평·상·거·입을 종성(음절말 자음)만으로 설명하였다.

聲 - 緩 - 平上去 - 不淸不濁之字(不厲)
聲 - 急 - 入 - 全淸次淸全濁之字(厲)

그러나 '然ㄱㅇㄷㄴㅂㅁㅅㄹ八字可足用也'라고 하여 음절말 자음으로는 8음만이 가능하다고 하였다. 그리고 ㅅ, ㅈ, ㅿ, ㅊ이 ㅅ字 하나로 통용될 수 있음을 말하였는데, 이것을 '八終聲法'이라고 한다. 이것은 국어 자음이 음절 말음에서 중화되는 현상을 인식하고 있던 증거다. 이어서 국어에서는 한자음처럼 일일이 ㅇ 종성을 첨가하지 않아도 중성이 음을 이룰 수 있다고 하였다. 당시의 학자들은 하나의 자음은 반드시 초·중·종성을 갖추고 있어야 된다고 생각하여 '동국정운식 한자음'에서는 陰聲韻에도 ㅇ 글자를 종성음으로 첨가했었다. 중국자음을 표시한 『홍무정운역훈』에서는 음성운에 ㅇ 글자를 표기하지 않고 流攝 운미는 'ㅱ'로 표시했었다.

종성해 첫머리에서 예로 든 'ㄱ', 'ㅇ'을 제외한 나머지들, 즉 'ㄷ(彆별), ㄴ(君 군), ㅂ(業 업), ㅁ(覃 담), ㅅ(衣 옷), ㄹ(絲 실)' 종성의 예를 든 다음, 약간 관념적으로 5음의 종성을 역시 짝을 이루는 완급으로 설명하였다.

	牙	舌	脣	齒	喉
緩	ㅇ	ㄴ	ㅁ	ㅿ	ㅇ
急	ㄱ	ㄷ	ㅂ	ㅅ	ㆆ

한자음의 입성 운미 -p, -t, -k 가운데 -p와 -k는 한국한자음에서 그 대로 보존되고 있으나, -t음은 모두 -l음으로 변화하였다. 그런데 종성해 끝에서는 'ㄹ'이 일반 습관처럼 '彆별'로 읽히는 것은 잘못이어서 마땅히 '彆볃'과 같이 발음해야 입성이 될 수 있다고.하였다. 이것을 일년 뒤에 완성된 『동국정운』에서는 소위 '以影補來(ㅭ)'로 규정이 바뀌었다. 종성 해 '결'은 20행의 7언시로 읊고 있다.

종성해에서는 국어 음절말자음(종성)의 본질을 잘 파악하고 있다. 국어 의 음절말에 오는 자음은 그 음절이 단독으로 발음될 때, 또는 자음으로 시작되는 음절과 연결될 때에는 중화현상(neutralisation)으로 일으켜 비록 어원을 밝히기 위해 ㅈ, ㅊ, ㅋ, ㅍ 등의 자음이 종성으로 온다고 하더 라도 그 발음은 역시 ㅈ, ㅊ = ㄷ, ㅋ = ㄱ, ㅍ = ㅂ 등으로 되고 마는 것 이다. 해례 집필자들도 이 사실을 알고 있어서 본문에서 '종성부용초성' 이라고 하였음에도 종성해에서는 다음과 같이 말하였다.

然ㄱㅇㄷㄴㅂㅁㅅㄹ八字可足用也 如빗곶爲梨花 엿의갗爲狐皮 而ㅅ字 可以通用 故只用ㅅ字

(5) 합자해

① 합용법

합자해에서는 초·중·종 삼성으로 이루어진 세 글자가 서로 결합되 어 음절 단위로 어떻게 쓰이는가 하는 것을 구체적으로 규정하였다.

이어서 초성의 二字·三字 합용병서와 각자병서의 표기례, 중성의 이자·삼자 합용 및 종성의 이자·삼자 합용의 표기례를 보이었다. 이것은 15세기 국어의 실정에 맞도록 세밀한 표기법을 마련하였음을 말한 것이다.

해례 집필자들이 15세기 국어의 여러 현상을 언어학적으로 세밀히 파악하고 있었다는 증거는 여러 곳에 나타나 있다. 당시 국어의 음소를 분석하여 거기에 맞는 음소문자를 마련한 것도 하나의 예가 되지만, 합자해에서는 '설음'도 두 가지 종류가 있음을 말하고 있다.

半舌 有輕重二音 然韻書字母唯一 且國語雖不分輕重 皆得成音 若欲備用則依脣輕例 ㅇ連書ㄹ下 爲半舌輕音 舌乍附上腭

반설음은 두 가지 음이 있으나 중국 운서의 자모에서는 (이를 구별하지 않고) [l] 하나로 하였고, 또한 국어(글자)에서도 '경'과 '중'을 나누지 않으나 모두 소리를 이룰 수 있다. 그러므로 만약에 갖추어서 쓰고 싶으면 순경음(글자)의 예를 쫓아 ㅇ를 ㄹ의 아래에 이어 써서 반설경음(글자)을 만들고 혀를 잠깐 윗잇몸에 닿도록 해서 발음한다.

반설음 – 半舌重音 ㄹ[l]
반설음 – 半舌輕音 ᄛ[ɾ]

이러한 국어에 대한 세밀한 인식은 표기법에도 반영되었다. 그래서 23자모 체계와 11모음 체계 외에도 병서법과 합용법을 마련하여 중세국어의 중모음과 어두자음군을 표기하고자 하였다. 예의편에서 "終聲合用則並書 終聲同"이라고 하고 합자해에서는 다음과 같이 실례를 들어서 표기례를 보이었다.

初聲	二字三字	合用並書	如諺語 ·싸爲地 짝爲雙 ·뽁爲隙之類
		各自並書	如諺語 ·혀爲舌而 ·ᅘᅧ爲引 괴·여爲我愛人而 괴·ᅇᅧ爲人愛我 소·다爲覆物而·쏘·다爲射之之類
中聲	二字三字	合用	如諺語 ·과爲琴柱 홰爲炬之類
終聲	二字三字	合用	如諺語 훍爲土 ·낛爲釣 돐·때爲酉時之類

② 방점

합자해에서는 종성해에서 종성만 가지고 평·상·거·입을 설명한 것을 좀더 구체적으로 설명하고 있다.

15세기의 국어는 성조 언어라고 알려져 있다. 그래서 이것을 표시하기 위하여 본문(예의)에서는 방점법을 다음과 같이 설명하였다.

左加一點則去聲 二則上聲 無則平聲 入聲加點同而促急
왼쪽에 점 하나를 찍으면 거성이고, 점 두 개를 찍으면 상성이며, 점이 없으면 평성이다. 입성은 점을 찍는 것은 같으나 촉급하다.

그리고 종성해에서는 다음과 같이 자세히 설명하고 있다.

聲有緩急之殊 故平上去其終聲 不類入聲之促急
소리에는 느리고 빠름의 다름이 있기 때문에 평성, 상성, 거성은 그 종성이 입성의 빠름과 같지 않다.

不淸不濁之字 其聲不厲 故用於終則宜於平上去
불청불탁의 글자(소리)는 그 소리가 거세지 않으므로 종성으로 쓰면 평성, 상성, 거성이 되기에 마땅하다.

全淸次淸全濁之字 其聲爲厲 故用於終則宜於入
전청, 차청, 전탁의 글자(소리)는 그 소리가 거세므로 종성으로 쓰면 입성이 되기에 마땅하다.

이것은 사성을 종성만을 가지고 설명한 것이다. 그런데 당시 국어에는 입성이라는 조치(調値)가 존재하지 않았다. 그래서 합자해에서는,

諺語 平上去入 如활爲弓而其聲平 :돌爲石而其聲上 ·갈爲刀而其聲去 ·붇爲筆而其聲入之類

우리말의 평성, 상성, 거성, 입성의 예를 들면 '활'은 弓이고 평성이며, '돌'은 石이고 상성이며, '갈'은 刀이고 거성이며, '붇'은 筆이고 그 소리는 입성이 되는 예와 같다

라고 예시는 하였으나, 곧 이어

文之入聲 與去聲 相似 諺之入聲無定 或似平聲 如긷爲柱 녑爲脅 或似 上聲 如 :낟爲穀 :깁爲繒 或似去聲 如 ·몯爲釘 ·입爲口之類
字晉(한자)의 입성은 거성과 서로 비슷하나 우리말의 입성은 일정치 않아서 혹은 평성과 비슷하여 긷(柱), 녑(脅)과 같이 되고 혹은 상성과 비슷하여 :낟 (穀), :깁(繒)과 같이 되며 혹은 거성과 비슷하여 ·몯(釘), ·입(口)과 같이 된다

라고 하여, 종성만 가지고는 입성이지만 실제로는 평성 · 상성 · 거성으로 발음되고 있음을 말하고 있다.
합자해에서는 또다시 중국 문헌을 인용하여 사성을 다음과 같이 표현하고 있다.

平聲安而和 上聲和而舉 去聲舉而壯 入聲促而塞
평성은 편안하고 부드러우며, 상성은 부드럽고 높으며, 거성은 높고 씩씩하며, 입성은 빠르고 막힌다.

그리고 『훈민정음언해본』에서도 성조를 구체적으로 다음과 같이 설명하였다.

平聲　　뭇놋가톤 소리
上聲　　처서미 놋갑고 乃終이 노폰 소리
去聲　　뭇노폰 소리
入聲　　샐리 긋듣는 소리

이상과 같은 설명을 요약하면 중세국어에서 입성은 성조 구실을 못했고, 각 음절을 다음과 같이 나머지의 평성, 상성, 거성으로 발음했음을 말하는 것이다.

平聲	低調	無點
去聲	高調	一點
上聲	低高調	二點

③ 기타

다음에 국어에서는 ㆆ과 ㅇ이 상통됨을 말하였다.

그러고서 합자해에서는 실제로는 표기에 나타나지 않았던 이중모음까지 다음과 같이 세밀히 설명하고 있다.

• 一起 ㅣ聲 於國語無用 兒童之言 邊野之語 或有之 當合二字而用 如 긔 긩之類

ㅣ 음이 앞에 와서 •음이나 ㅡ음과 결합된 음은 국어에서 쓰이지 않으나 아이들 말이나 변두리 시골말에서는 간혹 쓰이고 있으니 마땅히 이를 나타내려면 두 글자를 합하여 '긔, 긩'와 같이 써야 한다.

이것은 중성해에서 설명한 중모음들과는 달리 반모음 j가 선행하는 jʌ, ji(yʌ, yi)형 이중모음의 가능성을 인정한 것이다.

합자해의 '결'은 15행의 칠언시로 되어 있다.

(6) 용자례

용자례에서는 당시 쓰이던 94개의 단어를 예로 들었다. 각자병서 6자와 ㆆ자를 제외한 16자 그리고 순경음 ㅸ의 용례를 각각 2개씩, 중성 11자의 용례를 각각 4개씩 그리고 종성 8자(ㄱㅇㄷㄴㅂㅁㅅㄹ)의 용례를 2개씩 들어서 제시하고 있다.

3) 정인지 서문

본문(예의편)과 해례 끝에서 정인지는 한글 창제 이유와 세종이 한글 창제자라는 점, 한글의 우수성, 『훈민정음혜례본』 편찬자, 편찬일 등을 밝히고 있다.

2. 훈민정음의 이본

훈민정음의 이본에는 다음과 같은 것이 있다.[1]

1) 해례본

1940년 경상북도 안동군 와룡면 주하동에서 발견되어 현재 간송문고 (서울시 성북동 소재)에 소장되어 있는 책이다. 낙장인 첫 2매가 발견될 무렵 補寫되기는 하였으나 본문(예의)과 해례까지 갖춘 유일본이며 1446년 (세종 28)의 원간본으로 인정되고 있다. 이 책에 대해서는 갑인자(1434년, 세종 16년 甲寅에 주조된 銅活字, 衛夫人字라고도 함)로 인쇄된 책이 아니라고 하여 혹시 원간본이 아닌지도 모르겠다는 회의적인 의견이 있으나, 上下 下向黑魚尾인 판심이나 글자체로 보아 어떤 한글 문헌보다도 가장 연대가 빠르고 지질 등으로 보아서도 15세기 중엽의 간본임에는 틀림없는 것으로 보고 있다. 그런데 이 책의 한자음과 그 방점은 1447년(세종

---

1) 여기서는 주로 안병희 교수의 조사를 토대로 하였다.

29)에 이루어진 『동국정운』의 한자음 표기에 어긋나게 '볃(彆)·쾌(快)'의 독음이 다르고(동국정운식 표기에 따르면 '볋'과 '쾡'가 된다), '업(業)·즉(卽)' 이 無旁點(해례 규정에 따르면 1점이 있어야 한다)으로 되어 있는 것이 특징으로 지적되고 있다(『훈민정음해례본』 해제 참조).

2) 실록본

『세종실록』 28년 9월조의 마지막 기사로 실려 있으며 해례본에서 '세종어제서문' 등이 있는 본문('예의'라고도 한다)과 정인지의 서만을 옮겨 실은 것이다. 다만 '御製曰'로 시작되는 세종 서 가운데 '欲使人人易習' 이 '欲使人易習'으로 되어 있고, 정인지의 서문에서도 두 번째 이하의 '臣'이 생략되어 있다. 그러나 1940년에 해례본이 발견되기 전까지는 실록에 실려 있는 정인지의 서문을 통해서 훈민정음 창제의 경위를 알 수 있었기 때문에 중요한 이본으로 다루어 왔다.

3) 月印釋譜 권두본

1459년(세조 5)에 간행된 『월인석보』의 권두에 실려 있는데 훈민정음의 본문(예의편)만을 주석하고 언해한 책이다. '주석본' 또는 '국역본'이라고도 일컬어진다. 종래 1572년(선조 5) 喜方寺 복각본만이 알려져 있었으나, 원간본으로 여기는 책을 1971년부터 서강대학교에서 소장하고 있다. 그런데 이 책은 해례본의 본문을 그대로 번역만 한 것이 아니고, 번역문 끝에 원문에는 없는 치두·정치음 표기에 대한 규정이 추가되어 있다. 내제인 '세종어제훈민정음'이 있는 제1장은 약간의 변개가 가해진 것으로 보고 있다. 치두음과 정치음에 관한 규정은 이 책이 해례본보다 늦

게 이루어진 것을 말하는 것이고, 제1장의 변개는 이 책 이전에 또 하나
의 국역본이 있었을 가능성을 보여 주는 것이라 한다(안병희 교수설). 또
하나의 국역본의 존재를 생각하는 근거는 다음과 같다. 즉『월인석보』가
1447년(세종 29)에 이루어진『석보상절』과『월인천강지곡』을 합편한 것이
므로, 1447년에 이루어진『석보상절』의 권두에 그 국역본이 있지 않았을
까 하는 것이다.『훈몽자회』와 眞言集의 권두에 언문 자모를 실은 것처
럼『석보상절』의 권두에도 훈민정음의 본문을 실었고,『월인석보』가 그
대로 따랐다고 생각하는 것이다. '文·書'의 번역이 권두본과 '석보상절
서'에는 '글왈', '월인석보서'에는 '글월'로 되었고, 부동사어미 '-게'가 전
자에서만 '-긔'로 된 것도 우연의 소치가 아닐 것으로 보고 있다.

4) 박승빈 씨 소장본

故 박승빈 씨의 소장이었으나 현재 고려대학교 아세아문제연구소의
六堂文庫 소장이다. 제1장이 보사되고 제2장 이하도 부분적으로 보사되
었으나, 내용은 '월인석보 권두본'과 같다. 안 교수의 실사에 의하면 지질
은 물론이고 印面의 글자 모양(字樣)이나 판식의 세밀한 점까지 서강대
학교 소장 '월인석보 권두본'과 일치한다. 따라서 단행본인 이 책은 따로
製冊한 것에 지나지 않으며 '월인석보 권두본'과 별개의 이본이 아니다.

다만 '월인석보 권두본'과 다른 내용인 제1장의 보사만이 논란이 되고
있다. 그 장에는 南鶴鳴(1654~1722, 효종 5~경종 2)의 藏書印이 있으므로,
'월인석보 권두본'과는 전혀 무관하게 그가 생존했던 숙종(재위 1675~1720)
무렵에 나머지 부분을 참조하면서 보사한 것으로 추측하고 있다.

이 밖의 사본으로 일본의 宮內廳 書陵部와 金澤庄三郎의 소장본이
있는데, 전자는 제1장까지 박승빈 씨 소장본과 같으며 후자는 '월인석보
권두본'과 같은 것으로 보고 있다.

5) 排字禮部韻略 권두본

간략화한 禮部韻略의 권두에 언해 없이 본문(예의편)만을 옮겨 실은 것이다. 『예부운략』의 범례 끝에 '戊午三月 奉敎新印'이라고 있고 '康熙 17年 戊午 6月 22日云云'의 내사기를 갖는 책도 있으므로 1678년(肅宗 4) 校書館에서 간행된 것이며, 戊申字本으로서 본문만 실려 있는 실록본을 보고 만든 것으로 보고 있다.

3. 훈민정음 기원설

훈민정음 기원설은 표음문자인 훈민정음이 어느 문자의 계통을 이어 받아서 창제되었는지를 밝혀 보려고 한 설명이나 학설을 말하기도 하고, 훈민정음의 제자 원리가 무엇인지를 연구하는 학문을 뜻하기도 한다. 1940년에 『훈민정음해례본』이 발견되기까지 여러 갈래의 기원설이 주장되어 왔으나, 『훈민정음해례본』의 제자해에서

> 正音二十八字 各象其形而制之
> 정음 스물여덟 자는 각각 그 모양을 본떠서 만들었다

라고 하여 훈민정음의 창제가 '象形'을 바탕으로 한 것임을 밝히고 있어서 다른 문자로부터의 기원설을 주장하는 이가 줄게 되었다. 그러나 아직도 '各象其形而制之'(제자해)와 '象形而字倣古篆'(『훈민정음해례본』 끝의 정인지 서문)에 대한 해석을 중심으로 여러 기원설이 주장되고 있다.

음소문자인 훈민정음은 문자의 성격에 있어서 표의문자인 한자와는

다르나, 그 제자의 기본 방식은 한자의 제자법을 따를 수 있다. 한자 제자법의 바탕이 되는 것은 六書法이며, 그 중에서도 象形과 指事가 기본이 된다. 따라서 '各象其形而制之'와 '象形而字倣古篆'은 훈민정음의 제자 원리가 한자와 마찬가지로 '상형'에 있고, 이렇게 해서 제자된 자형이 古篆과 비슷하게 되었음을 설명한다고 보는 게 좋을 것이다. 崔萬理가 반대 상소문에서 '字形雖倣古之篆文'이라고 한 것도 어디까지나 자형을 말한 것이지 제자 방식을 말한 것이 아니라고 해석하면, 위와 같은 설명은 합리적이다.

그런데 이런 견해와는 달리 '象形而字倣古篆'은 '고전'을 참고로 하여 먼저 제자한 다음에 상형설을 결부한 것을 설명한 글이라고 보는 견해도 있다. 이 경우에는 원나라의 파스파 글자까지 결부하여 설명하기도 한다. 즉 고전 글자와 비슷하게 생긴 파스파 글자와 마찬가지로 훈민정음도 고전 글자처럼 제자하고, 여기에다가 상형설을 결부한 것을 말한다는 설명이다.

훈민정음 글자의 음소문자적인 성격은 몽고 글자나 파스파 글자와 같고, 음절 단위로 글자를 표기하는 방식은 한자나 파스파 글자와 같다. 지금까지 논의되어 온 기원설은 제자 방식이나 字體의 유사성에 더 중점을 두고 설명해 온 느낌이 있다. 이런 점을 고려하면서 지금까지의 기원설을 요약하면 다음과 같다.

1) 발음기관 상형 기원설

『훈민정음해례본』의 '제자해'에서는 '正音二十八字 各象其形而制之'라 하였다. 그리고 초성 글자의 기본 글자는 이들을 조음할 때의 조음기관을 본떠 제자하였으며, 중성 글자의 기본 글자는 天·地·人 三才를 본떠 제자하였다고 설명하고 있다. 그러나 이 기원설은 이에 대한 해석을 달리하여 모든 '正音字'가 그 음이 조음될 때의 조음기관의 상태나 작용을 본떠 만들어진 것이라고 설명한다. 종래 申景濬(1712~1787), 洪良浩(1724~1802), 崔鉉培(1894~1970) 등 가장 많은 학자들이 이 설을 주장했다.

2) 古篆 기원설

1940년에 『훈민정음해례본』이 다시 세상에 알려지기 이전에도 『조선왕조실록』 등에서 훈민정음에 관한 기사를 볼 수 있었다. 『세종실록』 세종 25년 12월조(권 제102, 42장)에서는 '是月上親製諺文二十八字 其字倣古篆'이라고 기록되어 있어서 고전 기원설이 나오게 되었다. 역시 『세종실록』에 기재되어 있는 최만리 등의 훈민정음 창제 반대 상소문에도 '字形雖倣古之篆文'(세종 26년 2월)이라고 있어서, 이 설을 더욱 뒷받침하였다. 또 『세종실록』의 세종 28년 9월조에 실려 있는 정인지의 훈민정음 서문에서도 '象形而字倣古篆'이라고 하고 있어 이 기원설의 근거가 되어 왔다. 그러나 '象形而字倣古篆'은 '상형'과 '자방고전'을 분리하여 생각하여, '상형'은 제자 방식을 말한 것이고 '자방고전'은 최만리가 지적한 대로 자형을 뜻하는 것으로 보아야 한다는 견해도 있다. 이 설은 李德懋의 靑莊館全書 가운데 盎葉記나 일부 서양학자들의 저술에서 주장되었다. 근래 국내학자 가운데에서도 몇몇이 고전자와 훈민정음 자형을 세밀히 대조 검토하여 이 설을 더욱 발전시켜 왔다.

3) 梵字 기원설

조선 성종(재위 1470~1494) 때의 成俔(1439~1504)이 그의 『慵齋叢話』에

서 훈민정음을 '其字體 依梵字爲之'라고 말한 이후로 광해군 때의 李睟光(1563~1628)이 그의 『芝峰類說』 권18에서 '我國諺書字樣 全倣梵字'라고 말하여 범자 기원설이 생겼는데, 주로 字體의 유사성을 가지고 말한 것이다. 그 뒤 영조 때의 黃胤錫(1729~1791)이 『韻學本源』에서 '我訓民正音淵源 … 而終不出於梵字範圍矣(우리 훈민정음의 근원은 … 결국 범자의 범위 내에서 벗어나지 않는다)'라고 하였다. 1930년대의 李能和, 『조선불교통사』 등 국내외 몇 학자들이 이 설을 주장하였으나 근래에는 이를 말하는 이가 없다.

4) 蒙古字 기원설

조선 숙종 때의 李瀷이 『星湖僿說』에서 훈민정음이 몽고 글자와 같은 것이라고 하였다. 그러나 이 설명은 몽고 글자(위구르 글자 계통)와 파스파 글자를 혼동한 것으로 보인다. 순조 때의 柳僖도 『諺文志』에서 '我世宗朝命詞臣 依蒙古字樣 … 以製 諺文雖刱於蒙古 成於我東(우리 세종 때에 사신에게 명하여 몽고 글자 모양을 본떠서 … 만들었다. 언문은 비록 몽고에서 시작되었으나 우리나라에서 이루어졌다)'라고 했다. 이런 몽고자 기원설 가운데 파스파 글자와 훈민정음의 자체가 밀접한 관계가 있다는 주장은 최근에도 일부 학자에 의해 더 구체적으로 되풀이되고 있다.

5) 범자와 몽고자 기원설

이 기원설은 李能和가 『朝鮮佛敎通史』에서 주장한 것이다. 그는 훈민정음을 창제할 때 중국의 字母法을 참고하였으므로 훈민정음 자모의 성격은 중국 자모법의 근원이 되는 인도의 범자에서 온 것이고, 훈민정음의 자체는 범자에 근거하여 만든 몽고 글자(파스파 글자)의 변체라고 하였다.

6) 고대 문자 기원설

영조 때의 申景濬이 그가 지은『韻解訓民正音』서문에서 '東方舊有俗用文字'라고 한 것과 기타 비문 등의 글을 가지고 훈민정음 창제 이전에도 고대문자가 있었으며, 훈민정음은 이를 이어받아 개량한 것이라고 주장하기에 이른 것이다.

7) 易理 기원설

훈민정음 창제 당시 그 학문적 배경이 되었던 성리학을 확대 해석하여 훈민정음이 성리학의 바탕이 된 역학의 원리에 의하여 창제되었다고 주장하는 기원설이다. 이 기원설은 훈민정음이 역의 기본 원리나 생성원리에 의하여 제자되었을 뿐만 아니라, 역리와 결합되어 있는 象數의 개념이 훈민정음 창제 때 상형으로 나아가게 하였다고 주장한다. 신경준의 '운해훈민정음'은 역학의 상형설에 바탕을 두고 훈민정음의 자형을 설명한 것이지만, 초성자는 음양·오행 등의 원리를 가지고 설명하고 중성자는 역학의 기본이 되는 태극설을 가지고 설명했다. 그래서 신경준과 같은 설명을 따로 '태극 사상 기원설'이라고 하기도 한다.

8) 창문 상형 기원설

독일학자 에카르트(P. Andres Eckardt)가 주장한 것으로, 훈민정음의 모든 글자가 우리 고유 가옥의 창문을 본떠 만들어졌다는 설명이다. 우리나라 가옥의 창살은 우연히 훈민정음 28자의 자체들과 비슷한 무늬가 많아서 이런 기원설이 나온 것이다.

9) 起－成文圖 기원설

이 기원설은 字體의 유사성보다는 제자 방식을 가지고 훈민정음의 기원설을 설명한다. 훈민정음의 제자 원리가 제자해에 명시되어 있는 것처럼 '상형'이라고 한다면 무엇보다도 한자의 제자 방식의 기본이 되는 육서법을 본땄을 것이다. 그런데 송나라 鄭樵(1104~1160)의 '六書略'에는 한 항목으로 '起－成文圖'가 있고, 여기에서 상형의 기본이 되는 자획을 보여주고 있다. 그래서 훈민정음을 창제할 때 이것을 참고로 하여 제자하였을 것이라고 설명한다. 몇 가지 예를 보이면 다음과 같다.

衡爲 － 從爲 丨
折 － 爲┐(音及) 反┐爲┌ 轉┌爲∟(音隱)
折 － 爲┐者側也 有側有正 正折爲∧
引 丨 － 而繞合之 方則爲□ 圓則爲○

여기 보인 자획들 가운데에는 훈민정음 28자와 똑같은 것들이 너무나 많아서 이 설을 주장하는 유력한 근거가 되고 있다.

10) 기타의 기원설

위에서 간단히 설명한 기원설 외에도 국내외의 학자들이 티베트(西藏) 문자 기원설, 팔리(Pali) 문자 기원설, 契丹 문자·여진 문자 기원설, 일본 神代 문자 기원설, 樂理 기원설 등을 주장했으나 모두 참고할 만한 가치가 적은 견해들이다. 다만 훈민정음과 같은 음소문자를 창제할 때, 15세기 우리나라 이웃 국가들의 글자나 문헌상으로 알려져 있던 모든 글자들을 참고하였을 것임은 짐작하고도 남음이 있다.

제3장 『訓民正音』 번역과 주해

1. 訓民正音 本文(例義篇)

訓民正音[1]

國[2]之語音[3]. 異乎中國. 與文字[4]不相流通. 故愚民[5]. 有所欲言[6]

---

1) 訓民正音 : 『훈민정음언해』에서 '訓民正音은 百姓 ▽ 룬 치시논 正흔 소리라' 하였으므로, '훈민정음'은 새로운 글자의 이름으로 보기 어려우나, 『훈민정음해례본』의 제자해에서는 '今正音之作', '正音二十八字各象其形而制之'처럼 '正音'을 새로운 글자의 이름으로 사용하였다. 또 『훈민정음해례본』에서는 句讀点을 엄격히 구별하여 찍었으나 여기에서는 이를 지키지 않았다.
2) 國 : 우리나라, 즉 당시의 朝鮮을 뜻함.
3) 語音 : '음성'보다는 '음운'을 뜻하는 것으로 봄이 좋을 듯함. 그러나 여기 문맥으로 보아서는 개별 언어의 하나인 우리의 '말'로 볼 수도 있음. 『훈민정음언해』에서는 '國之語音'을 '나랏말쏨'으로 번역하였으므로 '말쏨'이 특정 언어(langue)를 가리킨 것으로 볼 수 있음.
4) 文字 : 여기서는 한자, 특히 한자음을 뜻하며, 더 나아가 한자로 기록된 언어, 즉 한문까지 뜻하는 것으로 볼 수 있음.
5) 愚民 : 한문 소양이 없는 일반 대중을 가리키는 말.

而終不得伸其情者. 多矣. 予[7] 爲此憫然. 新制二十八字[8]. 欲使人人易習. 便於日用耳.

우리나라 말소리가 중국과 달라서 한자와는 서로 통하지 않으므로 일반 백성들은 말하고자 하는 바가 있어도 마침내 제 뜻을 펼 수 없는 사람이 많다. 그래서 내가 이를 딱하게 여기고 새로 스물여덟 글자를 만들었는데, 이는 사람들로 하여금 쉽게 익혀 나날이 쓰기에 편토록 하고자 할 따름인 것이다.

ㄱ. 牙音[9].　　　如君字初發聲　　　並書. 如虯[10]字初發聲
ㅋ. 牙音.　　　　如快字初發聲
ㆁ. 牙音.　　　　如業字初發聲

---

6) 言 : 말, 말을 하다.
7) 予 : 여기서는 세종대왕을 가리킴.
8) 字 : 한자를 '文字'라고 한 데 대하여 한글은 단순히 '字'라고 하였음.
9) 牙音 : 중국음운학에서 語頭子音을 조음위치에 따라 牙 · 舌 · 脣 · 齒 · 喉音으로 나누었는데, 中古한어의 字母와 훈민정음 자모 사이에는 다음과 같은 차이가 있음.

조 음 위 치

명칭	국 어	명칭	한 어
牙音	軟口蓋音(字母 君快虯業)	牙音	軟口蓋音(字母 見溪群疑, 曉匣)
舌音	齒(莖)音(字母 斗呑覃那閭)	舌頭音	齒莖音(字母 端透定泥, 來)
		舌上音	齒莖硬口蓋音(字母 知徹澄娘, 日照3 穿3 牀3 審3 禪3)
脣音	兩脣音(字母 彆漂步彌)	脣重音	兩脣音(字母 幫滂並明)
		脣輕音	脣齒音(字母 非敷奉微)
齒音	齒莖音(字母 卽侵慈戌邪穰)	齒頭音	齒音(字母 精清從心邪)
		正齒音	舌尖後音(字母 照2 穿2 牀2 審2 禪2)
喉音	聲門音(字母 挹虛洪欲)	喉音	聲門音(字母 影喩)

중세국어의 치음(파찰음)은 치음이었다가 17, 18세기경에 경구개음으로 변하였다는 설이 있음(허웅, 이기문).
10) 虯 : 여기의 번역에서는 '虯'자 이하에 나오는 한자의 음을 모두 동국정운식 한자음으로 기록하여 '뀨'와 같이 하였으나 엄격히 말하면 『훈민정음해례본』 편찬 시에는 아직 동국정운식 한자음이 확정된 시기는 아니었음. 초성해에서도 '虯 ㄲ'라고만 했음.

ㄷ. 舌音.	如斗字初發聲	並書. 如覃字初發聲
ㅌ. 舌音.	如呑字初發聲	
ㄴ. 舌音.	如那字初發聲	
ㅂ. 脣音.	如彆字初發聲	並書. 如步字初發聲
ㅍ. 脣音.	如漂字初發聲	
ㅁ. 脣音.	如彌字初發聲	
ㅈ. 齒音11).	如卽字初發聲	並書. 如慈字初發聲
ㅊ. 齒音.	如侵字初發聲	
ㅅ. 齒音.	如戌字初發聲	並書. 如邪字初發聲
ㆆ. 喉音.	如挹字初發聲	
ㅎ. 喉音.	如虛字初發聲	並書. 如洪字初發聲
ㅇ. 喉音.	如欲字初發聲	
ㄹ. 半舌音12).	如閭字初發聲	
ㅿ. 半齒音13).	如穰字初發聲	

ㄱ는 어금닛소리니 '군(君)'자의 처음 나는 소리('군'자의 음을 발음할 때
의 첫소리)와 같으니 나란히 쓰면 '끃(虯)'자의 처음 나는 소리와
같다.

ㅋ는 어금닛소리니 '쾡(快)'자의 처음 나는 소리와 같다.

ㆁ는 어금닛소리니 '업(業)'자의 처음 나는 소리와 같다.

ㄷ는 혓소리니 '듕(斗)'자의 처음 나는 소리와 같으니 나란히 쓰면 '땀
(覃)'자의 처음 나는 소리와 같다.

ㅌ는 혓소리니 '툰(呑)'자의 처음 나는 소리와 같다.

---

11) 齒音 : 설음은 현대 음성학에서 말하는 치경음이며 파열음, 치음도 치경음인데 파찰음
임. 전자에는 비음, 후자에는 마찰음이 포함되어 있음.
12) 半舌音 : 유음을 말함. 중세국어에는 유음에 설측음 [l]과 설타음 [r](이들을 훈민정음
합자해에서는 半舌重音 ㄹ과 半舌輕音 ᄛ로 구별할 수 있다고 하였음)이 있었으나 훈
민정음에서는 'ㄹ' 하나만 제자하였음. 중고 한어에는 유음으로 설측음 [l]밖에 없었음.
13) 半齒音 : 치경음의 하나로 중세국어에서는 유성 마찰음 [z]음이었음.

ㄴ는 혓소리니 '낭(那)'자의 처음 나는 소리와 같다.

ㅂ는 입술소리니 '볒(彆)'자의 처음 나는 소리와 같으니 나란히 쓰면 '뽕(步)'자의 처음 나는 소리와 같다.

ㅍ는 입술소리니 '푬(漂)'자의 처음 나는 소리와 같다.

ㅁ는 입술소리니 '밍(彌)'자의 처음 나는 소리와 같다.

ㅈ는 잇소리니 '즉(卽)'자의 처음 나는 소리와 같으니 나란히 쓰면 '쫑(慈)'자의 처음 나는 소리와 같다.

ㅊ는 잇소리니 '침(侵)'자의 처음 나는 소리와 같다.

ㅅ는 잇소리니 '슗(戌)'자의 처음 나는 소리와 같으니 나란히 쓰면 '썅(邪)'자의 처음 나는 소리와 같다.

ㆆ는 목구멍소리니 '흡(挹)'자의 처음 나는 소리와 같다.

ㅎ는 목구멍소리니 '헝(虛)'자의 처음 나는 소리와 같으니 나란히 쓰면 '홍(洪)'자의 처음 나는 소리와 같다.

ㅇ는 목구멍소리니 '욕(欲)'자의 처음 나는 소리와 같다.

ㄹ는 반혓소리니 '령(閭)'자의 처음 나는 소리와 같다.

△는 반잇소리니 '샹(穰)'자의 처음 나는 소리와 같다.

ㆍ 如呑字中聲[14)   ― 如卽字中聲

---

14) 中聲 : 국어의 음절 구성을 ISVE/T(I = Initial 음절초자음, S = Semi-vowel 이중모음의 부음, V = Vowel 주모음, E = Ending 음절말자음, 때로는 j, T = Tone 성조)라 한다면, 훈민정음 창제 당시의 학자들은 I를 초성, SV(j)를 중성 E(음절말자음)를 종성이라고 한 것임. 그러나 한어의 음절 구성을 IMVE/T(I = 음절초자음, M = Medial Vowel 개음, 부음, V = 주모음, E = 음절말자음과 w/j, T = 성조)로 보면, MVE(w/j)가 중성이 됨. 그런데 『홍무정운역훈』과 『동국정운』등 운서에서는 한자음의 [w]종성을 ㅱ로 표기하고, [j]종성은 주모음과 결합된 중모음으로 보고, [j]종성 다음에는 다시 ㅇ자로 종성을 표기하여 결국 이중표기가 되었음.

보기

快	ㅋ	ㅗ	ㅏ	ㅣ	ㅇ
	k'	w	a	j	

초성   중성   종성

ㅣ. 如侵字中聲	ㅗ. 如洪字中聲
ㅏ. 如覃字中聲	ㅜ. 如君字中聲
ㅓ. 如業字中聲	ㅛ. 如欲字中聲
ㅑ. 如穰字中聲	ㅠ. 如戌字中聲
ㅕ. 如彆字中聲	

• 는 '튼(呑)'자의 가운데 소리('튼'자의 음을 발음할 때의 가운데 소
  리)와 같다.

一는 '즉(卽)'자의 가운데 소리와 같다.

ㅣ는 '침(侵)'자의 가운데 소리와 같다.

ㅗ는 '홍(洪)'자의 가운데 소리와 같다.

ㅏ는 '땀(覃)'자의 가운데 소리와 같다.

ㅜ는 '군(君)'자의 가운데 소리와 같다.

ㅓ는 '업(業)'자의 가운데 소리와 같다.

ㅛ는 '욕(欲)'자의 가운데 소리와 같다.

ㅑ는 '샹(穰)'자의 가운데 소리와 같다.

ㅠ는 '슗(戌)'자의 가운데 소리와 같다.

ㅕ는 '볋(彆)'자의 가운데 소리와 같다.

終聲復用初聲15). ㅇ連書16)脣音之下. 則爲脣輕音17). 初聲合用則

보기

음절초 자음	부음	주모음	음절말 자음 또는 부음	음절	중성
ㄱ[k]		ㅏ[a]	ㅁ[m]	감	ㅏ
ㅂ[p]	ㅣ[j]	ㅓ[ə]	ㄹ[l]	별	ㅕ
ㄱ[k]	ㅜ[w]	ㅓ[ə]	ㅣ[j]	궤	ㅖ

15) 終聲復用初聲 : 종성(받침)을 표기할 때에는 초성(첫소리) 글자를 다 쓸 수 있다고 하
였으나, 초기의 정음문헌에서는 모든 초성자가 받침으로 쓰이지 않았고, 또 종성해에서도
'然ㄱㅇㄷㄴㅂㅁㅅㄹ八字可足用也'라고 설명하여 15세기 국어에서는 음절말에도 여덟
음만이 발음되고 있었음을 설명하고 있다. 그리고 종성 글자를 따로 만들지 않고 초성 글
자를 그대로 쓰도록 한 것은 이들이 음성상으로는 차이가 있어도 같은 음소에 속하는 이
음(異音)임을 인식하고 있었던 증거가 된다.

並書[18]終聲同. •ㅡㅗㅜㅛㅠ附書[19]初聲之下. ㅣㆍㅓㅏㅕㅑ. 附書於右.

凡字必合而成音[20]. 左加一點則去聲. 二則上聲. 無則平聲. 入聲
加點同而促急.[21]

종성 표기에는 다시 초성 글자를 쓰라. ㅇ을 입술소리 아래 이어 쓰
면 입술 가벼운 소리가 된다. 초성 글자를 아울러 쓰려면 나란히 써야
하니 종성도 같다. •ㅡㅗㅜㅛㅠ는 첫소리 글자의 아래에 붙여 쓰고
ㅣㆍㅓㅏㅕㅑ는 첫소리 글자의 오른쪽에 붙여 쓰라.

무릇 글자란 반드시 아울러 써야만 하나의 소리(음절)를 이룬다(음절을
표기할 수 있는 문자 단위가 된다). (음절 단위로 표기된 글자의) 왼쪽에 한
점을 더하면 거성이요, 점이 둘이면 상성이요, 없으면 평성이요, 입성은
점을 더하기는 같으나 촉급하다.

---

16) 連書 : 훈민정음에서는 위아래로 초성자를 이어 써서 새로운 단위 문자로 쓰는 것을 연
서라고 했음. 이 규정에 의하면 실제로 실용에 옮겨진 것은 순음자 ㅂㅍㅃㅁ 아래에 후음
자 ㅇ자를 이어 써서 만든 ㅸㆄㅹㅱ자들이 있고, 이들을 순경음이라고 하였다. 순음자를
가지고 한자음을 표기할 때에는, ㅂㅍㅃㅁ로 순중음을, ㅸㆄㅹㅱ로 순경음을 표기하였으
며, 국어 표기에는 ㅸ자만이 쓰이었다. 『훈민정음해례본』 합자해에서는 이 연서 규정을
반설음에도 응용하여 '반설경음'자로 ㅭ를 만들어 쓸 수 있다고 하였으나 실지로 쓰이지는
않았다.

17) 脣輕音 : 훈민정음에서는 순음을 순중음과 순경음으로 나누지 않고 순음자만 제자했으
나 실용상의 필요에 따라서 다시 순경음자의 제자 방식을 규정한 것임. 다만 한어의 순경
음이 순치음임에 비하여 국어의 순경음은 양순마찰음이었음.

18) 並書 : 훈민정음에서는 둘 이상의 초성자·중성자·종성자를 왼쪽으로부터 오른쪽으로
아울러 쓰는 것을 '병서'라 하고 똑같은 초성자를 아울러 쓰는 것을 각자병서, 딴 글자끼리
아울러 쓰는 것을 합용병서라고 하였음. 합자해 참조.

19) 附書 : 훈민정음에서는 초성자와 중성자를 위에서 아래로 또는 왼쪽으로부터 오른쪽으
로 아울러 쓰는 것을 부서라고 하였음.

20) 凡字必合而成音 : 훈민정음은 음소문자(單音文字)로 창제되었으면서도 음절문자처럼
표기하도록 규정되었으므로, 초·중·종성 글자를 각각 字素처럼 생각한 데서 이들이 단
독으로 쓰일 수는 없고, 초성자＋중성자 또는 초성자＋중성자＋종성자와 같이 합해져
서 표기해야만 하나의 음절을 나타낼 수 있다고 한 말임. 그리고 여기의 '字'는 하나의 글
자(漢字)가 한 음절을 이루는 한자를 의식해서 한 표현일 수도 있음.

21) 左加一點則去聲. 二則上聲. 無則平聲. 入聲加點同而促急 : 15세기 중세국어는 성
조 언어이었으므로, 이를 나타내는 방점법을 규정한 것. 더 자세한 것은 종성해와 합자해
참조.

2. 訓民正音解例[22)23)]

1) 제자해(制字解)[24)]

天地之道[25)]. 一[26)]陰陽[27)]五行[28)]而已. 坤復之間爲太極[29)]. 而動靜
之後爲陰陽[30)]. 凡有生類[31)]在天地之間者. 捨陰陽而何之. 故人之聲

---

22) 이 책의 뒷부분에 영인해서 붙인 漢文本 訓民正音에는 漢字의 異音에 의한 의미의
   차이를 나타내는 기호(보기 復°)가 표시되어 있으나 여기서는 생략했다.

23) 解例 : 훈민정음 해례편은 훈민정음 예의편(본문)에서 간단하게 언급되어 있는 내용을
   다시 제자해·초성해·중성해·종성해·합자해·용자례 등 6부분으로 나누어 자세히 설명
   한 부분임.

24) 制字解 : 훈민정음의 제자 원리·음가 등을 송학 이론과 중국음운학적 관점에서 설명
   한 부분임.

25) 天地之道 : 도는 도리·원리. 『역경계사』上 第二章에 '六爻之動 三極之道也'라고
   있는 것을 『周易今注今譯』(臺北商務印書館)에서는 '六爻的變動是天地人三才的道理
   (육효의 변동이 천·지·인 삼재의 도리다)'라고 설명하고 있음. 천지는 하늘과 땅만이 아
   니고 우주 자연을 뜻하기도 함. 정인지의 '훈민정음 서문'에서도 '天地自然之聲'(천지 자
   연의 소리)이라고 한 바 있음.

26) 一 : 오직, 하나 등으로 볼 수 있음.

27) 陰陽 : 周濂溪의 太極圖說에서는 태극이 動해서 陽을 生하고 動이 극에 달하면 정
   이 되고, 靜해서 陰을 生하고 정이 극에 달하면 다시 동한다. 한 번 동하고 한 번 정하는
   것이 서로 뿌리가 되어 음으로 갈리고 양으로 갈리어 兩儀가 맞서게 된다고 하고, 이것이
   우주만물의 대립되는 원리가 되는데, 다시 陽變陰合해서 五行이 생긴다고 했고, 우주만
   물은 五行인 水火木金土와 결부되어 있다고 보았음. 『역경계사』上 第四章에서 '易與
   天地準 故能彌綸天地之道'라 했고, 第五章에서 '一陰一陽之謂道'라고 한 것을 여기서
   는 '天地之道 一陰陽五行而已'라고 한 것임.

28) 五行 : 만물을 생성하는 5가지 원소, 곧 水火木金土.

29) 坤復之間爲太極 : 坤이나 復이나 역의 卦名인데, 坤復之間이란 역의 卦圖 上坤卦
   에서 復卦에 이르는 사이이며(순서는 복괘에서 시작해서 곤괘로 끝남), '易學啓蒙輯注'에
   '或問 無極如何說前 朱子曰邵子就圖上 說循環之意 自姤至坤是陰含陽 自復至乾
   是陽分陰 坤復之間乃無極 自坤反姤是無極之前(어떤 사람이 묻기를 "무극 앞을 어떻
   게 설명하면 좋겠습니까?" 하니, 주자가 말하기를 "소옹은 괘도상에서 순환의 의미를 가지
   고 설명했다. 姤卦로부터 坤卦까지는 陰이 陽을 포함하나, 復卦로부터 乾卦까지는 陽
   이 陰을 나누기 때문에, 坤卦부터 復卦까지의 사이는 무극이다. 坤卦로부터 姤卦까지
   되돌아오기까지가 무극의 앞이다")'이라고 있으나, '태극도'의 주에 '此所謂無極而太極也'
   라고 했으므로 '無極'은 '太極'으로 볼 수 있음.

音[32]. 皆有陰陽之理[33]. 顧人不察耳.

천지 자연(우주)의 원리는 오직 음양 오행일 뿐이다. 곤(坤)과 복(復)의 사이가 태극(太極)이 되고(곤괘와 복괘의 사이에서 태극이 생겨나서), (이 태극이) 움직이고 멎고 한 다음에 음(陰)과 양(陽)이 (우선) 생겨나는 것이

〈伏羲六十四卦方圓圖〉(『성리대전』권7「皇極經世書」一)

30) 動靜之後爲陰陽 : '태극도설'에 '無極而太極 太極動而生陽 動極而靜 靜而生陰靜極復動 一動一靜 互爲其根 分陰分陽 兩儀立焉(무극이면서 태극이다. 태극이 동해서 양을 생하고, 동이 극에 달하면 정해지니, 정하여서 음을 생하고, 정이 극에 달하면 다시 동해진다. 한 번 동하고 한 번 정하는 것이 서로 뿌리가 되어, 음으로 갈리고 양으로 갈리니 양의가 맞서게 된다)'이라고 한 말을 요약한 것임.
31) 有生類 : 생명을 가진 것.
32) 聲音 : 어제 서문에서 '國之語音'이라 하고, 여기서는 '聲音'이라고 한 것으로 보아, '語音'은 음운, '聲音'은 '음성'으로 봄이 좋을 듯함. '세종 시대의 언어정책'에서 밝혔듯이, 중국에서는 '雜比曰音, 單出曰聲(禮記 樂記 鄭玄注), '聲生於心 有節於外 謂之音' (說文解字) 등과 같이 '聲'과 '音'을 구별하고 있다.
33) 皆有陰陽之理 : 여기서 천지(우주)간의 모든 것이 음양과 결부되어 있다고 설명하고 있으나 '태극도설'에서 '有太極則一動一靜而兩儀分 有陰陽則一變一合而五行具 然五行者 質具於地而氣行於天者也(그러나 오행이라는 것은 바탕이 땅에서 갖추어지고 기가 하늘에서 행해지는 것이다)'라고 하였고, 『性理大全』권27에서도 '朱子曰 陰陽是氣 五行是質 有這質 所以做得物事出來(주자가 말하기를 음양은 기이며 오행은 바탕인데 이 바탕이 있음으로써 물건과 일이 이루어져 나오는 것이다)'라고 한 것처럼 만물과 실질적으로 결합되어 있는 것은 오행임. 주 41 참조.

다(그러니). 무릇 목숨 가진 것[有生類]들로서 하늘과 땅 사이에 있는 것들은 음양을 버리고 어디로 가랴. 그러므로 사람의 소리[有聲音]도 다 음양의 이치가 있는 것인데 생각하건대 사람이 살피지 못할 뿐이다.

今正音34)之作. 初非智營而力索35). 但因其聲音而極其理而已. 理旣不二36). 則何得不與天地鬼神同其用37)也.

이제 정음을 만듦도 애초부터 슬기로써 마련하고 애씀으로써 찾은 것이 아니라 다만 그 성음을 바탕으로 하여(성음의 원리에 따라서) 그 이치를 다한 것뿐이다. 이치가 이미 둘이 아니니 어찌 천지 귀신과 함께 그 用을 같이 하지 않겠는가?

正音二十八字. 各象其形而制之38). 初聲凡十七字. 牙音ㄱ. 象舌根閉喉之形. 舌音ㄴ. 象舌附上腭之形. 脣音ㅁ. 象口形. 齒音ㅅ. 象齒形. 喉音ㅇ. 象喉形. ㅋ比ㄱ. 聲出稍厲. 故加畫. ㄴ而ㄷ. ㄷ而ㅌ. ㅁ而ㅂ. ㅂ而ㅍ. ㅅ而ㅈ. ㅈ而ㅊ. ㅇ而ㆆ. ㆆ而ㅎ. 其因聲加劃

---

34) 正音 : 훈민정음을 줄여서 쓴 말. 해례에서는 이곳 말고도 '正音'이라고 한 경우가 많다. 正音二十八字 各象其形而制之(제자해), 正音初聲 卽韻書之字母也(초성해), 殿下創制正音二十八字(정인지 서) 등.

35) 智營而力索 : 「황극경세서」에 '西山蔡氏曰 … 陰陽之中又陰陽 出於自然 不待智營而力索也'라고 한 부분이 있음.

36) 理旣不二 : 천지간의 모든 이치는 이 제자해의 첫머리에서 '天地之道 一陰陽五行而已'라고 말한 것처럼 둘이 아니라 '陰陽五行'뿐이라는 뜻임.

37) 用 : 宋學에서는 모든 사물의 근본이나 바탕이 되는 것을 '體', 그 작용이나 응용, 활용을 '用'이라고 하는데, 해례에도 이 개념이 도입되어 '체'·'용'이 많이 쓰이고 있음. 여기의 用도 응용, 활용이라는 뜻임.

38) 各象其形而制之 : 훈민정음의 창제 원리를 분명히 밝힌 구절임. 당시에는 중국의 문자학 이론을 많이 참고하였을 것이므로, 문자학의 기본이 되는 六書 가운데서도 가장 근본이 되는 '象形'을 훈민정음의 제자 원리로 삼고, 이를 子音字 제자와 母音字 제자의 바탕으로 하였음. 자음자는 조음기관 또는 자음을 조음할 때의 조음기관의 모양을 본떠서 만들고, 제자 순서는 먼저 아·설·순·치·후음별로 기본 글자 ㄱㄴㅁㅅㅇ를 제자한 다음 이를 바탕으로 해서 발음이 센(厲) 음의 순서대로 획을 더하여 다른 자음 글자들을 제자했음. 이를 제자해에서는 '因聲加劃'이라고 표현하였음.

之義皆同. 而唯ㅇ爲異39). 半舌音ㄹ. 半齒音△. 亦象舌齒之形而異
其體40). 無加畫之義焉.

정음 스물여덟자는 각각 그 모양을 본떠서 만들었다. 첫소리(글자)는
모두 열일곱자다. 어금닛소리(글자) ㄱ은 혀뿌리가 목구멍을 닫는 모양을
본뜨고 혓소리(글자) ㄴ은 혀가 윗잇몸에 붙는 모양을 본뜨고, 입술소리
(글자) ㅁ은 입 모양을 본뜨고, 잇소리(글자) ㅅ은 이[齒]의 모양을 본뜨
고, 목구멍소리(글자) ㅇ은 목구멍의 모양을 본뜬 것이다.

ㅋ은 ㄱ에 비하여 소리나는 것이 조금 센 까닭으로 획을 더하였다.
ㄴ에서 ㄷ, ㄷ에서 ㅌ, ㅁ에서 ㅂ, ㅂ에서 ㅍ, ㅅ에서 ㅈ, ㅈ에서 ㅊ,
ㅇ에서 ㆆ, ㆆ에서 ㅎ으로 그 소리를 바탕으로 하여 획을 더한 뜻(이치)
은 다 같으나, 오직 ㆁ만은 다르다(즉 ㆁ은 ㄱ에다가 획을 더하여 만든 글
자가 아니다). 반혓소리(글자) ㄹ과 반잇소리(글자) △도 또한 혀와 이[齒]
의 모양을 본뜨긴 했으나 그 體(바탕으로 삼은 기본 글자)를 달리하여 획
을 더한 뜻이 없다.

夫人之有聲本於五行41). 故合諸四時而不悖. 叶之五音而不戾. 喉

音聲分類	基本字	象形 內容	加劃字	異其體字
牙	ㄱ	象舌根閉喉之形	ㅋ	
舌	ㄴ	象舌附上腭之形	ㄷ ㅌ	ㅇ
脣	ㅁ	象 口 形	ㅂ ㅍ	ㄹ
齒	ㅅ	象 齒 形	ㅈ ㅊ	△
喉	ㅇ	象 喉 形	ㆆ	

不厲 ————————————→ 厲

39) 唯ㅇ爲異 : 다른 자음 글자들은 모두 기본 글자에다가 획을 더하여 만든 글자지만 ㆁ
만은 기본자인 ㄱ에 획을 더하여 만든 글자가 아니라는 뜻. 즉 ㆁ은 ㅇ에서 나온 글자라
는 뜻임.
40) 異其體 : ㄹ, △도 각각 그 기본 글자인 ㄴ과 ㅅ에 획을 더하여 만든 글자가 아니라는
뜻. 즉 體(기본 글자)인 ㄴ을 바탕으로 한 것이 아니고 달리 제자하였다는 뜻임. 여기의
體를 字形으로 보고 '그 자형이 다르다'고 보는 견해도 있음.
41) 人之有聲本於五行 : 제자해 첫머리에서 사람의 성음도 오행에 바탕을 둔 것이라고 하

邃而潤. 水也. 聲虛而通[42]. 如水之虛明而流通也. 於時爲冬. 於音
爲羽. 牙錯而長. 木也. 聲似喉而實. 如木之生於水而有形也. 於時
爲春. 於音爲角. 舌銳而動. 火也. 聲轉而颺. 如火之轉展而揚揚也.
於時爲夏. 於音爲徵[43]. 齒剛而斷. 金也. 聲屑而滯. 如金之屑瑣而
鍛成也. 於時爲秋. 於音爲商. 脣方而合. 土也. 聲含而廣. 如土之含
蓄萬物而廣大也[44]. 於時爲季夏. 於音爲宮. 然水乃生物之源 火乃
成物之用. 故五行之中. 水火爲大. 喉乃出聲之門. 舌乃辨聲之管.
故五音之中. 喉舌爲主也[45]. 喉居後而牙次之. 北東之位也. 舌齒又

였으므로 여기서도 다음과 같이 『고금운회거요』나 『절운지장도』의 '辨字母次第例' 등을
참고하여 五行·五時·五方 등과 결부하여 설명한 것임. 다만 본문에서는 '合諸四時'라
고 하였으나 실지로는 五時로 설명되어 있음.

五音(聲)	牙	舌	脣	齒	喉
五 行	木	火	土	金	水
五 時	春	夏	季夏	秋	冬
五音(樂)	角	徵	宮	商	羽
五 方	東	南	中央	西	北
			(無定位)		

42) 聲虛而通 : 오음을 아·설·순·치·후의 순으로 설명한 것이 아니라 목부터 조음기관
의 순서에 따라 입술까지 조음기관의 모양 또는 각 조음기관에서 조음되는 각 음에 대하
여 음상 중심으로 설명한 부분임. 여기서는 목과 목에서 발음되는 후음에 대하여 설명하
였음. 이하 같음.

43) 徵字는 화음치. 보통 '징'이라고 발음하나 여기서는 火音을 뜻하는 '치'임.

44) 위의 본문에서 五音과 五行을 결부하여 설명하고 이를 다시 조음 작용 면에서 음상과
관련하여 설명한 것을 정리하면 다음과 같음.

오음(聲)	조음기관 모양	오행	설명 내용(音相)	
喉	邃而潤	水	虛而通	如水之虛明而流通
牙	錯而長	木	似喉而實	如木之生於水而有形
舌	銳而動	火	轉而颺	如火之轉展而揚
脣	方而合	土	含而廣	如土之含蓄萬物而廣大
齒	剛而斷	金	屑而滯	如金之屑瑣而鍛成

45) 然水乃生物之源 火乃成物之用. 故五行之中. 水火爲大. 喉乃出聲之門. 舌乃辨
聲之管. 故五音之中. 喉舌爲主也 : 오행과 조음기관을 결부하였을 때 水＝喉, 火＝舌
이므로 五行 중에서 水·火가 중요하듯, 조음기관 중에서도 喉·舌이 가장 중요하다는
설명임.

次之. 南西之位也. 脣居末. 土無定位而寄旺四季之義[46]也. 是則初
聲之中. 自有陰陽五行方位之數也.

대개 사람의 소리 있음은(사람이 소리를 가지고 있는 것은) 오행에 근본
을 둔 것이므로(오행에 바탕을 둔 소리를) 사철에 어울려 보아도 어그러짐
이 없고, (음악의) 오음에 맞추어 보아도 틀리지 않는다. (사람의 조음기
관과 이들 기관에서 조음되는 자음에 관해서 조음기관의 안쪽부터 설명
해 보면 다음과 같다.)

목구멍은 입안 깊은 곳에 있고 젖어 있으니 (오행으로 보면) 水에 해
당한다. (목구멍에서 나는) 소리는 공허하게 통하여 물의 虛明하고 두루
흐름과 같으니, 철로는 겨울이요 음으로는 羽이다.

어금니는 서로 어긋나고[錯] 길어서 (오행으로 보면) 木에 해당한다.
(어금니에서 나는) 소리는 목구멍소리와 비슷해도 여물기 때문에 나무가
물에서 나되 그 형상이 있음과 같으니, 철로는 봄이요 음으로는 角이다.

혀는 날카롭고 움직여서 (오행으로 보면) 火에 해당한다. (혀에서 나
는) 소리가 구르고 날리는 것은 불의 이글거리며[轉展] 활활 타 오름[揚
揚]과 같고, 철로는 여름이요 음으로는 徵이다.

이[齒]는 단단하고 다른 물건을 끊으니 (오행으로 보면) 金에 해당한
다. (이에서 나는) 소리가 부스러지고 걸리는 것은, 쇠의 잔부스러기가
단련되어 (무엇이) 이루어짐과 같고, 철로는 가을이요 음으로는 商이다.

입술은 모나고 다물어지니 (오행으로 보면) 土에 해당한다. (입술에서
나는) 소리가 머금고 넓은 것은, 땅이 만물을 함축하여 넓고 큼과 같고,
철로는 늦여름이요 음으로는 宮이다.

그러나 물은 만물을 낳는 근원이요 불은 만물을 이루는 작용이기 때
문에, 오행 가운데서도 물과 불[水火]이 큰 것이 된다. 목구멍(=水)은 소
리를 내는 문이요, 혀(=火)는 소리를 구별하는 기관이기 때문에 오음 가

---

46) 寄旺四季之義 : 土는 中央에 있으므로 四方에 배치되어 있는 4계절에 기댈 수 있다는
뜻임. 『性理大全』 권27. 理氣 二의 五行條에는 '惟土無定位, 寄旺於四季'라고 있음.

운데서도 목구멍소리와 혓소리가 주장이 된다(즉 목구멍과 혀가 조음기관의 주가 된다).

목구멍은 뒤에 있고 어금니가 다음이므로 북쪽과 동쪽의 방위요, 혀와 이가 또 그 다음이므로 남쪽과 서쪽의 방위요, 입술이 끝에 있으므로 토는 일정한 방위 없이 사철에 덧붙어서 왕성하게 한다는 뜻이다. 이런즉 초성 가운데에는 스스로 음양오행 방위의 數가 있는 것이다.

又以聲音淸濁[47]而言之. ㄱㄷㅂㅈㅅㆆ. 爲全淸. ㅋㅌㅍㅊㅎ. 爲次淸. ㄲㄸㅃㅉㅆㆅ. 爲全濁. ㆁㄴㅁㅇㄹㅿ. 爲不淸不濁. ㄴㅁㅇ. 其聲取不厲. 故次序雖在於後. 而象形制字則爲之始.[48] ㅅㅈ雖皆爲全淸. 而ㅅ比ㅈ. 聲不厲. 故亦爲制字之始. 唯牙之ㆁ. 雖舌根閉喉聲氣出鼻. 而其聲與ㅇ相似. 故韻書疑與喩多相混用.[49] 今亦取象於喉. 而不爲牙音制字之始.[50] 盖喉屬水而牙屬木. ㆁ雖在牙而與ㅇ相似. 猶木之萌芽生於水而柔軟. 尙多水氣也.[51] ㄱ木之成質. ㅋ木之盛長. ㄲ木之老壯. 故至此乃皆取象於牙也.

---

47) 聲音淸濁 : 중국음운학에서는 중고한어의 어두자음을 조음위치별로 나누어 아·설·순·치·후의 오음으로 분류하고(반설음, 반치음까지 합하면 칠음), 같은 조음위치에서 발음되는 음들을 다시 음의 성질에 따라 다음과 같이 나누었다.

• 全淸(무기무성자음, unaspirated surd) : 파열음·마찰음·파찰음
• 次淸(유기무성자음, aspirated surd) : 파열음·마찰음·파찰음
• 全濁(무기유성자음, sonant, 전탁음을 유성유기자음으로 추정하기도 함) : 파열음·마찰음·파찰음
• 不淸不濁(차탁·청탁·반청반탁이라고도 함. liquid) : 비음·설측음·반모음(喩母) 등

이런 기준에 의하여 唐末·북송 초에 36자모를 선정하여 한어의 어두자음을 표시하는 음성기호처럼 사용해 왔다. 훈민정음은 이 36자모표와는 따로 15세기 중세국어에 맞는 자음을 선정하여 23자음자를 창제하였는데 그 분류방식은 중국 36자모표를 본받은 바가 있다. 그리하여 훈민정음해례에서도 이 분류법을 따라서 국어의 자음을 분류하였는데, 전탁음만은 한어 자음의 유성음과는 달리 국어의 된소리[硬音]에 해당된다고 볼 수 있다. 그래서 15세기 문헌에서는 전탁음들이 두 가지 구실을 해서 '동국정운식 한자음'이나 『홍무정운역훈』의 한음(字音) 표기에는 한자음의 유성음을 나타내려 하였고, 국어를 표기할 때에는 된소리를 나타내기 위하여 쓰이었다. 다만 당시의 우리 선인들이 유성음의 음가를 된소리처럼 인식하고 있었는지도 모른다. 그렇다면 『동국정운』의 '전탁음'을 된소리 표기로 볼

또 성음의 청탁으로 말할 것 같으면 ㄱㄷㅂㅈㅅㆆ은 전청이 되고,

수도 있다.
이제 중국 36자모표와 훈민정음 23자모표를 보이면 다음과 같다.

〈중국 36자모표〉

七音	牙音	舌頭音	舌上音	脣重音	脣輕音	齒頭音	正齒音	喉音	半舌	半齒
全淸	見	端	知	幫	非	精	照	影		
次淸	溪	透	徹	滂	敷	淸	穿	曉		
全濁	群	定	澄	並	奉	從	牀	匣		
不淸 不濁	疑	泥	孃	明	微			喩	來	日
全淸						心	審			
全濁						邪	禪			

〈훈민정음 23자모표〉

七音	牙音	舌音	脣音	齒音	喉音	半舌	半齒
全淸	君ㄱ	斗ㄷ	彆ㅂ	卽ㅈ	挹ㆆ		
次淸	快ㅋ	呑ㅌ	漂ㅍ	侵ㅊ	虛ㅎ		
全濁	虯ㄲ	覃ㄸ	步ㅃ	慈ㅉ	洪ㆅ		
不淸 不濁	業ㆁ	那ㄴ	彌ㅁ		欲ㅇ	閭ㄹ	穰ㅿ
全淸				戌ㅅ			
全濁				邪ㅆ			

48) 次序雖在於後. 而象形制字則爲之始 : 전청·차청·전탁·불청불탁의 순으로 보면
ㄴㅁㆁ은 불청불탁 소속음이라 그 순서가 뒤가 되지만, 각 조음기관에서 가장 약한 음을
골라 조음 상태를 상형하여, 제자할 때의 순은 이들 글자가 각 음의 맨 앞이라는 뜻임.

49) 疑與喩多相混用 : 疑와 喩는 각각 중국 等韻學에서 말하는 36자모의 하나인데, 중국
음운학에서는 한어의 어두자음을 분류하여 36자모표를 만들고, 각 자모로 하여금 각 어두
자음을 대표케 하였을 때, 疑母는 ŋ-을, 喩母는 j-, ɦ-를 나타내게 하는 것이었다. 그러
나 12세기경부터 한어의 어두 ŋ-음이 소실되어, 원래 ŋ-음을 가졌던 한자들의 자음이 j-,
ɦ-을 가졌던 한자들과 같아졌으므로 여러 운서에서 한어 자음을 자모로 표시할 때 疑母
字와 喩母字를 엄격히 구별하여 표음하지 못하고 疑母와 喩母의 사용에 혼동이 생기게
되었다. 이러한 사실을 알고 있었던 해례 편찬자들은 훈민정음의 ㆁ자가 疑母에 해당되
고, ㅇ자가 喩母에 해당되므로 疑母系 字音과 喩母系 字音이 혼용되는 모습을 설명하
기 위하여 ㆁ음과 ㅇ음이 相似라고 표현하고 있는 것이다. 그러나 중세국어를 기록한 ㆁ
자와 ㅇ자는 그 음가면에서 도저히 비슷할 수가 없다. 제자해에서 ㆁ의 음가를 '舌根閉喉
聲氣出鼻'라고 해서 [ŋ]임을 말하였고, 종성해에서 ㅇ의 음가를 '聲淡而虛'라고 해서
zero임을 말하였으므로, 훈민정음해례편찬자들도 ㆁ과 ㅇ의 음가 차이를 알고 있었다.

50) 今亦取象於喉. 而不爲牙音制字之始 : 해례 편찬자들은 ㅇ자가 ㆁ자와 음가가 비슷
하여 ㅇ자도 ㆁ자와 마찬가지로 목구멍 모양을 본떠서 글자를 만들었다고 생각하고 있었
으므로, ㆁ자는 아음의 불청불탁 소속자이면서도 아음의 기본 문자가 되지 않았다고 설명
한 것임. 다른 조음위치에서 발음되는 글자들은 불청불탁자가 기본 문자가 되었음.

51) ㅇ雖在牙而與ㅇ相似 … 猶多水氣也 : 여기서는 ㆁ와 ㅇ가 자형상 비슷하다는 뜻이

ㅋㅌㅍㅊㅎ는 차청이 되고, ㄲㄸㅃㅉㅆㆅ은 전탁이 되고, ㆁㄴㅁㅇㄹ
ㅿ은 불청불탁이 된다. ㄴㅁㅇ은 그 소리가 가장 거세지 않은 까닭으로
(23자모표 상의 분류) 차례로는 비록 뒤에 있으나, 모양을 본떠서 글자를
만드는 데 있어서는 이들을 시초로 하였다. ㅅ과 ㅈ은 비록 다 같이 전
청이지만 ㅅ이 ㅈ에 비하여 소리가 거세지 않은 까닭에 (ㅅ을) 또한 (치
음) 글자를 만드는 데 있어서 시초로 하였다. 다만 어금닛소리의 ㆁ만은
비록 혀뿌리가 목구멍을 닫아서 소리의 기운이 코로 나오지만 그 소리
가 ㅇ과 비슷해서 운서에서도 의모[疑]와 유모[喩]가 많이 혼용되는 것이
다. 이제 ㅇ자를 목구멍을 본떠 만들었으나 어금니 글자 만드는 기초로
삼지 않은 것은 대개 목구멍은 물[水]에 속하고, 어금니는 나무[木]에 속
하는 터이라, ㆁ은 비록 어금닛소리에 속해 있으면서도 (목구멍 소리인)
ㅇ과 비슷하여 마치 나무의 움이 물에서 나와 부드러우며 아직 물 기운
이 많음과 같기 때문이다. ㄱ은 나무가 바탕을 이룬 것이요, ㅋ은 나무
의 번성하게 자람이요, ㄲ은 나무가 나이 들어 씩씩하게 된 것이므로,
여기까지 모두 어금니(즉 오행의 목)에서 본뜬 것이다.

全淸並書則爲全濁. 以其全淸之聲凝則爲全濁[52]也. 唯喉音次淸
爲全濁者. 盖以ㆆ聲深不爲之凝. ㅎ比ㆆ聲淺. 故凝而爲全濁也[53].

며, ㆁ자는 아음이라 오행으로는 나무(木)이고, ㅇ자는 후음이라 물(水)인데, 다른 아음자
와는 달리 ㆁ자가 ㅇ자를 본받아 제자되었으므로 마치 나무가 물에서 생겨났으나 아직 물
기가 있는 것과 같다는 뜻임.

52) 全淸之聲凝則爲全濁 : 훈민정음해례의 이론적 기반이 비록 중국음운학에 있었다고
하더라도 새 고유문자인 훈민정음의 음가에 대한 설명 내용은 국어를 가지고 한 부분이
많아서, 여기의 전탁음에 대한 설명도 중세국어의 된소리에 관한 것임. 『동국정운』(1447)
의 서문에서 '我國語音 其淸濁之辨 與中國無異(우리나라 말소리는 그 청탁의 구별에
있어서 중국과 다를 바가 없다)'라 하여 '語音'의 '淸濁' 구분을 인식하고 있었는데, 그
'濁'(여기서는 全濁)의 음가를 '以其全淸之聲 凝則爲全濁也(그 전청의 소리를 가지고
엉기게 발음하면 전탁음이 된다)'라 하여 '된소리'로 설명하고 있는 것임. '凝'은 성문폐쇄
음을 설명한 것으로 볼 수 있음.

53) 唯喉音次淸爲全濁者. 盖以ㆆ聲深不爲之凝. ㅎ比ㆆ聲淺. 故凝而爲全濁也 : ㆆ자
의 음가가 성문폐쇄음 [ʔ]임을 말하고 이를 '심'으로 표현한 것임. 중국음운학에서 어두자

ㅇ連書脣音之下. 則爲脣輕音者. 以輕音脣乍合而喉聲多也[54].

전청 글자를 나란히 쓰면 전탁 글자가 되는 것은 전청 소리가 엉기면, 곧 전탁 소리가 되기 때문이다. 오직 목구멍소리의 차청인 ㅎ이 전탁 소리가 되는 것은 대개 ㆆ은 소리가 깊어서 엉기지 않고 ㅎ은 ㆆ에 비하여 소리가 얕기 때문에 엉기어 전탁 소리가 되기 때문이다.

ㅇ글자를 입술소리 아래 이어 쓰면 입술 가벼운 소리 글자가 되는 것은 순경음은 가벼운 소리로서 입술을 잠깐 다물었다가 바로 열어서 목구멍소리(숨소리)가 많게 조음한다.

中聲凡十一字[55]. ㆍ舌縮而聲深. 天開於子也. 形之圓. 象乎天也. ㅡ舌小縮而聲不深不淺. 地闢於丑也. 形之平. 象乎地也. ㅣ舌不縮

음을 조음위치별로 분류하여 牙·舌·脣·齒·喉음으로 하였으나 중국 36자모 가운데 후음에 배열된 음들은 엄격히 말하면 모두 성문음이 아니어서, 影母[ʔ]만이 성문음이고 曉母[x], 匣母[ɣ]는 아음(연구개음)이라고 할 수 있으며, 喩母는 zero 또는 반모음[j](일부는 [ɦ])으로 볼 수 있음. 훈민정음의 후음을 挹 ㆆ[ʔ], 虛 ㅎ[h], 洪 ㆅ[h'], 欲 ㅇ[zero 또는 ɦ]으로 본다면 이들은 모두 성문음이라고 할 수 있음. 그러나 같은 후음이라도 ㆆ음은 성문 그 자체에서 발음되는 폐쇄음이므로, 된소리 요소인 성문폐쇄음을 중복시켜 된소리를 만들 수 없고, 같은 성문음인 ㅎ[h]음에 된소리 요소를 가미하여 성문폐쇄 수반음인 ㆅ[h']음이 되도록 한다는 설명임.

54) 以輕音脣乍合而喉聲多也 : 순경음의 음가가 양순마찰음임을 말한 것.「번역노걸대」·「박통사범례」(1510년경)에서는 '合脣作聲 爲ㅂ而日脣重音 爲ㅂ之時 將台勿合 吹氣出聲 爲ㅸ而脣輕音(입술을 합하여 소리를 낼 때 ㅂ음이 되는 것을 순중음이라고 하고, ㅂ음을 낼 때에 입술이 합하는 듯 마는 듯하며, 날숨이 나오면서 ㅸ음이 되는 것을 순경음이라고 한다)'이라고 더 구체적으로 설명하고 있음. 그러나 둘 다 순경음 ㅸ음이 유성음인지 무성음인지는 밝히지 않고 있음. 여러 (초기 정음) 문헌의 용례로 보아 ㅸ음은 유성음인 [β]이었고, 한음을 표기한 ㅸ은 [f]이었음.

55) 中聲凡十一字 : 15세기 중세국어의 단모음은 7개이었으나 훈민정음 창제 때에는 ㆍㅣ ㅡㅣ ㅣ도 각각 단일 단위 문자로 생각하고 있었으므로, 중성자를 11자라고 한 다음, 易의 天地人三才를 상형하여 국어 모음자의 기본자로 창제하고 다음과 같이 설명했음.

기본자	자형	상형 내용	조음 때 혀 모양	혀의 전후 위치와 개구도의 차이에서 오는 느낌(음향감)
ㆍ	圓	天	縮	深
ㅡ	平	地	小縮	不深不淺
ㅣ	立	人	不縮	淺

而聲淺. 人生於寅也. 形之立. 象乎人也.

중성(글자)은 무릇 열한 자다. •(소리)는 혀를 오그라지게 해서 조음하고 소리는 깊으니, 하늘이 자(子)시에 열린 것과 마찬가지로 •자가 맨 먼저 생겨났다. 모양이 둥근 것은 하늘을 본뜬 것이다. ㅡ(소리)는 혀를 조금 오그라지게 해서 조음하고 소리는 깊지도 얕지도 않으니, 땅이 축(丑)시에 열린 것과 마찬가지로 ㅡ자가 두 번째로 생겨났다. 모양이 평평함은 땅을 본뜬 것이다. ㅣ(소리)는 혀를 오그라들지 않게 조음하고 소리가 얕으니 사람이 인(寅)시에 생겨남과 마찬가지로 ㅣ자가 세 번째로 생겨났다. 그 모양이 서 있는 꼴은 사람을 본뜬 것이다(子・丑・寅을 시간의 순서로 안 보고 우주 만물 생성의 순서를 나타낸 것으로 보기도 함).

此下八聲. 一闔一闢56). ᆞ與•同而口蹙. 其形則•與ㅡ合而成. 取天地初交之義也. ㅏ與•同而口張. 其形則ㅣ與•合而成. 取天地之用發於事物待人而成也. ㅜ與ㅡ同而口蹙. 其形則ㅡ與•合而成. 亦取天地初交之義也. ㅓ與ㅡ同而口張　其形則•與ㅣ合而成. 亦取天地之用發於事物待人而成也. ᆢ與ᆞ同而起於ㅣ. ㅑ:與ㅏ同而起於ㅣ57). ᅲ與ㅜ同而起於ㅣ. ㅕ:與ㅓ同而起於ㅣ.

---

56) 此下八聲 一闔一闢 : 중국음운학에서는 한어의 한 字音을 IMVE/T(I = Initial, 어두자음, M = Medial Vowel 介音, V = Vowel 모음, E = Ending 음절말음, T = Tone 성조)로 보고, M이 -u-이면 合口, 그 외의 것이면 開口라고 했음. 邵雍은 「황극경세서」에서 合을 翕字로, 開를 闢字로 썼는데, 『훈민정음』에서는 翕字와 뜻이 같은 闔字를 써서 闔闢으로 표현했음. 또 闔闢은 口蹙・口張과도 상호 연관 관계에 있으므로 이들은 모음을 원순성 여부와 개구도를 참고로 해서 분류한 기준으로 볼 수 있음.

ᆞ	ㅡ				
↑	↑	口蹙	闔 ᆞ ㅜ		ᆢ ᅲ(口蹙)
•	ㅡ		闢 ㅏ •ㅣ		ㅑ: :ㅕ(口張)
↓	↓	口張	初出		再出
ㅏ	•ㅣ				

『역경계사』 상 11장에는 '是故闔戶謂之坤, 闢戶謂之乾, 一闔一闢謂之變'라는 구절이 있어서, 여기의 '一闔一闢'은 이를 따온 것으로 보임.

57) 起於ㅣ : 『훈민정음해례본』 제자해에서는 같은 이중모음인데도 ᆢ ㅑ: ᅲ :ㅕ는 ㅣ로 시작되는 이중모음으로 설명하고, ㅘ ㅞ는 중성해에서 합용으로 설명하고 있음. 그러면서 다

이 아래 여덟 소리(모음)는 하나가 합(闔, 원순모음)이면 하나가 벽(闢, 비원순모음)이다. ㅗ는 •와 한 종류인데 입을 오므리니 그 모양인즉 • 와 ㅡ가 어울려서 이루어진 것이며, 하늘과 땅이 처음으로 사귀는 뜻을 취한 것(이치)이다. ㅏ는 •와 한 종류인데 입을 벌리니 그 모양인즉 ㅣ 와 •가 어울려서 이루어진 것이며, 천지의 용(用)이 사물에 나타나되 사람을 기다려서 이루어지는 뜻(이치)을 취한 것이다. ㅜ는 ㅡ와 한 종류인데 입을 오므리니 그 모양인즉 ㅡ와 •가 어울려서 이루어진 것이며, 역시 하늘과 땅이 처음 사귀는 뜻(이치)을 취한 것이다. ㅓ는 ㅡ와 한 종류인데 입을 벌리니 그 모양인즉 •와 ㅣ가 어울려서 이루어진 것이며, 역시 천지의 용(用)이 사물에 나타나되 사람을 기다려서 이루어진 뜻을 취한 것이다.

ㅛ는 ㅗ와 (자형상 또는 음의 종류상) 같으나 (음가는) ㅣ에서 시작된다. ㅑ는 ㅏ와 (자형상 또는 음의 종류상) 같으나 (음가는) ㅣ에서 시작된다. ㅠ는 ㅜ와 (자형상 또는 음의 종류상) 같으나 (음가는) ㅣ에서 시작된다. ㅕ는 ㅓ와 (자형상 또는 음의 종류상) 같으나 (음가는) ㅣ에서 시작된다.

ㅗㅏㅜㅓ始於天地. 爲初出也. ㅛㅑㅠㅕ起於ㅣ而兼乎人. 爲再出也. ㅗㅏㅜㅓ之一其圓者. 取其初生之義也. ㅛㅑㅠㅕ之二其圓者. 取其再生之義也. ㅗㅏㅛㅑ之圓居上與外者. 以其出於天而爲陽也58).

_____

시 역학 이론으로 ㅛㅑㅠㅕ를 설명하여 'ㅛㅑㅠㅕ起於ㅣ而兼乎人'이라고 하여 ㅣ 모음으로 시작되는 이중모음은 ㅣ=사람(人)이므로 모두 사람이 들어있다고 하였음.

58) ㅗㅏㅛㅑ之圓居上與外者. 以其出於天而爲陽也 : 『易學啓蒙』의 '陽上交於陰 陰 下交於陽(陽은 위에서 陰과 교합하며 陰은 아래에서 陽과 교합한다)', 또는 『역경』 否卦 象에 있는 '內陰而外陽(즉 內三爻는 陰, 外三爻는 陽. 이것은 外三爻가 陽이기 때문에 乾卦의 성격 健, 활동적으로 보이며, 內三爻는 陰이기 때문에 坤의 성격 順, 유순하게 보이지만 실은 내심 뼈가 없기 때문에 小人의 모습이다. 陰은 小人, 陽은 君子이기 때문에, 小人이 朝廷에 있고 君子가 밖에 내몰린 모습이기도 하다)과 같은 사상을 응용한 설명임.

ㅗㅏㅜㅓ之圓居下與內者. 以其出於地而爲陰也. ·之貫於八聲者.
猶陽之統陰59)而周流萬物也. ㅛㅑㅠㅕ之皆兼乎人者. 以人爲萬物之
靈而能參兩儀60)也. 取象於天地人而三才之道備矣61). 然三才爲萬
物之先. 而天又爲三才之始. 猶·ㅡㅣ三字爲八聲之首. 而·又爲三
字之冠也.

ㅗㅏㅜㅓ는 하늘과 땅에서 비롯된 것이라 첫 번째로 생겨난 것이 되
고, ㅛㅑㅠㅕ는 ㅣ에서 시작되어서 사람(즉 ㅣ)을 겸하였으므로 두 번째
로 생겨난 것이 된다. ㅗㅏㅜㅓ에서 그 둥근 것(즉 ·)을 하나로 한 것은,
첫 번째에 생겨났다는 뜻을 취한 것이다. ㅛㅑㅠㅕ에서 그 둥근 것(즉 ·)
을 둘로 한 것은, 두 번째로 생겨났다는 뜻을 취한 것이다. ㅗㅏ··ㅓ의
동그라미(즉 ·)가 (ㅡ의) 위와 (ㅣ의) 밖으로 놓인 것은, 그것이 하늘(즉
·)에서 생겨나서 양이 되기 때문이다. ㅜㅓㅜㅓ의 동그라미(즉 ·)가 (ㅡ
의) 아래와 (ㅣ의) 안쪽에 놓인 것은, 그것이 땅(즉 ㅡ)에서 생겨나서 음이
되기 때문이다. ·가 여덟 소리를 꿴 것은(·자가 여덟 글자에 모두 들어가
있는 것은) 양(陽)이 음(陰)을 거느리고 만물에 두루 흐름(미침)과 같다. ㅛ
ㅑㅠㅕ가 모두 사람(人, 곧 ㅣ)을 겸함은, 사람이 만물의 영장으로 능히
양의(兩儀, 곧 음양)에 참여할 수 있기 때문이다. 하늘(天)·땅(地)·사람

---

59) 陽之統陰 :『역학계몽』의 '洛書以五奇數統四偶數 而各居其所 盖生於陽以統陰而
肇其變數之用(낙서에서는 五의 기수로 四의 우수를 統御하기 때문에 각각 그 자리에
있다. 대개 양을 주로 하여 음을 통어하며, 그 變數의 用을 시작한다)'을 응용한 설명임.
·는 天을 상형한 것이나 天을 또 陽으로 본 데서 나온 설명임.

60) 能參兩儀 :「황극경세서」의 蔡元定 注에 있는 '天地萬物皆陰陽剛柔之分 人則兼
備乎陰陽剛柔 故靈於萬物 而能與天地參也(천지만물은 모두 음양·강유의 구분이 있
다. 사람은 음양·강유를 겸비하고 있어서 만물보다 靈妙하기 때문에 천지에 참여할 수
있다)'와 같은 내용의 설명임. 兩儀는 天地임.

61) 三才之道備矣 :『역경계사』下 제10장에서 '易之爲書也 廣大悉備 有天道焉 有人
道焉 有地道焉 兼三才而兩之 故六 六者 非它也 三才之道也(易이라는 책은 광대하
여 모두 갖추어져 있어서, 여기에는 天道가 있으며 人道가 있고 地道도 있다. 三才를
겸하고 있어서 이것을 곱치기 때문에 六, 六이란 딴 것이 아니고 바로 三才之道다)'라고
한 것을 여기서는 훈민정음의 기본모음자와 결부하여 설명한 것임. 三才之道는 天地人
의 道임.

(人)에서 본을 떠 (제자하였으므로) 삼재(三才)의 이치(道)가 갖추어지게 되었으나, 삼재가 만물의 우선이 되되 하늘이 또 삼재의 시초가 되는 것과 같이, •ㅡㅣ 석 자가 여덟 소리(글자)의 우두머리가 되되, 또한 •자가 석 자의 으뜸이 됨과 같다.

ㅗ初生於天. 天一生水之位也. ㅏ次之. 天三生木之位也. ㅜ初生於地. 地二生火之位也. ㅓ次之. 地四生金之位也. ㅛ再生於天. 天七成火之數也. ㅑ次之. 天九成金之數也. ㅠ再生於地. 地六成水之數也. ㅕ次之. 地八成木之數也.[62] 水火未離乎氣. 陰陽交合之初. 故

---

62) ㅗ初生於天 … 地八成木之數也 : 『역경계사』에서는 1부터 10까지의 수에서 奇數를 天에, 偶數를 地에 배합했는데, 鄭玄의 『역법』에서는 天地의 수를 1에서 5까지를 生位, 6에서 10까지를 成數라 하고, 여기에다가 오행과 사계, 사방을 결부하였으며, 奇를 陽, 偶를 陰으로 보았다. 『훈민정음해례본』에서는 여기의 奇에 양성모음, 偶에 음성모음을 배합시켰음.
여기의 설명을 표로 정리하면 다음과 같음.
〈位數圖〉

方位	五行	生	位	成	數
北	水	天	一 ㅗ	地	六 ㅠ
南	火	地	二 ㅜ	天	七 ㅛ
東	木	天	三 ㅏ	地	八 ㅕ
西	金	地	四 ㅓ	天	九 ㅑ
中	土	天	五 •	地	十 ㅡ

참고 : 『역경계사』 上 제9장
天一地二 天三地四 天五地六 天七地八 天九地十 天數五 地數五 五位相得而各有合 天數二十有五 地數三十 凡天地之數五十有五 此所以成變化而行鬼神也(乾은 天, 坤은 地, 天은 陽數, 地는 陰數, 陽은 기수이기 때문에 一三五七九가 이에 속한다. 陰은 우수이므로 二四六八十이 이에 속한다. 天의 수가 다섯, 地의 수가 다섯, 기수·우수의 五位가 一과 二, 三과 四, 五와 六, 七과 八, 九와 十처럼 각각 가까운 것끼리 짝을 이루어 각각 화합한다. 一과 六이 화합한 火, 三과 八이 화합한 木, 四와 九가 화합한 金, 五와 十이 화합한 土 등이다. 天의 수인 一三五七九를 합계하면 三十, 天地 數의 총계는 五十五가 된다. 이 양수·음수가 음양의 변화와 진행 운행의 자취를 상징한다).

〈鄭玄의 易法〉
天一生水于北 地二生火于南 天三生木于東 地四生金于西 天五生土于中 陽無耦 陰無配 未得相成 地六成水于北 與天一並 天七成火于南 與地二並 地八成木于東 與天三並 天九成金于西 與地四並 地十成土于中 與天五並(天一이 북에 있어서 水

闔. 木金陰陽之定質. 故闢.[63] •天五生土之位也. 一地十成土之數
也. ㅣ獨無位數者. 盖以人則無極之眞. 二五之精. 妙合而凝.[64] 固
未可以定位成數論也. 是則中聲之中. 亦自有陰陽五行方位之數也.

ㆍ가 처음으로 하늘에서 나니(곧 •와 결합되어 글자가 이루어지니) 천수
(天數)로는 1이고 물을 낳는 자리다. ㅣ·가 다음으로 생겨났는데 천수로는
3이고 나무를 낳는 자리다. ㅡ가 처음으로 땅에서 나니, 지수(地數)로는
2이고 불을 낳는 자리다. ·ㅣ가 다음으로 생겨났는데, 지수로는 4이고 쇠
(金)를 낳는 자리다. ㅛ가 두 번째로 하늘에서 생겨났는데, 천수로는 7이
고 불(火)을 이룩하는 수(수를 자리로 보기도 함)다. ㅑ가 다음으로 생겨났
는데, 천수로는 9이고 쇠를 이룩하는 수다. ㅠ가 두 번째로 땅에서 생겨
났는데, 지수로는 6이고 물을 이룩하는 수다. ㅕ가 다음으로 생겨났는데

를 낳아 ☵(坎), 地二가 남에 있어서 火를 낳아 ☲(離), 天三이 동에서 木을 낳아 ☴
(巽), 地四가 西에서 金을 낳아 ☱(兌), 天五가 중앙에서 土를 낳는다. 陽과 陰에 配耦
가 없으면 相成할 수가 없다. 地六이 북에서 水를 成生하고 天一과 나란히 서며, 天七
이 남에서 火를 成生하여 地二와 나란히 서며, 地八이 동에서 木을 成生하여 天三과
나란히 서며, 天九가 서에서 金을 成生하여 地四와 나란히 서며, 地十이 중앙에서 土를
成生하여 天五와 나란히 선다).
〈孔穎達의 易經正義〉
萬物成形以微著爲漸 五行先後亦以微著爲先 水最微爲一 火漸著爲二 木形實爲三
金體固爲四 土質大爲五(만물이 형성될 때 미소한 것부터 점점 나타나며, 五行의 전후
도 또 미소한 것부터 먼저 나타난다. 水는 가장 미소한 것으로서 一이 되며, 火는 점점
나타나서 二가 된다. 木의 형체는 실지로는 三이 되며, 金은 고체이기 때문에 四가 되며,
土는 質이 크기 때문에 五가 된다).
63) 水火未離乎氣 … 故闢 : 『위수도』에서 水는 ㅗ•ㅠ, 火는 ㅜ•ㅛ라고 하였으므로
ㅗㅜㅠㅛ는 闔(원순모음)이요, 木은 ㅏ•ㅕ, 金은 ㅓ•ㅑ라고 하였으므로 ㅏㅕㅓㅑ는
闢(장순모음)이라는 뜻임.
64) ㅣ獨無位數者 … 妙合而凝 : 앞의 『위수도』에서 ㅣ모음은 아무데도 배정이 안 되었
는데 그 이유를 설명한 부분이다. 중성자의 제자 원리를 설명할 때 ㅣ모음에 대하여 '形
之立 象乎人也'라고 하였으므로, ㅣ모음은 人이 되는데, 이 人에 대한 '태극도설'의 다
음과 같은 설명을 그대로 인용한 구절임.
無極之眞 二五之精 妙合而凝 乾道成男 坤道成女 二氣交感 化生萬物 萬物生生而
變化無窮焉(無極의 참모습은 음양과 五行의 精이 기묘하게 배합하여 응결하는 것이다.
天道는 男이 되며 地道는 女가 된다. 음양의 二氣가 交感하여 만물을 化生하며, 만물
은 발육•변화하여 그 변화는 무궁하다).
二는 陰陽이며 五는 五行임.

지수로는 8이고 나무를 이룩하는 수다.

물(ㅗㅠ)과 불(ㅜㆍㅛ)은 아직 기를 벗어나지 못하고 음과 양이 서로 사귀어 어울리는 시초이기 때문에 닫혀진다(여기서 闔은 원순모음이라는 뜻임). 나무(ㅣㆍㅑ)와 쇠(ㆍㅓㅕ)는 음과 양이 바탕을 고정시킨 것이기 때문에 열린다(여기서 闢은 장순모음이라는 뜻임). •는 천수로는 5이고 흙(土)을 낳는 자리다. ㅡ는 지수로는 10이고 흙을 이룩하는 수다.

(사람에게 해당하는) ㅣ만이 자리나 수가 없는 것은, 대개 사람이란 무극(無極)의 참(眞)과 이오(二五, 음양과 오행)의 정(靜)이 미묘하게 어울리어 엉기어서 진실로 정위(定位)와 성수(成數)로는 논할 수가 없기 때문이다. 이런즉 중성 가운데에도 또한 음양오행 방위의 수가 있는 것이다(있는 것을 알 수 있다).

以初聲對中聲而言之. 陰陽. 天道也. 剛柔. 地道也.[65] 中聲者. 一深一淺一闔一闢. 是則陰陽分而五行之氣具焉. 天之用也.[66] 初聲者. 或虛或實或颺或滯或重若輕. 是則剛柔著而五行之質成焉. 地之功也.[67] 中聲以深淺闔闢唱之於前. 初聲以五音淸濁. 和之於後. 而爲初亦爲終. 亦可見萬物初生於地. 復歸於地也.

초성을 가지고 중성에 대비하여 말한다면, 음양은 하늘의 이치(道)이

---

65) 以初聲 … 地道也 : 여기서는 소옹의 '황극경세성음창화도'의 술어를 훈민정음과 결부하여 설명하였음. 소옹은 운모음을 天聲, 성모음을 地音이라고 했는데, 운모음은 훈민정음의 중성(모음)과 관련이 있는 동시에 음양과 관련하므로 천도라 하였고, 성모음은 훈민정음의 초성(자음)과 관련이 있는 동시에 창화도에서 剛柔와 결부하였으므로 여기서는 地道라고 하였음.

66) 中聲者 … 天之用也 : 앞에서 설명하였던 모음의 모든 성질을 한데 모아 설명한 것임. 예컨대 •는 深, ㅣ는 淺, ㅏ는 闢임. 그리고 주 65에서 설명한 대로 소옹은 운모음(중성)과 하늘을 결부하였으므로, 중성의 모든 성질을 '天'의 '用'으로 설명한 것이다.

67) 初聲者 … 地之功也 : 앞에서 설명하였던 子音의 모든 성질을 한데 모아 설명한 것임. 예컨대 虛는 후음, 實은 아음, 颺은 설음, 滯는 치음, 或重若輕은 순중음과 순경음. 그리고 여기서도 초성과 땅이 결부된 것으로 보고 초성의 모든 성질을 '地'의 '功'으로 설명한 것이다. 즉 여기서는 소옹의 견해를 따라 초성(자음)을 地(지음)로 보고 설명한 것임.

고 강유는 땅의 이치다. 중성은 (그 성격을 가지고 분류해 보면) 하나가 심(深)이면 하나는 천(淺)이요, 하나가 합(闔)이면 하나가 벽(闢)이니, 이 는 음과 양이 나뉘고 오행의 기운이 갖추어진 것이니, 하늘의 작용이다. 초성은 (그 성질을 가지고 분류해 보면) 어떤 것은 허(虛)하고 어떤 것은 실(實)하며 어떤 것은 날리고 어떤 것은 걸리며, 어떤 것은 무겁거나 가 벼우니, 이는 곧 강(剛)과 유(柔)가 드러나서 오행의 바탕이 이루어진 것 이니, 땅의 공이다. 중성이 (그 성질에 따라) 심·천과 합·벽으로 앞에 서 부르면, 초성이 오음의 청·탁을 가지고 뒤에서 화합하여(곧 중성을 중 심으로 서로 결합하여) 음절의 첫소리가 되기도 하고 끝소리(종성)가 되기 도 하니, 또한 만물이 땅(地)에서 처음 나서, 다시 땅으로 돌아감을 볼 것이다.

　以初中終合成之字言之. 亦有動靜互根陰陽交變之義焉. 動者. 天 也. 靜者. 地也. 兼乎動靜者. 人也.[68] 盖五行在天則神之運也. 在地 則質之成也. 在人則仁禮信義智神之運也. 肝心脾肺腎質之成也.[69] 初聲有發動之義. 天之事也. 終聲有止定之義. 地之事也. 中聲承初

---

68) 以初中終 … 兼互動靜者 人也 : 초성자·중성자·종성자를 각각 字素처럼 생각하고, 이들이 합쳐져 하나의 문자 단위, 즉 음절문자처럼 쓰이는 것을, 천지인삼재와 음양설을 가지고 설명한 것임. 天과 초성, 人과 중성, 地와 종성을 결부하여 생각하고, '태극도설'에 있는 '太極動而生陽 動極而靜 靜而生陰 靜極復動 一動一靜互爲其根 分陰分陽兩 儀立焉(태극이 움직여 양을 낳고, 動이 극에 이르면 靜이 되며, 靜이 陰을 낳는다. 靜이 극에 이르면 또 動이 된다. 一動一靜이 서로 그 뿌리가 되어 음을 나누고 양을 나누어서 天地가 성립한다)'이라는 말을 요약한 다음, 天은 動이며 초성이고, 地는 靜이며 종성이 고, 人은 動兼靜으로 중성임을 설명하였음.

69) 盖五行 … 質之成也 : 『성리대전』권24 洪範皇極內篇에는 '五行在天則爲五氣雨暘 燠寒風也 在地則爲五 質水火木金土也(五行이 天에서는 五氣가 된다. 雨·暘(晴)· 燠(暖)·寒·風이다. 地에서는 五質이 된다. 水·火·木·金·土다)'라 있고, 권25 五行 人體性情圖에는 二陰欄에 肝心脾肺腎이 배열되어 있으며, 권27 五行條에는 '朱子曰 氣之精英者爲神 金木水火土非神 所以爲金木水火土者是神 在人則爲理 所以爲仁 義禮智信者是也(주자가 말하기를 기의 精英이 神이다. 金·木·水·火·土는 神이 아 니다. 그래서 金·木·水·火·土를 神으로 보는 것은, 人間에 있어서는 理가 된다. 그 리하여 仁義禮智信으로 보는 것이 이것이다)' 등이 있어서 이를 종합하여 기술한 대목임.

之生. 接終之成. 人之事也. 盖字韻之要. 在於中聲.70) 初終合而成音. 亦猶天地生成萬物. 而其財成輔相則必賴乎人也.71)

초성·중성·종성 글자가 어울려 이루어진 글자(음절)로 말할 것 같으면 또한 동(動)과 정(靜)이 서로 뿌리가 되고 음과 양이 엇바뀌어 변하는 뜻이 있으니, 동이란 하늘(天, 초성)이요, 정이란 땅(地, 종성)이며, 동과 정을 겸한 것은 사람(人, 중성)이다. 대개 오행이 하늘에 있어서는 신의 운행이요, 땅에 있어서는 바탕의 이룸이요, 사람에 있어서는 인(仁)·예(禮)·신(信)·의(義)·지(智)가 신(神)의 운행이요, 간장(肝)·심장(心)·비장(脾)·폐장(肺)·신장(腎)이 바탕(質)을 이룸이다. 초성에는 발동의 뜻이 있으니 하늘(天)이 하는 일이요, 종성에는 그치고 정해지는 뜻이 있으니 땅(地)이 하는 일이다. 중성은 초성이 생겨남을 받아, 종성의 이룸을 이어주니 사람(=중성)이 하는 일이다.

대개 자운(한자음 또는 국어의 음절)의 중심은 중성에 있어서, 초성과 종성이 어울러서 음(음절)을 이루니, 이것은 또한 하늘과 땅이 만물을 낳고 이룩해도 그 재성(財成, 조정)과 보상(輔相, 보충)은 반드시 사람(人)에게 힘입는 것과 같은 것이다.

終聲之復用初聲者. 以其動而陽者乾也. 靜而陰者亦乾也. 乾實分陰陽而無不君宰也.72) 一元之氣. 周流不窮.73) 四時之運. 循環無

---

70) 字韻之要在於中聲: 원래 중국에서는 字音을 성모와 운모로 이분하였는데, 훈민정음에서는 초·중·종성으로 삼분했으므로 이러한 표현을 쓴 것임.

71) 其財成輔相則必賴乎人也: 『역경』 泰卦에 '象曰 天地交泰 后以 財成天地之道 輔相天地之宜 以左右民(天과 地가 交感하는 것이 泰괘다. 君王은 그것으로 天地의 道를 裁成하고, 天地의 義를 相補해서 人民을 부양한다)'에서 따온 것임. 財는 裁의 뜻이며, 相은 佐의 뜻이고, 財成輔相은 '잘 마름하여 지나치지 않도록 억제하고, 잘 도와서 미치지 않은 바를 깁도록 한다'는 뜻임.

72) 終聲之復用初聲者 … 無不君宰也: 초성 글자가 그대로 종성 글자로 사용되는 것을 易理로 설명한 것임. '태극도설'에서는 '所以動而陽 靜而陰之本體也(그래서 動하는 것은 陽, 靜인 것은 음의 본체다)'라 했고 『通書』順化 第十一에서는 '天以陽生萬物 以陰成萬物(天은 陽을 가지고 만물을 생산하며, 陰을 가지고 만물을 육성한다)'이라고 하

端. 故貞而復元.74) 冬而復春. 初聲之復爲終. 終聲之復爲初. 亦此
義也.

종성에서 초성(자)을 다시 쓰는 것은, 동(動)해서 양(陽, 초성)이 된 것
도 건(乾, 초성 글자)이요, 정(靜)해서 음(陰, 종성)이 된 것도 건(乾, 초성
글자)이니, 건이 실지로는 음과 양으로 나뉜다고 하더라도 주재하지 않음
이 없기 때문이다.

일원(一元)의 기운이 두루 흘러 다하지 않고 사시(四時)의 운행이 돌
고 돌아 끝이 없는 까닭에 (元亨利貞의 이치에 따라), 정(貞)에서 다시
원(元)이 되고 겨울에서 다시 봄이 되는 것이니, 초성이 다시 종성이 되
고 종성이 다시 초성이 되는 것은 역시 이와 같은 뜻이다.

吁. 正音作而天地萬物之理咸備. 其神矣哉. 是殆天啓聖心而假手
焉者乎.

아아, 정음이 만들어짐에 천지 만물의 이치가 다 갖추어지니, 참 신기
한 일이구나! 이것은 거의 하늘이 성인(聖人, 즉 성왕인 세종)의 마음을
열어 주시고, (하늘의) 솜씨를 성인에게 빌려주신 것이로구나!

訣曰75)

였으며,『역학계몽』에서는 '謂乾以分之 則動而陽者乾也 靜而陰者亦乾也 乾實分陰陽
而無不君宰也(乾으로 나누어 動하여 양이 되는 것은 乾이며, 靜하여 음이 되는 것도 역
시 乾이다. 乾은 실로 음과 양을 나누면서도 그것을 主宰하지 않는 것이 없다는 것을 말
한 것이다)'라고 한 것을 종합해서, 天 = 乾 = 초성 글자로 보고 설명한 것임.
73) 一元之氣周流不窮 : '一元'은 큰 근본(大本), 關尹子에 '先想乎一元之氣, 具乎一
物'이라고 있음. 「황극경세서」(經世一元消長之數圖)에서는 30년을 一世, 12세를 一運,
30운을 一會, 12회를 一元이라 하고, 천지는 일원을 단위로 해서 변천한다고 하였으며,
'窮則變, 變則生, 盖生生而不窮也'라고 하였음.
74) 貞而復元 :『성리대전』권26 理氣一條에는 '朱子曰 … 蓋是貞復生元 無窮如此'라
있고, 권27 四時條에는 '朱子曰 … 以一歲言之 有春夏秋冬 以氣言之 有元亨利貞云
云'이라고 있는데, 元 = 春, 亨 = 夏 利 = 秋, 貞 = 冬으로 보고 위와 같은 설명을 전개했음.
75) 訣 : 要訣이라는 뜻. 訣 비결 결. 여기에서는 제자해에서 설명한 순서에 따라 내용을
요약하여 7言詩로 읊었음.

天地之化本一氣76)　　　陰陽五行相始終

物於兩間有形聲　　　元本無二理數77)通

正音制字尙其象78)　　　因聲之厲每加劃

音出牙舌脣齒喉　　　是爲初聲字十七

牙取舌根閉喉形　　　唯業似欲取義別79)

舌迺80)象舌附上腭　　　脣則實是取口形

齒喉直取齒喉象　　　知斯五義81)聲自明

又有半舌半齒音　　　取象同而體則異

那彌戌欲聲不厲　　　次序雖後82)象形始

配諸四時與冲氣83)　　　五行五音無不協(恊)

維喉爲水冬與羽　　　牙迺春木其音角

徵音夏火是舌聲　　　齒則商秋又是金

脣於位數本無定　　　土而季夏爲宮音

---

76) 天地之化本一氣 : 『역학계몽』에 '天地之間 一氣而已'라고 있어서 모든 것이 氣로 이루어지는 듯이 이해되기 쉬우나, 제자해의 첫머리에 있는 '天地之道 一陰陽五行而已' 의 내용과 같은 말을 한 것으로 봄이 좋을 것임.

77) 理數 : 여기의 수는 우주 만물의 모든 현상을 수를 가지고 설명한 소옹의 설 등을 말하 는 것임.

78) 尙其象 : 정음 창제 때 자음자는 발음기관을, 모음자는 천·지·인 삼재를 상형하여 제 자한 것을 이렇게 표현한 것. 尙其象은 그 모양 본뜨기를 주로 하였다(존중하였다)고 보 는 것이 좋을 듯.

79) 取義別 : 여기의 '義'자는 ㅇ자의 상형 내용이 다른 아음자와 마찬가지로 ㄱ에서 나온 것이 아니고 ㆆ에서 나왔으므로 혀뿌리가 목구멍을 막은 모양을 본뜬 아음과는 그 제자 방식이 서로 다르다는 뜻.

80) 迺 : 乃(내), 곧.

81) 五義 : 초성의 다섯 기본 글자를 상형한 뜻(이치)을 말하는 것.

82) 次序雖後 : 제자해의 주에서 이미 설명한 바와 같이 不淸不濁에 속하는 那(ㄴ), 彌 (ㅁ), 欲(ㅇ)은 중국 36자모표의 전청·차청·전탁·불청불탁의 순서로 보아 끝이라는 뜻 인데, 전청에 속하는 戌(ㅅ)자까지도 한데 묶어 설명한 것은 사실과 어긋나나, '不厲'를 기 준으로 삼아 기본 문자를 만들었음을 설명한 것이라고 할 수 있음.

83) 冲氣 : 『성리대전』 권1의 '태극도설해'(주자)에서 '土冲氣 故居中'이라고 하여 五行圖 中 가운데에 위치한 土를 '冲氣'라고 설명했음. '冲氣'는 '沖氣'이며 '천지간의 조화된 원 기'를 말함.

聲音又自有淸濁　　　　要於初發細推尋
全淸聲是君斗彆　　　　卽戌挹亦全淸聲
若酒快吞漂侵虛　　　　五音各一爲次淸
全濁之聲虯覃步　　　　又有慈邪亦有洪
全淸並書爲全濁　　　　唯洪自虛是不同
業那彌欲及閭穰　　　　其聲不淸又不濁
欲之連書爲脣輕　　　　喉聲多而脣乍合
中聲十一亦取象　　　　精義未可容易觀
吞擬於天聲最深[84)]　　　所以圓形如彈丸
卽聲不深又不淺　　　　其形之平象乎地
侵象人立厥聲淺　　　　三才之道斯爲備
洪出於天[85)]尙爲闔[86)]　　象取天圓合地平
覃亦出天爲已闢　　　　發於事物就人成
用初生義一其圓　　　　出天爲陽在上外
欲穰兼人[87)]爲再出　　　二圓爲形見其義
君業戌彆出於地[88)]　　據例自知何湏評
吞之爲字貫八聲[89)]　　維天之用徧流行
四聲[90)]兼人亦有由　　　人參天地爲最靈[91)]

---

84) 聲最深 : 모음 글자에 대한 설명이 때로는 자형을, 때로는 음가를 중심으로 하여 전개
　　되고 있음. 여기서는 음가를 설명한 것임.
85) 出於天 : ㅗ(洪)나 ㅏ·(覃)가 ·(하늘)에서 나온 글자라는 뜻임.
86) 闔 : 제자해의 주에서 설명한 대로 闔은 合口를 뜻하며 원순모음을 가리키고, 闢은 開
　　口를 뜻하며 비원순모음을 가리킴. 따라서 여기서는 ㅗ 모음이 闔(합구모음)이라는 뜻임.
87) 兼人 : ㅛ ㅑ 등 이중모음이 ㅣ 모음(즉 사람을 상형해서 만든 글자)과 결합된 것이라는
　　뜻.
88) 出於地 : ㅜ ㅓ ㅠ ㅕ가 모두 ㅡ 모음과 한 부류라는 뜻.
89) 貫八聲 : ㅗ ㅏ ㅜ ㅓ ㅛ ㅑ ㅠ ㅕ의 8모음에는 모두 ·자(즉 吞튼의 중성인 ·자)가 포함
　　되어 있다는 뜻.
90) 四聲 : 여기서는 ㅛ ㅑ ㅠ ㅕ를 말하는 것임.
91) 人參天地爲最靈 : ㅛ ㅑ ㅠ ㅕ의 구조를 人(ㅣ 모음)과 결합된 것으로 보고 붙인 설명임.

且就三聲[92]究至理　　自有剛柔與陰陽

中是天用陰陽分[93]　　初迺地功剛柔彰

中聲唱之初聲和[94]　　天先乎地理自然

和者爲初亦爲終　　　物生復歸皆於坤

陰變爲陽陽變陰　　　一動一靜互爲根

初聲復有發生義　　　爲陽之動主於天

終聲比地陰之靜　　　字音於此止定焉[95]

韻成要在中聲用　　　人能輔相天地宜[96]

陽之爲用通於陰　　　至而伸則反而歸[97]

初終雖云分兩儀　　　終用初聲義可知

正音之字只卄八　　　探賾錯綜窮深幾[98]

---

92) 三聲 : 초·중·종성을 말하는 것임.

93) 陰陽分 : 『성리대전』권8「황극경세서」二. 正聲正音表에서 소옹은 운모(중성 포함)를 天聲이라 하고서 陰陽과 결부하였고, 성모(초성)를 地音이라 하고서 剛柔와 결부하였는데 여기의 설명도 이런 이론을 바탕으로 한 것임. 즉 초·중·종성을 깊이 살피면 초성과 결부된 강유와, 운모와 결합된 음양이 있는 것을 알게 되고, 중성은 하늘의 쓰임(天用)이며 또 음양으로 나뉜다는 설명임.

94) 中聲唱之初聲和 : 운도에서 성모(地)와 운모(天)의 결합으로 字音을 표시하는 원리를 한글과 결부하여 설명한 것.

95) 字音於此止定焉 : 한자음이 초·중·종성으로 갖추어진다고 보고, 초성을 陽(動)·天, 종성을 陰(靜)·地로 본 설명임. 그래서 종성에 따라 자음이 정해진다고 한 것임.

96) 人能輔相天地宜 : 人, 즉 ㅣ모음이 포함되어 있는 중성이, 天＝초성, 地＝종성을 도와 하나의 자음을 형성한다는 뜻임.

97) 至而伸則反而歸 : '태극도설'의 '太極動而生陽 動極而靜 靜而生陰 靜極復動 一動一靜 互爲其根 分陰分陽 兩儀立焉'의 개념을 응용하여 설명한 것임. 즉 지극한 데 이르러 펴면 돌이켜 되돌아온다는 것은 양이 극에 이르면 음이 생겨나듯이 종성 글자에 초성 글자를 다시 쓰는 것을 말함.

98) 探賾錯綜窮深幾 : '探賾'은 '감추어져 있어서 분명치 않은 것을 찾아내어 밝히는 것', '錯綜'은 '복잡하게 서로 얽힌 것, 또는 여러 가지로 서로 얽은 것', '深'은 '깊은 이치', '幾'는 '시초, 까마득한 것, 玄妙한 것'을 뜻하며 모두 『역경계사』편에 나오는 말로서 원래는 모두 역에 관련된 설명이었으나, 해례 편찬자들은 이 내용을 훈민정음과 결부하여 설명한 것임. 즉 '훈민정음은 겨우 28자이지만 깊은 이치와 복잡한 내용을 찾아낼 수 있고, 깊고 玄妙한 원리를 밝혀낼 수 있다고 설명한 것임. '동국정운 서문'에도 '探賾鉤深'이라는 말이 있는데 역시 '계사'편에 있는 말임.

指[99]遠言近牖民易[100]　　天授何曾智巧爲

결(訣)에 가로되

천지(우주)의 화성(化成)은 본래 한 기운

음양과 오행이 서로 처음이며 또 끝

둘(하늘과 땅) 사이의 만물이 (음양오행의 조화로) 형(形)과 성(聲)이 있으나

근본에는 둘이 없으니 이(理)와 수(數)가 통하네.

정음(正音) 글자 만듦에 모양 본뜨기를 존중하되

소리가 거세면 획 하나를 더하였네.

아·설·순·치·후(牙舌脣齒喉)에서 소리가 나오니

이것이 초성이 되고 글자는 열일곱.

어금닛소리는 혀뿌리가 목구멍을 닫는 모양을 취하되

다만 ㆁ(業)은 ㅇ(欲)과 비슷하여 뜻(제자 원리)을 취함이 다르네.

혓소리는 곧 윗잇몸에 혀가 붙은 모양

입술소리는 곧 입모습 본뜬 것.

잇소리 목구멍소리는 바로 이(齒)와 목구멍 모습을 본뜬 것이니

이 다섯 뜻(제자 원리) 알게 되면 소리는 저절로 환하리라.

그리고 또 반혀·반잇소리 있으니

모습 본뜨긴 같아도 체(바탕)가 다르네.

ㄴ(那)·ㅁ(彌)·ㅅ(戌)·ㅇ(欲)은 소리가 거세지 않아

차례론 뒤건만 상형엔 먼저네.

(초성을) 사성과 충기(沖氣)에 배합해 보면

오행과 오음에 안 어울림 없네.

목구멍소리는 (오행으론) 물(水)이 되고 (계절로는) 겨울이요 (음악으로는) 우음(羽音)이며

어금닛소리는 봄과 나무(木) 그 음은 각음(角音)이네.

---

99) 指 : 여기서는 '뜻' 지.

100) 牖 : 『시경』 大雅 生民之什 板篇에 '天之牖民'이란 말이 있음. 牖는 인도할 유.

치음(徵音)에 여름(夏), 불(火)인 것이 혓소리이며

잇소리는 상음(商音)에 가을(秋)이요, 또한 금(金)이네.

입술소린 자리(位)나 수(數)에 정함이 없어도

흙(土)으로서 늦여름(季夏)이라 궁음(宮音)이 되네.

성음(聲音)엔 또한 제각기 청탁(清濁)이 있으니

첫소리가 피어남에서 꼼꼼히 살피라.

전청(全清) 소리는 ㄱ(君)·ㄷ(斗)과 ㅂ(彆)이요

ㅈ(卽)·ㅅ(戌)·ㆆ(挹) 또한 전청의 소리

만일 ㅋ(快)·ㅌ(呑)·ㅍ(漂)·ㅊ(侵)·ㅎ(虛)로 이를 것 같으면

오음에서 각각 하나가 차청이 된 것이네.

전탁(全濁)의 소리는 ㄲ(虯)와 ㄸ(覃)·ㅃ(步)

그리고 또 ㅉ(慈)·ㅆ(邪) 또한 ㆅ(洪)이 있네.

전청(全清)을 나란히 쓰면 전탁(全濁)이 되건만

다만 ㆅ(洪)은 ㅎ(虛)에서 나와

이것(전청을 나란히 쓴 것)이 다르네(즉 ㆅ은 차청인 ㅎ을 나란히 쓴 것)

ㆁ(業)·ㄴ(那)·ㅁ(彌)·ㅇ(欲)과 ㄹ(閭)·ㅿ(穰)은

그 소리가 불청(不清)이고 또한 불탁(不濁)이네.

ㅇ(欲)자를 이어 쓰면(連書) 입술 가벼운 소리 글자(脣輕音字)가 되니

목구멍소리(숨소리)가 많고 입술은 잠깐 합하네.

중성(中聲) 열한 자도 또한 모양을 본떠서 만들었으니

(중성을 만든) 깊은 뜻은 쉽사리 알아볼 수 없으리.

•(呑) 글자는 하늘에 비긴 것이니 그 소리 가장 깊어

둥근 (글자) 모양이라 탄환(구슬) 같네.

ㅡ(卽) 소리는 깊지도 않고 얕지도 않아

그 (글자) 모양이 평평함은 땅을 본뜬 것이네.

ㅣ(侵) 글자는 사람의 선 모양을 본뜬 것으로 그 소리 얕으니

삼재(三才)의 도는 이렇듯 갖추게 되었네.

ᅩ(洪)자는 ·(하늘) 글자에서 나와 다시 합(闔, 원순모음)이 되니
하늘의 둥긂(天圓)과 땅의 평평함(地平)을 아울러 취하고
ㅣ·(覃) 글자 역시 ·(하늘)에서 나오나 이미 벽(闢, 장순모음)이 되며
사물에서 드러나 곧 사람(즉 ㅣ 모음)으로 이루어지네.
(ᅩㅣ·는) 처음 생겨난다는 뜻을 나타내어 그 원(圓)을 하나로 하고
하늘(·)에서 나와 양이 되어 (·가 ᅩ와 ㅣ·의) 위와 밖에 있네.
ᅭ(欲)와 ㅑ(穰)는 사람(人=ㅣ)을 겸해 재출(再出)이 되니
두 개의 둥근 형상으로 그 뜻을 보이었네.
ᅮ(君)와 ·ㅓ(業)와 ᅲ(戌)와 ·ㅕ(彆)가 땅(地=ㅡ 모음)에서 나옴도
예로 미루어 저절로 알게 되니 또 무얼 말하랴.
·(呑)의 글자가 여덟 모음(八聲)에 다 들어간 것은
오직 하늘(天, 즉 ·)의 용(用)이 두루 유통되기 때문이네.
사성(四聲, ᅭㅑᅲㅕ)이 사람(人=ㅣ 모음)을 겸함도 또한 까닭이 있으니
사람(人)이 천지에 참찬(參贊)하여 가장 신령스럽기 때문이네.
또 삼성(초·중·종 三聲)에 나아가 깊은 이치를 살피면
스스로 강유(剛柔)와 음양이 있으니
중성은 곧 하늘(天)의 용(用)이라 음양으로 나뉘고
초성은 곧 땅(地)의 공(功)이라 강유가 드러나네.
중성이 부르고 초성이 화답함은
하늘(天)이 땅(地)보다 앞서서 이치가 스스로 그러하네.
화답한 그것(즉 초성)이 처음 되고 또 나중 되니
만물이 생겨나 모두 땅으로 되돌아가는 것이네.
음은 변해 양이 되고 양은 변해 음이 되어
한 번 동하고 한 번 정하여 서로 뿌리가 되네.
초성은 또다시 발생의 뜻이 있어서
양의 동(動)이 되므로 하늘을 주관하고
종성은 땅(地)에 비기어 음의 정(靜)이니

자음(字音)은 여기서 그치어 정해지는 것이네.

운을 이루는 요점은 중성에 있으니

사람(人)이 능히 천지를 도울 수 있기 때문이네.

양의 용(用)됨이 음(종성)에도 통하여

(음에) 이르러 펴면 즉 돌이켜 (양으로) 되돌아가리니

초성·종성이 둘(음과 양)로 나뉜다 해도

종성에 초성을 쓰는 뜻을 알리라.

정음 글자는 다만 스물여덟이지만

깊은 이치와 복잡한 내용을 찾아낼 수 있으며 그윽한 이치를 밝혀낼
수 있네.

뜻은 멀되 말이 가까워 백성을 이끌기 쉬우니

하늘이 주심이라 어찌 일찍이 (사람의) 슬기와 기교로써 된 것이리요.

2) 초성해(初聲解)

正音初聲. 卽韻書之字母也.[101] 聲音由此而生. 故曰母.[102] 如牙
音君字初聲是ㄱ. ㄱ與ㅜ爲군. 快字初聲是ㅋ. ㅋ與ㅙ而爲쾌. ㅃ字初
聲是ㄲ. ㄲ與ㅠ而爲뀨. 業字初聲是ㆁ. ㆁ與ㅓ而爲업之類. 舌之斗
呑覃那. 脣之彆漂步彌. 齒之卽侵慈戌邪. 喉之挹虛洪欲. 半舌半齒
之閭穰. 皆倣此.

---

101) 正音初聲 卽韻書之字母也 : 중국 성운학(음운학)에서 말하는 36자모가 한자음의 모
든 頭子音을 조음위치와 조음방식 그리고 음의 성질에 따라서 분류 정리하고 하나의 한
자로써 하나의 자음을 표시하도록 마련된 것이므로, 그 성격에 있어서는 표음문자인 훈민
정음의 초성 글자와 같음. 그래서 이렇게 표현한 것임.

102) 聲音由此而生 故曰母 : 여기에서 해례 편찬자들이 자모에 대하여 설명한 것은 사실
을 반대로 설명한 것이다. 자모란 각 어두자음을 분류해서 하나의 어두자음을 나타내도록
그 대표로 정해진 것을 말하는 것이지, 자모가 먼저 있어 거기서 성음이 생겨나는 것이 아
니므로, '故曰母'라는 표현은 정당하지 않음.

정음의 초성은 곧 운서의 자모(字母)니, 말소리(聲音)가 이로부터 생겨 나므로 이르기를 모(母)라 한 것이다. 어금닛소리 군(君)자의 초성은 곧 ㄱ인데 ㄱ이 ㅜㄴ과 어울려 군이 되고, 쾌(快)자의 초성은 곧 ㅋ이니 ㅋ이 ㅙ와 어울려 쾌가 된 것이고, 뀨(蚪)자의 초성은 ㄲ인데 ㄲ이 ㅠ와 합하여 뀨가 되고, 업(業)자의 초성은 ㆁ인데 ㆁ이 ㅓㅂ과 어울려 업이 되는 따위와 같으며, 혓소리의 ㄷ(斗)·ㅌ(呑)·ㄸ(覃)·ㄴ(那), 입술소리의 ㅂ(彆)·ㅍ(漂)·ㅃ(步)·ㅁ(彌), 잇소리의 ㅈ(卽)·ㅊ(侵)·ㅉ(慈)·ㅅ(戌)·ㅆ(邪), 목구멍소리의 ㆆ(挹)·ㅎㅎ(洪)·ㅇ(欲), 반혓소리, 반잇소리의 ㄹ(閭)·ㅿ(穰)도 모두 이와 같다.

訣曰

君快蚪業其聲牙	舌聲斗呑及覃那
彆漂步彌則是脣	齒有卽侵慈戌邪
挹虛洪欲迺喉聲	閭爲半舌穰半齒
二十三字是爲母[103]	萬聲生生皆自此

결(訣)에 이르기를,

ㄱ(君)·ㅋ(快)·ㄲ(蚪)·ㆁ(業) 그 소리는 어금닛소리

혓소리는 ㄷ(斗)·ㅌ(呑)에 ㄸ(覃)·ㄴ(那)이고

ㅂ(彆)·ㅍ(漂)·ㅃ(步)·ㅁ(彌)은 곧 입술소리며

잇소리엔 ㅈ(卽)·ㅉ(慈)·ㅊ(侵)·ㅅ(戌)·ㅆ(邪)이 있고

ㆆ(挹)·ㅎ(虛)·ㅎㅎ(洪)·ㅇ(欲)은 곧 목구멍소리이며

ㄹ(閭)은 반혓소리, ㅿ(穰)은 반잇소리

스물석 자가 자모(字母)가 되어

온갖 소리가 나고 남이 다 여기서 시작되네.

---

103) 二十三字是爲母 : 훈민정음의 자음(子音)은 제자해에서 '初聲凡十七字'라고 했으나 전탁(全濁 : 각자병서)까지 합하면 23자이므로 여기에서 이렇게 말하였음.

3) 중성해(中聲解)

中聲者. 居字韻之中. 合初終而成音.[104] 如呑字中聲是 ·, ·居ㅌ
ㄴ之間而爲튼. 卽字中聲是ㅡ. ㅡ居ㅈㄱ之間而爲즉. 侵字中聲是 ㅣ.
ㅣ居ㅊㅁ之間而爲침之類. 洪覃君業欲穰戌彆. 皆倣此. 二字合
用[105]者. ㅗ與ㅏ同出於 ·. 故合而爲ㅘ. ㅛ與ㅑ又同出於ㅣ. 故合而
爲ㆇ. ㅜ與ㅓ同出於ㅡ. 故合而爲ㅝ. ㅠ與ㅕ又同出於ㅣ. 故合而爲
ㆊ. 以其同出而爲類.[106] 故相合而不悖也. 一字中聲之與ㅣ相合者
十. ·ㅢㅚㅐㅟㅔㅚㅒㅖㆌㅖ是也. 二字中聲之與ㅣ相合者四.[107] ㅙㅞㅙ
ㅞ是也. ㅣ於深淺闔闢之聲.[108] 並能相隨者. 以其舌展聲淺而便於
開口也. 亦可見人之參贊[109]開物[110]而無所不通也.

---

104) 中聲者 居字韻之中 合初終而成音 : 여기에서는 중성이 자운의 초·종성 가운데 있
다고 설명하였으나 자음 중에는 반모음 j · w로 끝내는 快/kʻwaj/, 好/xaw/ 같은 것도
있는데, 훈민정음 창제자들은 음절말의 j도 중성에 포함시켰다(-w는 ㅱ로 표기하고 종성
으로 처리하였음). 따라서 여기의 설명이 중성의 개념과 꼭 일치하는 것은 아니다. '자운'
은 하나의 음절을 구성하는 한자음을 가리키며 '성음'은 음절을 이룬다는 뜻으로 쓰이고
있다. 흔히 말하는 '운'이란 하나의 음절을 이루는 자음에서 어두자음을 제외한 나머지 요
소 전부를 가리키는데, 해례 편찬자들은 중성해와 종성해에서 '居字韻之中'이나 '成字韻'
이라 해서 '字韻'이라는 술어를 하나의 음절을 이루는 한자음처럼 쓰고 있음.
105) 合用 : 두 글자 이상을 합해서 쓰는 것을 『훈민정음해례본』에서는 초성에서와 마찬가
지로 중성에서도 합용이라고 했음.
106) 同出而爲類 : 두 가지 모음 글자를 아울러 쓸 때에도 원래 · 모음을 바탕으로 해서
만들어진 양성모음은 양성모음끼리, 원래 ㅡ 모음을 바탕으로 해서 만들어진 음성모음은
음성모음끼리 결합됨을 설명한 글임. 그래서 ㅗ+ㅏ→ㅘ, ㅜ+ㅓ→ㅝ가 되었음.
107) 與ㅣ相合者四 : 『훈민정음』 중성해에서는 단모음과 중모음을 합해서 29개 모음자를
제시하였으나 이들 가운데 ㅙ 등 2개 모음은 국어나 한자음 표기에 쓰이지 않았음.
108) 深淺闔闢之聲 : 제자해에서 각 모음의 성격에 대하여 따로따로 설명한 것을 여기에서
한꺼번에 종합하여 설명한 것임. 예를 들면 ·는 심(深), ㅗ는 합(闔)임. 그러나 ㅣ 모음은
천(淺)이나 여기서는 ㅣ 모음과 결합되는 중모음들을 설명한 것이므로 여기의 천모음은 불
심불천인 ㅡ 모음을 가리킴.
109) 參贊 : 일에 관여하고 돕는 것.
110) 開物 : 개발한다는 뜻. 또 『역경계사』 상에는 '開物成務'라 하여 '태고 시대에 人知가
발달하기 전에 사람으로 하여금 卜筮에 의하여 길흉을 알고, 害를 피하는 지혜를 계발하
여, 이로써 사업을 이루게 하는 일'이라는 뜻으로 쓰이고 있었으나, 후에 '사람의 지식을
계발하여 사업을 달성시킨다'는 뜻으로 쓰이게 되었음. 物은 사람. 務는 사업.

중성은 자운(字韻)의 한가운데에 있어서 초성과 종성을 아울러서 음(음절)을 이룬다. 예를 들면 툰(呑)자의 중성은 •인데 •가 ㅌ과 ㄴ 사이에 있어서 툰이 되고, 즉(卽)자의 중성은 곧 ㅡ인데 ㅡ는 ㅈ과 ㄱ 사이에 있어서 즉이 되고, 침(侵)자의 중성은 곧 ㅣ인데 ㅣ가 ㅊ과 ㅁ 사이에 있어서 침이 되는 따위와 같다. 葵(洪)·땀(覃)·군(君)·업(業)·욕(欲)·샹(穰)·슗(戌)·볋(彆)도 모두 이와 같다. 두 글자를 합용(合用)함에는 ㅗ와 ㅏ가 다 같이 •에서 나왔으므로 어울러서 ㅘ가 되고, ㅛ와 ㅑ가 또한 ㅣ에서 나왔으므로 어울려서 ㆇ가 되고, ㅜ와 ㅓ가 다 같이 ㅡ에서 나왔으므로 어울려서 ㅝ가 되고, ㅠ와 ㅕ가 또한 같이 ㅣ에서 나왔으므로 어울려서 ㆊ가 되는 것이니 (같은 것으로부터) 함께 나와서 같은 유(類)가 되므로 서로 어울려도 어그러지지 않는다. 한 글자로 된 중성으로서 ㅣ와 서로 어울린 것은 열이니 ㅣㅓㅚㅐㅟㅔㅚㅒㅖ가 그것이요, 두 글자로 된 중성으로서 ㅣ와 서로 어울린 것은 넷이니 ㅙㅖㅙㅖ가 그것이다. ㅣ가 심천합벽(深淺闔闢) 등 모든 모음소리(모음 글자)에 어울려서 능히 서로 따를 수 있는 것은, 혀가 펴지고 소리가 얕아서 입을 열기에 편하기 때문이다(ㅣ 모음이 모든 모음과 어울리는 것을 보고서). 또한 가히 사람(人)이 개물(開物)에 참여하여 통하지 않는 바가 없음을 볼 수 있다.

訣曰

母字之音[111]各有中	須就中聲尋闢闔
洪覃自吞可合用	君業出卽亦可合
欲之與穰戌與彆	各有所從義可推
侵之爲用最居多	於十四聲徧相隨

결(訣)에 이르되,

모(母)가 되는 글자의 음(音)마다 제각기 중성이 있으니

---

111) 母字之音 : '母'자를 '每'자의 오자로 보기도 하나, 이 결에 나오는 예자들이 모두 훈민정음 23자모 가운데의 초성자들이므로, 여기의 '母字'자는 '字母字'로 보는 것이 좋음.

모름지기 거기서 합벽(闔闢)을 찾으라.

ㅗ(洪)와 ㅏ(覃)는 •(呑)로부터 나왔으니 아울러 쓸 수 있고

ㅡ(卽)에서 나온 ㅜ(君) ㅓ(業) 또한 가히 합하리.

ㅛ(欲)와 ㅑ(穰)나 ㅠ(戌)와 ㅕ(彆)나

제각기 좇는 바를 미루어 뜻(이치)을 알 수 있네.

ㅣ(侵)자의 용(用)됨이 가장 많아서

열넷의 소리(모음)에 두루 따르네.

4) 종성해(終聲解)

終聲者承初中而成字韻. 如卽字終聲是ㄱ. ㄱ居즈終而爲즉. 洪字
終聲是ㅇ. ㅇ居ᅘᅩᅇ終而爲ᄬᅟ之類. 舌脣齒喉皆同. 聲有緩急之殊. 故
平上去其終聲不類入聲之促急.112) 不淸不濁之字. 其聲不厲. 故用
於終則宜於平上去. 全淸次淸全濁之字. 其聲爲厲. 故用於終則宜
於入. 所以ㅇㄴㅁㅇㄹㅿ六字爲平上去聲之終. 而餘皆爲入聲之終
也. 然ㄱㅇㄷㄴㅂㅁㅅㄹ八字可足用也.113) 如빗곶爲梨花. 였의갗爲
狐皮. 而ㅅ字可以通用. 故只用ㅅ字. 且ㅇ聲淡而虛. 不必用於
終.114) 而中聲可得成音也. ㄷ如볃爲彆. ㄴ如군爲君. ㅂ如업爲業.

---

112) 聲有緩急之殊 … 入聲之促急 : 원래 한어의 성조는 음절 전체의 높낮이를 말하는 것
인데, 음절 말음이 -p, -t, -k이었던 음절(자음)들을 입성이라고 해 왔으므로, 여기서도 우
선 종성만을 가지고 평·상·거성(緩)과 입성(急)으로 구분하여 설명하였음.

113) 八字可足用也 : 국어의 자음은 예를 들면 어두에서는 ㄷ[t]과 ㅌ[tʻ]이 구별되나 음절
말에서는 중화 작용을 일으켜 다 같이 ㄷ[t]으로 발음되어 ㄷ과 ㅌ이 구별되지 않음. 훈
민정음 해례 편찬자들도 이 현상을 파악하고 있어서 예의에서는 '終聲復用初聲'이라고
하였으나 종성해에서는 23초성자 가운데에서 8자만 필요하다고 해서 '八字可足用也'라고
하였고, 초기의 '정음' 문헌에서도 몇 문헌을 제외한 모든 문헌에서 팔종성만 가지고 표기
했음.

114) ㅇ聲淡而虛 不必用於終 : 모든 字音은 초·중·종성을 갖추고 있어야 된다고 하여
이른바 동국정운식 한자음 표기에서는 중성으로 끝난 한자음에도 ㅇ 종성을 표기했었는
데, 여기에서는 국어 표기를 설명한 것이므로 이렇게 말하고 국어 표기에서는 중성으로 끝

ㅁ如땀爲覃. ㅅ如諺語·옷爲衣. ㄹ如諺語실爲絲之類.

종성은 초성과 중성을 이어받아 자운(字韻)을 이룬다. 예를 들면 즉(卽)자의 종성은 곧 ㄱ인데 ㄱ은 즈의 끝에 있어서 즉이 되고, 홍(洪)자의 종성은 곧 ㅇ인데 ㅇ은 호의 끝에 있어서 홍이 되는 따위와 같으며, 혓소리(舌), 입술소리(脣), 잇소리(齒), 목구멍소리(喉)가 종성이 되는 경우도 같다.

소리에는 느리고 빠름(緩急)의 다름이 있기 때문에 평성(平聲), 상성(上聲), 거성(去聲)은 그 종성이 입성(入聲)의 빠름(促急)과 같지 않다. 불청불탁(不淸不濁)의 글자(음)는 그 소리가 거세지 않으므로 종성으로 쓰면 평성, 상성, 거성에 마땅하고, 전청(全淸), 차청(次淸), 전탁(全濁)의 글자는 그 소리가 거세므로 종성으로 쓰면 입성에 마땅하다. 그러므로 ㅇㄴㅁㅇㄹㅿ의 여섯 자(음)는 평성, 상성, 거성의 종성이 되고 그 나머지는 모두 입성의 종성이 되나 ㄱㅇㄷㄴㅂㅁㅅㄹ 여덟 자만으로 쓰기에 족하다. 예를 들면 이화(梨花)가 빗곶이 되고 호피(狐皮)가 엿의 갗이 되건만 ㅅ자로 통용할 수 있기 때문에 오직 ㅅ자를 쓰는 것과 같다. 그리고 ㅇ은 소리가 맑고 비어서 반드시 종성으로 쓰지 않더라도 (국어의) 중성이 음을 이룰 수 있다.

ㄷ은 볃이 彆(볃의 종성 ㄷ)됨과 같고, ㄴ은 군이 君(군의 종성 ㄴ)됨과 같고, ㅂ은 업이 業(업의 종성 ㅂ)됨과 같고, ㅁ은 땀이 覃(땀의 종성 ㅁ)됨과 같고, ㅅ은 우리말로 옷이 衣(옷의 종성 ㅅ)됨과 같으며, ㄹ은 우리말로 실이 絲(실의 종성 ㄹ)됨과 같은 따위다.

五音之緩急. 亦各自爲對. 如牙之ㆁ與ㄱ爲對. 而ㆁ促呼則變爲ㄱ而急. ㄱ舒出則變爲ㆁ而緩. 舌之ㄴㄷ. 脣之ㅁㅂ. 齒之ㅿㅅ. 喉之ㅇㆆ. 其緩急相對. 亦猶是也. 且半舌之ㄹ. 當用於諺. 而不可用

난 음절 밑에 일일이 ㅇ자를 표기할 필요가 없다고 한 것임. 한어의 字音을 기록한『홍무정운역훈』(1455)에서도 종성 표기에 'ㅇ'은 쓰이지 않았음.

於文. 如入聲之彆字. 終聲當用ㄷ.[115] 而俗習讀爲ㄹ. 盖ㄷ變而爲
輕也. 若用ㄹ爲彆之終. 則其聲舒緩. 不爲入也.

오음(五音)의 느리고 빠름(緩急)이 (같은 조음위치에 있어서) 또한 각
기 스스로 짝(對)이 된다. 어금닛소리의 ㆁ은 ㄱ과 짝이 되어 ㆁ음을 빨
리 발음하면 ㄱ음으로 변하여 급하고, ㄱ음을 느리게 내면 ㆁ음으로 변
하여 느리며, 혓소리의 ㄴ음과 ㄷ음, 입술소리의 ㅁ음과 ㅂ음, 잇소리의
ㅿ음과 ㅅ음, 목구멍소리의 ㅇ음과 ㆆ음도 그 완급(緩急)이 서로 짝이
됨이 또한 이와 같다. 또 반혓소리인 ㄹ음은 마땅히 우리말의 종성에나
쓸 것이지 한자(漢字의 종성)에는 쓸 수 없다. 입성(入聲)의 彆자와 같은
것도 종성에 마땅히 ㄷ음을 써야(ㄷ음으로 발음해야) 할 것인데 일반적인
습관으로 ㄹ음으로 읽으니 대개 ㄷ음이 변해서 가볍게 된 것이다. 만일
ㄹ음으로 彆자의 종성을 삼는다면 그 소리가 느려져서(舒緩) 입성이 되
지 못한다.

訣曰

不清不濁用於終　　　　　　爲平上去不爲入
全清次清及全濁　　　　　　是皆爲入聲促急
初作終聲理固然　　　　　　只將八字用不窮
唯有欲聲所當處　　　　　　中聲成音亦可通
若書卽字終用君　　　　　　洪彆亦以業斗終
君業覃終又何如　　　　　　以那彆彌次第推
六聲[116]通乎文與諺　　　　　戌閭用於諺衣絲
五音緩急各自對　　　　　　君聲迺是業之促

---

115) 終聲當用ㄷ : 중국에서 들어온 한자음 가운데, -t 입성이었던 것이 우리나라에서는 모
두 -ㄹ(l)로 발음되어 여기에서는 원래의 음대로 -ㄷ[-t]음으로 발음하라고 규정한 것인
데, 1447년(세종 29)에 편찬 완료된『동국정운』에서는 소위 '以影補來'식 표기법을 택하여
한자음의 -ㄷ입성 표기에 'ㅭ'을 사용했음.
116) 六聲 : ㄱㄴㄷㅁㅂㆁ을 말함.

斗彆聲緩爲那彌　　穰欲亦對戌與挹
閭宜於諺不宜文　　斗輕爲閭是俗習

결(訣)에 이르기를,
불청불탁음(不淸不濁音)을 종성에 쓴 즉
평성, 상성, 거성이 되고 입성이 되지 않네.
전청, 차청 그리고 전탁음은
모두 입성이 되어 소리가 촉급하네.
초성이 종성됨은 이치(理致)가 본래 그러한데
다만 여덟 자만 가지고도 쓰임에 막힐 것 없네.
오직 ㅇ(欲)자가 있어야 마땅할 자리라도
중성만으로도 그대로 음(음절)을 이루어 통할 수 있네.
홍(洪)·볃(彆)은 ㆁ(業)과 ㄷ(斗)을 종성으로 하니
군(君)·업(業)·땀(覃) 종성은 또한 어떨까.
ㄴ(那)·ㅂ(彆)·ㅁ(彌)을 가지고 차례로 미루어 보라.
여섯 소리(六聲, ㄱㆁㄷㄴㅂㅁ)는 한자와 우리말에 함께 쓰이되
ㅅ(戌)과 ㄹ(閭)은 우리말의 옷(衣)과 실(絲) 종성으로만 쓰이네.
오음(아·설·순·치·후음)은 각각 느리고 촉급한 짝을 저절로 이루니
ㄱ(君) 소리는 ㆁ(業) 소리를 빠르게 낸 것이고,
ㄷ(斗)·ㅂ(彆) 소리가 느려지면 ㄴ(那)과 ㅁ(彌)이 되며,
ㅿ(穰)와 ㅇ(欲)은 그것 또한 ㅅ(戌)·ㆆ(挹)의 짝이네.
ㄹ(閭)은 우리말 종성 표기에는 마땅하나 한자음 표기에는 마땅치 않으니
ㄷ(斗) 소리가 가벼워져서 ㄹ(閭) 소리가 된 것은 곧 일반적인 습관이네.

5) 합자해(合字解)

初中終三聲. 合而成字.[117] 初聲或在中聲之上. 或在中聲之左.

如君字ㄱ在ㅜ上. 業字ㅇ在ㅓ左之類.

　초·중·종 세 소리가 어울려서 글자(음절)를 이룬다. 초성(글자)은 중
성(글자) 위에 쓰기도 하고 중성(글자)의 왼쪽에 쓰기도 하니, 예컨대 군
(君)자의 ㄱ은 ㅜ 위에 있고, 업(業)자의 ㅇ은 ㅓ의 왼쪽에 있음과 같다.

　中聲則圓者橫者在初聲之下. •ㅡㅗㅛㅜㅠ是也. 縱者在初聲之
右. ㅣㅏㅑㅓㅕ是也. 如吞字•在ㅌ下. 卽字ㅡ在ㅈ下. 侵字ㅣ在ㅊ
右之類. 終聲在初中之下. 如君字ㄴ在구下. 業字ㅂ在어下之類.

　중성(글자) 가운데 둥근 것과 가로로 된 것은 초성(글자) 아래에 쓰니
•ㅡㅗㅛㅜㅠ가 이것이요, 세로로 된 것은 초성(글자)의 오른쪽에 쓰니
ㅣㅏㅑㅓㅕ가 이것이다. 예를 들면 튼(吞)자의 •는 ㅌ의 아래에 쓰고
즉(卽)자의 ㅡ는 ㅈ의 아래에 있으며, 침(侵)자의 ㅣ는 ㅊ의 오른쪽에
있음과 같다.

　종성(글자)은 초·중성(글자) 아래에 쓰니 예를 들면 군(君)자의 ㄴ은
구의 아래에 있고, 업(業)자의 ㅂ은 ㅓ의 아래에 있음과 같다.

　初聲二字三字合用並書.[118] 如諺語·짜爲地. 짝爲隻. •쁨爲隙之
類. 各自並書. 如諺語 ·혀爲舌而 ·혀爲引. 괴·여爲我愛人而괴·여爲人
愛我. 소·다爲覆物而쏘·다爲射之之類. 中聲二字三字合用. 如諺語·
과[119]爲琴柱. ·홰爲炬之類. 終聲二字三字合用. 如諺語흙爲土. ·낛
爲釣. 돐·빼爲酉時之類. 其合用並書. 自左而右. 初中終三聲皆同.
文與諺雜用則有因字音而補以中終聲者. 如孔子ㅣ魯ㅅ:사룸之類.

---

117) 初中終三聲 合而成字 : 훈민정음에서는 초·중·종성과 초·중·종성자를 동일시한
　　듯하여, 여기의 '성'도 '자'를 뜻하며 '成字'의 '字'는 초·중·종성이 합해서 이루어지는 음
　　절을 뜻함.
118) 並書 : 두 가지 이상의 다른 글자를 아울러 쓰는 것을 合用並書, 똑같은 글자를 합해
　　서 쓰는 것을 各自並書라고 구별했다. 合用은 중성, 종성의 경우에도 해당됨.
119) ·과 : 거문고의 기러기 발. 쾌.

초성을 두 글자, 세 글자 아울러 쓰는 것(合用並書)은, 가령 우리말의 ꩡ로 지(地)를 나타내고 ꩦ으로 척(隻, 하나)을 나타내고 ·ꩨ으로 극(隙)을 나타내는 따위와 같은 것이다.

각자병서는 가령 우리말의 ·혀로 설(舌)을 나타내는데 ·ᅘᅧ는 인(引)을 나타내며, 괴·여는 내가 남을 사랑한다는 뜻인데 괴·ᅇᅧ는 남에게서 내가 사랑받는다는 뜻이 되며, 소·다는 물건을 덮고 쏘·다는 '무엇을 쏘다'라는 뜻이 되는 따위 같은 것이다.

중성(글자)을 두 글자, 세 글자 아울러 쓰는 것은 가령 우리말의 ·과로 금주(琴柱)를 표기하고, ·홰로 횃불(炬)을 표기함과 같다.

종성(글자)을 두 글자, 세 글자 아울러 쓰는 것은, 가령 우리말의 ᄒᆞᆰ이 토(土)를 나타내고, ·낛이 조(釣)를 나타내며, 돐·ᄠᅢ로 유시(酉時)를 나타내게 됨과 같다. 이들 합용병서는 왼쪽에서 오른쪽으로 쓰며 초·중·종성이 다 같다.

한자와 한글을 섞어 쓸 경우에는 위에 오는 한자음에 따라서 한글의 중성(글자)이나 종성(글자)을 보충하는 일이 있으니, 가령 '공자(孔子) ㅣ 노(魯) ㅅ :사ᄅᆞᆷ'이라고 쓰는 따위와 같다.

諺語平上去入.[120] 如활爲弓而其聲平. ·돌爲石而其聲上. ·갈爲刀而其聲去. ·붇爲筆而其聲入之類. 凡字之左. 加一點爲去聲. 二點爲上聲. 無點爲平聲. 而文之入聲.[121] 與去聲相似. 諺之入聲無定.[122] 或似平聲. 如긷爲柱. 녑爲脅. 或似上聲. 如 :낟爲穀. :깁爲

---

120) 諺語平上去入 : 종성해에서와 마찬가지로 여기에서도 우선 종성만 가지고 중세국어의 성조를 설명했다. 그래서 :돌 등은 상성이고, ·붇은 입성이라고 했음.

121) 文之入聲 : 12세기경 이후 중국 북방음의 입성이 소실되고, 입성으로 발음되던 자음들이 거성으로 많이 변했던 것을 알고 있어서 여기에서 '文之入聲 與去聲相似'라고 한 것으로 보인다. 또 '동국정운 서문'(1447)에서 '字音則上去無別'이라고 하고, 15세기의 한국 한자음에 대하여 입성자에 거성과 마찬가지로 1점을 찍은 것으로 보아 여기의 설명이 한국한자음에 해당하는 것으로 볼 수도 있음.

122) 諺之入聲無定 : 앞에서는 종성만 가지고 중세국어의 성조를 설명했으나, 여기에 와서

繪. 或似去聲. 如·몯爲釘. ·입爲口之類. 其加點則與平上去同. 平聲
安而和. 春也. 萬物舒泰. 上聲和而擧. 夏也. 萬物漸盛. 去聲擧而
壯. 秋也. 萬物成熟. 入聲促而塞. 冬也. 萬物閉藏.[123]

우리말의 평·상·거·입의 예를 들면, 활은 '궁(弓)'이고 평성이며, 돌
은 '석(石)'이고 상성이며, ·갈은 '도(刀)'이고 거성이요, 붇은 '붓(筆)'인데
그 소리는 입성이 되는 따위와 같다. 무릇 글자(음절)의 왼쪽에 한 점을
찍으면 거성이고, 두 점을 찍은 것은 상성이며, 점이 없는 것은 평성이
다. 자음(字音)의 입성은 거성과 서로 비슷하나, 우리말의 입성은 일정치
않아서, 혹은 평성과 비슷하여 긷(柱=기둥), 녑(脅=옆구리)과 같이 되고,
혹은 상성과 비슷하여 :낟(穀=곡식), :깁(繪=비단)과 같이 되며, 혹은 거성
과 비슷하여 ·몯(釘=못), ·입(口)과 같이 되는데, 점을 찍는 것은 평성·
상성·거성의 경우와 같다.

평성은 편안하고 부드러워서(安而和) 봄에 해당되어 만물이 천천히 피
어나고(舒泰), 상성은 부드럽고 높으니(和而擧) 여름에 해당되어 만물이
점점 무성해지고(漸盛), 거성은 높고 씩씩하니(擧而壯) 가을에 해당되어

비로소 중세국어의 성조를 실태대로 설명한 것임. 중세국어에는 입성이라는 성조(調値)는
없고, 비록 종성으로 보아서는 입성이라도 실지로는 평성·상성·거성의 3성조 가운데 어
느 하나로 발음되고 있었음을 설명한 것임. 즉 '긷'은 종성만 보아서는 입성이지만 실지 성
조로는 평성이라고 하였음. 그래서 '其加點則與平上去同'이라고 하였음.
123) 平聲安而和 … 萬物閉藏 : 중국에서 平上去入 네 개 성조의 특성을 설명할 때 흔히
이런 식으로 표현하나 이런 설명을 근거로 해서 실제적인 調値를 알기는 어려움.
몇 예를 들어보겠다.
• 元和韻譜(唐 處忠)
平聲哀而安 上聲厲而擧(평성은 애처로우면서도 편안하며, 상성은 거세면서 들리며)
去聲淸而遠 入聲直而促(거성은 맑으면서 幽遠하며, 입성은 곧바로 촉급하다)
• 玉鑰匙歌訣(明 眞空)
平聲平道莫低昇(평성은 평탄하므로 높낮이가 있으면 안 된다)
上聲高呼猛烈强(상성은 거세고 높으며 맹렬하고 세다)
去聲分明哀遠道(거성은 분명하며 애처롭고 幽遠하다)
入聲短促急收藏(입성은 짧으며 급히 끝난다)
• 音論(淸 顧炎武)
平聲輕遲 上去入之聲重疾(평성은 가볍고 느리며, 상·거·입성은 무겁고 빠르다)

만물이 무르익고, 입성은 빠르고 막히니(促而塞) 겨울에 해당되어 만물이 숨고 감추어짐과 같다.

　初聲之ㆆ與ㅇ相似.[124] 於諺可以通用也. 半舌有輕重二音.[125] 然韻書字母唯一. 且國語雖不分輕重. 皆得成音. 若欲備用. 則依脣輕例. ㅇ連書ㄹ下. 爲半舌輕音. 舌乍附上腭. ㆍㅡ起ㅣ聲於國語無用. 兒童之言. 邊野之語. 或有之. 當合二字而用. 如기긔之類.[126] 其先縱後橫. 與他不同.

　초성의 ㆆ은 ㅇ와 서로 비슷해서 우리말에서는 통용될 수 있다.

　반설음에도 경·중 두 가지 음이 있으나, 중국 운서의 자모에서는 (이를 구별하지 않고) 하나로 하였고, 또한 국어(글자)에서도 경·중을 나누지 아니하나 모두 소리를 이룰 수 있다. 그러니 만약에 갖추어서 쓰고 싶으면 순경음(글자)의 예를 좇아 ㅇ를 ㄹ의 아래에 이어 써서 반설경음(글자 ㅇㄹ)을 만들고 혀를 잠깐 윗잇몸에 닿도록 해서 발음한다.

　ㅣ음이 앞에 와서 ㆍ음이나 ㅡ음과 결합된 음(중모음)은 국어에서 쓰이지 않으나 아이들 말이나 변두리 시골말에는 간혹 있으니 마땅히 두 글자를 합하여 나타내려 할 때에는 기 긔 따위와 같이 한다. 그러나 세로로 된 글자를 먼저 긋고 가로로 된 글자를 나중에 쓰는 것은 다른 글자(이중모음)의 경우와 같지 않다.

---

124) ㆆ與ㅇ相似 : ㆆ자의 음가는 [?]이고 ㅇ자의 음가는 [zero, 또는 ɦ]이었으므로, 이 두 음을 구별하기 어려워 '相似'라고 한 것임.

125) 半舌有輕重二音 : 국어의 'ㄹ'은 음절 초에서, [ɾ](설타음), 음절 말에서는 [l](설측음)로 실현되는데, 중세국어에서도 이런 현상이 있어서 이것을 표기하려면 반설중음 'ㄹ'과 반설경음 'ㅇㄹ'(혀를 윗잇몸에 잠깐 대어서 발음함)로 구별하여 제자할 수 있음을 말한 것이다. 그러나 'ㅇㄹ'자는 실용에 쓰이지는 않았음.

126) 기긔之類 : 중세국어에 [jʌ] [ji]와 같은 중모음이 있었음을 설명한 것임. 즉 ㆍ와 ㅣ 모음과 결합된 중모음은 ㅣ 모음이 이들 모음의 뒤에 와서 ㆎ 등과 같이 되고, ㅣ 모음이 앞에 오는 중모음은 ㅑ·ㅕ·ㅛ·ㅠ 등인데 ㆍㅡ 모음의 경우에도 ㅣ 모음이 앞에 올 수 있음을 설명한 것임. 여기의 설명은 훈민정음 해례 편찬자들이 얼마나 세밀히 중세국어의 음성을 관찰하고 있었던가 하는 점을 보여 주는 것임.

訣曰

初聲在中聲左上	挹欲於諺用相同
中聲十一附初聲	圓橫書下右書縱
欲書終聲在何處	初中聲下接着寫
初終合用各並書	中亦有合悉自左
諺之四聲何以辨	平聲則弓上則石
刀爲去而筆爲入	觀此四物他可識
音因左點四聲分	一去二上無點平
語入無定亦加點	文之入則似去聲
方言俚語萬不同	有聲無字書難通
一朝	
制作侔神工	大東千古開朦朧

결(訣)에 이르되,

초성(글자)은 중성의 왼쪽과 위에 쓰는데

ㆆ(挹)과 ㅇ(欲)은 우리말에서 서로 같이 쓰이네.

중성(글자) 열하나는 초성에 붙이는데

둥근 것과 가로로 된 것은 아래에 쓰고 세로로 된 것만 오른쪽에 쓰네.

종성을 쓰자면 어디에 쓰나?

초성, 중성(글자)의 아래에 잇따라 붙여 쓰네.

초성, 종성(글자)을 합용하려면 각각 나란히 쓰고

중성(글자)도 합용하되 다 왼쪽부터 쓰네.

우리말에선 사성(四聲)을 어떻게 가리나?

평성은 활(弓)이요 상성은 :돌(石)이네.

·갈(刀)은 거성이 되고 ·붇(筆)은 입성이 되니

이 네 가지를 보아서 다른 것도 알 수 있네.

음을 바탕 삼아 왼쪽의 점(點)으로 사성을 나누어

하나면 거성, 둘은 상성, 없으면 평성이네.

우리말 입성은 정함이 없으나 평·상·거성처럼 점 찍고
한자음의 입성은 거성과 비슷하네.
방언과 이어(俚語)가 모두 다르매
소리 있고 글자는 없어 글로 통하기 어렵더니
하루아침에
(임금께서) 만드셔 하늘 솜씨에 비기니
우리나라 오랜 역사에 어둠을 깨우치셨네.

6) 용자례(用字例)

초성 ㄱ은 :감(柿), ·굴(蘆)[127]의
초성과 같으며, ㅋ은 우·케(미용도,
未春稻)[128], 콩(大豆)의 초성과 같
으며, ㆁ은 러·울(달, 獺)[129], 서·에
(유시, 流澌)[130]의 초성과 같으며,
ㄷ은 ·뒤(모, 茅)[131], ·담(牆)[132]의
초성과 같으며, ㅌ은 고·티(견, 繭)
[133], 두텁(섬여, 蟾蜍)[134]의 초성과
같으며, ㄴ은 노로(장, 獐)[135], 납

---

127) 갈대, 용자례에서는 17초성(각자병서 제외) 외에 ㅸ의 예를 보이었음.
128) 벼, 메벼, 겉벼, 용(舂)은 방아 찧을 용.
129) 수달, 너구리, 수달 달(獺)
130) 성에, 물이 서리인 것. 流澌는 얼음이 녹아서 흐르다.
131) 띠, 띠 모(茅)
132) 墻 = 牆 담
133) 고치
134) 두꺼비, 두꺼비 섬(蟾), 두꺼비 여(蜍)
135) 노루, 노루 장(獐)

如감為柿 ·ᄀᆞᆯ為蘆
우·케為未舂稻 콩為大豆
러울為獺 서·에為流凘
·뒤為茅 ·담為墻
고·티為繭 두텁為蟾蜍
노로為獐 납為猿
불為臂 :벌為蜂
·파為葱 ·ᄑᆞᆯ為蠅
:뫼為山 ·마為薯藇
사·ᄫᅵ為蝦 드·뵈為瓠
·자為尺 죠·ᄒᆡ為紙
·체為籭 ·채為鞭
·손為手 :셤為島
·부헝為鵂鶹 ·힘為筋
·비육為鷄雛 ·ᄇᆞ얌為蛇
·무뤼為雹 어·름為氷
아ᅀᆞ為弟 :너ᅀᅵ為鴇
中聲 ·ᄐᆞᆨ為頤 :ᄑᆞᆺ為小豆 두·리為橋 그·래為楸

如믈為水 발·측為跟 그력為鴈 드·레為汲器
·깃為巢 :밀為蠟 ·피為稷 ·키為箕
·논為水田 ·톱為鉅 호·미為鋤 벼·로為硯
·밥為飯 ·낟為鎌 이·아為綜 사·ᄉᆞᆷ為鹿
숫為炭 ·울為籬 누·에為蠶 구·리為銅
브·섭為竈 :널為板 서·리為霜 버·들為柳
:죵為奴 ·고욤為梬

(원, 猿)136)의 초성과 같으며, ㅂ은 불(비, 臂)137), :벌(봉, 蜂)의 초성과 같으며, ㅍ은 ·파(총, 蔥)138), ·ᄑᆞᆯ(승, 蠅)139)이 되는 것과 같다.

ㅁ은 :뫼(산, 山), ·마(서여, 薯藇) 140)의 초성과 같으며, ㅸ은 사·ᄫᅵ(하, 蝦)141), 드·뵈(호, 瓠)142)의 초성과 같으며, ㅈ은 ·자(척, 尺), 죠·ᄒᆡ(紙)143)의 초성과 같으며, ㅊ은 ·체(사, 籭)144), ·채(편, 鞭)145)의 초성과 같으며, ㅅ은 ·손(手), :셤(島)146)의 초성과 같으며, ㅎ은 ·부헝(휴류, 鵂鶹)147), ·힘(근,

---

136) 원숭이
137) 팔, 팔 비(臂)
138) 파, 파 총(蔥)
139) 파리
140) 마, 마 서(薯), 마 여(藇)
141) 새우, 새우 하(蝦)
142) 뒤웅박, 박 호(瓠)
143) 종이
144) 체, 체 사(籭)
145) 채, 채찍 편(鞭)
146) 섬
147) 부엉이, 부엉이 휴(鵂), 부엉이 류(鶹)

筋)148)의 초성과 같으며, ㅇ은 ·비육(계추, 鷄雛)149), ·ᄇ얌(사, 蛇)150)의
초성과 같으며, ㄹ은 ·무뤼(박, 雹)151), 어·름(빙, 氷)의 초성과 같으며, △은
아·ᅀᆞ(제, 弟)152), :너ᅀᅵ(보, 鴇)153)의 초성과 같다.

　중성 •는 ·ᄐᆞᆨ(이, 頤)154), ·ᄑᆞᆺ(소두, 小豆)155), ᄃᆞ리(교, 橋), ·ᄀᆞ래(추, 楸)
156)의 중성과 같으며, ㅡ는 ·믈(水), ·발·측(근, 跟)157), 그력(안, 鴈)158), 드
·레(급기, 汲器)159)의 중성과 같으며, ㅣ는 ·깃(소, 巢), :밀(납, 蠟)160), ·피.
(직, 稷), ·키(기, 箕)161)의 중성과 같으며, ㅗ는 ·논(수전, 水田), ·톱(거, 鉅),
호·미(서, 鉏)162), 벼·로(연, 硯)163)의 중성과 같으며, ㅏ는 ·밥(반, 飯), ·낟
(겸, 鎌) 164), 이·아(종, 綜)165), 사·슴(녹, 鹿)166)의 중성과 같으며, ㅜ는 숫
(탄, 炭) 167), ·울(이, 籬)168), 누·에(잠, 蠶), 구·리(동, 銅)의 중성과 같으며,
ㅓ는 브섭(조, 竈)169), :널(판, 板), 서·리(상, 霜), 버·들(유, 柳)의 중성과 같
으며, ㅛ는 :죵(노, 奴), ·고욤(용, 梬)170), ·쇼(우, 牛), 샵됴(창출채, 蒼朮

___

148) 힘줄, 힘줄 근(筋)
149) 병아리, 병아리 추(雛)
150) 뱀
151) 우박, 우박 박(雹)
152) 아우
153) 너새, 너새 보(鴇)
154) 턱, 턱 이(頤), 중성은 11글자의 예를 보임.
155) 팥
156) 가래나무, 가래나무 추(楸)
157) 팔꿈치, 팔꿈치 근(跟)
158) 기러기
159) 두레박, 물 길을 급(汲)
160) 꿀찌기, 꿀찌기 랍(蠟)
161) 키, 키 기(箕)
162) 호미, 호미 서(鉏)
163) 벼루
164) 낫
165) 잉아, 베틀의 부속품
166) 사슴
167) 숯
168) 울타리, 울타리 리(籬)
169) 부엌, 부엌 조(竈)

為楸ㅗ爲牛 삽도爲蒼朮菜 卜 如
남샹爲龜 약爲龜鼊 다야 爲
감爲蕎麥皮 ᆖ 如 ㅛ미 爲薏苡 ᄌ
爲飯梛 ᄉᆞᆲ爲雨繖 ᅀᅳ련 爲帨 ㄱ如
如엿爲飴餹 ㅁ 如 닭爲佛寺 벼爲稻 ᅐ비爲燕
ㅇ如 굠병爲蠐螬 ㅇ창爲蝌蚪 ㄴ
如간爲筭 ㅂ如 섭爲楓 ㄴ爲屨반

되爲螢 ㅁ如 십爲薪 굼爲蹄 ㅁ如
범爲虎 심爲泉 ㅅ如 잣爲海松 ㅁ如
爲池 ᄅ如 ᄃᆞᆯ爲月 ᄇᆯ爲星之類
有天地自然之聲則必有天地
自然之文所以古人因聲制字
以通萬物之情以載三才之道
而後世不能易也然四方風土
區別聲氣亦隨而異焉盖外國

楸)171)의 중성과 같으며, ㅣ는 남샹(귀, 龜)172), 약(구벽, 龜鼊)173), 다··아(이, 匜)174), ᄌ감(교맥피, 蕎麥皮)175)의 중성과 같으며, ᆖ는 율믜(의이, 薏苡)176), ᄌᆔᆨ(반초, 飯梛)177), ᄉᆞᆲ(우산, 雨繖)178), ᅀᅳ련(세, 帨)179)의 중성과 같으며, ᅵ는 ·엿(이당, 飴餹), ·뎔(불사, 佛寺), ·벼(도, 稻), :져비(연, 燕)의 중성과 같다.

종성180) ㄱ은 닥(저, 楮)181), 독(옹, 甕)의 종성과 같으며, ㅇ은 :굼병

---

170) 고욤, 고욤 용(楧)
171) 삽주, 삽주뿌리 출(朮)
172) 남생이
173) 거북의 일종
174) 손대야, 손대야 이(匜)
175) 메밀껍질, 메밀 교(蕎)
176) 율믜, 율무, 초명(草名), 율무 의(薏), 율무 이(苡)
177) 주걱, 밥주걱 초(梛)
178) 우산, 우산 산(繖)
179) 여자의 수건, 수건 세(帨)
180) 종성 용례, 소위 팔종성법에 의하여 ㄱㅇㄷㄴㅂㅁㅅㄹ의 용례만 보이었음.
181) 닥나무, 닥 저(楮)

(제조, 蠐螬)[182], ·올창(과두, 蝌蚪)의 종성과 같으며, ㄷ은 ·갇(입, 笠)[183], 싣(풍, 楓)[184]의 종성과 같으며, ㄴ은 ·신(구, 屨)[185], ·반되(형, 螢)[186]의 종성과 같으며, ㅂ은 섭(신, 薪), ·굽(제, 蹄)의 종성과 같으며, ㅁ은 :범(호, 虎) :섬(천, 泉)의 종성과 같으며, ㅅ은 :잣(해송, 海松), ·못(지, 池)의 종성과 같으며, ㄹ은 ·둘(월, 月), :별(성, 星)의 종성과 같은 따위다.

3. 정인지 서문

정인지 서문은 『훈민정음해례본』의 맨 끝에 붙어 있기 때문에, 이 책의 맨 앞에 있는 세종대왕의 서문과 구별하기 위하여 '정인지 후서'라고도 한다.

이 서문은 세종 28년 9월조(『세종실록』 권113 36장 ab부터 37장 a까지)에 세종어제서문, 훈민정음본문(예의편)과 함께 게재되어 있어서, 『훈민정음해례본』이 1940년에 안동 지방에서 발견되기 전부터 학자들 사이에 알려져 있었다. 특히 이 서문에는 훈민정음의 창제에 관하여 '象形而字倣古篆'이라고 표현한 대목이 있어서, 훈민정음이 '古篆文字'를 모방하여 창제되었다는 학설을 꾸준히 뒷받침하고 있다.

이 서문의 내용은 다음과 같다.

① 고인이 만든 문자(한자)를 후세 사람이 마음대로 바꿀 수 없다.

---

182) 굼벵이, 굼벵이 제(蠐), 굼벵이 조(螬)
183) 갓
184) 신나무, 단풍나무
185) 신, 신 구(屨)
186) 반디

② 그러나 지리적 조건이 다르면 사람의 발음도 이에 따라 달라진다. 그런데도 중국 이외의 나라에서는 고유문자가 없다고 한자를 빌려 쓰고 있으니 제대로 될 이치가 없다.

③ 우리나라의 문화 수준이 중국과 견줄 만하나 중국과 언어가 달라 한자·한문을 사용하기 때문에 책을 공부하는 이는 그 뜻을 깨우치기 어려워하고 죄인을 다스리는 이는 한문으로 기록된 내용을 모른다.

④ 신라 때부터 써 온 이두가 불편하고 실지 언어생활에서는 만분지일도 의사를 전달할 수 없다.

⑤ 그래서 세종 25년 겨울에 세종께서 정음 28자를 만들고 훈민정음이라고 이름을 붙이시었다.

⑥ 상형해서 글자를 만들었는데 중국의 고전 문자와 비슷하다.

⑦ 불과 28자지만 얼마라도 응용이 가능하다.

⑧ 배우기 쉬워서 하루 아침, 또는 열흘이면 익힐 수 있다.

⑨ 이 글자가 창제되어 한문책의 뜻도 쉽게 알 수 있게 되었고, 죄인의 뜻도 알 수 있게 되었다. 또 한자음도 분명해졌고, 음악도 음계가 고르게 되었으며, 바람 소리, 닭 울음소리도 다 적을 수 있게 되었다.

⑩ 이 책을 편찬한 사람은 최항 등 8명이다.

⑪ 이 글자는 순전히 세종대왕의 독창적인 창안에 의하여 창제된 것이다.

정인지 서문(鄭麟趾序)

有天地自然之聲. 則必有天地自然之文. [187] 所以古人因聲制

---

187) 有天地自然之聲 則必有天地自然之文 : 중국에서는 예로부터 伏羲(庖羲)와 倉頡이 문자를 만들었다고 전해 왔는데, 許愼의 '說文解字' 서문은 다음과 같다. 倉頡庖羲氏之王天下也 仰則觀象於天 俯則觀法於地 視鳥獸之文 與地之宜 近取諸身 遠取諸物 於是始作易八卦 以垂憲象 倉頡之初作書 蓋依類象形 故謂之文 其後形聲相益 卽謂之字

여기서 말하는 복회 八卦 제작설은 사실과 다르다고 하더라도 대개 위 두 사람 때부터 문자(한자)가 만들어진 것으로 보고 있으며, 정인지도 이와 같은 내용을 서문의 첫머리에 표명한 것으로 보인다. 또 중국 문자학에서는 글자가 만들어지는 방법에 따라서 지사와 상형을 '文'이라 하고, 형성과 회의를 '字'라 하여(때로는 轉注를 자에 포함시킴) 이들을 구별하고, 假借는 '文字'라고 설명한다. 그러나 정인지의 서문에서는 그렇게 엄격하게 구별

字.188) 以通萬物之情. 以載三才之道. 而後世不能易也. 然四方風土
區別. 聲氣亦隨而異焉.189) 盖外國之語.190) 有其聲而無其字. 假中
國文字以通其用. 是猶枘鑿191)之鉏鋙也. 豈能達而無礙乎. 要皆各
隨所處而安. 不可强之使同也.192) 吾東方禮樂193)文章.194) 侔擬華
夏.195) 但方言之語.196) 不與之同. 學書者患其旨趣之難曉. 治獄者
病其曲折之難通. 昔新羅薛總. 始作吏讀.197) 官府民間. 至今行之.

하여 '自然之文'이라고 한 것으로 보이지는 않는다.

188) 古人因聲制字 : 위에서 설명한 '依類象形', '其後形聲相益'과 통하는 내용이다. 그리
고 조선시대에 중시하였던 『고금운회거요』의 劉辰翁序에서 '氣者天地母也 聲與氣同時
而出 有聲卽有字 字又聲之子也'라고 한 것도 같은 내용으로 볼 수 있다.

189) 然四方 … 異焉 : 「황극경세서」 二(『성리대전』 권8)의 '正聲正音圖' 주에 '音非 有異
同 人有異同 人非有異同 方有異同 謂風土殊而呼吸異故也'라고 있고, '홍무정운 서'
에 '以人言之 其所居有南北東西之殊 故所發有剽疾重遲之異 四方之音 萬有不同'
이라고 있으며, 또 '홍무정운역훈 서'에도 '盖四方風土不同而氣亦從之 聲生於氣者也
故所謂四聲七音 隨方而異宜'라고 있다. 또 '동국정운 서문'에도 이와 같은 내용이 실려
있음. 聲氣는 『고금운회거요』의 '유진옹 서'에 '氣者天地母也 聲與氣同時而出 有聲卽
有字 字又聲之子也'라고 한 것처럼 '사람의 발음'을 말한 것임.

190) 外國之語 : 여기서는 중국 이외 다른 나라 말을 가리킴.

191) 枘鑿 : 장부 예(枘), 구멍 조(鑿), 『楚辭集註』 續離騷 九辯第八에는 '圓鑿而方枘兮
吾固知其鉏鋙而難入(둥근 구멍에 모난 자루로다, 나는 진실로 그것이 서로 어긋나서 들
어맞지 않는 것을 알겠도다)'이라고 있음. 어긋날 서(鉏), 어긋날 어(鋙).

192) 不可强之使同 : 정초의 '육서략' '수문총론'에 '諸國之書有同有異 各隨所習而安
不可疆之使同)'이라고 있어서, 정인지가 서문을 쓸 때에 이런 사상의 영향을 받은 것으로
보임.

193) 禮樂 : 예와 악. 예절과 음악, 『예기』 권37 악기조에 '樂者 天地之和也 禮者 天地之
序也 和故百物皆化 序故羣物皆別'이라고 있고 또 '樂者 通倫理者也'라고 있어서 예
악이 사회 형성의 기본임을 강조하고 있음.

194) 文章 : '文'만 가지고도 예악제도라는 뜻으로 쓰이며, 『논어』 태백편에서 '煥乎其有文
章(빛나는 그 문장이여!)'이라고 한 것처럼 '문장'은 '禮樂法度'의 뜻으로 쓰기도 함. 따라
서 예악문장은 문물제도, 사회생활이라고 할 수 있음.

195) 華夏 : 예로부터 중국사람들이 자기 나라를 빛나고(華) 크다(夏)고 일컬어 오던 이름.

196) 方言之語 : 중국을 중심으로 생각해서 우리 국어를 이렇게 표현한 것임. '세종어제서문'
에는 國之語音, 종성해에서는 諺語・諺, 합자해에서는 諺語・國語 등 여러 가지로 쓰이
었음.

197) 始作吏讀 : 여기서는 설총이 이두를 처음 만들었다고 명기하고 있으나, 이두 자료가
설총 이전부터 존재하고 있으므로 설총이 이두를 창제한 것이 아니고 체계화한 것으로 보
아야 할 것임.

然皆假字而用. 或澁或窒. 非但鄙陋無稽而已. 至於言語之間. 則不
能達其萬一焉.

천지 자연의 소리(聲)가 있으면 반드시 천지 자연의 글이 있다(즉 천지
자연의 소리를 표기할 글자와 글이 있다). 그래서 옛사람이 그 소리를 바탕
으로 하여 글자를 만들어 가지고 만물의 정을 통하게 하고, 삼재(三才,
天·地·人)의 도리를 책에 싣게 하니, 후세 사람이 선인이 만든 글자를
함부로 바꿀 수 없었다. 그러나 사방의 풍토가 다르고, 사람의 성기(聲
氣)도 이에 따라 다르다. 대개 (중국 이외의) 외국어는 중국어와 다른 그
말의 음이 있으나, 그 음을 기록할 글자가 없어서 중국의 글자를 빌려
가지고 그 쓰임에 통용하고 있으나, 이것은 마치 둥근 구멍에 모난 자루
를 낀 것과 같이 서로 어긋나는 일이어서 어찌 능히 통달해서 막힘이
없겠는가! 그러므로 요는 각각 그 처해 있는 바를 따라 편의케 할 것이
요, 억지로 똑같게 할 것이 아니다.

우리 동방은 예악, 문장 등 문물제도가 중국과 견줄 만하나 방언, 이
어(즉 우리말과 사투리)가 중국과 같지 않다. 그래서 (한문으로 씌어 있는)
글의 뜻을 일반 백성은 깨우치기 어려움을 걱정으로 여기고, 옥사를 다
스리는 이는 그 곡절의 통하기 어려움을 괴롭게 여기고 있다.

옛날에 신라의 설총이 이두를 처음 만들어서 오늘에 이르기까지 관청
이나 민간에서 이를 사용하고 있으나, 이것은 모두 한자를 빌려 쓰는 것
이어서 혹은 꺽꺽하고 혹은 막히어서, 몹시 속되고 근거가 일정하지 않
을 뿐만 아니라 (일상) 언어를 적는 데에 이르러서는 그 만분의 일도 통
달치 못하는 것이다.

癸亥冬.[198) 我殿下[199) 創制正音二十八字. 略揭例義[200)以示之.

---

198) 癸亥冬 : 세종 25년 12월을 말함.
199) 我殿下 : 전하는 우리나라 왕을 가리킴. 여기서는 세종대왕. 중국은 황제, 천자라 하고,
    陛下라고 했음.

名曰訓民正音[201]. 象形而字倣古篆[202] 因聲而音叶七調.[203] 三極之義.[204] 二氣[205]之妙. 莫不該括. 以二十八字而轉換無窮. 簡而要. 精而通. 故智者不終朝而會. 愚者可浹旬而學. 以是解書. 可以知其義. 以是聽訟. 可以得其情. 字韻則淸濁[206]之能辨. 樂歌則律呂[207]之克諧. 無所用而不備. 無所往而不達. 雖風聲鶴唳. 鷄鳴狗吠. 皆可得而書矣.[208] 遂命詳加解釋.[209] 以喩諸人. 於是. 臣[210]與集賢殿[211]應敎臣崔恒.[212] 副敎理臣朴彭年.[213] 臣申叔舟.[214] 修撰臣成三問.[215]

---

200) 略揭例義 : 문맥으로 보아 '例'는 규범, '義'는 원리로 볼 수 있으며, 『魏書』張吾貴傳에는 '義例'를 서적의 '主義體例'의 뜻으로 쓰고 있음.

201) 訓民正音 : 여기서는 '訓民正音'을 문자의 명칭으로 쓰고 있음.

202) 象形而字倣古篆 : 이 구절은 제자해에서 명백히 밝힌 대로, 상형을 해서 새 글자를 만들었는데, 새 글자의 모양이 옛날 전자와 비슷하게 되었다는 뜻임. 즉 제자 때 초성자는 발음기관을, 중성자는 천지인삼재를 상형하여 제자하였으나 자형은 고전자와 비슷하다는 뜻으로 보아야 될 것임. 고전은 한자 글자 모양의 한 가지임.

203) 七調 : 음악의 칠음. 곧 궁·상·각·치·우와 반상, 반치. 『예기』권37 악기조에 '凡音之起由人心生也 … 故形於聲'이라 있고, 주에 '正義曰 言聲者 是宮商角徵羽也'라고 있음. 따라서 因聲而音叶七調란, 소리의 원리를 바탕으로 해서 훈민정음을 만들었으므로 음악의 7음과도 잘 들어맞는다는 뜻임.

204) 三極之義 : 천지인삼재를 말함. 『역경계사』상에는 '六爻之動 三極之道也'라 있고, 周易今註今譯(臺北商務印書館, 1976)에서는 '三極, 卽三才, 天地人謂之三才, 一卦有六爻'라고 있음.

205) 二氣 : 음과 양. '태극도설'에 '二氣交感 化生萬物'이라고 있음.

206) 淸濁 : 한자음의 청(전청과 차청), 탁(전탁과 불청불탁)을 말하는 것임.

207) 律呂 : 六律(陽律)과 六呂(陰呂)로 된 음악의 곡조를 말함.

208) 皆可得而書 : '風聲鶴唳'와 '鷄鳴狗吠'는 중국의 여러 문헌에 나오는 관용구인데 정초의 '칠음략 서'에도 '以三十六爲之母 重輕淸濁不失其倫 天地萬物之音備於此矣 雖鶴唳風聲 鷄鳴狗吠 雷霆驚天 蚊虻過耳 皆可譯也 況於人言乎'라고 있어서, 정인지가 서문을 쓸 때 '칠음략 서문'을 참고한 것으로 보임.

209) 詳加解釋 : 이 글의 문맥으로 보아서는 예의편을 세종이, 해례 편찬자들은 제자해 이하를 집필한 것처럼 되어 있음.

210) 臣 : 여기서는 정인지 자신을 가리킴.

211) 集賢殿 : 고려시대에도 있었으나 조선시대에는 1420년(세종 2)에 궁중에 설치되어 1456년(세조 2)까지 존속되었던 학술 연구 기관. 겸직으로 領殿事(정일품), 大提學(정이품), 提學(종이품) 각 2명을 두고, 전임 학사로 副提學(정삼품), 直提學(종삼품), 直殿(정사품), 應敎(종사품), 校理(정오품), 副校理(종오품), 修撰(정육품), 副修撰(종육품), 博士(정칠품), 著作郎(정팔품), 正字(정구품) 등을 두었으며, 전임 학사 정원은 10명이었다가 1436년(세종 18)부터는 20명이었다.

敦寧府216) 注簿217) 臣姜希顔218) 行219) 集賢殿副修撰臣李塏.220) 臣

---

212) 崔恒 : 1409년(태종 9)~1474년(성종 5). 조선 세종 때부터 성종 때까지 활약한 문신·학자. 자는 貞父, 호는 幢梁 또는 太虛亭. 시호는 文靖, 본관은 朔寧, 贈領議政 士柔의 아들. 1434년(세종 16) 謁聖試에 장원급제. 집현전 학사로서 1444년에는 『고금운회거요』 언역에 참여하였고 1446년에는 『훈민정음』 편찬에 참여하였다. 1447년에는 『동국정운』 편찬에 참여하였으며, 『용비어천가』 주해에도 참여하였다.
세조 때에는 『소학』·『주역』·『예기』의 구결을 정하였으며, 우의정·좌의정·영의정을 지내고 여러 공로로 세조 때에는 寧城君과 성종 때에는 府院君에 봉해진 뒤 1474년에 졸하였다. 위에서 열거한 책 이외에도 『경국대전』 등 편찬에 참여한 서적이 상당히 많다.

213) 朴彭年 : 1417년(태종 17)~1456년(세조 2). 조선 세종 때부터 세조 초까지 생존한 문신·학자. 자는 仁叟, 호는 醉琴軒, 시호는 忠正, 본관은 順天, 閑碩堂 仲休의 아들. 1434년(세종 16) 문과에 급제. 집현전 학사로서 1444년에 『고금운회거요』 언역 사업에 참여하였으며 1446년에 『훈민정음』 편찬에 참여하고, 1447년에 『동국정운』 편찬과 『용비어천가』 주해 사업에 참여하였다. 단종 때 충청도 관찰사, 세조 때 형조참판을 지냈으나, 세조 초에 단종 복위 운동에 가담하여 잡혀 죽었음. 사육신의 한 사람.

214) 申叔舟 : 1417년(태종 17)~1475년(성종 6). 조선 세종 때부터 성종 때까지 활약한 문신·학자. 특히 중국어학에 뛰어났음. 자는 泛翁. 호는 保閒齋, 또는 希賢堂. 본관은 高靈, 공조참판 橧의 아들.
1439년(세종 21) 문과 급제. 집현전 학사로서 1444년에 『고금운회거요』 언역 사업에 참여하였으며, 1446년에 『훈민정음』 편찬 사업에 참여하고, 1447년에 『동국정운』 편찬과 『용비어천가』 주해 사업에 참여하였다. 중국자음 조사차 중국을 왕래하면서 1455년까지 진행된 『홍무정운역훈』 편찬 사업의 중추적 구실을 하였다. 이밖에도 『경국대전』, 『동국통감』 등 여러 서적의 편찬에 관여하였다. 세조 이후에는 문신으로서의 활동이 더 커서, 高靈君에 봉해지고 1457년(세조 3)에 우의정, 1459년(세조 5)에 좌의정, 1460년(세조 6)에는 강원도·함경도 도체찰사가 되어 야인(여진)을 정벌했다. 1462년(세조 8)에 영의정을 지냈고, 성종 때에도 영의정을 지냈다.

215) 成三問 : 1418년(태종 18)~1456년(세조 2). 세종 때부터 세조 초까지 활약한 문신·학자. 자는 謹甫·訥翁, 호는 梅竹軒, 시호는 忠文, 본관은 昌寧, 成勝의 아들. 1438년(세종 20) 문과 급제. 집현전 학사로서 1446년에 『훈민정음』 편찬 사업에 참여하였으며, 1447년에 『동국정운』 편찬과 『용비어천가』 주해 사업에 참여하였고, 1455년에 완성된 『홍무정운역훈』 편찬 사업에도 참여하는 등, 세종 시대 음운학 관계 사업에 신숙주와 함께 중심 인물로 활동하였다. 또 한어 교과서인 『직해동자습역훈평화』를 편찬하는 데 관여하였다. 세조 초에는 단종 복위 운동에 가담하여 사육신의 하나로 희생되었음.

216) 敦寧府 : 조선시대에 왕실의 가까운 친척 사이의 친선을 도모하기 위한 사무를 처리하던 관청으로 일종의 왕실 왕족청임.

217) 注簿 : 종6품짜리 조선시대 관직명.

218) 姜希顔 : 1419년(세종 1)~1463년(세조 9). 세종 때부터 세조 때까지 활동한 문신. 자는 景愚. 호는 仁齋. 본관은 晋州. 碩德의 아들. 詩·書·畵에 능하였음. 1441년(세종 23) 문과 급제. 1446년에는 돈령부 주부로서 『훈민정음』 편찬에 참여하였고, 후에 집현전 직제학, 인수부윤을 지냈음.

219) 行 : 품계가 보직받은 자리보다 높을 때 그 보직 이름 위에 '行'을 붙이고, 그 반대의

李善老[221] 等. 謹作諸解及例. 以敍其梗槩. 庶[222] 使觀者不師而自悟. 若其淵源精義之妙. 則非臣等之所能發揮也.

(이래서) 계해년 겨울에 우리 전하께서 정음 28자를 창제하고, 간략하게 예의를 들어 보이시고 이름을 훈민정음이라고 지으셨다. 이 글자는 상형해서 만들되 글자 모양은 중국의 고전을 본떴고, 소리의 원리를 바탕으로 하였으므로 음은 (음악의) 칠조(七調)에 맞고, 삼재의 뜻과 이기(二氣, 陰陽)의 묘가 다 포함되지 않은 것이 없다.

이 스물여덟 글자를 가지고도 전환이 무궁하여 (얼마라도 응용해서 쓸 수 있고) 간단하고도 요긴하고 정하고도 통하는 까닭에, 슬기로운 사람은 하루 아침을 마치기도 전에 깨우치고, 어리석은 이라도 열흘이면 배울 수 있다. 이 글자로써 (한문으로 된) 글을 풀면 그 뜻을 알 수 있고, 이 글자로써 송사를 심리하더라도 그 실정을 알 수 있게 되었다.

한자음은 청탁을 능히 구별할 수 있고, 악가는 율려가 고르게 되며, 쓰는 데 갖추어지지 않은 바가 없고, 가서 통달되지 않는 바가 없으며, 바람 소리, 학의 울음, 닭의 홰치며 우는 소리, 개 짖는 소리일지라도 모두 이 글자를 가지고 적을 수가 있다.

드디어 (세종께서) 저희들에게 자세히 이 글자에 대한 해석을 해서 여러 사람들을 가르치라고 명령하시매, 이에 신이 집현전 응교 최항, 부교리 박팽년, 신숙주, 수찬 성삼문, 돈령부 주부 강희안, 행 집현전 부수찬

경우에는 '守'를 붙이었음.

220) 李塏 : 1456년(세조 2)에 희생된 사육신의 한 사람. 자는 淸甫·伯高. 호는 白玉軒. 시호는 義烈. 본관은 韓山. 李穡의 증손. 시문에 뛰어났음. 1436년(세종 18)에 문과에 급제. 집현전 학사로서 1444년에 『고금운회거요』 언역 사업과 1446년 『훈민정음』 편찬에 참여하였고, 1447년에 『동국정운』 편찬과 『용비어천가』 주해 사업에 참여하였으며 후에 직제학을 지냈음.

221) 李善老 : 본관은 江興. 光後의 아들. 후에 이름을 賢老로 고치고 1453년(단종 1)에 졸함. 1438년(세종 20) 문과에 급제하고 집현전 학사로서 1444년 『고금운회거요』 언역에 참여하고, 1446년에는 『훈민정음』 편찬에 참여하였으며, 1447년에는 『동국정운』 편찬과 『용비어천가』 주해 편찬에 참여하였음. 뒤에 공조정랑을 지냈음.

222) 庶 : 바랄 서.

이개, 이선로 등과 더불어 삼가 여러 해와 예를 지어서 이 글자에 대한 경개를 서술하고, 보는 사람으로 하여금 스승이 없어도 스스로 깨우치도록 바랐사오나, 그 깊은 연원(근원)이나 자세하고 묘한 깊은 이치에 대해서는 신 등이 능히 펴 나타낼 수 있는 바가 아니다.

恭惟我殿下. 天縱之聖[223] 制度施爲[224]超越百王. 正音之作. 無所祖述. 而成於自然. 豈[225]以其至理之無所不在. 而非人爲之私[226]也. 夫東方有國. 不爲不久. 而開物成務[227]之大智. 盖有待於今日也歟.

正統十一年九月上澣[228]. 資憲大夫禮曹判書集賢殿大提學知春秋館事世子右賓客[229] 臣鄭麟趾[230] 拜手稽首謹書.

---

223) 天縱之聖 : 태어날 때부터 훌륭한, 하늘이 내신 성인.

224) 制度施爲 : 시정업적, 시책.

225) 豈 : 여기서는 '저, 참으로'와 같은 發語詞로 봄이 좋을 듯함.

226) 人爲之私 : 이 말은 『성리대전』 권8 「황극경세서」 제1 '正聲正音圖'의 주에 나오는 글의 뜻을 이은 것으로 보임. 주에는 '噫 聲音之生也久矣 其必待人而後正者耶 人能正而復有待者耶 知其說者 從天地之道而不爲私焉 始可與言聲音者矣(아! 성음이 생긴 지 오래되었다. 꼭 사람을 기다려서야 처음으로 바르게 되는 것인가! 사람이 바로잡은 뒤에도 또 사람을 기다려야 하는가! 그 설을 아는 사람은 천지의 도를 따라서 사사로이 굴지 않을 때 비로소 함께 성음에 대하여 말할 수 있을 것이다)'라고 있음.

227) 開物成務 : '開物'은 중성해의 결에도 나옴. 開物成務는 『역경계사』 상(제십일장)에 나오는 말로서 '子曰夫易何爲者也 夫易開物成務 冒天下之道 如斯而已者也'라고 있고, 주역금주금역(대북상무인서관, 1977)에서는 이를 설명하기를 '易學究竟有什麽用處呢? 乃是用以開發萬物, 成就衆務 覆冒天下的一切道理無所不包 如此而已(역학은 결국 어떤 쓸모가 있는가? 곧 역학으로 만물을 개발하고, 모든 일을 이루어서 천하의 모든 도리를 포괄하되, 포괄되지 않는 바가 없도록 할 따름이다)'라고 하였으며, 開物成務에 대하여 周易本義의 주에서는 '開物成務, 謂使人卜筮 以知吉凶而成事業(사람으로 하여금 복서를 가지고 써 길흉을 알고 그것에 따라 일을 이루게 함을 말한다)'이라고 하였음.

228) 正統十一年九月上澣 : 정통은 명 제5대 영종 때의 연호. 11년은 세종 28년, 상한은 상순. 이 해례본의 정인지 서문에 의하여 '훈민정음해례본'의 편찬이 9월 상순에 완료된 것이 확인되어, 이 날을 양력으로 환산하여 10월 9일을 '한글날'로 기념하고 있고, 또 이날을 신문자 '훈민정음'의 반포일로 보는 견해도 있음.

229) 右賓客 : 1392년(조선 태조 1)에 설치한 세자시강원에서 세자에게 經史와 도의를 가르치던 관직. 정2품의 품계를 가진 좌·우 각 1명의 빈객이 있었고 타관이 겸임할 수도 있음.

공손히 생각하옵건대 우리 전하께서는 하늘이 내신 성인으로서 지으신 법도와 베푸신 시정 업적이 백왕을 초월하여, 정음을 지으심도 어떤 선인의 설을 이어 받으심이 없이 자연으로 이룩하신 것이라, 참으로 그 지극한 원리가 있지 아니한 바가 없으며, 인위(人爲)의 사사로움, 즉 어떤 개인의 사적인 조작으로 이루어진 것이 아니다. 대저 동방에 나라가 있음이 오래되지 않음이 아니나, 개물 성무의 큰 지혜는 대개 오늘을 (즉 세종이 나타나실 때까지를) 기다리고 있었음인저!

정통 11년(세종 28) 9월 상한, 자헌대부 예조판서 집현전 대제학 지춘추관사 세자 우빈객 정인지는 두 손 모아 머리 숙이고 삼가 씀.

---

230) 鄭麟趾 : 1396년(태조 5)~1478년(성종 9). 세종 때부터 성종 때까지 활동한 문신 · 학자. 자는 伯睢(휴), 호는 學易齋, 시호는 文成, 본관은 河東, 興仁의 아들, 1414년(태종 14) 문과 급제, 사헌부 감찰, 예조좌랑을 지내고, 집현전 학사로서 집현전 관계 여러 사업에 관여하였고, 여러 판서를 거치는 동안 예조판서 때인 1446년에는 겸직인 집현전 대제학으로서 훈민정음 편찬에 참여하였다. 세조 때에는 공신의 호와 하동부원군의 봉군을 받았으며 영의정이 되고 성종 때에도 공신이 되었다. 『고려사』, 『치평요람』 등 여러 서적의 편찬 사업에 참여하였음.

4. 世宗御製訓民正音

世·솅231)宗종御·엉232)製·졩訓·훈民민正·정音흠233)

製·졩 ·ᄂᆞᆫ234) ·글 字·쏭·를 ·밍·ᄀᆞᆯ ·씨·니235) 御·엉製·졩 ·ᄂᆞᆫ :님·금236) :지스·샨237) ·그리

---

231) 『훈민정음언해』의 한자음이 이른바 동국정운식 한자음 표기임을 근거로 언해본의 편찬 연대가 『동국정운』의 편찬 연대인 1447년 이후일 것으로 추정하기도 한다. 동국정운식 한 자음은 '솅, 엉, 졩' 등처럼 모음으로 끝난 음절의 끝에 'ㅇ'를 덧붙이거나, 'ㆆ, ㅎ'을 초성 에 쓰는 등 당시의 현실 한자음과는 거리가 있었다. 이러한 표기 방식은 모든 자음은 초· 중·종성이 갖추어져 있어야 된다고 생각한 데서 나온 것이다. 그러나 실지로 '世솅'라는 자음을 분석해 보면 '솅/sjəj/'는 성모 s, 介母 j, 主母音 ə, 韻尾(종성) j로 분석되어, 이 미 하나의 완전한 음절을 이루고 있어서 더 보탤 것이 없는데도 j운미를 종성으로 인정하 지 않고 중성에 포함시켰으므로, 다시 'ㅇ'자를 보탠 것이다.
232) 중세국어에서도 현대국어와 마찬가지로 語頭에 'ㅇ[ŋ]'음이 올 수 없는 것이었으나, 동 국정운식 한자음에서는 어두자음의 하나로 'ㅇ[ŋ]'을 인정하고 있었다(23字母로는 業母). 당시 중국본토 북방자음에서도 어두에서는 'ㅇ[ŋ]'음이 소실되어 있었으므로 어두에 'ㅇ'음 을 설정한 것은 中古漢語의 음을 염두에 둔, 복고적인 理想音이다.
233) 'ㆆ字의 음가는 성문폐쇄음인 [ʔ]로서 중국 36자모에서는 이를 하나의 어두자음으로 인정하고 影母로 표시하고 있었으나, 중세국어에서는 독립된 어두자음으로 쓰인 일이 없 고, 동국정운식 한자음에서만 하나의 어두자음으로 인정하고 있었다.
234) 주제격 후치사의 하나로 모음조화에 따라 자음 뒤에서는 'ㆍ은/은', 모음 뒤에서는 'ᄂᆞᆫ/는' 이 쓰였다.
235) 협주(夾註)는 상당히 정밀한 체계 속에서 이루어진 것으로 보인다. 대상의 품사적 성 격이나 언해문에서의 쓰임에 따라 풀이의 방식이 다르기 때문이다. 따라서 우리는 이를 근거로 그 뜻풀이 대상의 품사를 추정할 수가 있는데, 이곳처럼 '-ㄹ 씨(니, 라)'의 형태로 뜻풀이가 된 것은 그 품사가 용언이었다.
   漢文에 주석을 달 때의 유형은 다음과 같다.
   ① 체언 A는 B이라
   ② 용언 A는 B홀씨라
   ③ 부사 A는 B ᄒᆞᆫ 뜨디라
   ④ 조사 A는 입겨지라/ ~하는 겨체 쓰는 字ㅣ라
      짓-(作) + ----(媒介母音) + -ㄹ(不定時制) + ᄉ(不完全名詞) + 이(主格助詞) + -니(語尾).
      'ᄉ'는 'ㄹ' 아래에서만 '씨'(ᄉ의 주격형 ᄉ이 > 시 > 씨)로 된다. '-ㄹ'은 관형형 어미의 하 나이다.
236) 중세국어에서는 어두에서도 'n + i, j'의 결합이 자유로웠다. 현대어는 불가능하다.
237) '짓 + ᄋᆞ시 + 오 + ㄴ'. '-샤-'의 설명을 위해 때로 의도법 선어말어미를 '-아-'로 설 정하기도 하는데, 선어말어미의 이형태를 설정하는 것보다는 '-(으)시-'가 '-오/우-'와 결합할 때 특이한 음운형을 가진다고 하는 것이 더 합리적일 것이다. 동명사형 어미 앞에

·라238) 訓·훈은 ㄱᄅᆞ·칠 ·씨·오239) 民민·은 百·빅姓:셩·이·오 音흠은 소·라·니

訓·훈民민正·졍音흠은 百·빅姓·셩 ㄱᄅᆞ·치시·논240) 正·졍ᄒᆞᆫ 소·리·라

國·귁之징語:엉音흠·이241)

國·귁·은 나·라히·라242) 之징·는 ·입·겨지·라243) 語:엉·는 :말·ᄊᆞ미·라

의도법어미가 쓰이면 이는 일반적으로 의미적으로 수식을 받는 명사가 용언의 목적어 기능을 하는 경우이고, 의도법 어미가 쓰이지 않으면 피수식 명사가 앞 용언의 의미적 주어 기능을 한다. 여기서 '글'은 의미적으로 '짓-'의 목적어 기능을 하기 때문에 의도법 어미가 쓰였다. 어말에 'ㅿ'을 가진 용언들은 현대어에서 'ㅅ불규칙' 용언이 되었다.

〈존경법의 어미 '-(ᄋᆞ/으)샤〉
-(ᄋᆞ/으)시- + -아-/-오-→-(ᄋᆞ/으)샤 海東之龍이 ᄂᆞ르샤(용가 1)
-(ᄋᆞ/으)시- + -오ᄃᆡ/우ᄃᆡ→-샤ᄃᆡ 目蓮이 드려 니ᄅᆞ샤ᄃᆡ(석상六, 1)
-(ᄋᆞ/으)시- + -옴/움→-샴 가샴겨샤매 오놀다르리잇가(용가 26)

238) '글 + 이라'. 중세국어 표기법의 원칙은 각 음소를 충실히 표기하되 음절단위로 하였다. 이것을 소위 連綴이라고 한다. 현대 정서법은 형태음소적 원리를 채택하고 있다.

239) 연결어미 '-고'는 'ㄹ, ㅿ, 반모음 j' 아래서 'ㄱ'이 탈락하는 것이 일반적이었으나, 특수한 경우로 서술격조사 '이-' 아래서도 탈락하였다. 이러한 점을 고려하여 서술격조사의 음운형을 반모음 /j/를 포함한 /ij/로 보기도 한다.

240) 'ㄱᄅᆞ치 + 시 + ᄂᆞ(현재시상의 선어말어미) + 오(의도법) + ㄴ'. 'ᄂᆞ + 오'에서 ·가 탈락되어 '노'로 되었다. 'ㄱᄅᆞ치-'는 현대어의 '가르치-'(敎)와 '가리키-'(指)의 두 가지 뜻을 모두 가지고 있었는데, 여기서는 전자의 뜻으로 쓰였다.

〈중세국어 시상법선어말어미〉
과거 -∅-, -더- (-러-)
현재 -ᄂᆞ-
미래 -리-

241) 주격곡용어미. 명사어간의 말음이 자음일 경우.
　사름 아래 이
　모음 아래 ㅣ 혀 + , 소리 + zreo(리에 ㅣ母音 있음 성조변화 있음)
　자음과 연철하여 '말쏨 + ㅣ → 말ᄊᆞ미'처럼 되고, 모음 아래에서는 한자어나 고유어나 다 같이 모음과 결합하여 중모음을 형성한다.
　공ᄌᆞ(孔子)ㅣ → 공직, 소ㅣ → 쇠(牛)

242) '나라 + ㅎ + 이 + 라'.
15세기 중세국어에서 'ㅎ' 종성체언은 약 80 개 정도이었으며, 곡용 때 'ㅎ'이 안 나타나기도 한다. 이는 繫辭이다. 체언 말음이 자음이면 '이-', 모음 '이(i)'나 'ㅣ[j]'면 '∅', 그 밖의 모음이면 'ㅣ'로 나타난다.

先語末語尾	-거-	→	-어-	天子ㅣ어시니
語末語尾	-게	→	-에	萬年이에홀디니
語末語尾	-고	→	-오	百姓이오
先語末語尾	-더-	→	-러-	차반이러니
先語末語尾	-도-	→	-로-	時節이로다
語末語尾	-다	→	-라	法이라

243) '입겿'은 말을 고르거나 연결할 때 쓰는 어조사를 말하는데, 때로 '입겿'이란 형태가

나·랏 :말쏘·미244)

異·잉乎뽕中듕國·귁·ᄒ·야245)

異·잉·ᄂ 다를 ·씨·라 乎뽕·ᄂ :아·모그에246) ·ᄒ논247) ·겨체248) ·ᄡᄂ249)
字 ·ᄍ ㅣ·라 中듕國·귁·은 皇뽕帝·뎅 :겨신250) 나·라히·니 ·우·리나·랏 常썅

보이기도 한다(예; 哉ᄂ 입겨체 ᄡᄂ 字 ㅣ 라〈月曲序 9)) 그러나 '입겿'은 항상 처격 조
사 '에'와 결합될 때만 쓰였기 때문에, 이것이 '입겿'과 똑같은 것인지는 확실치 않다. 협
주에 있어서 좀더 상세한 설명이 필요 없는 어조사는 '입겨자라'로 제시되지만, 설명이
필요한 어조사는 '-ᄒ논 겨체 ᄡᄂ 字 ㅣ 라'란 형식으로 그 쓰임을 나타내고 있음도 주
목할 만하다.

244) '나라ᄒ + ㅅ + 말씀 + 이'. 현대국어에서 'ㅅ(사이시옷)'은 복합어에나 출현하지만, 15
세기에는 속격조사의 한 가지로 쓰였다(관형격으로 보기도 한다). 당시의 속격조사로는
'의/ᄋᆡ/ㅅ'등이 있었는데, '의/ᄋᆡ'는 유정물의 평칭, 'ㅅ'은 유정물의 존칭이나 무정물에 쓰
였다. '말씀'은 현대어에서 존칭 명사로 쓰이는 것과는 달리 중세국어에서는 '말'과 똑같이
평칭 명사로 쓰였다. 중세국어에서의 '말씀'은 구체적인 발화를 뜻하고, '말'은 '말씀'을 포
함하면서 나아가 일반적인 언어까지 뜻하는 데서 구별되었던 듯하다. 경우에 따라서는 '말
씀'을 어떤 특정 집단의 언어(langue), '말'을 어떤 개인 언어로 보기도 한다. 따라서 본문
에서 '나랏말씀'이라 한 것은 구체적인 음성 표현을 지칭하는 의미가 있다고 하겠다.

〈屬格語尾〉
• ㅅ : 유정물의 존칭과 무정물의 속격 표시.   世尊ㅅ神力, 엄ㅅ소리 → 엄쏘리
• ᄋᆡ/의 : 유정물의 평칭으로 속격 표시.   象의香
cf. 무정물에 쓰이면 처격.
但 시간명사, 장소명사, 특수어간 교체명사에 限한다. 바믜, 우희, 남긔.

245) 'ᄒ다'만 예외적으로 'ᄒ요, ᄒ야'로 활용한다.

246) '아모 + 그에'. '아모'는 부정칭의 대명사이다. cf. 아못것도 至極흔거시 精이라〈月釋
序, 19a). '-그에'는 후치사로서 흔히 속격 조사 'ᄋᆡ, 의, ㅅ'과 결합되어 'ᄋᆡ그에, 의그에'
(평칭의 여격표시. 게, 그에, 거긔, 손ᄃᆡ도 同), 'ㅅ그에', 王ㅅ그에(속격 'ㅅ'과 결합되면
존칭의 여격표시)로 쓰였는데, 이들은 후에 '에게, 께'로 변하였다.

247) 'ᄒᄂ-(現在相) + -ㅗ- + -ㄴ'에서 '·'가 생략되어 'ᄒ논'이 되었다.

248) '겿 + 에'.
處格語尾에는 다음과 같은 것이 있었다.
양모음어간 뒤 -애 ᄯᅡ해(地) -ᄋᆡ 나진 도ᄃᆞ니
음모음어간 뒤 -에 누네(眼) -의 山미틔 軍馬두시고
i나 j 어간 뒤 -예 서리예(間)

249) 'ᄡᅳ-'는 이른바 ㅂ계 어두자음군을 가진 용언으로 현대어에는 '몹쓸 것' 등에 화석화되
어 남아 있다. 이 'ᄡᅳ-'는 '用(동사), 苦(형용사)' 등의 뜻으로 '쓰-(書)'와 구별되었다. 중
세국어에서는 ㅂ계, ㅄ계, ㅅ계 어두자음군이 쓰였는데 이들에서 ㅂ계는 ㅂ과 후행 자음,
ㅄ계는 ㅂ과 된소리의 합음으로 발음되었으며, ㅅ계는 된소리로 발음되었던 것으로 보는
것이 일반적이다.

250) '겨시-'는 '잇-'의 존칭어이다. 역사적으로는 사어화된 동사 어간 '겨-'에 '-시-'가 결
합하여 형성된 동사로 판단된다. 이두에서 '在'가 '견'으로 읽히며, 근대국어에서 '겨오서'란

談땀 ·애 江강南남·이·라 ·ᄒᆞ·ᄂᆞ니·라251)

中듕國·귁·에252) 달·아253)

與:영文문字·쫑·로254) 不·붏相샹流륭255)通통홀·씨256)

　與:영·는 ·이·와 ·더257)·와 ·ᄒᆞ는 ·겨체 ·쓰는 字·쫑ㅣ·라 文문·은 ·글·와리
·라258) 不·붏259)·은 아·니 ·ᄒᆞ논 ·ᄠᅳ디·라260) 相샹·ᄋᆞᆫ 서르 ·ᄒᆞ논 ·ᄠᅳ디·라

후치사가 쓰인 것이 참고가 된다. '거시-'가 '계시-'가 된 것은 움라우트에 의한 것이다.
251) 'ᄒᆞ-＋-ᄂᆞ-＋-니-＋라'. '-니-'는 어떤 동작이나 상태를 객관적으로 확인한다.
'-라'는 평서법어미 -다
　선어말어미 -오-, -과-, -더-, -리-, -니-, 계사＋-다→라
　※ -리- 와 -니-
　　-ㄹ(동명사어미)＋ㅣ(계사)
　　-ㄴ(동명사어미)＋ㅣ(계사)
　　ᄒᆞᄂᆞ-＋-ㄴㅣ(계사) 라
252) 여기의 형태는 처격이지만 기능은 공동격형인 '과/와' 처럼 쓰였다. '-에'는 기준을 뜻
하는 부사격조사이다.
253) '다ᄅᆞ-(異)'의 활용형이다. '다ᄅᆞ-＋-아'. '다ᄅᆞ-'는 연결 어미 '-아'나 의도법 어미
'-오-' 등과 결합할 때 어간형이 '달-'로 변화하였다. (예) 다ᄅᆞ거늘, 다ᄅᆞ샤, 달아, 달옴,
달오미. '다ᄅᆞ-'와 '달ㅇ-'로 교체된다. 이러한 유형의 용언으로 '니ᄅᆞ-(謂), 고ᄅᆞ-(均),
오ᄅᆞ-(上), 게으르-(怠), 그르-(誤), 기르-(養), 두르-(圍), 바ᄅᆞ-(直)' 등이 있다. 또
한 '다ᄅᆞ-'는 현대어와는 달리 조사 '에'를 지배하였다.
　•'ㅇ'은 소극적 기능일 때 어두음이 모음임을 표시하거나 '아', '어' 등 어중 음절 경계를
표시한다. 아이 등.
　•적극적 기능일 때 *ㄱ[g]＞[ɣ]＞[ɦ]로 변화한 것을 표기하여 15세기 중세국어에서는 [ɦ]의
단계임을 나타낸다. 「달아」에서 'ㄹ＋ㅇ'의 표기는 [l]＋[ɦ]를 나타낸 것이다. 적극적 기
능을 가졌던 'ㅇ'의 消失은 'ㅿ＋ㅇ'의 연결에서 먼저 소실되었다. '앗은＞아ᅀᆞᆫ'('ㅇ'의 음
이 zero化하여 'ㅿ'음이 연철할 수 있었다).
　•'ㄹ'의 두 종류 : 현대 국어와 마찬가지로 15세기 중세국어에도 'ㄹ'은 [l]과 [ɾ]로 실현되어
이것을 훈민정음 종성해에서는 半舌重音 'ㄹ[l]', 半舌輕音 'ᄛ[ɾ]'으로 나누어 설명했다.
254) 造格. 양모음 아래에서 '-ᄋᆞ로', 음모음 아래에서 '-으로', 모음이나 'ㄹ'아래에서 '-
로'로 나타난다.
255) 'ㅱ'는 韻尾音([w])을 기록하려고 한 것이다.
256) 動名詞. 원인표시(-므로, -는 까닭에). '-ㄹ＋ㅅ→-ㄹ씨', '-ㄹㅅ(ᄊ)이'는 평서
문에, '-ㄴ＋ᄃᆞ→관ᄃᆡ'는 의문문에 쓰였다.
257) 17세기 이후 구개음화현상이 일어나 '뎌＞져＞저'가 되었다.
258) '글왈'〈용가 26〉은 '글발'에서 변한 형인데, 釋譜序에는 '글왈'〈釋譜 序 : 4a〉이 쓰였지
만, 月釋序에는 '글월'〈月釋 序 : 11b〉이 쓰이고 있음으로 보아 '글발＞글왈＞글월'의 변
화를 겪은 것으로 판단된다. 또한 '글왈'은 '글과 거의 같이 쓰이지만, '글과는 달리 단순히
말을 적는 표기 수단으로서의 의미는 가지고 있지 않았던 듯하다. '各別히 ᄒᆞᆫ 그를 밍ᄀᆞ
라〈釋譜序 : 4b〉'의 '글'에 해당하는 협주에서 '書는 글와리라'라 한 것이나, '우리나랏 마

流륭通통·은 흘·러 ᄉᄆᆞ·ᄎᆞᆯ ·씨·라261)

文문字ᄍᆞ·와·로262) 서르 ᄉᆞᄆᆺ·디263) 아·니홀·ᄊᆡ

故·공·로 愚ᅌᅮ民민·이 有:ᅙᅮᆸ所 :송欲·욕言언·ᄒᆞ야·도

故·공ᄂᆞᆫ 젼·ᄎᆞ·라264) 愚ᅌᅮᄂᆞᆫ 어·릴 ·ᄊᆡ라 有:ᅙᅮᆸᄂᆞᆫ 이실 ·씨·라265) 所·송ᄂᆞᆫ ·배
·라 欲·욕ᄋᆞᆫ ᄒᆞ·고·져 홀·씨라 言언·은 니를 ·씨라

·이런 젼·ᄎᆞ·로 어·린266) 百·ᄇᆡᆨ姓·셩·이 니르·고·져267) ·홇268)·배269)이·셔·도270)

률 正히 반ᄃᆞ기 올히 ᄡᅳᄂᆞᆫ 그릴ᄊᆡ 일후믈 正音이라 ᄒᆞᄂᆞ니라〈釋譜序, 5b〉 등이 참고가
된다.

259) 소위 「以影補來」式 入聲末音表記. 'ㄹ + ㆆ' 방식을 취하여 입성의 'ㄷ'음이 'ㄹ'로
변화한 것을, 'ㆆ'음을 보충하여 'ㄷ'음에 가깝게 나타내 보이려고 한 것이다.

260) 협주에서 부사는 일반적으로 '(해당부사) - ᄒᆞᄂᆞᆫ 뜨디라'나 '(해당부사) - ᄒᆞᄂᆞᆫ 마리라'의
형식으로 제시되어 있는데, 이때 협주에 제시된 부사는 언해문에 그대로 사용되고 있다.
때로 '- ᄒᆞᄃᆞᆺᄒᆞᆫ 뜨디라'로 주석되어 있기도 한데, 이때는 언해문에 한자어가 쓰이거나 그
의미를 가진 다른 어휘가 쓰였을 때이다.

261) 'ᄉᄆᆞᄎᆞ- + -ᄋᆞ- + -ㄹ(동명사) + ·씨라(ᄉᆞㅣ라)'.
ᄉᄆᆞᄎᆞ다 = ᄉᆞᄆᆺ다, ᄉᆞᄆᆺ다 = 通, 透, 徹, 河.
ᄉᆞᄆᆺ- > 사ᄆᆺ- > 사ᄆᆾ- > 사무치-(ㅣ 모음첨가).
ᄆᆾ-(終) > 마치-, ᄀᆾ-(斷) > 그치-

262) 文字와. 이때 '文字'는 일반적인 문자를 뜻하는 것이 아니라 漢字를 말한다. 또한 '로'
는 향격 조사로서 뒤에 오는 'ᄉᆞᄆᆺ-'과 호응하는 것으로 판단된다. 곧 우리말이나 한자가
서로 상대쪽으로 '흘러 통한다'는 의미와 호응하는 것이다.
共同格 -와/과 + 造格 -로→同伴格 와. 문맥상 차이가 있으나 기능은 같다.
ᄯᅩ 내 너와로 四天王의 있는 宮殿 볼 쩨〈楞嚴 二 : 33〉

263) 'ᄉᆞᄆᆺ- + -디→ᄉᆞᄆᆺ디'. ㅅ = ㅊ. 'ᄉᆞᄆᆺ-'은 'ᄉᆞᄆᆾ-'의 이른바 8종성법에 의한 표기
인데, '洞, 徹, 透, 通, 達' 등의 뜻을 가지고 있었다.

264) 젼ᄎᆞ + ㅣ라

265) '이시- + -ㄹ + 씨라(ᄉᆞㅣ라)'. 이시다 · 잇다 · 시다 = 있다.

266) '어리-'는 나이가 적다(少)는 것과 어리석다(愚)는 뜻을 동시에 지녔었다. 그러던 것이
나이가 적다는 뜻만을 가지게 되고 '愚'의 뜻은 '어리석다'가 담당하게 되었다.

267) '니르- + -고져'. '니르-'는 현대어 '이르-(謂)'로 이어졌으나, 의미가 조금 변한 것이
다. 곧 현대어에서는 '이른바, 그렇게 일렀건만' 등에 이어질 뿐, 일반적으로는 '고자질하다'
의 뜻으로 쓰이고 있다. 여기서 말한다는 것은 생각을 글로 표현하는 것을 뜻한다.

268) 여기서 의도법 어미가 개재된 이유는 앞의 주 237 참조. 뒷 구절 '몯홇 노미 하니라'의
'몯홇'과 비교된다.

269) 'ᅙᅩᆶ + 배'. 'ᄒᆞ- + -오-(의도법) + -ㅭ(관형사형) + 바 + ㅣ(主格)'. 'ㆍ'의 탈락으로
'홇 배'로 되었다.

270) '잇-'은 '잇-, 이시-, 시-'의 세 가지 이형태가 쓰였다. '잇-'은 자음으로 시작되는
어미 앞에 쓰이고, '이시-'는 모음으로 시작되는 어미 앞이나 자음 어간 아래에서 조음소

而싱終즁不·붏得·득伸신其끵情쪙者:쟝ㅣ多당矣·읭·라

　而싱·는 ·입·겨지·라 終즁·은 ᄆᆞᆺ·ᄎᆞ미·라271) 得·득 ·은 시·를 ·씨·라272) 伸신
·은 펼 ·씨·라 其끵 ·는 :제·라 情쪙 ·은 ·ᄠᅳ디·라 者:쟝·는 ·노미·라 多당·는
할 ·씨·라273) 矣·읭·는 :말 ᄆᆞᆺ·는274) ·입·겨지·라

　ᄆᆞ·ᄎᆞᆷ:내275) 제276) ·ᄠᅳ·들 시·러277) 펴·디 :몯홇278) ·노·미 하·니·라279)

予영ㅣ爲·윙此:충憫:민然션·ᄒᆞ·야

　予영·는 ·내 ·ᄒᆞᆸ·시논280) ·ᄠᅳ·디시·니·라 此:충·는 ·이·라281) 憫:민然션·은
:어엿·비 너·기실 ·씨·라

가 삽입되는 어미의 앞에 쓰였다. '시-'는 '이시-'가 쓰일 만한 자리에 가끔 쓰였는데, 이
둘 사이의 차이는 그리 분명하지 않다.
271) 'ᄆᆞᄎᆞᆷ + ㅣ라'. 'ᄆᆞᄎᆞᆷ'은 轉成(派生)名詞. '마춈'은 동명사. ᄆᆞᄎᆞ다 = 뭇다 = 마치다.
272) '실- + ─── + -ㄹ + 씨라(ᄉᆞㅣ라)'.
273) '하- + + -ㄹ + 씨라(ᄉᆞㅣ라)'.
274) 'ᄆᆞᆺ는, 뭇는'. '뭊-'의 8종성 표기. 현대어의 '마치-'는 '뭊-'에 사동 접미사 '-이-'가
　결합된 것이다.
275) '뭊- + -옴 + -내'. '-옴'은 명사 파생접미사이고, '-내'는 '-에 이르기까지'의 뜻을
　가진 접미사이다. 이 '-내'는 용언 '나-'(經)에서 파생된 부사가 기원인 듯하다.
　〈참고〉 내종내, 끝내, 겨우내, 내내.
276) '저 + ㅣ'. 自己의. 'ㅣ'는 관형격. 속격 조사로는 일반적으로 '이, 의' 등이 쓰였으나,
　'나, 너, 저' 등은 원래의 명사에 'ㅣ'가 덧붙은 '내, 네, 제'가 속격형으로 쓰였다. 그러나
　이들 대명사가 내포절의 주어의 기능을 하는 경우에는 '내의, 네의, 저의' 등으로 쓰였다.
277) '실- + -어', '-어'는 보조적 연결어미가 접사화한 것이다. 현대에는 소실되어 쓰이지
　않는 용언 '실-'에서 파생된 부사이다. 十八法을 得ᄒᆞ시며 十神力을 쏘 시르시니〈月曲
　79〉 참고.
278) 'ᄒᆞ- + -ᇙ'. 의도법의 어미 '-오/우-'가 안 들어간 예이다.
279) 15세기에는 '하-'(多)와 'ᄒᆞ-'(爲)의 구별이 있었지만, '·'의 소실로 인해 '하-'로 통합
　되면서 전자의 뜻으로는 쓰이지 않게 되었다. 전자는 '하고 많은' 등 몇 가지에 화석화되어
　남아 있다.
280) '내(나 + ㅣ) ᄒᆞ- + -ᅀᆞᆸ-(謙讓) + -시-(尊敬) + -ᄂᆞ-(現在) + -오-(意圖) +
　-ㄴ(관형형)'. '-ᅀᆞᆸ시-'는 극존칭으로 여겨진다. 만일 겸양법과 존대법 선어말 어미를 결
　합할 경우 당연히 '-ᅀᆞᄫᆞ시-'가 되어야 하는데, 이것은 그와 달리 'ᅀᆞᆸ'과 '시'가 직접 결합
　하였다.
　• 15세기 중세국어의 경어법

	〈개재되는 요소〉		
존경법(주체존대법)	시	샤	
겸양법(주체겸양법)	슇	슝	즣
공손법(상대존대법)	이		

·내282)·이·룰 爲·윙·ᄒ·야283) :어엿·비284) 너·겨285)

新신制·졩二·ᅀᅵᆼ十·씹八·밣字·쯩·ᄒᄂ·니

新신·은 ·새·라286) 制·졩 · ᄂᆫ 밍·ᄀᆞ·ᄅᆞ실 ·씨·라287) 二·ᅀᅵᆼ十·씹八·밣·은 ·스
·믈여·들비·라

·새·로 ·스·믈여·듧 字·쯩·롤 밍·ᄀ노·니288)

겸양법		선어말어미의 개입조건
ᅀ	ᄒ 下	넣 고→넣ᅀᆞᆸ고→녀ᅀᆞᆸ고(納)
	ᄀ 下	먹 고→먹ᅀᆞᆸ고→먹ᅀᆞᆸ고(食)
	ᄇ_ 下	갑 고→갑ᅀᆞᆸ고→갑ᅀᆞᆸ고(報)
	ᄉ_ 下	깃ㄱ고→깃ᅀᆞᆸ고→깃ᅀᆞᆸ고(喜)
	ㅭ 下	슯 고→슯ᅀᆞᆸ고→슬ᅀᆞᆸ고(悲)
ᅀ	母音下	오 고→오ᅀᆞᆸ고→오ᅀᆞᆸ고(來)
	ㄴ 下	안 고→아ᅀᆞᆸ고→안ᅀᆞᆸ고(抱)
	ㅁ 下	담 고→담ᅀᆞᆸ고→답ᅀᆞᆸ고(納)
	ㄹ 下	알 고→알ᅀᆞᆸ고→아ᅀᆞᆸ고(知)
ᅙ	ㄷ 下	듣 고→듣ᅙᆞᆸ고→듣ᅙᆞᆸ고(聞)
	ㅈ 下	맞 고→맞ᅙᆞᆸ고→마ᅙᆞᆸ고(迎)
	ㅊ 下	좇 고→좇ᅙᆞᆸ고→조ᅙᆞᆸ고(從)

281) 'ㅣ라'=繫辭(詞). '새 + ㅣ라'=새 것이라.
282) 일인칭 대명사 '나'는 주격과 속격 형태의 표기가 같이 '내'였다. 다만 주격은 거성, 속격은 평성으로 각각 성조를 달리 함으로써 구별되었다.
283) 이 '爲ᄒ야'는 문맥상 그리 필요하지 않은 구절인데, 이렇게 언해가 된 이유는 직역(直譯)에 가까운 언해의 영향인 듯하다. 뒤에 나오는 '히여'도 성격이 이와 같다.
284) '어엿브ー + ー이'. '어엿 + ー비ー〉어엿브ー〉어여쁘ー, 어엿브ー + ー이(부사파생 접미사)'. '어엿비'는 '어엿브ー'의 부사형이다. '어엿브ー'는 불쌍하다(憐)는 뜻에서 예쁘다(媛)는 뜻으로 변화했다.
285) '너기ー + ー어'. '너기ー'는 '녀기ー'와 공존하였다.
286) 협주의 뜻풀이 형식으로 볼 때 '새'는 명사로 인식되고 있었던 듯하다. 현대어에서 '새'는 관형사로만 쓰이지만, 중세국어에서는 명사로도 쓰인 예들이 있다. 헌옷도 새 ᄀ하리니 〈月釋 8 : 100〉
287) '밍ᄀᆞᆯ ー + ー•ー(매개모음) + ー시ー + ーㄹ + ᄉ + ㅣ라'.
288) '밍ᄀᆞᆯ ー(ㄹ탈락) + ーᄂᆞー + ー오ー(의도법) + ー니'. 원형은 'ᄆᆞᆫᄀᆞᆯ다'. '밍ᄀᆞᆯ ー'은 '밍들ー, 민들ー' 등의 이형태가 쓰였으나, 이들 사이의 차이가 무엇인지 확연해지는 않다. 여기서 'ー오ー'는 의도법 선어말어미이다.
〈15세기 중세국어에서의 의도법〉
① 'ー오/우ー'를 늘 취하는 경우
'ー옴/ー움'은 동명사형어미, 'ー오ᄃᆡ/ー우ᄃᆡ'는 연결어미로 굳어진 것이다. 이들은 '오/우'를 분석해 낼 수 없는 어말어미. 따라서 의도법이 아니다.

欲·욕使:숭人신人신·ᄋᆞ로 易·잉習·씹·ᄒᆞ야 便뼌於헝日·싏用·용耳 :ᅀᅵᆼ니·라

使:숭·ᄂᆞᆫ :히289).여290) ·ᄒᆞ논 :마리·라 人신·ᄋᆞᆫ :사·ᄅᆞ미·라 易·잉·ᄂᆞᆫ :쉬ᄫᅩᆯ
·씨·라291) 習·씹·ᄋᆞᆫ 니·길 ·씨·라292) 便뼌 · ᄋᆞᆫ 便뼌安한·ᄒᆞᆯ ·씨·라 於헝·ᄂᆞᆫ
:아·모그에 ·ᄒᆞ논 ·겨체 ·쓰는 字·ᄍᆞᆼ ㅣ·라 日·싏·ᄋᆞᆫ 나리·라 用·용·ᄋᆞᆫ ·ᄡᅳᆯ
·씨·라 耳:ᅀᅵᆼ·ᄂᆞᆫ ᄯᆞᄅᆞ·미라 ·ᄒᆞ논 ·ᄠᅳ디·라

:사ᄅᆞᆷ:마·다 :히·여293) :수·ᄫᅵ294) 니·겨295) ·날·로296) ·ᄡᅮ·메297) 便뼌
安한·킈298) ᄒᆞ·고·져 ᄒᆞᇙ ᄯᆞᄅᆞ·미니·라

ㄱ·ᄂᆞᆫ 牙앙音흠·이니 如셩君군ㄷ字·ᄍᆞ299) 初총發·벓聲셩ᄒᆞ·니 並

---

② '-오/우-'를 경우에 따라 취하는 경우
동명사어미   -ㄴ, -ㄹ(ㅭ)
기타 어미   -니, -ᄂᆞ니, -리니, -리라
取했을 때   -오니, -노니, -오리니/-우리니, -오리라/-우리라

289) 'ᄒᆞ-+-ㅣ'. 'ᄒᆞ다(爲)'의 사역형이다.
290) 실지 음가는 없으나, 'ㆁ'이 자음으로서의 적극적인 기능을 수행하는 한 예로 볼 수 있
다. 주 (23) 참조. 'ㅇㅇ'는 語中音표기에 사용한다. '여' 등 15세기 문헌의 피동 및 사역형
표기에 쓰였다.
291) '쉽-+-ᅳᅳ-(매개모음)+-ㄹ+ㅅ+ㅣ라'.
292) '닉-+-이-+-ㄹ+ㅅ+ㅣ라'.
293) 'ᄒᆞ-+-이-+-어'. 'ᄒᆞ여'가 언해문에 쓰인 이유는 주 283 참고.
294) '쉽-+-이'. '쉽-'은 부사 파생접미사 '-이'가 결합될 때 어간형이 '슗-'이 되었다.
295) '닉-+-이-+-어'. 중세어에서 사동접미사로 '-이-'가 결합되던 용언들 가운데
현대어로 오면서 접미사가 교체되는 경우가 가끔 있었다. '시기->시키-' 등 참고.
296) 명사 '날'에 조사 '로'가 결합되어 부사로 파생된 것이다.
〈참고〉새로, 저로, 간대로 등
297) '쓰-+-우-+-ㅁ+에'. '-움'은 동명사형 어미. '쓰-'(用)는 '쓰-'(書)와 구분되
었다. 15세기에는 삽입모음 '-오/우-'의 개재 여부로 명사형과 파생 명사가 구별되었다.
곧 파생명사는 어간에 '-음'만이 결합되고 명사형은 삽입모음 '-오/우-'가 개재되었다.
'쓰-'는 동음이의어로 '苦'의 의미를 갖는 형용사가 있다.
298) 『훈민정음언해』, 『석보상절』에는 'ᄒᆞ긔'로 나타나지만, 『월인석보』에는 'ᄒᆞ긔/ᄒᆞ계'가
혼용되었다. 단『월인석보』에서의 'ᄒᆞ긔'는 『석보상절』에서 베낀 부분에만 나타난다.
299) 'ㄴ+ㄷ+ᄍᆞ', 앞 종성이 不淸不濁字로 끝났을 때 같은 계열의 全淸字를 사잇소리
로 썼다. 'ㄷ'은 사잇소리이다. 종성이 유성자음인 한자음일 경우, 그 종성의 종류에 따라
사잇소리가 각각 달리 쓰였다. 이들을 정리하여 보이면 다음과 같다.

종성의 종류	ㆁ	ㄴ	ㅁ	ㅱ	ㅇ
사잇소리	ㄱ	ㄷ	ㅂ	ㅸ	ㆆ

·뼝書셩ᄒᆞ·면 如ᅀᅧᆼ虯ᄁᆢᇢㅸ字·ᄍᆞᆼ300) 初ᄎᆞᆼ發·벓聲셩ᄒᆞ·니·라

牙앙·ᄂᆞᆫ :어미·라301) 如ᅀᅧᆼ·는 ·ᄀᆞᄐᆞᆯ ·씨·라302) 初ᄎᆞᆼ發·벓聲셩·은 ·처ᅀᅥᆷ ·펴·아 ·나ᄂᆞᆫ 소·리·라 並·뼝書셩·는 ᄀᆞᆯ·ᄫᅡ303) ·ᄡᅳᆯ ·씨·라

ㄱ·ᄂᆞᆫ304) :엄쏘·리·니305) 君군ㄷ字·ᄍᆞᆼ ·처ᅀᅥᆷ306) ·펴·아307) ·나ᄂᆞᆫ 소·리 ·ᄀᆞᄐᆞ·니308) ᄀᆞᆯ·ᄫᅡ309) ·ᄡᅳ·면310) 虯ᄁᆢᇢㅸ字·ᄍᆞᆼ ·처ᅀᅥᆷ ·펴·아 ·나ᄂᆞᆫ 소·리 ·ᄀᆞ·ᄐᆞ니·라311)

ㅋ·ᄂᆞᆫ 牙앙音흠·이·니 如ᅀᅧᆼ快·쾡ㆆ字·ᄍᆞᆼ 初ᄎᆞᆼ發·벓聲셩ᄒᆞ·니·라

ㅋ·ᄂᆞᆫ :엄쏘·리·니 快·쾡ㆆ字·ᄍᆞᆼ ·처ᅀᅥᆷ ·펴·아 ·나ᄂᆞᆫ 소·리 ·ᄀᆞ·ᄐᆞ니·라

종성 'ㄹ'인 한자음은 이른바 以影補來에 의해 'ㆆ'을 붙여 'ㅭ'으로 표기했기 때문에 사잇소리를 쓰지 않았다. 우리말의 경우에는 거의 'ㅅ'으로 쓰였으나, 용비어천가는 몇몇 예외적인 쓰임을 보였다(예 : 눉ᄌᆞᅀᆞ, 눉믈, 사ᄅᆞᇝ서리, 하ᄂᆞᆳ ᄠᅳᆮ 등). 그러나 성종 이후에는 'ㅅ'으로 통일되었다.

300) 'ㅱ(不淸不濁字) + ㅸ(같은 脣輕音의 全淸字) + ᄍᆞᆼ'.

301) '엄 + ㅣ라'. 엄 = 어금니.

302) 'ᄀᆞᇀ + ·(매개모음) + ㄹ + ᄉᆞ + ㅣ라'.

303) ᄀᆞᆲ(並)- + -아(부사형) → ᄀᆞᆯᄫᅡ

304) 당시에는 각 자음을 뒤에 모음 'ㅣ'를 붙여서 읽었을 것으로 판단된다. 조사를 'ᄂᆞᆫ'으로 한 것이나, 〈訓蒙字會〉에서 '其役, 尼隱, ……' 등으로 이름을 붙인 것이 참고가 된다.

305) '엄 + ㅅ + 소리'. 'ㅅ'은 사잇소리이다. 훈민정음은 자음을 '牙音, 舌音, 脣音, 齒音, 喉音, 半舌音, 半齒音'으로 분류하고 있는데, 이들은 각각 '엄쏘리, 혀쏘리, 입시울쏘리, 니쏘리, 혀쏘리, 반혀쏘리, 반니쏘리' 등으로 언해되어 있다.

306) '처ᇫ + 엄'. '처ᅀᅥᆷ'은 '처ᅀᅥᆷ 〉처엄 〉처음'의 과정을 거쳐 변화하였다.

307) 당시의 모음조화로 보면 응당 '펴어 〉펴'가 되어야 하는데 이와 같은 파격이 보인다. 아마도 강화 현상이거나, '펴-'의 모음 'ㅕ'가 /jə/가 아니라 /jʌ/에서 발달한 것이기 때문일 가능성이 있다. 그러나 훈민정음에 '!'가 존재하기 때문에 그렇게 단정하기는 힘든 면이 있다.

308) 흔히 쓰이는 형태는 'ᄀᆞᆮᄒᆞ-'인데 때로 이와 같이 쓰이기도 한다. 이러한 쓰임에서 어간을 'ᄀᆞᇀ-', 'ᄀᆞᄐᆞ-' 가운데 어느 것으로 잡아야 할지 분명치 않다. 'ᄀᆞᄐᆞ야' 등에 기대면 'ᄀᆞᄐᆞ-'일 듯도 하나, 'ᄀᆞᆮ거뇨' 등으로 보면 'ᄀᆞᇀ-'일 가능성도 배제할 수 없기 때문이다.

309) 'ᄀᆞᆲ + 아'. 'ᄀᆞᆲ-'은 이외에 '겨루다'는 뜻도 가지고 있었다.

310) 현대어에서 동사 '쓰-'는 '적다(書)'는 뜻과 '사용하다(用)'는 뜻을 동시에 가지고 있으나, 당시에는 후자의 뜻을 가진 'ᄡᅳ-'가 쓰임으로써 두 형태가 분명히 구별되었다.

311) 훈민정음에서 초성 소리를 설명하기 위하여 사용된 자모표는 중국의 36자모표를 본받은 것이었다. 그러나 우리말의 음운체계가 그와 그대로 맞는 것이 아니었기 때문에 훈민정음의 제정자들은 독자적으로 23자모표를 만들었으며, 그것을 설명하기 위한 자모자들도 새로운 한자들을 사용하였다. 훈민정음의 설명에 사용된 한자들을 보이면 다음과 같다(괄호를 두른 한자들은 중성 소리의 보기에도 사용된 것들이다).

ㆁ·는 牙앙音흠·이니 如셩業·업字·쫑初총發·벓聲셩ㅎ·니·라

ㆁ·ᄂᆞᆫ :엄쏘·리·니 業·업字·쫑 ·처섬 ·펴·아 ·나는 소리 ·ᄀᆞ·ᄐᆞ니·라

ㄷ·는 舌·쎯音흠·이니 如셩斗·둫ㅸ字·쫑初총發·벓聲셩ㅎ·니 並·뼝
書셩ㅎ·면 如셩覃땀ㅂ字·쫑 初총發·벓聲셩ㅎ·니·라

舌·쎯은 ·혀·라

ㄷ·ᄂᆞᆫ ·혀쏘·리·니 斗·둫ㅸ字·쫑 ·처섬 ·펴·아 ·나는 소리 ·ᄀᆞ·ᄐᆞ니 굴·바 ·쓰
·면 覃땀ㅂ字·쫑 ·처섬 ·펴·아 ·나는 소리 ·ᄀᆞ·ᄐᆞ니·라

ㅌ·는 舌·쎯音흠·이니 如셩呑튼ㄷ字·쫑初총發·벓聲셩ㅎ·니·라

ㅌ·ᄂᆞᆫ ·혀쏘·리·니 呑튼ㄷ字·쫑 ·처섬 ·펴·아 ·나는 소리 ·ᄀᆞ·ᄐᆞ니·라

ㄴ·는 舌·쎯音흠·이니 如셩那낭ㆆ字·쫑初총發·벓聲셩ㅎ·니·라

ㄴ·ᄂᆞᆫ ·혀쏘·리·니 那낭ㆆ字·쫑 ·처섬 ·펴·아·나는 소리 ·ᄀᆞ·ᄐᆞ니·라

ㅂ·는 脣쓘音흠·이니 如셩彆·볋字·쫑初총發·벓聲셩ㅎ·니 並·뼝書
셩ㅎ·면 如셩步·뽕ㆆ字·쫑初총發·벓聲셩ㅎ·니·라

脣쓘·은 입시·우리·라312)

ㅂ·는 입시·울쏘·리·니 彆·볋字·쫑 ·처섬 ·펴·아·나는 소리 ·ᄀᆞ·ᄐᆞ니 굴·바
·쓰·면 步·뽕ㆆ字·쫑 ·처섬 ·펴·아·나는 소리 ·ᄀᆞ·ᄐᆞ니·라

ㅍ·ᄂᆞᆫ 脣쓘音흠·이니 如셩漂푱ㅸ字·쫑初총發·벓聲셩ㅎ·니·라

ㅍ·는 입시·울쏘·리·니 漂푱ㅸ字·쫑 ·처섬 ·펴·아·나는 소리 ·ᄀᆞ·ᄐᆞ니·라

ㅁ·는 脣쓘音흠·이니 如셩彌밍ㆆ字·쫑初총發·벓聲셩ㅎ·니·라

ㅁ·ᄂᆞᆫ 입시·울쏘·리·니 彌밍ㆆ字·쫑 ·처섬 ·펴·아·나는 소리 ·ᄀᆞ·ᄐᆞ니·라

牙音	舌音	半舌音	脣音	齒音	半齒音	喉音
ㄱ(君)군	ㄷ 斗둫		ㅂ(彆)볋	ㅈ(卽)즉	ㅅ(戌)슗	ㆆ 把흠
ㄲ 虯뀰	ㄸ(覃)땀		ㅃ 步뽕	ㅉ 慈쫑	ㅆ 邪썅	ㅎ 虛헝
ㅋ 快쾡	ㅌ(呑)튼		ㅍ 漂푱	ㅊ(侵)침		ㆅ(洪)뽕
						ㅇ(欲)욕
ㆁ(業)업	ㄴ 那낭		ㅁ 彌밍			
		ㄹ 閭령			△(穰)ᅀᅡᆼ	

이 한자의 음들은 동국정운식으로 되어 있기 때문에, 특히 각자병서의 경우 제 음가를 보
이지 못한 것일 수가 있다. 국어의 현실 한자음에서는 된소리가 거의 없기 때문이다. 이는
한자를 이용하여 음가를 보이는 데서 오는 한계라 할 수 있다.
312) '입시울(脣) + ㅣ라'. 입 + 시울 〉입술(복합어).

ㅈ·는 齒:칭音흠·이·니 如셩卽·즉字·쫑初총發·벓聲셩ᄒᆞ·니 並·뼝書
셩ᄒᆞ·면 如셩慈쫑ㆆ字·쫑初총發·벓聲셩ᄒᆞ·니·라

齒:칭·는 ·니·라

ㅈ·는 ·니쏘·리·니 卽·즉字·쫑 처섬 ·펴·아·나는 소리 ·ᄀᆞ·ᄐᆞ·니 글·바·쓰·면
慈쫑ㆆ字·쫑 처섬 ·펴·아·나는 소리 ·ᄀᆞ·ᄐᆞ·니·라

ㅊ·는 齒:칭音흠·이·니 如셩侵침ㅂ字·쫑初총發·벓聲셩ᄒᆞ·니·라

ㅊ·는 ·니쏘·리·니 侵침ㅂ字·쫑 처섬 ·펴·아·나는 소리 ·ᄀᆞ·ᄐᆞ·니·라

ㅅ·는 齒:칭音흠·이·니 如셩戌·슗字·쫑初총發·벓聲셩ᄒᆞ·니 並·뼝書
셩ᄒᆞ·면 如셩邪썅ㆆ字·쫑初총發·벓聲셩ᄒᆞ·니·라

ㅅ·는 ·니쏘·리·니 戌·슗字·쫑 처섬 ·펴·아·나는 소리 ·ᄀᆞ·ᄐᆞ·니 글·바·쓰·면
邪썅ㆆ字·쫑 처섬 ·펴·아·나는 소리 ·ᄀᆞ·ᄐᆞ·니·라

ㆆ·는 喉ᅘᅮᇢ音흠·이·니 如셩挹·흡字·쫑 初총發·벓聲셩ᄒᆞ·니·라

喉ᅘᅮᇢ·는 모·기·라

ㆆ·는 목소·리·니 挹·흡字·쫑 ·처섬 ·펴·아·나는 소리·ᄀᆞ·ᄐᆞ·니·라

ㅎ·는 喉ᅘᅮᇢ音흠·이·니 如셩虛헝ㆆ字·쫑初총發·벓聲셩ᄒᆞ·니 並·뼝
書셩ᄒᆞ·면 如셩洪ᄬᅩᇰㄱ字·쫑初총發·벓聲셩ᄒᆞ·니·라

ㅎ·는 목소·리·니 虛헝ㆆ字·쫑 ·처섬 ·펴·아·나는 소리 ·ᄀᆞ·ᄐᆞ·니 글·바·쓰
·면 洪ᄬᅩᇰㄱ字·쫑 ·처섬 ·펴·아·나는 소리 ·ᄀᆞ·ᄐᆞ·니·라

ㅇ·는 喉ᅘᅮᇢ音흠·이·니 如셩欲·욕字·쫑初총發·벓聲셩ᄒᆞ·니·라

ㅇ·는 목소·리·니 欲·욕字·쫑 ·처섬 ·펴·아·나는 소리 ·ᄀᆞ·ᄐᆞ·니·라

ㄹ·는 半·반舌·쎯音흠·이·니 如셩閭령ㆆ字·쫑初총發·벓聲셩ᄒᆞ·니·라

ㄹ·는 半·반·혀쏘·리·니313) 閭령ㆆ字·쫑 ·처섬 ·펴·아·나는 소리 ·ᄀᆞ·ᄐᆞ·니·라

ㅿ·는 半·반齒:칭音흠·이·니 如셩穰샹ㄱ字·쫑初총發·벓聲셩ᄒᆞ·니·라

ㅿ·는 半·반·니쏘·리·니314) 穰샹ㄱ字·쫑 ·처섬 ·펴·아·나는 소리 ·ᄀᆞ·ᄐᆞ·니·라

•·는 如셩呑튼ㄷ字·쫑 中듕聲셩ᄒᆞ·니·라

中듕·은 가·온·ᄃᆡ·라315)

---

313) '반설음'은 설측음 또는 탄설음일 것으로 파악된다.
314) 반치음이니. 반치음은 유성 치조마찰음을 말한 것으로 보인다.
315) 가온ᄃᆡ + ㅣ라

ㆍ·ᄂᆞᆫ 呑ᄐᆞᆫ[316]ㄷ字·ᄍᆞᆼ 가·온·ᄃᆡᆺ소·리[317] ·ᄀᆞ·ᄐᆞ니·라

ㅡ·는 如ᅀᅧᆼ卽·즉字·ᄍᆞᆼ 中듕聲셩ᄒᆞ·니·라

ㅡ·는 卽·즉字·ᄍᆞᆼ 가·온·ᄃᆡᆺ소·리 ·ᄀᆞ·ᄐᆞ니·라

ㅣ·ᄂᆞᆫ 如ᅀᅧᆼ侵침ㅂ字·ᄍᆞᆼ 中듕聲셩ᄒᆞ·니·라

ㅣ·ᄂᆞᆫ 侵침ㅂ字·ᄍᆞᆼ 가·온·ᄃᆡᆺ소·리 ·ᄀᆞ·ᄐᆞ니·라

ㅗ·ᄂᆞᆫ 如ᅀᅧᆼ洪ᅘᅩᆼㄱ字·ᄍᆞᆼ 中듕聲셩ᄒᆞ·니·라

ㅗ·ᄂᆞᆫ 洪ᅘᅩᆼㄱ字·ᄍᆞᆼ 가·온·ᄃᆡᆺ소·리 ·ᄀᆞ·ᄐᆞ니·라

ㅏ·ᄂᆞᆫ 如ᅀᅧᆼ覃땀ㅂ字·ᄍᆞᆼ 中듕聲셩ᄒᆞ·니·라

ㅏ·ᄂᆞᆫ 覃땀ㅂ字·ᄍᆞᆼ 가·온·ᄃᆡᆺ소·리 ·ᄀᆞ·ᄐᆞ니·라

ㅜ·는 如ᅀᅧᆼ君군ㄷ字·ᄍᆞᆼ 中듕聲셩ᄒᆞ·니·라

ㅜ·는 君군ㄷ字·ᄍᆞᆼ 가·온·ᄃᆡᆺ소·리 ·ᄀᆞ·ᄐᆞ니·라

ㅓ·는 如ᅀᅧᆼ業·업字·ᄍᆞᆼ 中듕聲셩ᄒᆞ·니·라

ㅓ·는 業·업字·ᄍᆞᆼ 가·온·ᄃᆡᆺ소·리 ·ᄀᆞ·ᄐᆞ니·라

ㅛ·ᄂᆞᆫ 如ᅀᅧᆼ欲·욕字·ᄍᆞᆼ 中듕聲셩ᄒᆞ·니·라

ㅛ·ᄂᆞᆫ 欲·욕字·ᄍᆞᆼ 가·온·ᄃᆡᆺ소·리 ·ᄀᆞ·ᄐᆞ니·라

ㅑ·ᄂᆞᆫ 如ᅀᅧᆼ穰ᅀᅣᆼㄱ字·ᄍᆞᆼ 中듕聲셩ᄒᆞ·니·라

ㅑ·ᄂᆞᆫ 穰ᅀᅣᆼㄱ字·ᄍᆞᆼ 가·온·ᄃᆡᆺ소·리 ·ᄀᆞ·ᄐᆞ니·라

ㅠ·는 如ᅀᅧᆼ戌·ᄉᆔᇙ字·ᄍᆞᆼ 中듕聲셩ᄒᆞ·니·라

ㅠ·는 戌·ᄉᆔᇙ字·ᄍᆞᆼ 가·온·ᄃᆡᆺ소·리 ·ᄀᆞ·ᄐᆞ니·라

ㅕ·는 如ᅀᅧᆼ彆·벼ᇙ字·ᄍᆞᆼ 中듕聲셩ᄒᆞ·니·라

ㅕ·는 彆·벼ᇙ字·ᄍᆞᆼ 가·온·ᄃᆡᆺ소·리 ·ᄀᆞ·ᄐᆞ니·라

終즁聲셩·은 復·뿌ᇢ用·용初총聲셩·ᄒᆞ·ᄂᆞ니·라

復·뿌ᇢ·는 다·시 ·ᄒᆞ논 ·ᄠᅳ디·라

乃:냉終즁ㄱ소·리·ᄂᆞᆫ 다·시 ·첫소·리·ᄅᆞᆯ ·ᄡᅳ·ᄂᆞ니·라[318]

---

316) 중성을 보이기 위해 쓴 한자들은 다음과 같다. 이들 한자는 초성을 대표하기 위해 썼던 것을 다시 이용하였는데, 여기서도 훈민정음 제정자들의 치밀함을 엿볼 수 있다.

ㆍ呑 ㅡ卽 ㅣ侵 ㅗ洪 ㅏ覃 ㅜ君 ㅓ業 ㅛ欲 ㅑ穰 ㅠ戌 ㅕ彆

317) '가온ᄃᆡ'는 '가ᄫᆞᆫᄃᆡ〉가온ᄃᆡ〉가운데'의 변화를 거쳐 현대에 이르렀다.

318) '終聲復用初聲'은 훈민정음의 제정자들이 중국음운학의 2분법(聲과 韻)을 버리고 초 · 중 · 종성으로 3분하는 체계를 세우면서 종성을 초성과 같은 것으로 파악한 태도가

ㅇ·를 連련書셩唇쓘音음之징下:행ㅎ·면319) 則·즉爲윙唇쓘輕켱音
음·ㅎ·ᄂ·니·라320)

連련·은 니·ᅀᅳ·씨·라 下:행·ᄂᆞᆫ 아·래·라 則·즉·은 :아·ᄆᆞ리ㅎ·면321) ·ㅎᄂᆞᆫ ·겨
·체 ·쓰ᄂᆞᆫ 字·ᄍᆞᆼㅣ·라 爲윙·ᄂᆞᆫ ᄃᆞ욀·씨·라322) 輕켱·은 가·ᄇᆡ야·볼·씨·라

ㅇ·를 입시·울쏘·리 아·래 니·ᅀᅥ ·쓰·면 입시·울 가·ᄇᆡ야·ᄫᅳᆯ323) 소·리ᄃᆞ욀ᄂᆞ
·니·라324)

初총聲셩·을 合·ᄒᆞᆸ用·용·홇·디·면325) 則·즉並·뼝書셩ᄒᆞ·라 終즁聲셩
·도 同똥ㅎ·니·라

合·ᄒᆞᆸ·은 어·울·씨·라326) 同똥·은 ᄒᆞᆫ가·지·라 ·ㅎᄂᆞᆫ·ᄠᅳ디·라
·첫소·리·를 어·울·워327) ·뿛·디·면328) 글·바·쓰·라 乃:냉終즁ㄱ소·리·도 ᄒᆞᆫ가
·지·라

• ㅡㅗㅜㅛㅠ·란 附·뿡書셩 初총聲셩之징下:행ㅎ·고

附·뿡·는 브·틀·씨·라
• ·와 ㅡ·와 ㅗ·와 ㅜ·와 ㅛ·와 ㅠ·와·란329) ·첫소·리 아·래 브·텨 ·쓰·고

반영된 구절이다. 이 구절을 모든 초성을 종성으로 써야 한다는 문자 운용 규정으로 해석
하기도 하였으나, 종성은 새로 글자를 만들지 않고 초성을 다시 이용한다는 중서의 제자
원칙으로 보는 것이 일반적이다.

319) '連書'는 '並書, 附書'와 구별이 필요하다. 훈민정음의 규정으로 보면 자음자를 좌우로
   나란히 하여 쓰는 것은 並書라 하였고, 모음을 자음의 오른쪽이나 아래에 붙여서 쓰는 것
   을 附書라 하였다. 連書는 이들과 구별하여 자음을 위아래로 이어서 쓰는 것을 뜻한다.

320) 唇輕音은 입술 가벼운 소리로서 현대의 관점에서 보면 유성 양순 마찰음을 뜻한다.

321) '아ᄆᆞ리'는 '아ᄆᆞ + 리'로 분석된다. 여기서 '-리'는 대략 '-게'의 뜻으로 '이리, 더리,
   그리' 등의 '-리'와 관련된다.

322) ᄃᆞ욀 〉ᄃᆞ외- + -ㄹ + ㅅ + ㅣ라

323) '가ᄇᆡ야-'은 '가ᄇᆡ야- 〉가ᄇᆡ얗- 〉가ᄇᆡ엱- 〉가볍-'의 과정을 거쳐 현대어에 이른다.

324) 'ᄃᆞ외-'는 'ᄃᆞ욀-'에서 변한 것으로 뒤에 '되-'가 되었다. 'ᄃᆞ외-'는 현대어의 형용사
   파생 접사 '-되-'의 어원형이기도 하다.

325) 'ᄒᆞ- + -오/우- + -ㅭ + 디(것이) + -면→홇디면', 추상명사 ᄃᆞ(것, 바, 줄, 때문)
   + 이(서술형어미) → 디(것이).

326) 어우- + -ㄹ + 씨라

327) '어울- + -우- + -어→어울워'. '-우-'는 사동을 나타내는 접미사이다. 이에 해당
   하는 구절이 '合用'인데, 문맥으로 보아 합용은 일반적으로 합해서 쓰는 것을 모두 뜻한
   것이 아니라 서로 다른 자음자를 나란히 하여 쓰는 것만을 뜻한 것으로 보아야 한다.

328) 쓰- + -오/우- + -ㄹ디면, '디'는 형식명사, 'ᄃᆞ + 서술형어미 -ㅣ→디'.

329) 공동격조사. '란'은 주제격조사의 특수한 용례이다. 집단곡용에서 공동격 조사 '와'를 맨

ㅣㅏㅓㅑㅕ·란 附·뿡書셩於헝右:웅ᄒᆞ·라

右:웅·는 ·올ᄒᆞ녀·기·라

ㅣ·와 ㅏ·와 ㅓ·와 ㅑ·와 ㅕ·와·란 ·올ᄒᆞ녀·긔330) 브·텨·쓰·라

凡뻠字·쫑ㅣ 必·빓合·ᄒᆞᆸ而ᅀᅵ成쎵音흠·ᄒᆞᄂᆞ·니331)

凡뻠·은 믈읫·ᄒᆞ논 ·ᄠᅳ디·라 必·빓·은 모·로·매 ·ᄒᆞ논 ·ᄠᅳ디·라 成쎵·은 :일
·씨·라332)

믈읫字·쫑ㅣ 모·로·매333) 어·우러·ᅀᅡ334) 소·리:이ᄂᆞ·니335)

左:장加강一·힗點:뎜ᄒᆞ·면 則·즉去·컹聲셩·이·오336)

左:장·ᄂᆞᆫ :왼녀·기·라 加강·ᄂᆞᆫ 더을·씨·라 一·힗·은 ᄒᆞ나·히·라 去·컹聲셩·은
·뭇노·ᄑᆞᆫ 소·리·라

:왼녀·긔 흔點:·을 더으·면337) ·뭇노·ᄑᆞᆫ338) 소·리·오339)

二·ᅀᅵ則·즉上:썅聲셩·이·오

마지막 명사에까지 붙이는 것은 중세국어의 특징이었다. 하지만 당시 문헌에서도 이와는
다른 쓰임이 발견되기도 하여 의미의 차이가 있었던 것으로 보인다.
〈참고〉 브름과 구루믄 期約이 잇는 ᄃᆞᆺ ᄒᆞ니라 〈杜初 20 : 53〉

330) 올ᄒᆞ + 녁 + 의. 현대의 '녘'은 격음화를 겪은 것이고, '의'는 음성모음 뒤에 오는 처격
조사이다.

331) '必合而成音' 규정은 말 그대로 '成音'에 대한 규정으로 보기 힘들다. 모음은 아무런
자음의 도움을 받지 않고도 음절을 이룰 수 있기 때문이다. 따라서 이 규정은 오히려 글
자의 모양에 대한 규정으로 보는 것이 낫다. 곧 모음만으로 이루어진 음절의 경우 이 규
정에 의해 자음 'ㅇ'을 덧붙여 글자의 모양을 갖춘 것이라 할 수 있다.

332) 일 + ᄉᆞ + ㅣ라

333) '모ᄅᆞ- + -오- + -ㅁ + 애'. '모롬이, 모롬즉, 반ᄃᆞ개' 등이 참고가 된다.

334) '-ᅀᅡ'는 강세 보조사.

335) '일- + -ᄂᆞ- + -니'. '일-'은 접미사 'ᄋᆞ, 우'가 붙어 각각 사동사로 파생될 수 있었
으나. '이ᄅᆞ-(成就)와 '일우-'(築)가 구별되어 쓰였다.

336) 이하 入聲까지의 언급은 중세국어의 성조에 대한 규정이다. 성조는 글자의 왼쪽에 점
으로 표시하였는데, 1점은 거성, 2점은 상성, 점이 없는 것은 평성을 나타냈다. 또한 입성
은 이들 점과 관계없이 종성의 종류에 따라 결정된다. 상성이 후에 대부분 장음으로 변한
것으로 판단하면 상성은 평성과 거성의 결합이라고 할 수 있다. 이들 '평성, 거성, 상성,
입성'의 성격에 대한 훈민정음 제정자들의 언급(合字解)을 보면 다음과 같다. 평성(무점)
- 安而和, 상성(2점)- 和而擧, 거성(1점)- 擧而壯, 입성- 促而塞.

337) 현대어 '더하-'는 '더으-'에서 부사 '더'가 파생되고 이것에 다시 '하-'가 결합되어 형
성된 것으로 보인다.

338) '뭇 + 높 + -은'

339) 연결어미 '-고'는 모음 'ㅣ'나 반모음 'j'를 포함한 이중모음의 뒤에서 'ㄱ'이 탈락되었다.

二·싱·는 :둘히·라 上:썅聲성·은 ·처서·미 놋:갑·고340) 乃:냉終즁·이 노·폰소
·리·라

點:뎜 · 이 :둘히·면341) 上:썅聲셩·이·오

無뭉則·즉平뼝聲셩·이·오

無뭉·는 :업슬·씨·라 平뼝聲셩·은 ·못놋가·본342) 소·리·라

點:뎜 · 이 :업스·면 平뼝聲셩·이·오

入·십聲셩·은 加강點:뎜 · 이 同똥而싱促·쵹急·급ᄒᆞ·니·라

入·십聲셩·은 셜·리 긋듣는343) 소·리·라 促·쵹急·급·은 샐·롤·씨·라

入·십聲셩·은 點:뎜 더·우·믄344) 흔가·지로·ᄃᆡ 샐·ᄅᆞ·니·라

漢·한音흠齒:칭聲셩·은 有:울齒·칭頭뚱正·졍齒:칭之징別·볋ᄒᆞ·니

漢·한音흠·은 中듕國·귁 소·리·라 頭뚱·는 머·리·라 別·볋·은 골·힐·씨·라345)

中듕國·귁 소·리·옛346) ·니쏘·리·는347) 齒:칭頭뚱348)·와 正·졍齒:칭349)
·왜350) 골·히요·미351) 잇ᄂᆞ·니

ㅈㅊ짜ㅅ쓰字·쫑·는 用·용於헝齒:칭頭뚱ᄒᆞ·고

·이소·리·는 ·우·리 나·랏소·리예·셔352) 열·브·니 ·혓·그·티 웃·닛머·리·에 다ᄂᆞ
·니·라353)

---

340) '놋 + 갑'. 이는 형용사에 접미사가 결합되어 다시 형용사로 파생된 것인데, 이러한 유
형으로 '둘갑-' 등이 있다.

341) '둘ᄒᆞ + 이면'. '둘ᄒᆞ'은 이른바 'ㅎ' 종성 체언이다.

342) 놋 + 갑 + · + ㄴ

343) '긋듣다'. '긏- + 듣- (긏다 + 닿나다)'.

344) '더으- + -옴/움 + 은'. 삽입모음 '-오/우-'는 명사형을 이룰 때 필수적으로 개재하
였다.

345) '골ᄒᆞ다', '골ᄒᆞ다'= 가리다. 擇, 別.

346) '소리'의 말음이 'ㅣ'이기 때문에 처격 조사로 '예'가 쓰였다. 'ㅅ'은 무정물에 쓰인 속격
조사이다.

347) '소리 + ㅣ(이母音) + 에(처격) + ㅅ(사이소리) + 니(齒) + 소리'.

348) '上齒莖 破擦音'. 齒破擦音으로 보기도 한다.

349) 捲舌音 또는 경구개치경음

350) 치두음과 정치음이. '왜'는 공동격 조사 '와'에 주격 조사 'ㅣ'가 결합된 것이다. 齒頭音은
上齒莖 破擦音 또는 齒破擦音, 正齒音은 捲舌音 또는 硬口蓋齒莖音으로 판단된다.

351) '골히- + -오/우- + -ㅁ + ㅣ'. 'ㅣ' 모음으로 인해 '오/우'가 '요'가 되었다.
'골히- + -옴 + ㅣ → 골히- + -욤(앞 ㅣ 모음의 영향) + ㅣ', '-옴'은 명사형 어미이다.

352) 소리 + ㅣ + 에서(비교격)

ㅈㅊㅉㅅㅆ字·쫑〮ᄂᆞᆫ 齒:칭頭뚱ᆞᆺ소〮·리·예 ·쓰〮고

ㅈㅊㅉㅅㅆ字·쫑〮ᄂᆞᆫ 用·용於헝正·졍齒·칭·ᄒᆞ〮ᄂᆞ니

·이소〮·리·ᄂᆞᆫ ·우·리 나·랏소·리예·셔 두터·ᄫᅳ·니 ·혓〮그〮티 아·랫닛므유·메 다
ᄂᆞ〮니·라

ㅈㅊㅉㅅㅆ字·쫑〮ᄂᆞᆫ 正·졍齒·칭ㅅ소·리·예 ·쓰ᄂᆞ〮·니

牙앙舌·쎯脣쓘喉薈齒之징字·쫑〮ᄂᆞᆫ 通통用·용於헝漢·한音흠·ᄒᆞ〮ᄂᆞ니
·라

:엄·과 ·혀·와 입시·울·와354) 목소·리·옛 字·쫑〮ᄂᆞᆫ 中듕國·귁 소·리·예 通통
·히 ·쓰〮ᄂᆞ니·라

訓·훈民민正·졍音흠

<hr />

353) '닿 + ᄂᆞ + 니라 → 닫ᄂᆞ니라 → 단ᄂᆞ니라 → 단ᄂᆞ니라'. ㄴ[n :]. 자음동화가 그리 많이
표현되지는 않았으나, 'ㅎ'이 'ㄷ'으로 중화된 다음에 'ㄴ'으로 동화되는 경우는 흔히 동화가
표기되었다. 이곳의 표기는 음절말의 'ㄴ'을 다음 음절의 초성에 병서한 것인데, 실제로 발
음이 그렇게 된 것이라기보다 지나친 연철 표기라 보아야 할 것이다.
354) 일반적으로 '와'가 모음 뒤, '과'가 자음 뒤에 쓰이는 것은 현대어와 같으나, 유독 자음
'ㄹ' 뒤에서만은 현대어와 달리 '와'가 쓰였다.

제4장 훈민정음 관련 문헌

1. 최만리 등 언문 창제 반대 상소문

'최만리 등 언문 창제 반대 상소문'이라고 널리 알려져 있는 '상소문'
은, 1444년(세종 26, 갑자) 2월 20일(경자)에 집현전 부제학 최만리, 직제학
신석조, 직전 김문, 응교 정창손, 부교리 하위지, 부교리 송처검, 저작랑
조근 등이 세종의 언문 창제 및 이와 관련된 5개 항목을 열거하여 언문
창제에 대한 견해를 천명한 글이다. 이들이 이러한 상소문을 올리게 된
직접적인 동기는, 상소문 제5항에서

又輕改古人已成之韻書 附會無稽之諺文 聚工匠數十人刻之 劇欲廣布
其於天下後世公議何如
또 가벼이 옛사람이 이미 이루어 놓은 운서를 고쳐서 황당한 언문을 붙이고
공장 수십 인을 모아서 이를 (나무판에) 새기어, 급히 널리 세상에 공포하려 하
고 있사오니, 이 일에 대하여 온 천하와 후세 사람들의 공론이 어떠하오리까?

라고 밝혔듯이, 1444년(세종 26) 2월 16일(병신)에 중국 운서인 『고금운회
거요』의 주음(언역) 사업이 널리 알려졌기 때문인 것으로 보인다. 『세종
실록』권103 1장(세종 26년 2월 16일 병신조)에는 다음과 같은 기사가 있다.

命集賢殿校理崔恒 副校理朴彭年 副修撰 申叔舟 李善老 李塏 敦寧府
注簿姜希顔 等 詣議事廳 以諺文譯韻會 東宮與晉陽大君瑈 安平大君瑢
監掌其事 皆稟睿斷 賞賜稠重 供億優厚矣

집현전 교리 최항, 부교리 박팽년, 부수찬 신숙주, 이선로, 이개, 돈령부 주부
강희안 등에게 명하여 의사청에 나아가, 언문으로 〈운회〉를 번역하게 하고, 동
궁(후의 문종)과 진양대군(뒷날의 세조), 안평대군 용으로 하여금 그 일을 관장
하게 하였는데, 모든 일을 상감의 재가를 받았다. 상을 거듭 내려주고 공급을
후하게 하였다.

그러나 상소문의 내용은 1446년(세종 28) 9월에 완성된 『훈민정음』의
뒤에 붙은 정인지 서문 내용을 일일이 반박한 듯한 항목이 상당히 많다.
이것으로 보면, 비록 『세종실록』에 '상소문'은 세종 26년 2월에 실려 있
고, '정인지 서문'은 세종 28년 9월에 실려 있어서 전후가 뒤바뀌어 게재
되어 있다고 하더라도, 1443년(세종 25)에 완성된 새로운 문자 훈민정음
의 창제 과정 때 여러 문신들 사이에서 상당히 논의가 거듭되었고, 이러
한 논의를 정리한 것이 '상소문'과 '서문'으로 나타난 것으로 보인다.
  '상소문'의 내용은 다음과 같다.
1항 한자의 구성 원리와 어긋나는 표음문자인 언문을 창제하는 것은
    중국에 대한 '至誠事大' 정신에 어긋난다.
2항 중국 주변의 夷狄들인 몽골·서하·여진·일본·서번들이 만든 일
    과 마찬가지로 고유문자를 만들어 중국을 버리고 이적과 같이 되
    는 것은 옳지 못하다.
3항 신라 이후로 이두를 써 오고 있었으나 아무런 불편이 없었고 오히
    려 이두 사용이 학문 발전에 도움을 주었는데, 이제부터 언문만으

로 관리가 될 수 있다면 한자 공부에 힘쓰지 않아 성리학 연구가 쇠퇴할 것이다.

4항 이두 기록으로는 형정이 제대로 안 되고 언문으로 기록해야만 형정이 제대로 된다고 하지만, 이것은 전적으로 行刑者의 자질 여하에 달린 것이지 표기 문자의 차이에 달린 것은 아니다.

5항 언문 창제와 같은 중대한 일을 여론도 들어보지 않고 졸속으로 결정했고, 더군다나 운서의 수록자에다가 새로운 한자음을 언문으로 주음하여 급히 공포하려는 것은 잘못이다.

6항 한참 聖學(성리학) 연구에 몰두해야 할 동궁(문종)이 무익한 언문 연구에 정신을 쏟고 있는 것은 옳지 못하다.

이러한 여섯 가지 주장 가운데, 정인지의 서문 내용을 반박한 것으로 보이는 것을 대비시켜 보겠다.

鄭 象形而字倣古篆(상형해서 만들되 글자 모양은 중국의 고전을 본땄다)

崔 儻曰 諺文皆本古字 非新字 則字形 雖倣古之篆文 用音合字 盡反於古 實無所據(1항, 혹시 말하기를, 언문은 모두 옛 글자를 바탕으로 한 것이지 새 글자가 아니라고 한다면, 곧 자형은 비록 옛날의 고전 글자와 비슷하나 소리로써 글자를 합하는 것은 모두 옛 것에 어긋나는 일이며, 실로 근거가 없는 일이다)

鄭 盖外國之語 有其聲而無其字 假中國文字以通其用 是猶枘鑿之鉏鋙也 豈能達而無礙乎(대개 중국 이외의 외국어는 중국어와 다른, 그 외국어의 음이 있으나 그 음을 기록할 글자가 없어서 중국의 글자를 빌려서 쓰고 있는데, 이것은 마치 둥근 구멍에 모난 자루를 낀 것과 같이 서로 어긋나는 일이어서, 어찌 능히 통달해서 막힘이 없겠는가!)

崔 自古 九州之內 風土雖異 未有因方言而別爲文字者 唯蒙古·西夏·女眞·日本西蕃之類 各有其字 是皆夷狄事耳 無足道者(2항, 예부터 9개 지역으로 나뉜 중국 안에서 기후나 지리가 비록 다르더라도 아직 방언으로 인해서 따로 글자를 만든 일이 없고, 오직 몽골·서하·여진·일본·서번과 같은 무리들만이 각각 제 글자를 가지고 있는데, 이는 모두 오랑캐들만의 일이라, 말할

가치도 없다)

鄭 昔新羅薛總 始作吏讀 官府民間 至今行之 然皆假字而用 或澁或窒 非但鄙陋無稽而已 至於言語之間 則不能達其萬一焉(신라 때 설총이 처음으로 이두를 만들어서 오늘에 이르기까지 관청이나 민간에서 이를 사용하고 있으나 이것이 모두 한자를 빌려 쓰는 것이어서 혹 어렵고 혹 막히어 몹시 궁색할 뿐만 아니라 일상 언어를 적는 데 이르러서는 그 만분의 일도 통달치 못하는 것이다)

崔 新羅薛總吏讀 雖爲鄙俚 然皆借中國通行之字 施於語助 與文字 元不相離 故雖至胥吏·僕隷之徒 必欲習之 先讀數書 粗知文字 然後乃用吏讀 用吏讀者 須憑文字 乃能達意 故因吏讀而知文字者頗多 亦興學之一助也 (중략) 況吏讀 行之數千年 而簿書·期會等事 無有防礙者 何用改舊行無弊之文 別創鄙諺無益之字乎(3항, 신라 때 설총이 만든 이두가 비록 거칠고 촌스러우나, 모두 중국에서 통행하는 글자를 빌려서 어조사로 쓰기 때문에, 한자와 애당초 떨어져 있지 않아, 비록 서리나 하인들의 무리까지도 꼭 이를 익히려고 한다면 먼저 한문책 몇 권을 읽어서 약간 한자를 안 다음에 곧 이두를 쓰니 이두를 쓰는 자는 모름지기 한자를 의지해야만 뜻을 달할 수 있으니, 이두로 인해서 한자를 아는 사람이 자못 많아져, 역시 학문을 진흥시키는 데 도움이 된다. (중략) 하물며 이두는 수천 년 동안 써 오면서, 관청의 문서 기록과 일반의 약속 계약 등으로 쓰이어서 아무 탈이 없는 것이어늘, 어째서 예부터 써 온 폐단이 없는 글자를 고쳐서 따로 속되고 이로움이 없는 글자를 만드는가?)

鄭 治獄者 病其曲折之難通 … (我殿下 創制正音二十八字 …) 以是聽訟 可以得其情[-한문으로 글을 쓰면- 옥사를 다스리는 이가 그 곡절의 통하기 어려움을 괴롭게 여기고 있다 … (우리 전하께서 정음 28자를 창제하시니 …) 이로써 송사를 듣더라도 그 정을 알 수 있게 되었다]

崔 若曰刑殺獄辭 以吏讀文字書之 則不知文理之愚民 一字之差 容或致冤 今以諺文 直書其言 讀使聽之 則雖至愚之人 悉皆易曉 而無抱屈者 然自古中國言與文同 獄訟之間 冤枉甚多 借以我國言之 獄囚之解吏讀者 親讀招辭 知其誣 而不勝捶楚 多有枉服者 是非不知招辭之文意而被冤也 明矣 若然則雖用諺文 何異於此 是知形獄之平不平 在於獄吏之如何 而不在於言與文之同不同也(4항, 만일에 형을 집행하고 죄인을 다스리는 말을 이두 문자로 쓴다면, 글의 내용을 알지 못하는 어리석은 백성이 한 글자의 차이

로 혹시 억울함을 당하는 일이 생길 수 있으나 이제 언문으로 죄인의 말을 바로 써서 읽어 주고 듣게 한다면 비록 매우 어리석은 사람일지라도 다 쉽게 알아들어서 억울함을 품을 사람이 없을 것이라고 한다면, 중국은 예부터 언어와 글자가 일치하는데도 죄인을 다스리고 소송하는 사건에 원통한 일이 매우 많고, 만일에 우리나라로 말할 것 같으면, 옥에 갇힌 죄인 가운데 이두를 아는 사람이 있어서, 자기가 공술한 내용을 직접 읽어보고, 그 내용에 사실과 다른 점을 발견하더라도, 매를 이기지 못하여 억울하게 승복하는 일이 많으니, 이로 보아 공술한 글의 뜻을 몰라서 억울함을 당하는 것이 아님이 분명하다. 만일에 그러하다면 비록 언문을 쓴다고 하더라도 이와 무엇이 다르겠는가? 이로써 죄인을 공정하게, 또는 공정치 않게 다스리는 일이 옥리의 자질 여하에 달려 있는 것이지, 말과 글이 일치하거나 일치하지 않거나 하는 데 달려 있지 않음을 알 수 있다)

이밖에 정인지가 훈민정음 창제로 한문의 뜻을 쉽게 알 수 있게 되었다고 한 데 대하여 '상소문'에서는 '언문'만 가지고 '입신'할 수 있다면 '聖賢之文字(漢字)'를 아는 이가 줄어들어 학문이 쇠퇴할 것이라고 하였다. 또 한자음에 대해서는 다음과 같이 견해를 달리하고 있다.

鄭 字韻則淸濁之能辨(훈민정음 창제로 한자음은 청·탁을 능히 구별할 수 있다)

崔 輕改古人已成之韻書 附會無稽之諺文(가벼이 옛사람이 이미 이루어 놓은 운서를 고쳐서 황당한 언문을 붙이고)

	상소문	운회 언역
부제학(정3품)	최만리	
직제학(종3품)	신석조	
직　전(정4품)	김 문	
응　교(종4품)	정창손	
교　리(정5품)		최　항
부교리(종5품)	하위지	박팽년
수　찬(정6품)		성삼문
부수찬(종6품)	송처검	신숙주·이선로·이개
박　사(정7품)		
저작랑(정8품)	조 근	
정　자(정9품)		

'상소문'을 올릴 당시의 집현전 학사들 가운데, '운회' 번역(주음)에 참여한 학자와 '상소문'에 참여한 학자는 위 표와 같다.

집현전 정원 20명(초기에는 10명, 세종 8년 16명, 세종 17년 22명, 동년 7월 32명, 세종 18년 이후 20명) 가운데 중견 간부급 4명을 포함하여 7명의 학사가 '상소문'에 참여하였다. 이 소를 보고 세종은 내용이 너무나도 과격한 데 크게 노하여 의금부에 가두었으나 '翌日 命釋之'라고 한 바와 같이 모두 다음날 석방된 것으로 보인다. 다만 정창손과 김문만 파직되었다. 그러나 이들도 세종 26년 갑자 6월 기해(권104, 36장 a)의 기사에

命還給直集賢殿金汶告身 仍命與前應敎 鄭昌孫 俱任集賢殿

라고 있는 것으로 보아, 불과 4개월만에 복직된 것을 알 수 있다.

하위지는 세종 26년 10월 11일(병진)에 부교리에서 교리가 되었고, 세종 27년(을축) 11월 무진(권110, 8장 a) 기사에는 김문과 신석조의 직위가 둘 다 직제학으로 되어 있어서 김문도 직전에 직제학이 되었음을 알 수 있다. 그런데 최만리는 세종 27년 10월 23일에 졸하였다.

崔萬理 等 諺文 創制 反對 上疏文(『세종실록』 권103, 19장 b)
　庚子. 集賢殿副提學[1]崔萬理等 上疏曰. 臣等伏覩諺文制作. 至爲神妙 創物運智.[2] 夐出千古. 然以臣等區區管見.[3] 尙有可疑者. 敢布危懇.[4] 謹疏[5]于後. 伏惟聖裁.

---

1) 集賢殿副提學 : 정3품 당상관으로서 실질적인 집현전 책임자임. 부제학 위에 정1품인 영전사와 정2품인 대제학 그리고 종2품인 제학이 각각 2명씩 있었으나 모두 겸직이었음. 집현전에 관해서는 '정인지 서문'의 주 참조.
2) 創物運智 : 창물은 기물을 만들어 내는 것. 나아가 사물의 이치를 알아 밝히는 것. 운지는 슬기롭게 행하는 것.
3) 管見 : 管窺와 마찬가지 뜻으로 좁은 소견이라는 말. 원뜻은 대나무 통 같은 좁은 것으로 세상일을 내다본다는 뜻임.
4) 危懇 : 危 바를 위, 높을 위. 懇 정성 간. 危懇은 대단한 정성.
5) 소의 내용은 6개 항목으로 되어 있음.

최만리 등 언문 창제 반대 상소문

세종 26년 갑자 2월 20일(경자)에 집현전 부제학 최만리 등이 다음과 같이 상소하였다.

신들이 언문 제작하시는 것을 엎드려 뵈옵건대 대단히 신묘하여 사리를 밝히고 지혜를 나타냄이 저 멀리 아득한 옛 것으로부터 나온 것을 알겠습니다. 그러하오나 신들의 좁은 소견으로는 아직도 의심할 만한 점이 있사옵기에, 감히 근심되는 바를 나타내어 다음과 같이 삼가 상소하오니 재결하여 주시옵소서.

一. 我朝自祖宗以來. 至誠事大. 一遵華制. 今當同文同軌[6]之時. 創作
諺文有駭觀聽. 儻[7]曰 諺文皆本古字. 非新字也. 則字形雖倣古之篆文.[8]
用音合字[9] 盡反於古. 實無所據. 若流中國. 或有非議之者. 豈不有愧於
事大慕華.

1. 우리나라는 조종 이래로 지성껏 중국 문화를 섬기어, 오로지 중국 제도를 따라 왔습니다. 그런데 이제 바야흐로 중국과 문물제도가 같아지려고 하는 때를 맞이하여, 언문을 창제하시면 이를 보고 듣고 하는 사람들 가운데 이상히 여길 사람이 있을 것입니다. 이럴 때 혹시 (이런 의심에 대한) 대답으로 말씀하시기를, 언문은 모두 옛 글자를 바탕으로 한 것이지 새 글자가 아니라고 하신다면, 곧 자형은 비록 옛날의 고전 글자와 비슷합니다만, 소리로써 글자를 합하는 것은, 모두 옛 것에 어긋나는 일이며, 실로 근거가 없는 일입니다. 그러하오니 혹시 언문이 중국으로 흘러 들어가서 이를 그르다고 말하는 이가 있으면, 중국 문화를 섬김에 있어서 어찌 부끄럽지 않겠습니까?

一. 自古九州[10]之內. 風土雖異. 未有因方言而別爲文字者. 唯蒙古西夏

---

6) 同文同軌 : 같은 글자 또는 같은 글을 쓰고 차량의 규격이 같다는 뜻으로, 천하가 통일된다, 또는 천하가 一人君主 하에 통일된다는 의미. 더 나아가 같은 문화생활을 한다는 뜻임.
7) 儻 : 혹 그러할 당, 곧 만일에.
8) 倣古之篆文 : 이 구절은 고전자를 본받아서 훈민정음을 창제하였다고 보기보다는 한글의 자형이 고전자와 비슷하다고 봄이 좋을 듯함. '정인지 서문'에서는 '象形而字倣古篆'이라고 있음.
9) 用音合字 : 표음문자인 한글의 운용법을 말한 것. 곧 초성·중성·종성 글자를 합해서 음절문자처럼 쓰는 것을 말함.

女眞日本西蕃之類. 各有其字[11]是皆夷狄事耳. 無足道[12]者. 傳[13]曰. 用
夏變夷[14]未聞變於夷者也. 歷代中國. 皆以我國. 有箕子遺風. 文物禮
樂.[15] 比擬中華. 今別作諺文. 捨中國而自同於夷狄. 是所謂棄蘇合之
香.[16] 而取蜣蜋之丸[17]也. 豈非文明之大累哉.

1. 예로부터 9개 지역으로 나뉜 중국 안에서 기후나 지리가 비록 다르더라도
아직 방언으로 인해서 따로 글자를 만든 일이 없고, 오직 몽골·서하·여진·
일본·서번(티베트)과 같은 무리들만이 각각 제 글자를 가지고 있는데, 이는 모
두 오랑캐들만의 일이라 말할 가치도 없습니다. 전해오는 고전에 의하면, 중국
(夏)의 영향을 입어서 오랑캐(夷)가 변했다는 이야기는 있어도 오랑캐의 영향
을 입었다(오랑캐의 영향을 입어서 중국이 변했다)는 이야기는 아직 못 들었습
니다. 역대 중국이 모두 우리나라가 기자의 유풍을 가지고 있고, 문물제도가 중
국과 견줄 만하다고 하였는데, 이제 따로 언문을 만들어 중국을 버리고 스스로
오랑캐와 같아진다면 이것이 이른바 소합향을 버리고 쇠똥구리의 환약을 취하
는 것이니(좋은 것을 버리고 나쁜 것을 취하는 것이니), 어찌 문명의 큰 해가
아니겠습니까?

一. 新羅薛聰吏讀. 雖爲鄙俚. 然皆借中國通行之字. 施於語助.[18] 與文

---

10) 九州 : 중국. 옛날에 중국이 아홉으로 나뉘어 있었음.
11) 各有其字 : 조선시대에는 태조 때부터 사역원을 설치하고 인근 언어에 대하여 교육을
실시하고 있었으므로 이웃 나라들의 말과 문자도 알고 있었을 것임.
12) 道 : 이를 도 = 謂.
13) 傳 : 전해 오는 고전이라는 뜻. 聖經賢傳.
14) 用夏變夷 : '孟子, 滕文公 上'에 '吾聞用夏變夷者, 未聞變於夷者也'라는 말이 있
음. 곧 중국으로 인해서(중국의 영향을 받아서) 오랑캐가 변하는 일은 있어도 오랑캐의 영
향으로 중국이 변하는 일은 없다는 뜻임.
15) 文物禮樂 : 문물은 문화가 만들어 낸 것. 학문·예술·법률·제도·종교 등. 예악은 예
절과 음악으로서 문물제도의 하나. 예는 세상의 질서를 바로잡는 것, 악은 人心을 和合하
게 하는 것.
16) 蘇合之香 : 蘇合香. 페르시아 등지에서 나오는 낙엽교목의 수피 속에서 딴 기름(膏
油). 약용으로 씀.
17) 蜣蜋 : = 蜣蜋 = 蟷蜋 = 蟷螂 = 螳螂, 말똥구리 = 쇠똥구리. 버마재비.
18) 施於語助 : 이두로 문장을 기록할 때, 단어는 한자어를 그대로 쓰고 조사와 보조사(하
야, 하니라 등)만 한자의 음과 훈(새김)을 빌려서 쓰기 때문에, 施於語助라고 한 것이다.
한문 문장에 소위 토를 달아 읽고, 이를 기록한 구결도 그 표기 방식은 이두와 같음.

字元不相離. 故雖至胥吏僕隷之徒. 必欲習之. 先讀數書. 粗知文字. 然後
乃用吏讀. 用吏讀者. 須憑文字. 乃能達意. 故因吏讀而知文字者頗多. 亦
興學之一助也. 若我國元不知文字. 如結繩之世. 則姑借諺文. 以資一時之
用猶可. 而執正議者. 必曰與其行諺文以姑息 不若寧遲緩而習中國通行
之文字. 以爲久長之計也. 而況吏讀行之數千年. 而簿書期會等事. 無有防
礙者. 何用改舊行無弊之文. 別創鄙諺無益之字乎. 若行諺文則爲吏者. 專
習諺文. 不顧學問. 文字吏員岐而爲二. 苟爲吏者以諺文而宦達. 則後進皆
見其如此也. 以爲二十七字諺文.[19] 足以立身於世. 何須苦心勞思. 窮性理
之學哉. 如此則數十年之後. 知文字者必少. 雖能以諺文而施於吏事. 不知
聖賢之文字. 則不學墻面. 昧於事理之是非. 徒工於諺文. 將何用哉.

我國積累[20]右文之化. 恐漸至掃地矣. 前此吏讀. 雖不外於文字. 有識者
尚且鄙之. 思欲以吏文[21]易之而況諺文與文字. 暫不干涉. 專用委巷俚語
者乎. 借使諺文. 自前朝有之. 以今日文明之治. 變魯至道之意. 尚肯因循
而襲之乎. 必有更張之議者. 此灼然可知之理也. 厭舊喜新. 古今通患. 今
此諺文. 不過新奇一藝耳. 於學有損. 於治無益. 反覆籌之. 未見其可也.

1. 신라 때 설총이 만든 이두가 비록 거칠고 촌스러우나, 모두 중국에서 통
행하는 글자를 빌려서 어조사로 쓰기 때문에 한자와 애초에 아무 상관없이 떨
어져 있는 것이 아니어서 비록 서리나 하인들의 무리까지도 꼭 이를 익히려고
한다면 먼저 한문책 몇 권을 읽어서 한자를 약간 안 다음에 곧 이두를 쓰니,
이두를 쓰는 자는 모름지기 한자를 의지해야만 뜻을 달할 수 있으므로, 이두로
인해서 한자를 알게 되는 사람이 자못 많아, 역시 학문을 진흥시키는 데 도움
이 됩니다. 만일에 우리나라가 원래 글자를 몰라 결승 문자를 쓰는 시대 같다
면 아직 언문을 빌려서, 잠시의 변통으로 삼는 것은 오히려 옳습니다만, (이런
경우라고 하더라도) 옳은 의견을 가진 사람은 반드시 저 언문을 써서 잠시 변
통하기보다는 차라리 천천히 중국에서 통행하는 글자를 써서 장기적인 계획을

---

19) 二十七字諺文 : 이 구절은 후세 사람으로 하여금 한글은 애당초 28자로 창제된 것이
아니라 ᅙ자를 제외한 27자로 창제되었을 것이라는 추측을 낳게 하고 있다. 李東林
(1974), 「訓民正音 創制 經緯에 대하여-諺文字母 27字는 最初 原案이다-」, 『동국대
국어국문학과 논문집』 참조.
20) 積累 : = 積德累仁, 累 쌓을 루, 거듭할 루, 덕과 어진 일을 쌓고 쌓음.
21) 吏文 : 중국과의 외교 문서 등으로 쓰이던 특수 문체인데, 이 글로 보아서는 이두도 비
슷한 것으로 생각하고 있었던 것 같음.

삼는 것만 같지 못하다고 하겠거늘, 하물며 이두는 수천 년 동안 써 오면서, 관청의 문서 기록과 약속 계약 등으로 쓰이어서 아무 탈이 없는 것이온데, 어째서 예로부터 써 온 폐단이 없는 글자를 고쳐서 따로 속되고 이로움이 없는 글자를 만드시나이까? 만일에 언문이 통용되면 관리가 될 사람이 오로지 언문만 배우고 학문을 돌보지 않을 것이니, 이렇게 되면 한자와 관리가 갈리어 둘이 될 것이며, 진실로 관리된 자들이 언문으로써만 모든 일을 하고 또 벼슬길이 이루어질 수 있다면, 뒷사람들이 모두 이와 같이 됨을 보고 27자 언문만으로도 이 세상에서 입신하기에 족하다고 할 것이오매, 무엇 때문에 모름지기 고심하고 마음을 써서 성리의 학문을 닦겠나이까? 이렇게 나가면 수십 년 뒤에는 한자를 아는 사람이 반드시 적어질 것이오며, 비록 언문으로 관공서 일을 수행할 수 있더라도 성현의 한자를 알지 못하면 배우지 않아 담에 얼굴을 댄 것 같아서, 사리의 시비를 가리기에 어둡고 다만 언문에만 공을 들일 것이니 장차 어디에 쓰겠나이까?

우리나라가 덕을 쌓고 어진 정치를 베풀어 문을 숭상해 온 교화가 점점 깨끗이 없어져 버릴지 두렵삽나이다. 이보다 앞서 쓰이어 온 이두가 비록 한자에서 벗어난 것이 아닌데도, 유식자들은 아직도 이를 천한 것으로 쳐서 이문으로써 이를 바꾸려고 하고 있는데, 하물며 언문은 한자와 조금도 관련이 없는 것이며 오로지 시장 거리의 속된 말에서만 쓰이는 것이 아니겠습니까? 만일에 언문이 전조부터 있어 온 것이라고 하더라도, 오늘날 문명의 정치와 노를 변해 도에 이르려 일신하는 때에, 아직도 언문 같은 좋지 않은 관습을 이어 받아야 하나이까 하고 반드시 이를 바로잡겠다고 논의할 사람이 있을 것이니 이는 뚜렷이 알 수 있는 이치이옵나이다. 옛 것을 싫어하고 새 것을 좋아함은 예나 이제나 다름없는 폐단이니, 이제 이 언문이 다만 하나의 신기한 재주일 뿐이오며, 학문을 위해서도 손해가 되고, 정치에 있어서도 이로움이 없으니, 되풀이해서 생각해 보아도 그 옳음을 알 수 없사옵니다.

一. 若曰如刑殺獄辭. 以吏讀文字書之. 則不知文理之愚民. 一字之差. 容或致冤. 今以諺文. 直書其言. 讀使聽之. 則雖至愚之人. 悉皆易曉. 而無抱屈者[22]. 然. 自古中國. 言與文同. 獄訟之間. 冤枉甚多. 借以我國言

---

22) 若曰 … 無抱屈者 : 여기의 표현은 정인지가 '훈민정음 서문'에서 이두를 가지고는 일

之. 獄囚之解吏讀者. 親讀招辭. 知其誣而不勝捶楚. 多有枉服者. 是非不知招辭之文意而被冤也. 明矣. 若然則雖用諺文. 何異於此. 是知刑獄之平不平. 在於獄吏之如何. 而不在於言與文之同不同也. 欲以諺文而平獄事. 臣等未見其可也.

1. 만일에 형을 집행하고 죄인을 다스리는 말을 이두 문자로 쓴다면, 글의 내용을 알지 못하는 어리석은 백성이, 한 글자의 차이로 혹시 억울함을 당하는 일이 생길 수 있으나 이제 언문으로 죄인의 말을 바로 써서 읽어 주고 듣게 한다면 비록 매우 어리석은 사람일지라도 다 쉽게 알아들어서 억울함을 품을 사람이 없을 것이라고 한다면, 중국은 예부터 언어와 글자가 같은데도 죄인을 다스리는 일과 소송 사건에 원통한 일이 매우 많고, 만일에 우리나라로 말할 것 같으면, 옥에 갇힌 죄인 가운데 이두를 아는 사람이 있어서 자기가 공술한 내용을 직접 읽어보고, 그 내용에 사실과 다른 점을 발견하더라도, 매를 이기지 못하여 억울하게 승복하는 일이 많으니, 이로 보아 공술한 글의 뜻을 몰라서 억울함을 당하는 것이 아님이 분명합니다. 만일에 그러하다면, 비록 언문을 쓴다고 하더라도 이와 무엇이 다르겠습니까? 이로써 죄인을 공정하게, 또는 공정치 않게 다스리는 일이 옥리의 자질 여하에 달려 있는 것이지, 말과 글이 일치하거나 일치하지 않거나 하는 데 달려 있지 않음을 알 수 있습니다. 그리하여 언문을 가지고 죄인을 공정하게 다루려는 것이라고 하신다면, 신들로서는 그 타당함을 알 수가 없습니다.

一. 凡立事功. 不貴近速. 國家比來措置. 皆務速成. 恐非爲治之體. 儻曰諺文不得已而爲之. 此變易風俗之大者. 當謀及宰相下至百僚. 國人皆曰可. 猶先甲先庚.23) 更加三思. 質諸帝王而不悖. 考諸中國而無愧. 百世

상 언어생활에서 그 뜻을 만분의 일도 적을 수 없다고 한 것을 반박한 듯이 보임.
23) 先甲先庚 : 先甲三日 後甲三日·先庚三日 後庚三日을 줄인 말. 제정한 명령을 발표하기 전에 간곡히 일러 줌. 전용하여 간곡히 함을 나타냄. 『주역』蠱卦 '先甲三日 後甲三日'의 疏에 '甲者 創始之令 … 以民未習 故先此宣令之前三日殷懃而語之 又於此宣令之 後三日 更丁寧語之(甲이란 창시하는 명령 … 인민은 아직 익숙하지 않으므로 이 법을 선포하기 전 3일에 간곡하게 말하는 것이다. 또 이 명령을 선포한 뒤 3일에 다시 친절히 말한다)'라고 있고, 巽卦 '先庚三日 後庚三日(변경하기 전 3일, 변경한 뒤 3일)'의 程傳(송나라 程頤, 호 伊川의 易傳)에 '庚者 變更之始也 … 如先甲後甲之義(庚이란 변경의 시작이다. … 甲(변경)의 앞, 甲(변경) 뒤의 뜻이다)'라고 있다.

以後聖人而不惑. 然後乃可行也. 今不博採群議. 驟令吏輩十餘人訓習. 又輕改故人已成之韻書.[24] 附會無稽之諺文. 聚匠數十人刻之. 劇欲廣布 其於天下. 後世公議何如. 且今淸州椒水之幸.[25] 特慮年歉. 扈從諸事. 務從簡約. 比之前日. 十減八九. 至於啓達公務. 亦委政府.[26] 若夫諺文. 非國家緩急.[27] 不得已及期之事. 何獨於行在. 而汲汲爲之. 以煩聖躬調燮之時乎. 臣等. 尤未見其可也.

1. 무릇 일을 이루어 공을 세움에 있어서, 가깝게(짧은 시일 안에) 속히 하는 것을 귀하게 여기지 않사온데, 국가에서 요 근래 하는 일이 모두 속성으로 힘쓰고 있사오니 나라를 다스리는 근본에 어긋날까 두렵습니다. 혹시 언문을 부득이 창제하셔야 될 일이라면, 이것은 풍속을 크게 바꾸는 일이오니, 마땅히 재상으로부터 하급 관리와 백성에 이르기까지 상의하여야 하고, 설혹 모두 옳다고 하여도 오히려 사전에 정녕스럽게 하며 사전에 변경을 도모하여 다시금 심사숙고하여, 역대 제왕에게 질문하여도 어그러지지 않고, 중국과 상고하여 보아도 부끄러움이 없으며, 후세에 성인이 나타나셔도 의심스러운 바가 없는 연후에야 곧 실행에 옮길 일이옵니다. 그러함에도 오늘날 널리 여론을 들어보지 않고 갑자기 하급 관리 십여 인으로 하여금 배우게 하며, 또 가벼이 옛사람이 이미 이루어 놓은 운서를 고쳐서 황당한 언문을 붙이고 공장 수십 인을 모아서 이를 새기어, 급히 널리 세상에 공포하려 하고 있사오니, 이 일에 대한 온 천하와 후세 사람들의 공론이 어떠하오리까?

또 이번의 청주 초수 행차에 있어서는, 특별히 흉년을 염려하시와 호종 의식도 간략하게 하도록 힘쓰시어 그 전에 비하여 십중팔구로 줄이고, 상감께 상주

---

24) 輕改故人已成之韻書 : 세종 26년 2월경에 진행시키고 있었던 『고금운회거요』의 주음 (언역) 사업을 말하는 것임. 『세종실록』 26년 2월 16일(병신)조의 기사에 '以諺文譯韻會 東宮與晋陽大君瑈 安平大君瑢 監掌其事'라는 구절이 있다. 이 상소문의 내용으로 보아서는 훈민정음이 창제된 지 겨우 40일 동안에 이러한 많은 일이 이루어진 것 같지 않으며, 후일에 『동국정운』이 완성된 것을 가지고 논의한 것으로 보이기도 함.

25) 椒水之幸 : 상소문이 올려진 세종 26년 갑자 2월 20일(경자)의 실록 기사에 '今淸州椒水之幸'이라 있으나, 2월 28일(무신)의 기사에 '上及王妃 幸淸州椒水里 世子隨駕'라고 있으며, 또 3월 2일(임자)의 기사에 '車駕至椒水里'라 있으므로, 椒水里行次는 상소문을 올린 뒷날의 일이 된다.

26) 啓達公務 亦委政府 : 세종 24년 임술 7월 병술부터 詹事院을 설치하여 서무는 세자로 하여금 재결케 한 것을 말하는 것으로 보임.

27) 緩急 : 위급. 급격한 사변이라는 뜻.

할 공무도 대신들에게 위임하고 계시온데, 저 언문은 국가적인 급한 돌발 사건이어서 기일 내에 꼭 이룩해야 될 일이 아니온데도, 어째서 유독 행재에서까지 이 일에 관한 일을 급히 서두르시어, 상감님 옥체를 조섭해야 될 시기에 괴롭히시나이까? 신들로서는 그 타당함을 알지 못하겠습니다.

一. 先儒云. 凡百玩好. 皆奪志. 至於書札. 於儒者事最近. 然一向好著. 亦自喪志. 今東宮. 雖德性成就. 猶當潛心聖學. 益求其未至也. 諺文縱曰有益. 特文士六藝[28]之一耳. 況萬萬無一利於治道. 而乃研精費思. 竟日移時. 實有損於時敏之學也. 臣等. 俱以文墨末技. 待罪侍從.[29] 心有所懷. 不敢含默. 謹罄肺腑. 仰瀆聖聰.

1. 옛 유학자가 말하기를, 모든 신기하고 보기 좋은 일들이 학문하는 사람들의 뜻을 빼앗는다고 하고, 편지 쓰기는 유학자에게 가장 가까운 일이나 오로지 그 일에 사로잡히면 역시 스스로 뜻을 잃게 된다고 하였사온데, 이제 동궁이 비록 덕성이 함양되었다고 하더라도 아직도 마땅히 성학 공부에 깊이 마음을 써, 그 모자라는 점을 더욱 닦아야 합니다.

언문이 비록 유익한 것이라고 하더라도 다만 선비들의 육예의 하나일 뿐이오며, 하물며 도를 닦는 데에는 참으로 조금도 이가 없는 것이온데, 무엇 때문에 이 일에 정신을 쓰고 마음을 쓰며, 날을 마치고 시간을 보낸다면 실로 현 시점에서 시급한 학문을 닦는 데 손해가 되나이다.

신들은 모두 보잘것없는 글재주를 가지고 상감님을 뫼시고 있는 죄가 크온데, 마음에 품은 바를 감히 담고 있을 수가 없어서, 삼가 가슴에 있는 말씀을 다 사뢰어 상감의 어지심을 흐리게 하였나이다.

上覽疏. 謂萬理等曰. 汝等云. 用音合字. 盡反於古. 薛聰吏讀. 亦非異音乎. 且吏讀制作之本意. 無乃爲其便民乎. 如其便民也. 則今之諺文. 亦不爲便民乎. 汝等. 以薛聰爲是. 而非其君上之事. 何哉. 且汝知韻書乎. 四聲七音. 字母有幾乎. 若非予正其韻書. 則伊誰正之[30]乎. 且疏云. 新奇

---

28) 六藝 : 선비가 갖추고 있어야 될 禮·樂·射·御·書·數 등 여섯 가지 재주.
29) 待罪侍從 : 집현전 학사들이 가장 가까이 세종을 모시고 있는데 이것이 분수에 넘치는 일이라는 뜻임. 侍從은 시종신.
30) 誰正之 : 이렇게 운서를 바로잡겠다는 정신은 신숙주가 쓴 '동국정운 서문'(1447)에도

一藝. 予老來難以消日. 以書籍爲友耳. 豈厭舊好新而爲之. 且非田獵放
鷹之例也. 汝等之言. 頗有過越. 且予年老. 國家庶務. 世子專掌.[31] 雖細
事. 固當叅決. 況諺文乎. 若使世子. 常在東宮. 則宦官任事乎. 汝等以侍
從之臣. 灼知予意. 而有是言可乎.

상감께서 상소문을 보시고 만리 등에게 다음과 같이 말씀하셨다.

그대들이 말하기를 음을 써 글자를 합하는 것이, 모두 옛 것에 어긋나는 일
이라고 하였는데, 설총의 이두도 역시 음을 달리한 것이 아니냐? 또 이두를 만
든 근본 취지가 곧 백성을 편안케 하고자 함에 있는 것이 아니냐? 만일 백성을
편안케 하는 일이라고 한다면, 지금의 언문도 역시 백성을 편안케 함이 아니냐?
그대들이 설총이 한 일은 옳다고 하고, 그대들의 임금이 한 일은 옳지 않다고
하는 것은 무슨 까닭이냐?

또 그대가 운서를 아느냐? 사성과 칠음을 알며, 자모가 몇인지 아느냐? 만일
에 내가 저 운서를 바로잡지 않는다면, 그 누가 이를 바로잡겠느냐? 또 상소문
에서 말하기를 새롭고 신기한 하나의 재주라 했는데, 내가 늘그막에 소일하기
가 어려워 책으로 벗을 삼고 있을 뿐이지, 어찌 옛 것을 싫어하고 새 것을 좋
아해서 이 일을 하고 있겠느냐? 그리고 사냥하는 일들과는 다를 터인데, 그대
들의 말은, 자못 지나친 바가 있다고 할 것이다. 또 내가 나이 들어 국가의 서
무는 세자가 도맡아서, 비록 작은 일이라도 하더라도 의당 마땅히 참여하여 결
정하고 있는데, 하물며 언문은 말하여 무엇하겠느냐? 만일에 세자로 하여금 늘
동궁에만 있도록 한다면 환관이 일을 맡아서 해야겠는가? 그대들은 나를 가까
이 모시고 있는 신하로서, 내 뜻을 분명히 알고 있을 터인데도 이런 말을 하니
옳은 일이라고 할 수 있겠느냐?

萬理等對曰. 薛聰吏讀. 雖曰異音. 然依音依釋. 語助文字元不相離. 今
此諺文. 合諸字而並書. 變其音釋. 而非字形也.[32] 且新奇一藝云者. 特因
文勢而爲此辭耳. 非有意而然也. 東宮於公事. 則雖細事. 不可不叅決. 若

'若不一大正之 則愈久愈甚 將有不可救之弊矣'라고 있음.
31) 世子專掌 : 주 24 및 26 참조.
32) 今此諺文 … 非字形也 : 문의가 분명하지 않지만, 한자의 단음절성과는 달리 한글이
음소문자로 창제된 것과, 초·중·종성 문자들이 합해져서 음절문자처럼 쓰이는 것을 이렇
게 표현한 것으로 보임.

於不急之事. 何竟日致慮乎.

만리 등이 대답하여 말씀 여쭙기를, "설총의 이두가 비록 한자와 다른 음이라고 하더라도, 한자의 음과 새김을 써서 어조사로 쓰이는 이두와 한자가 근본적으로 떨어지지 않사온데, 지금의 언문은 여러 글자를 합하고, 또 나란히 쓰나, 그 음과 새김을 변하게 하고 글자 모양도 아닙니다. 또 신기한 하나의 재주라고 말씀 올린 것은 특히 글의 힘(문장 구성상의 문맥)으로 이런 말씀이 되었을 뿐이옵고 다른 뜻이 있어서 그렇게 된 것이 아니옵니다. 동궁은 공무라면 비록 작은 일이라고 하더라도 참여하고 결재해야 합니다만, 만일 급한 일이 아니라면 무엇 때문에 온종일 마음을 써야 하옵나이까?"라고 하였다.

上曰. 前此金汶啓曰. 制作諺文. 未爲不可. 今反以爲不可. 又鄭昌孫曰. 頒布三綱行實之後.[33] 未見有忠臣孝子烈女輩出. 人之行不行. 只在人之資質如何耳. 何必以諺文譯之而後. 人皆效之. 此等之言. 豈儒者理之言乎. 甚無用之俗儒也.

상감께서 말씀하시기를, "이보다 앞서 김문이 언문 제작을 꼭 해야 될 일이라고 하더니 이제는 도리어 해서는 안 되는 일이라 하고, 또 정창손이 '삼강행실도를 반포한 뒤에 충신·효자·열녀가 연이어 나온 것을 보지 못하였고, 사람이 행하고 행하지 않는 것은 다만 사람의 됨됨이가 어떠하냐에 달려 있을 뿐, 하필 언문으로 번역한 뒤에야 사람들이 모두 (삼강행실도의 내용을) 본받겠습니까?' 라고 하니, 이들의 말은 어찌 유자가 사리를 알고 하는 말이냐, 심히 쓸모없는 속된 선비로구나"라고 하시었다.

前此. 上敎昌孫曰. 予若以諺文. 譯三綱行實. 頒諸民間. 則愚夫愚婦. 皆得易曉. 忠臣孝子烈女. 必輩出矣. 昌孫乃以此啓達. 故今有是敎.

上又敎曰. 予召汝等. 初非罪之也. 但問疏內一二語耳. 汝等不顧事理. 變辭以對. 汝等之罪. 難以脫矣. 遂下副提學崔萬理. 直提學辛碩祖. 直殿金汶. 應敎鄭昌孫. 副敎理河緯地. 副修撰宋處儉. 著作郎趙瑾于義禁府. 翌日命釋之. 唯罷昌孫職. 仍傳旨義禁府. 金汶前後變辭啓達事由. 其鞫以

---

33) 頒布三綱行實之後 : '三綱行實'은 애당초 1434년(세종 16)에 그림을 붙여서 한문책으로 간행되었다. 이때의 세종 하교문에 충신·효자·열녀가 배출될 것이라고 기대하는 내용이 있음.

聞(辛丑. 義禁府劾啓. 金汶律該對制上書. 詐不以實. 杖一百徒三年. 只贖
杖一百)

그전에 상감께서 창손에게 말씀하시기를 "만일에 내가 언문으로 삼강행실도를
번역하여 여러 백성들에게 나누어주면, 비록 어리석은 지아비나 지어미라고 하
더라도 모두 쉽게 알아서 충신·효자·열녀가 반드시 연이어 나올 것이다"라고
하시니, 창손이 위와 같이 아뢰었던 까닭에, 이제 이런 말씀을 하시는 것이다.

상감께서 또 말씀하시기를 "내가 경들을 부른 것은 애당초 벌을 주려고 한
것이 아니고 다만 상소문 가운데의 몇 마디에 대하여 물어 보려고 했을 뿐인
데, 경들이 사리를 돌보지 않고 말을 바꾸고 대답을 하니 경들의 죄는 벗어나
기 힘들 것이다"라고 하셨다.

드디어 부제학 최만리, 직제학 신석조, 직전 김문, 응교 정창손, 부교리 하위
지, 부수찬 송처검, 저작랑 조근을 의금부에 송치하고 다음날 풀어 주도록 명하
시었다. 다만 창손은 파직시키고, 의금부에 대하여 김문이 앞뒤 말을 바꾸어 상
주한 까닭에 심문하여 보고하도록 거듭 명령을 내리시었다.

[다음날(신축)에 의금부가 조사한 결과를 보고하였다. 김문의 죄는 '對制上書
詐不以實(왕의 직접적인 고문 자리에 있으면서 사실대로 아뢰지 않은 죄)'에
해당하고, 杖 100 徒刑 3년에 처한다고 하였다. 다만 곤장은 면해 주었다.]

2. 『東國正韻』序文

세종과 세종을 보필한 학자들은 우선 15세기의 한국한자음의 음소를 분석하고 이를 바탕으로 해서 국어의 음소 분석과 문자화로 나아간 것으로 인정되고 있다.

이 과정에서 당시의 전승 字音은 중국음운학 체계로 보아 상당히 혼란한 상태에 있다고 생각하게 되어 그 결과로 『東國正韻』이 편찬되었다. 『동국정운』의 편찬은 훈민정음 창제와 表裏一體의 관계에 있었고, 특히 23자모 체계는 양자가 완전히 같다.

『동국정운』의 체계는 사성(평·상·거·입)·23자모·91운인데, 실지의 편찬에서는 1444년(세종 26) 초에 이미 상당히 진척되어 있었던 『고금운회거요』 언역(한글에 의한 표음) 사업을 연장시켜 이 체계를 바탕으로 해서 한국한자음을 정리한 것이었다(수록자는 『고금운회거요』 12,652자에 보태어서 14,243자다).

『동국정운』은 1447년(세종 29) 9월에 6권으로 편찬 완료되고 1448년(세종 30) 10월에 간행되었으며, 편찬자는 『훈민정음해례본』 편찬자들과 거의 같은 최항·박팽년·신숙주·성삼문·강희안·이개·이현로·조변안·김증 등 9명이었다. 원본은 1940년경 안동 모 고가에서 권1·권6만이 발견되어 고 전영필 씨 소장(현 간송미술관)으로 보존되어 왔다(원판본은 가로 20.5cm, 세로 33.8cm, 板匡은 너비 15.7cm, 높이 23cm, 서문이 甲寅字의 大字, 본문이 갑인자의 小字, 모두 木活字本임). 1970년대에 강릉시 漁村 沈彦光의 16대손 沈敎萬家에서 대대로 간직해 온 6권 전질이 발견되어 현재 건국대 도서관에서 보존하고 있다(다만 심씨본은 개장본임).

여기에서 번역한 '동국정운 서문'은 권1 첫머리에 실려 있으며 작자 신숙주의 문집인 『보한재집』에도 수록되어 있다. 신숙주는 이 글에서 당시의 전승 자음의 모습을 어느 정도 설명하고 있고, 『동국정운』 편찬의 목적을 밝히고 있어서 귀중한 자료가 되고 있다.

東國正韻序

天地絪縕[34) 大化[35) 流行[36) 而人生焉 陰陽相軋 氣機交激 而聲生焉
聲旣生而七音自具[37) 七音具而四聲亦備 七音四聲經緯相交[38) 而淸濁輕
重深淺疾徐生於自然矣

是故包犧畫卦 蒼頡[39) 制字 亦皆因其自然之理 以通萬物之情[40) 及至
沈陸諸子[41) 彙分類集 諧聲協韻 而聲韻之說始興 作者相繼 各出機杼[42)
論議旣衆 舛誤亦多 於是溫公著之於圖[43) 康節明之於數[44) 探賾鉤深 以
一諸說 然其五方之音各異 邪正之辨紛紜.

동국정운 서문

천지의 두 기운이 꽉 달라붙어 만물을 생성하는 원기가 모이고, 큰 교화가

---

34) 絪縕 : 絪 원기 인, 縕 기운덩이 온. 絪縕은 만물을 생성하는 원기가 모이는 모습. 『역
경계사』 하전에 '天地絪縕 萬物化醇 男女構精 萬物化生'이라고 있음. 주역금주금역(대
북 상무인서관)에서는 絪 : 麻帛(삼베), 縕 : 綿絮(솜 지스러기), 絪縕 : 纏綿交密著(떨어
지지 않을 정도로 꽉 달라붙어 있음)라고 했음.
35) 大化 : 큰 교화, 광대한 德化.
36) 流行 : 물이 흐르는 것처럼 널리 미침.
37) 七音自具 : '훈무정운 서문'에 있는 '人之生也則有聲 聲出而七音自具'를 참고로 한
글임.
38) 經緯相交 : 7음은 위가 되고 4성은 경이 되어 字音을 표시하도록 만든 운도를 말하는
것임.
39) 包犧・蒼頡 : 包犧는 伏義라고도 하고, 蒼頡과 함께 문자(한자)를 처음 만든 사람으
로 전해 오고 있음.
40) 萬物之情 : 『역경계사』 하전 제2장에 '古者 包犧氏王天下也 … 於是始作八卦 以
通神明之德 以類萬物之情'이라는 말이 있어서, 여기는 이 부분을 요약한 것임.
41) 沈陸諸子 : 沈은 『四聲韻譜』를 지었다고 하는 沈約, 陸은 『切韻』(601)을 지은 陸法
言을 말하며, 諸子는 여러 학자.
42) 機杼 : 機 베틀 기, 杼 북 저. 機杼는 실 낚듯이 문장을 꾸미는 것. 다시 말해서 여러
학자들이 각자 제 소리를 하는 것을 말함.
43) 溫公著圖 : 사마온공(司馬光, 1019~1086)이 『절운지장도』를 지었다는 뜻임. 그러나 실
지의 작자는 사마온공(사마광)이 아니라고 함.
44) 康節明之於數 : 소옹(1011~1077)의 「황극경세서」에서 숫자로 인간의 성음을 설명한
것을 말하는 것. 소옹은 운도의 일종인 '正聲・正音圖(皇極經世聲音唱和圖)'를 만들고
'經世四象體用之數圖'에서 '正聲・正音'이 서로 결합하여 나타낼 수 있는 음(자음)을 숫
자로 표시했음.

물처럼 널리 미치어서 사람이 생기며, 음과 양이 서로 비비고 만물 생성의 근원이 함께 작동하여 소리가 생긴다. 소리가 이미 생기니 7음이 저절로 갖추어지고 운모와 4성이 역시 갖추어져서, 종과 횡으로 배열된 성모와 운모가 서로 결부되어 자음을 표시하니, 이들 자음에 청탁·경중·심천·질서 등 성모와 운모 그리고 성조로서 갖추고 있어야 될 여러 자질이 생기는 것은 자연스러운 일이다.

이런 까닭에 복희가 괘를 만들고 창힐이 글자를 만들어낸 것도, 역시 모두 자연의 이치에 따라 만물의 정을 통한 것이다. 심약과 육법언 등에 이르러 음(한자음)을 휘(彙)로 나누고 유(類)로 모아서 성(聲, 子音)을 고르게 하고 운을 맞추니(즉 한자음 분류법이 생기니) 성운학에 관한 이론이 처음으로 일어났다. (그 뒤) 운서를 편찬한 이들이 줄을 이었으나, 각각 모두 제 주장을 하였으므로 논의도 많아지고 잘못도 역시 많아졌다. 이에 송나라 때에 와서 사마온공이 운도를 짓고, 소강절(소옹)이 성음도 수리론으로 밝혀서, 깊은 이치를 찾고 심오한 이치까지 연구함으로써 여러 가지 설을 하나로 통일하였다. 그러나 각 지방의 음이 각각 달라 옳고 그름을 따짐에 있어서 여러 사람들의 의견이 같지가 않았다.

夫音非有異同 人有異同 人非有異同 方有異同 盖以地勢別 而風氣殊 風氣殊而呼吸異 東南之齒脣 西北之頰喉 是已[45] 遂使文軌雖通[46] 聲音不同焉 矧吾東方 表裏山河 自爲一區 風氣已殊於中國 呼吸豈與華音相

---

45) 音非有異同 … 是已:「황극경세서」의 주를 요약한 것.『성리대전』권8「황극경세서」제2 '正聲·正音圖'의 주에는 '鍾氏過曰 伊川丈人云 音非有異同 人有異同 人非有異同 方有異同 謂風土殊而呼吸異故也 東方之音在齒舌 南方之音在脣舌 西方之音在顎舌 北方之音在喉舌 便于喉舌 不利于脣 便于齒者 不利于顎[종과가 말하기를 이천 장인 '소고(소옹의 아버지)'가 다음과 같이 말하였다. 음, 그 자체에 다르고 같음이 있는 것이 아니고 사람이 다르고 같음이 있는 것이며, 사람이 다르고 같음이 있는 것이 아니고 사람이 사는 지방에 차이가 있는 것이며, 지리적 조건이 달라서 사람의 발음이 이에 따라 달라지는 것이다. 그래서 동방음은 치음과 설음에, 남방음은 순음과 설음에, 서방음은 악음과 설음에, 북방음은 후음과 설음에 있어서 목에서 조음하는 것은 입술에서의 조음이 불편하여, 이(齒)에서 조음이 편리한 것은 턱에서의 조음이 불편하다]'이라는 구절이 있음.
46) 文軌雖通 : 송렴의 '홍무정운 서문'에서는 '當今聖人在上 車同軌而書同文'이라는 구절이 있음. 文軌는 동문동궤와 마찬가지로 원래는 한 사람의 천자 밑에 천하가 통일되어 있다는 뜻이나 차량의 규격이 같고 문자·문화 생활이 같다는 뜻임.

合歟 然則語音之所以與中國異者 理之然也. 至於文字之音 則宜若與華音相合矣 然其呼吸旋轉之間 輕重翕闢[47]之機 亦必有自牽於語音者 此其字音之所以亦隨而變也 其音雖變 淸濁四聲則猶古也 而曾無著書 以傳其正 庸師俗儒不知切字之法 昧於紐躡[48]之要 或因字體相似而爲一音 或因前代避諱而假他音 或合二字爲一 或分一音爲二 或借用他字 或加減點畫 或依漢音 或從俚語 而字母七音淸濁四聲 皆有變焉.

대저 음 그 자체에 이동(異同)이 있는 것이 아니고, 사람이 같음과 다름이 있는 것이며, 사람 그 자체에 이동이 있는 것이 아니라 지방에 이동이 있는 것이니, 대개 지세가 다르면 기후가 다르고 기후가 다르면 사람들이 숨쉬는 것(즉 발음)이 다르니, 동쪽과 남쪽 사람은 치음과 순음을 많이 쓰며, 서쪽과 북쪽 사람은 목소리(후음)를 많이 쓰는 것이 곧 이것이다. 그래서 드디어 온 세상의 문물제도를 (중국의 제도처럼) 통일시킨다고 하더라도 사람들의 성음은 같지 않은 것이다.

하물며 우리나라는 안팎으로 산하가 저절로 한 구획을 이루어 지리와 기후 조건이 이미 중국과 다르니, 어음의 발음이 어찌 한어의 어음과 서로 부합될 수 있겠는가? 그러한 즉, 어음이 중국과 다른 까닭은 당연한 이치거니와 한자음에 이르러서는 마땅히 중국의 본토 자음과 부합되어야 하는데, 여러 번 발음하고 발음하는 사이에 성모와 운모의 기틀이 또한 반드시 저절로 어음에 끌리는 것이 있으니, 이것이 곧 한자음이 역시 따라서 변한 까닭인 것이다. 비록 그 음은 변하더라도 청탁이나 사성은 예와 같을 수 있을 것이나 일찍이 책을 지어 그 바른 것을 전해주는 것이 없었다. 그래서 어리석은 스승이나 일반 선비들이 반절법도 모르고 자모와 운모의 분류 방식도 몰라서, 혹은 글자 모습이 비슷하다고 해서 같은 음으로 하고, 혹은 앞 시대에 임금의 휘자 같은 것을 피하던 것으로 해서 다른 음을 빌리며, 혹은 두 글자를 합해서 하나로 하고, 혹은 한 음을 둘로 나누며, 혹은 다른 글자를 빌리고 혹은 점이나 획을 더하거나 덜며, 혹은 중국 본토음을 따르고 혹은 우리나라 음을 따라서 자모와 칠음, 청탁, 사성이 모두 변하였다.

---

47) 輕重은 경순음이나 중순음만을 뜻하는 것이 아니라 성모 전체를 가리키는 것으로 봄이 좋을 듯. 翕闢은 개합과 마찬가지로 쓰인 술어인데 운모를 가리키는 것. 결국 輕重翕闢은 성모와 운모로 분류되는 전체의 한자음을 가리키는 것.
48) 紐는 자모, 躡은 攝. 攝은 206 내지 107운모를 다시 16 내지 14의 큰 단위로 나눈 것.

若以牙音言之 溪母之字 太半入於見母⁴⁹⁾ 此字母之變也 溪母之字 或
入於曉母⁵⁰⁾ 此七音之變也 我國語音 其淸濁之辨 與中國無異 而於字音
獨無濁聲⁵¹⁾ 豈有此理 此淸濁之變也. 語音則四聲甚明 字音則上去無別
質勿諸韻宜以端母爲終聲 而俗用來母 其聲徐緩 不宜入聲此四聲之變也
端之爲來 不唯終聲 如次第之第 牡丹之丹之類 初聲之變者亦衆 國語多
用溪母 而字音則獨夬之一音而已 此尤可笑者也 由是 字畫訛而魚魯混眞
聲音亂而涇渭⁵²⁾同流 橫失四聲之經 縱亂七音之緯 經緯不交 輕重易序
而聲韻之變 極矣

世之爲儒師者 往往或知其失 私自改之 以敎子弟 然重於擅改 因循舊
習者多矣 若不一大正之⁵³⁾ 則愈久愈甚 將有不可救之弊矣

가령 아음으로 말한다면, 계모(k'-)에 속하는 글자들이 거의 견모(k-)로 발음
되니, 이것은 자모가 변한 것이다. 계모(k'-)에 속하는 자음 가운데 간혹 효모
(h-)로 발음하는 것이 있으니, 이것은 칠음 즉 조음 위치가 변한 것이다. 우리
나라 어음도 그 청·탁이 구별됨은 중국의 자음과 다를 바가 없거늘, 우리나라
한자음에 있어서만 홀로 탁음이 없으니 어찌 이럴 수가 있겠는가. 이것은 청·
탁의 변화다. 우리나라 어음은 사성이 매우 분명한데, 한자음에 있어서는 상성
과 거성의 구별이 없고, 질(質)운, 물(勿)운 등은 마땅히 단모(ㄷ음)로 종성을

---

49) 入於見母 : 중국에서 ㅋ음으로 발음되던 한자음들이 우리나라에서는 ㄱ음으로 발음됨
을 말하는 것임(보기 : 開, 空, 苦, 啓, 曲, 器 등).
50) 入於曉母 : 중국에서 ㅋ음으로 발음되던 자음들이, 우리나라에서는 ㅎ음으로 발음됨을
말하는 것임(보기 : 墟, 咳, 虩, 抗, 沆, 確 등).
51) 獨無濁聲 : 우리나라 한자음에서는 된소리로 발음되던 자음이 없음을 말하는 것임.『동
국정운』에서는 원래 중국에서 전탁음으로 발음되던 자음들을 도로 전탁으로 복원시켜 각자
병서로 표기하였음.
52) 涇渭 : 둘 다 중국 섬서성의 내 이름. 경수는 흐린 물이 흐르고, 위수는 맑은 물이 흐
른다고 하여 경위는 청과 탁의 구별이 분명한 것을 말하는데, 涇渭同流는 그 반대로 청
탁이 뒤섞였음을 말하는 것.
53) 一大正之 : 이러한 사상은 최만리의 반대소에 대한 세종의 대변에도 '若非予正其韻
書 則伊誰正之乎'라고 나타나 있음.『홍무정운』서에도 '天地生人 卽有聲者 五方殊習
人人不同 鮮有能一之者 … 欲知何者爲正聲 五方之人 皆能通解者 斯爲正音也 沈
約以區區吳音 欲一天下之音 難矣 今玆正之(천지에 사람이 생기면 성음이 있는데, 지
역이 다름에 따라 익히며 사람들의 성음이 같지 않아서 이를 통일하는 일은 드물다. …
무엇이 '정성'인가 하는 것을 알고자 하면 각 지방 사람들에게 다 통하는 것이 '정음'이다.
심약이 작은 '오음'으로 천하의 음을 통일하려고 하였으나 어려웠던 것을, 이제 이에 바로
잡았다)'라고 있음.

삼아야 하는데, 일반적으로 래모(ㄹ)로 종성을 삼고 있으니, 그 음이 느려져서 입성으로서는 마땅치 않으니, 이것은 사성이 변한 것이다. ㄷ음이 ㄹ음으로 변한 것은 오직 종성만이 아니어서 예를 들면 차뎨→차례, 모단→모란과 같은 따위로, 초성이 변한 것도 많다. 국어에서는 계모음, 즉 ㅋ음을 많이 쓰나 우리나라 한자음에는 다만 쾌(夬)자의 한 음뿐이니 이것이 더욱 우스운 일이다.

이에 자획이 어그러져 어(魚)자와 노(魯)자가 뒤섞이고, 성음이 흐트러져서 정음과 와전된 음이 함께 쓰이매, 운도에서 옆줄로는 운모음을 제대로 배열할 수 없고, 종열로는 성모음을 제대로 배열할 수 없어서, 성모와 운모의 결합으로 표시하는 자음(字音)이 제대로 표시가 안 되고, 순경음과 순중음의 순서가 바뀌는 등 성운의 변화가 극에 달하였다.

세상에서 유학 분야의 스승 노릇하는 이들이, 가끔 그 잘못된 것을 알고 사사로이 스스로 이를 고쳐 가지고 자제들을 가르치고 있으나 그러나 제멋대로 고치는 일이 어려워 옛 습관을 그대로 이어받고 이에 사로잡히는 사람들이 많다. 이러하니 만일에 한번 이를 크게 바로잡지 않는다면 날이 갈수록 잘못된 것이 더 심해져서 장차 이를 바로잡지 못할 폐습이 있을 것이다.

盖古之爲詩也 恊其音而已 自三百篇 而降漢魏晉唐諸家 亦未嘗拘於一律 如東之與冬 江之與陽之類 豈可以韻別而不相通恊哉[54] 且字母之作諧於聲耳 如舌頭舌上脣重脣輕齒頭正齒之類 於我國字音 未可分辨 亦當因其自然 何必泥於三十六字乎

대개 옛날에 시를 지을 때에는 그 음을 맞출 뿐이었더니, 3백편(시경)으로부터 한 · 위 · 진 · 당 시대의 여러 시인에 이르기까지 역시 하나의 운율(즉 운모)에만 구애되지 않아서, 예를 들면 동(東)운과 동(冬)운, 강(江)운과 양(陽)운과 같은 운모류들이 어찌 운모가 다르다고 해서 서로 통하게 쓰이지 않았겠는가 (즉 서로 통하게 쓰이었다). 또 자모를 분류하여 만드는 것도 성모를 고르게 할 뿐이라, 설두 · 설상음과 순중 · 순경음과 치두 · 정치음 같은 것은 우리나라 한

---

54). 自三百篇 … 通恊哉 : 여기는 '홍무정운 서문'에서 '楚漢以來 離騷之辭 郊祀安世之歌 以及於魏晉諸作 曷嘗拘於一律 亦不通恊比其音而已(초 · 한 이래 굴원의 '이소사', 한나라 무제의 '교사가', 위 · 진시대의 여러 작품에 이르기까지, 어찌 하나의 운율에 사로잡혀, 그 음에만 의지하여 서로 압운을 할 수 없었겠는가)'라고 한 것을 요약하고 『절운』 · 『광운』에서 구별되던 東 · 冬, 江 · 陽韻들이 후세에 와서 합해진 것을 지적한 구절임.

자음에 있어서는 이를 구별할 수 없으니, 역시 마땅히 그 자연스러움을 바탕으로 할 것이지, 어찌 반드시 36자모에 사로잡힐 필요가 있겠는가.

恭惟我

主上殿下 崇儒重道 右文興化 無所不用其極 萬機之暇 慨念及此 爰命
臣叔舟 及守集賢殿直提學臣崔恒 守直集賢殿臣成三問 臣朴彭年 守集賢
殿校理臣李塏 守吏曹正郎臣姜希顏 守兵曹正郎李賢老 守承文院校理臣
曹變安 承文院副校理臣金曾 旁採俗習 博55)考傳籍 本諸廣用之音 協之
古韻之切 字母七音 淸濁四聲 靡不究其源委 以復乎正

삼가 생각하옵건대 우리 주상 전하께서는 유교를 높이 받드시고 도를 중히
여겨, 문(文)을 높이고 교화를 일으키시어, 그 극진한 곳까지 (마음을) 쓰지 않
으시는 바가 없으시매, 만기(萬機)의 겨를에 이 (한자음) 문제까지 걱정하시어
이에 신숙주와 수 집현전 직제학 신 최항, 수직 집현전 신 성삼문, 신 박팽년,
수 집현전 교리 신 이개, 수 이조정랑 신 강희안, 수 병조정랑 이현로, 수 승문
원 교리 신 조변안, 승문원 부교리 신 김증에게, 한편으로 속습을 채집하고 널
리 전적을 상고하여 널리 쓰는 음을 근본으로 삼고, 고운(古韻)의 반절에 맞도
록 하며, 자모, 칠음, 청탁, 사성 등에 걸쳐 그 본말을 밝히지 않음이 없도록
해서 그 올바른 것을 회복하라고 명령하시었다.

臣等才識淺短 學問孤陋 奉承未達 每煩指顧 乃因古人編韻定母 可倂
者倂之 可分者分之 一倂一分 一聲一韻 皆稟
宸斷 而亦各有考據 於是 調以四聲 定爲九十一韻二十三母 以
御製訓民正音定其音 又於質勿諸韻 以影補來56) 因俗歸正 舊習謬謬 至
是而悉革矣 書成 賜名曰東國正韻 仍 命臣叔舟爲序
臣叔舟竊惟 人之生也 莫不受天地之氣 而聲音生於氣者也 淸濁者陰陽

---

55) 博字로 보아야 될 것임. 이 글에서는 協을 恊으로 쓰고 있음.
56) 以影補來 : 중국 36자모표의 影母에 해당하는 음이 ㆆ(挹母), 來母에 해당하는 음이
ㄹ(閭母)이어서, '以影(挹)補來(閭)'는 ㆆ자(음)를 가지고 ㄹ자(음)를 보완하여 ㅭ을 가지
고 한자음의 -t 입성음을 표기하도록 규정한 것임. 이것은 15세기 한국한자음에서는 -t
입성음이 모두 -ㄹ음으로 변하고 있었으므로, -t와 -ㄹ을 절충하여 ㆆㄹ음으로써 ㄹ음의 이
완성을 보완해 보려는 노력의 결과로 볼 수 있음. 이런 노력을 서문에서는 '因俗歸正'이
라고 표현했음.

之類 而天地之道也 四聲者造化[57]之端 而四時之運也 天地之道亂而陰陽
易其位 四時之運紊 而造化失其序 至哉 聲韻之妙也 其陰陽之闔奧[58] 造
化之機緘[59]乎

　그러나 신들은 재주와 학식이 얕고 짧으며 학문이 고루하여 상감마마의 분부
를 옳게 이룩하지 못하고 늘 가르침을 받기 위하여 괴롭혀 드렸다. 이에 옛사
람이 운목(韻目)을 정하고 자모(字母)를 정한 것을 바탕으로 하여, 합칠 것은
합치고 나눌 것은 나누되 하나를 합하고 하나를 나누거나 하나의 성모를 세우
고 하나의 운모를 정함에 있어서 모두 상감의 재가를 얻었으며, 또 각각 상고
한 근거가 있는 것이다. 이에 사성(四聲)으로 조정하고 91운과 23자모로 (운서
편찬의) 기준을 삼은 다음 어제 훈민정음을 가지고 그 음(즉 한자음)을 정하였
으며, 또 질(質)운과 물(勿)운 같은 운들의 운(여기서는 운미음을 말함)은 영모
(즉 ㆆ)로 래모(즉 ㄹ)를 보충하여, 속습을 바탕으로 해서 바로잡으니, 옛 습관
의 잘못됨이 이에 이르러 모두 고쳐졌다.

　책이 이루어짐에 '동국정운'이라는 이름을 내리시고, 이어서 신숙주에게 서문
을 짓도록 명하시었다.

　신숙주가 가만히 생각해 보니, 사람이 생김에 있어서 천지의 기를 받지 않음
이 없는데 성음은 기(氣)에서 생긴 것이다. 청과 탁은 음양의 유(무리)로서 천지
의 도이며, 사성은 천지 만물을 창조해 내는 신의 조화(造化)가 나타난 것으로
서 사시(四時)의 운행이다. 천지의 도가 어지러워지면 음양이 그 자리를 바꾸고,
사시의 운행이 어지러워지면 조화가 그 차례를 잃게 되니 지극하구나. 성음의
묘함이여! (성음은) 저 음양의 중심이 되고, 조화의 가장 중요한 요점이로구나.

況乎書契未作 聖人之道 寓於天地 書契旣作 聖人之道 載諸方策[60] 欲

---

57) 造化：天地萬物創造化育神을 말함. 천지간의 만물을 만들고 키우는 것. 또 그 신,
　　조물자, 조물주, 천지 우주.
58) 闔奧：중심, 학문과 기술 등의 매우 깊은 뜻.
59) 機緘：요점, 사물의 처음과 끝. 또 氣의 변화.
60) 書契未作 … 方策：『역경계사』 하전 제2장에 '上古結繩而治 後世聖人 易之以書
　　契 百官以治 萬民以察 盖取諸夬(상고시대에는 결승문자로 다스렸다. 후세에 성인이
　　서계를 발명하여 이를 대신 하였으므로, 백관이 정치에 이용하고 만민도 이를 가지고 모든
　　일을 살폈는데, 일을 그르치지 않도록 夬괘를 취하였다)'라고 있음. 서계미작은 아직 문자
　　(한자)가 만들어지기 이전에는 결승문자를 썼다는 뜻임.

究聖人之道 當先文義 欲之文義之要 當自聲韻[61] 聲韻乃學道之權輿[62]也
而亦豈易能哉 此我

聖上所以留心聲韻 斟酌古今 作爲指南 以開億載之羣蒙者也 古人著書
作圖 音和類隔正切回切[63] 其法甚詳 而學者尙不免含糊囁嚅[64] 昧於調恊
自正音作而萬口一聲 毫釐不差 實傳音之樞紐也.

淸濁分而天地之道定 四聲正而四時之運順 苟非彌綸[65]造化 轇轕[66]字
宙 妙義契於玄關 神幾通于天籟 安能至此乎 淸濁旋轉 字母相推七均而
十二律而八十四調 可與聲樂之正 同其太和矣[67]

吁 審聲以知音 審音以知樂 審樂以知政[68] 後之觀者 其必有所得矣

---

61) 當自聲韻 : '홍무정운 서문'에는 '臣濂竊惟 司馬光有云 備萬物之體用者 莫過於字
包衆字之形聲者 莫過於韻 所謂 三才之道 性命道德之奧 禮樂刑政之原 皆有繫於
此 誠不可不愼也(신 염이 생각하옵건대, 사마광이 만물의 본체와 작용을 갖추고 있는 것
은 '글자'보다 더 훌륭한 것이 없고, 여러 글자의 形·聲을 갖추고 있는 것은 '운'보다 더
한 것이 없다. 이른바 천·지·인 삼재의 도와 성명도덕의 오묘함, 예악형정의 근원도 이
에 걸려 있으므로, 깊이 연구하지 않으면 안 된다고 말한 일이 있습니다)'라고 있음.

62) 權輿 : 사물의 시초.

63) 音和類隔正切回切 : 반절법에 의하면 자음을 표시할 때 반절상자와 귀자(歸字)의 성
모가 같고 반절하자와 귀자의 운과 등(모음의 높이)이 같은 것을 '음화(音和)'라고 하고,
반절하자와 귀자의 운이 같으면 반절상자와 귀자의 성모가 순중음과 순경음, 설두음과 설
상음, 치두음과 정치음과 같이 다르더라도 서로 반절로 쓸 수 있는 것을 '유격(類隔)'이라
하였음. 정절은 반절법을 사용할 때 순서대로 분절하는 것, 회절은 돌려서 분절하는 것이
라고 하나 미상임.

64) 含糊囁嚅 : 함호섭유. 함호는 분명하지 못한 모양, 섭유는 겁이 나서 말을 하려다가 머
뭇거리는 모양.

65) 彌綸 : 모두 감싼다는 뜻. 널리 다스리다. 『역경계사』 상전 제4장에 '易與天地準 故能
彌綸天地之道'라고 있음.

66) 轇轕 : 轇 아득할 교, 轕 = 輵 세갈래길 갈. 창끝의 모습, 어지럽게 뒤섞이다. 바삐 뛰
는 모습.

67) 淸濁 … 太和矣 :『예기』 37 악기에는 '大樂與天地同和(큰 음악은 천지와 동화한다)'
라고 있고, '홍무정운 서문'에는 '旋宮以七音爲均 均言韻也 有能推十二律 以合八十四
調 旋轉相交而大樂之和 亦在是矣(궁을 돌려서 7음을 고르게 한다. 均整케 한다는 것
은 '운'을 말한다. 만일에 12율로 84조에 조화시킬 수 있다면, 서로 돌고 돌아 큰 음악의
조화는 이에 있는 것이다)'라고 있음. 또 정초의 '칠음략 서'에는 '譯遂因琵琶更立七均
合成十二應十二律 律有七音 音立一調 故成七調 十二律合八十四調 旋轉相交 盡
皆和合(드디어 비파에 옮겨서 7운을 다시 세우고, 12율에 응하여 12에 합성하는 것이다.
율에 7음이 있으며, 음은 하나의 조자를 세우므로 7조를 이루며, 12율이 84조를 합성하여,
서로 돌고 돌므로 모두가 화합하는 것이다)'라고 있음. '太和'는 음양이 조화한 氣. 만물
생성의 원기. 세상이 매우 잘 다스려져 있는 것.

正統十二年[69]丁卯九月下澣 通德郞守集賢殿應敎 藝文應敎 知製敎 經
筵檢討官 臣申叔舟拜手稽首謹序

하물며 서계(중국의 태고 문자)가 만들어지기 전에는 성인의 도가 천지에 붙
어 있었고, 서계가 만들어진 뒤에는 성인의 도가 여러 가지 책에 실리게 되었
으니, 성인의 도를 밝히고자 하면 마땅히 글의 뜻을 먼저 알아야 하고, 글 뜻의
요점을 알고자 하면 마땅히 성운부터 알아야 하니 성운은 곧 도를 배우는 시초
가 되나, 또 어찌 이를 쉽게 깨우칠 수 있겠는가!

이것이 우리 성상께서 성운에 뜻을 두시고 고금(古今) 것을 취사 선택하시어
지침이 될 만한 것을 만드심으로써 수억 년에 걸친 여러 어리석은 자들을 깨우
치신 까닭이다. 옛사람들이 책(운서)을 짓고 그림(운도)를 그리어 음화니 유격
이니, 정절이니 회절이니 하여 그 법(자음 표시법)이 매우 자세하여도, 배우는
이들이 아직도 얼버무림과 머뭇거림을 면하지 못하여 조협(곧 한자음을 고르게
나타내는 것)에 어둡더니, 정음(한글)이 만들어진 다음부터는 온갖 입에서 나는
한 가지 소리가 털끝만큼도 차이가 없으니, (정음이) 실로 음을 전하는 데 있어
서 가장 중심이 되는 구실을 하게 되었다. 청·탁이 나누이매 천지의 도가 정
해지고 사성이 정해지매 사시의 운행이 순리대로 되니, 적어도 조화를 모두 다
스리고 우주를 세차게 달려서 묘한 뜻이 현묘(玄妙)한 도의 입구에서 부합되
고, 신령스러운 기틀이 하늘 소리에 통하는 것이 아니면, 어찌 능히 이에 이를
수 있겠는가?

청탁이 빙빙 돌아가고 자모가 서로 미루어, 7운에서 12율로 다시 84조가 되
어 가히 성악의 바름과 그 태화를 함께 할 것이다.

아아, 소리를 살피어 음을 알고, 음을 살피어 악(음악)을 알고, 악을 살피어
정사를 알게 되니, 뒷날 보는 사람은 반드시 그 얻는 바가 있을 것이다.

정통 12년 정묘(세종 29년, 1447) 9월 하순 통덕랑(정5품) 수(품계는 낮고 보
직은 높은 것) 집현전 응교(정4품) 예문(예문관) 응교 지제교 경연 검토관(정6
품) 신 신숙주는 두 손 모아 머리를 조아리고 삼가 서를 씀.

---

68) 審聲 … 知政 : 『예기』 37 악기에는 '是故審聲以知音 審音以知樂 審樂以知政 而
治道備矣[그러므로 '소리'를 살펴서 '음(악)'을 알고 '음(악)'을 잘 살펴서 음악을 알고, 음
악을 잘 살펴서 정치를 알게 되면, 정치의 도는 갖추어지는 것이다]'라고 있음.

69) 正統十二年 : 정통은 중국 명나라 제6대 영조(1436~1449)의 연호. 12년은 세종 29년
(1447).

3. 『洪武正韻譯訓』序文

　　명나라는 1368년(홍무 1)에 건국하자마자 천하의 字音을 통일하여 언어생활을 원만하게 하고 효과적인 통치를 기하려고 하였다. 그래서 건국 초기에 태조는 樂韶鳳 등에게 규범적인 운서로서 『洪武正韻』을 편찬하고 간행하도록 명하였다(명 홍무 8년, 1375 간행). 운목 수는 평·상·거·입 각각 22, 입성 10, 계 76으로 하고, 毛晃의 『增修互註禮部韻略』을 바탕으로 해서 편찬하였다고 서문에서 밝히고 있으나, 『중원음운』(1324)과 마찬가지로 새롭게 운들을 병합하고 분류한 운서였다. 그러나 표음은 『증수호주예부운략』의 반절을 그대로 채택하였으며, 음계에 있어서는 성모의 전탁음을 보존하고 입성을 설정하여 杭州·蘇州를 중심으로 하는 江南 共通語(吳語系)와 가까운 음계를 표시하는 운서가 되고 말았다. 당시의 수도가 남경(1421년, 성조 영락 19. 북경으로 천도)이었고 편찬자들이 대부분 남방인이었던 탓도 있었으나, 당시의 실지 북방음을 나타내는 운서가 아니고 일종의 남북 혼합식 음계를 보여주는 운서이어서 명나라 때에도 별로 환영을 받지 못했다고 한다.

　　그러나 漢語字音의 표준음에 큰 관심을 가지고 있었던 세종은 이 흠정 운서를 한어 자음을 학습할 수 있는 최고의 권위서로 인정하여 신숙주 등에게 한글로 표음토록 명하였다. 원래 『洪武正韻』에는 반절로만 표음이 되어 있었으므로, 신숙주 등은 반절을 정리해서 31자모를 밝혀내고 운모음을 살펴서 『홍무정운』의 반절이 보여주는 음계(이를 '정음'이라고 함)를 한글로 표음하는 데 성공하였다. 그러나 원래의 반절로는 표시되지 않았던 당시의 북방음도 아울러 조사하여 이를 '속음'이라고 표시하였다. 〈역훈〉의 표음 방법에 대해서는 〈역훈〉의 색인처럼 만들어진 『사성통고』 범례에 설명이 나와 있다. 이 〈역훈〉의 체제는 『홍무정운』과 똑같은 16권의 내용에 반절·자해(글자 풀이)도 그대로 두고서 수록자의 '小

韻 대표자' 아래에 한글의 표음만 더 첨가한 것인데, 1445년(세종 27)경부터 표음 사업이 시작되어 1455년(단종 3년, 景泰 6)에 완성되었다. 이 사이의 경위가 여기의 서문에 밝혀져 있다.

현존하는 〈역훈〉은 1950년대에 발견된 것으로서 16권 8책이나 제1책인 권1·권2가 낙질(落帙)되고, 권3 이하에서도 가끔 한글의 표음이 전제(剪除)된 부분이 있으나 원본으로 인정되고 있다. 현재 고려대학교 도서관 소장이다. 원판본은 가로 20.9cm, 세로 31.3cm, 판광은 가로 15.7cm, 세로 22.2cm이며, 각 소운의 자모를 음각으로 예시하고 그 아래에 한글로 표음하였으며, 자모는 음각 목활자, 한글은 양각 목활자, 본문의 大字는 안평대군의 자체인 듯하며 小字는 갑인자다.

여기 번역한 서문은 신숙주 문집인 『보한재집』에서 전재한 것이다.

洪武正韻譯訓 序

聲韻之學 最爲難精 盖四方風土不同 而氣[70]亦從之 聲生於氣者也 故所謂四聲七音 隨方而異宜 自沈約著譜[71] 雜以南音 有識病之 而歷代未有釐正之者

홍무정운역훈 서문

성운학은 가장 깨우치기 어려운 학문이다. 대개 사방의 풍토가 같지 않으면 기(氣)도 이에 따라 다르게 되는데 소리는 기에서 생기는 것이라, 이른바 사성과 칠음, 곧 성과 운이 지역에 따라서 다르게 마련이다. 심약이 『사성운보』를 지은 이후로 중국 남방음이 섞이어서, 식자들이 이를 근심해 왔으나 역사상 아직 이를 바로잡은 사람이 없었다.

洪惟皇明太祖高皇帝 恐其乖舛失倫 命儒臣 一以中原雅音[72] 定爲洪武

---

70) 氣 : 기후와 호흡 조건으로 보는 것이 좋을 듯함.
71) 沈約 : 남북조 시대에 남조인 송·제·양 삼대에 걸쳤던 학자. 운학에 밝아 『四聲韻譜』를 지었는데, 남조인이라 남음을 기준으로 한 것이어서 '雜以南音'이라고 한 것이다.
72) 中原雅音 : 북송 시대 이래로 華中 지역에 형성되었던 공통어를 가리킨 것으로서 『예부운략』(남송)에도 '중원아음'이라는 말이 나와 있다. 또 『중원아음』이라는 운서가 따로 있었다고 함. 邵榮芬(1981), 『中原雅音硏究』, 山東人民出版社 참조.

正韻 實是天下萬國所宗

我世宗莊憲大王 留意韻學 窮硏底蘊73) 創制訓民正音若干字 四方萬物
之聲 無不可傳 吾東邦之士 始知四聲七音 自無所不具 非特字韻而已也.
於是以吾東國世事中華 而語音不通 必賴傳譯 首命譯洪武正韻 令今禮曹
參議臣成三問 典農少尹74)臣曹變安 知金山郡事臣金曾 前行通禮門75)奉
禮郎臣孫壽山 及臣叔舟等 稽古證閱76) 首陽大君臣諱 桂陽君臣璔 監掌出
納 而悉親臨課定 叶以七音 調以四聲 諧之以淸濁 縱衡經緯77) 始正罔缺

그런데 명나라 태조 황제께서 성운 체계가 어그러지고 순서가 어지러워진 것
을 딱하게 여기시어, 유신들에게 오로지 중원아음으로써 기준을 삼아『홍무정
운』을 정하라고 명하시어,『홍무정운』은 실로 천하 만국이 받들 기준이다.

우리나라 세종 장헌대왕께서 운학에 뜻을 두시어 깊이 연구하시고 훈민정음
약간 자를 창제하시니 사방 만물의 소리가 전할 수 없는 것이 없게 되었다.

이 결과 우리나라 사람들이 처음으로 사성과 칠음이 제대로 갖추지 않은 바
가 없어서, 유독 자운만이 아니라는 것을 알게 되었다(문맥을 제대로 알 수 없
음—저자 주). 이에 세종께서는 우리나라가 대대로 중국과 사귀어 왔으나 어음
이 통하지 않아 반드시 통역관에게 의지해야만 하는 사실을 비추어 보시고, 무
엇보다도 먼저『홍무정운』을 번역하라고 다음 사람들에게 명령하시었다. 즉 현
예조참의 성삼문, 전농소윤 조변안, 금산군 지사 김증, 전행(行은 관계는 높고
보직은 낮은 것) 통례문 봉례랑 손수산, 신숙주 등으로 하여금 옛 문헌을 상고
하여 널리 보아 증명하도록 하시고, 수양대군과 계양군 증은 서무·출납을 맡
도록 하시되, 모두 친히 간여하여 문제를 해결하시어 칠음으로 맞게 하고 사성
으로 조정하여 청탁으로도 맞게 하시니, 성모와 운모를 표시하는 내용이 처음

---

73) 蘊 : 쌓을 온. 깊은 곳. 窮硏底蘊은 바닥과 속까지 깊이 연구한다는 것.
74) 典農少尹 : 고려 때 궁중의 큰 제사에 쓸 곡식을 맡아보던 관청을 전농사(典農寺)라
고 했는데, 세종 때까지 이 기구가 존속되었던 듯함. 少尹은 종4품임. 조선시대에는 전저
창(典儲倉)이라고 하였음.
75) 通禮門 : 조선 때 조회·제사 등의 의식을 맡아보던 관아. 태조 원년에 閤門으로 설치
되었다가 태종 때 통례문으로, 다시 세조 때 통례원으로 고쳐졌음.
76) 證閱은 증명하고 열람하는 것.
77)『홍무정운』은 아음·설두음·순중음·순경음·치두음·정치음·후음·반설음·반치음
등 31개의 성모와 평·상·거·입 4개의 성조, 전청·차청·전탁·불청불탁 등으로 되어
있음을 말한 것이며, 縱衡經緯는 縱橫經緯와 같은 말로 원래 '운도'에 대한 설명임.

으로 바르게 되어 어그러진 곳이 없게 되었다.

然語音旣異 傳訛亦甚

乃命臣等 就正中國之先生學士 往來至于七八 所與質之者若干人 燕都
爲萬國會同之地 而其往返道途之遠 所嘗與周旋講明者 又爲不少 以至殊
方異域之使 釋老卒伍之微[78] 莫不與之相接 以盡正俗異同之變 且天子之
使 至國而儒者[79] 則又取正焉 凡膽十餘藁 辛勤反復竟八載之久 而向之
正罔缺者 似益無疑

文宗恭順大王 自在東邸 以聖輔聖[80]叅定聲韻 及嗣寶位 命臣等及前判
官臣魯參 今監察臣權引 副司直臣任元濬 重加讐校

그러나 어음이 이미 다르고 와전이 역시 심하여, 이에 신 등에게 중국의 선
생이나 학자한테 물어보아 바로잡도록 하라고 명하시어, 왕래가 7 · 8번에 이르
렀고 물어본 사람이 몇 사람이 된다. 중국의 수도인 연경(북경)은 만국이 회동
하는 곳으로서, 먼 길을 오갈 때에 일찍이 교섭해서 밝혀 보려고 한 사람이 또
적지 않고, 변방이나 이역의 사신과 일반 평민에 이르기까지 만나 보지 않은
사람이 없으며, 이래서 정(正)과 속(俗)과 다르고 같게 변한 것을 다 밝히려고
했다.

또 중국의 사신이 우리나라에 왔을 때 유학자이면 또 정확한 것을 취하여 무
릇 원고를 열 몇 번 되풀이하여 애써 고쳐 마침내 8년만에 바르게 되어 이지러
짐이 없다는 것이 더욱 의심 없게 되었다.

---

78) 釋은 불교도, 老는 도교도, 卒伍는 군인, 釋老卒伍之微는 결국 일반 대중이라는 뜻임.
79) 세종 말년에 중국 사신 예겸(倪謙)이 왔을 때 정확한 음을 물어보게 했다고 『세종실록』
    권127, 세종 32년 윤 정월 무신조에 다음과 같이 기록되어 있음. '命直集賢殿 成三問 應
    敎 申叔舟 奉禮郎 孫壽山 問韻書于使臣 (중략) 鄭麟趾日 小邦遠在海外 欲質正音
    無師可學 本國之音 初學於雙冀學士 冀亦福建州人也 使臣曰 福建之音 正與此國
    同 良以此也 金何日 此二子 欲從大人學正音 願大人教之 三問叔舟 將洪武韻 講
    論良久[직집현전 성삼문 등에게 중국 사신한테 운서의 내용을 물어보도록 명하시었다. (중
    략) 정인지가 "우리나라는 해외에 멀리 있어서, 한자음의 정음을 물어보려고 해도 배울 만
    한 스승이 없고, 우리나라 자음은 애당초 고려 광종 때 쌍기학사한테서 배웠습니다만, 쌍기
    역시 복건 사람입니다"라고 말하였다. 사신이 말하기를, "복건음은 그대로 이 나라 음과 같
    으므로, 이대로 좋겠습니다"라고 말하였다. 김하가 "이 두 사람이 어른을 따라 '정음'을 배
    우고자 하오니 어른께서 가르쳐 주시기 바랍니다" 하고 말하였다. 삼문과 숙주가 『홍무정
    운』의 음계에 관하여 오래 논의하였다']
80) 聖(임금)인 문종이 聖(임금)인 세종을 보필하였다는 뜻.

문종 공순대왕께서 세자로 계실 때부터 세종대왕을 보필하여 성운 관계 사업에 참여하시더니, 즉위하신 뒤로는 신 등과 전 판관 노삼과 현 감찰 권인과 또 부사직 임원준에게 다시 수정하도록 명령하시었다.

夫洪武韻 用韻倂析 悉就於正 而獨七音先後不由其序[81] 然不敢輕有變更 但因其舊 而分入字母於諸韻各字之首 用訓民正音以代反切 其俗音及兩用之音 又不可以不知 則分注本字之下 若又有難通者 則略加注釋 以示其例 且以世宗所定四聲通攷[82] 別附之頭面 復著凡例 爲之指南

대저 『홍무정운』은 운을 가지고 합하고 나눈 것은 다 바르게 되었으나 유독 성모만은 그 순서가 맞지 않는다. 그러나 감히 가벼이 변경할 수 없어서 그것만 그대로 두고, 운을 표시하는 글자들의 위에 성모를 나타내는 자모를 분류·기입하고, 훈민정음으로 반절을 대신하여 음을 표시하였으며, 그 속음과 두 가지 음이 있는 것으로 꼭 알아야 될 것은 해당 글자의 밑에 기입하였다.

또 만일에 이해하기 어려운 음이 있다면 간단히 주를 달고 그 예를 보이었으며, 또 세종께서 정하신 『사성통고』를 따로 첫머리에 붙이고 다시 범례를 실어서 기준이 되도록 하였다.

恭惟聖上卽位 亟命印頒 以廣其傳 以臣嘗受命於先王 命作序 以識顚末 切惟音韻衡有七音 縱有四聲 四聲肇於江左[83] 七音起於西域 至于宋儒作譜而經緯 始合爲一 七音爲三十六字母 而舌上四母 脣輕次淸一母 世之不用已久 且先輩已有變之者 此不可强存而泥古也 四聲爲平上去入 而全濁之字平聲 近於次淸 上去入 近於全淸 世之所用如此 然亦不知其所以至此也. 且有始有終 以成一字之音 理之必然 而獨於入聲 世俗率不用

---

81) 『홍무정운』에서는 수록자를 아·설·순·치·후 순으로 하지 않았음을 가리키는 말.
82) 여기에서는 세종이 『사성통고』를 지은 것으로 되어 있으나, 『사성통해』의 최세진 서문에는 '乃命高靈府院君 申叔舟 類禾卒諸字 會爲一書 冠以諺語 … 賜名曰四聲通攷 (곧 신숙주에게 종류별로 글자들을 모아서 하나의 책을 만들고, 한글로 음을 달도록 명하시었다. … 이름을 『사성통고』라고 내리시었다)'라고 있어, 신숙주가 『사성통고』를 지은 것으로 되어 있다. 또 '世宗所定'은 반드시 '세종이 지었다'는 뜻이 아니라 '세종이 짓게 하였다'는 뜻도 된다고 함.
83) 四聲肇於江左 : 남북조 시대에 양자강 유역에 있던 남조(南朝)에서 운학 연구가 성행하고 사성 등 성조도 고찰하게 되었음을 말하는 것임.

終聲 甚無謂也.

삼가 생각하옵건대 성상(단종)께서 즉위하신 다음, 이 책을 간행하여 널리 펴도록 자주 명하시고, 신에게는 일찍이 선왕의 명을 받은 바가 있으니 서를 지어 앞뒤 사실을 기록하라고 명하시었다.

이에 간절히 생각하건대 음운은 운도(韻図) 상에서 횡으로 성모가 배열되고 종으로 운모가 배열되는데, 운모와 사성에 관한 고찰은 양자강 유역에 있던 남조(南朝)에서 시작되었고, 성모에 관한 고찰은 인도에서 불교가 전래된 후 시작되었으나, 송나라 학자들이 운도를 만듦에 이르러 종·횡으로 배열된 성모와 운모가 비로소 결합되어 자음(字音)을 표기하게 되었다. 성모는 36자모로 표시하나, 설상음 4모와 순경음의 차청을 표시하는 1모(敷母)는 세상에서 쓰이지 않음(즉 발음되지 않음)이 이미 오래고, 또 앞선 분(선배)이 이미 바꾼 것이 있으니, 이것이 억지로 (36)자모를 존속시켜 옛 것에 사로잡혀서는 안 될 까닭이다.

평·상·거·입을 4성이라고 하나, 전탁자들의 평성자가 차청음으로 가깝게 되고, (전탁자의) 상·거·입자들이 전청에 가깝게 되어 세상에서의 쓰임이 이와 같다. 그러나 역시 이렇게까지 변화한 까닭은 알지 못하고 있다. 또 처음이 있고 끝이 있어서 한 글자의 음이 이루어지는 것은 당연한 이치인데, 홀로 입성자에 있어서만 세속(世俗)에서 대체로 종성을 쓰지 않으니 매우 까닭이 없는 일이라고 할 수 있다.

蒙古韻[84] 與黃公紹韻會 入聲亦不用終聲 何耶 如是者不一 此又可疑者也

往復就正 旣多 而竟未得一遇精通韻學者 以辨調諧紐攝之妙 特因其言語讀誦之餘 遡求淸濁開闔之源 而欲精夫所謂最難者 此所以辛勤歷久 而僅得者也

몽골의 운서나 황공소의 〈운회〉가 입성을 역시 종성으로 쓰지 않고 있으니 무슨 까닭이냐? 이와 같은 것이 하나만이 아니니, 이것이 또 의심스러운 것이다.

(중국을) 오가며 바로잡은 것이 이미 많으나, 마침내 운학에 정통한 사람을 만나서 성모(紐)와 운모(攝) 등을 고르게 분별하는 요령을 터득치 못했으며, 다

---

84) 蒙古韻 : 원나라 때에 편찬된 『몽고자운』(1308)이나 『몽고운략』(實在 미상)과 같은 운서가 표시하는 한자음을 가리키는 말임. 파스파 문자로 자음을 표기하고 있음.

만 말과 책 읽는 틈에 성모(청탁)와 운모(개합)의 근원을 거슬러 올라가 이른바 가장 어려운 운학의 이치를 밝히고자 하니, 이것이 곧 여러 해를 고생하면서 노력하였으나 겨우 얼마밖에 얻지 못한 까닭이다.

臣等 學淺識庸 曾不能鉤探至賾顯揚聖謨 尙賴我世宗大王天縱之聖 高明博達 無所不至 悉究聲韻源委 而斟酌裁定之 使七音四聲一經一緯 竟歸于正 吾東方千百載 所未知者 可不浹旬而學 苟能沈潛反復有得乎是 則聲韻之學 豈難精哉

신 등이 학문이 얕고 학식이 모자라서 일찍이 깊은 이치를 연구하고 깊은 이치를 밝히어 임금님의 뜻을 현양하지 못하고, 오히려 하늘이 내신 성인이신 세종대왕께서 밝고 넓게 아시지 못하는 바가 없으셔서 성운학의 근원도 밝게 연구하시어 (우리가 밝히지 못한 바를) 헤아리시고 결정해 주심에 힘입어서, 성모(칠음)와 운모(사성)를 배열한 하나의 경(經), 하나의 위(緯)로 하여금 마침내 바름으로 돌아가게 하였다. 이 결과 우리 동방에서 천백 년 동안 아직 알지 못하던 바를 열흘이 못 되어 공부할 수 있게 되었으니, 진실로 되풀이하여 깊이 생각한 다음에 이를 깨우칠 수 있으면, 성운학인들 어찌 연구하기가 어렵겠는가?

古人謂梵音行於中國 而吾夫子之經 不能過跋提河[85])者 以字不以聲也 夫有聲 乃有字 寧有無聲之字耶 今以訓民正音譯之 聲與韻諧 不待音和[86]) 類隔正切回切之繁且勞 而擧口得音不差毫釐 亦何患乎 風土之不同哉 我列聖製作之妙 盡美盡善 超出古今 而殿下繼述之懿 又有光於前烈矣

景泰[87])六年仲春旣望 輸忠恊策靖難功臣[88]) 通政大夫 承政院都承旨經

---

85) 跋提河는 인도와 중국 국경상의 강 이름.
86) 音和 : 반절법의 하나. 반절법에 의하여 자음을 표시할 때 반절상자와 귀자(반절에 의하여 음이 표시되는 글자)의 성모가 같고, 반절하자와 귀자의 운과 등(等)이 같은 것을 '음화'라 하고, 반절하자와 귀자의 운이 같을 경우에는 반절상자와 귀자의 성모가 순중음과 순경음, 설두음과 설상음, 치두음과 정치음과 같이 서로 다르더라도 상호간 반절로 쓸 수 있는 것을 유격(類隔)이라고 하였음. 정절(正切)은 순서대로 반절법을 쓰는 것. 회절(回切)은 글자의 순서를 바꾸어서 반절법으로 표음하는 것이라고 하나 미상임.
87) 景泰 : 중국 명나라 7대 景帝 때(1450~1456)의 연호. 경태 6년은 1455년(단종 3)임.
88) 靖難功臣 : 단종 초에 수양대군이 김종서, 황보인, 안평대군 등을 제거하는 데 공을 세웠다고 단종을 시켜서 준 훈호. 신숙주는 2등이었음.

筵叅贊官 兼尙瑞尹[89] 修文殿[90]直提學 知製教 充春秋館兼判奉常寺[91]事 知吏曹事 內直司樽院事 臣申叔舟拜手稽首敬序

옛사람이 이르기를, 범음(梵音)은 중국에서 행하되, 공자(夫子)의 경서가 발제하(인도와 중국 국경의 강 이름)를 넘어가 행하여지지 않는 것은 글자로 하고 소리로 안 해서라고 하는데, 대저 소리가 있으면 이에 따르는 글자가 있는 것이어늘 어찌 소리 없는 글자가 있겠는가?

이제 훈민정음으로 이를 번역하니(즉 주음하니) 성모와 운모가 잘 들어맞아 제대로 자음(字音)을 나타낼 수 있을 것이니, 음화·유격·정절·회절법과 같은 번거롭고 수고로운 짓을 안 해도, 입으로 발음하면 소리를 얻되, (씌어진 글자와 음이) 조금도 차이가 안 날 것이니, 또 무엇 때문에 풍토의 같지 않음을 걱정하겠는가? 우리 열성(세종·문종)의 제작의 묘함이 진미진선하시어 고금에 뛰어나시고, 또 전하(단종)께서 조상의 업적을 이으신 아름다움이 또한 조상의 공에 빛이 있게 하는 것이다.

경태 육년 봄(음 4월 16일)에 수충협책 정난공신 통정대부 승정원 도승지 경연참찬관 겸 사서윤 수문전 직제학 지제교 충춘추관 겸 판봉상시사 지이조사 내직사준원사 신 신숙주는 두 손 모으고 머리를 조아려 공손히 책머리를 씀.

〈참고〉『洪武正韻』序

『홍무정운』은 樂韶鳳, 宋濂 등이 칙명을 받들어 편찬한 것으로서 1374년(홍무 7)에 편찬 완료하고 1375년(홍무 8)에 간행되었다. 전탁음을 보존하여 성모가 31이며 평·상·거성 각각 22운, 입성 10운 합 76운이다. 이 운서가 세종 시대의 언어정책에 큰 영향을 주었으므로 여기에서

---

89) 尙瑞尹 : 조선 태조 1년(1392)에 새보(璽寶), 부패(符牌), 절월(節鉞) 등을 맡아보기 위하여 창설된 尙瑞司(세조 때 상서원으로 개칭)의 우두머리. 뒤에 正(정3품 당하관)이라 함.
90) 修文殿 : 학자들이 왕에게 강의하던 곳. 고려 때에는 문덕전이라고도 하였는데, 조선시대에는 주로 집현전(정종 1년~세조 2년)에서 이 일을 맡아보다가, 세조 9년(1463)에 홍문관을 설치하여 이 일을 맡게 하였다. 수문전은 단종~세조 초 사이에 있었던 기구 같음.
91) 奉常寺 : 조선 태조 1년(1392)에 국가의 제사와 시호(諡號)에 관한 사무를 맡아보던 곳. 우두머리는 正(정3품 당하관)인데 단종 때에는 판사(判事)라고 한 듯함.

『홍무정운』 서문을 보기로 하였다.

洪武正韻序

人之生也에 則有聲하고 聲出而七音具焉하니 所謂七音者는 牙舌脣齒
喉及舌齒各半이 是也요 智者가 察知之하야 分其淸濁之倫하고 定爲角徵
宮商羽하야 以至於半商半徵로 而天下之音이 盡在是矣니 然則音者는 其
韻書之權輿乎인저

홍무정운 서문

사람이 생겨나면 소리가 있고, 소리(여기서는 성모)가 나오면 7음이 갖추어지
니 이른바 7음이라는 것은 아·설·순·치·후와 반설·반치가 이것이요, 전문
가가 이를 살펴서 청(무성음)과 탁(유성음) 계열로 나누어, 음악의 각·치·
궁·상·우음으로 결부하고, 반상음과 반설음을 半徵音과 半齒音으로 결부하
기에 이르러 천하의 음이 모두 이에 포괄되게 되었으니, 그러한 즉 음(여기서는
韻으로 볼 수도 있음)이라는 것은 운서의 권여(학문의 실마리)라고 할 수도 있
겠습니다.

夫單出爲聲하고 成文爲音하니 音則自然協和요 不假勉强而後成이니라
虞廷之賡歌와 康衢之民謠는 姑未暇論이라도 至如國風雅頌四詩하야 以位
言之則上自王公으로 下逮小夫賤隷하야 莫不有作이요

대저 (『禮記』에서 말한 대로) 단출하게 나는 소리가 성(사람이 내는 하나하
나의 음이라고 할 수 있을 듯)이 되고, 글자를 이루는 것(글자로 나타낼 수 있
는 것)이 음이 되니, 음이라는 것은 자연스러이 어울린 것이요, 억지로 강요해서
이루어진 것이 아닙니다. 虞廷(舜 임금이 건국했다는 우리나라 궁정)의 賡歌(갱
가, 남의 시가에 이어서 지은 자기 시가, 賡은 詩와 歌를 서로 주고 받는 것)와
康衢(강구, 康은 五達道, 衢는 六達道, 즉 사방으로 통하는 큰 길, 康莊)에서
부르는 민요는 말하지 않는다고 하더라도, 國風(『詩經』 詩體의 하나, 민요),
雅(『시경』 六義 가운데 하나로 小雅와 六雅, 西周 시대 조정의 음악, 雅는
正樂의 노래, 선조 공적 찬양 노래), 頌(선조 공적을 찬양한 노래) 등 四詩(『시
경』 각 체 시의 총칭, 二南·國風·雅·頌)에 이르며 지위로 말할 것 같으면
위는 王公으로부터 아래로는 보잘것없는 사람에 이르기까지 (시를) 짓지 않는
사람이 없었습니다.

以人言之면 其所居에 有南北東西之殊하야 故로 所發에 有剽疾重遲之
異하야 四方之音이 萬有不同이나 孔子刪詩에 皆堪被之絃歌者하야 取其
音之協也하니 音之協은 其自然之謂乎요 不特此也니라

사람을 가지고 말한다면 그 사는 곳에 따라서 남·북·동·서의 다름이 있기
때문에 발음이 빠르고 무겁고 느린 차이가 있어서 사방의 음이 여러 가지로 같
지가 않은데, 공자가 시(311편으로 된 『시경』의 시)를 고를 때, 모두 현악기로
연주할 수 있는 것으로서 그 음의 조화를 취한 것이니, 음의 조화는 그 자연스
러움을 말하는 것이요, 이것만 특별한 것이 아닙니다.

楚漢以來로 離騷之辭와 郊祀安世之歌와 以及於魏晉諸作으로 豈嘗拘
於一律이리오 亦不過協比其音而已니라.

초나라와 한나라 이래로 초나라 屈原이 지은 「이소의 노래」(楚辭의 대표적
인 작품, 장편 서사시)와 「교사 안세의 노래」(옛날에 임금이 동지 때 남쪽 교외
에 나가고 하지 때 북쪽 교외에 나가서 지냈던 제사)와 위·진나라 여러 작품
에 이르기까지 어찌 일찍이 한 가지 음률로만 사로잡혔겠습니까? 역시 그 음을
고르게 하는 것뿐이었습니다.

自梁之沈約으로 拘以四聲八病하야 始分爲平上去入하고 號曰類譜하되
大抵多吳音也니라. 及唐하야 以詩賦로 設科할새 盖嚴聲律之禁하고 因禮
部之掌貢擧로 易名曰禮部韻略이라.

양나라(남조의 하나, 502~557) 심약 이후 심약이 주창한 4성과 8변(시를 지
을 때 피해야 될 여덟 가지 병폐, 곧 平頭·上尾·蜂腰·鶴膝·大韻·小
韻·正紐·旁紐)에 얽매이어 처음으로 평·상·거·입으로 나누고, (책을 지
어) 『類譜』라고 일컬으니 대체로 吳音이 많습니다. 당나라 때에 이르러 詩·
賦를 가지고 과거 시험을 치를 때에 더욱 성률의 법을 엄히 하고, 예부에서 시
험(貢士試驗, 貢士는 과거 시험에서 會試에 합격한 사람)을 관장하였으므로
이름을 『예부운략』이라고 하였습니다.

遂至毫髮이라도 弗敢違背하니 雖中經二三大儒라도 且謂承襲之久하야
不欲變更하고 縱有患其不通者라도 以不出於朝廷하야 學者亦未能盡信이
더니 唯武夷吳棫患之尤深하야 乃稽易詩書하야 而下逮于近世에 凡五十家

가 以爲補韻하니 新安朱熹가 據其說하야 以協三百篇之音하니 識者가 雖
或信之라도 而韻之行世者는 猶自若也니라

드디어 조금이라도 『예부운략』의 음계를 감히 어길 수 없게 되었으니 비록
中經(분량으로 유교 경전을 분류하여 『禮記』, 『春秋左氏傳』을 大經, 『詩經』,
『儀禮』, 『周禮』를 中經, 『易』, 『書』, 『公羊傳』, 『穀梁傳』을 小經이라 함)
등 유교 경전에 능통한 대유학자라고 하더라도, 또한 이른바 권위 있는 옛 것
을 이어 받은 지 오래라고 하여 고치려고 하지 않고, 비록 그 통하지 않는 것
을 근심하는 사람이 있어도 조정(여기서는 국가에서 편찬한 『예부운략』을 말
함)에서 벗어나지 않아서, 공부하는 사람이 역시 다 믿지 못하더니(좇아가지 못
하더니) 오직 武夷(福建省 崇安縣 남쪽)에 살던 宋나라의 吳棫만이 이를 깊
이 걱정하여, 곧 『역경』·『시경』·『서경』을 고구하여 『韻補』 5권을 지었습니
다. 근세에 이르기까지 무릇 50학자가 補韻을 생각하니 新安에 살던 朱熹가
그 설에 의거하여 300편(『시경』)의 음을 고르게 하니 학식 있는 사람들이 혹
시 비록 이를 믿더라도 (『예부운략』의) 운이 세상에서 행해지고 (통용되고) 있
는 것은 오히려 그대로인 듯합니다.

嗚呼라 音韻之備는 莫踰於四詩하니 詩는 乃孔子所刪이어늘 舍孔子弗
之從하고 而唯區區沈約之是信은 不幾於大惑歟아.

아아 음운을 갖추는 것은 四詩를 넘지 못하니 시(『시경』)는 곧 공자가 편찬
한 것이어늘 공자를 버리어 이를 따르지 않고 오직 보잘것없는 심약의 설을 믿
으니 이 얼마나 큰 미혹이 아니겠습니까!

恭惟 皇上이 稽古右文하야 萬幾之暇에 親閱韻書하고 見其比類失倫과
聲音乖舛하야 召詞臣하야 諭之曰 韻學이 起於江左하야 殊失正音하야 有
獨用에 當倂爲通用者하니 如東冬淸靑之屬이요 亦有一韻에 當析爲二韻
者하니 如虞模麻遮之屬이니 若斯之類를 不可枚擧니 卿等이 當廣詢通音
韻者하야 重刊定之하라하시었다.

삼가 생각하옵건대 황제께서 학문을 연구하고 문을 숭상하여 천하를 다스리
는 틈에 운서를 친히 보시고 다른 종류들과 비교하여 볼 때 조리에 어긋나고
성음이 어지러워진 것을 확인하고 신하들을 불러 말씀하시기를, 중국음운학이
양자강 유역에서 발달하여 정음을 잃어버려서, (『예부운략』 등 운서에서) 독용

이라고 한 것 가운데 마땅히 아울러서 쓸 것이 있으니 東·冬운과 淸·靑운 같은 것이고, 또 하나의 운이라도 마땅히 두 운으로 나누어야 될 것이 있으니 虞운과 模운, 麻운과 遮운과 같은 것이니, 이와 같은 예를 하나하나 다 들 수가 없으니 경 등이 마땅히 음운이 통하는 것을 널리 물어서 이를 정하여 다시 출판하라 하시었습니다.

於是에 翰林侍講學士 臣樂韶鳳과 臣宋濂과 待制臣王僎과 脩撰臣李叔允과 編脩臣朱右와 臣趙塤과 臣朱廉과 典簿臣瞿莊과 臣鄒孟達과 典籍臣孫蕡과 臣荅祿與權이 欽遵明詔하야 硏精覃思하야 壹以中原雅音爲定하고 復恐拘於方言하고 無以達於上下하야 質正於左御史大夫臣汪廣洋과 右御史大夫臣陳寧과 御史中丞臣劉基와 湖廣行省參知政事臣陶凱하야 凡六謄槀에 始克成編하니 其音諧韻協者는 倂入之하고 否則析之하야 義同字同而兩見者는 合之하고 舊避宋諱而不收者는 補之하며 註釋則一依毛晃父子之舊하야 勒成一十六卷하야 計七十六韻하고 共若干萬言書奏하니 賜名曰洪武正韻이라 하시고 勅臣濂爲之序하시다.

이에 한림시강학사 악소봉과 … 답록여권이 황제의 조서를 받들어서 세밀하게 조사하고 깊이 생각해서 오로지 중원아음(중국 화북 일대의 공통어, 『중원아음』이라는 운서도 있었음)으로 기준을 삼고 또 방언에 사로잡힐 것을 염려하여 상류 사회와 하류 사회에 치우침이 없도록 하고 좌어사대부 왕광양 … 도개 등에게 물어서 바로 잡아 무릇 여섯 번 초고를 베껴서 비로소 편찬을 완료하니, 그 음(성모)이 고르고 운이 조화를 이루는 것은 합하고, 그렇지 못한 것은 이를 나누고, 뜻도 같고 글자도 같으면서 두 곳에 나타나는 것은 이를 합하고, 송나라 황제의 이름을 피하여 수록하지 않았던 글자는 이를 보충하고, 주석은 전적으로 송나라 때 모황부자가 지은 『增註禮部韻略』대로 해서 16권으로 정리해내고 76운과 약 만 개의 글자가 수록된 책과 함께 아뢰니(보고하니) 『홍무정운』이라 이름을 내리시고 신 염(宋濂)에게 서를 지으라고 하교하셨습니다.

臣濂이 竊惟하니 司馬光이 有云하되 備萬物之體用者는 莫過於字로 包衆字之形聲者는 莫過於韻이라 하였으니 所謂三才之道와 惟命道德之奧와 禮樂刑政之原이 皆有繫於此라 誠不可不愼也라

신이 삼가 생각하옵건대 사마광이 말씀하기를 만물의 근원인 '체'와 그 작용

인 '용'을 갖추고 있는 것은 글자보다 더한 것이 없고, 모든 글자의 형(형체)과 성(음, 형성을 六書法의 하나인 形聲으로 볼 수 있음)을 포괄하고 있는 것은 '운'보다 더한 것이 없다고 하였으니, 이른바 천·지·인(天地人) 삼재의 도리, 곧 『주역』의 이치와 생명 및 도덕의 심오한 이치 그리고 예·악·행형의 근원이 모두 이와 연계되어 있으니 참으로 신중히 하지 않으면 안 됩니다.

古者之音은 唯取諧協이라 故로 無不相通이요 江左制韻之初에 但知縱有四聲하고 而不知衡有七音하야 故로 經緯不交而失立韻之原이어늘 往往拘礙하고 不相爲用이라 宋之有司가 雖嘗通併이라도 僅稍異於類譜은 君子患之라 當今聖人在上하야 車同軌而書同文하야 凡禮樂文物을 咸遵往聖하야 赫然上継唐虞之治일새

옛날의 음은 오직 (시를 짓기 위하여) 조화를 이루는 것만을 취했기 때문에 서로 통하지 않는 것이 없었고, 남북조 시대에 남조에서 처음으로 운서를 편찬할 때(운서의 운목을 정할 때)에, 다만 운모에 4성이 있는 줄만 알고 성모에 7음이 있는 것을 몰랐으므로(이 구절은 세로 난에 운모를 나열하고 가로 난에 성모를 나열하는 韻圖를 가지고 설명한 글임) 운도에서 가로(운모)와 세로(성모)가 잘 결합되지 않아 운서를 편찬한 (운목을 세운) 근본을 잃어버렸거늘 흔히 장애가 되는 것에 사로잡히어서 서로 활용하지 못하는지라 송나라 때의 관련 부서에서 비록 일찍이 통하는 것끼리 통합을 했어도 다만 겨우 분류만 다를 뿐이어서 유식자들이 이를 괴로워했습니다. 이제 황제께서 재위하시어 천하가 통일되고 문물제도가 통일을 기하여(하나의 황제 밑에서 같은 문자를 쓰고, 수레바퀴의 폭이 같도록 통일되다) 모든 예악문물(예법과 음악, 제도) 모두 옛 성인(옛 제왕)의 치적을 이어 받고, 또렷이 현 황제께서 堯·舜 시대와 같은 정치를 잇고 계시온데.

至於韻書亦入宸慮하야 下詔詞臣하야 隨音刊正하야 以洗千古之陋習하라 하시니 猗歟盛哉라 雖然旋宮은 以七音爲均이니 均言韻也요 有能推十二律하야 以合八十四調하니 旋轉相交而大樂之和가 亦在是矣나라

운서에 이르기까지 황제께서 계책에 넣으시어 문신에게 명령하시기를 음에 따라 바로잡아 오래 전해온 잘못된 관습을 씻으라 하시니, 아아 참으로 아름답고 크신 황제의 뜻이십니다. 그러나 선궁(12율과 7음을 배합하여 여러 음조를

이루는 것)은 중앙 土인 宮音을 돌려서 7음을 고르게 하는 것일지라도 운을 고르게 한다면 12율을 가지고 84조를 조화해 낼 수가 있으니 돌리고 또 굴려서 서로 배합시켜서 이룩하게 되는 아름다운 음악의 조화가 역시 여기에 있습니다.

所可愧者는 臣濂等이 才識闇劣하야 無以上承德意하고 受命震惕하야 罔知攸措하야 謹拜手稽首하여 序于篇端于以見聖朝文治大興하야 而音韻之學이 悉復於古云이라

洪武八年三月十八日 翰林侍講學士 中順大夫 知制誥 同脩國史兼太子贊善大夫臣宋濂謹序

부끄러운 바는 신 등이 재주와 학식이 어둡고 용렬하여 황제의 큰 뜻을 받들지 못하고 명을 받자 두려워 어찌할 바를 몰라 삼가 두 손을 모으고 머리를 조아리고 책 끝에 서를 써서, 그래서 성조의 문치가 크게 일어나서 음운학이 모두 다시 예로 돌아갈 것을 보이고자 합니다.

홍무 8년(1375) 3월 18일에 신 송렴이 삼가 서를 씀.

4. 『四聲通攷』 凡例

최세진이 지은 1517년(중종 12)의 『四聲通解』 서문에서는 『사성통고』에 대하여 다음과 같이 설명하고 있다.

世宗莊憲大王 … 命譯洪武正韻 又慮其浩穰難閱而覽者病焉 乃命高靈府院君申叔舟 類稡諸字 會爲一書 冠以諺音 序以四聲 諧之以淸濁 系之以字母 賜名曰四聲通攷

이 설명에 의하면 『四聲通攷』는 오늘날 우리가 볼 수 있는 『사성통해』와 마찬가지로 같은 운에 속하는 한자들은 이를 자모 순으로 배열한

뒤 한글로 각 소운의 음을 표기하고, 같은 소운에 속하는 한자들은 평·
상·거·입으로 분류 배열한 책이라고 추측할 수 있다. 즉『홍무정운역
훈』의 반절·자해를 생략하고 순전히 자음의 '정음'과 '속음'만을 추려서
『홍무정운』 31자모 순으로 배열하고, 『홍무정운역훈』에 수록된 한자의
음만을 알 수 있게 만든 책이다. 『홍무정운』은 평·상·거·입성 순으로
한자를 배열해서 책을 권으로 나누고, 각 소운의 배열 순도 31자모 순이
아니었다.

『사성통고』는 현존하지 않으나 그 범례만이 『사성통해』에 수록되어
있어서 『홍무정운역훈』 편찬 방침과 『홍무정운역훈』 편찬자들이 관찰한
중국자음의 정음 및 속음의 모습이 어떠하였는가를 설명해 주고 있다.
특히 범례 제7조에서는 중세국어의 모음에 대해서도 중요한 증언을 하고
있다.

여기에서는 중성자를 張口之字 ㅏㅑㅓㅕ와 縮口之字 ㅗㅛㅜㅠ로
분류하여 설명하였는데, 이러한 훈민정음 중성자의 순서는 최세진의 '훈
몽자회범례'의 '언문 자모(俗所謂反切 27字)'에 그대로 이어지는 것이었
다. 『훈몽자회』에서는 ㅏㅑㅓㅕㅗㅛㅜㅠㅡㅣ·로 되어 있다. 이 순서
는 ·를 제외하고 오늘날에도 통용되고 있다.

四聲通攷 凡例

一. 以圖韻92)諸書 及今中國人所用 定其字音93) 又以中國時音所廣用
而不合圖韻者 逐字書俗音於反切之下94)

一. 全濁上去入三聲之字 今漢人所用初聲 與淸聲相近 而亦各有淸濁
之別 獨平聲之字初聲 與次淸相近 然次淸則其聲淸 故音終直低 濁聲則

---

92) 圖韻 : 운도와 운서.
93) 其字音 : 본래 『사성통고』 범례는 『홍무정운역훈』의 색인격인 『사성통고』의 범례이므
로, '其字音'은 『홍무정운역훈』이 나타내는 한자음을 가리킴.
94) 逐字書俗音於反切之下 : 『홍무정운역훈』에서는 『홍무정운』의 수록자를 그대로 옮겨
실고 그 음(정음)을 나타내는 반절도 그대로 옮겨 적었는데, 속음은 그 반절 밑에 적었으
므로 이렇게 설명한 것임.

其聲濁 故音終稍厲[95]

一. 凡舌上聲[96] 以舌腰點腭 故其聲難而自歸於正齒 故韻會 以知徹澄孃 歸照穿牀禪 而中國時音 獨以孃歸泥 且本韻混泥孃而不別 今以知徹澄 歸照穿牀 以孃歸泥

一. 脣輕聲非敷二母之字 本韻及蒙古韻 混而一之 且中國時音 亦無別 今以敷歸非

사성통고 범례

一. 운도와 운서 등 여러 서적과 오늘날 중국 사람들이 쓰고 있는 음으로써 그(『홍무정운역훈』) 자음을 정하고, 또 오늘날 널리 쓰이고 있는 중국 현실음으로서 운도나 운서의 음과 맞지 않는 것은 글자(수록자)마다 원래의 반절 밑에 속음이라고 써서 표현했다.

一. 오늘날 한인이 쓰고 있는 초성 가운데, 전탁음의 상·거·입 3성의 글자들은 청성과 가깝게 발음하되 역시 원래 청성이었던 음과 구별이 있으며, 유독 전탁음의 평성 글자 초성은 차청음과 가까우나, 원래 차청음이었던 음은 그 소리가 맑아서 음이 곧고 낮게 끝나며, 탁성으로서 차청음이 된 음은 그 소리가 탁해서 음이 조금은 세게 끝난다.

一. 무릇 설상음은 혀의 허리(前舌面)를 잇몸에 닿게 하여 조음하는 것이라, 그 음을 조음하기가 어려워서 저절로 정치음과 같아졌다. 그래서 『운회』에서는 설상음인 지·철·징·냥모를 정치음인 조·천·상·선모와 합쳤으나, 중국의 현실음은 '냥'모 하나만이 설두음인 '니'모와 같아졌다. 또 본운(『홍무정운』의 운)에서는 '니'모와 '냥'모가 뒤섞여 구별이 없으므로, 이제 지·철·징모를 조·천·상모로 합치고 '냥'모를 '니'모로 돌아가게 하였다.

一. 순경음 가운데 비·부 2모에 속하는 한자들은, 본운(홍무정운)과 몽고운(몽고의 원나라 시절에 편찬된 운서의 운)에서는 뒤섞어서 이들을 하나로 하고, 또 중국 현실음도 역시 구별이 없으므로, 이제 부(敷)모로써 비(非)모에 돌아가

---

95) 全濁上去入 … 稍厲 : 15세기경의 중국 북방음 초성의 변화상을 설명한 대목임. 『홍무정운역훈』의 서문(1455)에도 '四聲爲平上去入 而全濁之字平聲 近於次淸 上去入 近於全淸 世之所用如此 然亦不知其所以至此也'라고 하여 비슷하게 설명하고 있음. 㐌는 低의 속자임.

96) 舌上聲 : 중국 36자모표 상으로는 설상음이라고도 하며, 한어의 중고음에서는 정치음과 구별되었으나, 설상음과 결합된 -i- 모음(j 개음)의 영향으로 8세기부터 12세기경까지에 걸쳐서 정치음과 같아진 것을 설명한 것임.

게 하였다(부모를 비모에 합쳤다).

一. 凡齒音 齒頭則擧舌點齒 故其聲淺 整齒則捲舌點腭[97] 故其聲深 我
國齒聲ㅅㅈㅊ在齒頭整齒之間 於訓民正音 無齒頭整齒之別 今以齒頭爲
ㅅㅈㅊ在整齒爲ㅅㅈㅊ 以別之
一. 本韻 疑喩母諸字 多相雜[98] 今於逐字下 從古韻 喩則只書ㅇ母 疑
則只書ㆁ母 以別之
一. 大抵 本國之音 輕而淺 中國之音 重而深[99] 今訓民正音 出於本國
之音 若用於漢音 則必變而通之 乃得無礙 如中聲ㅏㅑㅓㅕ 張口之字 則
初聲所發之口不變 ㅗㅛㅜㅠ縮口之字 則初聲所發之舌不變 故中聲爲ㅏ
之字 則讀如ㅏ·之間 爲ㅑ之字 則讀如ㅑ·之間 ㅓ則ㅓㅡ之間 ㅕ則ㅕㅡ
之間 ㅛ則ㅛ·之間 ㅜ則ㅜㅡ之間 ㅠ則ㅠㅡ之間 ·則ㅡㅣ之間 ㅡ則ㅡ·
之間 ㅣ則ㅣㅡ之間 後然 庶合中國之音矣 今中聲變者 逐韻同中聲 首字
之下 論釋之
一. 무릇 잇소리 가운데에서 치두음은 혀를 올려 이에 대어 발음하므로 그
소리가 얕고, 정치음은 혀(끝)를 말아 (윗)잇몸에 대어 발음하므로 그 소리가
깊다. 우리나라 잇소리인 ㅅㅈㅊ음은 치두음과 정치음의 중간이다. 훈민정음에
서 치두음과 정치음으로 나누지 않았으나, 이제 치두음은 ㅅㅈㅊ로 표기하도록
하고, 정치음은 ㅅㅈㅊ로 표기하도록 구별하였다.
一. 본운(『홍무정운』의 운)에서는 원래 한어의 중고음에서 구별되던 의(疑)

---

97) 捲舌點腭 : 정치음을 여기서는 분명히 권설음으로 설명하였는데, 훈민정음언해에서는
'혓그티 아랫 닛므유메 다ㄴ니라'고 하여 경구개 치경음 또는 경구개음으로 설명하였다.
이는 15세기의 중국 정치음이 두 가지로 발음된 것을 증언한 것이라고 볼 수밖에 없음.
졸고(1983), 「齒音과 한글 表記」, 『국어학』 12, 국어학회, pp.13~34 참조.
98) 多相雜 : 한어의 중고음에서는 어두음으로서 ŋ음(疑母)이 존재했었는데, 12세기경부터
어두 ŋ음이 소실되어, 실질적으로는 의모음계 자음이 喩母音系 字音과 비슷하게 되어,
『홍무정운』에서도 서로 섞이었다. 이것을 〈역훈〉 편찬자들은 복고주의를 취하여 원래의
중고음대로 표음한 것임.
99) 本國之音 輕而淺 中國之音 重而深 : 이러한 설명을 중국어에는 중모음이 많은 것을
설명한 것으로 보는 견해와 성조적 자질을 설명한 것으로 보는 견해 등이 있음. 이숭녕
(1949), 『朝鮮語音韻論研究』, pp.33~42., 박병채(1983), 「洪武正韻譯訓의 發音註釋에
대하여」, 『黃希榮博士頌壽論叢』, pp.259~274., 鄭然粲(1970), 「餘音說詮議」, 『학술원
논문집』 9 등 참조. 그런데 『홍무정운역훈』에서는 'ㅏ'와 'ㅓ'의 모음에 대해서만 주가 기
록되어 있고, '淺'과 '深'은 조음위치의 앞뒤를 말한 것임. 이 책 제2부 논문 참조.

모자와 유(喩)모자가 뒤섞이었는데, 여기(『홍무정운역훈』과 『사성통고』)에서는 글자마다 고음대로 유모자면 다만 ㅇ글자로 쓰고, 의모자면 ㆁ글자로 써서 이들을 구별하였다.

一. 대저 우리말의 음은 가볍고 얕으며, 한어의 음은 무겁고 깊은데, 지금 만든 훈민정음은 우리말의 음을 바탕으로 해서 만든 것이라, 만일에 한음(중국음)을 나타내는 데 쓰려면 반드시 변화시켜서 써야만 곧 제대로 쓰일 수 있다. 예들 들면 중성 가운데 ㅏㅑㅓㅕ 등 장구음(입술을 옆으로 벌리고 내는 음)을 나타내는 모음 글자는 초성을 발음한 때의 입이 변하지 않고, ㅗㅛㅜㅠ 등 축구음(입술을 오므리고 내는 음)을 나타내는 모음 글자는 초성을 발음한 때의 혀가 변하지 않으므로, 한어 자음의 중성이 ㅏ일 때에는 ㅏ와 •음 사이처럼 읽고(발음하고), ㅑ일 때는 ㅑ와 •음 사이처럼 읽고, ㅓ면 ㅓㅡ 사이로, ㅕ면 ㅕㅡ 사이로, ㅗ면 ㅗ• 사이로, ㅜ면 ㅜㅡ 사이로, ㅠ면 ㅠㅡ 사이로, •면 •ㅡ 사이로, ㅡ면 ㅡ• 사이로, ㅣ면 ㅣㅡ 사이로 읽어야(발음해야) 거의 한 음에 맞게 된다. 지금 중성으로서 변한 것은 운을 따라 같은 중성의 첫머리 글자 아래에다가 이를 설명하였다.

一. 入聲諸韻終聲 今南音傷於太白 北音流於緩弛 蒙古韻[100] 亦因北音故不用終聲 黃公紹韻會入聲 如以質韻覷卒等字 屬屋匊字母 以合韻閤榼等字 屬葛韻葛字母之類 牙舌脣之音 混而不別 是亦不用終聲也[101] 平上去入四聲 雖有淸濁緩急之異 而其有終聲則固未嘗不同 況入聲之所以爲入聲者 以其牙舌脣之全淸爲終聲而促急也[102] 其尤不可不用終聲也 明矣.

本韻之作 倂同析異 而入聲諸韻牙舌脣終聲 皆別而不雜 今以ㄱㄷㅂ爲終聲 然直呼以ㄱㄷㅂ則又似所謂南音 但微用而急終之 不至太白可也 且今俗音 雖不用終聲 而不至如平上去之緩弛 故俗音終聲於諸韻 用喉音全

---

100) 蒙古韻 : 몽고는 한자를 차용하여 쓰지 않았으므로, 여기의 '몽고운'이란 몽고(원나라) 시대에 편찬된 운서의 운이라는 뜻임.

101) 入聲如 … 不用終聲也 : 중고음에서 발음되던 -p, -t, -k 등 운미들이, 12세기경부터 소실되어, 다른 운으로 소속이 바뀌기도 하였다. 그래서 원래의 소속운을 알 수 없게 되어, 『고금운회거요』에서도 이런 혼란이 일어난 것임.

102) 況入聲 … 促急也 :『홍무정운』에서는 -p, -t, -k 등 입성 운미를 그대로 유지하고 있었으므로, 〈역훈〉 편찬자들도 꼭 입성 운미를 유지해야 된다고 생각하여 이렇게 말한 것임.

淸ㆆ 藥韻用脣輕全淸ㅸ 以別之[103]

一. 입성에 속하는 여러 운의 종성은, 지금 중국의 남방음에서는 너무 분명한 것이 흠이었고, 북방음은 느린 쪽으로 흘렀는데, 몽고운(몽고 시대에 편찬된 운서의 운)도 역시 북방음을 바탕으로 한 것이라 종성을 쓰지 않아서, 예를 들면 황공소가 지은 『고금운회』에서도 입성 가운데 질(質)운의 율(颶), 졸(卒) 등을 옥(屋)운의 국(匊)자모 밑에 소속시키고, 합(合)운의 합(閤), 합(榼) 등을 갈(葛)운의 갈(葛)자모 밑에 소속시키는 따위와 같은 것이어서, 아음(-k), 설음(-t), 순음(-p)들의 종성이 뒤섞이어서 구별이 없으니, 이것 역시 종성을 쓰지 않기 때문이다. 평·상·거·입 4성은 비록 청·탁과 완·급의 다름은 있어도, 그 종성은 참으로 일찍이 같지 않음이 없었다. 하물며 입성이 입성되는 까닭은, 아·설·순음의 전청이 종성이 되어 촉급함에 있는 것이어서, 이것이 더욱 종성을 쓰지 않을 수 없는 분명한 이유인 것이다. 본운(『홍무정운』)을 만들 때에는, 운이 같은 것은 합하고, 서로 다른 것은 나누었으나 입성의 여러 운의 아음(-k), 설음(-t), 순음(-p) 종성은 모두 구별하여 섞지 않았으므로, 이제 ㄱㄷㅂ으로 종성을 삼아 그대로 ㄱㄷㅂ로 발음하면, 또 이른바 남방음처럼 되기 쉬우므로 다만 가볍게 쓰되 급히 마무리하여 너무 분명하게 되지 않는 것이 좋다. 그러나 오늘날 속음은, 비록 종성을 쓰지 않더라도 평·상·거성의 느린 것과 같이는 되지 않으므로 모든 운의 속음 종성은, 후음의 전청인 ㆆ을 쓰고 약(藥)운의 종성은 순경음의 전청인 ㅸ을 써서 표기하여 이를 구별하였다.

一. 凡字音 必有終聲 如平聲 支齊魚模皆灰等韻之字 當以喉音ㅇ爲終聲 而今不爾者[104] 以其非如牙舌脣終之爲明白 且雖不以ㅇ補之而自成音爾 上去諸韻同

一. 凡字韻 四聲以點別之 平聲則無點 上聲則二點 去聲則一點 入聲則亦一點

---

103) 故俗音終聲 … 以別之 : 『홍무정운』대로 한다면 입성 운미들은 -k, -t, -p(ㄱ, ㄷ, ㅂ)로 표기해야 하나, 15세기 중국 북방음은 입성 운미가 소실되고 대신 성문폐쇄음[ʔ]과 같은 상태이었으므로, 이것을 『홍무정운역훈』에서는 [ㆆ]로 표기하도록 한 것인데, 다만 약(藥)운만은 -k 운미가 /w/로 변하였으므로, 이를 'ㅸ'로 표기한 것임.

104) 凡字音 … 今不爾者 : 『동국정운』에서는 꼬박꼬박 종성으로 'ㅇ'을 첨가했으나 『홍무정운역훈』 편찬 때에는 'ㅇ'을 표기하지 않도록 방침이 바뀐 것으로 볼 수 있음.

一. 무릇 자음은 반드시 종성이 있어야 하니, 예를 들면 평성의 지(支), 제(齊), 어(魚), 모(模), 개(皆), 회(灰) 운들의 글자는 마땅히 후음의 ㅇ으로 종성을 삼아야 하는데, 지금 그렇게 하지 않은 것은 아·설·순음으로 된 종성 (-k, -t, -p)처럼 뚜렷하게 되지 않기 때문이며, 또 비록 ㅇ으로 보충하지 않더라도 저절로 음을 이루기 때문이다. 상·거성의 여러 운들도 마찬가지다.

一. 모든 자음에서는 사성을 점으로써 구별하였다. 평성은 점이 없고, 상성은 2점, 거성은 1점, 입성도 역시 1점으로 하였다.

5. 『直解童子習』 序

이 글은 신숙주와 함께 가장 뛰어난 어학자이었던 성삼문(1418~1456)의 글로서 『동문선』(1478, 권94)에 실려 있다. 『직해동자습』이 현재 전하지 않으므로, 그 내용을 자세히 알 수는 없으나 이 서문에 의하여 다음과 같이 추측할 수 있다.

① 책 이름은 『直解童子習譯訓評話』이었던 것으로 보인다.
② 『홍무정운역훈』이 정확한 한어 자음을 학습하기 위하여 편찬된 데 비하여, 이 책은 한어 교과서로 편찬된 것이다(乃學華語之門戶).
③ 형식은 다른 언해본들과 마찬가지로 모든 한자의 음을 한글로 漢字마다 한 자 아래에 쓰고, 국어로 문장의 뜻을 풀이하였다.
④ 이 한어 교과서의 편찬으로 한어 학습이 수월해졌고, 중국과의 외교도 쉽게 되었다(이렇게 서문은 주장하고 있다).

이 책의 완성 연대는 알 수 없으나 서문의 내용에 '今右副承旨申叔舟'라고 있어서, 세종 때 편찬을 시작하여 신숙주가 우부승지이었던 1454년(단종 1) 6월 8일부터 10월 11일 사이에 완성된 것으로 보인다.

直解童子習 序

我東方在海外 言語與中國異 因譯乃通 自我祖宗事大至誠 置承文院掌
吏文 司譯院掌譯語 專其業而久其任 其爲慮也盖無不周 第以學漢音者
得於轉傳之餘 承授旣久 訛謬滋多 縱亂四聲之疾徐 衡失七音之淸濁105)
又無中原學士從旁正之 故號爲宿儒老譯 終身由之而卒於孤陋 我世宗文
宗慨然念於此 旣作訓民正音106) 天下之聲 始無不可書矣

직해동자습 서문

우리나라(동방)는 중국의 바다 밖에 있어서, 말이 중국과 달라 통역해야만 통
했다. 그래서 지성으로 사대해 온 우리 조종(조상) 때부터 승문원을 설치하여
이문을 맡게 하시고, 사역원을 두어서 역어를 맡게 하시어, 각각 그 맡은 일에
전념하고 제 임무를 오래 하도록 하시었으니 그 생각하시는 바가 두루 미치지
않은 바가 없었다. 그런데 한음을 배우는 이들이 돌고 돌아서 전해온 잘못된
것을 얻어서 공부하여, 이렇게 (잘못된 것을) 주고받은 지가 이미 오래라, 잘못
된 점이 자못 많게 되어, 세로로는 사성의 느리고 빠름이 어지러워지고, 가로로
는 칠음의 청탁을 잃어 버렸는데, 그렇다고 중국학사가 옆에서 이를 바로잡아
주는 것도 아니어서, 이름난 선비나 노련한 역관도 종신토록 이런대로 지내다
가 고루한 대로 세상을 뜨고 있다. 우리 세종·문종께서 이를 개연히(딱하고
분하게) 여기시어 이미 훈민정음을 만드시니, 천하의 모든 소리가 비로소 다 기
록하지 못할 것이 없게 되었다.

於是譯洪武正韻 以正華音 又以直解童子習譯訓評話107) 乃學華語之門
戶 命今右副承旨臣申叔舟 兼承文院校理臣曹變安 行禮曹佐郎臣金曾 行
司正臣孫壽山 以正音譯漢訓 細書逐字之下 又用方言以解其義108)

---

105) 縱亂 … 淸濁 : 韻圖에서 가로로는 사성과 관련이 있는 운모를 배열하고, 세로로는 청
탁과 관련이 있는 성모를 배열하여 가로와 세로의 결합으로 자음들을 표시하는데, 음들이
변해서 이 배열이 제대로 안 되고, 그에 따라 자음 표시도 제대로 안 되게 되었다는 뜻임.
언어는 변한다는 사실을 인정하는 관점에서는 이렇게 표현할 수 없음.
106) 我世宗 … 旣作訓民正音 : 여기 문맥으로 보아서는, 훈민정음 창제가 마치 한음의 혼
란을 바로잡기 위하여 이루어진 것처럼 되어 있다.
107) 直解童子習譯訓評話 : 이것이 이 책의 정식 이름이었던 것 같고, '學華語之門戶'라
고 한 것으로 보아, 운서와는 같지 않은 한어 학습서이었던 것으로 보인다.
108) 以正音 … 解其義 : 이러한 설명으로 보면, 이 책의 체재는 훈민정음언해 등 다른 언

이에 『홍무정운』을 번역(주음)하여 화음(한어 자음)을 바르게 하시고, 또 『직해동자습역훈평화』는 곧 화어를 배우는 문(입문서)이라고 하시어, 지금의 우부 승지 신숙주와 겸 승문원교리 조변안, 행 예조좌랑 김증, 행 사정 손수산에게 명하시어 훈민정음으로 훈(한음)을 번역(注音)하여 가는 글씨로 각 글자마다 아래에 써 넣게 하고, 또 방언(우리말)을 써서 그 뜻을 풀이하도록 하시었다.

仍命和義君臣瓔 桂陽君臣璔 監其事 同知中樞府事臣金何 慶昌府尹臣 李邊[109] 證其疑而二書之 音義昭晰 若指諸掌 所痛恨者 書僅成編 弓劍 繼遺[110]

恭惟 主上嗣位之初 遹追先志 亟命刊行 又以臣三問亦嘗參校 命爲之 序 臣 竊惟四方之言 雖有南北之殊 聲音之生於牙舌脣齒喉 則無南北也 明乎此則於聲韻乎何有 東方有國 經幾千百載之久 人日用而不知七音之 在我 七音且不知 況其清濁輕重乎 無惑乎漢語之難學也 此書一譯 而七 音四聲隨口自分 經緯交正[111] 毫釐不差 又何患從旁正之之無其人乎 學 者苟能先學正音若干字 次及於斯 則浹旬之間 漢語可通 韻學可明 而事 大之能事畢矣[112]

그리고 이어서 화의군 영과 계양군 증으로 하여금 그 일을 감장(監掌)케 하시고, 동지중추부사 김하와 경창부윤 이변에게는 그 의심 나는 곳을 증명하여 이를 두 가지로 표기하도록 하시었는데, 음과 뜻이 밝고 분명하여 마치 손바닥을 가리키는 것과 같았으나 쓰리고 한탄스러운 바는 책이 겨우 다 이루어지매, 궁검을 이어서 버리신 일이다(세종께서 승하하시고 이어서 문종께서 승하하셨다).

공손히 생각하옵건댄 주상(단종)께서 왕위를 이으시자마자, 선왕의 뜻을 좇으시어 빨리 간행토록 명하시고, 또 삼문이 역시 일찍이 참여하였다고 하여 서문

해본들과 같았음을 알 수 있다.
109) 여기에 나열된 인물들이 대개 세종(4대)·문종(5대)·단종(6대) 대에 걸쳐 훈민정음·운서·한어 관계 사업을 맡았던 전문가들이었음.
110) 弓劍繼遺 : 사람이 뒤를 이어 죽는 것을 뜻함. 여기서는 세종(32년간 재위)과 문종(2년 재위)이 승하한 것을 말하는 것임.
111) 經緯交正 : 운도의 횡란(운모)과 종란(성모)의 결합이 제대로 이루어질 수 있게 되었다는 뜻. 즉 한자음이 제대로 표시될 수 있게 되었다는 뜻임.
112) 能事畢矣 : 『역경계사』상 9장에 '天下之能事畢矣(천하의 능사는 다 밝혔다고 할 수 있다)'라고 있다.

을 짓도록 명하시었다. 신 삼문이 가만히 생각하옵건댄, 비록 사방의 말이 남북으로 다름이 있을지언정 성음이 아·설·순·치·후에서 생기는 것은 남북의 다름이 없으니, 이것만 분명히 알면 성과 운에 무슨 어려움이 있겠는가? 동쪽에 나라가 있은 지 수백 수백 년의 오랜 세월을 지내는 동안, 사람이 날마다 쓰되 칠음이 나에게 있는 줄을 몰랐으니, 칠음도 알지 못하거든 하물며 청탁이야 알았겠는가? 한어의 배우기 어려움도 의심할 바가 없으나 이 책이 한 번 번역되면, 칠음·사성이 입을 따라서 저절로 나누이고, (운도의) 경과 위도 바르게 교차하게 되어 조금도 차이가 없게 될 것이니, 또 무엇 때문에 옆에서 바로잡아 주는 그 사람이 없음을 괴로워하겠는가? 배우는 사람이 진실로 먼저 훈민정음 몇 글자를 배우고 이에 이를 수만 있다면, 열흘 동안에 한어도 통할 수 있고 운학에도 밝아질 수 있을 것이니 사대에 관한 능사(잘할 수 있는 일)도 다 할 수 있다.

有以見二聖制作之妙 高出百代 此書之譯 無非畏天保國[113]之至計 而 我聖上善繼善述之美[114] 亦可謂至矣

두 성인(세종·문종)께서 제작하신 묘함이 높이 백대에 뛰어나시며, 이 책의 번역이 외천보국을 위한 지극한 계획이 아님이 아닌 것을 볼 수 있거니와, 우리 성상(단종)의 선계·선술의 아름다우심도 또한 극진하다고 말할 수 있다.

---

113) 畏天保國 : 『맹자』 양혜왕 하에 '以大事小者 樂天者也 以小事大者 畏天者也 樂天者保天下 畏天者保其國(큰 나라가 작은 나라를 섬기는 것은 하늘의 이치를 즐기는 사람이며, 작은 나라가 큰 나라를 섬기는 것은 하늘을 두려워하는 사람이다. 하늘을 즐기는 사람은 천하를 얻을 수가 있고, 하늘을 두려워하는 사람은 그 나라를 보존할 수가 있다)'이라고 있음.
114) 善繼善述之美 : '홍무정운역훈 서문'(신숙주)에는 '殿下繼述之懿'라고 있는데 '조상의 업적을 훌륭히 이으신 아름다움'이라는 뜻임.

6.『保閑齋集』內 訓民正音 關係 記事 抄

『보한재집』(신숙주 문집) 안에서 훈민정음 관계 기사를 뽑음.[115]

卷 十一 附錄 行狀

晉山 姜希孟 撰

(前略) 上 以本國音韻 與華語 雖殊 其牙舌脣齒喉淸濁高下 未嘗不與中國同[116] 列國皆有國音之文 以記國語 獨我國無之 御製諺文字母二十八字 設局於禁中[117] 擇文臣撰定 公實承睿裁

本國語音 訛僞正韻失傳[118] 時適翰林學士黃瓚 以罪 配遼東 乙丑春命公隨入朝使臣到遼東 見瓚 質問音韻 公以諺字翻華音 隨問輒解不差毫釐 瓚大奇之 自是 往還遼東 凡十三度

(中略) 公 俱通漢倭蒙古女眞等語 時或假舌人 亦自達意 後公手飜譯語以進 舌人 賴以通曉 不假師授

권11 부록 행장

진산 강희맹[1424(세종 6)~1483(성종 14)] 지음.

(전략) 임금(세종)께서 우리나라 음운이 화어(한어, 중국어)와 비록 다르나 그 아·설·순·치·후, 청·탁, 고·하(즉 자음, 모음과 성조)가 한어와 마찬가지로 다 갖추고 있어야 되고, 여러 나라가 모두 제 나라 언어음을 나타낼 글자를 가지고 있어서 제 언어를 기록하고 있으나 홀로 우리나라만이 글자가 없다고 하셔서 언문 자모 28자를 만드시고, 궁중 안에 기관을 설치하여 문신을 뽑아 언문 관계 서적을 편찬할 때, 공이 직접 임금의 재가를 받들었다.

우리나라 어음이 그릇되어 정운이 제대로 전해지지 않았는데, 때마침 명나라 한림학사 황찬이 죄를 지어 요동에 귀양와 있었으므로 을축(1445년, 세종 27)

---

115) 『보한재집』의 내용은 판본에 따라 배열 순서가 다름.

116) 與中國同 : 자음·모음·성조 등 언어가 갖추고 있어야 될 요소들이 한어(중국어)와 같다는 뜻이다.

117) 設局於禁中 : 궁중 안에 언문청(정음청)을 설치한 것을 말함.

118) 正韻失傳 : 한자음이 제대로 전해지지 않았다는 뜻으로서 이런 이유로 『동국정운』과 『홍무정운역훈』을 편찬하게 된 것임.

봄에 공에게 중국에 가는 사신을 따라 요동에 가서 황찬을 만나 음운을 물어
보라고 명하시어(황찬을 찾아가다), 공이 한글로 화음을 옮겨서 묻는 대로 척척
(빨리) 깨달아 조금도 틀리지 않으니 황찬이 크게 이를 기이하게 여겼다. 이로
부터 요동에 다녀오기 무릇 열세 번이었다.

(중략) 공이 한어·왜어·몽고어·여진어 등에 모두 통하여 때때로 혹시 통
역의 힘을 비는 일이 있어도 역시 자신도 뜻을 통했다. 나중에 공이 손수 외국
어를 번역하여 나라에 바치니 통역들이 이에 힘입어 밝게 통하여 스승한테 배
우지 않았다.

卷 十一 附錄 墓誌

門人 吏曹參判 李坡 撰

(前略) 世宗 以本國音韻 … 凡十三度(同一內容重複)

권11 부록 묘지

문인 이조참판 이파 지음.

(전략) 세종께서 우리나라의 음운으로 … 무릇 열세 번이다(행장의 내용과 중
복됨).

卷 十一 附錄 碑銘

陽城 李承召 撰

(前略) 世宗 以諸國各製字 以記國語 獨我無之 御製字母二十八字 名
曰諺文 開局禁中 擇文臣撰定 公 獨出入內殿 親承睿裁 定其五音淸濁之
辨 紐字諧聲之法[119] 諸儒受成而已

世宗 又欲以諺字 翻華音 聞翰林學士 黃瓚以罪 配遼東 命公隨朝京使
入遼東 見瓚質問 公聞言輒解 不差毫釐 瓚大奇之 自是 往返遼東 凡十
三度

丁卯秋 中重試第四人 超授集賢殿應敎 庚午春 翰林學士倪謙等 賚詔
到國 世宗 命公從遊 蓋欲問知中原典故 且學韻語也[120] 翰林 一見如舊

---

119) 紐字諧聲之法 : 모두 성모를 분류하고 정리한다는 뜻이지만, 여기서는 성모와 운모 등
   자음의 분석 및 그 분류법을 뜻하는 것으로 봄이 좋을 듯함.
120) 庚午春 … 學韻語也 : 이때 명나라에서 온 사신들에게 물어 보고자 한 것은『성리대
   전』의 내용과『홍무정운』의 음계에 관한 것이었음.

相與唱酬 稱公爲東方巨擘

(中略) 公 旁通 諸國音韻 手飜諸譯以進[121] 學譯者 不煩師授 易以通曉

권11 부록 비명

양성 이승소[1422(세종 4)~1484(성종 15)] 지음.

세종께서 여러 나라가 각각 글자를 만들어서 제 언어를 기록하는 데 홀로 우리나라만이 글자가 없다고 하여 자모 28자를 만드시어 언문이라고 이름 지으시고, 궁중 안에 (언문 관계) 기관을 설치하여 문신을 뽑아 여러 서적을 짓게 할 때 공만 홀로 내전에 드나들며 임금의 재가를 직접 받아서 오음(성모)의 청·탁 구별과 성모·운모법을 정하고, 다른 학자들은 완성된 결과만을 받을 따름이었다.

세종이 또 언문으로 화음을 옮기려고 할 때, 한림학사 황찬이 죄를 지어 요동에 귀양 왔다는 말을 듣고, 공에게 중국 가는 사신을 따라 요동에 가서 황찬을 만나 질문을 하라 명하시니, 공이 황찬의 말을 듣고 빨리 깨달아 조금도 틀리지 않으니 황찬이 크게 이를 기이하게 여겼다. 이로부터 요동에 다녀오기 무릇 열세 번이었다.

정묘년(1447년, 세종 29) 가을 중시에서 제4등으로 붙어서 집현전 응교로 특진되었다. 경오년(1450년, 세종 32) 봄에, 한림학사 예겸 등이 명나라 황제의 조서를 가지고 우리나라에 왔을 때 세종이 공에게 함께 교유하도록 명하셨는데 대개 중국의 전고를 물어서 알고 또 운학 관계에 대하여 배우고자 함이었다. 한림학사 예겸이 한 번 보고 오랜 친구처럼 여겨 서로 시를 주고받고, 공을 동방의 훌륭한 학자라고 일컬었다.

(중략) 공이 널리 여러 나라의 음운에 통하여 직접 여러 언어를 번역하여 왕께 바치니 외국어를 배우는 사람이 스승의 가르침을 번거롭게 하지 않고서도 쉽게 깨우쳤다.

卷 十二 年譜

(中略) 癸亥 公 二十七歲

春 爲司直 除日本國通信使書狀官 卞仲文爲上使

---

121) 手飜諸譯以進 : 여러 언어에 통달하고 있었다는 신숙주가 어떤 역학 관계 업적을 남겼는지 알 수 없고, 현재로서는 『홍무정운역훈』(1455)과 『海東諸國紀』(1471)가 있을 뿐임.

(中略) 九箇月　還朝[122)　奉撰御製諺文[123)　上　以本國音韻　與華語雖殊
其牙舌脣齒喉淸濁高下　未嘗不與中國同　列國皆有國音之文　以記國語　獨
我國無之　御製諺文字母二十八字　設局於禁中　擇文臣撰定　公　實承睿裁
　　권12 연보
　　(전략) 계해(1443년, 세종 25) 공 27세

봄(2월 21일)에 사직이 되고, 일본국 통신사 서장관으로 임명되었다. 변중문
이 상사(통신사)이었다.

(중략) 9개월만에 귀국하여(10월 19일) 명을 받들어 '어제 언문'을 지었다. 상
감(세종)께서 우리나라 음운이 화어와 비록 다르나 그 아·설·순·치·후,
청·탁, 고·하(즉 자음, 모음과 성조)가 중국과 마찬가지로 다 갖추고 있어야
되고, 여러 나라가 모두 제 나라 어음을 나타낼 글자가 있어서 제 언어를 기록
하고 있으나 홀로 우리나라만이 글자가 없다고 하셔서 언문 자모 28자를 만드
시고, 또 궁중 안에 기관을 설치하여 문신을 뽑아 언문 관계 서적을 편찬할 때,
공이 실지로 임금님 재가를 받들었다.

太虛集[124)云　英陵　初制諺文　集賢諸儒　合辭抗疏　陳其不可　英陵　命申
文忠及崔恒等八學士掌其事　作訓民正音·東國正韻等書　東方語音始正
　　東方歷代記[125)云　世宗丙寅　遂倣篆·籀制二十八字母[126)　演作諸字　使鄭
麟趾　成三問　申叔舟等　撰定　因命往見黃學士　質問十三度　與太虛集　小異

태허집에서 말하기를 영릉(세종)께서 애당초 언문을 만드실 때, 집현전 여러
학자들이 연서하여 반대하는 글을 올리고 그 옳지 않음을 말씀드리니, 세종께서
신 문충공(숙주) 및 최항 등 여덟 학사에게 그 일을 맡아서 『훈민정음』·『동국

---

122) 還朝 : 이때 신숙주 일행은 귀로에 대마도에 들러서 계해조약(일종의 무역 협정)을 맺
　었음. 그리고 신숙주는 이때의 견문을 중심으로 해서 1471년(성종 2)에 『海東諸國紀』(1
　권 1책)를 지었음.
123) 撰御製諺文 : 훈민정음 창제 후 『훈민정음해례본』 편찬에 참여하였음을 말하는 것임.
124) 太虛集 : 최항(1409~1474)의 시문집인 『太虛亭集』(3권2책, 사본, 서거정이 1486년에
　편집 간행)을 말하는 듯함.
125) 東方歷代記 : 미상.
126) 世宗丙寅 … 制二十八字母 : 병인년(1446, 세종 28)은 문자를 만든 해가 아니고, 『훈
　민정음』이라는 새로운 문자 해설서가 편찬된 해인데, 문자와 책이 동명이었으므로 이런
　혼동이 생겼음.

정운』을 짓도록 명하시어, 우리나라 어음이 비로소 바르게 되었다.

『동방역대기』에 말하되 세종 병인년(1446, 세종 28)에 드디어 중국의 전자(篆字)·주자(籍字)를 본받아 28자모를 만들고 여러 글자를 부연하여 만들 때 정인지, 성삼문, 신숙주 등에게 책을 짓도록 시키시다. 명을 받들어 황 학사에게 질문하러 열세 번을 찾아갔었다고 하였으니 『태허집』의 내용과 조금 다르다.

乙丑 公 二十九歲

使遼東[127] 飜華音定五聲 ○時皇明學士黃瓚 以罪配遼東 公往見質問 隨問輒解不差毫釐 學士大奇之

을축(1445, 세종 27) 공 29세

(1월 7일) 요동에 사신으로 가서 화음을 번역하고 오성을 정하다. ○ 당시에 명나라 학사인 황찬이 죄를 짓고 요동으로 귀양와 있었다. 공이 찾아가 물어보고 묻는 데 따라 깨달아서 조금도 틀리지 않으니 학사가 이를 크게 기특하게 여겼다.

丙寅 公 三十歲

使遼東 與中朝翰林學士黃瓚 質問音韻 往還十三度

諛聞瑣錄云[128] 申文忠公 與成三問 學華音于遼東 一年三往 多有唱和之

병인(1446, 세종 28) 공 30세

요동에 사신으로 가서 중국의 한림학사 황찬에게 음운을 물어보다. 열세 번 다녀왔다.

소문쇄록에서 말하기를 신 문충공(숙주)이 성삼문과 함께 요동에서 화음을 배우고 일 년에 세 번 갔었으며 서로 주고받았던 시가 많다.

乙亥 公 三十九歲

二月 與成三問 譯訓洪武正韻[129]

---

127) 使遼東 : 을축년(1445, 세종 27)부터 『홍무정운역훈』의 편찬이 시작된 것으로 볼 수 있음.

128) 諛聞瑣錄 : 曹偉(1454~1503)의 서제인 曹伸(성종~중종 때 사람, 司譯院正 등을 역임)이 지은 詩話集. 조신은 문장이 뛰어나고 특히 시를 잘 지었으며, 중종 때에는 『이륜행실도』도 편찬했음.

(이하 생략)

을해(1455, 세조 원년, 곧 단종 3년) 공 39세

2월에 성삼문과 함께 『홍무정운』을 번역하고 새기다.

保閑齋集 卷 第九

題 譯生崔潑 約韻圖尾

夫天下 書同文 而各因其方 五聲之用 遂不同 然推其源 不過五聲七音
縱橫經緯而已 故散之則變無窮 約之則三聲 相爲管綴 而其變有數 今之
學華音者 皆事其末 不究其源 乃至七音相陵 五聲相混 曾不知所以辨之
猶執以爲是而莫之察 老於譯者 皆若是 後學靡然趨之 蓋可嘆也已 觀子
之圖 實得其要 可謂能拔俗而獨立矣 苟如是不已 其於變訛歸正乎何有
然其紐攝之機 必須口授而後 得梗槩矣 當爲子 扣兩端而竭焉 姑題其尾
而歸之 以勗之云

보한재집 권9

역학생 최발이 만든 『약운도』 끝에 붙인 글

대저 세상에서는 똑같은 문자·문장 생활을 하나 각각 지역적인 조건에 따라
서 오성(五聲)의 쓰임(즉 언어생활)이 마침내 같지가 않게 되었다. 그러나 그
근원을 밝혀보면, 오성 칠음을 가로 세로의 경(經)과 위(緯)로 나타낼 수 있을
뿐이다(즉 자음과 모음, 성모와 운모를 가로·세로로 배열하여 언어음, 곧 자음
을 이들의 결합으로 다 나타낼 수 있을 뿐이라는 것). 그러므로 이들을 흩어
놓으면 모든 변화가 끝이 없고, 이들을 간략하게 요약하면 3성(초·중·종성)이
서로 엮이어 그 변화가 한정되어 있다. 그런데도 오늘날 한어(漢語)의 음을 공
부하는 이들이, 모두 말단적인 것만을 일삼고 그 근원을 살피지 않아서, 칠음을
서로 무시까지 하고, 오성을 서로 섞어서 일찍이 이를 분별한 까닭을 알지 못
하고, 오히려 이것(잘못된 것)을 옳다고 고집하여 살피지 않았다. 노련한 역관
도 모두 이렇고, 젊은 역관들도 휩쓸려서 이런 방향으로 나가고 있으니 대개
한탄할 만한 일이다. 이제 역관생 최발의 약운도를 보니 실로 그 요점만을 얻
어서, 세속에 뛰어날 수 있으므로 독립을 이루었다고 말할 수 있다. 진실로 이

---

129) 譯訓洪武正韻 : 『홍무정운』에 수록된 한자들의 음을 한글로 적고, 간간이 주석을 달
아서 편찬한 『홍무정운역훈』을 말하는 것임.

렇게 한다면 그 변하고 잘못된 것을 바르게 돌아가게 하는 데 무슨 어려움이 있으리오. 그러나 그 유(紐, 성모)와 섭(攝)의 기틀은 반드시 입으로 전수된 연후에 그 대강을 얻을 것이므로 마땅히 그대를 위하여 양쪽 극단을 통틀어 다하니, 잠시 약운도의 끝에 글을 쓰고 이를 돌려주어서 이에 힘쓰라고 말하는 바이다.

7. 『慵齋叢話』 卷7 - 八終聲說

『용재총화』는 成俔[1439(세종 21)~1504(연산군 10)]이 1504년에 지은 筆記雜錄類에 속하는 책(10권)이다. 고려로부터 조선 성종 때까지의 민간 풍속, 문물제도, 문화, 역사, 지리, 학문, 종교, 음악, 서화 등에 관하여 기술하고 있다. 성현은 1462년(세조 8)에 문과에 급제한 후 세조 때부터 연산군 때까지 활약하였다. 여러 차례 명나라에 다녀오고 관찰사와 판서 등을 역임하고 유자광과 함께 『악학궤범』을 편찬하기도 했다. 『용재총화』 권7에 훈민정음에 대한 기사가 있으며 최세진의 『훈몽자회』 범례보다 먼저 초·종성 8자 등을 말하고 있다.

世宗이 設諺文廳하사 命申高靈成三問等으로 製諺文하시니 初終聲이 八字요 初聲이 八字요 中聲이 十一字라. 其字體는 依梵字爲之하야 本國及諸國語音文字의 所不能記者를 悉通無礙하고 洪武正韻諸字를 亦皆以諺文書之하야 遂分五音而別之하니 曰牙舌脣齒喉라. 脣音은 有輕重之殊하고 舌音은 有正反之別하고 字亦有全淸·次淸·全濁·不淸不濁之差하야 雖無知婦人이라도 無不瞭然曉之케 하니 聖人創物之智가 有非凡力之所及也니라.

세종께서 언문청을 설치하시고 신숙주·성삼문 등으로 하여금 한글을 제작케 하시니(『훈민정음해례본』 편찬을 이렇게 말한 듯), 초·종성이 여덟 글자요, 초성이 여덟 글자요, 중성이 11자다. 그 글자 모양은 범자(산스크리트)를 바탕으로 하여 이를 만들었으며, 우리나라와 여러 나라 언어 글자가 기록할 수 없는 것을 모두 막힘없이 기록할 수 있게 되었다. 『홍무정운』에 수록되어 있는 한자의 음(중국 본토 자음, 곧 한음)을 역시 모두 한글로 표기하고, 드디어 5음으로 나누어 이를 분류하니, 아·설·순·치·후이며, 순음은 순경음과 순중음의 구별이 있고, 설음은 正과 反(긍정과 부정)의 구별이 있으며(설두음과 설상음의 구별을 이렇게 표현한 것임), 글자(자음)에는 또 전청·차청·전탁·불청불탁의 차이가 있으며, 비록 아무것도 모르는 부녀자라고 하더라도 이를 훤하게 알지 못하는 사람이 없으니, 세종(성인)께서 사물을 창조하시는 지혜가 비범한 힘으로 미쳤기 때문이다.

8. 『訓蒙字會』引과 凡例

훈민정음이 창제(1443)된 지 약 70년 뒤인 1527년(중종 22)에 최세진(1468~1542)이 한자 교과서인 『訓蒙字會』를 편찬하였다.

『훈몽자회』의 편찬 목적은 종래 우리나라에서 초학자용 한자 학습의 기본서로 사용되어 온 『천자문』과 『유합』의 결함을 시정코자 함에 있었다. 즉 『천자문』은 지나치게 故事에 치우치고 『유합』은 虛字가 너무 많다고 최세진은 생각하였다. 그래서 최세진은 어린이들이 먼저 사물에 해당되는 글자를 알아서, 그들이 견문하는 실물과 그 이름과의 부합을 통하여 한자를 깨닫게 한 뒤 다른 한자의 학습으로 나아가도록 하는 것이 한자 학습상 더 효과적일 것이라고 여겼다. 그는 한자를 '實字(全實之字)', '半實半虛字', '虛字'의 三類로 나누고, '鳥獸草木之名'을 중심으로 한 '實字'를 상·중권에, '半實半虛字'를 하권에 수록하여 『훈몽자회』를 편찬하였다. 수록자는 상·중권에 2,240자, 하권에 1,120자, 계

3,360자로 되어 있다. 여기에 소개 번역한 '인'에 이상에서 설명한 『훈몽자회』의 편찬 방침이 밝혀져 있다.

범례는 10조로 되어 있으며 『훈몽자회』를 이용하려는 사람들이 알아두어야 할 여러 가지 원칙을 설명하고 있다. 이 범례의 부록처럼 실려 있는 것이 '언문 자모' 항목인데, 이 조항에서 최세진은 처음으로 한글 자모의 이름을 기록했고, 성조에 관하여 설명하고 있다. 이 부분은 간단하지만 훈민정음의 변천상을 말해주고 있어서 종래 여러 학자들의 큰 관심을 끌어 온 대목이었다.

그리고 『훈몽자회』는 한자 교과서이지만 수록된 모든 한자에 당시의 국어로 소위 '釋'을 달아 놓아 국어사 연구상 귀중한 자료를 제공하고 있다. 판본은 초간본으로 보이는 일본의 叡山文庫本(활자본, 상·중·하 3권, 인 2장, 범례 5장, 목록 1장, 상권 19장, 중권 17장, 하권 15장, 계 59장, 크기는 가로 20.5cm, 세로 29.2cm, 광곽은 가로 16.9cm, 세로 23.3cm)과 그 후의 개판본·중간본들인 동경대도서관본(목판본), 日本尊經閣本(목판본), 奎章閣本(목판본) 등이 있는데, 叡山文庫本은 흔히 볼 수 있는 천자문식 4자 체재가 아니고 수록된 한자가 죽 연달아 배열되어 있는 것이 특징이다.

訓蒙字會 引

臣竊見世之敎童幼學書之家 必先千字 次及類合 然後始讀諸書矣 千字梁朝散騎常侍周興嗣所撰也[130] 摘取故事 排比爲文 則善矣 其在童稚之習 僅得學字而已 安能識察故事屬文之義乎 類合之書 出自本國不知誰之手也 雖曰類合諸字而虛多實少[131] 無從通諳事物形名之實矣 若使童稚學書知字 則宜先記識事物該紐之字 以符見聞形名之實然後始進於他書也 則其知故事 又何假於千字之習乎 孔子曰 不學詩 無以言 釋之者曰 多識於鳥獸草木之名 今之敎童稚者 雖習千字類合 以至讀遍經史諸書 只解其

---

130) 千字 : 중국 남북조시대 남조의 양나라 周興嗣가 글을 만들고 동진의 王羲之의 필적 중에서 글자를 모아 만들었다고 함.

131) 虛多實少 : 허사 한자가 많고, 실사 한자가 적다는 뜻.

字 不解其物 遂使字與物二 而鳥獸草木之名 不能融貫通會者 多矣 盖由
誦習文字而已 不務實見之致也

훈몽자회 서문

신이 가만히 세상에서 어린이를 가르치고 글을 가르치는 분들을 보옵건대,
반드시 『천자문』을 먼저 가르치고 『유합』을 가르친 다음에야 비로소 여러 책을
읽습니다. 『천자문』은 양나라 산기상시 주흥사가 편찬한 것인데, 고사를 따서
배열하고 비유하여 글을 지은 것은 좋으나, 어린이가 공부하는 데 있어서는 겨
우 글자를 배울 뿐이오니, 어찌 고사를 살펴 알고 글을 엮은 뜻을 알겠습니까?
『유합』이라는 책은 우리나라에서 편찬된 것이오나, 누구 손으로 이루어졌는지
알 수 없습니다. 비록 여러 글자를 유별로 합했다고 말하나 허자가 많고 실자
가 적어 사물의 이름이 나타내는 실체를 알 길이 없으며, 만일에 어린이들에게
글을 가르치고 글자를 알게 하려면 마땅히 먼저 사물에 해당하는 글자를 적어
서 견문과 이름이 나타내는 실체가 부합되도록 한 다음에야 비로소 다른 책을
공부하도록 해야 합니다. 그렇다면 저 고사를 아는 일이, 무엇 때문에 『천자문』
의 학습을 빌릴 것이 있겠습니까? 공자께서 말씀하시기를 "시를 공부하지 않으
면 말할 것이 없다"고 하셨는데, 이를 해석하는 이가 새와 짐승과 초목의 이름
을 많이 아는 것이라고 하니, 오늘날 어린이를 가르치는 이들이, 비록 『천자문』
과 『유합』을 배워서 경서와 역사책을 두루 읽게 되더라도, 다만 그 글자만 알
고 그 글자가 나타내는 실체를 몰라 드디어 사물을 나타내는 글자와 사물이 둘
로 갈라지게 되어 맞지가 않고(사물의 명칭과 그 명칭이 나타내는 사물이 부합
되지 않고), 조수와 초목의 이름을 꿰뚫어 알 수 없는 사람이 많으니, 대개 글
자만 외울 뿐 실체를 보기에 이르도록 힘쓰지 않은 탓입니다.

臣愚慮切及此 鈔取全實之字 編成上中兩篇 又取半實半虛者 續補下篇
四字類聚諧韻作書 總三千三百六十字 名之曰訓蒙字會 要使世之爲父兄
者 首治此書 施敎於家庭總丱之習 則其在蒙幼者 亦可識於鳥獸草木之名
而終不至於字與物二之差矣 以臣薄識 敢爲此擧 固知難逃僭越之罪也 至
於訓誨小子 盖亦不無少補云爾
　　時嘉靖六年四月 日 折衝將軍[132] 行忠武衛副護軍[133] 臣崔世珍謹題

---

132) 折衝將軍 : 조선시대의 西班(武官)官階, 정3품 당상관.
133) 副護軍 : 조선시대 五衛에 속해 있던 종4품 무관으로 69명이 정원이었음. 조선시대에

신의 생각이 이에 절실히 미치어 모두 실체를 나타내는 글자를 취하여 상·
중 2권을 꾸미고, 또 반실·반허자를 취하여 하권을 엮었습니다. 네 글자씩 무
리로 모으고 운을 맞추어 책을 지으니, 모두 3,360자입니다. 책 이름을 『훈몽자
회』라고 한 것은, 세상의 부형되는 사람들로 하여금 먼저 이 책을 익히고 가정
의 어린이들을 가르치게 하고자 함이오며, 그렇게 하면 어린이들도 역시 새·
짐승·초목의 이름을 알 수 있게 되어, 마침내 물건의 이름을 나타내는 글자와
물건이 서로 부합되지 않는 일이 없을 것입니다.

신이 천박한 학식으로 감히 이런 책을 지은 것은 진실로 분수에 넘치는 죄를
지었음을 알고 있습니다만, 어린이들을 가르치는 데 있어서는 대개 또한 조금
이나마 도움 안 될 것이 없을 것입니다.

이 글을 쓴 날은 중종 22년(명나라 가정 6, 1527) 4월입니다.

절충장군 행충무위부호군 신 최세진 삼가 씀.

訓蒙字會 凡例

一. 凡物名諸字 或一字或兩字 指的爲名者 一皆收之 其連綴虛字爲呼
者 如水扎子되·요 馬布郎개가머·리或作馬不剌之類不取也 然亦或有隱在
註下者

훈몽자회 범례

一. 무릇 물건 이름을 나타내는 여러 글자들 가운데, 혹 한 글자나 두 글자
가 나타내서 이름이 되는 것은 한결같이 이를 모두 수록했는데, 허자를 연철해
서 水扎子(되요새, 鷦鳥), 馬布郎(개그머리 또는 마불라)과 같이 되는 것은
이를 취하지 않았다. 그러나 혹시 주 안에 나타나는 것은 있을 것이다.

一. 一物之名 有數三字而其俗稱及別名 亦有數三之異者 若收在一字
之下 則恐其地狹註繁 故分收於數三字之下 雖似乎各物之名 而其實一物
也 以其註簡爲便而然也

一. 한 물건의 이름으로 몇 글자가 있거나 속칭이나 별명이 역시 몇 가지씩
다른 것을, 만일에 한 글자 밑에 모두 수록하면 여백은 좁고 註는 번거로울까
두려워서 여러 글자 아래로 나누어서 수록했는데 비록 각 물건의 이름과 같더

는 이와 같이 역관에게 무관의 官階를 주었으나 實職은 아니었다.

라도 실은 한 가지 물건이며, 그 주를 간편하게 하고자 해서 그렇게 된 것이다.

一. 一字有兩三名者 今亦兩三收之 如葵字葵菜 葵花 朝字朝夕 .朝廷
行德行 市.行 行步之類 是也
一. 한 글자가 여러 가지 이름을 나타내는 것은, 이제 모두 두세 곳에 수록
했으니, 예를 들면 '규'자는 규채(아욱규), 규화(해바라기규), '조'자는 조석(아침
조), 조정(조정조), '행'자는 덕행(행실행), 시항(시장항, 장사를 함), 행보(다닐행)
와 같은 것이 이것이다.

一. 凡物名諸字 上中卷有所妨碍 未及收入者 又於下卷收之 其他虛字
可學者雖多 今畏帙繁 不敢盡收
一. 무릇 물건 이름을 나타내는 여러 글자로서 상·중권에 넣기가 어려워 수
록하지 못한 것은 하권에 수록하고, 다른 허자들도 공부해야 될 것이 비록 많
으나 이제 책이 너무 두꺼워질까 봐 모두 수록하지 못했다.

一. 凡字音 在本國傳呼差誤者 今多正之 以期他日衆習之正
一. 무릇 자음 가운데 우리나라에서 전해 오는 발음이 달라진 것은 이제 이
를 많이 바로잡아, 앞으로 여러 사람이 바른 음을 배울 수 있게 했다.

一. 醫家病名藥名諸字 或有義釋多端 難於一呼之便 或有俗所不呼者
今並不收
一. 의학의 병명과 약명을 나타내는 여러 글자에, 혹 의미가 여러 가지로 있
어서 하나로 발음하기가 어렵거나 일반에서 발음하지 않는 것은 이제 모두 수
록하지 않았다.

一. 註內稱俗者 指漢人之謂也 人或有學漢語者 可使兼通 故多收漢俗
稱呼之名也 又恐註繁 亦不盡收
一. 주 안에 '속'이라고 일컬은 것은 중국 사람이 말하는 것을 가리키나, 사람
들 중에 혹시 한어를 배우는 사람이 있으면, 겸하여 통하게 할 수 있도록 한어의
속어를 많이 수록했는데, 역시 주가 너무 번잡할까봐 모두 수록하지는 않았다.

一. 凡一字有數釋者 或不取常用之釋 而先擧別義爲用者 以今所取在
此不在彼也
一. 무릇 한 글자에 여러 가지 물건을 나타내는 뜻이 있는 글자는, 혹시 늘
쓰는 뜻을 취하지 않고 다른 뜻으로 쓰이는 글자를 먼저 들었는데, 이것은 다
른 뜻을 취하고 상식적으로 쓰이는 것은 취하지 않았기 때문이다.

一. 凡在邊鄙下邑之人 必多不解諺文 故今乃幷著諺文字母 使之先學
諺文 次學字會 則庶可有曉誨之益矣 其不通文字者 亦皆學諺而知字 則
雖無師授 亦將得爲通文之人矣
一. 무릇 시골이나 지방 사람들 가운데, 언문을 모르는 이가 많아서, 이제
언문 자모를 함께 적어 그들로 하여금 먼저 언문을 배운 다음 『훈몽자회』를 공
부하게 하면, 혹시 밝게 깨우치는 데 이로움이 있을 것이니, 한자를 모르는 사
람도 역시 모두 언문을 배우고 한자를 알면, 비록 스승의 가르침이 없더라도
한문에 통할 수 있는 사람이 될 것이다.

一. 凡在外州郡 刊布此書 每於一村一巷 各設學長 聚誨幼穉 勤施懲
勸 竢其成童 升補鄕校國學之列 則人皆樂學 小子有造矣
一. 무릇 지방의 각 군에서 이 책을 출판하여 한 고을마다 각각 훈장을 두고
어린이들을 모아 가르치어 권선징악을 한 다음 소년이 되기를 기다려 향교나
국학(중앙의 학교)에 진학시키면 사람들이 모두 배우기를 즐길 것이니 어린이
들이 발전(성취)되는 바가 있을 것이다.

諺文字母[134] 俗所謂反切二十七字[135]
언문 자모
언문 자모, 즉 일반사람들이 말하는 반절 27자가 이것이다.

---

134) 字母 : 원래 중국에서 자모란 36자모처럼 한 자음의 초성(어두자음)만을 뜻하였는데,
우리나라에서는 초성자·중성자를 모두 자모라고 하였다. 강희맹이 지은 『신숙주의 행장』
에서도 '御製諺文字母二十八字'라는 구절이 있다.
135) 反切二十七字 : 음표문자인 훈민정음의 구실이 꼭 반절법에 의한 반절상자·반절하자
와 같으므로 이런 이름을 붙인 것 같음. 이러한 호칭은 후세까지 계승되었음. 정음 28자
중에서 ㆆ자가 줄어서 27자가 되었음.

初聲終聲通用八字[136]

ㄱ其役 ㄴ尼隱 ㄷ池末 ㄹ梨乙 ㅁ眉音 ㅂ非邑 ㅅ時衣 ㆁ異凝[137]

末衣兩字只取本字之釋 俚語爲聲

其尼池梨眉非時異八音 用於初聲 役隱末乙音邑衣凝八音 用於終聲

初聲獨用八字

ㅋ箕 ㅌ治 ㅍ皮 ㅈ之 ㅊ齒 ㅿ而 ㅇ伊 ㅎ屎

箕字亦取本字之釋 俚語爲聲

中聲獨用十一字

ㅏ阿 ㅑ也 ㅓ於 ㅕ餘 ㅗ吾 ㅛ要 ㅜ牛 ㅠ由 ㅡ應 不用終聲 ㅣ伊 只用
中聲 ㆍ思不用初聲

초성과 종성으로 두루 쓰이는 여덟 글자

ㄱ 其기役역 ㄴ 尼니隱은 ㄷ 池디末귿 ㄹ 梨리乙을 ㅁ 眉미音음 ㅂ 非
비邑읍 ㅅ 時시衣옷 ㆁ 異이凝응

末衣 두 글자는 이 글자의 새김만을 취하여 우리말 새김으로 성(聲)을 삼는다.

其기 尼니 池디 梨리 眉미 非비 時시 異이

여덟 음은 초성에 쓰고(이들 음의 초성을 취하고)

役역 隱은 末귿 乙을 音음 邑읍 衣옷 凝응

여덟 음은 종성에 쓴다(이들 음의 종성을 취한다).

초성에만 쓰이는 여덟 글자

ㅋ 箕키 ㅌ 治티 ㅍ 皮피 ㅈ 之지 ㅊ 齒치 ㅿ 而ㅅl ㅇ 伊이 ㅎ 屎히

箕키자는 역시 이 글자의 새김을 취하여 우리말 새김으로 성을 삼는다.

중성으로만 쓰이는 열 한 글자

ㅏ 阿아 ㅑ 也야 ㅓ 於어 ㅕ 餘여 ㅗ 吾오 ㅛ 要요 ㅜ 牛우 ㅠ 由유 ㅡ
應응 종성인 ㅇ을 안 쓴다(즉 '응'음에서 ㅡ음만 취함). ㅣ 伊이 중성만 쓴다.
ㆍ 思ㅅ 초성인 ㅅ을 안 쓴다(즉 'ㅅ'음에서 ㆍ음만 취함).

初中聲合用作字例

---

136) 初聲終聲通用八字 : 『훈민정음해례본』 종성해에서 '然ㄱㆁㄷㄴㅂㅁㅅㄹ八字可足用
也'라고 한 것을 여기에서 다시 확인한 것임. 그러나 1940년에 〈해례본〉이 다시 발견될
때까지 사람들은 최세진이 이렇게 규정한 것으로 믿고 있었다.
137) ㆁ異凝 : 異凝은 최세진의 착각으로서 중고음에서도 異字의 성모는 ㆁ/ŋ/이 아니었
음. '異'자의 성모는 ㅇ[zero]다.

가 갸 거 겨 고 교 구 규 그 기 ㄱ

以ㄱ其爲初聲 以ㅏ阿爲中聲 合ㄱㅏ爲字則가 此家字音也 又以ㄱ役爲
終聲 合가ㄱ爲字 則각此各字音也 餘倣此

初中終聲三聲合用作字例

간肝 갇笠 갈刀 감柿 갑甲 갓皮 강江

ㄱ ㅋ 下各音 爲初聲 ㅏ下各音 爲中聲作字 如가갸例 作一百七十六
字138) 以ㄴ下七音 爲終聲作字 如肝至江七字 唯ㅇ之初聲與ㆁ字音俗呼相
近 故俗用 初聲則皆用ㅇ音 若上字有ㆁ音終聲則下字必用ㆁ音 爲初聲
也139) ㆁ字之音 動鼻作聲 ㅇ字之音 發爲喉中輕虛之聲而已 故初雖稍異
而大體相似也 漢音ㆁ音初聲 或歸於尼音 或ㆁㅇ相混無別140)

　　초성과 중성을 합하여 글자를 만든 예

가 갸 거 겨 고 교 구 규 그 기 ㄱ

　　ㄱ으로써 초성을 삼고 ㅏ로써 중성을 삼아 ㄱ과 ㅏ를 합하여 글자를 만들면
'가'가 되니 이것이 '가(家)'자의 음이다. 또 ㄱ으로써 종성을 삼아 가와 ㄱ을 합
하여 글자를 만들면 '각'이 되니 이것이 '각(各)'자의 음이다. 나머지도 이와 같다.

　　초성·중성·종성 3성을 합하여 글자를 만든 예

간肝 갇笠 갈刀 감柿 갑甲 갓皮 강江

　　ㄱㅋ 아래 각 음은 초성이 되고 ㅏ 아래 각 음은 중성이 되어 글자를 만드
니 '가갸'와 같이 하여 176 글자를 만들고, ㄴ 아래 7음으로써 종성을 삼아 글
자를 만드니 '간(肝)'부터 '강(江)'까지의 일곱 자와 같다. 다만 초성으로 쓰인
ㆁ은 ㅇ으로 나는 자음과 대중들의 발음이 서로 가까우므로 대중의 초성을 쓰
면 모두 ㅇ음이다. 만일에 윗글자에 ㆁ음 종성이 있다면, 곧 아래글자는 반드시
ㆁ음을 써서 초성을 삼는다. ㆁ자의 음은 코를 움직여 소리를 내고, ㅇ자의 음
은 목구멍 속에서 내어서 가볍게 비어 있는 소리뿐이니, 처음에는 비록 조금
다르나 대체로 서로 비슷하다. 한음의 ㆁ음 초성은 혹 ㄴ(尼)음과 같아졌거나
혹은 ㆁ과 ㅇ이 서로 섞어서 구별이 없게 되었다.

---

138) 如가갸例 作一百七十六字 : 이러한 결합에 의하여 만들어진 글자는, 각각 국어의 음
　　절 단위가 되는데 이와 같은 음절표를 '반절표'라고도 하였음.
139) ㆁ之初聲 … 爲初聲也 : 15세기 중세국어에서도 어두에서는 ㆁ음/ŋ/이 발음된 일이
　　없고, 어중 초성으로는 발음된 일이 있음을 설명한 것임.
140) 漢音 … 無別 : 한어의 자음 가운데, 중고음에서 ㆁ/ŋ/음이었던 것이, 후세에 /n/이 되
　　거나 또는 소실된 것을 말한 것임.

凡字音高低 皆以字傍點之有無多少 爲準 平聲無點 上聲二點 去聲入
聲皆一點141) 平聲哀而安 上聲厲而擧 去聲淸而遠 入聲直而促 諺解亦同

　무릇 자음(한자음)의 고저는 모두 글자 옆의 점이 있고 없고 많고 적음을 가
지고 기준을 삼으니, 평성은 점이 없고, 상성은 두 점이며, 거성과 입성은 모두
한 점이다. 평성은 슬픈 듯 편안하며, 상성은 거세고 들리며, 거성은 맑고 멀
며, 입성은 곧고 빠르니, 언해도 역시 같다.

　믈읫 글字ᄍᆞ音음의 노ᄑᆞ며 ᄂᆞᆺ가오미 다字ᄍᆞᆺ겨틔 點뎜이 이시며 업스며
ᄒᆞ며 져그모로 보라믈 사믈거시니 ᄂᆞᆺ가온소리옛字ᄍᆞᄂᆞᆫ 平평聲셩이니 點뎜이
업고 기리혀나죵들티ᄂᆞᆫ 소리옛字ᄍᆞᄂᆞᆫ 上썅聲셩이니 點뎜이 둘히오 곧고 바
ᄅᆞ 노ᄑᆞᆫ 소리옛字ᄍᆞᄂᆞᆫ 去컬聲셩이니 點뎜이 ᄒᆞ나히오 곧고 ᄲᆞᄅᆞᆫ 소리옛字
ᄍᆞᄂᆞᆫ 入ᅀᅵᆸ聲셩이니 點뎜이 ᄒᆞ나히라142) 諺언文문으로 사김흔뒤 ᄒᆞᆫ 가지라
ᄯᅩ 字ᄍᆞ들히 본딧소리 두고 다ᄅᆞᆫ 뜯 다ᄅᆞᆫ 소리로 쓰면 그 달이ᄊᆞᄂᆞᆫ 소리로
그 ᄌᆞᆺ귀에 돌임ᄒᆞᄂᆞ니 行녈힝平평聲셩本본音음 行뎌졔항平평聲셩 行힝뎍
힝去컬聲셩(위 본문에서 방점은 생략했음)

　무릇 자음(한자의 음)의 높고 낮음이 다 글자 곁에 점이 있고 없고, 많고 적
음을 가지고 표를 삼을 것이니, 낮은 소리의 글자는 평성이니 점이 없고, 길고
나중에 들리는(올라가는) 소리의 글자는 상성이니 점이 둘이요, 곧고 바로 높은
소리의 글자는 거성이니 점이 하나요, 곧고 빠른 소리의 글자는 입성이니 점이
하나다. 언문으로 풀어도 마찬가지다. 또 글자들이 원래의 소리(성조)를 두고
다른 뜻이나 다른 소리(성조)를 가지고 그 자구에 돌리어서 (표시를) 하니, 예

---

141) 去聲入聲皆一點 : 『훈민정음해례본』의 규정에서는 '入聲加點同而促急'이라고 하고
　　『사성통고』 범례에서는 '去聲則一點入聲則亦一點'이라고 한 것으로 보아, 국어와 한자
　　음의 방점법이 달랐음을 알 수 있음.
142) 믈읫 … ᄒᆞ나·히·라 : 여기는 자음의 성조를 설명한 것임. 『훈민정음해례본』의 설명과
　　대조해 보면 다음과 같다.

훈민정음언해	훈몽자회
평성 = ·믓ᄂᆞᆺ가·봍소·리·라	ᄂᆞᆺ가·온소·리
상성 = ·쳐서·미ᄂᆞᆺ:갑·고:냉듕·이노·ᄑᆞᆫ소·리·라	기·리혀 나죵 들티ᄂᆞᆫ 소리
거성 = :믓노·ᄑᆞᆫ소·리·라	·곧고 바른 노·ᄑᆞᆫ 소·리
입성 = 썔·리긋듣ᄂᆞ소·리·라	·곧고 ᄲᆞᄅᆞᆫ 소·리

방점법도 『훈몽자회』에서 거성과 마찬가지로 입성에 대하여 1점을 찍도록 한 것이 특색이
다. 『훈민정음』에서는 입성에 대하여 명언하지 않았다.

를 들면 다음과 같다.

行 다닐 힝, 평성, 본음

行 저자 항, 평성

行 행적 :힝, 거성

제2부
『훈민정음』 관련 논문

제1장 조선 초기 불경의 언해 경위에 대하여

1. 머리말

조선은 崇儒抑佛을 건국이념으로 삼았던 사람들이 태조 이성계를 옹립하여 건국한 나라다. 이어서 그들은 유교 국가의 확립을 위하여 노력을 경주하였다. 이런 조선 초기의 역사적 배경으로 볼 때, 세종의 훈민정음 창제는 확실히 하나의 기적이 아닐 수 없다. 그래서 비록 훈민정음의 창제 동기가 세종 본래의 濟世的인 의도와 한자 학습을 돕기 위한 보조적인 문자 창제 등 여러 가지 면에 있다하더라도, 모든 이단을 배척하고 事大崇漢의 사상이 남달리 강했던 유신들의 틈바구니에서 창제된 훈민정음의 앞날에 荊棘의 길이 없을 수 없었다.

그런데 훈민정음이 유신들의 천시 아래에서 탄생했지만, 그래도 그 생명을 유지하고 오늘날 우리가 볼 수 있는 바와 같은 여러 가지 문헌을 남겨주게 된 것은, 역시 유신들이 仇讐(구수)와 같이 여기고 있던 불교와 결합된 덕택이었다. 즉 당시까지 아직도 세력을 가지고 있었던 불교를 신봉하는 왕가에 의하여 훈민정음으로 불경이 언해되었기 때문이다. 그러므로 훈민정음으로 보아서는 세종과 같은 불교 비호자 및 세조와 같은 숭불주가 있었다는 것이 자못 다행한 일이었다.

그러나 斥佛은 조선 건국이념이었던 만큼 비록 왕가에서 불교를 숭상했지만 유신들의 강렬한 배불 운동으로 마찰이 일어나지 않을 수 없었다. 따라서 조선 초기의 역사는 말하자면 유·불 양교를 인정하고 유교와 불교를 함께 숭상한 왕과 유교만을 숭앙하여 불교를 철저히 배척하고자 한 유신들과의 투쟁사라고도 할 수 있다.

유신들은 고려 말엽 이성계를 중심으로 하여 전제 개혁에 성공한 후, 드디어 왕씨 정권을 타도하고 숭유억불을 國是로 삼아 조선을 건국하였다. 이들은 아직도 일반 민간에 강력한 세력을 가지고 있던 불교를 하루속히 일소함으로써 유교국가로서의 면모를 확립하고, 성학인 孔孟之道에 의한 이상적인 정치를 실현하고자 끊임없이 노력하였다. 더욱이 태종을 거쳐 세종에 이르러 집현전을 설치하고 문치에 전념하게 되자 유신들의 이러한 움직임은 더욱 적극화하였다. 그러나 불교가 삼국시대에 전래된 이후로 수백 년을 경과하는 동안 숭상되어 오고, 특히 고려는 불교를 국교로 삼아 왔으므로 민간의 신앙심과 불교의 세력이 하루아침에 말살될 수는 없었다. 이에 덧붙여 조선 초기의 역대 왕 중 태조는 물론, 조선 왕조에서 척불 정책의 확립에 성공하였다는 태종조차도 말년에는 숭불주로 변하여 불교를 은연중에 비호하였던 것이니1) 불교가 쇠퇴할 리 없었다. 이에 불만을 품은 유신들은 새로운 왕이 즉위할 때마다 그들의 이상을 실현하려고 강렬한 운동을 전개하고 꾸준한 투쟁을 지속하였으니, 이것은 조선이 유교국가로서의 면모와 제도를 갖추게 된 성종 시대를 거쳐 불교가 완전히 쇠잔의 길을 밟게 된 연산군 시대 이후까지도

---

1) 李相佰, 「儒佛兩敎交代의 機緣에 對한 硏究」, 『朝鮮文化史硏究論攷 제1편』에서 태종이 숭불주이었음을 상세히 설명하고 있다.

변함없는 유신들의 움직임이었다.

이들 유신들의 척불론 요지는 다음과 같았다.

① 유교의 인륜 문제로 볼 때 불교는 오륜, 오상을 무너뜨리는 것이며
② 불교 사원의 경제적 부가 국가 재정에 유해무익할뿐더러 승도의 사생활이 그 본분을 망각하고 타락하였으며
③ 불교는 虛誕하여 미신으로서 사람을 속이고 미혹하게 하며
④ 신자라고 하여 반드시 복을 얻는 것이 아니고 오히려 재앙까지 입은 군주의 유례가 역사상 많았다.

그런데 이와 같은 배불 사상이 널리 퍼져 있던 당시의 사회에서, 조선 문물제도 및 유교 국가로서의 모든 기초를 닦아 놓았다고 하는 세종과 세조가 국시와 배치되는 불교를 높이 숭상하고, 심지어 불경을 간행하고 한 걸음 더 나아가 언해까지 하여 세상에 널리 포교하려 하였음은 자못 기이한 일이 아닐 수 없다.

오늘날 우리에게는 훈민정음 창제와 동시에 편찬된 모든 서적 가운데 유교와 관계가 있고 유신들의 비위에 맞았을 것으로 보이는 것은 오직 『용비어천가』 단 하나만이 남아 있고 그 외에는 방대한 양의 불경들만이 남아 있으니, 이제 조선 초기 불교의 추세와 세종과 세조가 불경을 언해하게 된 경위를 살펴보는 것도 애오라지 무의미한 일이 아닐 것이다.

* 우리 글자의 명칭은 '훈민정음' 또는 '한글'이라고 하는 것이 정상적인 것이나, 종래 '언문'이라고 일컬어 '언해'라는 명칭까지 쓰이었으므로, 이 글에서는 부득이 '언문'이라고 칭하였다.

2. 불교와 언문의 시대적 변천

1) 세종의 불교에 대한 태도와 언문

(1) 세종의 불교에 대한 태도

세종은 조선의 역대 왕뿐만 아니라 세계 어느 왕에서도 찾아볼 수 없을 만큼 치세중에 가장 많은 업적을 남기었으며, 그 업적은 실로 다방면으로 펼쳐지고 있었다. 따라서 즉위 초부터 유교를 장려하고 文運을 펼치기 위하여 집현전까지 설치(1420년, 세종 2)하는 등 자못 활발한 움직임을 보이었고, 초기에는 유신들의 움직임에 동조하여 불교 억압책을 강구하였다.

1424년(세종 6) 4월에 불교 개혁을 단행하여 불교 七宗을 합하여 禪·敎 二宗으로 국한하고 전국 사찰을 양종 각 18사씩 합 36사로 축소하는 동시에, 각 사찰에 예속되었던 재산과 노비 등을 官收하였다. 또 고려 이래의 유풍인 불사 기도, 승도의 經行(불도를 닦는 일) 등을 그만두게 하고 민간 상제의 예에 桑門의 법을 금하는 동시에 朱子家禮에만 의존할 것을 명하는 등 여러 가지 시책을 실시하여 유신들의 이상을 충족시키는 듯하였다. 그러나 여기에서 주목해야 할 것은 세종의 불교 개혁 태도다. 세종은 원래 백성을 아끼고 백성을 위주로 하는 군주이었다. 따라서 유신들과 같이 일시에 불교를 말살하려 하였던 것은 아니고 불교를 어느 정도 보호하고 그 존속을 인정하려 하였던 것이다. 1424년(세종 6) 2월 7일에 사헌부 대사헌 河演 등이 상소하여 寺社를 철폐하고, 僧選, 僧批, 僧錄을 없애라고 요청한 데 대하여 세종은 다음과 같이 말하였다.[2]

---

2) 『세종실록』 권23 15장, 6년 2월 7일 계축조.

佛法旣爲異端 其無益於國必矣 然此法久行於世 安得令人人 遽知其異
端 無用之實乎 予亦以爲未可遽革也

불교가 이미 이단이어서 나라에 이익이 없는 것은 틀림없다. 그러나 불교가
세상에서 행해진 지 오래되므로, 어찌 사람들에게 불교가 옳은 도가 아니고 쓸
모없는 것이라고 갑자기 알게 할 수 있겠는가! 나 역시 갑자기 없앨 수는 없다
고 생각한다.

즉 불교의 죄를 인정은 하면서도 그 급격한 혁파는 주저하였으니 이
러한 미온적인 세종의 태도로 불교가 하루 아침에 혁파되지는 않았다.
그리하여 『慵齋叢話』(成俔의 수필집, 3권3책) 권1을 보면 세종 시대에도
불교가 아직 儒士之家에서까지 행하여지고 있었음을 알 수 있다.

新羅高麗崇尙釋敎 送終之事 事以供佛 飯僧爲常 逮我本朝 太宗雖革
寺社奴婢 而其風猶存 公卿儒士之家 例於殯堂 聚僧說經 名曰法席 又於
山寺 設七日齋 富家爭務豪侈 貧者亦因例措辦 耗費財穀甚鉅 親戚朋僚
皆持布物往施 名曰食齋 又於忌日 邀僧先饋 然後引魂設祭 名曰僧齋

신라와 고려시대에 불교를 숭상하여 장사 때에는 불공을 드리고 스님을 대접
하는 것이 보통이었으며, 우리 조선에 이르러 태종이 비록 절과 노비를 없앴으
나 아직도 그 풍습이 남아 있으며, 고관이나 선비의 집에서도 관례에 따라 빈
소에 스님을 모아 불경을 강하고 이를 법석이라고 했다. 또 산의 절에서도 7일
재를 설치하여 부잣집은 다투어 사치스럽게 하며 가난한 사람도 관례대로 베풀
어서 재물과 곡식을 매우 많이 소비하며 친척과 친지들이 모두 포목과 물건을
가지고 가서 베푸는 것을 식재라고 했다. 또 기일에는 스님을 모셔다가 식사를
대접하고 영혼을 모시는 제사를 승재라고 했다.

1432년(세종 14) 3월 5일에 집현전 부제학 偰循 등이 승도의 폐해를
논하고 하루 속히 闢佛(불교를 물리치다)할 것을 논한 상서문 중에서도
당시 얼마나 민간의 숭불열이 강렬하였는지 알 수 있다.[3]

---

3) 『세종실록』 권55 18장, 14년 3월 5일 갑자조.

· 又聞今年 二月 十五日 閭巷群僧 大設水陸會於漢江之濱 幡幢蔽江 鐃
鼓振天 舟運車載聚粟萬計 以供緇流 無慮千萬人 以至投食江中 以養魚
鼈 京都男女 無貴無賤 爭持果食施捨(하략).

또 듣자오니 올해 2월 15일에 시내의 스님들이 한강가에 수륙회를 크게 베풀
어서 나부끼는 깃발이 강을 뒤덮고 꽹과리와 북소리가 하늘에 떨쳤으며, 배와
수레가 수많은 곡식을 날라서 스님을 대접하고 무려 천·만 명이나 되는 신도
들이 강물에 음식물을 던져서 물고기를 먹였다고 하오며, 서울 안의 남녀들이
귀천을 가릴 것 없이 음식을 다투어 가지고 와서 베풀었다고 하옵니다. (하략)

이에 따라서 유신들의 초조한 심정이 어떠하였는지도 가히 짐작할 수
있다. 그럼에도 세종은 집현전을 비롯한 유신들의 맹렬한 반대를 무릅쓰
고 1434년(세종 16) 4월에 檜岩寺에서 불사를 영위하는 것을 비호하였으
며 1436년(세종 18) 6월에는 興天寺 舍利閣을 다시 만들고 같은 해 7월
에는 興天, 興德 양사를 보수하였다. 세종의 불교 행사는 1438년(세종
20)부터 더욱 본격화하여 이에 따라서 유신들의 반대도 맹렬히 전개되었
으니, 1438년(세종 20) 이후 1450년(세종 32) 승하 때까지 13년간은 순전히
세종과 유신들 사이의 불교로 인한 불화가 끊임없이 계속되었다고 하여
도 과언이 아닐 지경이었다.

1438년(세종 20) 2월에 흥천사 사리각에서 日齋를 베풂으로써 세종의
불교 행사는 개시되고, 이에 따르는 격렬한 유신들의 반대도 개시되었
다. 그러나 세종이 사헌부, 사간원의 맹렬한 공격을 무릅쓰고 일재를 끝
내 베풀었음은 물론이다. 1439년(세종 21) 4월에는 효령대군이 흥천사를
중수하고 대대적인 불사를 영위하였는데, 이를 비호한 세종과 집현전,
사헌부, 사간원, 성균관 등 유신들 사이에 충돌이 일어났다. 이때 불도에
대한 세종의 태도를 보면 다음과 같았다. 1439년(세종 21) 4월 12일에 사
간원 좌정언 李禮長이 효령대군 불사를 금하라고 요청한 啓奏에 대한
답에서 세종의 불도에 대한 태도를 보여주고 있다.[4]

孝寧於興天 未嘗有一石之費 豈爲之主張哉 然僧徒亦吾民也 旣爲吾民
而 若有飢者 則國家豈肯恝然不救哉 民庶之爭相供養 予謂無傷也 況興
天祖宗創造之寺 予所留心者也 住於此寺者 予旣軫念 則國人供養固其宜
矣

효령대군이 흥천사에서 곡식을 한 섬도 소비한 일이 없는데, 어찌 이렇게 주
장할 수 있느냐. 그런데 승려도 역시 내 백성이다. 기왕에 내 백성이라면 굶주
린 자가 있을 때 나라에서 어찌 모른 체하고 구하지 않을 수 있겠는가? 백성들
이 앞다투어 공양하는 것을 나는 근심하지 않는다. 하물며 흥천사는 조종께서
지은 절이므로 나도 마음을 쓰고 있고, 이 절에 사는 사람들을 나도 걱정하고
있는데, 나라 사람들이 공양하는 것은 참으로 마땅하다.

또 이보다 앞선 1439년(세종 21) 2월 15일에는 다음과 같이 안지 등과
대화를 나누고 있다.5)

上謂侍講官安止等曰 設義倉甚善政也 然我國不善行之者 民數流移而
無定居故也 止對曰 我國民皆貧之 而艱食者 以其徭賦浩繁 且民無恒心
浮費頗多也 又僧徒日衆 不耕而食 一州一縣之內設道場 所費米穀無慮數
千餘石矣
上曰 儒者必以僧徒奪民之食爲言 然自開闢以來 善惡並立 不能頓絶
古昔帝王亦不能盡弊 如我寡德亦安能盡汰乎 當今救民之策 不過薄稅歛
而已

상감께서 시강관 안지 등에게 말씀하셨다. "나라에서 '의창'을 설치한 것은 매
우 잘한 정치다. 그러나 우리나라에서 잘못하는 것은 백성들이 자주 옮겨다녀
자리를 잡고 살지 않기 때문이다."

안지가 아뢰기를 "우리나라 백성은 모두 어려워서, 겨우 먹고 지내는 것은
나라의 부역과 세금이 많기 때문입니다. 또한 백성들은 마음이 고정되어 있지
않아서 낭비가 매우 많습니다. 또 승려들은 농사일을 하지 않고 살아서 각 고
을마다 '도량'을 짓고 소비하는 쌀이 무려 수천 석이나 됩니다."

---

4) 『세종실록』 권85 3장, 21년 4월 12일 사유조.
5) 『세종실록』 권84 18장, 21년 2월 15일 갑자조.

상감께서 말씀하셨다. "유학자들은 입만 열만 승려가 백성들의 식량을 빼앗는다고 하는데, 개벽 이래 선과 악이 병립하여 아주 없앨 수 없다. 옛날 제왕도 역시 폐단을 다 없어지 못했는데, 부덕한 내가 어찌 다 없앨 수 있겠는가. 이번의 구민 정책은 세금 일부를 축낼 뿐이다."

이처럼 세종은 백성이 못 사는 것이 결코 불도 때문이 아님을 주장하고 옛날 제왕도 '不能盡弊'이었거늘 어찌 과덕한 자기가 '能盡汰乎'라고 말하고 있다.

세종은 1440년(세종 22) 5월에 흥천사 사리각을 다시 지으면서 마치었다는 慶讚會를 베풀어 공격을 받았는데, 세종이 23년 윤 11월에 흥천사에서 대경찬회를 베풀고자 하여 유신들의 불만도 드디어 폭발하고야 말았다. 즉 세종 23년 윤 11월 6일부터 12월 9일까지 집현전, 의정부, 육조, 사헌부, 사간원, 성균관 등이 총궐기하여 삼십여 회에 걸쳐 연일 수차례씩 세종을 공격하였다. 이 중에서 중심이 된 것은 언제나 집현전이었으며 그들의 논설은 늘 날카로웠고 여러 장에 걸치는 장문이었다. 당시까지의 집현전 상소문 일람표를 보면 다음과 같다.

세종 6년	3월	8일	集賢殿提學 尹淮等 上疏闢佛
7년	6월	23일	集賢殿副提學 申檣等 陳言佛弊
14년	3월	5일	集賢殿副提學 俍循等 上書論難僧徒之弊
16년	4월	12일	集賢殿副提學 俍循等 上書論斥檜岩寺慶讚
17년	4월	20일	集賢殿副提學 金墩等 上書請禁孝寧大君之檜岩寺佛事
18년	6월	10일	集賢殿副提學 安止等 上書請停興天寺舍利閣重修
21년	4월	19일	集賢殿副提學 崔萬理等 上疏論難佛事
23년	윤11월	10일	集賢殿副提學 崔萬理等 上疏請罷慶讚會
23년	윤11월	11일	集賢殿副提學 崔萬理等 上疏請罷慶讚會
23년	윤11월	14일	集賢殿副提學 崔萬理等 上疏斥佛
23년	윤11월	14일	集賢殿副提學 柳義孫等 上書斥佛
23년	윤11월	17일	集賢殿副提學 崔萬理等 上疏闢佛
23년	윤11월	19일	集賢殿副提學 崔萬理等 上疏辭職
23년	윤11월	22일	集賢殿副提學 崔萬理等 上疏乞罷慶讚

이들의 논법은 대개 대동소이하여 하루바삐 불사를 중지하고 척불하라는 것인데 집현전의 상소문은 너무 길므로 다음에 여러 유신들의 상소문 가운데서 그 대표적인 것을 들어보겠다. 1441년(세종 23) 12월 9일의 知中樞院事 정인지 등의 상소문을 보면 다음과 같다.[6]

(전략) 殿下自在潛邸時 留心聖學 名譽日隆 及至儲位廢立之際 太宗以殿下好學不倦 具奏朝廷 遂登寶位 當時太宗之意 與一國臣民之望無他 以殿下將丕闡聖學 扶持世道 以爲朝鮮億萬世無疆之福 而殿下卽位之後 日開經筵 講明聖學 政敎修明 大小臣僚軍民父老 咸以爲我太宗眞得付托之重 何意今日 信於浮屠之說 爲無益之擧 上違太宗之意 下失臣民之望哉

(전략) 전하께서는 세자 책봉 이전부터 유학 연구에 힘쓰시어 명성이 날로 높아져 세자로 새로 책봉되었습니다. 그때 태종께서 전하가 학문을 열심히 연구한다고 명나라에 알리어 전하께서 드디어 왕위를 계승하셨으며, 태종과 온 백성이 한결같이 장차 전하께서 유학을 발전시켜 세상을 바로잡아 조선이 영원히 큰복을 받을 것이라고 생각했습니다. 전하께서는 즉위하신 후 날마다 경연을 열어 정치와 교화를 밝게 하시어 군·관·민이 모두 태종께서 부탁하신 것을 제대로 행하신다고 여기고 있사온데, 어째서 오늘날에는 불교를 믿어 이롭지 못한 일을 행하시어 위로는 태종의 뜻을 어기고 아래로는 신민의 기대를 저버리시나이까?

위의 글에는 유신이 세종을 비판한 이유가 가장 간명하게 설명되어 있다.

그러나 세종은 이에 굽히지 않고 끝내 초지를 관철하였고, 1442년(세종 24) 1월 5일에 사헌부가 佛徒之弊를 들어 度牒法을 파하라고 한 상소문에 대답하기를[7]

---

6) 『세종실록』 권94 41장, 23년 12월 9일 신축조.
7) 『세종실록』 권95 2장, 24년 1월 5일 정묘조.

(上曰)已成之法 遵而勿失 足矣 儒者爭請立法 豈可一一盡行乎

　이미 성립한 법을 지키는 것만으로도 족한데, 유자들이 다투어 입법을 청하는 것을 어떻게 일일이 다 행할 수 있겠는가!

라고 하여 유자들의 왈가왈부를 일축하였다. 그 후 1442년(세종 24) 3월에 흥천사 경찬회를 다시 실시하고 같은 해 4월 16일에는 각도 관찰사에게 기성사찰은 보호하라고 전지를 내리었다. 다만 실지로 1446년(세종 28) 3월에 중궁(소헌왕후)이 승하할 때까지 만 4년간 세종도 불교 행사를 하지 않았고 이에 따라서 유자들도 침묵을 지키고 있었으니, 아마 이 기간 중에는 상하의 관심이 새로이 창제되는 훈민정음에 쏠리었던 것이 아닌가 여겨진다.

　1446년(세종 28) 3월 24일에 왕비 소헌왕후가 수양대군 유의 집에서 薨去하기 전에는 종묘, 산천, 神祠, 佛宇에서 기도드리고, 승려 80명이 時御所(그때 그때 임금이 있던 대궐)에서 철야 정근하고 훙거 후에는 29일에 初齋를 藏義寺에서 베풀고 大祥齋에 이르기까지 大慈庵, 津寬寺, 檜岩寺 등에서 재를 輪設하였는데, 飯僧은 8, 9천으로부터 만여 명에 달하고 雜客 수천 丐乞(거지)이 만여 명이었다 하니 그 불사가 얼마나 성대하였던가 하는 것을 짐작할 수 있다. 게다가 중궁을 위하여 불경을 편찬하는 등 불사가 그치지 않자 유신들은 또다시 1446년(세종 28) 10월 4일부터 9일까지 5회에 걸쳐 모든 불사를 모두 폐하라고 주장하였다. 또 1448년(세종 30) 7월에 세종이 내불당을 창덕궁 重墻 밖의 文昭殿 서북 땅에 건립하자 집현전, 의정부, 사헌부, 승정원, 성균관 등을 비롯한 유신들이 들고일어나 50여 회에 걸쳐 하루에도 몇 차례씩 반대 상소문을 올리고 4부 학당의 학생이 동맹 휴학을 했다. 그러나 끝내 세종의 뜻을 굽힐 수는 없었다.

　이 유신들의 벽불의 논지를 요약하여 보면 서두에서도 언급한 바와 같이 대략 다음과 같은 것이었다.

1439년(세종 21) 4월 18일에 사헌부에서 흥천사의 安居之會를 파하라고 요청한 상소문8)

佛氏本夷狄之一法 毁萬世之綱常而聖道之蓁蕪也 棄君臣之義 絶父子之親 謬起三途 虛張六道 遂使愚民 畏慕禍福 耗蠹生靈 有不可勝言矣

불교는 본래 오랑캐의 한 법으로서 영원히 변치 않을 유교의 기본 원리를 무너뜨리는 잡풀입니다. 군신의 의리를 버리고, 부자간의 친화를 끊으며, 삼악도를 그릇 주장하며, 六界를 과장해서 떠들어대어 어리석은 백성들로 하여금 화를 두려워하고 복을 빌게 하며, 영혼을 좀먹는 일은 이루 말할 수 없습니다.

1448년(세종 30) 7월 19일에 세종의 내불당 건립을 반대한 집현전 직제학 辛碩祖 등의 상소문9)

是非善惡而兩端而已 是非不兩立 善惡不同途 故好善 惡惡 取是捨非 人心之所同然也 佛氏背君父 滅倫理 惑世蠹民 敗家誤國 其害不可勝言 是以古今 人皆論其非且惡 而三尺童子 亦莫不習聞 誠有如聖敎者矣

옳고 그르고, 착하고 모진 것은 두 대립뿐입니다. 시비가 함께 있을 수 없고 선악이 같이 갈 수 없습니다. 그래서 선을 좋아하고 악을 미워하며, 옳은 것을 취하고 그른 것을 버리는 것은 사람 마음이 다 같습니다. 불교는 임금과 부모를 배반하고 윤리를 훼손하며, 세상을 홀리고 백성을 좀먹어서, 집안을 망치고 나라를 그르치어 그 해로움을 다 말할 수 없습니다. 그래서 예나 이제나 사람들이 모두 그 옳지 않음과 사악을 논하여 삼척동자도 이런 일을 배우고 듣지 않음이 없으니 진실로 유교의 가르침대로입니다.

같은 해 8월 2일에 또다시 내불당 건립을 반대한 집현전 부제학 정창손 등의 상소문10)

---

8) 『세종실록』 권85 7장, 21년 4월 18일 을미조.
9) 『세종실록』 권121 11장, 30년 7월 19일 계묘조.
10) 『세종실록』 권121 33장, 30년 8월 2일 을묘조.

自古天下國家 邪正幷用 而能長治久安者 未之有也 人君之所與共此者
公卿百執事耳 今殿下拒公卿百執事正直之言 必欲爲之 興此邪道而後已
殿下將欲緇流共治國家乎

예로부터 그릇된 것과 옳은 것을 겸용해서 오랜 기간 잘한 나라는 아직 없습
니다. 이렇게 하면 관리들이 다 옳게 처리했습니다. 이제 전하께서 일을 옳게
처리하는 관리들의 바른 말을 안 들으시고 이 일을 하시고자 한다면 이 불교를
일으켜서 전하께서는 장차 승려들과 나라를 다스리려는 것입니까?

세종의 불교에 대한 태도는 이미 언급한 바와 같이 그를 酷信한 것
은 결코 아니고, 다만 인정하고 보호하였을 따름이었다. 1448년(세종 30)
7월 17일에 세종이 내불당 건조 이유를 설명하여 승정원에 내린 글에서
우리는 세종의 불교에 대한 태도를 명확하게 알 수 있다.[11]

佛氏之道是非善惡 古人多言之 今人多言之 三尺童子皆習聞之 何必更
論 世之凡事 不過取與捨而已 沙汰無遺則謂之捨可也 不能沙汰則謂之取
可也 忌辰之設齋 大喪之追薦 諸寺食租之田 度牒納錢之令 皆所以不能
捨而取之也 初文昭殿在昌德宮重墻之外 殿之墻東 有一佛堂 七僧守之
與開慶 慶衍 崇孝同一義也 癸丑年移安之時 因而破壞 至今未復 國家旣
不棄絶佛氏 則此一堂尤其所先者也 而廢撤不顧於心安乎 仁人孝子試以
心度之則可知矣 … 興天 興德 開慶等寺 或雨漏 或傾危 勢將頹落則國家
必使工匠修葺之者 以先王之所建 義不得不然也 … 今此佛堂 比之他寺
其義尤爲親切 而廢撤累年 於心有所愧恥 孰甚於此 不修且不可 況廢止
乎

불교의 시비·선악에 대하여 옛사람도 말을 많이 했고 지금 사람들도 많이
해서, 삼척동자도 다 알고 있는데, 무엇 때문에 다시 말하는가. 세상일이란 취
하거나 버리는 것뿐인데, 버렸는데 남지 않으면 버려도 좋다는 것이고 버릴 수
없다면 취해야 옳은 것이다. 기일에 재를 올리고 대상 때 불공을 드리며, 여러
절의 식량으로 쓸 수 있는 밭이나 도첩(승려 허가증)에 돈을 납부하는 일 등은

---

11) 『세종실록』 권121 6장, 30년 7월 17일 신축조.

모두 버릴 수 없어서 남긴 것이다. 애당초 문소전은 창덕궁 밖에 있었고, 문소 전 담 동쪽에 불당이 있어서, 일곱 승려가 지킨 것은 개경사·경인사·숭효사 와 같은 취지다. 계축년(1433년, 세종 15)에 옮길 때 파괴되어 아직 복구하지 못했는데, 나라에서 기왕에 불교를 버리지 못할 바엔 이 불당을 가장 먼저 복 구해야 하고 철폐하고 돌보지 않는다면 마음이 편안하겠는가. 어진 사람의 효 자로서 마음속으로 헤아려본다면 알 수 있는 일이다. … 흥천·흥덕·개경사 등은 혹 비가 새고 혹은 기울어 장차 퇴락할 듯하여 나라에서 꼭 공장을 시켜 서 수리를 하는 것은 선왕께서 세운 것이라 도리상 그렇게 할 수밖에 없는 것 이다. … 이제 이 불당은 다른 절에 비하여 그 뜻이 가장 깊은 것이니, 철폐한 뒤 오래도록 부끄러운 마음이 이보다 더할 수가 없어서 꼭 수리해야 하는데, 하물며 폐지할 수 있겠는가!

仍敎曰 予意止此 更不他言
또 말씀하시를 내 뜻이 이러하니 다시 더 다른 말을 하지 마라.

이와 같이 세종은 불교를 버릴 수 없는 바에야 취한다고 말하고 있는 것이다.

(2) 훈민정음 창제와 불교

상술한 바와 같이 세종은 불교를 비호하고 불사를 직접 영위하여 왔 는데, 세종이 불교를 비호하던 태도와 강렬한 유신들의 반대를 일축하고 훈민정음을 창제하던 태도는 일치하는 것이었다. 세종이 '然僧徒亦吾民 也 旣爲吾民而若有飢者 則國家豈肯恝然不救哉'라고 한 태도라든가 '僧徒亦是吾赤子 嚴其錄籍禁其出入 必有不得乞食而餓者矣'라고 하던 태도는 세종이 훈민정음 서문에서 '일반 백성을 딱하게 여긴다'고 한 태도와 완전히 일치하는 것이었다.

國之語音異乎中國 與文字不相流通 故愚民有所欲言 而終不得伸其情

者 多矣 予爲此憫然 新制二十八字 欲使人人易習 便於日用耳

이에 따라서 또 한 가지 의미 있는 사실은 聖學 이외의 모든 이단을 강력히 반대하여 오던 척불파 유신들과 훈민정음 창제를 반대하던 유신들이 거의 일치한다는 사실이고, 그들의 척불 논지와 훈민정음 반대 논지도 또한 비슷하다는 점이다.

세종이 1443년(세종 25) 12월에 훈민정음을 창제하고 1446년(세종 26) 2월 16일에 집현전 교리 최항, 부교리 박팽년, 부수찬 신숙주, 이선로, 이개, 돈령부 주부 강희안 등에 명하여 〈운회〉를 언역시키고, 동궁(문종), 수양대군 유, 안평대군 용 등에게 이 사업을 관장케 하자 동월 20일에 집현전 부제학 최만리, 직제학 신석조, 직전 김문, 응교 정창손, 부교리 하위지, 부수찬 송처겸, 저작랑 조근 등이 훈민정음 제작을 반대한 상소문 중에서 "훈민정음 창제로 성리학이 쇠퇴할 것이다"(최만리 반대 상소문 참조)라고 한 것은 1441년(세종 23) 윤 11월 10일에 집현전 부제학 최만리 등이 홍천사 사리탑 경찬회를 파하기를 청한 상소문 중에서[12] 다음과 같이 말한 것과 일맥 상통하는 것이다. 그들의 최대 관심사는 언문이나 불교로 인하여 성학인 유교가 쇠퇴하고 한문의 보급이 방해되지 않을까 하는 점이었다.

伏惟 殿下勿謂以此爲小事 終何害於治道 惟彼佛氏作俑於漢明 其初不過一沙門 而浸滛於歷代 卒使緇徒遍天下 塔廟半閭閻 奉之彌勒而禍亂益深 自是厥後毀人家國天下 殆不可勝言 其餘烈覃及新羅麗季 不亦可畏也哉 臣等俱以末學 濫叨經帷 曠官尸素 待罪有年 事有可言 不避鈇鉞 以補聖德之萬一 固平昔之志願也 昔殿下御經筵 諭臣等曰 予於佛氏則略無心焉 臣等常謂此我朝鮮 萬世生民之福也 伏望殿下永堅此心 憐臣等區區之懇 察臣等憤憤之懷 廓揮剛斷 卽令停罷 以快臣等之望

---

12) 『세종실록』 권94 18장, 23년 윤 11월 10일 계유조.

엎드려 생각하옵건대, 전하께서 이 일을 작은 일이라 하시고 마침내 치도에 무슨 해로움이 있겠느냐 말씀하지 마옵소서. 생각하옵건대 저 불교는 한나라 때 허수아비를 만들어 처음에는 스님 하나에 지나지 않더니 시간이 흐름에 스며들어 마침내 스님이 온 세상에 퍼져 탑·묘·마을에서 미륵을 모시어, ·화란이 매우 심합니다. 이로부터 인가와 세상을 어지럽힌 것을 다 말할 수가 없습니다. 그 폐해가 신라와 고려 말까지 미친 것이 역시 두렵지 않겠습니까? 신 등은 보잘것없는 학문으로 외람되이 경연을 맡고 자리만 지키고 제 구실을 못해 온 지 몇 년이 되오나, 일이 있어서 말씀을 안 드릴 수가 없어서, 형벌을 피하지 않고 성덕의 만분의 일이라도 보필하고자 하는 것이 진실로 평소의 뜻이옵니다. 그 전에 전하께서 경연에 납시어 신들에게 상감께서 불교에 조금도 마음이 없다고 말씀하셨습니다. 이에 신 등은 늘 이것은 영원히 우리 조선 인민의 복이라고 말해 왔습니다. 전하께서 언제까지나 이 마음을 굳게 간직하시어, 신들의 간절한 바람을 어여삐 여기시고, 신들의 분한 마음을 살피시어 과단성있게 결정하고 즉시 경찬회를 중지시켜서 빨리 신 등의 소원을 이루게 하소서.

그럼에도 세종은 불교와 마찬가지로 언문, 즉 훈민정음 창제 및 그 보급에 있어서 유신들의 반대를 무릅쓰고 사업을 추진하였으니 불교가 냉대 받듯이 언문 또한 세종의 강력한 보급책에도 불구하고 유신들 사이에서 냉대를 받고 부진 상태를 면치 못하였을 것임은 쉽사리 예측할 수 있는 바이다. 따라서 세조와 같은 숭불주가 출현해서 불교를 옹호하면서 언문으로 많은 불경을 번역한 일은 언문을 위해서는 참으로 다행한 일이라고 해야 할 것이다.

세종은 1443년(세종 25) 12월에 언문을 창제한 이래 〈운회〉를 번역하고『훈민정음언해』,[13]『동국정운』편찬,『용비어천가』편찬,『사서』언해,『석보상절』편찬 등 다방면에 걸친 사업을 추진하였는데, 이러한 사업들은 모두 세종 26년 초부터 동궁, 즉 문종을 중심으로 한 일부 집현

---

13)『훈민정음언해본』의 확실한 편찬 시기는 알 수 없으나 최현배(1946),『한글갈』, p.126 에서 세종조의 命撰이라고 하였다.

전 학사들이 궁중에 설치된 정음청에서 수행한 것이었다.[14] 그러나 세종의 사업이 언문과 불교가 결부될 때 유신들의 강력한 반대가 일어났고, 세종 말년에 세종의 사업에 크게 활약한 수양대군과 유신 간에 충돌이 일어나게 되었다.

세종은 원래 단지 불교를 인정하려 하였던 것에 지나지 않았는데 수양대군, 즉 세조는 숭불주이었다. 『세종실록』 30년 8월 5일 무오조에서는[15] 세종의 숭불이 수양과 안평 양 대군의 죄라고 하였다.

臺諫請停佛堂之役再三 竟不報 上晚年以病不得與大臣接見 而廣平平原二大君連逝 昭憲王后又薨 聖心無聊 於是首陽大君世祖諱 安平大君瑢 惑於邪說 先意啓迪 置佛堂於宮禁之傍 一國臣僚莫不極諫 而尚不回天 以累聖德 此實兩大君啓迪之過也

대간이 재삼 불당 공사 중지를 아뢰었으나 마침내 뜻을 이루지 못했다. 상감께서 만년에 병으로 대신들과 만나지 못하셨는데 광평 · 평원 두 대군이 연달아 세상을 뜨고 소헌왕후가 돌아가시자, 상감님의 마음이 울적하였다. 이에 수양대군과 안평대군이 불교에 빠져서 상감님 뜻에 앞서서 불교 교리를 가르치고, 궁궐 근방에 불당을 세워서 온 국민이 극간하지 않은 사람이 없었으나 아직도 상감의 뜻을 돌리지 못하여 상감의 덕에 누를 끼치고 있으니 이것은 실로 두 대군이 불교를 가르친 과오다.

『세종실록』 21년 7월 을묘삭조에는[16] 수양대군의 숭불열이 잘 나타나 있다.

命 首陽大君珤 都承旨李思哲 祈于雨興天寺 珤雜於僧徒中 踴躍周匝 汗流沾背 略無倦色 惑信釋敎 嘗謂勝於孔子之道 程朱非之 不深知佛氏

---

14) 정음청 사업에 관해서는 金東旭(1957), 「正音廳始末」, 『서울대학교논문집(인문 · 사회과학) 제5집』 참조.
15) 『세종실록』 권121 35장.
16) 『세종실록』 권125 1장.

者也 天堂地獄 死生因果 實有是理 決非虛誕 不知佛氏之道而斥之者 皆妄人 吾不取也 於宗室中 瑈及安平大君瑢 深敬信之

수양대군과 도승지 이사철에게 흥천사에서 비를 빌게 명하였다. 수양대군이 승려들 속에 섞이어서 땀이 등에 흠뻑 흐르도록 춤을 추며 돌아다녔으나, 조금도 지친 기색이 없었다. 불교를 깊이 믿어서 일찍이 유교보다 낫고 정자와 주자는 불교를 깊이 몰라서 그르다고 말했었다. 천당과 지옥, 죽고 사는 인과가 다 이치가 있고 결코 허황된 것이 아니며, 불교를 알지도 못하면서 이를 배척하는 사람은 모두 사리를 모르는 이들이니 나는 따르지 않겠다고 했다. 종실 중에서 수양·안평 두 대군이 깊이 불교를 믿었다.

따라서 이와 같은 崇佛家 수양대군과 세종 말년에 가장 열렬한 闢佛家들이었던 집현전 학사 간에 충돌이 일어났음은 당연한 일이었다.[17]

집현전은 세종이 소헌왕후 승하 후 대군들로 하여금 불경을 만들게 하자 즉시 반대하였고, 1448년(세종 30) 7월에 세종이 내불당을 건립하자 '國家者 祖宗之國家 非殿下之私有也 何不爲國家萬世慮乎(세종 30년 7월 19일 집현전 직제학 신석조 등의 상소문 중에서)'라고까지 극언하였다. 따라서 '釋氏之道 過孔子不啻霄壤 先儒曰 雖欲挫燒舂磨無所施 此未知其理而妄言者也'(불교는 유교와 하늘과 땅만큼 크게 차이가 난다. 옛날 선비가 비록 꺾고 사르고 빻고 갈고자 했어도 얻는 바가 없다고 말했는데, 이것은 그 이치를 몰라서 한 망언이다. 세종 30년 12월 5일 내불당의 건립이 완료되어 경찬회를 베푼 후 수양대군이 注書 成任에게 한 말)라고 한 수양대군이 이들 유신을 달갑게 여길 리가 없었다.

여기에 재미있는 일이 있다. 1446년(세종 28) 10월 4일에 우참찬 鄭甲孫이 의정부의 僉議로서 계하여 金字寫經 및 大慈庵에서의 轉經會 등 불사를 중지하라고 요청하기 시작한 이후로, 10월 5일에는 의정부, 6

---

17) 집현전은 벽불 사상으로 가득 차 있던 곳이다. 훈민정음 창제에 관여하였던 신숙주·성삼문 등도 문종·단종 때에 여러 차례 척불 상소문을 올리고 있다. 따라서 언문 옹호자가 곧 숭불가는 아니었다.

일에는 사헌장령 康晋, 7일에는 사간원 좌정언 尹培, 9일에는 재차 사간원이 연달아 啓請하였다. 그러나 세종은 이에 일절 응하지 않았는데, 10월 9일 사헌부 집의 鄭昌孫 등이 상소하자 마침내 크게 노하여 '引見 都承旨 黃守身 右承旨 朴仲林于內'하고 曰 '事當議可否之時則曰 可 後日曰否'하니 '欺君至此其可容忍乎'라 하고 드디어 鄭昌孫, 康晋, 持平 趙頊, 柳孟敷, 사간원 右司諫 卞孝敬, 知司諫 鄭之澹, 獻納 元乃仁, 朴允昌, 正言 尹培, 金統 등을 의금부로 하여금 국문하게 한 후 이 다음날인 10월 10일에 다음과 같이 조치하였다.

上數臺諫之罪 以諺文書之 命宦官金得祥 示諸義禁府 承政院
상감께서 대간의 죄를 열거하고 한글로 이를 써서 환관 김득상더러 의금부와 승정원에 보이라고 명하였다.

이에 같은 날 집현전 직제학 이계전, 응교 최항, 어효담, 교리 박팽년, 수찬 성삼문, 부수찬 이개, 이예, 박사 서거정, 한혁, 유성원, 저작 이극감 등이 계하여 대간을 옹호하였는데, 여기에 세종이 응하지 않자 이계전 등이 재차 관용을 요청하는 계를 올리려 하였다. 그래서 수양대군이 노하여 말하기를 '姦詐欺忍之人不罪 可乎(간사하게 남을 속이는 사람을 벌 주지 않는 일이 옳으냐)'라 하고 피차간 수차 언쟁이 있은 후 올리기는 하였으나 세종은 이에 불응하였다. 그 후 10월 11일 정미에 우의정 하연, 우찬성 김종서, 우참찬 정분이 계하여 '臣等以爲憲府所啓之意美矣 請賜優容(신 등은 사헌부의 상소문이 옳다고 생각하오니 너그럽게 보아주십시오)'하니 세종이 '命 首陽大君 持數臺諫之罪 諺文書數張示之 曰 卿等 未知予意而來 若詳觀此書則可知矣…'라 하고 諺文書를 내보였다.

이에 하연 등이 '사실을 몰랐습니다' 하고 물러앉았다. 그래도 세종은 창손 등을 석방하였다. 그러나 16일에는 정창손 등을 좌천시키고 康晋

의 告身(職牒)을 거두어 들였다.

이것으로 보아 세종이 언문을 반포한 지 불과 한 달만에 무엇보다도 척불파 유신들의 죄상을 언문으로 작성케 하고 모든 문신에게 보여주었다는 것을 알 수 있는데, 이러한 세종의 태도가 그러지 않아도 언문에 대하여 반감을 잔뜩 품고 있었던 유신들의 불만을 돋우어 후일 더욱 언문이 천대받게 되는 요인의 하나가 되지 않았던가 여겨지는 것이다.

문종은 즉위(1450년)한 지 2일 후인 2월 24일에 안평대군 용이 세종의 명복을 빌기 위하여 대자암을 중수하고 불경을 베껴 쓸 것을 표명하자 이를 옳다고 하여 실행에 옮기게 하였는데, 사헌부, 사간원, 집현전이 중심이 되어 또다시 맹렬히 반대하였으니 문종 즉위년 3월 을사조 사헌부 대사헌 이승손 등의 상소문 요지를 보면 다음과 같다.

殿下新登寶位 勵精圖治 闢異端 扶正道 以新一國之視聽 以正四方之儀表 此其時也 乃何首唱事佛之擧 以駭衆聽乎 … 驅緇流以禦敵乎 販經文以救飢乎 是不可不慮也

전하께서 새로 등극하시어, 힘을 들여 정치를 하고 불교를 물리치어 정도를 바로잡아 한 나라의 이목을 새롭게 하고 사방에 본보기를 보이셔야 할 이때에 무엇 때문에 부처 섬기기를 앞장서서, 여러 사람들이 듣기에 괴이하게 하시나이까? … 스님들로 적을 막겠습니까, 불경을 팔아서 굶주림을 구하시겠습니까, 이것은 걱정하지 않을 수 없습니다.

여기에서 수양대군도 가만히 있을 수 없어서 안평대군과 더불어 문종 즉위년(1450) 3월 3일에 좌헌납 황효원이 寺社와 불경을 불사르고 싶다고 극언한 것을 트집 잡아 3월 3일에 상서하기를 황효원은 선군과 신군을 무시하고 업신여긴 대죄인이니 극형에 처하라고 주장하고

學孔子之道者 將弑父與君 視爲常事 孰正其綱紀哉
공자의 학문을 공부하는 사람들이 아비와 임금 죽이는 것을 보통 일로 여길

것이니 누가 그 기강을 바로잡겠습니까!

라고 일대반격을 가하였던 것이다.[18] 그러나 황효원 등도 굽히지 않고 3월 4일에 말씀을 올렸다.[19]

臣等庸愚 未知佛法之是非 然古之聖人 論佛氏之非 且集賢殿 皆博古之儒 以言以疏 諫之而不聽 大臣亦有諫止者 而亦皆不聽 當卽位之初 不師古制 不從衆論 深以爲憫 臣等雖死 期必得請而後 已焉

신 등은 어리석어 불교의 옳고 그름을 알지 못합니다만, 그러나 옛 성인께서 불교의 잘못을 말하였고, 또 집현전은 모두 옛 것에 밝아서 말과 글로 이를 간해도 듣지 않으시고 대신 중에도 중지를 간하는 자가 있어도 역시 모두 안 들으십니다. 즉위 초기를 당하여 옛 제도를 본받지 않고 중론을 안 따르시니 매우 딱하여 신 등은 죽음을 무릅쓰고 반드시 허락을 얻고야 말겠습니다.

이에 3월 5일 문종이 직접 신문하여 어떤 寺社, 어떤 경을 불사르고 싶으냐 하니[20] 다음과 같이 대답하였다.

孝源對曰 臣讀先正之書 深知佛氏之非 平時見緇流如仇讐 此但言平日之素志也 非欲火某寺某經也

효원이 대답하기를 "신이 선현의 글을 읽어 불교의 잘못을 깊이 알고 평소에 승려를 원수처럼 여겨왔으므로 이 말씀은 평소의 뜻일 뿐이고 어떤 절, 어떤 불경을 불사르고자 한 것은 아닙니다"라고 하였다.

이것으로 보면 당시 유신들의 척불열이 상당한 것이었고, 따라서 문종이 즉위하자 이제야 소원성취할 날이 가까워졌다고 듣고 일어난 것을 알 수 있다.

---

18) 『문종실록』 권1 11장~16장, 문종 즉위년 3월 3일 정미조.
19) 『문종실록』 권1 16장, 문종 즉위년 3월 4일 무신조.
20) 『문종실록』 권1 20장, 문종 즉위년 3월 5일 기유조.

문종 역시 崇儒之主이었으므로 차츰 억불책을 써서 1451년(문종 원) 4월 17일에는 예조에 대하여 하교하기를 세인이 세종께서 말년에 숭불했다는 것은 잘못 알고 있는 것이며, 세종께서는 연이은 상을 만나 부득이 事佛했을 뿐이지 숭불한 것은 아니었으니 우민들은 날뛰지 말고 度牒之法을 엄수하라고 그의 억불책의 일단을 표명하였던 것이다.21) 기뻐한 것이 유신들이었음은 말할 필요도 없고, 4월 20일에 사헌부가 상소하여 '自今邪說斷絶有期'라 하고 종실부터 숭불치 말라고 주장하니 문종은 '宗室好佛 豈是狂妄之事 且經三年 則必無事佛者矣(종실에서 불교를 좋아하는 것은 어찌 망녕된 일이 아니겠느냐. 또 3년이 지나면 부처를 섬기는 사람이 반드시 없어질 것이다)'라고 말하였다.

2) 세조의 숭불과 불경 언해

문종은 재위 2년여인 1452년(문종 2) 5월 14일에 홍거하여 그가 예기했던 불교의 완전 쇠퇴를 보지 못하고 말았는데, 그는 세종의 장자이었던 만큼 세종 때부터 일부 집현전 학사들과 함께 추진하여 오던 정음청 중심의 사업을 그대로 추진하였다.22) 그러나 문종 승하 후 4일만인 5월 18일에 단종이 즉위하고 당시 단종이 연소하여 실권이 영의정 皇甫仁을 비롯한 김종서, 정분, 허익 등의 수중에 들어가 유신들의 소원인 벽불 정책은 마침내 실현을 보게 되는 듯하였다. 더욱이 단종은 즉위(1450년) 초인 5월 21일에 하교하여 度僧之法을 痛禁하고 일상시에도 늘 가까운 신하들에게23)

---

21) 『문종실록』 권7 11장, 문종 원년 4월 17일 을유조.
22) 김동욱(1957), 「正音廳始末」에서는 문종 때에 궁중에서 정음청을 중심으로 궁녀, 부녀자에게 언문을 학습시키고 또한 수양·안평대군 등이 정음청의 부속 기관인 책방에서 불경을 간행하고 있었다고 했다.
23) 『단종실록』 권1 13장, 단종 즉위년 5월 21일 계축조.

釋氏治心之法 似與儒者直內功夫相近 而實甚相遠 終不可以治天下國
家 將何所用哉
　　불교의 치심법은 유학자들의 수양법과 가까우나 실은 매우 거리가 있어서 마
침내 나라와 천하를 다스릴 수 없으니 장차 무엇에 쓰겠는가!

　라 하였으니 집현전을 중심으로 한 유신들이 더욱 득세할 것은 물론이
었다. 이에 따라서 언문도 천시를 받았을 것이니 단종이 즉위한 지 5개
월밖에 안 되는 11월 2일(경신)에 정음청이 혁파된 것도 이러한 유신들의
득세에 의한 것이 아닌가 한다.
　그런데 문종 때에 유신들로부터 불교를 옹호한다고 공격을 받아오
던[24] 수양대군이 단종 즉위 초부터는 이러한 유신들의 득세를 좌시하고
있을 리가 없었다. 그는 마침내 단종 원년 10월 10일에 김종서 일파를
박살하고 그 다음날 직접 영의정이 되어 실권을 장악한 이후 불교를 옹
호하기 시작하였다. 그는 집현전이 앞장서서 세종이 건립한 내불당을 毀
撤하라고 맹렬히 상소하여 오는 것을 반대하여 막았는데 그래도 끈기
있게 상소하여 오매 드디어 1454년(단종 2) 1월 18일(경오)에 좌사간 성삼
문과 지평 尹起畎을 좌천시키어 유신들의 내불당 훼철 상소를 봉쇄하니
이로써 세종 이후 꾸준히 이어온 유신들의 벽불소는 예종 때까지 10여
년간 완전히 자취를 감추고 말았다.
　이와 같이 반불·반언문파를 숙청 내지 억압하고 1455년(단종 3) 윤 6
월 11일에 즉위한 세조가 그의 소신인 불교를 장려하기 위하여 불경을
간행하고 또한 이를 언해하여 널리 포교하려 하였음은 당연지사라고 할
것이다.
　1456년(세조 2) 병자 6월 2일[25]에 성삼문 등 사육신 사건이 발생하자

---

24) 문종 원년 9월 26일에 수양대군은 길거리에서 着枷僧의 칼(枷)를 벗겨 주고 승도도
　법에 의하여 다스리라고 건의하였다. 이에 대간들은 수양대군이 국체에 어긋나는 행동을
　했고 국법을 거슬렀으니, 추국하라고 맹렬히 문종에게 주장하였으나 문종은 이에 응하지
　않았던 것이다. 『문종실록』 권10 1장~9장.

세조는 즉시 6월 6일에 벽불의 근원지이었던 집현전을 혁파하였는데, 집현전 출신 문신들 가운데 신숙주, 최항, 한계희 등 세조 추종자들이 세조 이후 언문 유지에 대부분 공헌한 것은 자못 흥미 있는 일이다.

세조는 정권의 확립을 보자 숭불을 실천에 옮기게 되었다. 1457년(세조 3) 정축 3월 23일에 부녀자들의 上寺와 관리들의 寺社 불법 침범을 엄금하는 명령을 예조에게 전하는 글에서 세조는 불교에 대한 태도를 보이고 있다.26)

自祖宗以來 建淨舍 設水陸 祈禱 追薦 旣所尊仰 何得侮慢侵毁哉 俗儒徒尙利口 不顧事體曰 闢之者聖人之徒也 此初學書生之所爲也 甚者至於與君上 爭是非 此風其可長乎 …

조종 이래 정사를 세우고 수륙·기도·추천 등 행사로 존숭해 왔는데 어째서 남(불도)을 업신여기고 침범하여 부수는가! 속된 유학자들이 아직도 입만 까져서 사리를 돌보지 않고 불교를 배척하는 자를 성인의 무리라고 한다. 이것은 앳된 서생의 짓이다. 심한 자는 임금과 시비를 따지니 이러한 기풍을 키워야 되겠는가.

그리하여 1457년(세조 3) 6월부터 이듬해 4월까지 해인사 대장경 오십 건을 印出하고, 1458년(세조 4, 무인) 2월에는 『월인석보』 간행을 추진하고 있었다. 이때 정인지 사건이 일어났다. 1458년(세조 4) 2월 12일(신축)에 세조가 思政殿에서 공신 仲朔宴을 베풀었는데 술이 한 잔씩 돌아간 뒤 다음과 같은 일이 벌어졌다.

麟趾就御床下啓曰 上於鑄字所 印法華等諸經數百件 又印大藏經五十件 且今刊釋譜 臣竊以爲不可

25) 세조 때의 연도 표기는 『세조실록』에서는 단종 3년 6월 11일부터 세조 원년으로 기록하고 있으나 일부에서는 『세조실록』의 2년을 원년으로 계산해왔다. 그러나 이 글에서는 일반적으로 통용되고 있는 바를 좇아서 실록 기록대로 하였다.
26) 『세조실록』 권7 16장, 정축년 3월 23일 병진조.

정인지가 임금 상에 나아가 아뢰었다. 상감께서는 주자소에서 『법화경』 등 여러 불경 수백 건을 인쇄하고, 또 『대장경』 50건을 인쇄하였으며, 이제 다시 『월인석보』를 간행하시니 신은 옳지 않다고 생각합니다.

이에 세조가 노하여 연회를 파하였다 하니 세조가 대노한 것을 가히 짐작할 수 있다. 세조는 그 다음날인 13일(임인)에 정인지를 힐책한 후 告身을 거두어들이고 1년 반 후인 5년 11월 6일에서야 겨우 고신을 환급하였는데 그 후 정인지는 별로 큰 활약을 못하였으니 세조 때에 유신 가운데 감히 벽불할 자는 없었다.

세조의 숭불은 세자의 요절(덕종이 세조 3년 정축 9월 1일에 卒), 왕년의 소헌왕후 승하 등에 의한 정신적인 타격 때문이기도 하겠지만, 앞에서도 언급한 바와 같이 그는 불교에 대하여 확고한 신념을 가지고 있었으므로 1460년(세조 6, 경진)의 신숙주에 의한 野人 정벌이 끝난 다음 1461년(세조 7, 신사) 6월 16일에 刊經都監을 설치하고 대대적인 불경 간행에 착수하였고 10년 5월 2일부터 11년 4월 7일까지 圓覺寺를 건축하였다.

그러나 세조는 단지 불교에만 충실하였던 것이 아니라 문치에도 상당한 업적을 내었고 특히 언문 보급에도 상당한 힘을 기울였다.

세조는 즉위 초인 2년(병자) 4월 9일에 사역원 講肄官에게 명하기를 1455년(단종 3, 을해) 2월 16일에 이루어진 『홍무정운역훈』(증입언문 『홍무정운』)을 宗으로 하여 漢音字樣을 익히라고 하였고, 4년(무인)에는 최항, 한계희, 김구, 이승소 등에게 初學字會諺注를 명하였으며, 6년(경진) 5월 28일에는 문과 초장에 『훈민정음』, 『동국정운』, 『홍무정운』을 시험하고 종장에 吏文을 함께 시험케 하였다. 7년(신사) 3월 14일에 다시 최항, 한계희 등을 시켜 蠶書를 언역하게 하였다. 이 중 한계희는 승도 信眉들과 더불어 불경 언해에도 직접 관여한 사람이다. 세조는 직접 『능엄경』 등을 언해하여 간경도감에서 인간케 하였으며, 10년(갑신) 12월 22일에는 信眉가 중수한 상원사에 친히 언문으로 작성한 勸善文을 백미 오백 석 등과 함께 하사하였던 것이다. 세조는 또한 말년인 14년(무자) 5월 12일에[27] 다음과 같이 언문가, 특히 월인천강지곡 등을 노래부르게 하였던 것이다.

上御思政殿 與宗宰諸將談論 令各進酒 又命永順溥 授八妓諺文歌詞
令唱之 卽世宗所製月印千江之曲 上慕世宗 默然呼戶曹判書 盧思愼 與
語良久 墮淚 思愼亦伏俯泣下 左右皆變色 命厚饋衛士及妓工人

상감께서 사정전에 나가시어 종친·재상·장수들과 말씀을 나누고, 모두 술을 올리도록 하셨다. 또 永順溥에게 八妓를 주고 한글 가사를 부르게 명하셨는데 곧 세종이 지은 월인천강지곡이었다. 상감께서는 세종을 사모하여 조용히 호조판서 노사신을 불러 얼마 동안 말씀을 나누더니 눈물을 흘리고 사신도 또 엎드려서 우니 모두 얼굴빛이 변하였다. 위사들과 기녀, 악공들을 후하게 대접하도록 하였다.

이와 같은 숭불주가 나타나서 불교는 재흥하고, 우리의 언어사상에 귀중한 자료가 되는 언해된 각종 불경을 많이 남겨주어서, 참으로 다행한 일이었으나 조선의 본질상 불교국이 될 수는 없었다. 세조는 숭불하는 동시에 유학에 대하여서도 불교에 못지않은 시책을 하였으니 그 중에서도 즉위 초부터 착수한 『경국대전』의 편찬 사업은 드디어 예종 때에 완성을 보게 되었는데[28] 이 대전은 성종 때에 유교국으로서의 면모를 확립하는 기반이 되었다. 이밖에도 각 분야에 걸친 업적이 다대하였는데, 특히 학문의 진흥을 위하여서 가장 힘을 많이 경주하였다. 1457년(세조 3, 정축) 9월 18일에는 梁誠之를 시켜 유신들의 서적 구득난을 덜어주기 위하여 장서(1456년, 즉 세조 2년 6월 6일 집현전 혁파 때 예문관에 옮겨서 관장케 하였던 집현전 소장 서책)를 간행케 하였고, 5년(을묘) 6월 29일에는 연소 문신(이영근, 허종, 김종직 등 10여 인)을 택하여 閑官을 제수하고 독서케 하였으며, 7년(신사) 7월 27일에는 京外 학도들의 면학을 위하여

27) 『세조실록』 권46 19장, 무자년 5월 12일 신미조.
28) 『경국대전』은 1469년(예종 원년) 9월 27일에 완성되어 경인년(1470, 성종 원년) 정월 1일부터 遵行케 하였다.

勸勵法을 세워 홍학을 꾀하였다. 이와 같은 세조의 노력은 유학의 진흥과 더불어 예종 이후 불교가 쇠퇴하지 않을 수 없는 요인을 만들었던 것이며, 이에 따라서 불경 언해사업도 부진을 면할 수 없었다.

3. 성종 이후의 불경 언해 사업

1) 성종 때의 배불과 언문 사용

세조의 숭불열과 그 위세에 눌려서 일절 무언이던 유신들은 세조로 하여금 1457년(세조 3, 정축) 7월 11일에 부득이 사헌부, 사간원에 대해서 다음과 같은 말을 하도록 하였다.[29]

予卽位以後 言官有不得盡言之勢 一則以予備嘗艱厄 民之疾苦 雖言之 不介意 一則以予好佛 言之必怒 一則小事言之 必拒却曰瑣瑣 一則以予 有嚴威 言之恐得罪 以此進退商量 議論合否 不能展職 予知其弊久矣 但 予方經綸未暇小節耳 敢不念祖宗故事 言官自未悉大體所致也 宜體國家 大義 知無不言 專以體君安民爲慮以致隆平

내가 즉위한 뒤 언관들이 말을 다하지 않으려는 경향이 있다. 첫째 내가 온 갖 어려움을 다 겪었기 때문에 백성의 어려움을 말해도 마음에 두지 않으며, 둘째 내가 부처를 좋아한다고 말하면 꼭 화를 내며, 셋째 작은 일을 말씀드리 면 꼭 자질구레한 일이라고 막으며, 넷째 내가 위엄이 있어서 말을 하면 죄를 짓게 된다고 하여, 이로 인해 올릴 말씀이나 의론의 옳고 그름 등에 관해서 제대로 직분을 다하지 못하고 있으니 내가 이 폐단을 안 지가 오래다. 그러나 나는 바야흐로 다스리기 시작하여 작은 일에 사로잡힐 틈이 없을 뿐이지 어찌

---

29) 『세조실록』 권8 18장, 정축년 7월 11일 임신조.

조종의 옛일을 생각하지 않겠는가. 언관들이 대세를 알지 못한 데서 나온 처사니 마땅히 국가 대의를 깨달아서 알거든 말을 하여 오로지 임금이 본분을 다하고 백성을 평안케 하도록 생각하여 국가가 융성하고 평화롭게 하라.

그러나 세조가 1468년(세조 14) 9월 8일에 훙거하자 사태는 일변하여 세조 밑에서 함구불언하던 유신들은 연소한 예종, 성종 밑에서 적극적인 척불 운동을 재개하였다. 예종, 성종은 이에 호응하여 드디어 유교국으로서의 면목을 확립하는 데 성공하고 이에 따라서 불교도 쇠퇴의 길을 밟아 세조 때에 십여 만을 헤아리던 승려들도 어느덧 그 수가 줄게 되었다.

예종은 거우 일년만에 승하하였으므로 벽불 운동이 전개되다 말았으나 성종이 즉위한 이래로 유신들의 공격의 첫 화살은 간경도감에 집중되어 1471년(성종 2, 신묘) 12월 5일에 간경도감은 부득이 혁파되지 않을 수 없었다. 간경도감에 대한 논의는 예종 때에는 단지 간경도감에 대한 논상이 지나치게 과다하다는 정도이었는데, 정식으로 간경도감을 혁파하라는 건의는 성종이 즉위한 지 2개월이 지난 1470년(성종 원) 2월 14일 사간원 대사간 김수녕의 상소로 개시되었다. 김수녕은 세종 때의 유신들과 마찬가지로 불교가 虛誕之說임을 말한 후 '思之可謂痛哭 乞罷刊經都監 且汰僧尼 以圖維新之治幸甚'이라고 하였다. 그 후 1471년(성종 2) 6월에 이르기까지 사헌부, 사간원, 예문관 등이 연이어서 간경도감을 혁파하라고 주장하였는데, 그 이유는 간경도감에 드는 비용이 지나치게 과다하다는 것, 불교는 유해무익하다는 것, 불서가 없어도 古聖賢書로 족하다는 것, 승도는 대부분 避役之徒이니 환속시키라는 것 등을 들어 하루 속히 儒道政治에 힘쓰라고 하였던 것이다. 이리하여 1471년(성종 2) 12월 5일에 간경도감은 마침내 혁파되고 말았다.

성종은 세조비의 慈旨에 의하여 즉위하였다. 그런데 연소하여 신숙주 등의 간청으로 세조에 못지않은 숭불가인 세조비가 청정하였던 것이다.

그러나 세조비의 힘으로도 도도히 흘러가는 유교국으로서의 형성을 阻
止할 수는 없었다(8년 1월 12일까지). 세조비 이외에도 덕종비(仁粹大妃),
예종비 등 왕비들이 성종 및 연산군 때에 불교를 유지하는 데 큰 역할
을 하고 불경까지 간행하였으나, 성종은 원래 숭유주이었으므로 차츰 유
신들과 더불어 척불 정책을 실천에 옮기는 데 성공하였다. 그는 1470년
(성종 원) 2월에 내불당을 이축하고 1471년(성종 2) 12월 5일에 간경도감
을 혁파하였으며 초기부터 유학 진흥에 힘써 年少하고 聰敏한 자를 賜
暇讀書시키고, 1477년(성종 8) 윤 2월 24일에는 度僧法을 금하고 같은
해 3월 23일에는 寺社 신축을 금하였다. 성현의 『용재총화』 권8에서는
조선시대의 불교 변천상을 다음과 같이 설명하고 있다.

　至我太宗 革十二宗 只置兩宗 盡寺社之田 然遺風未殄 士大夫爲其親
屬皆設齋 又設法筵於殯堂 行忌祭者 必邀僧飯之 亦有詩僧與縉紳 相唱
酬者頗多 儒生讀書者皆上寺 雖或有壞瓦畵墁之弊 而儒釋相賴者亦不少
至世廟朝極矣 僧徒雜於村落 雖有淫暴 人不得詰 朝官守令亦不得怩 至
有賴僧蔭而獲利者 大學生獻佛骨要恩寵 士林不甚驚怪 自成宗嚴爲度僧
之禁 不許給帖 由是城中僧徒尠少 內外寺刹皆空 士族無設齋飯僧者 是
由人主之所尙而俗習 亦與之變也
　우리 태종에 이르러 12종을 고쳐서 다만 두 종만 두었으며, 절의 전답을 없
앴다. 그러나 유풍이 남아서 사대부는 그 가족을 위하여 재를 올리고 빈소에
설법 자리를 차리고 기제사 때에는 반드시 스님을 모셔다가 대접했다. 또 시를
하는 스님과 선비가 시를 주고 받는 일이 많았고, 유생은 모두 절에 가서 책을
읽었다. 또 비록 毀瓦畵墁(기와를 헐고 벽에 금을 긋는 등 남의 집에 해를 끼
치는 일)이 있어도, 선비와 스님이 어울리는 일이 많았으며, 세조 때 극에 달했
다. 승려가 마을에서 음란한 짓을 해도 나무랄 수가 없었으며, 관리들도 어찌할
수가 없었고, 심지어 스님 덕으로 利를 얻기도 하고 성균관생이 사리를 바쳐서
은총을 받아도 사림에서 놀라지 않았다. 성종 때부터 도승법을 엄금하여 허가
증을 주지 않아서 성안의 스님이 줄고 절들이 텅 비게 되었다. 사족들은 재를
올려 스님을 대접하는 일이 없어서, 임금께서 숭상하는 데 따라 일반 풍습도

변하였다.

　이와 같이 불교를 억압한 성종은 언문도 불경을 언해하는 대신 유학을 진흥하고 성학을 널리 전파시키기 위하여 사용하였다. 『務本節用』의 傳旨를 언역하여 인출 반포(3년 9월 23일)한 것을 비롯하여, 『내훈』 3권(6년), 『明皇誡鑑諺解』(8년), 『두시언해』 25권19책(12년), 『삼강행실도언해』 3권(12년), 『聯珠詩格諺解』(14년), 『黃山谷詩集』(14년), 『향약집성방언해』(19년), 『악학궤범』 9권3책(24년) 등을 언해하여 출간하였다.

　그러나 1446년(세종 28)에 훈민정음이 반포된 이래로 완강한 유신들이 언문을 습득하려고 노력하지 않고 언문을 천시했을 것만은 명약관화한 일이다. 그리고 세조의 불경 언해도 성종의 한적 언해 등도 모두 부녀자들을 비롯한 일반 우매한 자들을 상대로 한 것이지 유신들을 비롯한 지식층을 상대로 한 것은 아니었다. 따라서 훈민정음 반포 이후 삼·사십 년이 경과하는 동안에도 언문이 널리 보급되지 못하였을 것이라는 점은 다음과 같은 사실로써 알 수 있다.

　1482년(성종 13) 2월 13일(임자)에 남원군 양성지(집현전 직제학까지 지냈음)가 상소하여 흥학을 위하여 여러 책을 印刊하라고 주장하고 나서[30] 비밀 유지상 아직 보급되지 않은 언문을 이용하자고 한 일이 있었다.

　臣竊觀銃筒兵家秘書也 世祖朝 崔山海及臣妻父邊尙覿各受一件 專掌火炮之事 去丙辰年盡令入內 慮至周也 今春秋館有一件 文武樓有二十一件 萬一奸人偸竊 以爲利則生民之害 可勝言哉 臣願今後御覽一件外 俱以諺文書寫 內外史庫各藏一件 稱臣堅封 軍器寺置一件 提調堅封 其餘漢字書字者 並皆焚之 以爲萬世之慮(하략)
　신이 가만히 생각하옵건대 『총통』은 병가의 비밀 서적입니다. 세조 때에 최산해와 신의 장인 변상근이 각각 한 건씩 받아서 오로지 화포에 관한 일만 맡

---

30) 『성종실록』 권138 10장, 13년 2월 13일 임자조.

았었는데, 지난 병진년(임진년의 잘못인 듯. 임진년은 1472, 성종 3)에 이 책들을 모두 궁안에 거두어들인 것은 생각이 두루 미친 일이었습니다. 오늘날에는 춘추관에 1건, 문무루에 21건이 있사온데, 만일에 간사한 사람이 훔쳐내어 利를 삼는다면 백성의 피해를 이루 다 말할 수 있겠습니까? 그러하오니 신은 이제부터는 임금께서 보시는 1건 이외는 모두 언문으로 베껴서, 내외 사고에 각각 1건씩만 보관하여 담당 신하가 굳게 봉하게 하고 군기사에 1건을 보관하여 제조로 하여금 굳게 봉하게 하고, 그 나머지 한자로 쓴 것은 모두 불태워 버려 만세를 대비하도록 하소서.

또한 1482년(성종 13) 8월 11일에 폐비 윤씨를 여염지간에 유폐한 것을 일부 신하가 반대하였는데 그 반대자 가운데 대사헌 蔡壽가 아뢰기를

尹氏定罪之時 臣爲承旨 請與李昌臣 飜譯內出諺文 使其罪惡永示後世 臣固知尹氏罪惡 然旣配至尊 爲國母 而今廢居閭閻似慢 一國臣民就不痛惜(하략)

윤씨 죄를 정할 때에 신이 승지로서 이창신과 함께 대비전에서 나온 언문을 번역하여 그 죄악을 영원히 후세에까지 보이도록 요청했었습니다. 그래서 신이 윤씨의 죄악을 잘 알고 있습니다만, 그러나 이미 지존의 배필로서 국모이었는데, 오늘날은 여염 속에서 살게 하는 것은 너무 업신여기는 것 같아 온 국민이 곧 애처롭게 여길 것입니다

라 하였고, 또 성종과 채수와의 문답문 중에는[31]

傳曰 卿爲承旨時 已知予意 何以更言 … 蔡壽啓曰 臣承旨時 廢妃事 以諺文書下 臣啓曰 若徒以諺文 則萬世之後 孰知以大事而廢之乎 恐後世以爲小事而輕廢之也 請飜譯書之 臣與內官安仲敬飜譯以啓曰 使尹氏得罪萬世 非惜其罪也

성종께서 채수에게 말씀하시기를 "경이 승지로 있을 때 이미 내 뜻을 알았을

---

31) 『성종실록』 권114 5장부터, 13년 8월 11일 정미조.

터인데 왜 딴말을 하는가?" … 채수가 아뢰었다. "신이 승지 때 폐비 일을 언문으로 써서 대비전에서 내려보냈기에 신이 만일에 한갓 언문으로 이 일을 기록한다면 오랜 뒷날에 어느 누가 큰일로 폐비시킨 것을 알겠습니까. 후세에 작은 일로도 가볍게 폐할까 봐 두렵습니다. 그러하오니 번역하여 기록하도록 요청하여 신과 내관 안중경이 번역하여 말씀 올린 것은 윤씨가 만세에 죄를 짓도록 한 것이고 그 죄를 애석해 하는 것은 아닙니다"

라고 하여 적어도 윤씨의 죄악을 널리 공표하고 확실하게 후세에 전하기 위하여서는 언문으로서는 부족하니 한문으로 번역하여야 된다고 하였다. 이는 언문이 영구히 보존되지 못할 것으로 생각했거나 널리 보급되지 못하였음을 말하여 주는 것으로 보인다.

다시 1492년(성종 23) 11월 23일(무자)에 소혜왕후(덕종비, 인수왕비)와 안순왕후(예종비)가 언문으로 불교 옹호에 관한 글을 내었다는 기사를 보면[32]

命召領敦寧以上及議政府臺諫 弘文館會賓廳 下兩大妃殿諺文一紙 令承旨飜譯示之 仍收議

영돈령 이상과 의정부·대간·홍문관 관원을 빈청에 모이게 명하여 두 대비전에서 온 언문 한 장을 내려서 승지더러 번역하여 보이게 하고 이어서 의견을 모으도록 하였다

라고 있으니 대신들이 언문을 몰랐거나 적어도 천시하였던 증거인 것이다. 게다가 불행하게도 언문 창제 또는 그 보급에 협찬하였던 일부 유력한 유신인 신숙주, 최항, 한계희 등이 대부분 성종 때에 死去하였고,[33] 세조비인 貞熹王后마저 1483년(성종 14) 3월 30일에 훙거하고 말았다. 이에 이르러 언문은 참으로 유신들 간에는 서자 대우를 받고 있었음에

---

32) 『성종실록』 권271 13장, 23년 11월 21일 무자조.
33) 신숙주는 1475년(성종 6) 6월 21일 무술에, 최항은 1474년(성종 5) 4월 28일에, 한계희는 1482년(성종 13) 윤 8월 19일에 각각 졸하였다.

틀림없고 이러한 결과가 마침내 연산 이후 일시 언문 사용이 침체 상태에 빠진 듯이 보인 한 가지 이유가 되었던 것이다. 따라서 언문은 연산군의 언문 박해로 급작스러이 일시에 침체된 것은 아니다.

2) 연산군과 언문

연산군은 불교를 압박하고 언문을 어느 정도 박해한 듯한 왕이었으나, 오히려 그보다는 유교 국가에 대한 큰 반역자이었다. 연산군은 즉위 초에 인수대비(덕종비, 성종모비)를 비롯한 왕비들의 불사와 원각사에서의 불경 간행을 묵인하였고, 1504년(연산군 10) 1월 8일까지도 인수대비의 병중 慈旨를 좇아서 寺社 중수 등을 허가하였다. 다만 그의 정책이 1496년(연산군 2) 4월 11일 이래 興儒抑佛 방향으로 나아가고, 1504년(연산군 10) 4월 27일에 인수대비가 세상을 뜨자 같은 해 윤 4월 8일에 도승법을 파하고 같은 해 12월 26일에 원각사를 폐하는 등 억불 행위를 하였으나 이는 그의 말년의 亂虐에 의한 것이었다. 또 불교에 대한 것보다는 오히려 그 반대로 유교에 대한 반역이 더 컸으니, 1497년(연산군 3) 5월 이후로는 諫臣들과 심각하게 대립하고, 1498년(연산군 4) 7월에 무오사화를 일으켜서 金馹孫 이하 쟁쟁한 金宗直의 문하 출신 문신 일파를 살육함으로써 자연히 유학으로 하여금 쇠퇴일로를 밟게 하였으며 1504년(연산군 10)에 갑자사화를 일으키고 성균관을 유흥장으로 만드는 등 성학인 孔孟之道에 대한 반역이 컸던 것이다.

그런데 연산군과 언문과의 관계를 살펴보면 대단히 흥미로운 사실을 발견할 수 있다.

연산군은 1504년(연산군 10) 3월 24일에 그의 모후인 폐비 윤씨를 복위하여 그 諡號를 재헌왕후라고 하고, 차츰 그 보복을 일삼아오던 중 같은 해 윤 4월 16일에는 폐비 사건 당시 언문서를 번역하여 외부에 전파시켰던 언문 관계자인 당시의 사관, 주서, 승지 등을 처벌하였다.[34] 그 후 같은 해 7월 19일에 왕의 난학을 비방한 언문에 의한 匿名書 투입 사건이 발생하자 즉시 도성의 각문을 폐쇄하여 죄인의 逃逸을 방지하는 한편 그 다음날인 20일에는 이후 언문의 교수 및 학습을 금하고, 이미 학습한 자는 행용치 말게 하였으며, 또한 언문을 아는 자는 한성 5부로 하여금 이를 조사하여 익명서의 필적과 憑考시키었다. 그리고 이어 22일에는 언문을 행용하는 자는 棄毁制書律로써 다스리게 하고, 朝士의 각 집에 藏하고 있는 언문 구결 관계 서적은 모두 불사르게 하였는데, 다만 漢語를 번역한 어문류는 제외케 하였다. 23일에는 5부 중의 언문 해독자를 모아서 그 필적을 시험하였으나 모두 대동소이하여 범인 체포가 불능이었다는 기사가 있고, 10일 후인 8월 2일에는 한성 5부의 언문 해독자의 필적을 憑考 완료하였으나 범인을 잡지 못하여 성 바깥 사람의 필적을 憑考케 되었다고 하였다. 이상의 사실로 보건대 당시 한성 내에는 언문 해독자를 전부 모아 볼 수 있을 만큼 그 수효가 매우 적었다는 것을 알 수 있으며, 연산군이 각 가정의 언문 구결 장서를 태우라고 명하면서 한어를 번역한 것은 제외하라고 한 것은 그가 언문의 말살을 기도한 것이 아님을 알 수 있게 한다. 연산군이 언문을 말살하려고 하지 않았다는 證左는 다음과 같은 사실로써 알 수 있다. 즉 언문 익명서 사건이 발생한 지 4개월이 지난 1504년(연산군 10) 12월 10일에 공조 정랑 曺繼衡에게 언문으로써 曆書를 번역하라고 명하였던 것이다. 이

---

34) 『燃藜室記述』 권6에서 破睡篇을 인용한 글 가운데에서 '尹氏之廢 上常以諺書其罪 遣中宮及承旨逐日隔窓諷讀 冀其改過 而復壺位 尹氏終不改 竟賜死 燕山嗣位 盡 殺其時承旨 而蔡壽以不解諺文獨免死'라고 하여 마치 채수가 언문을 몰랐기 때문에 죽지 않은 것처럼 되어 있고, 『한글갈』 p.84에서도 이를 그대로 인정하고 있으나 이는 사실과 다르다. 『성종실록』과 『연산군일기』 기사에 의하건대 폐비 때 언서를 번역한 것은 채수, 이창신, 정성근이었으니, 채수가 언문을 몰랐을 리 없고, 1504년(연산군 10) 윤 4월에 폐비 때의 언서 관계자가 처벌을 받았으나 죽은 자는 없었고, 채수는 일단 귀양 갔다가 성종 때 윤비의 閨闈褻處를 간하였다고 하여 같은 해 7월 26일에 封書(임금의 편지)를 받았던 것이다.

것으로 보아 그는 익명서의 필자를 逮捕하자는 것이 주목적이었지 언문을 말살하려는 것이 그 주목적이 아니었음을 알 수 있다.

연산군은 한 걸음 더 나아가서 언문을 궁외에서는 금하였지만 궁내에서는 이를 사용하였다. 11년 9월에는 '傳曰 今卒宮人祭文 以諺文飜譯 令醫女讀之'(권59 15장)라 하였고, 또한 興淸, 運平 등 기생을 위하여 사용하였다. 『연산군일기』 권60 11년 11월 18일(기해)조에는 다음과 같은 기사가 있다.

傳曰 新製樂章如敬淸曲 赫盤 泰和吟 依與民樂 步虛子 洛陽春等歌詞 並以眞書及諺文 點其高低印出 令興淸 運平等自持學習音韻高低 務令分明 試歌時誤錯一字者 以其字數多小定罰輕重 且御前奏樂時 歌曲尤當分明高唱 不可與羯鼓等樂混奏 其諭此意

임금께서 명하셨다. 새로 지은 악장 경청곡, 혁반, 태화음 같은 것은 여민락, 보허자, 낙양춘 등 가사처럼 한자와 언문으로 그 고저를 찍어서 인출하여 흥청, 운편 등이 스스로 음운과 고저를 익혀서 분명하게 하도록 하고 노래를 시험하여 한 글자를 틀리는 자는 그 글자 수의 많고 적음에 따라 벌을 정하고, 임금 앞에서 주악할 때에는 가곡을 분명하고도 높게 부르게 하고 갈고(야만족이 쓰던 북의 한 가지) 등과 섞어서 연주하지 말라는 뜻을 알려라.

즉 敬淸曲, 赫盤曲, 泰和吟 등 새로 지은 악장을 眞書 및 언문으로써 그 고저를 점하여 인출해서 興淸 및 運平 등의 자습에 편케 하였다. 또 『연산군일기』 권62 12년 5월 29일(무신)조에는

傳曰 能解諺文女 勿論公私賤良女 各院選入二人

언문을 잘 아는 여자를, 관청과 사삿집의 종이나 양민의 여자를 막론하고 각 원에 둘씩 뽑아들이라고 임금께서 말씀하셨다

라는 기사가 있고 그 다음날 6월 1일(기유)조에는

新採興淸 運平等 御前言語 間或不知尊稱 御前當用言語 用諺文飜譯
印頒諸院
　　새로 채용한 홍청과 운평 등이 어전 언어의 존칭을 간혹 모르니 어전에서 마
땅히 쓸 말을 언문으로 번역하여 여러 원에 인쇄하여 나누어 주었다

라고 있다. 당시 언문을 인쇄하여 반포하는 기관이 궁중에 있었음이 명백
하게 되었다. 연산군은 그 후로도 언문을 사용하여 1506년(연산군 12) 6월
24일(임신)에도 대비탄일 箋文(4·6체의 글)을 언문으로써 번역케 하였다.

　　이와 같이 연산군은 언문을 박해하는 것보다 성종 정도로 사용하여
왔는데, 다만 그것이 한적 번역에 사용된 것보다 주로 홍청, 운평 등의
기생을 위하여 사용되고 또 이를 위한 언문 인쇄소를 설치하였던 듯하
니 이것이 곧 연산군 때의 언문청이 아닌가 한다. 그러지 않고서야 중종
이 1506년(연산군 12) 9월 2일에 반정하자마자 2일 후인 9월 4일(경진)에
다른 어떠한 일을 젖혀 놓고 팔도에 내려간 採靑, 採鷹犬使를 소환하
는 동시에 언문청을 혁파[35]할 까닭이 없는 것이다. 그러므로 중종이 혁
파한 언문청은 바로 위에서 본 바와 같이 연산군이 홍청, 운평 등을 위
하여 설치하였던 언문 인쇄소이었다고 보아도 대과는 없을 것이다.

　　위에서 언급한 바와 같이 연산군에 의하여 언문이 학대받고 부진 상
태에 들어간 것이 아니고, 언문이 반포된 지 60여 년이 지난 당시까지
간경도감 같은 대사업이 있었음에도 아직 언문이 널리 보급되지 않았던
것으로 보인다.

---

35) 『중종실록』 권1, 중종 원년 9월 4일 경진조.

4. 역대 왕의 불경 간행 및 언해

1) 세종의 불경 간행

2장에서 약술한 바와 같이 세종은 불교를 독실히 믿는 것은 아니었으나 적어도 불교를 인정 내지 비호하였고, 1434년(세종 16) 이후로는 직접 불사를 영위하는 일까지 있었다. 이러한 세종의 불교에 대한 태도가 마침내 불경을 인쇄하기까지에 이르게 하였다.

1439년(세종 21) 4월 19일부터 4월 24일까지의 『세종실록』 기사에는 같은 해 4월 22일에 세종이 흥천사에서 대장경을 인간하려 하였다가 대간들의 반대에 봉착하여 중지하였다고 나와 있다.

1439년(세종 21) 4월 19일 집현전 부제학 최만리 등이 불교 전반에 걸친 배척 상소36)의 내용은 다음과 같다.

臣等竊聞 將印藏經安于興天 營辦之需其費不貲 緣化之僧分往各道 化楮造墨 騷擾民間 爲害滋甚 其經之舊存者 尙不披覽 委爲塵腐 今縱不能火之 其可費財煩民 復成無用之物乎

신 등이 가만히 듣자옵건대, 대장경을 인쇄하여 흥천사에 안치한다 하오니, 이 일을 수행하기 위한 비용이 적지 않으며, 담당 승려를 각도에 나누어 보내어 닥나무로 먹을 만들어 민간을 시끄럽게 하는 폐해가 매우 심하옵니다. 보존하고 있는 불경도 아직 펴보지 않아서 썩도록 내버려 두어 지금 불태울 수는 없다고 하더라도 재물을 허비하고 백성을 괴롭혀 또다시 쓸모없는 물건을 만들려고 하시나이까?

1439년(세종 21) 4월 22일의 사헌부, 사간원 交章文(합동 상소문)37) 중

---

36) 『세종실록』 권85 14장, 21년 4월 19일 병신조.
37) 『세종실록』 권85 17장, 21년 4월 22일 기해조.

에도 위와 같은 내용이 있다.

2일 후인 4월 24일의 『세종실록』 기사[38]

　　命姑停印大藏經 從臺諫請也
　　대간의 청을 받아들여 대장경 인쇄를 잠시 중지하도록 명하셨다.

　이러한 세종의 불경 간행 시도도 실은 당시 민간 불교열의 반영이었
다고 할 수 있다. 당시 민간의 숭불열이 어떠하였는가 하는 것은 1440년
(세종 22) 9월 12일의 左正言 朴積善의 啓文 중에 잘 반영되고 있다.[39]

　　今聞僧徒駄載大藏經 輸于興天寺 士女願結因果 抱携孩兒 令執馬轡
　奔走奉迎 塡溢街巷 臣等反復思之 暫不利於國家也 願將此經置之于外
　(하략)
　　이제 들자옵건대 승려들이 대장경을 말에 싣고 흥천사로 옮기는데 남녀들이
　인과(좋은 인연)를 맺기 원하여 어린이를 안고 나와 말고삐를 잡게 하고, 대장
　경을 맞으려고 뛰어 나와 거리에 넘친다고 하오니, 신들이 여러 번 생각해 보아
　도 마침 국가에 이롭지 못하오니, 이 대장경을 성밖에 갖다 놓기를 바라옵니다.

　이 이외에도 세종 22, 23년경에는 불교가 상당히 성행하고 있었고 또
한 寫經이 널리 성행되고 있었음은 1441년(세종 23) 12월 계사삭의 의정
부 척불 상소문 중에 명백히 나타나고 있다.[40]

　　(전략) 又釋氏門徒 以阿難爲聰明 能記師言 從阿難之口 衺集雜說 又
　撰其徒祖襲誕妄之言 以爲金口所說 至于千函萬軸 皆銀金寫字 此雖眞爲
　金口之出 初不應金寫也 世有競用金寫字 其惑甚矣 今本國中外諸寺 未
　知幾千萬也 大寺則佛像至于數百 小寺則亦不下二三十 塑像則純用金塗

---

38)『세종실록』 권85 19장, 21년 4월 24일 신축조.
39)『세종실록』 권90 37장, 22년 9월 12일 신해조.
40)『세종실록』 권94 38장, 23년 12월 계사 삭조.

畫像則間用雜彩 無一像不用金者 亦未知幾萬億也 金字經亦未知幾萬卷帙也 然則佛家諸般施用之金 何可量乎 設有中國之人來見 則其謂我國無金乎 是亦不可不慮也 其爲國用者 於佛家之用 僅爲千百分之一也 (하략)

또 불교신자들은 아난(Ananda, 阿難陀, 석가 10대 제자의 한 사람)이 총명하여 스승의 말을 기록할 수 있다고 하여, 아난의 말을 모으고 또 그 제자들이 허망된 말을 이어받은 것을 부처의 말씀이라고 하여 수없는 상자와 족자에 이르는 것을 모두 은과 금으로 베끼고 있습니다. 이것이 비록 진짜 부처의 말씀이라고 하더라도 애당초 금으로 베끼지 않았을 터인데, 세상에서 다투어 금으로 글자를 쓰고 있으니 그 어지러움이 심하나이다. 이제 우리나라는 그 절이 몇 천·만인지 알 수 없습니다. 큰 절은 불상이 수백이 되며 작은 절도 역시 2·30은 됩니다. 진흙으로 만든 불상은 순금으로 칠하고, 그림으로 그린 불상도 간혹 여러 가지 색채를 쓰나 금을 쓰지 않은 부처 그림이 몇 만·억이 되는지 알 수가 없습니다. 또 금으로 쓴 불경이 하나도 없고 그 수가 몇 만 질이 되는지 알 수 없으므로, 불교계에서 여러 분야로 쓰는 금이 어찌 헤아릴 수나 있겠습니까? 혹시 중국 사람이 와 보면, 우리나라에 금이 없다고 말하겠습니까? 이역시 걱정하지 않을 수 없는 일입니다. 나라를 위하여 쓰는 금이 불교계에 비하면 겨우 천·백분의 일에 지나지 않을 것입니다.

물론 여기에는 과장도 있겠지만, 1424년(세종 6)의 불교 개혁은 완전히 空文化되고, 승도 사이에서 金字寫經이 성행되고 있었으니, 세종의 불경 印刊 시도가 이것의 반영이라고 아니할 수 없는 것이다.

불교와 불경의 간행 또는 사경은 가장 밀접한 관계를 가지고 있다. 불교를 숭신하는 자는 언제나 불경을 간행 또는 사경하려 한다.

세종은 1446년(세종 28) 3월 26일, 중궁인 소헌왕후가 수양대군 유의 저택에서 승하한 지 2일 후에 중궁을 위하여 불경을 만들게 하였다. 같은 날 세종은 승정원에 대하여 왕자들이 중궁을 위하여 불경을 만들겠다고 하매, 이를 허락하고 동궁은 딴 책임이 있어서 대군과 鄭孝康(안평대군 부인의 종형)으로 하여금 監掌하게 하였다는 사실을 밝히니, 즉시 우부승지 李思哲, 좌승지 黃守身, 좌부승지 朴以昌, 부승지 李純之,

사간 卞孝敬, 집의 鄭昌孫, 교리 河緯地 등이 힘을 다해 간하였다. 이에 세종은[41]

　大抵 臣子之道 宜以直事上 不可容其詐 然世人在家 奉佛事神 靡所不至 及對人 反以神佛爲非 予甚惡之
　대저 신하의 도리는 마땅히 바른 일을 가지고 말씀을 올려야 하고 거짓은 받아들일 수 없는 것이다. 그런데 세상 사람들이 집에서는 부처를 받들고 신을 섬기는 일이 이르지 않는 곳이 없는데 다른 사람을 만나면 도리어 신불을 그르다고 하니 내가 이를 심히 미워하는 것이다

라 하여 너희들도 뒤에서는 부처를 신봉하면서 사람을 대하면 排佛하니 나는 이러한 너희들의 기만을 심히 미워한다는 이유와[42] 다음과 같은 까닭으로 마침내 불경 간행을 추진하고야 말았다.

　高麗之季 異端盛行 至我朝寖衰 至于予 收奴婢取田地 罷宮中誦經及安居會 弊之大者 半已除矣 昔予遭母后喪三設法會 太宗又使予親往大慈庵 適有故不往 實同予往也 今兒輩爲其母欲成佛經 予知非是不得已可
　고려 말기에 불교가 성행하였으나 우리 조선에 와서 점점 쇠퇴하고 내 집권 때에는 노비를 거두어들이고 전지를 몰수하였으며, 궁중에서의 독경과 안거회(스님 수양의 한 가지)를 중지하여 큰 폐단의 절반은 이미 제거되었다. 옛날에 내가 모후의 상을 당했을 때에는 법회를 세 번 열었고, 태종은 또 나에게 친히 대자암에 가라고 했지만 때마침 일이 있어서 못 갔으나 실지로는 내가 간 것과 다름이 없다. 이제 대군들이 모후를 위하여 불경을 만들겠다는데, 내가 그 잘못을 알지만 부득이 옳다고 한 것이다.

　이에 집현전에서는 3월 28일에 곧 반대소를 올렸는데, 여기에 대하여 세종은 대노하여 다음과 같이 말하였다.[43]

　41) 『세종실록』 권111 22장, 28년 3월 26일 계사조.
　42) 『세종실록』 권111 23장, 28년 3월 26일 계사조.

爾等通達古今 排斥釋氏 可謂賢臣矣 予則不知義理 崇信佛法 可謂無
知之君矣 爾等雖煩固請 賢臣之言 必不合於無知之君 無知之君之言 必
不入於賢臣之耳 矧予近年多病坐於宮中 但待死日耳 爾等侍從日久 可以
知予之信佛與否矣 爾等雖固執再請 予未接見 難以開說辨明 爾等如或上
章 予未親覩 難以洞識爾意 勿煩再請

경들은 고금에 통달하여 불교를 배척하니 가히 현신이라고 이를 만하고 나는
사리도 모르고 불교를 믿으니 가히 무지한 임금이다. 경들이 비록 번거롭게 요
청을 해도 현신의 말이 반드시 무지한 임금과 맞지 않고, 무지한 임금의 말이
반드시 현신의 귀에 안 들어갈 뿐이다. 하물며 내가 근년에 병이 많아 궁중에
앉아 죽는 날만 기다릴 뿐이다. 경들은 나를 모신 지 오래되어 내가 불교를 믿
는지 안 믿는지 알 것이다. 경들이 비록 고집을 부려서 다시 요청을 해도 내가
안 만날 것이니 말로 변명하기가 힘들 것이고, 경들이 만일에 글을 올려도 내가
친히 안 볼 것이니 경들의 뜻을 헤아리기가 어려울 것이므로 번거롭게 다시 요
청하지 말라.

이어서 세종은 집현전 수찬 李永瑞, 돈령부 주부 姜希顔 등으로 하
여금 성녕대군 집에서 불경을 泥金으로 베끼게 하고, 인순부윤 鄭孝康
으로 하여금 이 일을 주관케 하였으며, 수양·안평 양 대군으로 하여금
감독케 하였다가 사경이 완료된 같은 해 5월 27일에 대자암에 법석을 대
설하고 대군·제군과 2천여 승려가 모인 가운데 7일간에 걸쳐 轉經會를
베풀었다.

이때 金泥로 서사한 불경이 무엇이었는지는 알 수 없으나 중궁 승하
후에 수양대군을 중심으로 『석보상절』의 편찬이 개시되어 있었고, 『석보
상절』과 이것을 보고 세종이 지은 『월인천강지곡』은 다 1447년(세종 29)
에 편찬이 완료되어 곧 간행되었다. 이 두 책은 모두 언문으로 된 것이
었으니[44] 이로부터 언문으로 된 불경의 간행이 개시되었고, 이 사업에

---

43) 『세종실록』 권111 29장, 28년 3월 28일 을미조.
44) 『석보상절』은 한문을 먼저 쓰고 한자의 음과 뜻, 주석을 언문으로 적었고, 『월인천강지
곡』은 언문으로 본문을 먼저 적고, 이에 해당하는 한자를 그 다음에 적었으며 두 책 다 갑

주동이 된 이는 수양·안평 양 대군과 김수온이었다(후에 다시 진술함).

이와 같이 세종 시대에 이미 언문으로 된 불경 간행을 보게 되었으나 이것은 세종이 주동이 되어서 한 것이 아니고 벌써 당시부터 수양대군이 중심이 되고, 안평대군과 김수온 등 숭불가들의 협찬에 의하여 추진되었다. 따라서 본격적인 불경 간행과 언해 사업은 수양대군의 후신인 세조의 등극과 함께 대대적으로 수행되었다.

2) 세조의 불경 간행과 언해

(1) 內經廳, 鑄字所, 冊房과 해인사

세종이 1450년(세종 32) 2월 17일에 승하하고 같은 해 2월 22일에 즉위한 문종은 초기에 재래의 풍습을 전승하여 2월 24일에 안평대군이 세종의 명복을 빌기 위하여 대자암을 중수하고 불경을 베끼자는 권고를 받아들여 강렬한 유신들의 반대를 억누르고 이것을 실행하였고, 같은 해 3월 16일에는 愼嬪 김씨가 별세한 아들인 潭陽君 璆를 위하여 印經하겠다는 청을 허락하고 백미 500석과 기타 비용을 대주었는데, 당시의 國情이 다음과 같았다고 한다.[45]

時 國家之事 專在事佛 國庫虛竭 民間騷擾 大臣無有諫止者
때마침 국가의 일은 오로지 불교 섬기기만 하여 국고가 텅 비고 세상이 시끄러워도 대신 가운데 간하여 중지시키는 이가 없었다.

이로써 초기의 그의 불교에 대한 태도를 엿볼 수 있다. 그러나 그는

인자체 한글 활자(목활자)에 의하여 인쇄된 우리 역사상 가장 오래된 한글 활자본이다. 金斗鍾(1954), 「한글 活字考」, 『최현배 선생 환갑 기념 논문집』, 참조.
45) 『문종실록』 권1 25장, 즉위년 3월 16일 경신조.

직접 불경을 印刊한 일은 없고 오히려 원년 4월 17일부터는 차츰 억불책을 쓰기 시작하였다.

문종 뒤를 이은 단종 때에는 워낙 유신들의 세력이 강하였으므로 불교가 억압을 받았고 따라서 불경이 간행될 리가 없었다. 그러나 숭불주 수양대군이 1453년(단종 원) 10월 11일에 영의정이 된 이후부터는 벽불파의 세력은 차츰 꺾이고 그의 지위가 확고하여짐에 따라서 불경의 인간 사업은 재개되었다.

세조는 潛邸 때부터 숭불가로서 유신들의 비방을 받아 왔고, 특히 문종 때에는 불도를 옹호한다고 맹렬한 공격까지 받아 왔었으므로 그가 성삼문 일파를 제거하고 왕권을 확립한 이후 숭불에 전념케 된 것은 당연한 일이라고 할 것이다.[46]

종교가 하나의 종교로 존립하기 위하여서는 의지하는 전적이 반드시 있는 법인데, 불교에서는 이 전적이 곧 불전이다. 포교는 이 불전을 통하여 이루어진다. 그러나 원래 불전은 난삽한 한문으로 되어 있고, 그 양이 방대할뿐더러 내용이 난해하여 일반 불도들이 좀처럼 체득하지 못한다. 그래서 세조가 이를 언해하려 한 것이다.

세조는 1461년(세조 7, 신사)에 간경도감을 설치하고 대대적으로 불경 간행 사업을 전개하였으나, 그 전에도 이미 초기부터 여러 번 불경을 간행하였다.

우선 1457년(세조 3, 정축) 9월 1일에 왕세자(덕종)가 졸하였는데, 세조는 왕세자를 위하여 왕세자 欑宮(殯殿 안에 관을 두던 곳)에서 法席을 여러 차례 열고, 세자 三齋를 津寬寺에서 베푸는 동시에 왕세자의 명복을 빌기 위하여 내경청을 설치하고 釋老儒士를 모아서 여러 불경을 印寫하고 校勘 纂定시키었으며, 세조 또한 친히 금강경을 手寫하였다.

---

46) 세조가 불교에 대하여 확실한 신념을 가지고 있었다 함은 이미 '세조의 숭불과 불경 언해'에서 언급하였는데 그는 불전에만 통달하였던 것이 아니고 성리학 등에도 통효하였다. 『세조실록』 기사 참조.

내경청에서 불경을 대대적으로 베낀 일은 『용재총화』 권6에도 나와 있다.

다음에 세조는 1457년(세조 3) 6월부터 다음 해 4월까지에 걸쳐 해인 사에서 대대적으로 대장경을 간행하였는데, 이와 병행하여 다른 불경도 주자소에서 대량으로 인쇄한 듯하다. 앞에서도 인용하였듯이 『세조실록』 4년(무인) 2월 12일 기사에 이러한 사실이 나타나 있다.

御思政殿 設功臣仲朔宴 … 鄭麟趾就御床下啓曰 上於鑄字所印法華等諸 經數百件 又印大藏經五十件 且今刊釋譜 臣竊以爲未可 上怒罷宴 (하략)

위의 기사는 세조가 주자소에서 법화경 등 諸經 수백 건을 인출하였 음을 말하여 주고 있는데, 위에서 말한 『대장경』 오십 건은 해인사에서 인쇄한 것이 분명하므로 〈석보〉(아마도 『석보상절』을 말하는 듯함)도 주자 소에서 인쇄된 것이 아닌가 한다. 『월인석보』는 1459년(세조 5, 을묘) 2월 9일에 김수온과 성임에게 釋譜繕寫功勞行賞을 하였으니, 5년 초에 그 인쇄가 끝난 것으로 보인다.

여기에서 잠깐 주자소에 대하여 고찰할 필요가 있다. 원래 주자소는 1403년(태종 3, 계미)에 태종이 주자를 개시하여 각종 서적을 인간하기 시 작한 이후, 1420년(세종 2, 경자), 1434년(세종 16, 갑인), 1436년(세종 18, 병 진) 등 수차 改鑄의 과정을 거치면서 이로써 각종 서적을 인쇄하여 왔 던 곳인데, 문종은 그 즉위년 7월 4일(병오)에 이 주자소를 權廢하여 신 하들로부터 반대를 받았다. 1450년(문종 즉위) 7월 8일에는 掌令 河緯地 와 다음과 같이 말을 주고받은 일이 있다.[47]

하위지 :
鑄字所 祖宗右文之美意也 於殿下初政 遽革之 無乃不可乎

---

47) 『문종실록』 권2 27, 즉위년 7월 8일 경술조.

주자소는 역대 왕께서 문을 숭상한 아름다운 표시였는데, 전하께서 집권초기에 갑자기 폐지하시는 것은 옳은 일이 아니잖습니까?

문종 :

鑄字所非革之也 今適無可印之書 故權罷之 仍置其字于本所 若有可印之書 則當令仍舊印之

주자소를 폐지한 것이 아니라 지금 때마침 인쇄할 만한 책이 없어서 임시로 폐지하고 활자는 그대로 주자소에 두었다가 만일에 인쇄할 책이 있으면 그전대로 인쇄하라고 명할 것이다.

하위지 :

鑄字所雖曰權罷 臣未知何人掌管其字乎 若無掌管者 而遽有印書之事 則大改精巧之事 恐未卒辦

주자소를 비록 임시로 폐지하였다고 하여도 신은 누가 그 활자들을 관장하고 있는지 알지 못하옵니다. 만일에 관장하는 사람이 없다면 갑자기 책을 인쇄할 일이 생겼을 때 정교한 일을 고치는 것을 마치지 못할까 두렵사옵니다.

유신들에게 있어서는 주자소가 귀중했던 것보다도 문종이 주자소 대신 동궁 시절부터 추진하여 오던 정음청 중심의 사업과 같은 관청에서의 서적 인쇄를 반대하기 위한 것이 아니었던가 한다.[48] 사실 정음청에서 서적을 인쇄하였다는 것은 1450년(문종 즉위) 12월 17일에 문종과 승정원의 여러 신하들이 나눈 문답으로도 알 수 있다.[49]

上謂承政院曰 近日正音廳畢印小學 其鑄字當下鑄字所 然聞本所窄狹 無可藏之處 仍置正音廳 令鑄字所官吏 往來監掌何如

상감께서 승정원에 대하여 말씀하시기를 "근래 정음청에서 『소학』 인쇄를 마쳤으니 그 주자들을 마땅히 주자소에 내려보내야 되는데, 듣자니 주자소가 좁

---

48) 이전 金東旭(1957), 「正音廳始末」에 의하면 이때 정음청에서는 대군을 중심으로 불경을 인간하고 있었다 한다.
49) 『문종실록』 권5 13장, 즉위년 12월 17일 정해조.

아서 둘 곳이 없다 하므로 그대로 정음청에 두고서 주자소 관리가 오가며 관장함이 어떻겠는가?'라고 하셨다.

都承旨 李季甸對曰 宜合置一處 不可分兩所往來掌之
도승지 이계전이 "마땅히 한군데에 합해야 하고 두 곳에 나누어 두면서 오가며 관장하는 것은 옳지 않습니다"라고 아뢰었다.

右承旨 鄭昌孫 往審便否 竟盡還鑄字所
우승지 정창손이 가서 형편을 살펴서 마침내 주자소에 모두 돌려 보냈다.

이로써 보면 즉위 초에 權廢됨과 동시에 일시 주자소 활자가 정음청에 가 있다가 이때 다시 주자소로 돌아가고 그 후부터는 주자소에서 서책 인간이 재개된 듯하다. 1451년(문종 원) 6월 22일에 문종이 집현전에 대하여 전교하되 틀린 곳이 많으니 '自今鑄字所所印書冊 宜卽讐校以進'라고 하였고, 1453년(단종 원) 6월 23일에는 朴堧의 상언에 의하여 악보를 인간하였으며 1454년(단종 2) 10월 21일에는 주자소에 명하되 校書館 소장의 集古帖, 趙孟頫의 證道謌, 眞華千字, 東西銘, 王羲之의 東方朔傳, 蘭亭記, 雪庵의 頭陁帖 및 永膺大君 琰家 소장의 조맹부 赤壁賦 등을 성균관에 인쇄해서 보내어 학생으로 하여금 楷範에 사용케 하였다. 세조 때에는 법화 등 모든 불경 수백 건을 인쇄하였음은 이미 상술한 바와 같다.

그런데 1453년(단종 원) 5월 2일의 실록 기사[50]에는 또 책방이라는 인쇄소가 나온다.

右承旨盧叔仝 於經筵啓曰 前日議政府 請罷冊房 令更議可否 今議政府又云 冊房先王欲罷而未行者 須當罷之 魯山曰冊房無乃有不可罷乎 世宗之初置何意也 右議政鄭苯進曰 世宗置冊房墨房火鑌房彫刻房於禁內

---

50) 『단종실록』 권6 16장, 단종 원년 5월 2일 무오조.

者 特一時事耳 文宗朝臣等請皆罷之 文宗罷彫刻火鐥房墨房 合於尙衣院
又欲罷冊房 合於鑄字所 以事有未畢者 未卽罷而擇別坐二人 爲鑄字久任
者 欲合冊房於鑄字而責成也 臣等以爲旣有鑄字所 又設冊房 分役工匠
實爲有弊 此先王之所欲罷 而臣等之所敢請也

우승지 노숙 등이 경연에서 아뢰었다. "전일에 의정부가 책방 폐지를 요청했
사온대 다시 가부를 의논하게 하소서. 이제 의정부에서 또 책방을 선왕께서 폐
지하려다 못 했으니 마땅히 폐지시켜야 한다고 말합니다."

노산군이 말하기를 "책방을 꼭 폐지해야 하는가. 처음에 세종께서 무슨 뜻으
로 설치하셨는가."

우의정 정분이 말씀 올리기를 "세종께서 책방 등 여러 방을 궁내에 설치한
것은 특히 일시적인 것입니다. 문종 때 신하들이 다 폐지하라는 것을 조각방,
화빈방, 묵방을 폐지하여 상의원에 합쳤으며, 또 책방을 폐지하여 주자소에 합
치려고 했는데, 아직 일이 있어 폐지하지 못하였으나 별좌 둘을 택하여 주자소
에 오래 근무하도록 한 것은 책방을 주자소에 합하여 일을 마무리하려고 해서
입니다. 신 등은 이미 주자소가 있는데, 또 책방을 두어서 공장을 따로 나누는
것은 참으로 폐단이 있는 것이어서, 선왕께서 폐지하려 하셨고, 신들도 굳이 요
청했던 바입니다"

知經筵李思哲啓曰 臣爲都承旨時亦聞先王欲罷冊房 魯山良久曰 予意
以爲冊房不可永罷也 仍爲叔仝曰 冊房見任書員 皆還鑄字所 其已去官者
仍任冊房 左承旨朴仲孫 同副承旨申叔舟等啓曰 一鑄字所足以當書冊之
事 請罷冊房 歸之鑄字所 魯山曰 已知之矣

지경연 이사철이 아뢰기를, "신이 도승지 때 역시 선왕께서 책방을 폐지하려
하신다고 들었습니다"라고 하였다.

노산군이 한참 있다가 말하였다. "내 뜻은 책방을 영구히 폐지해서는 안 된
다는 것이 아니다."

이어서 숙동에게 책방 현임 서원은 모두 주자소로 돌려보내고, 이미 벼슬을
그만 둔 사람은 그대로 책방에 있게 하였다.

좌승지 박중손과 동부승지 신숙주 등이 아뢰기를 "서책에 관한 일은 하나의
주자소로 족하오며 책방을 폐지하여 주자소에 돌려보내기를 청합니다"라고 하
였다.

노산군이 "이미 알고 있다"라고 하였다.

동월 9월에는 持平 柳誠源이[51]

　且冊房本鑄字所分司也　此是冗官　故先王亦欲罷之　今議政府　承政院
並請革罷　從之何如
　또 책방은 주자소를 나눈 기구이므로 남아도는 관원입니다. 그래서 선왕께서
도 폐지하려고 하셨고, 이제 의정부, 승정원도 함께 폐지하기를 요청하오니 따
르시는 것이 어떻겠습니까?

라고 하였으며, 동월 24일의 侍讀官 성삼문의 계사 중에도[52] 책방에 대
하여 언급하고 있다.

　冊房有印板匠人　有粧冊書員　多畜工匠　其弊甚煩　初世宗欲粧佛經　嫌
於外人之言　遂別置冊房於內　思所以便於內用　而弓房亦然
　책방에는 판을 인쇄하는 기술자와 책을 꾸미는 서원 등 공장이 많이 있어서
그 폐해가 매우 심합니다. 애당초 세종께서 불경을 꾸미고자 하였으나 외부 사
람의 말이 싫어 드디어 궁 안에 책방을 따로 두어 궁방과 마찬가지로 궁 안에
서 사용하기에 편하다고 생각하셨습니다.

　세종이 그 말년에 불경을 인쇄코자 주자소의 분사인 책방이라는 대규
모 시설을 궁내에 차리었다면 1447년(세종 29)에 간행된『월인천강지곡』,
『석보상절』과 1459년(세조 5) 초에 인쇄 완료한『월인석보』는 다 같이 이
곳 책방에서 인쇄되었는지도 모른다.
　내경청의 사경, 주자소의 인경 이외에 이와 동시에 진행된 해인사의
인경 사업이 있었다. 세조는 상당수의 대장경을 일본에 보냈기 때문에
국내 보관본이 얼마 없고 또한 대장경을 명당 자리에 나누어 보관하여

　51)『단종실록』권6 21장, 단종 원년 5월 9일 을축조.
　52)『단종실록』권6 32장, 단종 원년 5월 24일 경진조.

세종과 소헌왕후의 명복을 빌고자 1459년(세조 5) 2월부터 대장경 인쇄에
착수할 계획 아래 1458년(세조 3) 6월부터 채비를 하였다.

『세조실록』기사 중 이에 관한 것을 추려 보면 1458년(세조 3, 정축) 6
월 20조[53])에

傳于承政院曰 大藏經五十件 印出紙四十萬六千二百卷 分諭諸道 用漢
麻 雜以楮皮造進

승정원에서 각도에 지시하여 대장경 50건을 찍어낼 종이 40만 6200권을 한마
를 쓰고 저피를 섞어서 만들어 바치라고 말씀하셨다

라고 있고, 6일 후인 1458년(세조 3) 6월 26일조[54])에는 경상도 관찰사에
게 사전 준비를 시킨 내용이 나와 있다.

諭慶尙道觀察使李克培曰 大藏經五十件 始自來春二月 摹印于海印寺
須及六月前畢功 今遣敬差官尹贊 鄭垠 布置 卿其用意施行

경상도 관찰사 이극배에게 대장경 50건을 내년 봄 2월부터 해인사에서 찍어
내어 6월 이전에 일을 끝내려고 이제 경차관 윤찬과 정은을 보내니 경은 마음
을 써서 시행하라고 지시하였다.

같은 날 또 다음과 같이 지시하고 있다.

諭忠淸全羅慶尙江原黃海道觀察使曰 大藏經五十件印出所入

忠淸道	紙	五萬一千一百二十六卷
	墨	八百七十五 丁
	黃蠟	六十 觔
全羅道	紙	九萬九十四 卷
	墨	一千七百五十 丁

---

53) 『세조실록』권8 8장, 정축년 6월 20일 임자조.
54) 『세조실록』권8 10장, 정축년 6월 2일 무오조.

	黃蠟	一百二十五 觔
慶尙道	紙	九萬九千四 卷
	墨	一千七百五十 丁
	黃蠟	七十 觔
	胡麻油	一百 斗
江原道	紙	四萬五千一百二十六 卷
	墨	八百七十五 丁
	胡麻油	一百二十五 斗
黃海道	紙	五萬一千一百二十六 卷
	墨	八百七十五 丁
	胡麻油	六十 斗

皆官自淮備 送于海印寺 若收民楮 雖一兩 卿等當受大罪[55]

즉 각도에 소요되는 종이, 먹, 황랍, 호마유 등을 해인사에 갖추어 보내되 민폐를 끼치지 말라고 하였다. 이와 같이 세조는 윤찬, 정은을 경차관으로 한 다음, 경서 교정은 信眉, 守眉, 學悅 등 당시의 고승으로 하여금 담당케 하는 등 대대적으로 사업을 추진하였다. 대장경 인쇄는 예상보다 빨리 1458년(세조 4, 무인) 4월에 완료되고, 각도 명산과 큰 사찰에 나누어 보관하였으며 같은 해 7월 27일 임자에 경차관 정은이 그 중 세 건을 진상하여 홍천사에 비치함으로써 일단락 지었다.[56]

(2) 간경도감

세조가 위와 같은 사업으로 만족할 리는 없었다. 1460년(세조 6, 경진)에 신숙주를 시켜 함길도 지방의 야인에 대한 북벌을 단행한 후, 그 해

---

55) 『세조실록』 권8 10장, 정축년 6월 26일 무오조.
56) 『세조실록』 권13 29장, 무인년 7월 27일 임자조.

10월 4일부터 11월 4일까지 왕후와 함께 황해, 평안도 지방을 순행한 세조는 국내의 안정을 보게 되자 1461년(세조 7, 신사) 6월 16일에 간경도감을 설치하고 본격적인 불경 간행 및 언해 사업에 착수하였다. 이제 간경도감에 대하여 살펴보면 다음과 같다.

『세조실록』 7년 신사 6월 16일조에57)

　　初設刊經都監 置都提調 提調 使 副使 判官

이라고 있어, 그 직제를 알 수 있다. 대개 도감이란 임시 관청이다. 『증보문헌비고』 권227 직관고 14에서는 다음과 같이 설명하고 있다.

　　高麗文宗始置會議都監 以諳諫事務者充之 員額無定數 都監始此 本朝
　　有事則設都監 有都提調 提調 都廳郎廳 監造官 隨事增減 其規不一

『중종실록』 즉위년 병인 12월의 대사헌 李繼孟, 집의 成允祖, 장령 金彦平, 지평 宋欽 등의 계사 중에는

　　大抵 稱都監 則爲一品衙門 以開字相通

이라고 있으며, 『고려사』 百官志에는

　　且都監各色 因事而置 事已則罷 或遂置而不罷

라고 있어, 어떤 일이 있을 때 도감을 설치하고 일이 끝나면 폐지한다고 하였다. 그리하여 1470년(성종 원, 경인) 4월 14일에 사간원 대사간 金壽寧 등이 간경도감을 혁파하라고 한 상소문 중에도

---

57) 『세조실록』 권24 25장, 신사년 6월 16일 을유조.

今刊經都監 本是權置衙門 事已便罷者也

라고 하여, 원래 임시 기구이었던 간경도감은 이미 간경 사업이 끝났으
니 혁파하라고 하였다.

　그런데 간경도감의 규모에 대하여서는 확실히 기록된 것은 없으나 위
에서 말한 바와 같이 '청'보다는 커서 일품 아문을 이룬다는 것을 알 수
있고, 『세조실록』 8년 임오 정월 30일조에[58]

　刊經都監啓　火災可畏　請撤去傍近人家　命亦及二月撤去　凡二十三戶
給復賜米　悉如宮城傍近居人例
　간경도감이 화재가 두려워 이웃 민가를 철거하기를 요청하여 2월까지 철거하
기를 명하니 무릇 23호에 달하여 모두 궁성 근방의 주민들에게 한 관례대로 조
세와 부역을 면제하고 쌀을 내렸다고 아뢰었다

라고 있는 것으로 보아 그 규모가 상당히 컸던 것 같다. 또 『세조실록』
8년 임오 4월 4일조에[59] 다음과 같이 불교계의 실상이 기록되어 있다.

　禮曹啓　在先度僧之數今不可考　自戊寅(世祖 4)年 八月 楡岾等諸處　赴
役僧人　已給度牒者四萬三千八百九十四　未給者二千七百四　共四萬六千
五百九十八　役于懿墓及刊經都監　而受度牒者無定數　重修檜庵寺　期以訖
工　已給度牒者一萬五千二百七十四　未給者一千八百六　共一萬七千八十
然事畢無期　無識之徒爭相剃髮　其弊不貲　諸處赴役僧　請自今勿給度牒從
願賞職　從之
　예조에서 아뢰기를 "지난 번 승려가 된 수가 얼마인지 헤아릴 수 없으며, 무
인년 8월부터 유점사 등에서 일을 한 승으로서 이미 도첩을 받은 자가 43,894
명, 아직 못 받은 자가 2,704명 합 46,598명입니다. 왕후의 묘와 간경도감에서
일을 하여 도첩을 받은 자도 수가 없으며, 회암사 중수에 공사를 마쳐서 도첩

---

58) 『세조실록』 권2 713장, 임오년 정월 30일 을축조.
59) 『세조실록』 권2 86장, 임오년 4월 4일 기사조.

을 이미 받은 자가 15,274명, 아직 안 받은 자가 1,806명, 합 17,080명입니다. 그러나 일이 언제 끝날 지 모르며, 무식한 무리가 다투어 머리를 깎아 그 폐해가 적지 않사오니 여러 곳에서 일하는 승려에게 이제부터 도첩을 주지 말고 원하는 자리도 주지 마옵소서"라고 하였다. 왕이 이를 따랐다.

또한 『세조실록』 11년 을유 정월 21일조에[60)

禮曹啓 楡岾寺役僧給度牒者 四萬六千五百九十人 懿墓及刊經都監諸處役僧度牒 亦不可以數計 (하략)

라 하여 당시 모든 역사에 30일 이상 종사한 자에게는 도첩(승려 승인장)을 주어 승려가 됨을 허락하였는데, 간경도감 역사에 종사하여 도첩을 받은 자의 수가 '無定數' 또는 '不可以數計'이었다 하니 상당한 수의 인부가 동원되어 대규모의 역사가 이루어졌음을 말하여 주고 있는 것이다.

이와 같이 1461년(세조 7) 6월 16일에 설치된 간경도감에서는 즉시 불경 간행 사업을 추진하였는데, 간경도감에서는 다음과 같이 언해된 불경을 주로 출판하였다.

세조 8년(천순 6년, 1462)	『능엄경언해』(10권 10책)
세조 9년(천순 7년, 1463)	『묘법연화경언해』(7권)
세조 10년(천순 8년, 1464)	『금강반야바라밀경언해』(1권)
세조 10년(천순 8년, 1464)	『불설아미타경언해』(1권)
세조 10년(천순 8년, 1464)	『선종영가집언해』(2권)
세조 10년(천순 8년, 1464)	『반야바라밀다심경언해』(1권)
	[반야심경, 심경]
세조 11년(성화 원년, 1465)	『원각경언해』(12권)
세조 13년(성화 3년, 1467)	『목우자수심결』(1권)
세조 13년(성화 3년, 1467)	『법어』(1권)
세조 ?	『지장경언해』(3권)
세조 13년경(성화 3년, 1467년경)	『몽산화상법어약록』(1권)

60) 『세조실록』 권3 56장, 을유년 정월 21일 기사조.

이밖에도 언해되지 않은 한문 불경을 다수 인간하였다. 『세조실록』 13년 정해 11월 13일조를 보면 日本國冷泉津藤氏使臣에게 다음과 같이 '無注法華經'을 인쇄하여 주었다고 나와 있다.[61]

命刊經都監 印無注法華經 賜之

또 『靑丘學叢』 권15 소재 江田俊雄의 '朝鮮語譯佛典に 就いて'에서는 언해본 이외에

眞實珠集
宋子璿의 楞嚴經義疏
玄覺의 永嘉集
晋 水淨源의 華嚴經疏
宋 道原의 景德傳燈錄
金剛經
龍龕手鑑

등이 간경도감에서 출간되었다고 하였다.

이와 같이 불경을 다량으로 간행하는 데는 비용도 상당히 많이 들었는데, 세조는 언제나 민폐를 끼치지 않으려고 대단히 노력하였다. 간경도감이 설치된 지 1개월 여가 되는 7년 신사 7월 22일[62]과 23일의 기사에 이러한 사실이 나타나 있다.

御思政殿 受常參視事 謂承旨等曰 予謂刊經事甚簡易 不至生弊 至數年後 官吏等不體予意 務攬事權 漸至繁亂 工匠代納等事 弊將難禁 予欲罷之 承旨等啓 罷亦不難 但事未畢 後若更起 則不若因之 務令簡易 期於速畢

---

61) 『세조실록』 권44 38장.
62) 『세조실록』 권25 7장, 신사년 7월 22일 경신조.

사정전에 납시어 평소대로 신하들의 인사(알현)를 받고 일을 살피시다 승지 등에게 말씀하셨다. "내가 불경을 간행하는 일은 매우 간단하게 하여 폐단이 생기지 않도록 하라고 했는데, 몇 년이 지나니 관리들이 내 뜻을 받들지 못하고 일의 권세만 잡으려고 힘써서 점점 난잡하게 되어, 공장이 대납하는 일 등 폐단을 장차 금하기 어려우니, 나는 폐지했으면 한다." 이에 승지 등이 "폐지하기는 어렵지 않사오나 아직 일이 끝나지 않았고, 후에 다시 하려면 이 일 때문에 간단하게 힘써서 빨리 마친 것만 못하나이다" 하고 아뢰었다.

세조는 자신의 뜻을 어겨 장차 폐해가 일어날 것 같으니 중지하라고 언명한 일까지 있었던 것이다. 또다시 1462년(세조 8, 임오) 3월 24일에는[63] 비용이 많이 드니 중지하자고 하였다.

召刊經都監副使崔有池 問都監所需米麫魚物之數 命停罷 議猶未定 以用度太煩也
간경도감 부사 최유지를 불러서 간경도감에서 소비하는 쌀과 어물들을 물어보고 간경도감 활동을 멈추게 했는데, 아직 의논이 결정되지 않았으나 쓰임새가 무척 번거롭기 때문이었다.

그러나 세종 때와는 반대로 승지 등이 만류하여 조속히 간경 일을 끝마치기로 하였다.
앞서 『대장경』 50건을 인쇄할 때에도 인출지가 40만 권이나 들었는데, 간경도감에서 불경을 인쇄할 때에도 제반 비용이 많이 들었다. 1471년 (성종 2, 신묘) 정월 21일에 시강관 金季昌이 간경 중지를 요청한 계사 중에도[64]

且刊經所用白楮 督徵於民 民不聊生 破蕩家産者 有之
또 불경 간행에 소용되는 백저를 백성들한테서 징수하기를 독촉하여 백성들

---

63) 『세조실록』 권27 28장, 임오년 3월 24일 기축조.
64) 『세조실록』 권9 11장, 2년 정월 21일 갑오조.

이 편안한 날이 없고 집안 살림이 파탄한 사람도 있다

라고 있다. 물론 이것이 간경도감을 하루 속히 철폐하기 위한 것으로 과장된 점도 있겠지만, 간경 일에 비용이 얼마나 많이 들었던가 하는 것을 추정케 하는 것이다.

또 간경에 종사한 사람은 하술할 각 언해 불경의 雕造官들의 명단을 보아서도 알 수 있는 바와 같이 당시의 정부 고관들이 직접 겸직하여 추진한 것이다. 그 밑에서 일한 사람의 수는 1471년(성종 2, 신묘) 정월 21일에 사간원 행대사간 김수녕 등이 간경도감 철폐를 요구한 상소문 중에 나타나 있다.[65]

殿下軫念荒政 遣使賑民 凡無用之費 不急之務 一切停罷 而獨不罷刊經 役夫匠百有七十餘人 餼稟日不下五六碩 計一月之費 近二百碩 以千萬人全活之資 費之於此 已爲不可 況遠購其書乎

전하께서 흉년이 든 백성 구제를 크게 걱정하시어 특사를 파견하여 백성을 구제하고, 쓸데없는 비용과 급하지 않은 일은 일절 정지하셨는데, 오직 불경 간행하는 일만 중지하지 않고 공장 170여 명에게 주는 쌀이 하루에 5·6석을 넘어 한 달이면 200석에 가까우니, 천·만 명이 살 수 있는 식량을 이렇게 허비하는 일이 이미 옳지 않을 일이니, 하물며 멀리 불서를 구매하는 것은 안 됩니다.

같은 해 정월 27일에 또다시 김수녕 등이 상소한 글 가운데에는 다음과 같이 나와 있다.[66]

臣等謹計中外寺社仰給公家者 凡八所 供佛供僧幷歲獻之需 大率一歲之費 幾至八百餘石 常供之外 又有別供 又有歲給塩 二百五十餘石 至於刊經都監支用之數 歲不下千數百碩 其費雖曰 出於本監 皆取自吾民 豈從天降而地出耶

65) 『성종실록』권9 12장, 2년 정월 21일 갑오조.
66) 『성종실록』권9 17장, 2년 정월 27일 경자조.

신 등이 삼가 헤아려 보니 내외 사찰에서 나랏돈을 받는 곳이 여덟 곳이온데, 부처님과 스님에게 대체로 1년에 약 800석에 이르며, 또 정규적인 것 이외에 따로 주는 것과 소금이 있어서 250여 석에 이르며, 간경도감의 1년 지출이 천 수백 석에 이릅니다. 그 비용이 비록 간경도감에서 나왔다고 하더라도 모두 우리 백성으로부터 나온 것이지 어찌 하늘에서 내려오고 땅에서 나온 것이겠습니까?

이상은 백칠십여 인의 工匠이 직접 간경에 종사하여 그들이 먹는 식량이 월에 근 200석에 달한다고 하였으므로 대규모로 차려진 인쇄소이었음을 알 수 있다.

위에서도 잠깐 말하였지만, 간경도감 사업은 직접 세조가 중심이 되다시피 하여 정부 고관들이 직접 참여하여 수행한 것이었다. 참고삼아 1462년(세조 8)에 제일 첫 사업으로 수행된 『능엄경언해』(10권10책) 雕造官의 명단을 보면 다음과 같다.

都提調	輸忠衛社同德佐翼功臣	臣 桂陽君 璔
都提調	輸忠衛社同德佐翼功臣	
	綏祿大夫鈴川府院君	臣 尹師路
都提調	推忠佐翼功臣輔國崇祿大夫	
	議政府左贊成 南原府院君	臣 黃守身
提 調	推忠佐翼功臣崇政大夫 吏曹判書	
	世子左賓客延城君	臣 朴元亨
提 調	推忠佐翼功臣正憲大夫 戶曹判書	臣 曺錫文
	摠中外度支使昌寧君	
提 調	推忠佐翼功臣資憲大夫 兵曹判書 茂松君	臣 尹子雲
提 調	推忠佐翼功臣資憲大夫	
	刑曹判書 同知春秋館事	
	世子左副賓客廣城君	臣 李克堪
提 調	推忠佐翼功臣嘉靖大夫	
	全羅道都觀察黜陟使 原城君	臣 元孝然
提 調	嘉靖大夫中樞院副使	臣 成任
提 調	嘉靖大夫吏曹參判	臣 韓繼禧
都提調	通政大夫承政院都承旨	
	兼尚瑞尹知製教充春秋館修撰官	
	判奉常寺事 知吏曹事	臣 洪應

都提調	通政大夫承政院左承旨	
	知製敎充春秋館編修官	
	判司宰監事 知禮曹事	臣 李炎烱
都提調	通政大夫承政院右副承旨	
	知製敎充春秋館編修官	
	兼判軍資監事 知戶曹事	臣 盧思愼
都提調	通政大夫吏曹參議知製敎 兼春秋館編修官	臣 姜希孟
都提調	通政大夫僉知中樞院事	臣 尹贊
使	通政大夫判司宰監事	臣 金王筆
使	中直大夫守判司宰監事	臣 李季專
使	中訓大夫世子輔德	臣 鄭文烱
使	中訓大夫行成均館司藝	臣 申松舟
副 使	奉正大夫副知通禮門事	臣 權瑊
副 使	戚毅將軍行龍驤衛攝護軍知製敎	臣 尹弼商
判 官	通德郎成均直講	臣 李克增
判 官	通德郎成均直講藝文應敎	
	知製敎兼承文院校理	臣 李克墩
判 官	奉訓郎司膳署令	臣 崔灝

　다음 1463년(세조 9, 계미) 9월 2일에 간행된『법화경』조조 당시의 雕造官은 다음과 같다(보직만 적는다).

都提調	鈴川府院君	尹師路
都提調	議政府左贊成	黃守身
提 調	禮曹判書	朴元亨
提 調	戶曹判書摠中外度支事	曹錫文
提 調	兵曹判書	尹子雲
提 調	工曹判書	金守溫
提 調	仁順府尹	元孝然
提 調	工曹參判	成 任
提 調	中樞院副使	韓繼禧
提 調	中樞院副使	姜希孟
副提調	承政院都承旨	盧思愼
副提調	僉知中樞院事	尹 贊
使	判宗薄寺事	李季專
使	判軍資監事	南 倫
使	行禮賓寺尹	金達全
使	行成均直講	安寬厚
使	行成均司藝	申松舟
副 使	世子輔德知製敎	尹弼商
副 使	守副知通禮門事	金永堅

다음 1464년(세조 10, 갑신)에 간행된 『금강경』 조조 때에는 다음과 같다.

都提調	黃守身(議政府右議政)
提　調	朴元亨, 尹子雲, 金守溫, 金國光, 元孝然, 成任, 韓繼禧, 姜希孟
副提調	盧思愼, 尹贊
使	安寬厚, 金達全, 南倫
副　使	權珹, 李元孝, 趙祉, 金永堅
判　官	崔灝, 金季昌

대사업의 하나이었던 1465년(세조 11, 을유)에 간행된 『원각경』 간행 때는 다음과 같다.

都提調	議政府右議政	黃守身
提　調	議政府右贊成	
	弘文館大提學	朴元亨
提　調	工曹判書	金守溫
提　調	兵曹判書	尹子雲
提　調	戶曹判書	金國光
提　調	禮曹判書	元孝然
提　調	吏曹判書	韓繼禧
提　調	同知中樞院事	成任
提　調	仁順府尹	姜希孟
提　調	刑曹參判	尹贊
副提調	承政院都承旨	盧思愼
使	行忠佐衛中部司直	安寬厚
使	判濟用監事	金達全
使	行義興衛攝護軍	權珹
使	行忠佐衛攝護軍	洪芳治
使	前行豊儲倉使	金元臣
副　使	行成均司藝	趙祉
副　使	行龍驤衛	尹壕
副　使	行義興衛	閔孝男
判　官	奉直郞守世子文學	金季昌

위의 조조관 명단에서 알 수 있는 바와 같이 1461년(세조 7) 6월 16일에 간경도감이 설치된 후, 세조가 직접 관여하였음은 물론이지만, 정부

에서도 의정부 우의정을 비롯하여 육조의 판서가 제조가 되어 이 국가적 대사업을 수행하였다. 이는 마치 고려시대 1237년(고종 24)에 강화도 江都에 藏經都監을 설치하고 1251년(고종 38)까지 전후 16년이란 세월에 걸쳐 완성을 본 팔만대장경(刻板 八萬一千一百三十七 枚) 간행의 국가적 사업을 방불케 하는 것이었다.

이와 같이 국가적으로 수행된 대규모의 간경도감이 궁내에 있지 않았던 것만은 『예종실록』 원년 기축 9월 신사 삭조에[67]

上幸刊經都監

이라고 있어 알 수 있으나, 그 위치가 어디였는지는 정확히 알 수가 없다. 그러나 다음과 같은 여러 기사로 보아서 대개 어렴풋하게 그 위치를 추측할 수는 있다.

1467년(세조 13, 정해) 12월 14일에 경복궁 내 司饔院에서 화재가 발생하여 간경도감 일부가 소실되었다.[68]

夜司饔院東廊炭庫失火 延燒本院與刊經都監 銅鐵布帛米麪諸庫及燈燭房 凡數十間 火焰大熾 上大驚 御宣政殿 急召入番兵曹堂上都摠管諸將承旨等 率入直軍士救火 諸宗宰在家者 亦皆馳之

밤에 사옹원 동랑 탄창고에서 불이 나서 사옹원과 간경도감에 옮겨 붙어 동·철·포목·쌀 등 여러 창고와 등촉방 등 수십 간에 불길이 크게 솟아 상감께서 무척 놀라 성정전에 납시어, 급히 당직 병조 당상관, 도총관과 여러 장수·승지 등을 소집하고 당직 군사들을 이끌고 가서 불을 끄라고 하셨다. 집에 있던 여러 종친과 대신들도 모두 달려왔다.

위의 기사로서 간경도감의 동철, 포백, 미면 등의 모든 창고가 소실되

---

67) 『예종실록』 권7 18장, 원년 9월 신사 삭조.
68) 『세조실록』 권44 49장, 정해년 12월 14일 병오조.

었음을 알 수 있는데, 이로써 간경도감이 경복궁 사용원 근방에 있었던 것이라고 추측하는 것이 속단인지는 모르나 적어도 모든 창고가 간경도감과 과히 먼 거리에 있지 않았다고 하면 위의 가설이 정당화될 수 있다.

그런데 경복궁의 사용원은 『증보문헌비고』 권38에 의하면 '在承政院南'이라 있고, 승정원은 '在勤政殿西南'이라 하였다. 근정전은 두말할 것도 없이 경복궁의 정전이다. 『증보문헌비고』에 나온 경복궁의 설명이 고종 때 중간된 것을 위주로 하였는지는 몰라도 경복궁 중건은 대개 옛 터에 한 것이므로 이제 간경도감의 위치를 대략적으로 추정하여 보면 현재의 通義洞 파출소 부근에 있었던 것이 아닐까 한다.

상술한 바와 같이 대대적인 불경 간행 사업을 국가적으로 수행한 세조는 이를 강력한 포교 수단으로 삼으려 하였다.

세조는 단지 불경을 언해하여 출간하는 데에만 그친 게 아니라 당시에도 내심으로는 불쾌히 여기고 있었을 유신들에게까지 이를 널리 전파시키려 하였다. 1466년(세조 12, 병술) 윤 3월 7일의 『세조실록』 기사[69]와 그 다음날인 윤 3월 8일 기사[70]를 보면 세조는 유신들이 불경을 읽지 않았음을 크게 꾸짖었다. 즉

召鄭孝常 魚世恭 兪鎭 講楞嚴經 命世恭·鎭相與論難 二人問對遲滯
上曰汝等受命讀經 專不致意 是何心也 世恭默而不對 鎭對曰 臣受命日
淺且因事煩 未能盡心 … 命皆囚之

정효상·어세공·유진을 불러서 능엄경을 강하고 세공과 진이 서로 토론하게 했는데, 두 사람의 문답이 늦어지니 상감께서 "경들이 불경을 읽으라는 명을 받고도 전심하지 않으니 무슨 뜻이냐?"고 하셨다. 세공이 입을 다물고 대답하지 않고 진이 "명령을 받은 지 얼마 안 되고 또 일이 번거로워 다 하지 못했습니다"라고 아뢰었다. … 모두 가두라고 명하셨다.

69) 『세조실록』 권38 24장, 병술년 윤 3월 7일 무인조.
70) 『세조실록』 권38 25장, 병술년 윤 3월 8일 기묘조.

放魚世恭 兪鎭 令左承旨尹弼商傳曰 汝等受讀楞嚴 日已久 予命汝等
相與講論 汝等輕我之命 相顧嘿嘿 汝等若以好佛爲非也 則當曰君心之非
不可不格 將盡心極諫 冀其改悟 固其職也 汝等何爲面從而心非也 若以
律論 罪不可赦 今皆赦之 命罷世恭及鎭職

어세공과 유진을 석방하면서 좌승지 윤필상을 시켜서 말씀을 전했다. "경들
이 능엄경을 읽으라고 명령을 받은 지 오래되어 내가 경들에게 서로 토론을 시
켰더니, 경들이 내 명령을 가벼이 여겨 묵묵히 서로 바라보기만 하니, 경들이
만일에 나의 숭불이 그르다고 여긴다면 마땅히 임금 마음의 잘못을 고쳐야 한
다고 말해야 하고 마음을 다 기울여 극간을 해서 고치기를 바라는 것이 참된
직분이다. 경들은 어째서 얼굴(앞)로는 복종하고 마음은 달리하는가. 만일에 법
으로 다스린다면 그 죄를 용서할 수 없으나 이제 다 풀어 준다." 세공과 진의
파면을 명했다.

여기에서는 세조가 얼마나 격노하였던가 하는 것을 증명하고 있다. 그
러나 여기에 파직된 어세공, 유진 등은 모두 세조 이후에도 활약하던 유
신들이므로 세조의 이와 같은 강력한 포교 수단도 유신들의 마음까지 움
직이게 할 수는 없었다. 여러모로 볼 때 간경도감 사업은 오로지 세조의
왕권과 몇몇 신하, 즉 金守溫과 같은 숭불가의 협찬으로 수행된 데 지나
지 않았으므로, 세조 승하 이후 곧 철폐될 것은 오직 시간 문제이었다.

3) 세조 이후 세 대비의 불경 간행

세조가 1468년에 승하하자, 그 동안 잠자코 있던 유신들은 강력한 배
불 정책을 다시 실천에 옮기려고 노력하였다. 그리하여 세종의 총애를
받고 세조가 師事한 당시의 고승 信眉(혜각존자)조차도 일찍이 받아 보
지 못하던 구박을 받았다. 1469년(예종 원) 5월 8일에 예종이 십만여 명
으로 팽창한 승도 억압책으로서, 승도 가운데 不解經文者를 환속시키

려 하였는데[71] 이 소식을 듣고 1468년(예종 원) 6월 27일에 신미가 언문으로 '밀계'를 올렸다가 큰 망신을 당한 일이 있었다.[72]

僧信眉 聞上欲試僧講金剛法華經 不能者並還俗 乃書諺文密啓曰 僧誦經者或有之 若講經則千萬中僅一二耳 願只令試誦

승려 신미가 임금께서 『금강경』과 『법화경』으로 승려들이 시험을 보게 하여 답하지 못하는 자는 환속을 시키려한다는 말을 듣고 곧 언문으로 '밀계'하고 "승려 가운데 송경하는 자는 혹시 있으나 불경을 강론할 자는 천 명 혹은 만 명 가운데 겨우 하나 둘뿐일 것이오니 '송경'으로만 시험을 보게 해 주소서"라고 하였다.

이러한 '밀계'를 받은 예종은 "아직 입법도 안 했는데, 어디서 들었는지 내가 엄벌하겠다"라고 하니 신미가 잘못했다고 빌어서 예종은 다음과 같이 조치하였다.

上令眉 處于卒廣平大君第 兵卒守門 禁私謁

상감께서 신미의 거처를 광평대군 집으로 정하고 병졸이 문을 지키어 사사로이 만나지 못하게 하셨다.

이와 같은 사실은 예종 때부터 억불 정책이 재개되었음을 말하여 주는 동시에, 세조의 적극적인 노력이 있었음에도, 성종 때의 유신들이 지적한 바와 같이 병역 및 부역을 피하기 위하여 승이 된 자는 많아도 진심으로 불교에 귀의하고자 승려가 된 자의 수는 극히 적었고 또한 불경을 읽는 자가 없었음을 입증하고 있는 것이다.

예종, 성종 때의 척불 정책 아래에서도 꾸준히 숭불을 계속하고, 불경 간행을 계속한 것은 바로 세조비 貞熹王妃를 비롯한 덕종비(昭惠王后,

---

71) 『예종실록』 권5 22장, 원년 5월 8일 신묘조.
72) 『예종실록』 권6 19장, 원년 6월 27일 기묘조.

仁粹大妃)와 예종비(安順王后) 등 세 분의 대비이었다.

성종 초에는 왕의 나이가 어려서 당시 聽政하고 있던 정희왕비가 세조의 뜻을 이어 불경을 갖추고 세조의 명복을 빈다는 명목 아래에 사신 편에 중국에서까지 불경을 구득하여 물의를 분분하게 하였고, 1475년(성종 6) 3월에는 檜岩寺를 중수하였으며 1477년(성종 8) 3월에는 인수대비가 또한 세조를 위하여 金字(금가루로 쓴 글자)로 寫經하여 말썽을 일으키었다. 성종이 친정하게 된 1476년(성종 7) 1월 13일 이후에도 왕비들은 끈질기게 불교를 옹호하였다. 1480년(성종 11) 5월 4일에 圓覺寺 木佛이 回立하였다는 설이 떠돌아 도내 부녀자들이 25일에 서로 다투어 施納하게 되어 연일 유신들이 요언하는 승려들을 국문하라고 하여 소란스럽게 된 대사건이 발생하였다. 이래서 좌시하고 있을 수 없었던 세조비가 1480년(성종 11) 5월 30일에 언문으로 다음과 같이 불교를 옹호하였다.[73]

大妃出諺書 示承旨等曰 近因圓覺寺回佛 論者紛紜 朝廷騷擾 此寺乃世祖願成之地 在其時有素花甘露之瑞 今亦有回佛之異 予令月山大君婷往觀之 今臺諫請推月山大君 大君爲人子 而母命之往 則其不往乎 此予之罪也 自古儒釋不相容 然不能使佛盡無也 夫人臣諫人主好佛者 恐如梁武帝也 如吾則雖好之何害 且朝臣闢佛 而猶不廢水陸 爲先王追薦也 在予爲先王之心 雖日作佛事 未滿於心 自古后妃 不好佛者有幾耶 以予之故 一國騷動 良用痛心

대비가 언문으로 쓴 글을 승지 등에게 보이시며 말하였다. "근자 원각사에서 부처님이 돌아선 일을 가지고 말이 많고 조정도 시끄러운데, 이 절은 곧 세조께서 발원해서 이루어진 곳이다. 그때에 '흰 꽃'과 '감로'라는 상서로운 일이 있었고, 이제 또 '회불'이라는 이상한 일이 있어서 내가 월산대군에게 가서 이를 보고 오라 했는데, 이제 대간이 월산대군을 문초하라고 요망하니, 대군이 사람의 아들인데다 어머니가 가라고 명했는데 가지 않겠는가. 이것은 내 죄다. 예로부터 유교와 불교가 서로 받아들이지 않는데, 그러나 불교를 다 없앨 수 없

73) 『성종실록』 권117 25장, 11년 5월 30일 을유조.

는 것이다. 대저 신하로서 임금의 호불을 간하는 것은, 양나라 무제처럼 두려워하니 비록 내가 불교를 좋아한들 무슨 해가 있겠는가. 또 신하들이 불교를 배척하는데, 여전히 선왕을 추천하기 위하여 수륙재를 폐지 못한다. 나에게는 선왕을 위하는 마음이 있어, 비록 불사를 해도 마음이 안 차는데 예부터 후비로서 불교를 좋아하지 않는 사람이 몇이나 되는가. 나의 일 때문에 한 나라가 시끄러워 참으로 마음이 아프다."

즉 내가 숭불해서 국가에 해로운 게 무엇이며, 나는 오직 선왕을 위하여 불사를 했는데도 온 나라가 시끄러워 마음이 아프다고 하였다. 그러고서 세조비는 간경도감이 1471년(성종 2) 12월 5일에 혁파되었으므로 원각사에서 불경을 인간하였다.

『성종실록』 12년 3월 2일 병자조를 보면[74] 원각사에서 불경을 간행하는 것을 중지하라고 사간원 대사간 金礴 등이 요청한 일이 있고, 3일 후인 5일에도[75] 경연을 마친 뒤 집의 朴悌順, 정언 申經 등이 역시 원각사 인경을 중지하라고 요청하였다. 그때마다 왕이 대비가 하는 일이라고 대답하였다. 그리고 군신의 문답 가운데 1481년(성종 12)경에 이미 불교는 쇠퇴일로에 있었는데, 세조비가 원각사에서 인경하여 불교를 조장하려 하니 유신들이 매우 驚駭하였다는 내용이 있다.

이와 같이 대비들은 꾸준히 불사를 계속하여 왔지만 불교 쇠망의 길을 막을 길 없었고, 정희왕후도 1483년(성종 14) 3월 30일에 온양 온천에서 훙거하자 성종의 억불책은 더욱 철저해져서 1491년(성종 22) 1월 19일에는 도첩이 없는 승을 충군시키고 1492년(성종 23) 2월 3일에는 도첩법을 중지하기에 이르렀다.

---

74) 『성종실록』 권127 1장, 12년 3월 2일 병자조.
75) 『성종실록』 권127 1장, 12년 3월 5일 기묘조.
  이때 원각사에서 인경된 것이 慈聖大王大妃(세조비)가 學祖의 힘을 빌어 1482년(성종 13)에 인각 완료한 『金剛經三家解』(5권) 300부, 『證道歌南明繼頌諺解』(2권) 500부인 듯하다.

여기에서 인수대비와 안순왕후는 더는 가만히 있을 수가 없어서 1492년(성종 23) 11월 21일(무자)에 언문으로써 성종에게 항의를 제출하였다. 그 요지는 禁僧의 법이 너무 엄해서 승려가 모두 도망한 관계로 조종의 願堂을 지킬 자가 없고 승려까지 동원하여 충원한다는 것은 오히려 적에게 약점을 보이는 것이고, 도첩법은 大典에 규정되어 있으며 자고로 불교를 완전히 폐지한 일이 없을뿐더러 중국에서도 불교를 숭상하고 있는데, 이러한 가혹한 억압책이 웬말이냐는 것이었다. 성종이 이 항의문을 받고, 영돈령 이상, 의정부, 대간, 홍문관 등 모든 신하들을 회빈청에 모이게 하여 이를 의논케 하였다. 이에 윤필상, 이극배, 노사신, 윤호, 정문형 등 간경도감 사업에 관여한 바 있는 모든 신하들은 慈旨에 따라서 대전에 규정되어 있는 대로 하자고 하였고, 나머지 신하들은 전부 반대하여 일시 세론이 시끄러웠다.[76]

이러한 가운데 성종이 1494년(성종 25) 12월 24일 홍거하고 연산군이 즉위하였는데 연산군은 연소하여 일일히 정사를 왕대비에게 품의하고 초기에는 숭불책을 썼으므로 불도들이 재흥기가 왔다고 날뛰었다고 한다.[77] 거기다가 貞顯王后(연산군 계모) 또한 성종과는 달라서 불교를 숭상하고, 또 주동이 되어 원각사에서 대대적으로 불경을 인간하여 물의를 일으킨 일이 있었다.

『연산군일기』 원년 6월 26일에 홍문관 직제학 表沿沫 등이 上箚하여[78] 즉위 초에 마땅히 성학을 숭신하여 정치의 근원을 삼아야 함에도 불구하고 즉위 초부터 佛誕妄之說(불교의 거짓 이론)을 존숭하여 그 서책까지 인간하려 한다니 될 말이냐고 하였다. 이에 연산군은 "이 일은 대비전에서 하는 일이니 나는 모른다"고 변명하여 沿沫 등으로부터 "언

---

76) 『성종실록』 권271 13장, 23년 11월 21일 무자조, 임자조.
77) 『연산군일기』 권2 3장, 원년 정월 2일 병자조, 성균관 생원 趙有亨 등 상서문 중에 있음.
78) 『연산군일기』 권6 10장, 원년 6월 26일 정축조.

제나 모른다고 하니 누가 그러한 일을 믿겠느냐?"고 공박을 받았다. 여하튼 이 일로 보아 1495년(연산군 원)에 성종비가 원각사에서 불경을 다수 인간하고 있었음을 알 수 있는데 유신들은 이를 맹렬히 반대하였다. 1495년(연산군 원) 6월 28일에는 홍문관 전한 金壽童 등이79) 夫死從子는 古今通義인데 전하 모르게 대비가 인경할 리가 없으니 이 일을 중지하여 불교를 배척하여 달라고 간청하고 있다. 그러나 연산군은 홍문관, 성균관, 사헌부, 사간원 등의 맹렬한 반대를 무릅쓰고 왕대비의 인경을 도와서 1495년(연산군 원) 8월 하순에 원각사에서의 인경을 끝마치게 하였다.

이때 인간된 것은 1495년(연산군 원) 8월에 인간된 『반야바라밀다심경언해』의 다음과 같은 學祖 발문에 의하여 그 전모를 알 수 있다.

(전략) 弘治甲寅 我成宗大王方隆至治 奄棄臣民 一國遑遑如喪考妣 我王妃殿下 攀號蹩踊 五內摧裂 凡所以追遠薦福者 無所不用其極 於是擇經律論中 開人眼目者 印出飜譯法華經 楞嚴經 各五十件 金剛經 六祖解心經 永嘉集 各六十件 釋譜詳節 二十件 又印漢字金剛經 五家解 五十件 六經合部 三百件(하략)

1494년(홍치 갑인, 연산군 즉위)에 우리 성종대왕께서 바야흐로 이상 정치를 실시하고 계실 때 신민을 갑자기 버리시어 온 나라가 친부모 상을 당한 것처럼 허둥대는데, 우리 왕비 전하께서 애통해 하시고 오장이 찢길 듯하여 성종대왕을 생각하고 복을 비신 일이 극에 달하지 않은 바가 없습니다. 이에 불경 가운데 사람의 눈을 뜨게(깨닫게) 할 것을 골라 『번역법화경』, 『능엄경』 … 300권을 인쇄해 냈습니다.

그러나 이 일이 있은 뒤 연산군의 배불 정책(2년 4월 이후)과 더불어 불경 인간이 중지되었고, 세종 말년 이후부터 계속된 불경 간행 사업은 일단락을 짓게 되었다.

---

79) 『연산군일기』권6 11장, 원년 6월 28일 기묘조.

4) 각 불경 언해본에 대하여

이상으로서 언문이 창제된 이후 연산군 초에 이르기까지 불경 언해 사업이 이루어진 시대적 배경과 그 경위의 대요를 약술하였다. 이제 당시 간행된 각 불경에 대하여 간략하게 고찰코자 한다.[80]

(1) 『석보상절』

『석보상절』은 1447년(세종 29, 正統 12)에 가장 오래된 한글 활자(목활자)로 간행된 활자본이다. 현재 그 중 권6, 권9, 권13, 권19의 교정본(주자본) 네 권이 국립도서관에 보관되어 있고, 권23, 권24는 동국대 도서관에 보관되어 있다.

『석보상절』은 1447년(세종 29, 정통 12) 7월 25일자로 되어 있는 수양대군 유의 '석보상절 서' 및 1459년(세조 5, 天順 3) 7월 7일자로 되어 있는 '어제월인석보 서'에 의하면, 세조(당시 수양대군)가 1446년(세종 28) 3월 24일에 승하한 소헌왕후의 명복을 빌기 위한 세종의 소원에 의하여 그 명을 받고서, 南齋律師 僧祐 및 唐律師 道宣의 編譜를 합하여 『석보상절』을 편찬하고 이를 쉽게 읽히기 위하여 '正音'으로 역해하였다고 되어 있다.

그런데 『세종실록』 28년 3월 26일조에는 세종이 승정원에 대하여 한 말 중에[81] 다음과 같은 구절이 있다.

今中宮卽世 兒子輩爲成佛經 予許之 議于政府 皆曰可 予惟我國連年 飢荒 民不聊生 未可公辦 因兒輩私畜 與本宮所儲爲之 且東宮任重 已令

---

80) 이 고찰은 원래 최현배(1946)의 『한글갈』, 小倉進平(1940)의 『增訂朝鮮語學史』와 홍기문(1946)의 『正音發達史』를 많이 참고하여 1957년에 기술한 것이나, 그 뒤 안병희(1979)의 『중세어의 한글 자료에 대한 종합적 연구』를 참고하여 많이 보완하였다.
81) 『세종실록』 권111 23장, 28년 3월 26일 계사조.

大君監之 不爲則已 爲則當擇幹事者 使掌其任 予聞鄭孝康好佛而有才
行其文學 何如 諸承旨皆曰 可矣(하략)

　이제 중궁이 세상을 떠나매 아이들이 불경을 만든다기에 내가 이를 허락하고
정부와 의논했더니 모두 좋다고 했으나, 내가 몇 년 동안 우리나라에 흉년이
들어 백성들이 편안하게 살고 있지 못한 것을 생각하여 공금으로 해서는 안 된
다고 하였다. 그래서 아이들의 저축과 본궁에서 모아 놓은 것으로 하고, 또 동
궁은 책임이 무거우니 이미 대군들이 감장하게 하였으며 그렇게 안 하면 그만
두라고 했다. 일을 하려면 마땅히 간사를 뽑아 ·그 일을 맡겨야 하는데, 내가
듣자니 ·정효강이 불교를 좋아하고 재주가 있으며 학문을 행한다니 어떤가 하니
여러 승지들이 좋다고 하였다.

　또 다음에 신하들의 반대를 받고서 대간, 집현전, 사간 卞孝敬 등을
불러들여 그들의 반대에 대해서도 "아이들이 어머니를 위하여 불경을 만
드는 잘못을 알지만 부득이 허락했다"고 한 바가 있다.[82]
　이로써 보면, 세종은 왕자들이 그 모후를 위하여 불경을 만들겠다고
하매, 그 그름을 알면서도 부득이 이를 허락하였다고 하고 있다. 그러므
로 상기한 각 서문은 세종의 명에 의한 것처럼 되어 있으나 실은 수양
대군과 안평대군이 주동이 되어 편찬을 시작한 것이다.
　그 편찬 경위는 1446년(세종 28) 3월 26일에 그 사업을 개시하여 그 해
내에 편찬이 거의 된 것 같다. 『세종실록』 권114 28년 12월 2일 을미조에

　　　命副司直金守溫增修釋迦譜

라고 있는 것으로 보아 알 수 있고, 1447년(세종 29) 7월 25일자로 된 전
기한 수양대군의 '석보상절 서문'에

　　　又以正音就加譯解 庶幾人人易曉 而歸依三寶焉

---

82) 『세종실록』 권111 23장, 28년 3월 26일 계사조.

또 정음으로 역해를 해서 사람마다 쉽게 깨우쳐서 부처님께 귀의하기를 바란다

라고 있음을 보아 1446년(세종 28)에 완성된 한문 원고를 1447년(세종 29)에는 벌써 '正音'으로써 그 역해가 끝났음을 알 수 있다.

다음에 그 번역은 『세종실록』 권121 30년 9월 8일(신묘)에 다음과 같은 글이 있는데, 이를 보면 김수온이 수양대군, 안평대군과 더불어 직접 관여하였던 것 같다.

金守溫守承文院校理 守溫素佞佛者也 其兄僧信眉造飾僧道 得幸於上 守溫夤緣左右交結 首陽安平兩大君反譯佛書

김수온은 수 승문원 교리로서 본래 불교를 맹신하는 자다. 그 형인 신미 스님이 불교를 좋은 말로 꾸며서 상감의 사랑을 받아 수온이 여러 사람들에게 매달려 아부하고 수양·안평 두 대군과 맺어서 불경을 번역했다.

이리하여 그 출판은 책방에서 이루어졌을 것임은 '세조의 불경간행과 언해'에서 언급한 바와 같다. 그 권수에 대하여서는 확실히 알 길이 없으나 24권으로 추정되고 있다.

(2) 『월인천강지곡』

『월인천강지곡』은 세조 어제 '월인석보 서'에서 말한 바와 같이 세종이 『석보상절』을 보시고 석가에 대한 찬송가를 지은 것으로서 역시 1447년(세종 29, 정통 12)에 간행된 활자본(목활자)이다.

『월인천강지곡』의 특징은 한자음을 적은 정음을 앞으로 내세워 정음이 주가 되어 있고 한자가 그 다음에 적혀 있는 점이다. 그 완전한 傳本은 현재 없다. 다만 권上이 陳鎮洪 씨 소장으로 온전히 전해 오고 있으며, 권中의 낙장이 상기한 국립도서관 소장의 『석보상절』 책장 사이에 삽입되어 있다. 이것으로 보아 당시 상기한 『석보상절』과 함께 별도

로 상·중·하 3권(모두 580여 곡)으로 인간되었을 것으로 추측되고 있다. 이것 역시 책방에서 출간되었을 것이다.

(3) 『월인석보』

『월인석보』는 『석보상절』과 『월인천강지곡』을 합편하여 다시 판을 짜서 1459년(세조 5, 천순 3)에 출판되었다. 즉 『월인천강지곡』의 각 절은 본문이 되고, 이에 해당하는 내용의 『석보상절』은 그 주석같이 하여 한 자 내려서 기술하고 있으나 調卷과 문장에 상당한 변개가 있었다.

세조 어제 '월인석보 서'가 1459년(세조 5, 을묘) 7월 7일자로 되어 있으므로 이때 출간된 것을 알 수 있으며, 같은 해 2월 9일(임술)에 김수온을 동지중추부사, 성임을 공조참의로 보직하였는데, 이는 석보를 繕寫(엮어 베낌)한 공에 의한 것이라 하였다. 상기한 서문의 諺註에 의하면 慧覺 尊者 信眉, 判禪宗事 守眉, 判教宗事 雪峻, 衍慶住持 弘濬, 前檜 庵住持 曉雲, 前大慈住持 海雲, 前逍遙住持 海超, 大禪師 斯智, 學悅, 學祖, 嘉靖大夫 同知中樞院事 金守溫 등이 중수하였다고 하였으므로 『월인석보』는 1447년(세종 29)에 각각 인간된 후 다시 10년간에 걸쳐 그 내용이 중수되었음을 알 수 있다.

『월인석보』는 책방에서 인간되었는지 주자소에서 인간되었는지 정확히 알 길이 없고, 원래 24권으로 되었던 모양이나 현재 그 원간본 가운데 권1·2, 권7·8, 권9·10, 권13·14, 권17·18, 권23 등이 전해 오고, 후기의 중간본도 띄엄띄엄 몇 권 현존하고 있다.

(4) 『능엄경언해』

세조가 1461년(세조 7) 6월 16일에 간경도감을 설치한 이후 최초로 수행한 대사업으로서 1462년(세조 8, 천순 6) 가을에 목각본으로 출간되었으며, 10권 10책이라는 거질이다. 그런데 세조, 신미, 김수온 등의 발문에 의하면 1449년(세종 31)부터 세종의 명으로 세조가 번역에 착수하였다가 세조 때 세조가 한글로 구결을 달고 한계희, 김수온 등이 혜각존자 신미의 도움을 받아 번역하여 1461년(세조 7) 10월에 교서관에서 활자(1456년 을해자, 美希顔字)로 400부를 간행한 다음, 1462년(세조 8)에 수정한 것을 간경도감에서 간행하였다고 한다.

『능엄경』은 간경도감 사업 중 『원각경』과 같이 10권에 달하는 대사업이었는데 그 상전문이 천순 6년(세조 8) 8월 21일로 되어 있으므로, 간경도감이 설치된 지 13개월이라는 단시일 내에 감행된 것이다. 이와 같이 거질의 『능엄경언해』는 興天寺의 鍾銘에도

上大歡慶肆赦 發大誓願 親自譯楞嚴經
상감께서 무척 기뻐하시어 죄인을 석방하고 부처님께 맹세하고 기원하면서 친히 『능엄경』을 번역하셨다

라고 있어 세조 단독으로 친히 번역한 것으로 되어 있다. 그러나 이러한 큰 불경을 하루아침에 번역할 수는 없었을 것이니, 이미 그 전부터 번역하고 있다가 간경도감이 설치된 이후 인쇄에 회부한 것이라고 보아야 할 것이다.

『능엄경』은 계양군 증, 윤사로, 황수신, 박원형, 조석문, 윤자운, 이극감, 원효연, 성임, 한계희, 홍응, 이문형, 노사신, 강희맹, 윤찬 등이 주조관이 되어 수행하였는데, 계양군 증은 앞서 1458년(세조 3)의 해인사 『대장경』 인출 때에도 관여하였던 일이 있다. 활자본은 권3·4만이 전하지 않으며, 목판본은 1464년 판본 등이 전해 오고 있다.

『능엄경언해』는 연산군 원년에도 성종비에 의하여 원각사에서 오십 건이 인출되었다 함은 제3장 제3절에서 언급한 바이지만, 그때 그와 같이 맹렬한 신하들의 반대에서 왕후의 독자적인 힘으로 새로이 출간할

수는 없었을 것이니, 1495년(연산군 원, 홍치 8) 간행본은 세조 8년 판의 재판에 지나지 않을 것이다.

(5) 『묘법연화경언해』

『묘법연화경』은 단순히 『법화경』이라고도 하고, 1463년(세조 9, 천순 7)에 간경도감에서 제2차로 간행되었으며, 목판본 7권으로 되어 있고 현존한다.

권1의 맨 끝에 있는 윤사로의 전문에는

御譯妙法蓮華經糅潢投造
상감께서 번역한 묘법연화경을 잘 꾸며서 만들게 했다

라고 있으나, 세조가 구결을 달고 간경도감에서 번역을 붙여 간행한 것이다. 그런데 맨 끝의 천순 7년(세조 9) 9월 초 2일이라는 연호 다음에 있는 윤사로, 황수신, 박원형, 조석문, 윤자운, 김수온, 원효연, 성임, 한계회, 강희맹, 노사신, 윤찬 등의 조조관 명단 가운데 김수온의 이름이 끼어 있는 것으로 보아서 혹시 김수온이 『법화경언해』에 참여하였을지도 모르겠다. 왜냐하면 1448년(세종 30) 1월 8일자 『세종실록』 기사 중에 김수온이 정효강과 날마다 밤새워 염불을 하고 대군들에게 『법화경』에 『대학』, 『중용』이 미치지 못한다고 말하였다 하니, 김수온이 대군들에게 한 말이 혹시 어떠한 영향을 미치고 『법화경언해』에도 참여하였을지 모르는 일이다.

(6) 『선종영가집언해』(2권)

1464년(세조 10, 천순 8) 정월 5일에 간경도감에서 목판본 상하 2권으로 출판되었는데, 현재 권上이 동국대학교 도서관에, 권下가 서울대학교 도서관 일사문고에 전한다.

권下 말미의 발문에서 보면 세조가 한글로 구결을 달고(親定口訣) 효녕대군, 신미, 해초, 인일, 효운, 혜통, 연희 등이 번역 및 讐校를 보았다고 하였다.

(7) 『금강반야바라밀경언해』

1464년(세조 10, 천순 8) 4월에 간경도감에서 목판본으로 출판되었는데, 현재에는 원판이 전하지 않고 1575년(선조 8, 만력 3)에 전주 안심사에서 복각된 것만이 남아 있다.

만력 3년판『금강경』의 권말에 있는 '進金剛經心經箋' 발문 등에 의하면, 세조가 직접 '親定口訣'하고, 한계희가 번역한 다음 孝寧大君, 海超, 弘一, 明信, 演熙, 正心 등이 교정을 보아 출판하였다고 한다. 그런데『세조실록』권32, 10년 2월 8일(신묘)조에는

命工曹判書金守溫 仁順府尹韓繼禧 都承旨盧思愼等 譯金剛經

이라고 있어, 김수온, 한계희, 노사신 등이 번역하였다고 하였다.

이 책은 맨 첫장에 '金剛盤若波羅密經六祖解序'라고 있고, 본문 첫장에는 '金剛盤若波羅密經'이라고 있으며, 판심에는 다만 '金剛經'이라고만 적혀 있어 이름을 '金剛經六祖解' 또는 '金剛經諺解'라고만 하기도 한다. 원간본 계통으로는 1495년(연산 1)에 인출한 책(林焚澤 교수 소장) 등이 전한다.

(8) 『반야바라밀다심경언해』(반야심경언해, 심경언해)(1권)

1464년(세조 10, 천순 8) 봄에 간경도감에서 목판본으로 출간되어 현존하고 있다.

한계희가 쓴 발문에 의하면 세조가 구결을 달고 효녕대군에게 한계희를 데리고 번역하라고 명하였다 한다. 원간본이 서울대학교 도서관 일사문고에 소장되어 있다.

(9) 『불설아미타경언해』(1권)

1464년(세조 10, 천순 8)에 간경도감에서 목판본으로 출간되었는데 현존하지 않고 1558년(명종 13)에 쌍계사에서 복간한 책과 임진란 이후의 중간본이 전한다.

세조가 직접 한글로 구결을 달고 번역하였다 한다.

(10) 『원각경언해』(10책)

1465년(세조 11, 성화 원) 3월에 간경도감에서 목판본으로 출간되어 현존한다. 온전한 이름은 '大方廣圓覺脩多羅了義經諺解'이며 1472년(성종 3) 간본 등이 전한다.

권두의 黃守身 전문, 『세조실록』 11년 3월 9일(병진), 4월 7일(계미)과 원판본들에 의하면 세조의 '御定口訣圓覺經'을 신미, 효녕대군, 한계희 등이 번역하였다고 한다.

(11) 『목우자수심결』(1권)

고려 普照國師 知訥(호 牧牛子)의 『修心訣』을 혜각존자 신미가 번역하여 1467년(세조 13, 성화 3)에 간경도감에서 목판본으로 출간되었으며, 원간본이 서울대학교 도서관 일사문고와 일본 동양문고에 소장되어 있다.

(12) 『법어』(1권)

혜각존자 신미가 번역하여 1467년(세조 13, 성화 3)에 간경도감에서 목판본으로 출간된 듯하고 분량이 103장 정도여서 단행본으로 간행되지 못하고 다른 책과 합철되었으며, 원간본으로 보이는 책이 서울대학교 도서관 일사문고에 전한다.

(13) 『금강경삼가해』(5권)

『금강경오가해』 중 冶父頌, 宗鏡의 提綱, 得通의 說誼를 문종과 세조가 세종의 명을 받들어 구결을 달고 번역한 것을 성종 때에 覺祖가 세조비의 명으로 다시 교정하여 1482년(성종 13, 성화 18)에 활자본으로 간행하였다.

(14) 『증도가남명계송언해』(2권)

온전한 이름은 '永嘉大師 證道歌南明泉禪師繼頌'인데, 證道歌 320편 중 세종이 30여 수를 친히 번역하고, 세조가 번역을 마친 것을 1482년(성종 13, 성화 18)에 위의 『금강경삼가해』와 함께 학조가 세조비(자성대왕대비)의 명을 받들어 다시 고쳐서 활자본(을해자)으로 출간하였다. 원간본이 서울대학교 도서관 가람문고 등에 소장되어 있다.

이 두 책은 이미 제3장 제3절에서 언급한 바대로 『성종실록』 기사로 보면 원각사에서 출간된 것 같다.

(15) 『불정심다라니경』(3권)

통칭 '관음경'이라는 것으로서 전반은 한문 목판본으로 된 '佛頂心陀羅尼經', '佛頂心療病救産方', '佛頂心救難神驗經'을 수록하였고, 후반은 이를 한글로 번역한 활자본인데, 발문에 인수대비가 성종을 위하여 간행하였다고 하였으며, 1485년(성종 16)의 학조 발문으로 보아 1485년에 간행된 것으로 보인다. 『한글갈』에는 1485년(성종 16, 성화 21) 간경도감 간이라고 있으나, 간경도감은 1471년(성종 2)에 철폐되었으니 이곳에서 간행되었을 리가 없다. 원간본이 이희승 선생 소장으로 전했다.

이상 열거한 불경 이외에 이 시대에 간행되었으나 그 확실한 간행일과 간행소가 미상인 『몽산화상법어약록』(보제존자 법어부 1권 목판본, 1472년 간으로 추정됨)과 『지장경언해』(1권)가 있으나 상술하지 않겠다.

또 성종 때에 최초로 다음과 같이 진언을 한글로 언역한 진언집이 출간되었다.

① 『관음보살주경』(1권)   1476년(성종 7, 성화 12)
② 『오대진언』(1권, 3책)   1485년(성종 16, 성화 21)
   관계자 인수대비, 학조

5) 불경 간행에 활약한 인물

세종은 1443년(세종 25) 12월에 훈민정음을 창제한 후, 일부 집현전 학사들의 협찬을 얻어 1446년(세종 28) 9월에 『훈민정음해례』와 함께 훈민정음을 반포하였다. 그러나 崇儒闢佛과 崇漢斥佛은 이들 집현전 학사들의 공통점이었으므로 훈민정음이 불경과 결부될 때 훈민정음 반포에 협찬한 집현전 학사마저 불경 언해 사업에서는 이탈하였고, 순전히 별도의 숭불가와 세조의 추종자들이 불경을 언해하였다. 정인지, 최항, 박팽년, 신숙주, 성삼문, 강희안, 이개, 이선로(이현로) 등 훈민정음 반포 협찬자 가운데 세조 때에는 겨우 정인지, 최항, 신숙주만이 남았다. 강희안은 거세되었으며 나머지 박팽년 등은 세조를 반대하다가 몰살되었는데 이들 박팽년 등은 가장 맹렬한 척불가들이었다. 그리고 정인지 등도 척불가의 테두리를 벗어나지 못하여 세조 때에 불경 언해에 활약한 바 없다. 다만 최항과 신숙주만이 세조 때에 불경 이외의 여러 서적 언해에 관여한 바 있으나, 불경 언해에는 한 번도 참여한 일이 없다. 그러므로 다음의 표에서도 알 수 있는 바와 같이 불경 언해는 세조를 비롯한 김수온, 한계희 등 몇몇 유학자와 당시 명승으로 일컬어졌던 신미, 학조, 학열 세 명의 승려에 의하여 수행되었다.

이제 언문의 사용 경과를 좀더 자세히 알기 위하여 세종 이후 세조까지의 각종 언문(언해) 서적 일람과 그 언해자를 추려 보면 다음과 같다 (여기에서는 완성, 미완성은 불문에 붙이기로 한다).

세종	26년	운회 번역	최항, 박팽년, 신숙주, 이선로, 이개, 강희안, 감장-세자(문종), 수양, 안평
	27년	용비어천가	권제, 정인지, 안지
	28년	훈민정음 해례본	최항, 박팽년, 신숙주, 성삼문, 강희안, 이개, 이선로, 정인지
	29년	동국정운	신숙주, 최항, 성삼문, 박팽년, 강희안, 이현로(이선로), 조변안, 김증, 이개
	29년	석보상절	수양, 안평, 김수온
	29년	월인천강지곡	세종
	30년	사서언해	집현전(김문과 김구 주동)
단종	3년	홍무정운역훈	신숙주, 성삼문, 조변안, 김증, 손수산 감장-수양, 계양군
	3년	사성통고	신숙주
세조	4년	초학자회언주	최항, 한계희, 김구, 이승소, 최선복
	5년	월인석보	세조 역, 신미, 수미, 설준, 인준, 효운, 해운, 해초, 사지, 학열, 학조, 김수온 등 증수
	7년	잠서언해	최항, 한계희
	8년	능엄경언해	세조
	9년	법화경언해	세조
	10년	선종영가집언해	효녕대군, 신미, 해초, 인일, 효운, 혜통, 연희 등이 번역과 수교, 교정
	10년	금강경언해	김수온, 한계희, 노사신
	10년	반야바라밀다심경언해	효녕대군, 한계희
	10년	불설아미타경언해	세조
	11년	원각경언해	신미, 효녕대군, 한계희
	13년	목우자수심결	신미
	13년	범어	신미

위의 일람표에는 몇 가지 누락된 것이 있을지 모르나 대개 이로써 불경 언해에 활약한 인물이 누구인지 알 수 있다.

① 세조

불경 언해는 두말할 것도 없이 세조가 주동이 되어서 한 것이다. 그뿐 아니라 세조가 직접 언해한 불경이 많다. 1444년(세종 26, 갑자) 2월 병신에 의사청에서 운회를 번역할 때 '東宮與首陽大君瑈 安平大君瑢 掌其事'라고 있으므로 세조는 훈민정음 창제 당시부터 훈민정음에 대하여 상당히 조예가 깊었던 모양이다. 세조의 숭불 태도에 대해서는 이미 언급하였다.

② 김수온

세종 말년부터 세조 연간에 걸쳐 세조와 함께 모든 불사와 불경 언해의 주동적 역할을 한 것은 김수온이다. 그는 1438년(세종 20, 무오)에 진사가 되고 1441년(세종 23)에 문과에 등제한 후 세종의 명을 받아 집현전에서 『치평요람』을 편찬하였다. 그는 널리 書史에 통하고 시문에 능하였으며 문장이 웅건하였는데 숭불로 말미암아 당시의 사림으로부터 늘 조소를 받았다 한다. 세종 말년에 수양대군, 안평대군과 친하게 맺어져 함께 사찰에 가면 합장을 하고 불경을 읽었으며 대군들에게 늘 말하기를

大學中庸不及法華華嚴微妙 諸大君以爲忠於上
『대학』과 『중용』이 『법화경』과 『화엄경』의 깊은 이치에 미치지 못합니다

라 하였고, 또한 말하기를

若讀佛經得其旨 則大學中庸特粗粕耳

만일에 불경을 읽어서 그 뜻을 알게 되면『대학』과『중용』은 거친 지게미일 뿐입니다

라고 하였다. 1465년(세조 11, 을유) 7월 29일에는 세조에 대하여

臣年老眼暗 難於世事 請從釋氏之道 若無明驗 臣伏面欺之誅
신이 나이 들어 눈이 어두워 세상일 처리가 어려우니 부처님을 따르시기 바라오며, 만일에 효험이 없으면 신이 속인 죄의 벌을 받겠습니다

라고까지 말하였던 것이다. 그는 당시의 명승 신미의 친동생이고 관은 공조판서, 영중추부사에까지 이르고 성종 때에 영산부원군에 봉하여지고, 1481년(성종 12)에 72세로 졸하였다. 그런데 세조 때에 그렇게 숭불하던 그도 성종 때에는 구박을 받았다. 즉 1478년(성종 9) 4월 3일에 성종이 성균관에 행행하여 문묘에 들어가 작헌례를 지내고 명륜당에서 노인에 대한 양로연을 베풀어서 영의정 정창손 이하 모든 이들이 이에 참석하였는데 김수온이 참석하려 하자, 사헌부 지평 李世匡, 사간원 정언 成 聃 등이 상감께 수온이 세조 때 불교를 혹신하였다고 아뢰어 참석을 못하게 하였다.

이것은 불교의 추세를 말하여 주는 동시에 얼마나 유신들이 불교를 천대하였는가 하는 것을 말하여 준다.

③ 한계희

간경도감에서 김수온 못지않게 불경 언해에 활약한 이는 한계희이다. 한계희는 1423년(세종 5)생으로 1447년(세종 29)에 등제하여 집현전에 들어가 수찬까지 지냈으며, 세조 때에 이조판서를 거쳐 1478년(성종 9) 의정부 좌찬성에 이르렀다. 1482년(성종 13) 윤 8월 19일에 졸하였는데, 그는 그 해에 자성대왕대비의 힘으로 인간된『영가대사증도가남명선사계송』에 발

문을 썼다. 간경도감에서 나온 대부분의 불경 언해에 참여하였을 뿐만 아니라 1458년(세조 4)에 『초학자회』를 諺注하였고, 1461년(세조 7)에는 『蠶書』 등도 諺譯한 바 있다.

이밖에 효녕대군, 안평대군 등 왕족을 비롯하여 노사신 등 활약한 유신들이 있으나 상술하지 않는다.

④ 신미 등 승려

신미는 김수온의 형으로서 세종, 세조, 성종 시대에 걸친 고승이다. 세종의 총애를 받았고 세종의 병환이 위급해진 1450년(세종 32) 정월 26일에는 궁내로 불려 들어가 불교를 강의하는 자리를 만들고 존례로써 대접을 받은 일까지 있으며 1450년(문종 즉위) 7월 6일에는 '禪敎宗都摠攝密傳正法悲智雙運祐國利世圓融無礙慧覺尊者'라는 전무후무인 최고의 승직까지 받았으며, 수양대군과 안평대군 등이 사사까지 한 당시의 명승이었다. 그러므로 그 반면에 당시의 유신들로부터는 奸僧이니 食僧(세상을 어지럽히는 스님)이니 온갖 욕설을 다 들었고, 언제나 공격의 대상이었다. 세조 즉위 후에는 『월인석보』를 증수하고 간경도감에서 출간된 불경 언해에는 전부 관여하여 언해를 하거나 교정을 보았다. 그러나 신미는 성종 이후 배불 정책이 적극적으로 행해지자 1473년(성종 4) 4월 15일에 승려 학열과 함께 충청도 보은현 복천사로 내려가고 말았는데 성종은 이들에게 말(馬)을 보내어 대접하였다.

세조 때에 신미와 더불어 활약하던 모든 승려들은 성종 이후 모두 산으로 들어가고 오직 학조만이 남아서 성종 및 연산군 초에 왕비들의 불경 출간에 협력하였다. 학조는 본래 안동 김씨로 仙源 金尙容, 淸陰 金尙憲의 伯高祖이다.

1483년(성종 14)에 한때 直指寺에 물러가 있던 학조는 병이 심해져서, 성종이 특별히 내의를 보내어 문병한 일까지 있었다.

5. 맺음말

이상으로 조선 초기의 역사적 배경으로 보아서 하나의 기이한 현상이었던 불경 언해의 경과에 대하여 약술하였다. 이제 여러모로 언급한 바를 요약하면 다음과 같다.

조선 초기의 여러 불경 언해 사업은 순전히 세조의 독자적인 숭불열로써 당시까지 숭불심이 강하던 왕실과 일반 하류민을 배경으로 하여 감행한 것이었다. 세종은 앞에서 이미 말한 바와 같이 불교를 혹신한 것이 아니고 다만 좋아하였던 것에 지나지 않았고 또한 이를 인정하고 비호하였을 따름이다. 세종 때부터 불교를 숭신하고 모든 불사의 중심이 된 것은 세조이고, 그 외에 효녕대군, 안평대군 등 왕실과 김수온, 정효강 등 일부 유신들이 이에 참여하였다. 『석보상절』의 편찬도 오늘날 일반적으로 널리 알려지고 있고 『월인석보』의 서문에서도 말하고 있는 바와 같이 세종의 명에 의하여 편찬되었다고 하는 것보다는 왕자(즉 문종, 세조, 안평대군 등)들의 주동적 역할에 의하여 편찬되었다고 하는 것이 더 타당할 것이다. 세조 때에 진행된 모든 불경 언해 사업이 세조의 강력한 왕권에 의하여 추진되었음은 더 말할 나위도 없다.

그러나 조선의 역사적 배경으로 보아서 세조의 숭불 및 불경 언해 사업이 그대로 용인될 수는 없었다. 세조 때는 조선 초기에 있어서 하나의 중요한 시기였다. 세종이 집현전을 설치한 이후 이곳에서 연구한 모든 문물제도는 곧 조선 사회제도 형성의 토대가 되었고, 세종 말년부터 정계로 진출한 집현전 학사들은 세조의 반대파인 성삼문 등 이외에는 대개 그대로 세조, 성종 시대를 통하여 활약하였다. 이들은 세조와 더불어 유교 국가로서의 모든 면모를 갖추기 위해 노력하였기 때문에, 세조 시대는 하나의 전환기였다. 즉 세조 시대는 이미 유교 국가를 형성할 지배층이 확립된 시기였다. 따라서 세조 승하 후 불과 몇 해 안 가서 유교 국가로서의 면모가 확립된 것이다. 세조도 실은 불교를 정치의 도구로 삼으려 하였던 것이 아니며, 다만 개인적으로 불교를 믿었던 것으로 볼 수 있다. 그리고 간경도감 사업에 협찬하였던 신하들도 불교를 숭신해서 한 것이 아니라 세조의 왕권에 눌리어 추종하였을 뿐 그들의 본질을 바꾼 것은 아니었다. 성종 이후 유신 간에 서로 파쟁이 발생하였을 때 공격하는 측의 공격 재료가 세조 때의 숭불이 그 하나가 되었고, 공격을 받는 측은 이를 반박하느라고 열을 올렸다. 연산군 시대에 노사신, 이극돈이 그 한 예이다.

그러므로 세조의 불경 언해 사업은 완전히 무식 계급을 상대로 한 것이었으며, 그것이 국가적인 대사업이기는 하였으나 당시의 지배 계급인 지식 계급과 완전히 분리된 사업이었다. 따라서 이 사업으로서 언문이 널리 보급되고 애용되기를 기대할 수는 없었으며, 오늘날 결과만 가지고 본다면 간경도감 사업에 의하여 중요한 국어학 자료가 많이 남게 되었을 뿐이다. 그런데 세조가 그렇게 온갖 정력을 기울여 간행한 불경도 승도에게조차 제대로 읽히지 않았음은 이미 '세조의 불경간행과 언해'에서 언급한 바와 같다.

세조가 불교를 숭신한 것은 사실이지만, 그도 숭불로서 큰 혜택이 국가적으로 돌아오리라고는 생각하지 않았다. 1463년(세조 9, 계미) 10월 11일(병신)에 세조는 사정전에서 모든 宗宰(종친과 재상)를 引見하고 모든 장수에게 병서를 강한 다음 設酌하였는데 왕세자가 술을 올리자 세자에게 다음과 같이 말하였다.

予非不崇佛 營建寺社不爲不多 然此皆虛事 達磨云 造佛造塔必無功德 汝不必盡效乃父之崇佛也 且汝所服木棉衣 至甚朴陋 然勤苦以成 莫若此衣 耕種耘籽 花而織成之 汝當見衣 則思女功之不易 見食則思農夫之孔艱 常以此爲心 念玆在玆 無有怠忽 奢侈人之所易昧 汝當儉以自奉 罔或不勤 節用而愛人使民(하략)

내가 숭불을 하지 않은 것이 아니고, 절을 지은 것도 많으나 이것은 모두 헛일이다. 달마가 이르기를 부처를 만들고 탑을 세워도 반드시 공덕이 없는 것이니 세자는 부왕의 숭불을 반드시 본받을 필요는 없다. 또 세자가 입고 있는 무명옷은 매우 질박한데, 힘들여 이룩한 것이라면 이 옷만한 것이 없으니, 씨 뿌리고 김 매고 꽃 피어 짜서 이룩된 것이니, 세자는 옷을 볼 때 여자들의 공이 쉽지 않음을 생각하고, 먹을 것을 보면 농부의 심한 어려움을 생각하라. 언제나 이런 마음을 잊지 말고 게으름을 피우는 일이 없도록 하라. 사치가 사람을 게으르고 어둡게 하는 것이니 세자는 마땅히 검소하게 지내야 하며, 부지런해야 하고 아껴 쓰고 백성을 사랑으로 부리도록 하라. (하략)

훈민정음이 창제된 지 불과 몇 해만에 널리 보급되기를 기대한다는 것은 설사 국가적인 보급책이 강구되었다고 하더라도 좀 어려운 일이긴 하지만 훈민정음이 강력한 유신들의 반대 속에서 창제된 후 운서와 결부되고 불경과 결부되었다는 것은 어느 모로 보면 훈민정음의 정상적인 발달을 위하여서는 불행한 일이었다. 훈민정음이 창제된 후, 초기에는 운서 번역에 주력하고 다음에는 불경 언해에 사용되었는데, 후자는 당시의 지식 계급과는 분리된 사업이었고 성종 때에 이르러 홍문관 중심의 문화가 형성된 이후, 『두시언해』, 『황산곡집언해』, 『삼강행실도언해』 등 비로소 한문 교육에 도움이 되고 성학 보급의 한 수단이며 또한 유학자들의 비위가 당기는 사업에 이용되기 시작하였던 것이다. 만일에 훈민정음이 불경 언해에 사용되지 않았던들, 오늘날 우리에게 언해된 불경과 같은 중요한 역사적 문화재가 남아 있게 되었을지 모르는 일이로되, 그러나 훈민정음의 창제와 더불어 한문 보급에 널리 이용되고 계속 한적이 번역되었던들 그 발달은 훨씬 더 활발하였으리라는 것은 짐작할 수 있다. 왜냐하면 역사상 최대의 언문 박해자요 훈민정음에 대한 반역자로 지목 받고 있는 연산군조차도 한어를 번역한 언문 서적만은 불태우는 데서 제외시켰던 것으로 미루어도 알 수 있다(『국어연구』 1, 국어연구회, 1957. 원 논문을 일부 수정함).

제2장 『용비어천가』의 편찬 경위에 대하여

1. 머리말

『세종실록』권108 27년 4월 5일(무신)조에 의하면

議政府右贊成 權踶 右參贊 鄭麟趾 工曹判書 安止 等 進龍飛御天歌
十卷 箋曰 … 歌用國言 仍繫之詩 以解其語 … 命刊板以行

이라고 있어, '國言'으로 된 『용비어천가』 10권이 1445년(세종 27) 4월 5
일에 편찬되었다고 하였다. 그리하여 여러 학자는 각 저서에서 이 기사
에 대하여 아무런 의문도 품는 일이 없이 신빙하여 인용하고 있다.

'世宗 28年 9月이란 訓民正音이라는 冊이 完成된 달이오, 訓民正
音이라는 新文字가 頒布된 것은 25年 12月이다'라고 金敏洙 교수는 이
미 주장한 바 있지만,[1] 권제 등이 1445년(세종 27) 4월에 훈민정음으로 지
은 『용비어천가』를 완성하였다고 기록되어 있는 『세종실록』의 기사나 종

래의 여러 저서의 내용에 의심을 품을 여지는 없는 것일까?

실록 기사로 보아 훈민정음이라는 새로운 문자를 가지고 실용하기 시작한 것이 1444년(세종 26) 초부터의 일인 것을 알 수 있지만, 그렇다고 실록의 27년 4월 무신조 기사가 새로운 문자 훈민정음으로 된 『용비어천가』의 완성을 말하는 것이라고 아무 의문의 여지도 없이 단정할 수 있는 것일까?

『용비어천가』의 편찬은 세종대왕의 명에 의하여 훈민정음이 반포되기 전인 1442년(세종 24) 3월 임술(1일)부터 준비되어, 자료 수집 및 정리가 진행된 다음, 권제, 정인지, 안지 등에 의하여 27년 4월 무신에 일단 원고(한시와 한문으로 되었든 국문 가사로 되었든)가 완성되어 상진되었다. 그 후 다시 세종대왕은 최항, 박팽년, 강희안, 신숙주 등에 보수를 명하여, 이들이 1447년(세종 29) 2월까지 이를 보수한 다음 같은 해 10월에 『용비어천가』 10권이 출간되었다. 즉 세종 27년 4월 무신(4월 5일)조의 실록 기사에는 이 글의 첫머리에 인용한 바와 같이 '隨箋以聞 命刊板以行'이라고 있으나, 이때 즉시 간행되지 않았던 것 같고 1447년(세종 29) 10월 16일(갑술)의 실록 기사에는

賜龍飛御天歌 五百五十本于群臣

이라고 있으며, 崔恒의 발문에는 분명히 최항 등이 보수하였다고 명기하고 있으므로, 1445년(세종 27) 4월에 출간되지 않은 것만은 사실이다.

그러므로 우리는 이와 같은 사실만으로도 『용비어천가』가 1447년(세종 29) 10월에 비로소 출간되었음을 알 수 있거니와, 한 걸음 더 나아가서 1445년(세종 27) 4월에 집필 완료된 '용비어천가 원고'가 혹시 한시와 한문만으로 이루어진 것이 아니었던가 하고 의심을 품어 보고자 하는 바이다.

---

1) 金敏洙(1956), 「한글 頒布의 時期」, 『국어국문학』 14, 국어국문학회, pp.59~69.

2. 사료에 대한 검토

규장각 총서로서 1938년에 출간된 『용비어천가』(영인본 상·하 2권)의 권말 해제에서, 藤田亮策 씨는 다음과 같은 사실을 지적하고 있다. 현존하고 있는 『용비어천가』 4종류 중, 임진왜란 이전 것으로 인정되는 고판본 『용비어천가』에 의하면, 『용비어천가』(이하 〈용가〉라 약칭한다)는 1445년(세종 27) 4월에 상진될 때, 123장으로 이루어진 것이 명백함에도, 27년 4월 무술조의 실록 기사에는 125장으로 되어 있어, 실록 기사를 그대로 믿을 수 없고, 둘째로 같은 기사에 나오는 정인지 등의 進箋文도, 『동문선』에는 李季甸의 撰文으로 실려 있으며, 실록 기사가 27년 4월에 일단 탈고되었던 〈용가〉를 기준으로 해서 기술한 것이 아니라, 29년 10월에 최항 등에 의하여 보수되어 출간된 것을 기준으로 하여 기술한 기사일지도 모른다고 하였다. 다만 藤田 씨는 용가의 서문은 정인지의 문장임이 틀림없다고 하였다.

위에서 藤田 씨가 표명한 의문점은 우리에게 무엇을 암시하여 주는 것일까? 즉 진전문의 내용이 1447년(세종 29) 이후, 〈용가〉가 완성된 다음에 이루어진 것이라고 한다면, 진전문에 나오는 '歌用國言'이라는 설명도 1447년(세종 29)에 〈용가〉가 완성될 당시에 가하여진 것이 아닌가 하는 의심을 품게 한다. 이리하여 1445년(세종 27) 4월에 '國言'으로 이루어진 용가가 완성되었음을 가장 강력히 입증해 주는 실록 기사가 신빙성 없는 기사임을 알게 되었거니와 서문, 즉 정인지의 문장임이 확실한 용가 서문은 진전문과 대동소이한 내용이지만 '歌用國言'이라는 문구가 없다. 다만 서문에서도 '以著王業之艱難, 仍繹其歌, 以作解詩, 庶繼雅頌之遺音, 被之管絃, 傳示罔極'이라고 하여 역시 '訓民正音'으로 지은 노래가 서문을 쓰던 당시에 이미 된 것 같은 감을 주고 있다.

그러므로 필자는 실록에 실린 27년 4월 무신조의 기사나 용가의 서문으로서는 확실한 단정을 내릴 수 없으므로 권제 등의 학문적 배경을 고찰해 보아 이로써 추측을 내리려 한다.

3. 『용비어천가』의 찬자들과 훈민정음과의 관계

새로운 문자 '훈민정음'이 1443년(세종 25) 12월에 창제된 이후, 연이어 추진된 모든 사업, 즉 26년의 『운회』 번역, 28년의 『훈민정음해례본』 편찬, 29년의 『동국정운』 편찬 등이 세종대왕을 비롯한 집현전 소장학자들의 운학적인 학문 배경 아래에서 이루어졌음은 이미 주지의 사실이다.

그러면 이러한 업적이 추진되는 동안, 『용비어천가』 찬자들은 무엇을 했는지 살펴보기로 하겠다.

권제 세종	24년 1월 6일	동지중추원사
	24년 8월 12일	고려사 찬진
	24년 9월 4일	태조, 정종, 태종실록 개수
	25년 4월 12일	좌참찬
	25년 6월 12일	겸判吏曹事
	26년 3월 17일	의금부제조
	26년 11월 5일	田制 논의에 참여
	27년 1월 14일	우찬성
	27년 4월 5일	〈용가〉 찬진
	27년 4월 16일	졸

안지 세종	22년 11월 20일	이조참판
	23년 3월 9일	예문관 제학
	26년 윤7월 14일	공조참판
	27년 4월 5일	〈용가〉 찬진
	27년 8월 6일	중추원 부사
	27년 10월 4일	인순부윤
	27년 12월 18일	三朝 실록을 전주에 봉안
	28년 5월 7일	예문 제학
	28년 12월 2일	중추원사
정인지 세종	22년 11월 12일	지중추원사
	25년 11월 4일	東籍田 부근 試分田品
	25년 11월 13일	田制 詳定所 제조
	25년 11월 14일	경기 안산에서 量田
	25년 12월 13일	서교에서 전품을 나눔
	25년 12월 25일	三道의 전품을 나눔
	26년 7월 1일	예문관 대제학
	26년 윤7월 말 26년 8월 초	전품 개정차 청안(청주) 행
	26년 8월 12일	전국 堤堰을 맡음
	26년 11월 5일	전제 논의에 참여
	26년 11월 25일	청안, 비인, 광양, 고산, 함안, 고령 등지 전분을 보고
	27년 1월 24일	우참찬
	27년 3월	『치평요람』 찬진
	27년 4월 5일	〈용가〉 찬진
	28년 4월 25일	예조판서
	28년 9월	『훈민정음해례본』 편찬에 참여
	29년 6월 11일	이조판서

그런데 1445년(세종 27) 4월 5일의 〈용가〉 찬진 때, 권제, 정인지는 집현전 대제학이었고, 안지는 집현전 제학이었는데, 이들이 언제부터 대제학, 제학이 되었는지는 실록 등에 확실한 기사가 없어 확인할 수 없었다. 다만 집현전 대제학과 제학이 당시 겸직이었으므로, 그들이 이 기간 중 집현전에서 주요한 역할을 하고 있었다고 하기보다는, 위에 보인 경력에서 알 수 있는 바와 같이, 그들은 행정부 고위 관리로서 분주하였던 만큼, 집현전 대제학과 제학 관직은 명예직이었을지도 모른다. 따라서

이들은 훈민정음하고는 우선 인연이 먼 위치에 있었음을 알 수 있다.

이 세 사람이 집현전에서 실질적 책임자인 부제학을 지내지 않았던 것은 아니다. 다만 그 기간이 문제인 것이다. 권제(舊名 蹈)는 1425년(세종 7) 7월 5일부터 1426년(세종 8) 3월 17일까지, 정인지는 1428년(세종 10) 12월 20일부터 1430년(세종 12) 11월 15일까지, 안지는 1434년(세종 16) 8월 17일부터 언제까지인지는 미상이나 1438년(세종 20) 이전까지인 것은 확실하다. 이상과 같이 최만리보다 훨씬 선배요, 훈민정음 사업이 활발히 진행되던 1443년(세종 25) 전후에는 집현전 전임 학사가 아니었을뿐더러, 한편으로는 가장 큰 사업의 하나였던 『고려사』 편찬 사업에 권제, 안지는 전심하고 있었던 것이다. 그래서 『용비어천가』 기본 사료를 참고로 하는 데는 큰 도움이 되었는지 알 수 없으나 훈민정음하고는 우선 인연이 멀었다고 보고자 하는 것이다.

이와는 반대로 여기 기이하게 여겨지는 사실이 하나 있으니, 즉 훈민정음과 운서 관계 사업에 관여했던 인사들이 『용비어천가』 보수 인사들과 거의 일치한다는 점이다. 이것은 우연한 일치가 아니고, 어떤 암시를 우리에게 던져 주는 것이 아닐까. 다음에 일람표로 보이겠다.

연월	사건 명	관여 인사
26년 2월	운회 언역	최항, 박팽년, 신숙주, 이현로(이선로), 이개, 강희안, 감장 : 동궁, 진양, 안평 각 대군
28년 9월	훈민정음해례본	최항, 박팽년, 신숙주, 이현로(이선로), 이개, 강희안, 성삼문, 정인지
29년 2월	용가 보수	최항, 박팽년, 신숙주, 이현로(이선로), 이개, 강희안, 성삼문, 신영손
29년 9월	동국정운	최항, 박팽년, 신숙주, 이현로(이선로), 이개, 강희안, 성삼문, 조변안, 김증

위의 표로 본다면, 〈용가〉의 찬자 중 정인지만 『훈민정음해례본』 편찬 때 참여했을 뿐이다. 그런데 정인지는 당시도 집현전 전임 학사가 아

니고, '資憲大夫 禮曹判書 集賢殿大提學 知春秋館事 世子右賓客' 이라는 기다란 여러 직책을 겸하고 있었고, 그가 '훈민정음해례본 서문'을 쓰기는 하였으나 해례의 여러 부분 집필에 어느 정도 관여했는지는 알 수 없다.

그러므로 정인지조차도 이 정도이었는데, 훈민정음 및 운서 관계 사업과는 아무런 관련을 가지고 있지 않았던 권제, 안지 등이 창제된 지 얼마 안 되는 새로운 문자 '훈민정음'을 그렇게도 속한 시일 내에 습득하여, 이로써 『용비어천가』를 지었다는 것은 참으로 기이한 일이 아닐 수 없는 것이다. 더욱이 당시 집현전 전임 학사의 우두머리인 부제학 최만리 등 지식층이 새로운 문자를 반대하고 천시하던 분위기로 보아 더 쉽게 받아들여지지 않는다.

그리고 또 한 가지 지적해야 할 점은 전출 藤田 씨의 해제에서도 권제 등 세 사람 외에도 여러 인사가 협력하였음을 인정하고는 있으나, 〈용가〉 편찬 기간 중 권제는 『고려사』 편찬 및 행정부 관리로서 분주했고, 정인지는 주로 田制 상정으로 분주했으며, 나머지 안지도 공조참판이었는데, 〈용가〉 편찬이 이루어졌다는 점이다. 물론 조선시대에 있어서, 대개의 경우 관직에 있는 사람들이 서적을 편찬하는 것이 통례이기는 하였으나, 이런 경우에는 주로 춘추관이나 예문관이 중심이 되어 이루어졌었고, 특히 세종 때는 집현전에서 거의 주동이 되었으며, 단 한 권으로 된 『훈민정음해례본』조차도 최항 등 8명의 학자가 관여했는데, 〈용가〉와 같은 10권의 거대한 저술이 단 3명의 손만으로 이루어지기는 쉬운 일이 아니었을 것이다.

따라서 이상의 여러 점으로 미루어 보아서, 권제 등이 찬진한 〈용가〉 원고는 한자에 의한 한시뿐이었고, 곧 이어 최항 등의 손으로 '훈민정음'에 의한 시가와 본주 및 협주가 이루어진 것이라고 추측되는 것이다. 이 추측을 뒷받침해 주는 것은 1447년(세종 29) 2월에 쓴 최항의 〈용가〉 발문과 『세종실록』의 기사이다. 같은 발문에 의하면, 1445년(세종 27, 을축)

에 권제 등이 歌詩를 지어 올리자, 세종께서 상을 내리신 후 '용비어천
가'라고 이름을 지으시고, '惟慮所述事跡 雖載在史編 而人難遍閱'하
여 최항 등 8명의 학자(주로 집현전 전임 학사이었음)에게 주해를 가하도록
명하심에 '於是 粗叙其用事之本末 復爲音訓 以便觀覽 共一十卷'을
상진하였다고 하였다. 그리고 〈용가〉가 찬진되었다고 하는 1445년(세종
27) 4월부터 불과 7개월밖에 안 되는 같은 해 11월 5일(갑술)에는 세종이
신하들에게 다음과 같이 말하고 있어, 권제 등이 찬진한 〈용가〉에 대하
여 세종이 불만을 품고 있었음을 알 수 있다. 즉 『세종실록』 권110 9장,
27년 11월 5일(갑술)조에 의하면

> 上謂都承旨柳義孫 右副承旨李思哲 司憲執義鄭昌孫曰 … 我祖宗積德
> 累仁 化家爲國 隆功盛德 卓越前古 旣讚龍飛詩歌 頌功德 然其體效詩作
> 四言 頗未盡意 今又欲令文臣 或絶句 或長篇 或讚 或頌 隨意撰述 鋪張
> 功德之盛 以傳萬世 卿等與集賢殿官 分製以進 後寢其命 竟不作
> 상감께서 도승지 유의손 등에게 말씀하셨다. … "우리 조종께서 덕을 쌓고
> 어진 일을 거듭하여 덕으로 집안 사람을 교화시켜 나라를 이루고, 높은 공적과
> 대단한 것이 옛일보다 뛰어나서, 〈용가〉의 시와 노래에서 이미 찬양하여 공덕
> 을 칭송했다. 그러나 그 형식이 4언시를 본받아 지은 것이어서 자못 뜻을 다
> 나타내지 못하여, 이제 다시 문신들에게 절구나 긴 시, 또는 찬, 혹은 송을 마
> 음대로 지어서 공덕의 대단함을 넓게 펴서 만세에 전하고자 하니 경들은 집현
> 전 학사들과 나누어서 지어 올려라."
> 뒤에 명령을 취소하고 마침내 짓지 않았다.

이와 같이 세종은 '龍飛詩歌 頌功德 然其體效詩作四言 頗未盡意'
임을 말하고 있는 것이다. 이로 보면 만일에 권제 등의 〈용가〉가 훈민정
음에 의한 가사로써 이루어지고 있었다고 한다면, 세종이 위와 같은 말
을 한 것이 이상하고 또 언문 가사에 대하여서도 언급이 있었을 것이다.
또 『세종실록』 권114 28년 11월 8일(임신)조에는 다음과 같은 기사가

있다.

　命太祖實錄入于內 遂置諺文廳 考事迹 添入龍飛詩 春秋館啓 實錄非
史官不得見 且諺文廳淺露 外人出入無常 臣等深以爲不可 上卽命還入內
令春秋館 記注官 魚孝瞻 記事官 梁誠之 抄錄以進
　『태조실록』을 궁 안에 들여 와 언문청에 두고, 사적을 밝혀서 '용비시'에 보
태어 넣었다. 춘추관에서 아뢰기를 "실록은 사관이 아니면 얻어 볼 수 없는 것
입니다. 또 언문청은 천로하고(잘 드러나고) 외인 출입이 그치지 않아 신 등은
매우 옳지 않다고 여깁니다"
　상감께서 즉시 궁 안에 돌려놓게 하고 춘추관 기주관 어효첨과 기사관 양성
지에게 초록해서 바치라고 명하셨다.

　이 기사를 藤田 씨는 언문청에서 〈용가〉의 주문인 언문가를 보수한
것이라고 해석하고 있으나, 위 기사에 '龍飛歌'가 아니고 '龍飛詩'라고
기록되어 있는 점으로 보아 필자는 약간 독단인지는 모르되 한 걸음
더 나아가서 생각해 보고자 하는 바이다. 즉 주로 훈민정음과 운서 관
계 사업에만 전력하던 언문청과 최항 등이 〈용가〉 주해를 맡은 이유는
무엇이었던가? 단순히 〈용가〉를 보충하고 주해하기 위하여서였다면, 상
기한 실록 기사에서도 알 수 있는 바와 같이, 주해에 필요한 『태조실
록』 기사는 춘추관에서 초록했고, 언문청에서는 감히 실록을 다루지도
못 했는데, 그럴 바에야 차라리 춘추관에서 〈용가〉를 주해하는 것이
더 편리했을 것이 아니겠는가? 그리고 어효첨, 양성지 등도 능히 주해
할 수 있는 석학들이었던 것이다. 그러므로 〈용가〉를 언문청에서 주해
하게 한 것은, 최항의 발문에서 지적한 바와 같이, 단지 음훈을 달고
관람을 편하게 하기 위해서만이 아니고 딴 의도가 있었던 것이 아닌가
여겨진다.
　다름이 아니라 당시 새로운 문자 훈민정음에 대한 반대 여론이 강했
던 일반적인 분위기 속에서 그래도 훈민정음 사업을 추진하고 있던 언

문청과 최항 등이 아니고는, 훈민정음에 의한 시가 제작이 불가능했을 것이고, 언문 시가를 제작함과 아울러 주해까지 함께 달게 되었던 것이 아니었던가 하고 추측해 보는 것이다.

4. 『용비어천가』의 가치

새로운 문자 훈민정음에 의한 『용비어천가』가 1447년(세종 29) 2월에 최항 등의 손으로 이루어졌을 것이라는 점은, 이미 위에서 기술하였다. 그렇다고 해서 〈용가〉의 가치가 떨어지는 것은 아니다. 〈용가〉의 완성 연원일을 2년 뒤로 잡는다고 하더라도, 정음이 사용된 최초의 문헌이라는 점에서는 아무런 변함이 없다. 왜냐하면 세종대왕의 명에 의하여 추진되었던 『동국정운』의 완성 시일이 1447년(세종 29) 9월의 일이요, 이 『동국정운』에서 규정된 개신 한자음이 사용되기 시작한 것은, 1447년(세종 29)에 간행을 본 『월인천강지곡』과 『석보상절』부터이며, 『훈민정음언해』조차도 『동국정운』 완성 이후의 일인 것이다. 그런데 〈용가〉에서는 개신 한자음을 사용하지 않고, 한자는 그대로 사용하고 이에 정음으로 음훈을 달지 않았으니, 〈용가〉가 『동국정운』 이전에 완성된 것만은 틀림없는 일이다. 그리고 〈용가〉가 번역류가 아니고 가사라는 점, 즉 『월인천강지곡』과 그 형성이 동일하여 당시의 가사 형식을 연구하는 데 있어서 唯一無二의 문헌이라는 것과, 훈민정음 창제 이후 정음이 한문에 종속적으로 사용되던 경향이 있던 당시에 정음으로 〈용가〉의 주문을 삼았다는 것 등 〈용가〉가 지니고 있는 귀중한 가치에 변동이 있을 리 없다.

기타 〈용가〉가 지니고 있는 여러 가지 귀중한 가치에 대하여서는 수

많은 저서에서 언급되고 있으므로 생략하거니와, 〈용가〉에 대한 해제도 본론의 목적이 아니므로 언급하지 않겠다(『문리대학보』 6권1호, 서울대, pp.147~ 151, 1958).

제3장 연산군 언문 금압에 대한 삽의

국어학사상에 미친 영향의 유무를 중심으로

1. 머리말

연산군은 새로운 문자 훈민정음에 대한 최대의 반역자로 규정되어 왔다. 그의 소위 언문 금압 사건으로 말미암아 훈민정음에 대한 연구와 훈민정음을 이용한 의사 표시는 최대의 방해를 받았다는 것이다.[1] 이러한 주장은 오늘날 거의 학계의 정설이 된 듯한 느낌조차 있다. 이숭녕 박사를 비롯하여 일부 학자가 이에 반대되는 주장을 내세웠으나[2], 뿌리 깊이

---

1) 이러한 주장의 대표적인 논저는 다음과 같다.
　金允經(1954), 『韓國文字 及 語學史』, pp.249~253.
　金允經(1963), 『국어학사』, pp.67~68.
　崔鉉培(1946), 『한글갈』, pp.83~86.
　崔鉉培(1961), 『고친 한글갈』, pp.66~68.
　李熙昇(1955), 『國語學槪說』, pp.38~39.
　洪起文(1947), 『正音發達史』 下, pp.162~164.
2) 이의를 주장한 이설
　李崇寧(1956), 「國語學史」, 『思想界』 12월호, pp.245~247에서는 본고의 내용과 일치하

박힌 선입견은 좀처럼 불식되지 않고 세간에서는 여전히 오래된 주장이 되풀이되고 있다. 이러한 주장의 근거는 『연려실기술』 등 야사의 설명을 아무런 비판도 없이 받아들인 점과 전후 사정의 고찰도 없이 실록에 나타난 기사를 단편적으로 다루어 과대평가한 데서 나온 것 같다.

그리하여 결과적으로 다음과 같은 인식을 널리 주고 있다.

① 연산군 모후인 윤씨에 대한 폐비 및 사사 사건에 관련된 언문으로 말미암아 연산군은 애당초 언문을 증오했다.
② 연산군 10년에 행해진 보복에서 윤씨 폐비 및 사사 때의 언문 관련자들이 대상에 올랐다.
③ 연산군 10년 7월 19일의 언문 익명서 사건은 이러한 연산군의 언문 증오심을 폭발시켜 언문을 가혹하게 강압했다.
④ 그 결과 국력으로, 과학적으로 연구되어 온 '정음' 연구가 일대 비운에 빠졌고 비과학적으로 되었다.
⑤ 언문 사용이 불가능하게 되어, 深山窮谷의 승려들만이 사용하여 왔다.

본고의 목적은 이와 같이 왜곡되어 전해 온 사실을 사실대로 밝혀보려는 것이다. 이제 우리는 사실을 밝힐 단계에 온 것 같다. 물론 국어학사는 학설사이므로, 연산군의 금압 사건이 국어학사의 주제로서 다루어질 수는 없다. 그러나 종래 연산군으로 말미암아 국어학이 침체 상태에 빠지고, 국어학 연구가 자못 큰 방해를 받았다고 주장되어 왔으며, 또 사실이 왜곡되어 되풀이되는 것을 방치할 수는 없는 것이므로, 이 기회에 여러 가지로 검토를 가하여 보고자 하는 것이다.

는 견해를 상당한 분량에 걸쳐 상술하고 있다. 따라서 본고는 이러한 견해에 대한 재확인이라고 할 수 있다.
李相佰(1957), 「한글과 燕山君」, 한국일보(1957년 10월 16~17).
姜信沆(1957), 「李朝初 佛經諺解 經緯에 對하여」, 『國語研究』 第1號, pp.26~28.

2. 윤씨 폐비 사건과 언문의 관련

1) 윤씨 폐비와 언문

본고의 목적이 윤씨 폐비 사건의 전후 경위를 밝히려는 데 있는 것이 아니므로, 여기서는 그 경위는 간단히 언급하고 언문과의 관련만을 밝히려 한다. 윤씨 폐비의 비극은 이미 1477년(성종 8)부터 싹텄다. 본시 후궁이었던 윤씨는 7년(성화 병신) 8월 9일에 왕비로 책립되고, 같은 해 11월 7월에 연산군이 탄생하였으므로 윤씨는 대단한 환영을 받았는데[3] 윤씨는 시기·질투심이 강하였던 모양으로 1477년(성종 8) 3월 20일에 다른 숙의 모함 사건이 발생하였다. 즉 중궁 윤씨는 有娠의 鄭昭容 등을 제거하려고 하녀를 시켜 덕종(세조의 장자) 후궁인 권숙의 집에 언문서를 투입케 하였는데, 그 내용은 정소용, 엄숙의가 중궁인 자기와 원자를 해치려 한다는 것이었다. 이러한 사실이 동월 29일에 밝혀져서, 하녀들을 신문한 결과 언문은 하녀가 썼다고 대답하여 하녀 삼월이는 교형되고, 다른 하녀들은 결장, 변읍비로 나누어 배속되었다. 그러나 나중의 조사에 의하여 언문서 조작 사건의 중심 인물이 윤씨임이 드러났다. 그리고 또 중궁 방에서 왕이 비상과 方禳 서책(악귀 쫓는 기도서)을 발견한 일도

---

3) 『연려실기술』(조선광문회 간, 1912) 권6 '尹氏廢死' 항에는 다음과 같은 기사가 있다.
　淑儀尹氏 贈左議政起畎(畎의 잘못인 듯—필자 주)之女也 成化丙申 生燕山君 是歲八月 冊立爲妃
　이 기사를 김윤경(1954), 『韓國文字 及 語學史』, p.250에서는 연산군 탄생이 먼저인 것처럼 해석하고 있으나 『성종실록』 권69 성종 7년 7월 11일(임자)조 및 같은 책 권70 성종 7년 8월 9일(기묘)조, 같은 책 권73 성종 7년 11월 7일(정미)조에 의하면 왕후 책립이 먼저요, 그것도 원로 중신들이 중망에 합한다고 상주하여 숙의 윤씨가 왕비로 책립된 것이다. 또 『성종실록』 권297 26장 상에는 다음과 같은 기록이 있다.
　初在潛邸 聘領議政韓明澮之女 即位封爲妃 無子薨 諡曰恭惠 陞淑儀尹氏爲妃 即判奉常寺事起畎之女 誕今上(燕山)殿下

겸해서 성종은 이때부터 폐비를 결심했던 것인데 신하들의 극간으로 중지되었다.4)

이와 같이 윤씨 사건과 언문은 그 시초부터 관련을 맺고 진행되었다. 그러다가 드디어 1479년(성종10, 기해) 6월 2일(정해)에 왕은 왕비를 사제에 돌려보내게 되었는데, 그 이유는 성종이 시첩 방에 들 때, 중궁이 '無故來入'했다는 것이다.5) 그러나 이러한 성종의 윤씨 폐비에 신하들이 가만히 있지 않고 연일 반대 상소가 잇달았다(특히 사제로 돌려보내는 일에 대하여 반대함). 그리하여 성종과 신하들 간에 대립이 생기게 되었는데, 성종은 끝내 굽히지를 않고 예정대로 실행하고 말았다.6) 이때 성종을 적극 지지한 분이 바로 성종 모후인 인수대비(덕종비인 소혜왕후 한씨)였다. 즉 성종과 각 신하들의 대립이 가장 격렬하게 된 1479년(성종 10) 6월 5일(경인)에 인수대비는 언문서로써 윤씨 폐비를 지지했던 것이다.7) 이때 인수대비의 심정은 '予嘗懼禍及主上之身 而今予心安矣'였다거니와, 이날도 폐비의 불가함을 극간하는 여러 신하들에게 성종은 다음과 같이 윤씨의 죄상을 나열하였다.

(전략) 曩在丁酉 尹氏陰懷毒藥 謀欲害人 至以乾柿砒礵 同置囊中 安知不欲食我也 或無子 或半身不遂 凡害人之方書諸小冊 藏于篋中 事覺大妃取之 至今猶在 又僞作嚴氏家與鄭氏家相通 謀傾尹氏 諺文 故投于權氏之第 盖欲事覺 害及嚴鄭兩氏也 常見我 未嘗和顔 或言欲取我足跡而去之 雖樵夫之妻 尙不敢抗其夫 況妃之於君乎 又作僞書 通于本家曰 主上打我腮 將率吾二子 出居于家 以安吾生也 予偶得其書 謂之曰 俟改過乃相見 尹氏悔過曰 使處我於巨濟・遼東・江界 亦所甘受 願於南方記

---

4) 『성종실록』 권78 12장 하, 성종 8년(정유) 3월 29일 병인조, 『성종실록』 권79 1장 상, 성종 8년(정유) 4월 1일 정유조, 『연려실기술』 권6 '尹氏廢死'항 참조.
5) 『성종실록』 권105 1장 상, 성종 10년 6월 정해조.
6) 『성종실록』 권105 4~5장 상, 성종 10년 6월 2일 정해조. 마지막에 '廢王妃教書'가 게재되어 있음.
7) 『성종실록』 권105 6장 하~10장 상, 성종 10년 6월 경인조.

人過 無量壽佛前 燃臂以矢之 予乃信之 今反如此 前日之言詐也 (하략)

지난 정유년(1477, 성종 8)에 윤씨가 독약을 몰래 품고, 사람을 해치고자 하여 건시와 비상을 주머니 속에 넣어 두기까지 했으니 어찌 나에게 먹이려고 한 것인지도 모르지 않는가! 혹 자식을 없애게 하는 것이거나 혹 반신불수가 되게 하는 일, 모든 사람 해치는 방법을 쓴 작은 책들을 상자 속에 감추어 두었다가 발각되어 대비께서 이를 뺏어서 아직도 가지고 있다. 또 엄씨 집과 정씨 집이 서로 내통하여 윤씨를 해치려고 한다고 거짓 문서를 만들어 언문을 권씨 집에 투입했다. 이것은 일이 발각되면 엄씨와 정씨에게 해가 미치게 한 것이다. 나를 늘 온화한 얼굴로 대한 일이 없고, 또 말하기를 내 발자취를 취하여 버리고 싶다고 했으니 비록 나무꾼의 아내라도 그 지아비에게 감히 덤비지 못하는데, 하물며 왕비가 임금에게 덤빌 수 있는가! 또 위서를 만들어서 본가에 보내어 말하기를 임금이 내 뺨을 때리니 내가 장차 두 아들을 데리고 집에 나가 편안하게 살고 싶다고 하였다. 내가 우연히 그 글을 얻어서 보고 이르기를 허물을 고치기를 기다려 서로 보자 하니, 윤씨가 회개하고 말하기를 '나를 거제, 요동, 강계에 보내더라도 감수하겠으며, 남방기에서 발원한 대로 사람의 허물을 무량수불 앞에서 연비하여 이를 맹세하겠습니다'라고 하므로, 내가 이를 믿었더니 이제 도리어 이와 같으므로 지난날의 말은 거짓이었다.

이와 같이 말하고 나서 '雖百爾言 予不聽焉 其退去 予將出示諺文(경들이 수백 마디를 해도 나는 안 들을 것이다. 물러가면 내가 언문서를 보이겠다)'이라 하여 曾經政丞 의정부 대간 육조당상을 빈청에 물러나게 하고, 내관 안중경이 가져온 대비의 언문 懿旨와 윤씨가 언문으로 지은 글을 공개하였다. 여기에서 다음과 같은 문답이 벌어졌다.

政丞 臺諫 啓曰 如此禳鎭之術 尹氏何能知之 必有指導者 請推定罪
정승과 대간이 "이러한 비법을 윤씨가 어떻게 알겠습니까? 반드시 가르쳐 준 자가 있을 것이니 잡아다가 벌을 주소서"라고 아뢰었다.

傳曰 今若推之 其辭蔓延 杖下必有枉死者 其勿焉
상감께서 "지금 만일에 문초를 하면, 그 말이 많아서 반드시 억울하게 매 맞아 죽을 사람이 있을 것이니 그렇게 하지 마라"라고 하셨다.

　蔡壽 啓曰 請以漢字翻寫 書之史策
　채수가 "한자로 번역하여 역사책에 기록하도록 하소서"라고 아뢰었다.

그리하여 채수 및 이창신, 정성근에게 그 글을 번역케 하였으며, 의지(왕비의 분부)의 내용은 다음과 같았다.

　廢王妃敎書 只言大體 未悉其由 故臺諫爭之 主上本意 豈偶然哉 不得已也 若偶然事 則我輩 其不救乎 (하략)
　왕비를 폐출하라는 교서는 자세한 까닭을 말하지 않고 대강 말하였기 때문에 대간의 말이 많은데 상감의 참 마음이 어찌 우연히 이렇게 되었겠는가. 할 수 없이 이렇게 된 것이다. 만일에 우연히 이렇게 된 일이라면 우리들이 구하지 않겠는가!

『내훈』까지 지은 인수대비이었으니 언문에 능통하고 있었을 것임은 짐작이 되지만, 이와 같이 사사건건 언문과 윤씨 폐비 사건은 관련을 맺고 진행되었다. 그러나 후에 자세히 밝히고자 하지만 연산군이 폐비 사건 관계자들을 처벌할 때, 이렇게 관련을 맺었던 언문을 증오하는 나머지 언문 관계자들, 즉 채수·이창신·정성근 등만이 유독 극형을 받은 것인가 그렇지 않으면 폐비 사건 연루자들을 전원 처벌할 때 이들도 필연적으로 처벌되었던 것인가를 엄격히 따져야 하는 것이다.

2) 윤씨 賜死와 언문

이와 같이 윤씨 폐비 사건과 관련을 맺었던 언문은 다시 윤씨 사사 사건 때에도 인연을 맺게 되었다. 윤씨는 폐비가 된 이후 본가에 퇴거하고 있었는데, 실로 우연한 기회인 1482년(성종 13) 8월 11일(정미)에 경연에서, 나라는 흉년이 들고 백성들이 곤란을 받는다는 대화 끝에 화제가 폐비에 미치게 되어, 윤씨 집은 빈곤하니 별도로 방책을 강구해야 한다고 해서 성종의 격노를 사고 마침내 윤씨는 같은 해 8월 16일(임자)에 사사에 이르게 되었다.[8]

그 동안의 경위[9]를 보면 1482년(성종 13) 8월 11일(정미)의 경연 석상에서 시독관 權景祐가 윤씨의 閭閻之間 褻處를 반대함에 성종이 좌우에 의견을 물었다. 대사헌 채수가 다음과 같이 아뢰었다.

尹氏定罪之時 臣爲承旨 請與李昌臣 翻譯內出諺文 使其罪惡永示後世 臣固知尹氏罪惡 然旣配至尊爲國母 而今廢居閭閻 似褻處慢 一國臣民 孰不痛惜 且今年荒 朝夕所給 亦豈有餘 臣當初廢之時 亦請別處供奉

윤씨 죄를 정할 때에 신이 승지로서 이창신과 함께 대비전에서 나온 언문을 번역하여 윤씨의 죄악상을 후세에 길이 보이자고 요청했었사오니, 신은 윤씨의 죄를 잘 압니다. 그러하오나 이미 지존의 배필로서 국모가 되었던 분으로서 이제 폐출되어 여염에 살고 있으니 너무 지나쳐서 온 국민이 어느 누구라도 애처롭게 여기지 않겠습니까? 또 올해는 흉년이 들어 조석 공급이 어찌 넉넉하겠습니까? 신은 폐출 당시에도 따로 처소를 정하여 공봉하기를 요청했었습니다.

그리고 이밖에도 여러 신하들의 반대가 있었는데, 이러한 신하들의 발언에 성종은 대노하여 이들이 元子에게 아첨하여 후일을 보전코자 한

---

8) 윤씨 폐비 이후 사사까지의 경위에 다음과 같은 설이 있다.
① 『연산군일기』 권63 20장 상, 연산군 12년 9월 2일조에 '初 王母廢妃尹氏 性悍戾妬忌 貞熹·昭惠·安順 三王后 見尹氏所爲 多不道 甚憂之 日夜警訓 愈不順 惡行日甚 成宗不得已 稟懿旨 上告宗廟而廢之'
② 또 『연려실기술』 권6 '尹氏廢死' 항에서 破睡篇 記事를 인용하기를, '尹氏之廢 上常以諺書 書其罪 遣中官及承旨 逐日 隔帳諷讀 冀其改過而復壺位 尹氏終不改 竟賜死'라고 하였다.
9) 이하의 기사는 모두 『성종실록』 권144 4장 하, 성종 13년 임인 8월 11일 정미조부터 8월 16일 임자조까지를 참고한 것임.

다, 또 너희들이 윤씨 신하냐 이씨 신하냐, 그리고 어떻게 윤씨가 빈곤한 줄 아느냐 하고 여러 가지로 반문하여 윤씨가 폐출케 된 자초지종이 또 되풀이되었다. 그러고서 성종은 정부 육조 대간들을 모아놓고

今朝 權景祐之言 予不勝痛憤 尹氏兇險無雙(하략)
오늘 아침 권경우의 말을 듣고, 내가 분을 이길 수 없다. 윤씨는 흉악하기 짝이 없고(하략)

라고 하여, 윤씨 죄악을 열거한 다음 더는 윤씨를 방치해 둘 수 없다고 하여 도승지 노공필로 하여금 그 뜻을 대비전에 전달케 하였다. 그 사이에 성종과 신하 간에 윤씨 처벌 문제가 논의되는 동시에 질책과 변명이 벌어졌는데 언문 문제가 개입되어 있는 성종과 채수 사이의 문답을 보면, 다음과 같다.

卿爲承旨時 已知予意 何以更言 …
경이 승지 때 이미 내 뜻을 알았을 터인데, 무엇을 다시 말하겠는가? …

蔡壽 啓曰 臣承旨時 廢妃事 以諺文書下 臣啓曰 若徒以諺文 則萬世之後 孰知以大事而廢之乎 恐後世以爲小事而輕廢之也 請飜譯書之 臣與內官安仲敬[10] 飜譯以啓 使尹氏得罪萬世 非惜其罪也
채수가 아뢰었다. "신이 승지로 있을 때 폐비의 일을 언문으로 써서 대비전에서 내려 왔기에 신이 '만일에 한갓 언문으로만 되어 있으면 후세에 어느 누군가 큰 일로써 폐출된 것을 알겠습니까? 후세에 작은 일을 가지고도 가볍게 폐출할까 두렵습니다. 그래서 번역하여 기록하기를 요망하여 신과 내관 안중경이 한문으로 번역하여 아뢰겠습니다'라고 아뢰었던 것입니다. 윤씨의 죄를 후세까지 알게 하고자 한 것이며, 그 죄를 애석하게 여긴 것은 아닙니다."

---

10) 이 기사는 실록 편찬자나 채수의 착각이었던 모양으로서 전후의 기사를 보건대 내관 안중경은 언문을 번역한 일은 없고 중간 심부름만 했을 뿐이다.

이와 같이 군신 사이의 대화에서 언문이 등장하여 나중에 연산군이 이러한 언문 번역자를 조사하고 처벌하게 됨에 따라 연산군이 언문만을 특히 중오하고 금압하게 되었다고 오인하기에 이른 것이었다.

성종과 신하들이 윤씨 문제를 논하고 있는 사이에 대비전에 갔던 노공필이 돌아왔다. 대비전에서는 또 언문서를 내어서 말하기를 "이제 권경우 이야기를 들으니 매우 놀랍다"라 하고 이어서, 윤씨의 죄상을 나열하였다.

이밖에도 여러 신하들이 윤씨 편을 들어, 성종이 번의토록 간했는데 그 중에서도 채수와 권경우가 가장 극언하여 양자는 마침내 처벌까지 받았고(곧 복직되었다), 사태를 악화시키는 결과가 되었다. 성종은 당나라 중종과 여후의 고사를 인용하여 속히 윤씨를 제거치 않으면 화가 미치리라 생각하고 賜死를 결심한 것이다(『성종실록』권114 6장 하~7장 하). 그리하여 1482년(성종 13) 8월 16일(임자)에 왕은 영돈령 이상 의정부 육조 대간 등을 모아놓은 자리에서 윤씨에 대한 사사를 결정하고 이를 곧 실행하였다.[11] 즉 왕의 명령에 따라 우승지 이세좌는 사사차 윤씨 집으로, 우승지 성준은 보고차 삼 대비전에 각각 파견되었다. 이때 이세좌는 윤씨 댁을 모른다고 하여 주서 권주를 데리고 갔으며, 사약으로는 무엇이 적합한 지를 몰라 내의 송흠에게 물은즉 비상이 좋다고 하여 비상을 전하여 마침내 윤씨는 '사사'라는 비극의 주인공이 되었다. 여기 등장하는 승지들이 모두 연산군 때 맨 처음의 보복 대상이 되었음은 말할 나위도 없다. 성종은 윤비에 대한 사사를 실행하고서, 여러 신하를 모아놓고 다음과 같이 말하였다.

今日已定宗社大計 予心安矣 宰相等 亦豈不然
오늘 종묘 사직의 큰 계책을 이미 결정하였더니 내 마음이 편안하여졌다. 재

---

11) 『성종실록』권144 21장 상·하, 성종 13년(임인) 8월 16일 임자조.

상들도 어찌 그렇지 않겠느냐!

그러자 재상 정창손 등이 稽首하여 다음과 같이 아뢰었다.

苟非聖上明斷 何能至此乎
진실로 성상의 밝으신 결단이 아니었으면 어찌 이에 이를 수 있겠습니까?

그리고 그 동안 삼 대비전에 보고하러 갔던 성준이 세 대비의 '언간'
을 받아 돌아와 올리니, 성종이 내관 안중경에게 빈청에서 펴서 읽도록
하여 재상들에게 들려주었다.
그 내용은

聞奇至極驚駭 然斷以大義 國家之福也(하략)12)
기괴한 일을 듣고서 크게 놀랐습니다만, 그러나 대의로써 결단하였으니 국가
의 복입니다

라고 되어 있어 윤씨를 폐사시킨 것을 다 같이 국가의 복인 줄 여겼던
것이다.
이와 같이 언문은 윤비 사건과 시종일관 끈질기게 관련을 맺어 왔는
데, 이것으로 인하여 연산군의 언문에 대한 증오심이 복받쳐 오르게 됐
는지는 의문이다.

---

12)『성종실록』권144 21장 하, 성종 13년 8월 16일 임자조.

3. 갑자사화와 언문과의 관계

이병도 박사는 그의 『國史大觀』에서 갑자사화를 단순히 연산군의 보복 행위로 볼 것이 아니라, 1503년(연산군 9) 정월에 재서용된 任士洪 등 궁정을 둘러싼 일파와 府中의 구세력(대개 훈구파) 일파와의 충돌로 볼 수 있다고 설명하였는데[13], 여기에서는 언문과 갑자사화와의 관계를 고찰코자 한다. 필자가 보기에는 양자간의 직접적인 관계는 없는 것 같다. 갑자사화 때 언문 관계자를 처벌한 것은 유독 언문을 증오했기 때문만이 아니고, 또 갑자사화라는 것도 갑작스레 모후를 위한 복수심에 불타서 시작된 것도 아닐뿐더러 더군다나 일부 학자들이 말하는 것처럼 본래 연산군은 총명했는데 모후가 비명에 죽은 것을 안 다음부터 광란·음탕해진 것은 더욱 아니다.[14]

『연산군일기』권4 6장 하 연산군 원년 3월 16일 기사에는 다음과 같이 기록되어 있다.

王見成宗誌文 傳于承政院曰 所謂判奉常寺事尹起畎者 何人耶 無奈以領敦寧尹壕誤爲起畎耶 承旨等啓 此實廢妃尹氏之父 而卒於尹氏未封王妃前 王始知尹氏以罪廢死 爲輟膳

왕이 성종의 지문을 보고 승정원에게 소위 '윤기견'이 누구인가, 혹시 '윤호'를 잘못해서 '기견'이라고 한 것이냐고 말했다. 승지 등이 이분은 사실은 폐비 윤씨의 아버지입니다만, 윤씨가 왕비로 책동되기 전에 세상을 떴습니다. 왕이 비로소 윤씨가 죄를 짓고 사사된 것을 알고 상을 물리었다.

---

13) 이병도(1959), 『國史大觀』, pp.384~385. 『연산군일기』권63 20장 하, 연산군 12년 9월 2일 기묘조에는 이 설을 뒷받침하는 기사가 있다.
14) 『연산군일기』권63 20장 상·하, 연산군 12년 9월 2일 기묘조의 첫머리에는 연산군이 원래부터 庸劣했다는 기사가 있다.
이병도(1959), 『국사대관』, p.387에도 연산군이 '원래 放蕩하여 學問에 뜻이 없고 또 文士를 싫어하던' 사람이었음을 말하고 있다.

이와 같이 원래 연산군이 그 모후 윤비가 사사된 것을 안 것은 1495년(연산군 원) 3월 16일(기해)이며, 폐비 사건 관련자들을 조사하고 처단하기 시작한 것은 1504년(연산군 10) 3월이었다. 즉 모후의 비극을 안 지 10년의 세월이 흘렀던 것이다. 이처럼 연산군이 폐비 사건을 알자마자 갑작스러이 광란해진 것은 아니다. 그런데 『연려실기술』에서는 그 권6 '폐비윤씨복위' 항에 다음과 같이 되어 있다.

初 成宗己酉(壬寅의 착오-지은이) 廢妃尹氏賜死 尹氏以拭淚斑血帨 付其母申氏曰 吾兒幸保全 當以是告我哀怨 且葬我於輦路傍 俾瞻車駕 遂葬于健元陵路左 及仁粹大妃上賓 申氏交通內人 潛訴生母尹氏非命之寃 且上其帨 主甞以慈順妃爲親母 聞之愕然慘怛 見時政記 發怒而獻議大臣及奉使之人 皆剖棺斬屍 碎骨飄風 己卯錄

애당초 성종 13년 폐비 윤씨 사사 때 윤씨가 눈물을 닦은 피묻은 수건을 생모인 신씨에게 주면서 "내 아들이 다행히 목숨을 보존한다면 반드시 저의 슬픔과 원통함을 전해 주시고, 또 임금의 수레가 내왕하는 길 옆에 저를 묻어서 수레를 우러러 볼 수 있게 해 주십시오"라고 하여 드디어 건원릉로 좌측에 묻었다. 인수대비가 서거하자 신씨가 궁중의 나인과 왕래하여 몰래 생모 윤씨 비명의 원통함을 호소하고 또 그 수건도 바쳤다. 상감께서 일찍이 자순왕비를 생모로 알고 있었으므로, 이를 듣자 크게 놀라고 슬픔에 잠겼다. '시정기'를 보고 크게 노하여 폐비 사사 때 건의한 대신이나 심부름한 자는 모두 부관 참시하여 뼈를 갈아서 바람에 날리었다. 기묘록.

尹氏之死 嘔藥而絶 濺汚白錦衫傳母 以其衫獻於主 主日夕抱其衫而哭 及長 轉成心恚 竟至失國 成廟一失家道 壼德敗壞 元子亦不保 後之人君 尚鑑玆哉 破睡篇

윤씨는 사약을 토하면서 숨을 거두었는데 더럽혀진 흰 금삼은 그 생모에 전해졌다. 그 금삼이 왕에게 바쳐지자 왕이 조석으로 그 금삼을 안고서 통곡했다. 왕이 성장하자 억울하게 벌을 받은 데 대한 분통으로 변하여 마침내 나라를 잃었다. 성종이 한번 가도를 잃자 중전의 덕도 무너지고 뒤를 이은 왕자도 보존할 수 없었으니, 뒤에 왕이 되는 자는 이것을 거울로 삼아야 할 것이다. 파수편.

또 '갑자사화' 항에서는 다음과 같이 기록하였다.

　甲子春 主憤其母非命 追罪其時參論奉使之臣 皆論以大逆 緣坐至八寸
其時賜藥承旨李世佐之親族 亦坐被禍 國朝記事
　갑자년(연산군 10, 1504) 봄에 왕이 비명으로 간 그 생모 일로 분개하여 그
때 논의하거나 심부름을 한 신하의 죄를 소급해서 물었다. 모두 대역죄로 논죄
하여 8촌까지 연루되었다. 그때 사약을 가지고 간 승지 이세좌의 친족도 모두
화를 입었다. 국조기사.

　사사 때 봉사 신하의 하나였던 승지 노공필이 중종 때까지 활약했으
니 이러한 기사들을 전적으로 신빙할 수 없음은 물론이다. 다만 우리가
짐작할 수 있는 것은 폐비 사건 때 모든 실질적인 책임자요 명령자이었
던 인수대비(소혜왕후, 덕종비)가 동왕 10년 초부터 중태에 놓여 있었고,
마침내 같은 해 4월 27일에 홍거하였는데, 폐비 사건에 대한 보복 행위
가 인수대비의 홍거와 때를 전후하여 일어났으므로 대비의 홍거가 갑자
사화와 밀접한 관계가 있지 않을까 하는 점이다.

　1504년(연산군 10) 3월 24일(일유)에 연산군은 폐비 윤씨를 복립하여
'齊獻王后 懷陵'이라 하고, 이어서 같은 날 승정원에 대하여 폐비 당시
의 參議宰相과 출궁 때의 侍衛宰相 그리고 사사 때의 進參宰相 등을
조사하여 보고하도록 하였으며, 그 무렵의 보복 행위는 다음과 같았다.

1504년(연산군 10) 3월 11일(임신) 大臣이 凌上之風이 있다고 연산군이 대노.
　　　　　　　3월 13일(갑술) 환관들에게 口是禍之門, 舌是斬身刀, 閉口
　　　　　　　　　　深藏舌, 安心處處牢를 木牌에 새기어 佩用
　　　　　　　　　　케 함.
　　　　　　　3월 20일(신사) 윤씨를 폐비하는 데 직접 관련되었던 嚴氏와
　　　　　　　　　　鄭氏(성종 후궁)를 연산군이 직접 撲殺.
　　　　　　　3월 24일(을유) 폐비 때의 참의재상 등 조사.
　　　　　　　3월 30일(신묘) 李世佐에게 폐비 사사 사건 관련 및 기타 이

유로 사사.

4월 1일(임진) 廢妃 勸成者, 諫其不可廢而受罪者, 賜死時
不諫而承命往莅者類-抄以啓(폐비를 권한
자, 폐비 불가를 간하다가 벌 받은 자, 사사 때
간하지 않고 왕명대로 하고 벼슬자리에 앉은 자
들을 조사해서 보고하게 함).

4월 18일(을유) 영의정 윤필상 등을 폐비 때의 참의재상으로서
처벌.

4월 23일(갑인) 회릉(윤비) 폐출 때의 귀인 권씨(덕종 후궁) 등
을 剖棺凌遲하고 이장시킴.

윤 4월 5일(을축) 영의정 성준을 처벌함.

윤 4월 13일(계유) 진도에 유배되었던 윤필상 사사.

이러한 일련의 처벌과 병행하여 이제 언문 관련자가 처벌을 받게 되
는 것인데, 무턱대고 그들만이 처벌된 것이 아니고, 언문하고는 관계가
없어도 폐비 때 관직에 있던 사람들이 일괄적으로 처벌을 받는 데 끼었
을 뿐이다.

1504년(연산군 10) 윤 4월 5일(을축)에 폐비 때의 언문 관련자들의 명단
이 조사되었는데 다음과 같다.

당시 좌의정 柳洵, 우의정 許琛 등은 실록을 조사하여 다음과 같이
보고하였다.

懷陵見廢時 諺文[15) 書寫者 內人 故未得考之 不付實錄者 考之無據耳
內人干涉者 權淑儀 · 嚴淑儀 · 鄭淑媛也 其議事之人 前已考啓 無有得脫
者 但賫持諺文者 盧公弼 · 成俊也

회릉(윤씨)이 폐출 당할 때 대비전의 언문을 베낀 사람은 나인이었으므로 밝
힐 수가 없었습니다. 실록에 기록되지 않아서 밝히려고 해도 근거가 없습니다.
나인으로서 이 사건에 관여한 사람은 권숙의, 엄숙의, 정숙원입니다. 의론에 참

---

15) 폐비 때 윤비의 죄상을 나열하였던 대비전의 언문서를 말하는 것임.

여한 사람은 이미 조사해서 보고했으며 빠진 자가 없습니다. 다만 대비전에서 언문서를 가져온 사람은 노공필과 성준입니다.

이리하여 이들의 처벌 문제를 논의하게 되었는데, 연산군은 노공필·성준의 죄가 윤필상과 같은 급이라고 한 데 대하여 윤필상 등은 '與議 其事'이지만, 노공필·성준 등은 단지 심부름한 데 지나지 않으니 한 가지로 다룰 일이 못된다고 유순 등은 주장하였다. 그래서 연산군도 그날은 이 두 사람을 다시 定配하는 데 그쳤던 것이다.[16] 『연산군일기』권 53 2장 상하를 보면, 유순 등이 다음과 같이 상계하였다.

弼商與議其事 俊·公弼 與此有間 懷陵 廢居私第 大司憲蔡壽 諫其不可 成宗 議欲治罪 命公弼往啓三殿 三殿 付諺束 俾啓成宗 俊則定大事後 承命告三殿 三殿 付諺束于俊使啓之 二人 但以三殿及成宗之命 往復回啓而已 無建白之事 其罪與弼商有間

윤필상이 이 의론에 참여한 일과 성준과 노공필이 이 일에 관련된 일과는 차이가 있습니다. 회릉이 폐출되어 사제에 있게 되었을 때 대사헌 채수가 그 불가함을 간하였습니다만, 성종은 회릉을 처벌하려고 하여 노공필에게 삼 대비전에 가서 아뢰게 했습니다. 삼 대비전에서는 언문 편지를 보내어 성종께 아뢰게 했습니다. 성준은 큰 일이 다 결정된 이후 왕명을 받들고 삼 대전에 아뢰게 하였더니, 삼 대전에서는 성준에게 언문 편지를 가지고 가서 왕께 상주하게 했던 것입니다. 이 두 사람은 단지 삼 대비전과 성종의 명을 받고 왕복하면서 보고했을 뿐이며 건의한 일은 없었습니다. 그 죄는 필상과 거리가 있습니다.

이에 대하여 연산군은

---

16) 물론 이 두 사람에 대한 처벌이 이것으로 끝난 것은 아니다. 성준은 일단 정배된 후 5월 4일에 교살되었다. 이유는 동왕 8년 6월 28일(무진)에 韓致亨, 李克均 등과 여러 가지로 개혁을 위하여 상소하였다는 것, 폐비 사건에 관련되었다는 것 등이었다. 노공필은 이미 이세좌(양로연에서 어의를 더럽힌 죄로 9년 9월 말부터 付處되었다가 10년 3월 30일에 윤비 사건 연루자로서 사사) 사건에 관련되어, 처벌되었다가 이날 다시 정배된 것이다. 그러나 죽지는 않고 중종 시대에 활약하였다.

其罪 雖不與弼商同科 亦不可輕論 其議罪以啓(하략)

비록 그 죄가 필상과 똑같지 않다고 하더라도 가볍게 논할 수 없으니 그 죄를 의논해서 아뢰도록 하라

라고 하였으니, 문제의 핵심은 언문에 있는 것이 아니라, 폐비 사건에 참여했느냐 안 했느냐에 있었던 것이다.

이어서 1504년(연산군 10) 윤 4월 13일(계유)에는 폐비 때의 禮官을 고찰하도록 명령하고, 동월 16일(병자)에는

己亥・壬寅兩年 翻譯諺書 傳播於外者 及其時史官 注書 承旨等

기해(1479, 성종 10)와 임인(1482, 성종 13) 두 해에 언문 편지를 번역하여 외부에 전파한 자와 그때의 사관 등

을 밝혀서 보고하라는 명령이 내려져서 동월 17일(정축)조에 다음과 같이 보고되었다.

승정원 서계
기해년 6월 초 5일 廢懷陵 時
承旨 洪貴達, 金承卿, 李瓊仝, 金季昌, 蔡壽, 邊脩
注書 申經, 洪詗
史官 崔瑄, 李世英
諺書 翻譯 蔡壽, 李昌臣, 鄭誠謹
임인년 8월 16일
承旨 盧公弼, 李世佐, 成俊, 金世勣, 姜子平, 權健
注書 李承健, 權柱
史官 辛服義, 洪係元
諺文開讀 內官 安仲敬
諺文解示 姜子平

그리하여 이들에 대한 처벌이 결정되었는데 다음과 같다.

柳洵 等 書啓 曰
瓊仝, 季昌, 邊脩 收職牒
申經 罷職
洪詗 收職牒
崔璡 罷職
蔡壽, 李昌臣 收職牒付處遠方
鄭誠謹 其子等 收職牒付處外方
金世勛, 姜子平, 權健, 李承健 收職牒
權柱, 辛服義 罷職
洪係元 收職牒 何如
從之[17]

이러한 사실을 보면 언문 관련자들에 대한 처벌이 약간 엄했던 느낌을 준다. 그러나 이 중에서 정성근은 이 문제가 제기되기 전인 윤 4월 8일(무진)에 성종 삼년복을 입는 기행을 했다는 죄로 피살되었고, 오히려 나머지 관계자는 감형되는 결과가 생겼다. 즉 동월 20일(경진)에, 왕은 이세좌와 함께 사사 때 사신으로 갔던 권주를 처단하고자 하여 정승들과 의논했다가 미수에 그친 일이 있었다.[18]

傳曰 '宋欽·權柱 懷陵賜死時 有所犯罪 類世佐而初不啓 甚不可 宋欽 剖棺斬屍 權柱 賜死何如'
송흠과 권주는 회릉 사사 때 세좌와 같은데 애당초 보고 안 한 것은 매우 잘못이다. 송흠은 부관 참시하고 권주는 사사함이 어떤가?

政丞 及 金壽童 等 啓 '宋欽定罪 當如上敎 權柱則其時 以注書 只從 承旨指使耳 其罪 與世佐有間'
송흠 처벌은 상감님 뜻대로 하심이 마땅하오나 권주는 그때 주서로서 다만

---

17) 『연산군일기』권53 9장 하, 연산군 10년 윤 4월 정축조.
18) 『연산군일기』권53 13장 상, 연산군 10년 윤 4월 경진조.

승지의 지시를 받았을 뿐이니 세좌의 죄와는 차이가 있습니다.

傳曰 '然則柱 減死 決杖 70 極邊庭爐于定役 李昌臣 · 蔡壽 · 邊脩 並決
杖 70 申經 · 辛服義 決杖 60 洪詞 · 權健 · 李承健 · 金季昌等子 並勿叙
　그렇다면 권주는 곤장 70으로 감형하고 국경 지역 방위에 종사시키고 이창
신, 채수, 변수는 곤장 70, 신경, 신복의는 곤장 60, 홍형, 권건, 이승건, 김계창
등의 아들은 등용하지 마라.

　여기에서 권주는 끝내 연산군의 보복 대상자가 되어 유순 등이 그렇
게도 구명하려고 힘썼던 보람 없이 일 년 후 사형되었지만(연산군 11년 6
월 18일 신미에 교수형), 언문하고 가장 밀접한 관직을 가졌던 채수 · 이창
신은 관대한 처벌을 받았다.
　채수는 결장 70이라는 형이 결정되자 그의 딸인 의금부 당상 金勘의
처 蔡씨가 21일에 상송하였다.

父蔡壽 前日極諫廢妃事
아버지 채수는 이전에 폐비에 대하여 끝까지 간했습니다.

이에 대하여 왕은

始雖極諫 終不能止 何功之有
처음에는 비록 끝까지 간했더라도 마침내 중지시키지 못했는데 무슨 공이 있
느냐?

라고는 하였으나 태형 50으로 감형하고 그 다음날인 22일(임오)에 채수 ·
이창신 등에게 약물을 하사까지 했으며 그 후 언문 익명서 사건으로 가
장 험악한 사태 하에 있었던 1504년(연산군 10) 7월 26일(갑인)에 채수는
폐비를 간했다는 공으로 석방되었던 것이다.[19]
　그러므로 종래 여러 학자들이 아무런 비판 없이 재인용하였던 『연려

실기술』의 기사는 사실과 어긋남이 증명된 것이다. 같은 책 권6 '성종조 윤씨 폐사' 항에서는 破睡篇 기사를 인용하기를

尹氏之廢 上常以諺書書其罪 遣中官及承旨 逐日隔帳諷讀 冀其改過而復壺位 尹氏終不改 竟賜死 燕山嗣位 盡殺其時承旨 而蔡壽 以不解諺文 獨免死

윤씨가 폐출될 때, 왕이 언제나 언문으로 그 죄상을 적어서 중관(내시)과 승지를 보내어 날마다 휘장 밖에서 읽어 주어 그 잘못을 고치기를 바라고 복위시키려고 했으나 윤씨가 끝내 고치지 않아 마침내 사사하였다. 연산군이 왕위를 계승하여 그 당시의 승지를 모두 죽였는데, 채수만은 언문을 모른다고 하여 홀로 죽음을 면했다

라고 하였는데 위에서 설명한 기사로 알 수 있듯이 채수는 언문을 한문으로 번역할 수 있을 정도로 알고 있었고, 석방된 것은 언문을 몰라서가 아니었다.

그리고 이창신은 1년 후인 1505년(연산군 11) 6월 18일에 이르러서 연산군이

下李昌臣諺文飜譯單子曰 此雖小事 然所干事大 可於海外移配(尹氏被廢時 貞熹王后 以諺文書 尹氏之罪狀 以示于朝 昌臣 承命飜譯)

이창신의 언문 번역 단자를 내려보내면서 말하였다. 이것은 비록 작은 일이라고 하더라도 관여한 일은 매우 크다. 섬으로 유배시켜야 한다(윤씨 폐출 때 정희왕후가 언문으로 윤씨 죄상을 써서 조정에 보이매 창실이 왕명으로 변역했었다)

라고 하여, 다시 벽지로 이배되었는데 죽이지는 않았던 것 같다.[20]

---

19) 『연산군일기』 권53 14장 상, 연산군 10년 윤 4월 신미조.
『연산군일기』 권53 14장 상, 연산군 10년 윤 4월 임오조.
『연산군일기』 권54 34장 하, 연산군 10년 7월 갑인조.

이러한 일련의 사실로 보더라도 언문과 갑자사화 하고는 우선 그 직접적인 관계가 없었던 것을 알 수 있는 것이다. 즉 언문 사용자만을 죽이려는 것이 목적이 아니라, 폐비 사건 관련자에 대한 복수가 그 주요 목적이어서 그때까지 생존하고 있다가 이때 희생된 사람은 윤필상·한치형·이극균·성준·이세좌 등이었다.

4. 언문 익명서 사건과 소위 언문 금압

1) 익명서

연산군 말년 전후 3년간을 刑訊과 소란 속으로 휘몰아 넣었던 소위 익명서란 무엇인가? 중국의 사전인 『辭源』에서는 다음과 같이 설명하였다.

> 匿名書−不署投書者姓名之函件也. 〔舊唐書 王鍔傳〕'有遺匿名書於前者 鍔納之靴中' 今謂匿名以攻訐人之書件 爲揭帖
> 익명서란 성명을 쓰지 않고 투서한 문건이다. 〔구당서 왕악전〕'그 전에 익명서를 남긴 자가 있었는데, 왕악이 이를 산 속에 감추었다'라고 있다. 오늘날 익명으로 남을 공격하든지 폭로하든지 하여 게시하는 것을 말한다.

요는 자기 성명을 밝히지 않고 타인의 죄를 밀고하는 투서를 말하는 것이다. 조선시대에 있어서 이러한 익명서의 내용은 비밀로 붙여질 것이 법으로 규정되어 있었다. 『大典會通』 권5 推斷條에

---

20) 『연산군일기』 권85 14장 상, 연산군 11년 6월 18일 신미조.

匿名書 雖係干國事 父子之間 亦不得傳說 如有傳說者 累日不燒者 並
依律論
　익명서는 비록 국사에 관련된 사항이라고 하더라도 부자 사이에서조차 전해
서는 안 된다. 만일에 내용을 흘리거나 며칠이 지나도 태우지 않은 자는 법률
에 의하여 처벌된다

라고 하였고,『大明律直解』형률 소송(권22)조에는 다음과 같이 규정하
였다.

　「投匿名文書告人罪」
　凡投隱匿姓名文書 告言人罪者絞 見者卽便燒毀 若將送入官司者 杖八
十 官司受而爲理者 杖一百 被告言者不坐 若能連文書捉獲解官者 官給
銀一十兩 充賞
　무릇 성명을 감춘 문서를 투서하여 남의 죄를 말한 자는 교수한다. 이것을 본
자가 바로 태우지 않고 만일에 관청에 보낸 자는 곤장 80, 관청에서 이를 수리
하여 처리한 자는 형장 100, 보고된 자는 연좌되지 않는다. 만일에 투서한 자를
잡아서 투서와 함께 보내오는 자에게는 관에서 은 10냥을 주어서 시상한다.

　즉 익명서의 투입과 또 그 내용이 누설될 것을 엄격히 방지하고 있다.
　그럼에도 익명서는 조선시대에 자주 투입된 모양이어서, 반드시 언문
에 의한 것만이 아니라, 한문에 의한 것도 여러 차례 발생하였다. 그 일
례를 보면 1475년(성종 6, 을미) 12월에도 익명서 사건이 발생한 일이 있
었다. 그 내용은 성종이 즉위할 때 幼沖하여 그 모비 인수대비가 수렴
정치를 하고 있었는데, 그 폐단을 지적한 것이었다.『연려실기술』권6
성종 항에는 野言別集 기사를 인용한 기사가 있다.

　六年 乙未(或云 7年 丙申) 有人粘匿名書于政院 大意指大妃攝政之弊
也 於是 大妃還政于上 上固辭(하략)
　6년 을미(1475)에 어떤 사람이 익명서를 승정원에 붙였다. 내용은 대비 섭정

의 폐단을 지적한 것이었다. 이에 대비가 왕에게 정권을 돌려 드렸는데, 왕이 고사했다.

이 익명서 때문인지는 몰라도 결국 1476년(성종 7) 1월 13일부터는 성종이 친정을 하게 되었던 것이다.[21]

그리고 1504년(연산군 10) 6월에도 익명서 사건이 발생하여 '屬上不敬之語 書貼後宮家懸柱(왕에 관한 불경스러운 말을 후궁 집 기둥에 써 붙였다)' 하였다는 죄목으로 田香 등 궁녀들이 처벌된 일이 있었다.[22]

2) 언문 익명서 사건의 발생과 그 처리

위와 같은 익명서 사건이 있은 다음 왕의 살육 행위와 광란 행위가 날로 심해 가매, 드디어 같은 해 7월 19일(정미)에 지금까지 국어국문학사상 역사적인 대사건으로 치는 언문 익명서 사건이 발생한 것이다. 실록 기사에 의거하여[23] 그 전후 경위를 살피면 다음과 같다.

그날 연산군의 처남 愼守英은 밀계하기를 새벽에 濟用監正 李逵가 시킨 바라고 하여, 모인이 자기 집에 투서를 하고 갔는데, 그것이 곧 익명서였다고 하였다. 그리하여 연산군은 이규를 불러다가 사실 여부를 신문하였던 바 그런 일이 없다고 대답하였다.

이리하여 범인을 체포하기 위한 수단과 명령이 하달되었는데, 실로 이 사건은 연산군이 축출될 때까지 계속되었던 것이다. 그러나 문제는 연산군이 주력한 것이 익명서 사건과 언문이 결부되었다고 해서 언문을 금

---

21) 『성종실록』 권62 1장 하, 성종 6년 12월 을유조.
  『성종실록』 권63 8장 하, 성종 7년 1월 13일 무오조.
  이때 인수대비는 언문서로써 성종 친정을 전교하였다.
22) 『연산군일기』 권54 7·8장, 연산군 10년 6월 정묘·무진조.
23) 『연산군일기』 권54 30장 상·하, 연산군 10년 7월 정미조.

압하는 데 있었던 것이냐 그렇지 않으면 순전히 익명서의 범인을 잡기 위한 소란과 엄단이었던 것이냐 하는 점이다. 종래에는 이 점에 있어서, 너무나도 언문에만 관련시켜서 고찰하였던 것 같다. 그러나 사실은 언문과 그렇게 큰 관련이 있었던 것은 아니었다. 다만 언문 익명서 사건이 갑자사화와 병행해서 일어났기 때문에 이 양자간의 확연한 구별이 힘들 뿐이다.

범인을 체포하기 위하여 1504년(연산군 10) 7월 19일에 하달된 명령은 다음과 같다.

即閉都城各門 令衛將各二員 部將各四員 入直司僕寺 分守 禁人出
且自昌義門至東小門城上則 已命內宮列把矣 自昌義門至敦義門·南大門·南山·東大門·東小門城上 皆令軍士把立 以防逃逸

즉시 도성 각 문을 폐쇄하고 위장 각 2명, 부장 각 2명이 사복사에 숙직하여 나누어 지키게 하고 사람 출입을 금하라.

또 창의문부터 동소문 성 위까지는 이미 내관이 줄을 서서 지키도록 명했다. 창의문부터 돈의문, 남대문, 남산, 동대문, 동소문 성 위까지는 모두 군사들이 지키고 서서 도망가지 못하게 하라.

이와 같이 범인을 엄히 탐색하기 위하여 가히 철통같은 경비진이 쳐져 있었음을 알 수 있다.

그러면 언문 익명서의 내용은 어떠하였던가? 언문 익명서는 모두 3장인데, 전문을 언문으로 쓰고, 인명만 한자로 썼으며 제목도 '無名狀'이라는 석 자를 쓴 다음, 다음과 같은 내용으로 되어 있었다(실록에는 漢文으로 번역한 글만이 실려 있다).

一日 介今·德今·古溫知等 相與會飮
介今曰 古之人君 雖亂時 不至如此殺人 而今之主上 何如主上也 殺臣下如斷蠅頭 吁嗟乎 何時別此也

德今曰 若如此 則必不久矣 何疑之

有所言雖甚 難可盡記 如此之女 未嘗懲而矯之 故到處言之耳 若有投棄此書者 我當上言 欲庇護介今 必見禍矣

일 왈 개금, 덕금, 고온지 등이 함께 술을 마셨다.

개금이 말했다. 옛날 임금은 비록 난시라도 이렇게 사람을 죽이는 일이 없었는데 지금의 임금은 어떻게 된 임금인가. 신하 죽이기를 파리 목 자르듯 하니, 아아! 어느 때가 되어야 이런 일에서 벗어날 것인가.

덕금이 말하였다. 이런 일은 반드시 오래 가지 않을 것이 틀림없다.

말하는 것이 너무 심해서 다 쓸 수가 없다. 이런 여자가 아직 벌을 안 받고 바로잡지 않았기 때문에 가는 곳마다 비난만 받는 것이다. 만일에 이런 글을 투입하는 자가 있어서, 내가 개금을 감싸겠다고 아뢰면 반드시 화를 입을 것이다.

二曰 曹方・介今・古溫知・德今 等 醫女 到介今家 言 古之主上則 不爲非義 今之主上 於女色無所區別 今亦妓女妓・醫女・絃首等 並皆點閱 將納後庭 如吾等 得無幷入耶 國家所爲亦非 其能矯臣下之非乎

噫 主上大無道如此 發言之女 大懲可也 如何 有國家 而如此之女 不懲耶 如此之女 凌遲然後 如此詬言 不復聽矣

이 왈, 조방 등 의녀가 개금 집에 와서 말하기를 옛날 임금은 불의를 행하지 않았는데, 지금의 임금은 여색에 구별이 없고 이제 또 기녀, 의녀, 현수(公妓의 우두머리) 등을 모두 똑같이 점호를 해서 후궁으로 헌납시키고 있다. 우리들도 헌납되는 것이 아니겠는가. 국가(왕)가 하는 짓이 틀렸는데 신하의 잘못을 바로잡을 수 있겠는가.

아아! 임금의 무도가 이와 같이 크다고 발언한 여자가 큰 벌을 받는 것은 당연하다. 어째서 국가가 있는데 이런 여자가 벌을 받지 않는 것인가. 이러한 여자가 능지처참이 된 뒤면 이런 비방을 다시 듣게 되지는 않을 것이다.

三曰 介今・德今・古溫知等 相與言曰 若非申氏 今年作人之冤悶 至此極耶 安得幷申氏父祖子孫 而盡滅無種耶 主上 多殺臣下 行幸時 必有愧恥之心 故盡逐士族之妻 無乃因此 欲爲自家之妻耶 何時 革此代耶

如此之女 須懲之

삼 왈, 개금, 덕금, 고온지 등이 서로 말하기를, 만일에 신씨 때문이 아니라

면, 올해에 사람을 억울한 죄로 괴롭히는 일이 이토록 심하였겠는가. 어떻게 하
면 신씨의 부조 자손을 한꺼번에 전멸시켜서 그 종자까지 없앨 것인가. 주상은
신하를 많이 죽였으므로, 행행 때 반드시 부끄러운 마음이 있을 것이다. 그래서
사족의 아내를 좇아서 자기의 아내로 삼으려는 것이 아닐까. 어느 때가 되면
이 대가 바뀔 것인가.

이러한 여자는 반드시 벌을 받아야 한다.

이러한 내용, 주로 연산군의 漁色, 살육을 비방한 익명서에 대노한
연산군은 즉시 개금 등을 빈청에 拿鞫하여 정승 유순·허침·박숭질, 의
금부 당상 김감·정미수·김수동·이계남, 승지 박열·권균 등에게 명하
여 개금 등을 신문케 하였다. 그러나 모두 사건과는 무관하다고 주장함
에 당일 내로 따로 범인을 급속히 체포할 절목을 上申하라고 명령하여,
유순 등은 그 방법으로서 다음과 같은 내용을 아뢰었다.

有告者 給犯人財産 賞縣布五百匹 有職者陞堂上官 無職者授正三品職
賤人永許爲良 知而不告者斬 籍沒財産 參謀人自首者免罪

보고한 자에게는 범인 재산을 주고 면포 500필을 주며 유직자는 당상관으로
올리고, 무직자는 정3품직으로 서용하고 천민은 영구히 양민으로 한다. 알고도
고하지 않은 자는 참형에 처하고, 재산을 몰수한다. 모의에 참여했어도 자수하
면 죄를 면한다.

실로 어마어마한 현상금과 보상품을 준비하고, 그날로 즉시 공고하였
던 것이다. 이러는 한편 연산군은 그 다음날인 20일에 다음과 같이 명령
하였다.[24]

醫女 介今·德今·古溫知等推鞫時 其封下書 辟人開見 雖史官 勿膽
書 此人等 淫夫必多 其中必有憎愛 而憎愛之中 互生嫌隙 構成此事 容

<hr>

[24] 『연산군일기』 권54 31장 상·하, 연산군 10년 7월 무신조. '且諺文者'는 '且知諺文者'
일 듯함.

或有之 其以此意. 詳問之 如有諱者刑訊 辭連者 不待啓達 卽拿來鞫之

의녀 개금 등 중죄인을 심문할 때 그 봉하서는 사람을 피해서 펴 보고 비록 사관이라고 하더라도 기록하지 마라. 이들은 정부가 반드시 많을 것이므로, 그 가운데에는 반드시 미워하고 사랑하는 자가 있어서 미워하고 사랑하는 사이에 서로 틈이 생겨서 이러한 날조 사건도 생겼을 것이다. 이러한 뜻으로 자세히 묻고 말하지 않으려거든 刑杖으로 때리면서 심문하고, 관련자는 품신할 것 없이 즉시 체포해서 심문하라.

且坊里人家口數 令各戶書呈 某人則某日出去某處 某人則在家無出入 又使隣里相告 以某家某 曩則在家 而今則出去 某家某 曩則出去 而今則還
且諺文者 摘發 令一一書之 與封下書 憑考 絃首針線婢 曁他人中 有此名者 其令漢城府五部 詳訪以啓

또 마을의 호구 수를 각 집마다 써내게 하고, 누가 어느 때 어디 갔는지, 어떤 사람이 집에 있어서 출입하지 않았고, 또 이웃 마을에서도 어느 집 누구는 그 전에 집에 있었는데 지금은 나갔다든지, 어느 집 누구는 그 전에는 나갔는데 지금은 돌아왔다든지 하는 것을 서로 보고시켜라.

또 언문을 쓸 수 있는 자는 적발하여 한 사람 한 사람 글씨를 쓰게 하여 봉하서와 대조하여 조사하라. 현수, 침선비와 다른 사람 가운데 이런 이름을 가진 자는 한성부 오부에서 상세히 찾아가서 보고하라.

이와 같이 여러 방도를 강구했음에도 범인은 잡지 못했다. 그리고 그 뒤 2년간 갖은 수단을 다 썼는데도 범인을 체포하기에 실패하였으니, 얼마나 민심이 왕과 이반되어 있었던가 하는 것을 알 수 있는 것이다.

이제부터 우리는 사건 발생과 밀접한 관련을 가졌던 언문에 대하여 어떻게 처리하였는가, 그 전후 사정을 냉철히 분석·고찰해 보고자 한다.

(1) 언문을 통한 범인 체포 노력과 언문 금압

언문 익명서 사건이 발생한 다음날인 7월 20일에는 우선 도성문을 닫은 후 19일에 입궐하였던 정부, 금부 당상을 불러들이고서, 다음과 같은 명을 내리었다.

　且今後 諺文勿敎勿學 已學者 亦令不得行用 凡知諺文者 令漢城五部 摘告 其知而不告者 幷隣人罪之 昨日捕罪人節目 城內則已通諭 城外及 外方 亦諭之[25]

　'且諺文者 摘發 令一一書之 與封下書 憑考'[26]

다시 그 다음다음 날인 7월 22일(경술)에는 다음과 같은 명령이 내려 졌다.

　諺文行用者 以棄毁制書律 知而不告者 以制書有違論斷 朝士家 所藏 諺文口訣冊 皆焚之 如飜譯漢語諺文之類 勿禁[27]

그런데 우리가 이 명령을 분석해 보면 다음과 같은 네 가지 내용으로 이루어져 있음을 알 수 있다.

① 언문 학습 및 사용 금지
今後 諺文勿敎勿學 已學者 亦令不得行用(20일)

금후 언문을 가르치지도 말고 배우지도 마라. 이미 배운 자도 역시 사용해서는 안 된다.

諺文行用者 以棄毁制書律(論斷)(22일)

언문을 사용하는 자는 조서를 고의로 버렸거나 파손한 죄로 처단한다.

② 언문을 아는 자 摘告
凡知諺文者 令漢城五部摘告 其知而不告者 幷隣人罪之(20일)

---

25) 『연산군일기』 권54 31장 상, 연산군 10년 7월 무신조.
26) 『연산군일기』 권54 31장 상, 연산군 10년 7월 무신조.
27) 『연산군일기』 권54 31장 상, 연산군 10년 7월 무신조.

언문을 아는 자는 한성 오부로 하여금 적발해서 보고하게 하라. 알고도 보고하지 않는 자는 이웃 사람까지도 처벌하라.

知而不告者 以制書有違論斷(22일)

알고도 보고하지 않는 자는 조서를 위반한 자로서 처단하라.

③ 언문 서적 소각

朝士家 所藏諺文口訣冊 皆焚之 如飜譯漢語諺文之類 勿禁(22일)

조정의 모든 관원 집에 소장되어 있는 언문 구결 책은 모두 불사르라. 다만 한어를 번역한 언문류는 금하지 마라.

④ 언문 필적 憑考

且諺文者 摘發 令一一書之 與封下書 憑考(20일)

또 언문을 쓸 수 있는 자는 적발해서 하나하나 쓰게 하여 봉하서와 대조해 보라.

이러한 명령이 언문 사용자나 언문 서적들에 있어서는 큰 타격이라고 할 수 없는 바 아니나, 종래 우리가 인식하여 온 바와 같이 과연 언문에 대한 대탄압인가 하는 점은 여기에서 재고해 보아야 한다. 우리는 너무나도 제4항을 간과해 왔던 것이다. 제4항이야말로 이 언문 사건 해결의 관건인 것이다.

우리가 재고해 보아야 될 것은 첫째로 '언문 학습 및 사용 금지'와 '언문을 아는 자 적고'와의 상호 관계다. 연산군은 익명서 사건이 발생되자 그것이 언문으로 씌어 있었기 때문에 범인은 필시 언문을 아는 자들의 소행이라 보고, 그 범인을 체포하기 위하여서는 일차적으로 언문 사용이나 학습을 금지할 필요가 있었다. 그러므로 여기에서 금지된 언문 사용이나 학습이 영구성을 띤 것은 결코 아니라고 본다. 당시 한성 오부 내에서 누구누구가 언문을 쓸 줄 아는 자라는 것까지 알 수 있을 정도로,

언문은 아직 보급되지 않았던 것이다. 그래서 연산군은 이 점을 노려서, 한성 오부 내에서 언문을 아는 자를 전부 적고하여 그 중에서 범인을 염탐하려고 하였다. 이를 성공하려면 한 사람의 누락이 있어서는 안 되었다. 그래서 '其知而不告者 幷隣人罪之'니 '知而不告者 以制書有違論斷'이라는 엄명이 내려진 것이다. 그러므로 여기에서의 언문 사용 금지는 언문을 영원히 사용하지 말라는 것이 아니라 범인을 체포하기 위한 기간만 금지된 것이라고 보아야 할 것이다.

이러한 결과로 과연 한성 내에서 언문을 아는 자는 전부 집합시켜 조사할 수 있었는데, 범인은 나타나지 않았다. 즉 동월 23일(신해)에 연산군은 범인 체포가 늦어진 데 대하여 격노하여 신하들을 다음과 같이 꾸짖었다.[28]

投匿名書 實是訕上 爲人臣者 所當痛憤而嚴懲 其連逮人 雖多見傷 而不容少緩 何乃視爲例事 遷延不鞫乎 有如金世豪者 事涉可疑 而不卽鞫問 無奈不可乎

익명서 투입은 실로 상감을 비방하는 일이다. 신하된 자 반드시 통분하여 엄벌해야 할 바다. 이에 관련되어 체포된 자가 비록 많이 상처를 입었다고 하더라도 조금도 느슨하게 다루어서는 안 된다. 어째서 흔히 있는 일처럼 여기고 질질 끌고 문초를 하지 않는가. 김세호 같은 자는 일에 관련이 있는 것 같은데, 즉시 문초를 하지 않아도 좋다는 것인가!

이에 정원에서 대답하였다.

臣等 各懷憤恨 欲得罪人而快治之 安敢故遲乎 今方聚解諺文人 考其筆迹 期於必得也

신 등이 각자 분하게 여겨 죄인을 잡아서 빨리 다스리려고 하옵는데 어찌 감히 일부러 늦추겠습니까? 이제 바야흐로 언문 아는 자들을 모아서 그 필적을

---

28) 『연산군일기』 권54 33장 상, 연산군 10년 7월 신해조.

밝혀서 반드시 체포하려고 하고 있습니다.

즉 언문 아는 자만 모아 놓으면 범인은 반드시 그 가운데 있을 줄 알 았는데, 다음과 같은 기사를 보면 모두 필적이 대동소이하여 실패로 돌 아가고 말았던 것이다.29)

命政丞等及義禁府堂上 聚五部中解諺文者 試以書其筆跡 皆大同而不 可辨 柳洵等啓 以此得眞犯爲難 請廣示匿名書 認知筆跡者許告 則萬一 可得 傳曰 可

정승 및 의금부 당상들이 오부 가운데에서 언문 아는 자를 모아서, 글씨를 쓰게 하여 필적을 비교해 보았으나 모두 대동소이하여 분별할 수가 없었다. 유 순 등이 "이런 방법으로는 진범을 찾기 어려우니 익명서를 널리 공시하여 필적 을 알아보는 자가 보고하도록 하는 것이 어쩌면 범인을 밝혀낼지 모르겠습니 다" 하고 아뢰었다. 왕이 좋다고 하였다.

그러므로 우리는 위의 제1항과 제2항 및 제4항의 명령은 상호 밀접한 관계를 갖고 있었던 것이며, 모두 언문 필적의 빙고를 위한 수단이었던 것이고, 제1항과 제2항의 명령이 영구성을 띤 것이라고는 할 수 없는 것 이다. 불행한 일은 이러한 범인 체포 기도가 실패로 돌아감으로써, 실로 범인을 체포하려는 노력은 더욱 치열해지고, 피의자는 더욱 늘어나서 연 산군이 축출될 때까지 무려 2년간이라는 세월에 걸쳐 희생자가 속출하였 으나, 후술하는 바와 같이 피의자들이 언문을 알기 때문에 또는 언문을 사용했기 때문에 혐의를 받은 것은 아니었다.

계속하여 언문과 관련하여 범인을 잡으려고 노력한 자취를 살펴보면, 상술한 바와 같이 한성 내에서 언문 아는 자의 필적에 의한 범인 체포 가 실패로 돌아가자, 동월 25일에는 대상자를 성밖으로 확대하였다.30)

---

29) 『연산군일기』 권54 33장 상, 연산군 10년 7월 신해조.
30) 『연산군일기』 권54 34장 상, 연산군 10년 7월 계축조.

令京外解諺文及漢字者 各書漢諺四通成冊 其一藏于議政府 一藏于司
憲府 一藏于承政院 一入大內 以憑後考
　　경외에서 언문과 한자를 아는 자들에게 각자 언문과 한자를 4통씩 쓰게 하여
책을 만들어서, 하나는 의정부에서, 하나는 사헌부에서, 하나는 승정부에서 보
관하고, 하나는 궁내에 들여와서 이후의 대조 조사에 대비하라.

　이와 같이 명을 내린 뒤 이어서 동월 27일(을묘)과 8월 2일(기미)에는
이것을 실행에 옮기었다.

　　政丞及禁府堂上承旨等 坐當直廳 聚都中解諺文人 令寫諺文 比驗區
(匿의 誤字인 듯－지은이)名書筆跡累日
　　정승과 의금부 당상관 승지들이 당직청에 앉아서 성안에서 언문을 아는 자를
모아서 언문을 쓰게 하고 날마다 익명서의 필적과 대비 조사하였다.

　　承旨朴說等 以五部人所寫諺文入啓 傳曰 城外人 亦並推刷試寫
　　승지 박열 등이 5부 사람이 베낀 언문을 가지고 아뢰니, 왕이 성밖 사람과
다른 지방으로 도망간 노비도 데려다가 언문을 베껴보게 하라고 말하였다.

　이러한 예를 보면 어디까지나 언문 필적으로써 범인을 잡으려고 주력
하였고 또 준비하였던 것이다. 그리고 또 언문 익명서하고는 아무 관련
도 없는 한자까지 쓰게 해서, 비치케 한 까닭은 무엇인가. 이것 또한 필
적을 가지고 익명서의 범인을 잡으려 하였던 결과인 것이다.
　그러나 이러한 수단에 의하여 범인이 체포되지 못하게 되자 인민들의
곤란은 더욱 가중해졌다. 특히 폐문으로 성안의 시체 처리에 큰 곤란을
겪게 되어, 1504년(연산군 10) 8월 6일(계해)에는 범인 체포가 미수에 그친
채 드디어 성문을 개방하기에 이르렀다.
　우리는 지금까지 1504년(연산군 10) 7월 20일의 명령과 22일의 명령을
분리하여 고찰함으로써 큰 粗漏를 범하였던 것이다.
　실은 20일의 명령과 22일의 명령은 다음과 같이 상호 연결된다.

(20일) 今後 諺文勿敎勿學 已學者 亦令不得行用

↕

(22일) 諺文行用者 以棄毀制書律(論斷)

(20일) 凡知諺文者 令漢城五部摘告 其知而不告 幷隣人罪之

↕

(22일) 知而不告者 以制書有違論斷

이와 같이 22일의 명령은 20일에 대한 부수적인 명령으로 해석되는
것이며 무턱대고 독자적으로 발해진 언문 금압령이 아니다.

그리고 여기에서 또 '棄毀制書'나 '制書有違'가 어느 정도의 형벌인
가를 고찰해 보자.

『校訂 大明律直解 吏律』에 의하면 다음과 같이 규정하고 있다.

'棄毀制書印信'(詔書·印書의 파기와 파손)

'凡棄毀制書 及起馬御寶聖旨 起船符驗 若各衛門印信 及夜巡銅牌者斬
若棄毀官文書者 杖一百 有所窺避者 重論 事干軍機錢粮者 絞(하략)'

무릇 조서와 起馬聖旨(왕이 사신에게 수여하는 역마 승용 증표)·御寶(왕의
옥새와 玉寶)·기선부험(왕이 사신에게 수여하는 승선 증표) 그리고 각 아문의
인신과 야순의 동패를 버리거나 파손한 자는 참형, 혹시 관의 문서를 파손한
자는 곤장 100, 도피하려고 한 자는 重論(중죄로 논함), 군기와 천량 관련자는
교수에 처한다.

'制書有違'

'凡奉制書 有所施行而違者 杖一百 違皇太子令旨者 同罪 違親王令旨
者 杖九十 失錯旨意者 各減三等'

무릇 조서를 받들어 시행하는 일에 위반하는 자는 곤장 100, 황태자 명령을
위반한 자도 같은 죄, 친왕의 명령을 위반한 자는 곤장 90, 旨意를 착각한 자
는 각각 3등을 감한다.

여기의 '制書'란 천자의 '조서' 또는 '제소'라는 뜻이거니와 '棄毀制書'

에 대한 처벌은 엄해도 '棄毀制書律'에 대한 처벌은 그렇게 중벌이 아님을 알 수 있다.

그런데 이 '棄毀制書律'과 '制書有違'는 연산군 대에 비단 언문 사건에만 적용된 것이 아니라 실로 매사에 남용되었다. 세자비 간택에 응하지 않아도 棄毀制書律이요(10년 6월 29일), '凡奉命者 苟循私背公 以負國家委遣之意 則當以棄毀制書律論之(무릇 명령을 받은 자가 私를 따르고 公을 배반하여 국가가 맡긴 旨意에 어긋났을 때에는 마땅히 조서를 파손한 법률로써 죄를 논한다)'요(10년 7월 2일), 출입 금지 구역에 들어가도 棄毀制書律로 斬이며(10년 7월 17일), 그밖에 이루 枚擧할 수 없을 정도로 이 명령은 남발되었던 것이다. 따라서 언문에 의한 익명서 사건이 발생한 바로 그 다음날과 또 그 다음다음 날이므로 연산군 정치의 요체인 이 명령이 또다시 발해진 것이겠지만, 이상에서 고찰해 온 바와 마찬가지로 7월 22일의 명령은 7월 20일의 명령을 부연한 것이요, 어디까지나 필적에 의하여 단시일 내에 범인을 잡기 위한 수단이었다. 이 명령이 그렇게 영속성을 띤 것으로 보이는 않는다. 이것은 다음과 같은 언문 사용 금지령으로 발생된 사건으로도 알 수 있다.

① 羅知 · 萬年 사건

수구문 근방에 사는 朴鐵貞의 노복 萬年이 외부의 비녀 羅知와 서로 수작하는 것이 수상하다는 것을 보고한 자가 있어 1504년(연산군 10) 8월 4일(신유)에 이들을 나포한 후 조사하였으나 별 내용이 아니었다. 연산군은 동 8월 5일(임술)에[31] 무고한 백성을 익명서 사건으로 인하여 괴롭히는 일에 대하여 자못 양심의 가책을 느끼고 있는 듯이 말하였다.

羅知 · 萬年云 諺文燒毁之言 非吾所言 其刑訊 凡匿名書 法不當問 且

---

31) 『연산군일기』 권55 3장 상 · 하, 연산군 10년 8월 임술조.

今閉門已久 弊甚不貲 然此則彰君之惡 天地間 有此等人 孰不痛心 若知
而誅之 則豈不快哉 前囚可疑人等 並加刑訊
　　나지와 만년이 말하기를 "언문을 태웠다는 것은 내가 말한 것이 아니다"라고
한다. 무릇 익명서에 관한 문초는 법대로 묻고 있는 것이 아니다. 또 이제 성
문을 닫은 지 오래되어 그 폐해는 이루 말할 수 없다. 그러나 이 사건은 임금
의 악을 까발리고 있는 것이다. 천지간에 이런 사람이 있는데 어느 누가 마음
아파하지 않겠는가. 만일에 적발하여 참형에 처한다면 어찌 기쁘지 않겠는가.
그 전에 체포한 사람 가운데 의심스러운 자도 문초하라.

　　그러나 위의 글에 나타나 있듯이 범인 체포 작전이 끝난 것이 아니었
다. 같은 해 8월 8일(을축)에 유순 등이 익명서 사건에 대하여 다음과 같
이 품의하였다.[32]

　　被囚者多 獄不能容 或保放 或移典獄 尙塡積 其中不相干者 請稱疏放
　　수감자가 많아서 감옥에 다 수용할 수 없어서 혹 보석하거나 다른 감옥으로
　　옮겨도 아직도 가득 차니 그 가운데 관련이 없는 자는 관대히 풀어주소서.

　　이에 대하여 연산군은

　　姑勿放羅知 · 萬年等 更刑訊
　　나지와 만년을 풀어주지 말고 더 문초하라

고 명령하여, 만년 등에 대한 심문이 계속되어, 다음과 같이 그 심문 결
과가 같은 해 8월 10일(정묘)에 보고되었다. 영의정 유순, 좌의정 허침,
우의정 박숭질, 의정부 당상 김감 · 김수동 · 정미수 · 이계남 등이 그 신
문 결과를 보고하여[33] 마침내 연산군도 만년 등을 모두 석방시켰다.

---

32) 『연산군일기』 권55 6장 하, 연산군 10년 8월 을축조.
33) 『연산군일기』 권55 7장 상 · 하, 연산군 10년 8월 정묘조.

昨拷訊萬年 供云 奴與同班奴徐同 爲香徒 以諺文書名於板 聞國家方
鞫諺文事 故問於羅知 則已投火矣 更無他言 又訊羅知 則其供與萬年同
以臣等所見 其情實正此

어제 만년을 신문하니 공술하기를 만년이 동반노 세동과 함께 향도(상여군)
가 되었을 때, 언문으로 이름을 썼더니 국가에서 바야흐로 언문 사건을 조사하
고 있다고 들어서 나지에게 물어보니, 벌써 불태워서 그 이상은 다른 말이 없
었다고 합니다. 또 나지를 조사하니 그 진술이 만년과 같았습니다. 신 등의 소
견으로는 실정이 이와 같다고 생각합니다.

이와 같이 나지·만년 사건은 싱겁게 끝나고 말았는데 이 사건에서 이
우리가 주목할 일은 연산군도 언문을 사용했다고 해서 아무나 함부로
처벌한 것이 아니라, 그 언문을 통해서 익명서 사건의 범인을 체포하는
데 어떤 실마리를 얻어보려고 신문한 점이다.

② 언문책 사건

1504년(연산군 10) 9월 7일(갑오)에 황해도 관찰사 閔頤가 馳啓하였다.

豐川府使捉行止荒唐人 探其所裝 得諺文冊二 書罪人李克均·尹弼商·
趙之瑞之名

풍천부사가 행동이 수상한 사람을 붙잡아서 그 여장을 조사하여 언문 책 둘
을 얻었습니다. 죄인인 이극균·윤필상·조지서의 이름이 적혀 있었습니다.

그래서 의금부에서 그 사람을 체포한 일이 있으나, 그 후 사건의 결말
얘기가 없다.

③ 韓崑의 언서 사건

한곤은 兼司僕인데 연산군이 여색을 가리지 않으매, 그의 첩 運平더
러 혹시 연산군의 눈에 띄는 일이 없도록 몸단장에 힘쓰지 말 것을 언
문 편지로 연락한 것이 발각되어 처벌된 사건이다. 이 사건의 경위를 보

면 1505년(연산군 11) 5월 22일(병오)에 사헌부 장령 朴好謙이 글을 올리기를[34]

禁亂書吏 捕騎馬犯禁人 搜得諺書小簡 推問則答云 兼司僕韓崐 在新牧場 通信於其妾運平之簡也 諺書罪律非輕 恐崐逃避 令義禁府拿鞠

금란서리가 금령을 위반한 기마인을 붙잡아 언문 편지를 찾아내어 심문하니 대답하기를, 겸사복 한곤이 새 목장에서 그의 첩 운평에게 연락한 편지였습니다. 언문 편지의 죄는 가벼운 것이 아니므로 한곤이 도망할지 모르오니 의금부에서 체포하여 심문하게 하여 주시기 바랍니다

라고 하여 연산군이 한곤을 체포시킨 바 있었다. 여기에서 '諺書罪律非輕'이라고 한 것은 당시까지 아직 언문 익명서 사건의 범인이 체포되지 않아 1504년(연산군 10) 7월에 발해진 언문 사용 금지령이 당시까지도 유효하여 이것을 가리키는 말인 듯하다. 그러나 동월 24일(무신)에 연산군이 다음과 같이 말한 것을 보면, 반드시 그렇지가 않고 내용이 문제이었던 모양이다. 즉 동월 24일에 왕은 말하였다.

傳曰 韓崐 通諺簡於其妾採蘭仙曰 勿爲治容 治容則被選必矣云云 夫運平 國家之公物 如此不肖者 自占爲己物 罪當凌遲

왕이 말하기를 "한곤이 그의 첩 채란선에게 언문 편지를 보내어 '화장을 하지 마라. 몸단장을 하면 홍청에게 뽑힐 것이 틀림없다' 운운 했다니, 대저 운평(연산군이 각지에 모아 놓은 樂妓)은 국가의 공물인데 이와 같이 모자라는 자는 자기 소유처럼 독점하려 하니 죄는 능지처참에 해당한다"고 하였다.

이 말에서 연산군은 언문 사용 금지령에 대해서는 일언반구도 없이 그 내용에 대해서만 언급하고 있다. 한곤은 같은 해 6월(기미)에 처형되었고, 그 가족들도 모두 화를 입은 바 있었다.

---

34) 『연산군일기』 권58 6장 상, 연산군 11년 5월 병오조.

④ 興淸의 언간 사건

연산군은 전국에서 수많은 여기들을 모아다가 이들을 여러 곳에 분리 수용하였는데, 그 중에는 일종의 억류 생활과도 같은 생활에 불평불만을 가졌던 이들도 있었던 듯하여 여기에 홍청의 언간 사건이 발생한 것이다. 즉 동왕 12년 7월 28일(을사) 기록에 사건 경위가 적혀 있다.[35]

蕾英院興淸二人 暗置諺簡於飯中 相通曰 若留如此 今聞天使出來 則各院興淸 當盡放云云 典備捕告 命決興淸杖一百 其不檢擧各院典備等 決笞四十

뇌영원 홍청 두 사람이 밥 속에 언문 편지를 몰래 넣어 서로 연락하기를, "이와 같이 억류되어 있는데, 이제 듣자니 중국 사신이 오면 각원의 홍청이 모두 석방된다고 하더라 운운"이라고 했다. 경비를 맡은 자가 붙잡아 보고하니 홍청은 곤장 100, 검거하지 않은 각원 경비는 태형 40에 처하도록 하였다.

이 글은 비밀스럽게 편지로 연락하다가 처벌되었음을 말하고 있다. 그러나 이 기사로 보아도, 언간이 문제가 아니라 그 내용 때문에 처벌된 것이다.

이상의 네 사건이 연산군이 축출된 1506년(연산군 12) 9월까지에 일어난 사건인데 이밖에는 언문 관계로 처벌을 받았거나 고통을 받았다는 기록이 실록에는 전혀 없다. 더욱이 이상의 네 사건도 언문 사용으로 처벌되었다기보다는, 그 내용으로 인하여 처벌된 것이므로 종래 자못 비분조로 말하여 오던 연산군의 언문 금압이라는 것이 근거가 없음을 알 수 있다.

(2) 소위 득죄인 자제 중에서 범인을 체포하려던 노력

이와 같이 언문과 결부하여 범인을 체포하려고 노력한 결과는 별로

---

35) 『연산군일기』 권63 9장 상, 연산군 12년 7월 을사조.

신통한 효력을 발휘하지 못하고 실패로 돌아갔다. 그리하여 상술한 몇 가지 사건 이외에 언문 사용으로 인하여 종래 誤信하여 온 것처럼 사형되었다든지 定配되었다는 기사는 실록 어디에도 없다. 그보다는 사건 발생 후 얼마 안되어 또 하나의 혐의자들이 등장하였으니, 그들이 곧 무오사화 또는 갑자사화로 인하여 벌을 받았던 소위 득죄인들의 자제들이다. 이들이야말로 2년 동안 실로 형언키 어려운 고초를 당했다.

물론 익명서 사건이 발생하자 그 내용에 의녀들에 관한 기사가 많으므로, 첫째로 고통을 받은 것은 의녀들이었다.

1504년(연산군 10) 7월 19일 사건 발생과 동시에 익명서 내에 기명되어 있는 개금·덕금·고온지 등은 체포되어 갖은 신문을 당하고, 2년 동안이나 갇혀 있었으나, 이들이 범인이 아니었음은 물론 이들조차도 사형되지는 않았다.

그 다음에는 같은 해 8월 15일(임신)에 이르러 당일이 제헌왕후의 기일이었음에도 불구하고, 왕은 같은 해 3월에 보복 살해하였던 銀召伊(성종 후궁 소의 엄씨), 鄭金伊(성종 후궁 소의 정씨)를 비롯하여 於里尼(성종 보모), 豆大(성종 때 전언) 등의 친족 중에 익명서 범인이 반드시 있으리라고 판단을 내려 삼정승 이하 의금부 당상들이 그날부터 며칠을 신문하였다. 그러나 역시 범인을 발견하지 못하여 8월 19일(병자)에 모두 석방하고 말았다.[36)]

이리하여 몹시도 초조하였던 연산군은 같은 해 8월 17일(갑술)에 정승 및 의금부 당상들에게 말하기를[37)]

今之受杖者 殆五十餘人 寤寐痛憤 思得罪人而誅之 迨未得之 奈何(하략)
이제 곤장 형을 받은 자는 거의 50여 명이다. 자나깨나 죄인을 붙잡아서 참

---

36) 『연산군일기』 권55 11장, 연산군 10년 8월 임신조.
　　『연산군일기』 권55 13장 하, 연산군 10년 8월 병자조.
37) 『연산군일기』 권55 13장 하, 연산군 10년 8월 갑술조.

형에 처하려고 분통이 터지는데, 아직도 못 잡고 있다. 어쩔 것인가

라 하고, 죄인들을 빨리 잡기 위하여 의녀 등을 烙刑할 것을 주장하였으나, 유순 등이 반대하였다. 그러고서 50명 중에는 혐의자가 없으니, 오히려 상금을 증액하도록 건의하여, 연산군도 할 수 없이 그 절목을 논의케 하였던 바, 유순 등이 아뢰었다.

告匿名書者 有職人陞二品 無職陞堂上 專給犯人財産 賤人並妻子永許爲良 給緜布二千匹 亦給犯人財産 雖緣坐人 許免放 匿名書同謀人而自首者 亦專免其罪 賞格與凡人同 知而不告者 凌遲處死 籍沒家産

익명서의 범인을 보고한 자는 관직에 있으면 그 품계를 승진시키고, 무직자는 당상관으로 올리고, 범인의 전 재산을 주며, 천민과 그 처자에게는 영원히 양민으로 살게 하고, 면포 2천 필을 주며, 역시 범인 재산을 주고, 비록 연좌자라도 용서하고 방면한다. 익명서를 공모했어도 자수하면 죄를 면하고 상을 주는 것은 모든 사람의 경우와 같다. 알면서도 보고하지 않는 자는 능지처사하고 가산을 몰수한다.

이와 같이 자못 후한 상품과 관대한 처벌에 입각한 포고를 하였으나 결과는 역시 마찬가지였다.

이러한 범인을 체포하기 위한 소동으로 당시 궐내는 몹시도 혼란하였던 모양이다. 연산군과 정승 등이 매우 고통스러웠다는 기록이 있고, 1504년(연산군 10) 8월 23일(경진)에는 연산군조차도

匿名書獄 當棄之 然 事關風俗 不可不鞫 凡言小民之事 尙不可 況大夫宰相乎(이하 생략)

익명서에 관한 옥사는 마땅히 중지하여야 한다. 그러나 사건이 풍속에 관한 것이므로 체포하지 않을 수 없다. 무릇 미천한 인민에 관한 일이라고 하더라도 중지할 수 없는 일인데, 하물며 대부·재상들이야!

라고 하여 마지못해 범인을 잡으려고 하는 것이라고 말한 일까지 있었
다. 이 무렵에는 중죄인인 익명서 범인을 잡으려고 중상을 걸었더니, 상
을 노리고 무고하는 자가 많아, 앞으로 무고하는 자는 엄벌하겠다고 무
고인들에게 경고까지 하기에 이르렀는데, 이것은 그 소란 속에서도 진위
는 가리려고 노력하였던 증거다.

연산군이 위에서 말한 '事關風俗'이란 무엇인가 하니, 연산군은 같은
해 초부터 왕왕 대신 간에 '凌上之風'이 있다고 언명하였었는데, 여기의
풍속이란 곧 이 '凌上之風'을 말하는 것이다. 이 결과로 갑자사화의 참
변도 벌어진 것이지만, 이 익명서 사건이 일어난 전후에도 '凌上之風'이
있다고 수십 차례 언명한 일이 있고, 익명서 사건도 결국은 이런 기풍
때문에 일어난 결과라고 말하면서, 죄인을 엄벌에 처하는 것은 이러한
기풍을 시정하기 위한 수단이라고 말하였던 것이다.

이와 같이 범인을 잡기 위하여 노력하던 중, 사건 발생 후 3개월 만
인 1504년(연산군 10) 10월 22일(기묘)에 혐의는 갑자사화에 희생된 인사
들의 자제에게로 돌아갔다. 그날 연산군은 다음과 같이 말하였다.[38]

李昌臣之類 雖得罪在外而其子在京 慮或爲匿名書 卽召政丞 此類罪人
子孫 無遺拷問
이창신 등이 비록 죄를 지어 유배지에 있다고 하더라도 그 아들은 서울에 있
으니 혹시 익명서를 만들었을지도 모른다. 즉시 정승을 불러 이러한 죄인의 자
손을 남김없이 고문하게 하라.

---

38) 『연산군일기』 권56 9장 하, 연산군 10년 10월 을묘조.
『연려실기술』 권6 연산조 '갑자사화'항에서도 東閣雜記의 기사를 다음과 같이 인용하였다.
主方肆淫虐 有人以諺文書其惡 帖于街路 或告之 主指爲其時 被罪者親黨所爲盡逮
捕 竄配之人 拷掠慘酷 且禁中外 毋得習諺文
"임금은 음란하고 포악하여, 어떤 사람이 그 죄악을 언문으로 써서 길가에 붙였다. 어떤
사람이 그 사실을 보고하자, 임금은 그 무렵 벌을 받은 자들의 친족 소행으로 보고 유배인
을 모두 잡아 참혹하게 고문하고, 또 궁 안팎에서 언문을 습득하지 못하게 했다"고 했다.

이리하여 무고한 자손들의 고난의 길이 시작되었다. 우선 일차로 75명이 체포되어 연일 고문을 받았다. 그 중에서 이창신의 아들 같은 이는 자기 아버지 이창신이 처벌은 받았으되, 연산군에게 후대를 받아서 장80이 태 50으로 감형까지 받은 일이 있는데, 어찌 자기가 익명서를 던지랴 하고 항변하여 석방된 일조차 있었다.

이 득죄인 자손들은 그 후 쉴 새 없이 신문을 받아서 기회 있을 때마나 고문을 당하였는데, 실효를 거두지 못하고 시일만 끌게 되었다. 득죄인의 가족이나 친척만 하더라도 수백 명에 달하는 숫자라 영의정 유순 등이 그 불가함을 말하였으나 刑訊은 그대로 계속되었다. 그러나 이들만 공연히 고통을 받았을 뿐 범인은 나타나지 않았다. 1505년(연산군 11) 5월 29일(계축)에 왕이 의금부에 대하여 말하기를

投匿名書者 迫未尋捕 予甚痛恨
익명서를 던진 자가 아직도 붙잡히지 않아서 나는 매우 통한하다

라고 한 것을 보면, 당시까지도 범인이 체포되지 못한 증거다. 연산군은 기다리다 못해 다시 1505년(연산군 11) 6월 9일(임술)에[39]

治匿名書獄 何遲也 罪人子弟 有遺漏者 其悉鞠之
익명서 사건의 해결이 왜 이렇게 더디냐. 죄인 자제는 남김없이 모두 심문하라

하고 명령하여, 고통을 더 하였던 것이다. 그 후로도 이 죄인 자제들이 수차 신문을 당하였음은 더 말할 나위도 없는데, 이러한 수단에 의해서도 범인이 나타나지 않자, 1505년(연산군 11) 12월 3일(계축)에 연산군은 다음과 같은 명령을 하달하였다[40].

---

39) 『연산군일기』 권58 10장 하, 연산군 11년 6월 임술조.
40) 『연산군일기』 권60 16장 하, 연산군 11년 12월 계축조.

匿名書事干人 服則必當誅死 故自謂與其服而死 寧殞命杖下 至死不服
且無所據而定罪實難 古云圄圄空虛四十餘年 今刑獄之多已久 亦非美事
如罪人子弟近族 則雖至死刑訊可也 若臺諫之釣名者 與罪人之遠族 俱分
配于兩界極邊 與南方海島 家住京城者 督令撤去 否則賣之於人 朝中士
人 遺書通問者 一切禁斷

익명서에 관련된 자가 자복하면 반드시 사형에 처해질 터이니까 자복하여 죽
는 것보다는 차라리 매맞아 죽는 것이 낫다 하여 죽을 때까지 자복을 않는 것
이다. 또 근거 없이 정죄하기도 어렵다. 옛말에 감옥이 빈집이 된 지 40여 년
이라고 했는데, 이제 감옥에 많은 사람이 들어간 지 이미 오래다. 이것이 아름
다운 일은 아니다. 죄인의 자제나 가까운 친족은 비록 죽을 때까지 문초해도
좋다. 만일에 대간 중에 이름을 팔려는 자와 죄인의 원족은 함경도 동계와 평
안도 서계 그리고 남쪽 해도에 나누어 유배하라. 서울에 사는 자의 집을 빨리
헐거나 다른 사람에 팔아라. 조정 사인끼리의 편지 주고받기를 일절 금하라.

이 얼마나 가혹한 형벌이냐. 여기에 대해서는 영의정 유순, 좌의정 박
숭질, 의금부 당상 김감, 정미수, 김수동, 이계남 등도 가만히 있을 수
없었던지, 같은 해 12월 7일(정미)에 익명서 옥에 관하여 다음과 같이 아
뢰었다.[41]

此必無賴不肖之輩所爲 臣等必欲得而誅之 以懲其餘 今蔓延係獄者 一
百六十人 歲旣一周 竟未得實 古稱太平之盛日 圄圄空虛 方今風俗革正
治化之隆 無以加矣 第此事爲累 圄圄未至空虛 臣等所共痛憤 昨者 臣等
奉敎 議可放之人 則皆罪人親子如弟姪 無疎遠之親 臣等竊意 投匿名書
事甚危險 非父子情切 不得爲也 豈以姪而爲其叔 弟而爲其兄 敢爲此事
以投身於不測之地耶 親子外 弟姪皆分送遠道 則獄囚不至於塡溢 於疏決
之意 得矣

이것은 틀림없이 무뢰하고 불초한 무리의 소행이오니 신 등도 꼭 붙잡아서
처형하고 그 나머지도 징계하려고 하여 지금 감옥에 끌려온 자가 160명이며 세

---

41)『연산군일기』권60 17장 상·하, 연산군 11년 12월 정사조.

월이 이미 한 해가 되었습니다만 마침내 실효를 거두지 못했습니다. 옛말에 태평성세에는 감옥이 텅 비었다고 하오며, 오늘날 바야흐로 풍속이 바로잡히어 융성한 선정이 이보다 더할 수가 없습니다. 다만 이 사건에 걸려서 감옥을 아직 비우지 못하여 신들이 다 분하게 여기고 있습니다. 어제 신들이 왕명을 받들어 석방할 사람을 검토하였습니다만 모두 죄인의 아들·아우·조카들이며 먼 친족은 없습니다. 신들이 생각하옵건대 익명서를 투입하는 일은 매우 위험하여 부자 사이처럼 가깝지 않으면 할 수 없는 일이온대, 어찌 조카가 숙부를 위하여, 어찌 아우가 형을 위하여 이런 일을 하여 제 몸을 험한 길에 내던지겠습니까. 그러하오니 친자 이외에는 아우·조카를 먼 곳으로 유배하면 감옥이 넘치지 않을 것이며, 죄인에 대한 관대한 처분으로서는 좋은 방법이라고 여기옵니다.

이와 같이 우선 죄인의 친자가 아닌 친척들만이라도 원도에 정배할 것을 품의하였던 것이다. 이에 대하여 연산군은 고사를 인용하여 반대하기를

被囚者 若皆切親 何必放之 昔張良誤中副車 遁甲以逃 大索不得 今此人 將何逃也
구금된 자가 모두 가까운 사이라면 왜 석방하는가. 옛날에 장량이 副車에 잘못 적중하였기 때문에 忍法을 써서 도망하여 대수색을 했으나 못 찾았다. 이제 범인은 어디로 도망간 것이냐

라고 하며 극력 반대하였으나, 그 다음 해 1506년(연산군 12) 정월 19일 (기유)(간지는 실록 착오, 실지는 기해)에는 드디어 죄수들을 먼 곳으로 나누어 유배하는 명령을 발했다. 즉 연산군은 마치 명군처럼 말하였다.[42]

匿名書 必罪人子弟 含慎而爲之 欲懲其人 以快於心 然囚繫三年 無一得情 其間豈無爲之者 亦必有暖昧之人 不得其實 而同被訊杖 此亦不得已耳 古者囹圄空虛 當此之時 非無罪人 王法肅然 自不干犯 今則延濡不

---

42)『연산군일기』권61 7장 상, 연산군 12년 정월 기유조.

決獄囚盈溢 豈無怨咨者乎 書曰 眚災肆赦 怙終賊刑 前此如玉池花者 罪
在故犯 故置之重典 況此匿名書者 亦是故犯 雖欲大懲 其如不得何 各卽
分配于遠域 使宰相押去 交付于鎭幽謹理使

　익명서는 반드시 죄인의 자제가 분해서 했을 것이다. 그 범인을 잡아서 응징
하여 마음을 풀고 싶다. 그러나 3년 동안 가두었으나 그 실정을 하나도 밝힐
수 없었다. 그 사이에 어찌 이것을 한 자가 없겠는가. 그리고 무고한 사람도
반드시 있을 것이다. 그러나 사실을 밝히지 못해서, 한결같이 곤장으로 심문을
받은 것은 또 부득이 한 일이었다. 옛날에는 감옥이 비어 있었다고 하는데, 그
때에 죄인이 없지 않았을 것이나, 왕법이 엄숙하면 스스로 죄를 범하지 않았을
것이다. 지금은 미결수가 밀려서 감옥에 갇힌 죄수가 넘치니 어찌 억울한 자가
없겠는가. 『서경』(舜典)에서 말하기를 "실수로 해를 끼친 자는 관대하게 용서
해야 되지만, 권력에 기대어 다시 죄를 범하는 자는 사형에 처한다"고 하였다.
이보다 앞서 옥지화 같은 자는 고의로 죄를 범하였기 때문에 중형에 처했다.
하물며 이 익명서를 범한 자는 역시 고의로 지은 죄라, 비록 엄벌에 처하고자
하나 잡지 못했으니, 어찌하랴. 각각 곧 먼 곳으로 나누어서 유배하되 재상이
압송하여 진유근리사에게 넘기도록 하라.

　이로써 獄囚들이 정배되고, 개금·덕금·고온지 등 의녀도 남방의 섬
관비로 정속되었다. 그러나 당시의 재상이라는 것이 겨우 죄인 압송관
구실밖에 못하였다는 것은 한심스러운 일이다. 그리하여 동월 21일(신해,
실지는 신축)에는 다음과 같이 각 지역 진유근리사가 임명되었다.[43]

지중추부사	金䂩－진도 진유근리사
참판	洪自阿－거제 진유근리사
참판	朴說－남해 진유근리사
목사	李去秬－제주 진유근리사
전적	李忠男－종사관
정랑	金彦平－종사관

43) 『연산군일기』 권61 8장 상, 연산군 12년 정월 신해조.

감찰	朴昌祖-종사관
정랑	林蕃光-종사관
판결사	柳房-죄인 영치사
참의	安堯卿-죄인 영치사
호군	金永純-죄인 영치사
호군	鄭子芝-죄인 영치사

그리고서 연산군은 이들 죄인들에 대한 처리를 다음과 같이 명하였다.[44]

分配罪人內 某某人圍籬 某某人定役 某某人爲奴 某某人充軍事 開錄
給付鎭幽謹理使
정배 죄인 가운데 누구누구는 위리안치, 누구누구는 부역, 누구누구는 노예,
누구누구는 군역에 충당하고, 개록(왕에게 바치는 문서의 끝에 의견을 적는 일)
은 진유근리사에 넘기라.

이와 같이 실로 전후 3년간에 걸쳐서 소란하였던 사건, 즉 1504년(연
산군 10) 7월 19일에 발생한 언문 익명서 사건은 1506년(연산군 12) 정월
에 이르러 일단락을 보게 되었다. 그런데 우리가 여기서 주목해야 할 것
은 연산군이나 그 당시의 재상이 언문 익명서 사건에는 상당히 신중을
기했다는 점, 언문 관계자보다도 죄인 자제들에게 더 혐의를 가졌다는
점, 혐의자들도 함부로 죽이지는 않았다는 점 등이다. 물론 이러한 사건
이 백성들에게 어떤 공포심과 심리적인 타격을 주었을 것은 사실이겠으
나, 지금까지 우리가 야사에 의존하여 믿고 있듯이 그렇게 '언문'에 큰
타격을 준 것으로 보이지는 않는다.
더욱이 이렇게 갖은 고초를 겪었던 소위 득죄인의 자제들도 정배된
지 1년 미만에 중종반정(1506년, 곧 연산군 12년 9월 2일에 일어난 반정)이

---

44) 『연산군일기』 권61 9장 상, 연산군 12년 정월 계축(실지는 계묘 23일)조.

일어나고 뒤이은 무오·갑자사화 피죄인에 대한 설욕 조처로 1506년(중종 원) 9월과 10월에 방면되었던 것이니, 결국은 언문 익명서 사건으로 인하여 직접 죽은 자는 없는 셈이 되는 것이다.

3) 익명서 사건의 재발

언문 익명서 사건이 전후 3년이란 세월을 끈 다음 겨우 일단락을 짓게 되자, 이번에는 鍾樓의 기둥에다가 언문으로 방을 써 붙인 익명서 사건이 발생하였다. 즉 1506년(연산군 12) 정월 28일(무오, 실지는 무신)에 어떤 사람이 종루의 기둥에다가 익명서를 貼付하기를[45]

弑君之道 於傳有之 嗟爾四良從我義兵
군왕을 시역했다는 사례는 고대의 기록에도 있다. 아아 4량(일반 인민)은 우리 의병을 따르라

라고 하여 그 내용은 언문 익명서에 비할 바가 아니었다. 이것을 본 驪川尉 閔子芳이 밀계하자[46] 왕이 크게 노하고 승정원 및 정승 등을 불러 놓고, 이런 익명서를 아느냐 하고 물은즉 모두 들어본 일이 없다고 대답하였다. 이때 연산군이 언명한 바를 보면

前此有匿名書 窮推未得 亦有如此事 卿等知之耶

---

45) 『연산군일기』 권61 10장 하, 연산군 12년 정월 무오조.
46) 민자방은 밀계 사건으로 중종반정 후 여러 신하들의 규탄을 받았다. 중종이 즉위한 뒤 두 달 되는 때인 1506년(중종 원) 10월 14일(기미)에 중종은 여러 신하들의 상계 끝에 '匿名書之法 載在大典 雖父子之間 亦不得傳說 而驪川尉 閔子芳 以貼鐘樓柱匿名書 私啓其君 逢迎長 怒刑及無辜 其照律以啓(익명서에 관한 법률은 『경국대전』에 실려 있다. 비록 부자 사이에도 말을 옮겨서는 안 되는데, 민자방은 종루에 붙인 익명서를 사사로이 왕에게 보고하여 왕에게 아첨하여 노한 형벌이 무고한 사람에게 미쳤으니, 법률에 비추어 보아 그 죄를 보고하라)'(권1 35장 상)라고 하였다.

이보다 앞선 익명서의 범인을 추궁해도 아직 잡지 못했는데, 또 이런 일이 있는 것을 경들은 알고 있는가!

라고 하였으니, 언문 익명서 사건의 범인은 끝내 체포되지 못했음을 말하는 것이거니와 이번 사건은 그 혐의가 유생들에게로 돌아갔다. 연산군은 말하기를[47]

此必儒生所爲 令成均館窮搜以啓 又疑城基退標後 撥家人 含怨而爲之 其令漢城府 抄東西城 某撥家者中 心行詭詐 可疑儒生以啓

이것은 반드시 유생의 소행일 것이니 성균관에 명하여 샅샅이 수색하여 보고하도록 하라. 또 성지 경계를 넓힌 뒤 집을 철거당한 사람이 원한을 품고 했을지도 모른다. 한성부에 명하여 동과 서쪽의 성 경계에서 집을 철거당한 자 가운데, 행실이 이상한 자와 의심스러운 유생을 보고하도록 하라

하고, 그 익명서를 보고 서로 얘기했다는 金翰·吳仁佐 등을 체포했다. 또 無賴之徒中에 범인이 있을지 모른다고 하여 여러 대책을 말하였으나, 유순 등은 또다시 '今匿名書 旣無形迹 推之無據'라 하여 언문 익명서 사건 때와 마찬가지로 현상금만을 上申했을 뿐이었다.

그럼에도 불구하고 범인이 체포되지 않음에 1506년(연산군 12) 6월 23일(신미)에 연산군은 또다시 득죄인의 친족들에게 혐의를 씌워서[48]

---

47) 왕이 철거시켰던 집들, 즉 연산군은 수목의 蔚密로 인한 遊業의 편익을 얻기 위하여 성외 서쪽 홍복산 등지와 동쪽 수락산 등지에 금표를 세워 표 안의 거주자를 모두 그 밖으로 추방하고 표 안에 출입을 엄금하였던 것이다.

48) 『연산군일기』 권62 20장 상, 연산군 12년 6월 신미조.
연산군 12년 7월 2일(기묘)에도 왕은 명령을 내리기를 '凡人憤積於中 則無所不爲投匿名書 必罪人族親竄逐者所爲 故已令觀察使 親監刑訊 令幷其遠族堅囚 限輪情刑訊 是皆欺君罔上之徒 生無益於國(무릇 사람은 마음속에 분이 쌓이면 못하는 일이 없다. 익명서를 투입한 자는 틀림없이 죄인의 친족이나 유배된 자의 소행이다. 그러므로 이미 관찰사에게 친히 문초를 감독하고 아울러 그 원척까지도 굳게 잡아넣어 실토할 때까지 사정없이 문초하라고 명했다. 이들은 임금을 속이고 상감을 업신여기는 무리이니 살려두어도 나라에는 이익이 없는 것이다)'이라고 하니, 이에 대하여 영의정 유순 등이 '上敎充當'이라고 하여, 그 왕에 그 정승이 앉아서 無辜之民을 괴롭혔던 것이다.

各道分配奸臣親族 令觀察使囚 禁窮鞫匿名書 不計殞命 限輸情刑訊
　　각도에 나누어서 유배한 간신의 친족을 관찰사로 하여금 감금시키고 익명서
에 대해서는 끝까지 추궁하여 문초하고 죽더라도 실토할 때까지 문초하라

하는 가혹한 명령을 내렸다. 이러한 무도한 형벌은 그 후로도 계속된 것
같아서, 연산군이 축출되기 직전까지도 연산군은 다음과 같은 명령을
1506년(연산군 10) 8월 26일(계유)에 발하였다.[49)]

　　李顆·金銓·權敏手·宋欽·洪彦忠·鄭光弼·李自華·金楊震·朴光
榮·朴召榮·柳溥·金乃文·李思釣·姜洪·崔淑生·李荇 等 令其道觀察
使 差人押送後刑訊 且疑其子孫 投匿名書並刑訊
　　이과 … 이행 등을 그 도의 관찰사에게 명하여 差人(宮房에서 파견된 사람)
이 압송한 뒤 문초하라. 또 그 자손으로서 익명서를 투입했는지 의심스러운 자
도 아울러 문초하라.

　　이 명령이 워낙 반정 직전에 하달된 것이므로 실행에 옮겨졌는지 알
수는 없으나, 실로 연산군은 그 말년의 2년간을 익명서 사건으로 시작해
서 익명서 사건으로 끝냈다고 해도 과언이 아닐 지경으로 소란과 형신
(문초)과 정배로 시종하였던 것이다. 연산군이 그 말년에 亂虐이 날로
더해 갔음은 말할 나위도 없다.

4) 연산군의 언문 사용

　　이상에서 고찰한 바와 같이 우리는 언문 익명서 사건으로 인하여, 언
문이 그렇게 큰 탄압을 받았다거나 언문 사용자들이 무턱대고 처벌받은
사례를 찾아보지 못하였다. 그보다는 오히려 연산군은 그 엄중한 익명서

---

49) 『연산군일기』 권63 19장 상, 연산군 12년 8월 계유조.

사건 범인 문초 중에도 언문을 사용하고 언문 서류를 출간까지 하였으니, 그의 언문 금압설과는 모순되는 일이다.

연산군은 언문 익명서 사건이 발생된 지 4개월 후인 1504년(연산군 10) 12월 10일(병인)에는 그의 총신 병조정랑 曺繼衡에게 역서를 언역토록 명하였다.[50] 그러면서도 동월 16일(임신)에는 各司 所啓公事에 이두 사용을 금하였으니 이것은 언문 익명서 사건과는 아무 관계도 없는 일이요, 무엇 때문에 이런 금령이 발해졌는지 알 수 없는 일이다.[51] 이러한 일 이외에도 연산군이 언문을 사용했다는 기록을 보면 다음과 같다.

1504년(연산군 10) 12월 10일(병인)
　　曆書諺譯(旣述)

1505년(연산군 11) 2월 8일(갑자)
　　書口訣以入[52]
　　'知製敎曺繼衡 效鳳凰吟體[53] 制樂章以進 還下承政院曰 繼衡書口訣以入 又令大提學金勘 戶曹參判朴說製進'(권57 13장 하)

1505년(연산군 11) 9월 15일(병신)
　　祭文諺譯
　　傳曰 今卒宮人祭文 以諺文飜譯 令醫女讀之(권59 15장 상)

1505년(연산군 11) 11월 18일(기해)
　　新製樂章에 언문으로 高低點入
　　'傳曰 新製樂章 如敬淸曲 赫盤曲 泰和吟 依與民樂 步虛子 洛陽春 等歌詞 並以眞書及諺文 點其高低 印出 令興淸運平等 自持學習音韻高低 務令分明(이하 생략)'(권60 13장 상)

---

50) 『연산군일기』 권56 27장 상, 연산군 10년 12월 병인조.
　　命兵曹正郎曺繼衡 以諺文飜譯曆書
51) 이 이두 사용 금지령은 매우 관대하여 동왕 11년 정월 11일(정유)에는 다음과 같은 기사가 있다. 즉 掌令李可臣啓 宰相家禁奔競之時 因公出入人員 給牌事 已有成命 而造牌篆文 當書何字 入啓 公事不用吏讀 亦有成命 而年久文書 勢難盡改 敢禀 傳曰 造牌篆文 當用通行二字 年久文書 勿改吏讀(권57 7장 상).
52) 구결은 언문인지 한자를 차용한 것인지 알 수 없으나 언문 사용을 금지할 때 '諺文口訣云云'하였으므로 여기에다가 포함시킨 것이다.
53) 尹淮가 지은 악장체 경기체가를 말함.

1506년(연산군 12) 5월 29일(무신)

　능解諺文女選入

　'傳曰 能解諺文女 勿論公私賤良女 各院選入二人'(권62 15장 상)

1506년(연산군 12) 6월 1일(기유)

　御前用語諺譯印頒

　'新採興淸 運平等 御前言語 間或不知尊稱 御前當用言語 用諺文飜譯 印頒諸院'(권62 15장 상)

1506년(연산군 12) 6월 24일(임신)

　大妃誕日 箋文諺譯

　'傳曰 大妃誕日箋文 以諺文飜譯'(권62 20장 상)

　이와 같이 연산군은 소위 언문 금압령을 내린 지 불과 4개월여만에, 언문을 사용하기 시작했을 뿐만 아니라 언문을 계속해서 금지했다는 기록이 없다. 이것은 이미 누차 설명한 바와 같이 소위 언문 금압이라는 것이 영구성을 띤 것이 아니라 언문 익명서 사건 발생과 동시에 그 범인을 잡기 위한 수단이었음을 말하는 것이다. 연산군은 위에서 말한 여러 가지의 언문 사용 이외에도 조선 초기부터 발생·발달한 악장을 여러 차례 지었는데, 그 중의 한 경우를 보면 1505년(연산군 11) 12월 24일(갑신, 실지는 갑술)에[54] 다음과 같은 기사가 있다.

　下御製樂章于承政院曰 徽 功偉德爲舍晉道 于里慈闈舍叱多 隆眷深仁爲舍晉道 于里慈闈舍叱多 履福長綏爲舍 享億春是小西, 爲舍晉道, 于里, 舍叱多, 是小西, 皆語助方言 仍傳曰此荒辭也 然古云 詩言志 歌永言 聲依永律和聲 八音克諧 無相奪倫 神人以和 今此樂章 使敎于聯芳院 於進宴唱之

　어제 악장을 승정원에 내려보냈다. "휘 공위덕(공 아름답고 덕이 크심)ㅎ샴도 우리 자위(어머니)샷다. 융권심인(은혜 크고 인애 깊음)ㅎ샴도 우리 자위(어머니)샷다. 향억춘(억만년 향략을 누림)이쇼셔. 'ㅎ샴도', '우리', '샷다', '이쇼셔'는

54) 『연산군일기』 권60 21장 상, 연산군 11년 12월 갑신조.

모두 어조 방언(우리말)이다. 이어서 왕이 말하기를 이것은 황당한 말이다. 그러나 옛말에도 시는 뜻을 말하며, 노래는 말을 영속시키고 소리는 이에 따라 영원해지며, 율은 소리에 조화하고 8음이 잘 고르게 되어 서로 질서를 어지럽히는 일이 없이 신과 사람이 화합한다. 이제 이 악장을 연방원에서 가르쳐서 궁중의 연회에서 부르게 하라.

이에 대하여 승지 등이 말하였다.

此出於誠孝 可以被之管絃
이것은 성효에서 나온 것이므로 관현으로 연주할 수 있습니다.

여기 쓰인 방언이라는 '爲舍音道' 등은 물론 언문을 사용한 것은 아니지만 역시 언문 사용과 동궤의 사실로 보아야 할 것이다. 이것으로 보면 연산군 시대에 궁중에 일종의 언문 간행 기관이 존재했던 모양인데, 이것은 세종 시대의 언문청의 존속으로 보기는 어렵다. 그 성격은 반정 후 불과 2일만에 취해진 중종의 '革諺文廳'으로 자명해진다. 그것은 연산군의 언문 사용이란 결국 기생용이었기 때문이다.

5. 연산군을 전후로 한 국어학사상의 문제점

우리는 이상의 여러 장에 걸쳐 연산군의 금압으로 인하여 언문 발전(언문 연구 및 언문 자체의 보급 확대)이 저해되었다는 재래의 설이 도시 근거가 없는 주장이라는 것을 밝혀냈다. 그러면 이제 우리는 각도를 달리하여 국어학사적인 면에서 고찰코자 한다.

여기서 먼저 말할 것은 지금까지 연산군의 금압으로 인하여 언문의 발전이 저해되었다는 그 주장 자체가 무엇을 의미하는 것인지 모호한 점이 많다는 것이다. 즉 이러한 주장이 연산군으로 인해서 언문 연구가 방해되었다는 것인지 또는 언문의 보급이 지연되었다는 것인지 또는 이 두 가지를 다 의미하는 것인지 알 수 없다. 그러므로 여기서는 두 가지 관점에서 다 고찰코자 한다.

1) 언문 보급 면에서

종래 여러 논저에서 주장하는 바가 무엇보다도 연산군으로 인하여 언문 사용이 완전히 불가능하게 되었다거나 언문 보급이 불가능하게 되었다는 듯이 말하여 왔으므로, 먼저 이 점을 밝히려 한다.

사실에 있어서 1443년(세종 25)에 훈민정음이 창제된 이후 연산군 때에 이르기까지 언문이 과연 얼마나 보급되었는지, 일반 대중들이 얼마나 즐겨 썼는지에 대하여 확언할 수는 없다. 이 문제는 이미 필자가 수년 전에 언급한 바가 있으나55), 본고의 성질상 연산군 때까지 아직껏 그렇게 언문이 보급되지 않았음을 증명하는 기록들을 열거해 보면 다음과 같다.

언문이 아직 미보급 상태에 있었음을 말하는 기록들

① 비밀 유지상 언문으로 병서 書寫56)

1481년(성종 13) 2월 13일(임자)에 남원군 梁誠之는 상소하여 여러 책을 인간하라고 주장하고서 비밀 유지를 위하여 언문으로 兵書를 베끼라고 건의했다.

---

55) 강신항(1957), 「李朝初 佛經 諺解 經緯에 대하여」, 『국어연구』 제1호, pp.23~25.
56) 『성종실록』 권138 10장 하, 성종 13년 2월 임자조 그리고 '山崔海'는 '崔山海'의 오식인 듯함.

臣竊觀銃筒 兵家秘書也 世祖朝 山崔海及 臣妻父邊尙覲 各受一件 事
掌火砲之事 去丙辰年 盡令入內 慮至周也 今春秋館 有一件 文武樓 有
二十一件 萬一奸人偸竊 以爲利則 生民之害 可勝言哉 臣願今後御覽一
件外 俱以諺文書寫 內外史庫 各藏一件 稱臣堅封 軍器寺置一件 提調堅
封 其餘漢字書寫者 並皆焚之 以爲萬世之慮…

신이 가만히 『총통』을 보옵건대 병가의 비밀 책입니다. 세조 때 최신해와 신
의 장인 변상근이 각각 1부씩 얻어서 화포 관련 일을 도맡아 왔습니다만, 지난
병진년(1481년은 신축년이므로 기록이 바르지 못할 것이다-지은이)에 모두 궁
안으로 거두어들이라는 명령이 있었던 것은 생각이 두루 미친 것입니다. 이제
춘추관에 1부, 문무루에 21부가 있습니다만 만일에 간사한 자가 몰래 훔쳐내어
利를 취한다면 백성에 미치는 해는 이루 말할 수 없을 것입니다. 신은 금후 어
람 1부 이외에는 모두 언문으로 베껴서, 서울과 지방 사고에 각각 1부씩 보관
하고 충성심이 강한 신하로 하여금 굳게 봉하게 하고, 군기시에도 1부를 두어
제조가 굳게 봉하게 하고, 그 나머지 한자로 쓴 책은 모두 태워버려 만세에 대
비하도록 바라옵나이다.

이 내용으로 보면 한문으로는 비밀 유지가 안 되고 언문으로는 비밀
유지가 가능하다고 하였으니, 언문이 당시 미보급 상태이었거나 앞으로
도 영구히 보급되지 않을 것을 믿었던 증좌다.

② 윤비 죄악을 만세에 전하기 위하여 언문서를 한역[57]

이번에는 ①항의 경우와는 반대로 언문을 한역한 사건이다. 1479년(성
종 10) 6월에 윤비가 폐비될 때, 그 죄악상을 인수대비가 언문으로 써서
내려 보낸 일이 있었는데, 그 당시 승지이었던 채수가 그것을 한문으로
번역하기를 앙청한 일이 있었다. 그 이유가 1482년(성종 13) 8월 11일(정
미)의 군신 사이의 문답 속에 명시되어 있다. 성종이 폐비 윤씨를 극력
옹호하는 채수를 꾸짖자 채수가 아뢰었다.

---

57) 『성종실록』 권144 4장 상, 성종 13년 8월 정미조.

尹氏定罪之時 臣爲承旨 請與李昌臣 飜譯內出諺文 使其罪惡永示後世
(이하 생략)

윤씨 정죄 때 신이 승지로서 이창신과 함께 대비전에서 나온 언문을 번역하여 윤씨의 죄악을 후세에 영원히 전하려고 했습니다.

臣承旨時 廢妃事 以諺文書下 臣啓曰 若徒以諺文則 萬世之後 孰知以大事而廢之乎 恐後世以爲小事而輕廢之也 請飜譯書之 臣與內官安仲敬飜譯以啓 使尹氏得罪萬世 非惜其罪也

신이 승지 때 폐비 일을 (대번전에서) 언문으로 써서 내려보내어, 신이 아뢰었습니다. 만일에 다만 언문으로만 써 있다면, 만세 후에 어느 누가 큰 사건으로 폐출된 것을 어찌 알겠습니까? 후세 사람은 작은 일로 가볍게 폐출된 것으로 여길까 봐 두려워서 이를 번역하기를 청하여 신과 내관 안중경이 번역하여 아뢰어 윤씨의 죄가 만세에까지 범한 것을 알리고자 한 것이지 그 폐출이 잘못이라는 것이 아니었습니다.

이러한 채수의 사고 방식도 양성지의 언문관과 같은 것으로서 언문이 영구히 보전되지 못한다고 믿은 점과 당시까지 언문이 보급되지 않았음을 말하는 것이다.

③ 양 대비의 언문서에 의한 擁佛을 한역하여 토의[58]

성종 때에 왕비들은 언제나 언문을 즐겨 썼는데 대비들은 불교에 대한 신앙심이 강해서 성종 때 언제나 억불을 반대해 왔다가 성종 말년에 더욱 억불책이 강화되자, 1492년(성종 23) 11월 23일(무자)에 양 대비(덕종비·예종비)가 언문으로써 억불 정책을 반대한 일이 있었다. 그러자 성종은 영돈령 이상과 의정부 대간 홍문관원들을 빈청에다가 소집해 놓고서

下兩大妃殿 諺文一紙 令承旨飜譯示之 仍收議

---

58) 『성종실록』 권271 13장, 성종 23년 11월 무자조.

> 양 대비전에서 내려온 언문지 한 장을 승지에게 번역시켜 보이고 이를 가지고 논의했다

고 하니, 무슨 까닭으로 언문을 번역하여 토의한 것인가? 이것은 당시의 고관들이 언문을 몰랐거나 천시했던 것을 말하는 것이다.

④ 언문을 아는 자의 필적 조사[59]

이미 앞에서 기술한 바와 마찬가지로 언문 익명서 사건이 발생하자 연산군은 한성 5부 내의 '知諺文者'를 집합시켜 그 필적을 익명서의 그것과 빙고시키고, 한성 내에서 실패로 돌아가자 외부에까지 손을 뻗쳤는데, 모두 범인 체포에는 실패로 돌아갔다. 그러나 어떻든 '知諺文者'를 소집시킬 수 있을 정도로 당시까지 언문이 그렇게 널리 보급되지 않았던 증거가 된다.

이러한 기록으로 보면 훈민정음 창제 이후 정음청(언문청) 등을 통한 보급 정책, 간경도감 등을 통한 방대한 양의 불경 언해류 출판 등이 별로 언문 보급 면에 이바지하지 못했음을 알 수 있다. 그러므로 새로운 문자의 보급이라는 것이 그 창제와 더불어 곧 활발히 보급된 것이 아니라 서서히 보급되어 갔음을 알 수 있다. 이런 점으로 볼 때에는 연산군은 언문 보급 면에 있어서 그렇게 큰 방해자가 되지 못한다. 왜냐하면 아직 그렇게 널리 보급되지 못한 언문이 연산군으로 인하여 더욱 위축되었다고 보게 되는 하등의 근거가 없기 때문이다. 그것은 다음과 같은 면으로 더욱 뚜렷해진다. 즉 연산군 10년 이전에 국가적으로나 개인적으로 사용된 언문의 서적류와 연산군 10년 이후의 그것과 양적인 면으로나 질적인 면으로 고찰해 볼 때 언문 사용은 연산군 이후에도 활발하였던 것이다.

---

59) 4절 2항 참조.

다음에 일람표를 만들어 보겠다.

1504년(연산군 10)을 경계로 분류해 본 언문 사용 서적 일람표60)

(未畢 사업도 포함)

A. 연산군 10년 이전 60년간(1443~1504)

訓民正音(解例本)	1446년(세종 28)
龍飛御天歌 10권	1447년(세종 29)
東國正韻	1447년(세종 29)
釋譜詳節・月印千江之曲	1447년(세종 29)
訓民正音(諺解本)	1447년(세종 29)
四書諺解(미완)	1448년(세종 30)
金利靈應記	1449년(세종 31)
洪武正韻譯訓・四聲通攷	1455년(단종 3)
初學字會諺註	1458년(세조 4)
月印釋譜	1459년(세조 5)
蒙山和尙法語略錄諺解	1460년(세조 6)
蠶書諺解	1462년(세조 8)
楞嚴經諺解	1462년(세조 8)
法華經諺解	1463년(세조 9)
禪宗永嘉集諺解・金剛經諺解	1464년(세조 10)
般若波羅密多心經諺解	1464년(세조 10)
佛說阿彌陀經諺解	1464년(세조 10)
圓覺經諺解	1465년(세조 11)
牧牛子修心訣・法語	1467년(세조 13)
救急方諺解	1467년(세조 13)
內訓	1475년(성종 6)
觀音菩薩呪經	1476년(성종 7)
明皇誡鑑諺解	1477년(성종 8)
杜詩諺解	1481년(성종 12)

---

60) 최현배(1964), 『한글갈』. 小倉進平(1940), 『增訂 朝鮮語學史』. 이기문(1959), 「16세 기 국어의 연구」, 『고려대문리논집』 제4집. 참조.

三綱行實圖諺解	1481년(성종 12)
金剛經三家解	1482년(성종 13)
證道歌南明繼頌諺解	1482년(성종 13)
聯珠詩格諺解 · 黃山谷詩集諺解	1483년(성종 14)
佛頂心陀羅尼經 · 五大眞言 · 靈驗略抄	1485년(성종 16)
救急簡易方	1489년(성종 20)
伊路波	1492년(성종 23)
樂學軌範	1493년(성종 24)
六祖法寶壇經諺解 · 眞言勸供 · 三壇施食文	1496년(연산군 2)
救急簡易方	1499년(연산군 5)
(연산군 초의 중간 일부 생략)	

B. 1504년(연산군 10) 이후 약 60년간(1504~1570)
　　—1504년(연산군 10) 이후 간본의 重刊은 생략함

三綱行實圖諺解 중간	1511년(중종 6)
海東諸國紀	1512년(중종 7)
續三綱行實圖諺解	1514년(중종 9)
飜譯朴通事	1515년(중종 10)
飜譯老乞大	1515년(중종 10)
四聲通解	1517년(중종 12)
法語(慧覺尊者譯訣) 중간	1517년(중종 12)
蒙山和尙法語略錄 중간	1517년(중종 12)
飜譯小學	1518년(중종 13)
呂氏鄕約諺解	1518년(중종 13)
正俗諺解	1518년(중종 13)
二倫行實圖諺解	1518년(중종 13)
瘡疹方諺解	1518년(중종 13)
辟瘟方諺解	1518년(중종 13)
農書諺解	1518년(중종 13)
蠶書諺解	1518년(중종 13)
禪宗永嘉集諺解 중간	1520년(중종 15)

妙法蓮華經諺解 중간	1523년(중종 18)
世子親迎儀註 · 冊嬪儀註(최세진 역)	1524년(중종 19)
簡易辟瘟方	1525년(중종 20)
訓蒙字會	1527년(중종 22)
女訓諺解	1532년(중종 27)
林家救急方	1538년(중종 33)
分門瘟疫易解方	1542년(중종 37)
劉向烈女傳諺解	1543년(중종 38)
牛馬羊猪染疫病治療方	1543년(중종 38)
七書諺解	(중종 7년 이전일 듯)
孝經諺解	중종조
童蒙先習	중종조
類合	훈몽자회 이전
靈驗略抄	1550년(명종 5)
佛說大報父母恩重經—화장사	1553년(명종 8)
救荒撮要	1554년(명종 9)
禪家龜鑑諺解	1564년(명종 19)
佛說大報父母恩重經—명엽사	1564년(명종 19)
眞言集	1569년(선조 2)
七大萬法諺解	1569년(선조 2)

이상의 표를 보면 다음과 같은 점을 알 수 있다.

① 종래 우리가 가장 중시해 오던 1527년(중종 22)의 최세진 저 『훈몽자회』
   이전에 이미 수종의 권위 있는 언해서가 출간되었다.
   1452년(문종 2)에 출생해서 1512년(종중 7)에 졸한 柳崇祖는 연산군 때
   유배당했던 학자이나, 중종 때에도 생존해서 경서 언해의 시조로 치고 있
   는 것이다.
   『연려실기술』별집-'經書之有諺解 自柳崇祖始'(眉巖日記)
   『국조인물지』-'柳崇祖精通經學 勤於誨人 奉命纂輯七書諺解口訣'(出

人物 考)

② 따라서『훈몽자회』범례의 설명이 언문 사용상 그 철자 규정 등에 그렇게 큰 영향을 끼쳤다고 볼 수 없다.

③ 1504년(연산군 10)의 언문 금압령으로부터 불과 10년 이내에 언해본들이 출간되기 시작하였다는 사실은 언문 금압령이 종래 추측하였던 것처럼 그렇게 큰 위력(효력)을 발휘하지 못했다는 것을 증명한다. 따라서 언문 보급 또는 그 사용상에 연산군으로 인하여 어떤 큰 타격을 받았다고 인정하기 곤란하다.

④ 중종 초기에 출간된『속삼강행실도언해』등은 성종 때의『삼강행실도언해』보다도 오히려 더 고형을 보이는 반치음 △, 순경음 ㅸ, 방점 등이 나타난다. 그밖에도 국어사 관계의 모든 논문에서 연산군을 전후로 하여 표기상의 변천을 지적한 것을 볼 수 없다.

⑤ 1504년(연산군 10) 이전의 언문 사용은 불경·운서 관계가 많았는데, 중종 이후는 오히려 더 다채롭게 언문을 이용하고 있다.

⑥ 1504년(연산군 10) 7월 22일의 언문 서적을 焚之하라는 명령에도 불구하고, 마땅히 모두 소실되어 있어야 할 연산군 이전의 상당수의 언문 서적들이 오늘날까지 원간본대로 남아 있다. 또 설혹 중종 이후의 복각본일지라도 연산군 이전 것이 모두 소실되었다면 복각이 불가능했을 것인데도, 중종 이후에 우리는 연산군 이전본의 많은 복각본을 가지고 있다. 그러므로 연산군 10년의 언문 서적의 규정 범위가 문제다. 과연 언문으로 씌어진 서적은 모두 焚之하라는 것이었을까?

이상으로 우리는 소위 연산군의 언문 금압으로 인하여 언문 보급 및 그 사용상에 있어서 그렇게 큰 타격을 가져오지 않았다는 점을 고찰하였다. 다음에는 관점을 달리하여 연산군을 전후로 한 국어학사상의 문제점을 고찰코자 한다.

2) 국어학사상의 면에서

아직도 국내에는 국어학사의 개념에 대해서조차 모호한 정의를 하는 이가 있으나, 여기서는 국어학사는 어디까지나 국어에 대한 연구의 역사라는 견지에 서서 기술한다.

조선시대에 있어서 우리 조상들이 우리 국어에 대하여 연구한다는 것은 중국운학식 고찰을 말하는 것이다. 이것은 당시에는 동양의 유일한 언어학이라고 할 중국운학의 영향 아래에 있었기 때문이다. 그러므로 우리가 고찰하는 것은 자연히 조선 초 이래의 운학의 추이를 주목하게 되는 것이다.

조선의 운학은 고려 이래의 일반 지식층의 관심을 이어 받아, 초기부터 운학에 관심이 쏠리기 시작하더니, 세종 때에 이르러 그 연구 및 응용이 최고조에 달하였다[61]. 이것은 중국운학에 남달리 큰 관심과 깊은 조예가 있었던 세종대왕과 그 밑에 우수한 학자들이 집현전에 있었기 때문이며, 이런 분위기 속에서 마침내 훈민정음이라는 우리나라 고유문자도 창제된 것이다. 그러나 세종 때에 최고조에 달하였던 중국운학에 대한 연구 및 관심도, 세조 때 이후는 다시 침체 상태에 놓이게 되는 것이다. 그 이유는 여러 가지가 있겠으나 세조 때 이후에는 세종대왕처럼 적극적으로 중국운학에 관심을 갖는 군주가 없었고, 집현전 중심의 중국운학 연구가 일반 지식 대중들에게 깊이 뿌리박지 못했으며, 집현전 출신 학자들의 정계 진출로 운학 연구가 단절되었다는 점 등이 가장 큰 이유일 것이다. 그러므로 비록 중국운학을 바탕으로 한 것이기는 하나 국어에 대한 연구 고찰은 세종 말년부터 세조 초기까지에만 있었던 일이요, 세조 이후 연산군 이전까지에는 그렇게 활발했던 것이 아니다.

---

61) 이숭녕(1956), 「국어학사」, 『사상계』와 이숭녕(1958), 「세종의 언어정책에 관하여」, 『아세아 연구』 제1권2호, 고려대.

그러나 조선시대 언어학의 또 하나의 축을 이루었던 譯學(외국어 학습과 연구)은 개국 초부터 꾸준히 발전을 거듭해왔다. 특히 漢語에 대한 관심은 대단한 것이었다. 그 중에서도 고려시대부터 한어의 교재이었던 『老乞大』와 『朴通事』를 세종 때에 간행하기도 하고 성종 때에는 내용을 검토하기도 했다.

1480년(성종 11) 10월 19일(을축)에 明使頭目 戴敬에게 검토시켰더니 『박통사』와 『노걸대』의 내용이 원나라 시대 언어이니, 성종 시대의 漢語로 고치라고 하여 고친 일이 있다. 李邊이 지은 『訓世評話』를 속히 간행케 한 일도 있었고 1494년(성종 25) 2월 12일에 宗簿寺 李昌臣이 운학을 안다고 〈운회〉 序를 진강시킨 일도 있었다. 『용재총화』 권2에 의하면 다음과 같이 성종 때에 서적이 실로 많이 강행되었다.

徐剛中四佳集 · 金文良拭疣集 · 姜景醇私淑齋集 · 申泛翁保閑齋集 · 成
倪詩集十五卷 · 文集十五卷 · 補集五卷 · 風雅錄二卷 · 奏議六卷 · 浮休子
談論六卷 · 慵齋叢話十卷 · 錦囊行跡三十卷 · 風騷軌範三十卷 · 樂學軌範
六卷 · 桑楡備覽四十卷

다만 이들 가운데 운학에 관한 저술은 하나도 없다. 이것으로 보더라도 성종 시대에는 朝野간에 운학에 관하여 별로 관심이 없었음을 알 것이다.

따라서 연산군으로 인하여 국어학이 침체 상태에 빠졌다고 보는 견해는 옳은 견해가 아니며, 국어학사상의 견지에서 볼 때에 운학 위주의 국어학 연구는 이미 세조 때부터 침체 상태에 들어가기 시작하였던 것이요, 연산군하고는 무관한 문제라고 할 수 있다.

6. 맺음말

이상으로써 얼마나 명백한 사실이 왜곡되어 전하여 왔는가 하는 것을 밝혔거니와 여기 부수되는 '최세진과 훈몽자회 범례의 문제'는 별도로 고찰할 기회가 있을 것이다. 이상 각 절에서 구명한 바를 다시 요약해서 제시하겠다.

① 갑자사화는 순전히 모비의 보복만을 위하여 발생한 것은 아니다.
② 갑자사화와 언문은 관계가 없다. 윤비가 폐비될 때 언문에 관련되었던 신하 가운데 무턱대고 극형에 처해진 자는 없다.
③ 언문 익명서 사건 발생과 동시에 취해진 언문 사용 금지 명령은 범인 체포를 위한 잠정적 조치에 불과하다.
④ 언문 서적 분지령으로 소실된 언문 서적이 과연 얼마나 되는지 의문이다. 아직 그 증거를 잡을 수 없다.
⑤ 언문 사용 금지령 위반으로 극형을 받은 자가 없고 언문을 안다고 해서 박해를 받은 사실도 명백하지 않다.
⑥ 연산군으로 인하여 언문 보급상 또는 국어학사상 그렇게 큰 저해를 받았다는 근거가 없다.
⑦ 연산군 시대에 기생용 언문청이 존재했는데, 중종반정 후 불과 2일만에 혁파되었다. 그러나 이 언문청은 세종 때의 그것의 존속으로 보아지지는 않는다.
⑧ 이러한 언문 사용 금지령과 중종의 언문청 혁파에도 불구하고, 중종 때에는 1512년(중종 7) 10월에 국가 기관인 '속삼강행실 撰集廳'을 설치하였던 것을 비롯하여 그보다 앞선 시대에 못지않게 언문이 활발히 사용되었다.
⑨ 언문 익명서 사건 이외에도 한문으로 된 익명서 사건이 있었다.
⑩ 연산군 말년 전후 3년간을 익명서 사건 범인 체포 문제로 시종하였으므로, 일반 국민들에게 어느 정도 정신상 중압감을 주었으리라는 점은 인정할 수 있다.

(1962. 7. 31 記. 『진단학보』 24, pp.27~58, 1963)

제4장 15세기 국어의 치음

치음과 한글 표기

1. 머리말

15세기 중세국어와 東國正韻식 한자음의 치음을 표기하기 위하여 이용된 훈민정음(이하 한글이라고 함) 초성자는 ㅈㅊㅅ(ㅉㅆ)뿐이었다. 그러다가 1445년(세종 27)경부터 『洪武正韻譯訓』(단종 3년, 1455 완성)을 편찬해 나가는 과정에 있어서, 漢語 치음의 齒頭音과 正齒音을 구별해서 표기해야 될 필요성을 느끼게 되어 한글의 치음 글자를 다시 두 종류로 변형시켜 표기하는 방안을 마련하게 되었다. 그래서 『훈민정음언해』(1447)에서는

漢音齒聲은 有齒頭正齒之別ㅎ니 ㅈㅊㅉㅅㅆ字는 用於齒頭ㅎ고 ㅈㅊㅉㅅㅆ字는 用於正齒ㅎᄂᆞ니

라고 규정하였다. 이로써 한글의 치음 글자는 세 종류로 늘어난 셈이다. 그리고 『훈민정음언해』에서는 夾註에서 치두음과 정치음을 구별하여 다

음과 같이 설명하였다.

> 이 소리(齒頭)ᄂᆞᆫ 우리나랏소리예서 열ᄇᆞ니 혓그티 웃닛머리예 다ᇹᄂᆞ니라
> 이 소리(正齒)ᄂᆞᆫ 우리나랏소리예서 두터ᄇᆞ니 혓그티 아랫닛므유메 다ᇹᄂᆞ니라

여기의 설명대로 이해한다면, 한음의 齒頭音은 현대음성학에서 말하는 齒音(齒裏音)에 해당한다고 할 수 있으나 정치음에 대해서 이해하려면 조금 깊이 생각해 볼 필요가 있다.

우선 '우리나랏소리(치음)'를 기준으로 해서 한음의 치두음은 '열버서', '혓그티 웃닛머리예' 닿는다고 하였으므로 중세국어의 치음(ㅈㅊㅅ 등)보다는 앞쪽인 '웃닛머리'에서 조음되던 음이었을 것이고, 정치음은 '두터버서', '혓그티 아랫닛므유메' 닿는 음이라고 하였으므로, 중세국어의 치음보다는 더 안쪽에서 조음되던 음이었을 것이다. 이러한 사실을 「四聲通攷凡例」(1455년경)에서는 '我國齒聲ㅅㅈㅊ 在齒頭整齒之間'이라고 표현하였고, 허웅(1964)에서는

> 그 당시의 우리말 치음은 舌端的 齒槽音(alveolar)인 [ts, tsʰ]이었을 것으로 규정된다

라고 하였다[1].

그런데 정치음의 조음이 '혓그티 아랫닛므유메' 닿는 것이라면, 이 음이 혀끝(舌尖)을 上齒莖(윗잇몸)에 대고 발음하는 捲舌音은 아니었을 것이고, 조음 때 舌端(舌葉)이 상치경 쪽으로 가까워지고 이에 따라서 자연히 혀끝이 아랫잇몸에 닿는 硬口蓋齒莖音(palato-alveolar tʃ- tʃ- ʃ- 등)이거나, 舌面 前部와 硬口蓋 사이에서 조음되기 때문에 혀끝이 역시 아랫잇몸에 닿는 설면음(齒莖硬口蓋音, alveolo-palatal, tɕ- tɕ- ɕ- 등)이었

---

1) 엄격히 말하면 [ts, tsʰ]는 치음인 dental이지 치조음인 alveolar가 아니다.

을 것으로 추정할 수 있다.

그러나 『훈민정음언해본』보다 늦은 시기에 이루어진 「사성통고 범례」(곧 「홍무정운역훈 범례」)[2]에서는 齒頭音과 正齒音(整齒音)을 다음과 같이 구별하고 있다.

凡齒音 齒頭則擧舌點齒 故其聲淺 整齒則捲舌點腭 故其聲深
무릇 치음에서 치두음은 혀(끝)를 들어 이에 대고 조음하므로 그 소리가 얕고, 정치음은 혀(끝)를 말아서 잇몸에 대고 조음하므로 그 소리가 깊다.

이러한 설명에 의하면, 치두음에 대한 설명은 『훈민정음언해』의 설명과 같고, 정치음은 '捲舌點腭'이므로 분명한 권설음(tṣ- tṣʻ- ṣ- 등)이어서, 『훈민정음언해』의 설명과 일치하지 않는다. 이에 대하여 허웅(1964)에서는

다 같은 정치음에 대해서 이러한 차이가 있는 것으로 보면 아마 훈민정음을 언해한 사람으로서는 중국어의 권설음을 발음하기가 어려워서 이러한 舌背的 硬口蓋音으로 발음했던 것이 아니었을까 생각할 수 있다

라고 설명하고, 다시 주를 달아 설명하기를,

그것은 卷舌 磨擦音은 舌背的 硬口蓋 마찰음과 청각상으로 비슷하기 때문이다

라고 하였다.

이상과 같은 설명에서, 우리는 몇 가지 점을 밝혀 볼 필요가 있다고 생각한다. 하나는 과연 15세기경의 한어의 정치음이 어떤 종류의 음이었을까 하는 점이고, 또 하나는 한어 정치음을 표기하도록 마련된 한글의

---

2) 고려대학교 영인본 『洪武正韻譯訓』에서는 그 凡例를 『四聲通解』에 수록되어 있는 「四聲通攷 凡例」와 일치하게 복원하고 있다.

치음자들이 제대로 한어 정치음의 음가를 나타내고 있었는가 하는 점이다. 그리고 이와 아울러 15세기 중세국어의 치음(ㅈㅊㅅ)은 과연 어떤 종류의 음이었을까 하는 점이다.

2. 한어의 치음

1) 한어의 정치음

中國 36字母表에서는 정치음계 성모로 照穿牀審禪 5母만을 설정하고 있으나, 한어 중고음계의 정치음은 이보다도 더 복잡한 것이었다. 이것은 중고음계를 나타내고 있는 『廣韻』(1008)의 反切上字를 정리한 결과 알게 된 것이었는데, 중고음의 정치음에는 다음과 같이 다시 正齒音(照3 계열)과 齒上音(照2 계열)이라는 두 종류가 있었던 것이다. 이것을 董同龢의 『漢語音韻學』, pp.146~147에서 옮겨 싣고 이들에 대한 여러 학자들의 추정음을 보이면 아래와 같다.

類名	廣韻 反切上字	董	王	K
章(照3)	之類	tɕ	tɕ	tɕ
昌(穿3)	昌類	tɕʻ	tɕʻ	tɕʻ
船(牀3)	食類	dʑ	dʑ	dʑ
書(審3)	式類	ɕ	ɕ	ɕ
禪	時類	z	z	z
莊(照2)	側類	tʃ	tʃ	tʂ
初(穿2)	初類	tʃʻ	tʃʻ	tʂʻ
崇(牀2)	士類	dʒ	dʒ	dʑ
生(審2)	所類	ʃ	ʃ	ʂ
俟(禪2)	俟類	ʒ		

※董 = 董同龢   王 = 王力   K = Karlgren

照3 계열에 대한 추정음은 서로 일치되고 있으나, 照2 계열에 대한 추정음은 [ʧ] 계열과 [tʂ] 계열로 다르게 나타나고 있다. 이것은 같은 음을 두 가지로 다르게 추정한 것이 아니라 見解差에 따라서 각각 두 가지의 다른 음으로 추정한 것이다.

중세에 이르러 두 종류의 정치음(즉 正齒音과 齒上音)은 하나로 통합되고 全濁音 계열도 全淸이나 次淸으로 변하여, 14세기의 북방음을 나타냈다는 『中原音韻』(1324)의 정치음계 성모는 ʧ, ʧʻ, ʃ, ʒ 등 4개(董씨 說)로 줄어들었다.[3]

그러나 中古音의 치상음을 동씨와 마찬가지로 ʧ계로 보았던 王씨는 중원음운의 성모에 대하여 王力(1958)：『漢語史稿』 p.109에서

ʧ	ʧʻ	ʃ	ʒ
tʂ	tʂʻ	ʂ	z

와 같은 두 계열로 추정하고, 『중원음운』의 支思韻(동씨 추정음 -ї)과 결합되는 치음만이 捲舌音化하고, 다른 운모들과 결합되는 치음은 아직도 ʧ, ʧʻ, ʃ, ʒ의 상태라고 하였다.

15세기의 북방음계 성모를 나타내는 자료로서는 『韻略易通』(1442) 서두의 早梅詩가 이용되고 있는데, 이 시를 가지고 추정하는 15세기 정치음도 모두 같은 것이 아니다. 몇 예만 보이겠다.[4]

早梅詩	董	陸		王[5]
枝	ʧ	tɕ	tʂ	tʂ
春	ʧʻ	tɕ	tɕʻ	tʂʻ
上	ʃ	ɕ	ʂ	ʂ
人	ʒ	z		z

3) 董同龢(1968), 『漢語音韻學』, p.59.
4) 이에 대해서는 拙稿(1973), 『四聲通解研究』, 新雅社, p.46에서 개략적으로 이미 언급한 바 있다.
5) 董-董同龢(1968), 『漢語音韻學』.

王씨는 ʧ 계열이 15세기 북방음에서는 이미 없어졌다고 하였는데, 董씨는 여전히 ʧ 계열로 추정하고 있다. 그런데 동씨도 『中原音韻』(北曲)의 정치음을 ʧ 계열로 추정하면서, 그 이유로 -i 모음과 권설음이 결합된다는 것은 부자연스러운 일이라 ʧ 계열 음으로 추정했다고 하고, 그러나 ʧ 계열 음이 -i 모음 이외의 음들과 결합될 때에는 舌尖 성분이 비교적 많아져서 tʂ, tʂʻ, ʂ에 가까워지고, -i 모음과 결합될 때에는 舌面 성분이 비교적 많아져서 tɕ, tɕʻ, ɕ에 가까워질 것이라고 하였다. 이렇게 되면 동씨의 추정음도 육씨의 추정음과 같아진다.

이와 같이 15세기경의 한어 정치음은 음성적 환경에 따라서 두 종류의 음으로 실현될 수 있는 것으로서, 훈민정음 창제 시절의 우리나라 한어학자들도 이를 자세히 파악하고 있어서 『훈민정음언해본』과 「사성통고 범례」에서 정치음에 대하여 각각 달리 설명하게 된 것이다. 즉 『훈민정음언해』에서는 정치음 계열이 -i 모음과 결합될 때 실현되는 tɕ tɕʻ ɕ를 설명한 것이고, 사성통고 범례에서는 -i 모음 이외의 모음들과 결합되어 권설음인 tʂ tʂʻ ʂ 등으로 실현되는 것을 설명한 것이다. 다만 조음 위치상으로 보면 ʧ 계열과 tʂ 계열이 가까울 수 있으나 『훈민정음언해』에서 말한 대로 '혓그티 아랫닛므유메' 닿으려면, 음성상으로는 ʧ 계열과 tɕ 계열이 거의 비슷한 음이라고 할 수 있다.

2) 한글과 정치음

상술한 바와 같이 훈민정음 창제 무렵의 학자들은 한어의 정치음이 음성적 환경에 따라서 두 가지로 실현된다는 사실을 알고 있었다. 그런

陸－陸志韋(1947), 「記蘭茂韻略易通」, 『燕京學報』 32期.
王－王 力(1958), 『漢語史稿』 上, p.110.

데도 이를 音韻論的으로 처리하여 정치음 계열을 한 종류의 한글로 표기하도록 마련하였다. 이것이 ㅈㅊㅉㅅㅆ들이다.

그러나 15세기 무렵부터 한어에는 i 모음(介音이 -j-거나 核母音이 -i-인 경우)과 결합되면 정치음 계열도 i 모음을 탈락시키고 捲舌音化하는 경향을 보이기 시작했고, 특히 17세기경부터는 正齒音 2等韻(莊 계열, 齒上音)과 3等韻(章 계열)의 합류가 현저하게 이루어져서 tʃ, tʃʻ, ʃ(또는 tɕ, tɕʻ, ɕ) 등이 소실되는 대신 권설음이 상당히 많이 증가하였다.[6] 이런 현상을 陸志韋(1947), 「記徐孝重訂司馬溫公等韻圖經」에서는 다음과 같이 설명하고 있다.

藍(蘭)書的枝 春 上同時代表tɕ tɕʻ ɕ跟tʂ tʂʻ ʂ. 徐書的照穿審只是tʂ tʂʻ ʂ 而已. 中古的知徹澄照穿牀審禪 不論等第 全都捲舌化了. 又一方面 這方言 的 ki等 tsi等 都還沒有齶化. 所以這方言並沒有tɕ tɕʻ ɕ 實在只有十九母.
蘭茂가 지은 『韻略易通』(1442) 첫머리의 早梅詩 가운데 枝·春·上은 tɕ 등과 tʂ 등을 함께 나타내고 있다. 徐孝가 지은 자료에서는 照·穿·審母가 다만 tʂ, tʂʻ, ʂ뿐이다. 중고음의 知·徹·澄·照·穿·牀·審·禪母 소속 자

---

6) 王力(1958), 『漢語史稿』上 p.116에서는, 中古音으로부터 現代漢語에 이르는 사이에 正齒音과 舌上音이 변해 온 과정을 다음과 같이 표로 보이고 있다(全濁音 관계 표는 생략함).

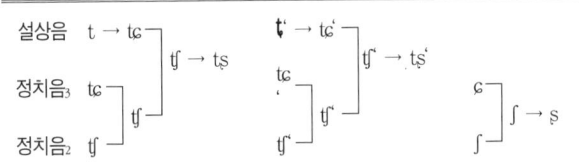

董同龢(1968), 『漢語音韻學』, p.149에서 보인 표는 다음과 같다.

설상음	t̬, t̬ʻ, ʻ → tɕ, tɕʻ, dʑ		
정치음₃	tɕ, tɕʻ, dʑ, ɕ, z	tʃ, tʃʻ, dʒ, ʃ, ʒ	tʂ, tʂʻ, (dʐ), ʂ, (ʐ)
		tʃ, tʃʻ, dʒ, ʃ, ʒ	
정치음₂			ts, tsʻ, (dʐ), s, z

음이, 2등이거나 3등이거나 모두 권설음으로 변했다. 또 한편 이 방언의 ki 등과 tsi 등은 아직 구개음이 되지 않아서, 이 방언에는 tɕ, tɕʻ, ɕ 등이 없었으므로 실지로는 19성모뿐이었다.

徐孝의 『重訂司馬溫公等韻圖經』(1609)은 17세기의 중국 북방음계를 나타내는 자료의 하나인데, 이 音系를 고찰한 육씨가 tɕ, tʂ〉tʂ로 본 것은 그가 『韻略易通』(1442)의 정치음을 tɕ, tʂ 등과 같이 두 가지로 추정했기 때문이다.

정치음 계열의 권설음화에 따라서 tɕ, tɕʻ, ɕ 등으로 실현되던 정치음 대신에 齒頭音 일부와 i 모음과 결합된 牙喉音 계열의 음들이 舌面音化(硬口蓋音化)되어 tɕ, tɕʻ, ɕ로 변하였다.

예) 濟 tsiɛi〉tɕi   千 tsʻiɛn〉tɕʻian   羌 kʻjaŋ〉tɕʻiaŋ
    孝 xau〉ɕiau   現 ɣiɛn〉ɕian

이와 같이 한어의 정치음은, 15세기 이후 여러 가지로 변했는데도, 이러한 정치음을 표기할 한글 齒音字는 한 종류밖에 없었으므로, 한글로는 이러한 한어 정치음의 변화상을 나타낼 수가 없었다.[7]

조선시대에 간행된 한어 관계 문헌을 가지고 시대별로 간단히 고찰해 보기로 하겠다.

(1) 『洪武正韻譯訓』(1455)

『홍무정운역훈』은 明나라 태조가 편찬시킨 『홍무정운』(1375)의 小韻 代表字마다 새로 창제된 한글로 표음한 운서다.[8] 그런데 『홍무정운』의

---

7) 이 문제에 대해서 拙稿(1980), 「朝鮮時代資料로 본 近代漢語音韻史槪觀」, 『成大 論文集』 28, pp.7~8에서 간단히 예시한 바 있다.
8) 『洪武正韻譯訓』의 자세한 내용에 대해서는 拙稿(1973), 『四聲通解研究』, pp.27~35 참조.

聲母體系는 全濁音을 보존시킨 31성모이었으므로, 20개 성모밖에 없었던 15세기의 북방음계와 부합되지 않는다. 그래서 역훈 편찬자들은 31성모체계를 '正音'이라 하고, 20개 성모체계를 '俗音'이라 하여 한글로 표음할 때 간혹 속음을 나타내기도 했다. 그러나 상술한 대로 정치음을 표기하기 위한 한글은 한 종류밖에 없었으므로, 정치음의 음가가 tʃ(또는 tɕ) 계열인지 또는 tʂ 계열인지는 韻母音과의 결합 상태에 의하여 구별하는 수밖에 없다.[9]

字母	例字	T	I	正音	俗音	現代音
照	中	tʃiuŋ(음)	tɕiuŋ	즁	즁	tʂuŋ^1
	竹	tʃiu(상)	tɕiʔ	쥭	즁	tʂu^2
穿	充	tʃʰiuŋ(음)	tɕʰiuŋ	츙	츙	tʂʰuŋ^1
牀	蟲	tʃʰiuŋ(양)	tɕʰiuŋ	쯍	쯍	tʂʰuŋ^2
	逐	tʃʰiu(평)	tɕiʔ	쮝	쯍	tʂu^2
審	春	tsʰun(음)	ɕiuŋ	슌	슌	tʂʰuŋ^1
照	莊	tʃuan(음)	tsʰuɒŋ	장	쨩	tʂuan^1
穿	創	tʃʰuan(거)	tsʰuɒŋ	챵	쨩	tʂʰuan^4
牀	床	tʃʰuan(음)	tsʰuɒŋ	쨩	쨩	tʂʰuan^2
審	霜	ʃuan(음)	ʂuɒŋ	샹	샹	ʂuan^1

앞에서도 말한 대로 동씨의 추정음(T, 주 8 참조)인 tʃ도, 다음에 오는 운모음의 모음이 -i 모음이냐 다른 모음이냐에 따라서 tɕ 또는 tʂ 등으로 실현되는 것이므로 T와 I(육지위 씨 추정음, 주 8 참조)는 같다. 그러나 『홍무정운역훈』의 注音은, 『홍무정운』의 31성모체계를 지키느라고 정음과 속음이 모두 전탁음을 보존하고 있으며, 다만 속음의 운모음을 정음의 운모음과 달리 주음하고 있다. 이렇게 되면 속음 성모의 음가들이 정음과는 달라졌을 텐데도 한 종류밖에 없었던 正齒音字들로 똑같이 주

---

9) 표의 약호 내용은 다음과 같다.
T『音注中原音韻』(董同龢推定音依據 劉德智注音 許世瑛校訂, 廣文書局, 1969 再版, 臺北)에 의한 음.
I 陸志韋(1947), 「記蘭茂韻略易通」(『燕京學報』 32期)에서의 추정음.

음하고 있다. 한글 正齒音字만 가지고는 15세기 한음의 정치음이 tɕ로
실현되는 경우와 tʂ로 실현되는 경우를 구별하여 표기할 수 없었다. 즉
'즁 : 즁', '츙 : 츙', '쯍 : 쯍', '슝 : 슝' 등의 경우에는 모음이 單母音이냐
重母音이냐 하는 데 따라서 tɕ계와 tʂ계를 서로 구별할 수 있다고 하더
라도 '쟝 : 쟝', '챵 : 챵', '쨩 : 쨩', '샹 : 샹'의 경우에는 성모가 모두 tʂ계
로 실현될 수 있는 환경인 것이다. 이러한 예를 하나만 더 들어보겠다.

字母	例字	T	I	正	俗	現
牀	饌	tʃuan^{거}	tʂuan	쫜	쫜	tʂuan^4

이 경우에도 정음과 속음의 초성은 다 tʂ계로 실현될 수 있는 환경이다.
『四聲通解』의 支韻에서는 첫머리에서 다음과 같이 설명하고 있다.

　三韻(支紙寘)內 齒音諸字 初呼口舌不變而以 △爲終聲 然後 可盡其
妙 如貲즈字呼爲즛 知지字呼爲짖 餘倣此 牙音脣音則否
　세 운(支·紙·寘 치) 안의 치음 글자들은 처음 발음할 때의 입과 혀를 바꾸
지 말고 △음으로 종성을 삼으면 그 묘함을 다할 수 있다. 예를 들면 '貲즈'字
는 '즛'로 발음하고 '知지'字는 '짖'로 발음한다. 나머지도 이와 같다. 아음과
순음은 이와 같지 않다.

이러한 규정에 의하여 치두음과 정치음의 구별 없이 속음에서는 종성
으로 '△'자를 표기하고 있다.

字母	例字	T	I	正	俗	現
精	貲	tsï	tsï	ᄌ	즛	tsɿ^1
照	紙	tʃî^{상}	tʂï	지	짓	tʂʅ^3
	誌	tʃî^{거}	tʂï	지	짓	tʂʅ^4
穿	齒	tʃʻî^{상}	tʂʻï	치	칟	tʂʻʅ^3
牀	·治	tʃʻî^{거}	tɕi	지	짗	tʂʻʅ^4
審	施	ʃî^{음}	sï	시	싈	ʂʅ^1
禪	時	ʃî^{양}	sï	시	싎	ʂʅ^2

위의 예들을 보면, ㅡ 모음과 ㅣ 모음의 구별 없이 △ 종성을 속음에 표기하고 있으므로, △ 종성 역시 '初呼ㅁ舌不變'만을 나타내려고 한 것이고, 초성의 음가 차이를 보이려고 한 것 같지는 않다. 따라서 『中原音韻』(1324) 시절부터 가장 먼저 捲舌音化한 支韻 계통의 정치음 글자도 이들에 대한 한글 표음에서는 그 변화상을 알기가 힘들게 되었다.

(2) 『洪武正韻譯訓』 이후의 對譯書

『홍무정운역훈』 이후, 16세기의 崔世珍은 이를 보완하기 위하여 『四聲通解』(1512)를 지었으나, 音系上으로는 두 자료가 크게 달리 나타나는 면이 없다. 이보다는 오히려 최세진이 지은 『飜譯老乞大』(1510년 경)와 『飜譯朴通事』(1510년 경) 안의 자음들이 근대음에서 현대음으로 변천해 가는 漢音의 변천상을 보여 주고 있다.

『번역 노걸대』와 『번역 박통사』부터의 漢語 對譯 자료들은, 한자마다 아래쪽에다가 좌우로 두 종류의 자음을 한글로 표기했다. 좌측음은 『홍무정운역훈』의 정음 또는 속음이고, 우측음은 대개의 경우 대역 자료를 편찬한 譯官들이 알고 있었던 각 시대의 중국 북방음이었다.[10] 그러므로 우리는 여러 대역 자료의 우측음에 의하여 15세기로부터 19세기에 이르는 사이에 한어의 음운이 어떻게 변해 갔는지 알 수가 있다. 그러나 실지로 고찰해 보면, 뜻밖에도 기대에 어긋나는 결과가 나타난다.

한 예를 들어보겠다. 例字들 가운데에는 이미 15세기 전부터 正齒音字들과 혼용하게 된 舌上音字들도 포함되어 있다. 그리고 음은 각 자

---

10) 이들 대역 자료가 보여 주는 音系의 특징에 관해서는 다음 논문에서 자세히 다룬 바가 있다.

拙稿(1974), 「飜譯老乞大 · 朴通事의 音系」, 『震檀學報』 38.

拙稿(1978), 「老乞大 · 朴通事諺解內 字音의 音系」, 『東方學志』 18, 延世大.

拙稿(1978), 「朴通事新釋諺解內 字音의 音系」, 『學術院論文集』 17.

拙稿(1980), 「華音啓蒙諺解內 字音의 音系」, 『東方學志』 23 · 24, 延世大.

료들의 우측음만 보이겠다.

略號   번老(飜譯老乞大 1510년경)
            老언(老乞大諺解 1670년)
            朴신(朴通事新釋諺解 1765년)
            重老(重刊老乞大諺解 1795년)
            華音(華音啓蒙諺解 1883년경)

例字	번老	老언	朴신	重老	華音	現代音
照	·쟏	쟏	쟏	쟏	쟏	$tʂao^4$
燒	·샨	샨	샨	샨	쌴	$ʂao^1$
少	샨	샨	샨	샨	쌴	$ʂao^3$
趙	·쟏	쟏		쟏		$tʂao^4$
朝	:챤	챤	챤	챤	챤	$tʂʻao^2$
正	·징	징	징	징	징	$tʂəŋ^1$
升	·싱	싱	싱		승	$ʂəŋ^1$
城	:칭	칭	칭	칭	쳥	$tʂʻəŋ^2$
盛	:칭	칭		쳥	쳥	$tʂʻəŋ^2$
上	·샹	샹	샹	샹	쌍	$ʂaŋ^4$
眞	·진	진	진	진	진	$tʂən^1$
主	쥬	쥬	쥬	쥬	쥬	$tʂu^3$
煮	쥬	쥬	쥬	쥬		$tʂu^3$
除	:츄	츄		츄		$tʂʻu^2$
處	츄	츄		츄		$tʂʻu^3$
書	·슈	슈	슈	슈	슈	$ʂu^1$
樹	·슈	슈	슈	슈	슈	$ʂu^4$
船	:쳔	쳔	쵄	쵄	쵄	$tʂʻuan^2$

〈華音〉에서 오직 하나 '升 승'이 기록되어 있을 뿐, 조선 중·후기의 대역 자료들의 주음에서는 한음 정치음의 권설음화 과정을 보여 주지 않고 있다. 더군다나 『飜譯老乞大』부터의 우측음에서는 齒頭音字와 正齒音字의 구별이 힘들 정도로 한글 자형을 비슷하게 쓰고 있다.

이와 같이 조선시대의 대역 자료들이, 捲舌音化 과정을 보여 주지 못하고 여전히 ʧ, ʧʻ, ʃ(또는 tɕ, tɕʻ, ɕ)로 표음하고 있는 데 대하여, 필자는 이미 다른 글들에서 이 사실을 설명한 일이 있는데,[11] 다시 여기에서 종합해 보겠다.

즉 漢語의 捲舌音化는 15세기 자료인 『홍무정운역훈』(1455)의 속음이 보여 준 바와 같이 -u형의 운모나 -u- 介音을 가진 운모와 결합된 정치음의 수록자부터 나타났다. 이러한 사실은 17세기 중국측 자료인 『五方元音』(17세기 중엽)에도 그대로 반영되고 있다. 그런데 역시 17세기 중국 北方音 자료의 하나인 徐孝 :「重訂司馬溫公等韻圖經」(1609)에서는 -i- 介音을 가졌던 3等韻 소속자들이 모두 -i- 개음을 소실하는 동시에 捲舌音化하였음을 보여 주고 있다. 그러나 조선시대의 대역 자료는 위의 표와 같이, 아직도 -i- 개음을 유지시키고 있어서, 이들의 음가는 tɕ, tɕʻ, ɕ가 되고 만다(앞서 발표한 필자의 논문들에서는 이들을 ʧ, ʧʻ, ʃ로 보았었다). 다시 몇 예를 대조해 보면 다음과 같다.

例字	整	正	稱	秤	生	省
重老	tʂəŋ	tʂəŋ	tsʻəŋ	tsʻəŋ	ʂəŋ	ʂəŋ
老언	tɕiŋ	tɕiŋ	tɕʻiŋ	tɕʻiŋ	sʌŋ	sʌŋ

生과 省은 애당초 2等字이므로 대역 자료도 ㅅ으로 표음하여 그 성모가 捲舌音이 될 수 있는 가능성을 보여 주고 있다.

例字	正	眞	嗔	車	少	扇
重老	tʂəŋ	tʂən	tsʻən	tʂʻiə	ʂau	ʂan
朴신	tɕiŋ	tɕin	tɕʻin	tɕʻiə	ɕiao	ɕian

『朴通事新釋諺解』(1765)에서는 아직도 한어 正齒音 3等字의 권설음화를 한글로 표음할 때 반영시키지 못하고 있다. 그런데 19세기 자료

---

11) 주 9)에서 열거한 논문들 참조.

인 『華音啓蒙諺解』(1883년경)에서는 앞에서 보인 일람표와는 달리, 일부분이기는 하지만 권설음화한 것을 보여 주고 있다. 그러나 다음 표와 같이 한 글자의 음에 대하여 여러 가지로 표음하였을 때 역시 -i- 介音을 개재하고 있는 경우가 많다.

例字	趙	轉	章	朝	上
華音	tʂao	tʂuan	tʂaŋ	tʂʻao	ʂaŋ
	tɕiao	tɕiuan	tɕiaŋ	tɕiao	ɕiaŋ
		tɕiuian			

對譯集을 편찬한 歷代 譯官들은 성모 다음에 -i- 개음이 개재되면 그 성모가 tɕ나 tʃ 계열로 실현된다는 사실을 모르고 있었던 것처럼 보인다. 그러나 『洪武正韻譯訓』 편찬자들이 俗音에서는 -i- 개음을 생략하고 正齒音을 기록한 것을 보면, 그들은 四聲通攷 凡例에서 밝힌 바와 같이 正齒音이 tʃ(또는 tɕ)나 tʂ 계열 등 두 종류로 실현된다는 것을 알고 있었던 것 같다.

3) 漢語의 齒頭音과 正齒音

위에서 설명한 대로 15세기 漢語 正齒音은 tʂ 계열과 tʃ(또는 tɕ) 계열이 있었다. 이 두 계열은 개음이나 운모음의 종류에 의하여 달리 실현되는 것이므로 추정음에 의한 음운 표기로는 /tʃ/ 계열로 해도 무방할 것이다. 한글 正齒音字도 한 종류밖에 없었으므로, 두 종류로 실현되는 정치음의 음가를 각기 달리 표기하지도 않았고 표기할 길도 없었다.

그런데 漢語에는 치음에 치두음이라는 것이 있었다. 이에 대하여 『훈민정음언해』에서는

이 소리는 우리나랏소리에서 열브니 혓그티 웃닛머리예 다ᄂᆞ니라

라고 하여, '혓그티 웃닛머리예' 닿아서 발음하는 齒音이라고 하였고, 四聲通攷 凡例에서는

凡齒音 齒頭則擧舌點齒 故其聲淺

이라고 하여, 『훈민정음언해』에서 설명한 대로 '혀를 들어 이(齒)에 대고 발음'하여 그 소리가 얕다고 하였다.

이리하여 15세기경의 漢音의 齒音은 다음과 같이 설명될 수 있다.

齒音			
齒頭音	ts	ts'	s
正齒音	tʃ	tʃ'	ʃ
	(tʂ tɕ)	(tʂ' tɕ')	(ʂ ɕ)

그런데 한어 치두음의 경우에도 정치음의 경우와 마찬가지로, -i- 모음(介音 -i- 포함)과 결합되는 경우와 -i- 모음 이외의 운모음과 결합되는 경우가 있었다. 그러나 이들은 音韻上으로나 音聲實現上으로나 정치음들과는 구별이 되었던 듯, 中原音韻(1324)에서도 이들 兩者를 구별하고 있다. 董씨의 추정음을 보이면서 예를 들어보겠다.

韻類					
東鍾					
T	例字				
tsiuŋ	蹤	縱	樅	夷	終
tʃiuŋ	鍾	中	忠		
ts'iuŋ	從		憁		崇
tʃ'iuŋ	重	蟲		崇	
江陽					
tsiaŋ	匠	將	醬		丈
tʃiaŋ	帳	脹	漲	丈	

『洪武正韻譯訓』(1455) 편찬자들은 反切만으로 표시되어 있던 『홍무정운』의 음계를 잘 파악하여 이들 兩者(치두음과 정치음)를 제대로 나누어서 한글로 표음하였다.

字母 例字 正音 俗音 I	精 縱 중 즁 tsuŋ	從 從 쭝 쭝 ts'uŋ	心 嵩 숭 슝 siuŋ	照 中 즁 즁 tɕiuŋ	穿 充 츙 충 tɕʰiuŋ	牀 蟲 쯍 쯍 tɕʰiuŋ	審 春 숑 즁 ɕiuŋ

字母 例字 正音 I	精 進 진 tsin	清 親 친 ts'in	從 盡 찐 tsin	心 信 신 sin	照 眞 진 tɕin	穿 瞋 친 tɕʰin	牀 陳 쩐 tɕʰin	審 申 신 ɕin	禪 辰 쎤 tɕʰin

※I = 韻略易通(1442)에 대한 陸志韋 씨 추정음.

『洪武正韻譯訓』에서 전탁음을 보존시킨 것은 『홍무정운』의 음계를 그대로 따른 것이지만, 치두음과 정치음을 구별하여 표음하고 있다. 『韻略易通』音(추정음)도 개음 -i-가 탈락된 〈역훈〉의 俗音과 일부 부합되는 것을 제외하면, 다음과 같이 兩者를 구별하고 있다.

tsin	ts'in	sin
tɕin	tɕʰin	ɕin

이로 보면, 15세기경의 漢音 齒音은, 調音部位에 따라서 치두음과 정치음으로 엄격히 구분되고 성모 다음에 -i- 모음이 오더라도 치두음과 정치음은 서로 음가를 달리했던 것으로 보인다.

실질적으로 -i- 모음과 결합되는 치두음과 정치음들이 음성으로 실현될 때 어떻게 차이가 났는지 확인할 길이 없으나, 15세기에 아직 tɕ 계열이 음운으로 확고한 자리를 잡지 못했음을, 王力(1958) : 『漢語史稿』 p.110에서는 다음과 같이 설명하고 있다.

十五世紀時代北方話所沒有而現代北京話所有的 也只有三個聲母 卽tɕ
tɕʻ ɕ.

15세기 시대의 북방화에는 없었으나 현대 북경화에 있는 것은 역시 3개 성모
뿐이었다. 즉 tɕ, tɕʻ, ɕ다.

그리고 同書 p.124에서는

在十八世紀以前 不但齊撮呼的見溪羣疑匣已經變了tɕ tɕʻ ɕ 連精淸從心
邪也變爲tɕ tɕʻ ɕ ʒ…舌尖音的舌面化 所佔方言區域較小.

18세기 이전에 제치호와 촬구호의 '견·계·군·의·합'모 소속자들이 이미 tɕ,
tɕʻ, ɕ로 변하였을 뿐만 아니라 '정·청·종·심·사'모 소속자들까지도 tɕ, tɕʻ, ɕ,
ʒ로 변하였다. … 설첨음의 설면화가 이루어진 방언 지역은 비교적 작다

라고 말하여 치두음의 舌面音化(硬口蓋音化)가 18세기 이전에 완성되었
음을 설명하고 있다.

조선시대의 대역 자료들은 '역훈' 이후 1510년경의 『飜譯老乞大』와 『飜
譯朴通事』부터

從 충(正音 쭝   俗音 중   T tsʻiuŋ   I tsʻuŋ)

과 같이 성모와 운모음을 현실에 맞도록 표기한 것도 있으나, -i- 모음
과 결합된 字音들을 그대로 한글 중성자로 표기하고 있어서 이런 경우
의 성모음이 ts 계열인지 tɕ 계열인지 분간할 수가 없다.

[보기](역대 對譯 자료 중에서)		현대음
將	쟝	tɕiaŋ
雖	챤	tɕiao
像	샹	ɕiaŋ

또 對譯 자료에서는 -iɛ -y(iʉ)음까지도 ㅕ와 ㅠ로 표기하고 있어서
전체의 체계를 보지 않고 한글로 표기된 대로만 보아서는 실제 음가를
알기가 어렵다.

[보기]		현대음
取	츄	tɕʻy
鮮	션	ɕian[ɕiɛn]
須	슈	ɕy

이밖에 『朴通事新釋諺解』(1765)부터는 牙喉音系 성모들이 舌面音化(硬口蓋音化)한 것까지도 한글의 齒音字로 표기하고 있다.

[보기]						
幾 지	京 징	家 쟈	敎 쟢	去 취	虛 쉬	喜 시

『華音啓蒙諺解』(1883년경)에서는 치두음과 정치음의 구별이 더욱 힘들도록 표음하고 있다. 괄호 안의 음은 현대음이다.

齒頭	蔣 쟝(tɕian)	前 쳔(tɕʻiɛn)	想 샹(ɕian)	小 쌀(ɕiao)
正齒	帳 쟝(tʂan)	纏 쳔(tʂʻan)	像 샹(ʂan)	燒 쌀(ʂao)

이상은 15세기경 이후 漢音의 齒音이 어떻게 변화해 왔는가 하는 점과 이를 한글의 치음 글자로는 어떻게 표기했는가 하는 점을 살펴본 것이다. 이를 다시 정리하면 다음과 같다.

15세기경까지 tʂ tʂʻ ʂ와 tʃ tʃʻ ʃ(또는 tɕ tɕʻ ɕ) 등 두 가지로 실현되던 正齒音 계열의 자음은 捲舌音化 경향을 띠기 시작하여, 18세기경에는 모두 권설음화하였다. 그 대신 牙喉音과 齒頭音 계열 자음 가운데 -i 모음과 결합된 성모들이 舌面音化(口蓋音化)하여 다시 많은 tɕ tɕʻ ɕ 계열의 음이 생기게 되었다.

이와는 반대로, -i- 모음(-i- 介音 포함)과 결합되었던 일부 정치음 가운데에는 -i- 모음의 소실과 함께 치두음이 된 성모들도 있다.

[보기] ʧˈ ʧʰ ʃ(또는 tʂ tʂʰ ʂ)〉ts tsʰ s 예	
鄒 ʧiəu〉tsou	廁 ʧʰiə〉tsʰʅ, tsʰə
測 ʧʰiək〉tsʰə	所 ʃiw〉suo
搜 ʃiəu〉sou	色 ʃiək〉sə

위의 보기는 王力(1958) :『漢語史稿』 p.122에서 인용한 것이다. 왕씨
는 中古音의 莊 계열(正齒音 2等, 齒上音)을 董씨와 마찬가지로 ʧ 계
열로 추정했기 때문에(Karlgren 등은 tʂ 계열로 추정), ʧ 등이 ts 등으로 변
한 보기가 된 것이나,[12] 어떻든 -i- 모음과 결합된 성모들이 齒頭音으
로 변했다는 것은 흥미 있는 일이다.

3. 중세국어의 치음

이상에서 고찰한 바에 의하면, 훈민정음 창제 무렵의 우리나라 어학자
들은 중세국어 및 한어의 치음을 다음과 같이 의식하고 있었다.

調音部位	한글	音價	특징
上齒－舌尖(前)	ㅈㅊㅅ	ts tsʰ s	i 모음과 결합되더라도 tsi 등은 ʧi (또는 tɕi) 등과 구별되었음. 우리나랏소리예셔 열브니 혓그티 웃닛머리예 다ᄂᆞ니라. 擧舌點齒 故其聲淺
上齒齦－舌尖(中)	ㅈㅊㅅ	ts tsʰ s	在齒頭整齒之間
後齒齦－舌尖(後)	ㅈㅊㅅ	tʂ tʂʰ ʂ	i 모음 이외의 운모음들과 결합 卷舌點腭 故其聲深
上齒齦－舌尖과 舌面	ㅈㅊㅅ	ʧ ʧʰ ʃ	⎱ i 모음과 결합. 양자의 구별 難.
前硬口蓋－舌面(前)	ㅈㅊㅅ	tɕ tɕʰ ɕ	우리나랏소리예셔 두터브니 혓그티 아랫닛므유메 다ᄂᆞ니라.

---

12) 中古音 莊 계열(齒上音)에 대한 董씨의 추정음도 王씨와 같아서 董同龢(1968),『漢
語音韻學』, p.216에서도 왕씨가 보인 예들과 같이 森 ʃiem〉sən 등을 들고 있다.

중세국어의 치음은 한음의 치두음과 정치음과의 사이에서 조음되는 음이었으므로, ts 계열로 볼 수도 있고, ʧ(또는 tɕ) 계열로 볼 수도 있다. 그래서 중세국어의 치음은 -i-(-j- 포함) 모음 이외의 모음들과 결합될 때에는 ts ts' s로 실현되고, -i- 모음과 결합될 때에는 ʧ ʧ' ʃ 또는 tɕ tɕ' ɕ로 실현되었다고 볼 수 있다.

흔히 중세국어의 치음은 그 음가가 ts ts' s이어서, -i- 모음과 결합되는 치음과 대립을 이루어 辨別的으로 機能을 했으리라고 말하고, 그 증거는 다음과 같은 표기상의 대립을 예로 들어 왔다.[13]

·소(潭) － :쇼(牛)　　　·섬(階) － ·셤(十斗)
저(自) － 져(箸)　　　초(醋) － 쵸(燭)

그리고 이러한 표기법상의 분별은 비단 조선 초기에 있어서 뿐만이 아니라 16, 17세기의 문헌이나 18세기의 문헌에서도 잘 지켜져서 표기상의 혼란이 없었다고 하였다(許雄 : 1964).

그런데 15, 16세기의 正音 文獻을 보면 양자 사이의 구별이 없이 혼용된 예들이 나타난다(자료는 劉昌惇 : 李朝語辭典도 참고했음).

몬저(牧 10)　　　　　　　몬졔시니(용가 7)
몬졔(능 1, 98)
자브시니(용가 24)　　　　쟈블 포(捕, 石千 39)
고기 자브며(杜초 7, 32)
잘→잘이(자루, 능八, 88)　쟐(쟈르, 字會 中 13)
저 뎌(箸, 類合 上 27)　　져 뎌(箸, 字會 中 11)
저흐니(용 59)　　　　　　宰相을 져커니(圓上二之 3, 40)
조개(능八, 55)　　　　　　죠개(字會 上 20)

---

13) 許雄(1964), 「齒音攷」(『국어국문학』 27)와 李基文(1972), 『改訂 國語史槪說』, p.94, p.130, p.198, 同(1972), 『國語音韻史硏究』, p.67 등 참조.

처섬(용가 78)   쳐셤(圓下二之 1, 17)

청나래(용가 12)

섬기ᅀᆞᄫᆞ시니라(月二 10)   셤기시니(용가 11)

後期의 문헌에서도 이런 混用例는 많이 나타난다. 그리고 후기의 문헌에서는 초기 문헌에서 '자 저 조 주' 등으로 표기되던 것이 '쟈 져 죠 쥬' 등으로 표기되기도 하고, '쟈 져 죠 쥬' 등으로 표기되던 것이 '자 저 조 주' 등으로 표기된 것도 있다.

[보기]

져근 ·뎔(杜초十六 17)	〉	저근 챵ᄌᆞ(譯上 35)
져재(市場, 용 16)	〉	저재(譯上 68)
죠·히(解例 用字)	〉	조희(柳物 四木)

그런데 이런 자료를 근거로 하여, 18세기경에는 중세국어의 치음 가운데 ts tsʻ로 발음되던 'ㅈ ㅊ'의 調音位置가 ʧ ʧʻ 자리로 옮겼기 때문이라고 해 왔다. 그러나 15, 16세기경에 이미 혼용례가 있는 것으로 보아 이들의 혼용은 조음위치의 이동과는 무관한 것으로 보인다. 오히려 이들을 초기부터 혼용할 정도로, 중세국어에서는 '자' 계열과 '쟈' 계열의 변별적 기능이 별로 크게 작용하지 못했던 것 같다.

4. 맺음말

훈민정음 창제 무렵의 어학자들은 중세국어와 漢音의 齒音이 어떻게 다른지 알고 있었다. 그래서 이를 표기하기 위한 한글의 齒音字도 따로 따로 마련했었다. 이들을 가지고 초기에는 중세국어의 치음과 한음의 치두음 및 정치음(실지 음성상으로는 두 종류)을 구분하여 표기했었다.

그러나 16세기의 『飜譯老乞大』(1510년경)와 『飜譯朴通事』(1510년경)부터 중국의 실지 北方音을 기록하는 데 있어서, 한글의 齒頭音字와 正齒音字의 구별이 힘들 정도의 字形을 쓰고, -i- 모음과 결부되어 실질적으로는 달리 실현되는 齒音들(이 때의 음은 舌面音=硬口蓋音)과 -i- 모음 이외의 모음들과 결부되어 捲舌音으로 실현되는 正齒音字들도 다 같은 齒音字(곧 중세국어의 치음자)로 표기하여서, 한글 字形만 보고서는 중세국어의 치음이나 한음의 치두음 및 정치음을 표기하기 위하여 마련하였던 한글 자형을 구별할 수 없게 되었다.

이런 상태는 18세기 이후까지도 그대로 계속되어, 한음의 치두음 일부(-i- 모음과 결부된 경우)의 舌面音化(경구개음화)가 완성되고, 정치음 전부의 捲舌音化(-i- 모음—대개 介音—과 결부되었던 정치음도 -i- 모음이 탈락되어 捲舌音化가 이루어진 뒤에도 이를 표기하기 위한 한글 齒音字는 한 종류밖에 없었다. 따라서 15세기에는 구별하여 표기하였던 한글 齒音字가 후기에 와서는 한 종류만 남게 되고, 이 한 종류의 치음자로 국어의 치음, 上齒와 舌尖 사이에서 조음되는 한음의 치두음, 上齒齦과 硬口蓋 前部 언저리에서 조음되는 한음의 捲舌音, 경구개와 舌面 前部 사이에서 조음되는 한음의 설면음(경구개음)을 표기하는 결과가 되었다.

15세기 중세국어 치음의 조음위치는 『훈민정음언해본』의 설명에 의하면, 上齒齦과 舌端(舌尖 後部) 사이이었던 것으로 추정된다. 그래서 다음에 오는 모음의 종류에 따라서 ts, ts', s로도 실현될 수 있었고, tʃ, tʃ', ʃ(또는 tɕ, tɕ', ɕ)로도 실현될 수 있었다. 그리고 조개(능 八 55) : 죠개(字會 上 20) 등의 예들이 보여 주는 바와 같이 양자는 혼용될 수 있었다. 그러다가 18, 19세기 이후부터 급격히 국어에서 '쟈 져 죠 쥬' 계열과 '샤 셔 쇼 슈' 계열이 쓰이지 않게 되었는데(正書法으로 규정된 것은 1933년에 제정된 한글맞춤법통일안부터다), 이런 결과로 국어에서 '자 : 쟈' 등의 辨別的 機能이 없어진 것은 아니다. 만일에 이들의 변별적 기능이 상실되었다면, 『華音啓蒙諺解』(1883년경) 등에서 '咱 자 : 家 쟈' 등의 구별이 불가능했을 것이다.

차라리 18·19세기 이후의 국어에서 '쟈 져' 등이 쓰이지 않게 된 것은 齒音과 결부되었던 重母音의 -i- 모음이 소실된 것으로 보는 것이 좋을 것이다. 그리고 단독으로 쓰이는 i 모음과 결합되는 'ㅈㅊㅅ' 등은 음성으로 실현될 때에만 예나 이제나 다름없이 tɕ tɕ' ɕ로 나타난다고 봄이 좋을 것이다.

漢音에서는 -i- 모음과 결부된 正齒音들이 전부 捲舌音化함에 따라 舌面音 자리가 비게 되어 이 자리를 메꾸기 위하여 -i- 모음과 결부된 齒頭音이 舌面音化하고(일부 방언에서), 역시 -i- 모음과 결부된 한음의 舌上音(t t' 등)이 정치음과 합류한 것은 이미 14세기 이전에 있었던 일이었다.

그런데 국어에서는 -i- 모음과 결부된 牙喉音들이 모두 硬口蓋音으로 변화한 것도 아니거니와, -i- 모음과 결부된 'ㄷㅌ'나 일부 'ㄱㅋ' 등이 치음(ㅈㅊ)으로 변하였는데, 애당초 국어의 치음은 그 조음위치가 上齒齦과 舌端(舌尖 後部) 사이이었던 것으로 보고, 上記音들이 이 조음위치에서 破擦音(ㅈㅊ)으로 변한 것이라고 보는 것이 좋을 것이다.

18세기경의 국어와 漢音의 치음은 다음과 같았다고 말할 수 있다.

調音位置	種類	한글	특징
上齒 －舌尖 前部	漢語 齒頭音	ㅈㅊㅅ	-i- 모음 이외의 모음과 결합.
上齒齦 －舌尖과 舌面 前部	국어의 치음	ㅈㅊㅅ	모든 모음과 결합 가능. ㄷ·ㅌ+i·j〉ㅈ·ㅊ+i·j, 일부 ㄱ·ㅋ+i·j〉ㅈ·ㅊ+i·j, 다시 -j-음이 소실되어 감.
後齒齦 －舌尖 後部	漢音 捲舌音	ㅈㅊㅅ	-i 모음 이외의 모음과 결합.
硬口蓋 前部 －舌面 前部	漢音 硬口蓋音	ㅈㅊㅅ	-i·j 모음하고만 결합.

漢語 中古音에서 舌頭音(t t‘ d n)과 구별되던 舌上音(ȶ, ȶ‘, ȡ, ȵ)은 14세기 이전에 正齒音과 합해졌는데(다만 ȵ은 n으로, 梗攝 入聲 2等字의 讀書音만 舌尖破擦音으로 변함. 보기:摘 ʈæk〉tsɤ, tṣai), 한국한자음을 나타내기 위한 우리나라 韻書에서는 조선후기까지도 'ㄷ ㅌ' 등으로 표기했었다. 그러다가 이들이 硬口蓋音化함은 물론 -i, -j와 결합된 舌頭音까지도 모두 口蓋音化하여 한국한자음에는 '典 뎐, 天 텬'과 같이 발음되는 字音들이 존재하지 않는다.

그러나 漢語의 舌頭音(t t‘ d n)은 -i, -j와 결합된 字音들까지도 아직 舌面音化(硬口蓋音化 내지 破擦音化)한 예가 없다.

| 貼 t‘ie | 低 ti | 釣 tiao | 店 tian[tiɛn] | 頂 tiŋ |

이로 보면 口蓋音化 현상은 어느 나라 언어에나 있는 현상이고 발음을 쉽게 하려는 욕구에서 발달된 현상이기는 하지만, 똑같은 현상이 어느 언어에나 똑같이 일어나지 않는다는 사실을 알 수 있다.

(『中國學』 12, 1984)

참고 문헌

姜信沆(1973), 『四聲通解研究』, 新雅社.

_____(1974), 「飜譯老乞大・朴通事의 음계」, 『震檀學報』 38.

_____(1978), 「老乞大・朴通事諺解內 字音의 音系」, 『東方學志』 18, 延世大.

_____(1978), 「朴通事新釋諺解內 字音의 音系」, 『學術院論文集』 17.

_____(1980), 「華音啓蒙諺解內 字音의 音系」, 『東方學志』 23・24, 延世大.

_____(1980), 「朝鮮時代資料로 본 近代漢語音韻史槪觀」, 『成大論文集』 28, pp.1~16.

朴炳采(1983), 「洪武正韻譯訓의 發音註釋에 대하여」, 『韓國語-系統論・訓民正音-研究』.

李基文(1972), 『國語音韻史研究』, 서울대 韓國文化研究所.

_____(1972), 『改訂 國語史槪說』, 民衆書館.

李敦柱(1975), 「脣輕音 'ㅸ'終聲 漢字音攷」, 『全南大論文集』 21.

許 雄(1964), 「齒音攷」, 『국어국문학』 27.

_____(1965), 『國語音韻學』, 正音社.

董同龢(1968), 『漢語音韻學』, 廣文書局, 臺北.

陸志韋(1947), 「記徐孝重訂司馬溫公等韻圖經」, 『燕京學報』 32.

_____(1948), 「記五方元音」, 『燕京學報』 34.

王 力(1973), 『漢語史稿 上』.

有坂秀世(1958), 『音韻論』, 三省堂, 東京.

河野六郎(1968), 『朝鮮漢字音の研究』, 天理時報社, 天理.

藤堂明保(1957), 『中國語音韻論』, 江南書院, 東京.

服部四郎(1954), 『音聲學』, 岩波書店, 東京.

제5장 15세기 국어의 'ㅗ'에 대하여

開口·合口 문제를 중심으로

1. 머리말

중국음운학에서 중성(모음) 분류, 즉 韻母의 분류와 밀접한 관련이 있
는 것은 韻圖의 學이다. 唐나라 말기부터 시작하여 宋·元·明·淸代
에 걸쳐서 발달을 보았던 운도의 학, 곧 等韻學에서는 운모의 모음을
다음과 같은 기준 하에서 분류하는 것이 보통이었다.[1]

董同龢 氏 說—中古音系				
	1等	2等	3等	4等
開口	ɑ	a	jæ	iɛ
合口	uɑ	ua	juæ	iuɛ

---

1) 董同龢(1961) : 『中國語音史』, 臺北 p.99 및 藤堂明保(1957) : 『中國語音韻論』, 東
京 p.180에 의함.

藤堂 氏 說

① 中古中國語의 韻系

開口	1等 2等	介母無, 核母音이 약간 넓은 모음		
	3等 4等	介母 /j/, 핵모음이 약간 좁은 모음		
合口	1等 2等	介母 /w/, 핵모음이 약간 넓은 모음		
	3等 4等	介母 /jw/, 핵모음이 약간 좁은 모음		

② 近世中國語의 韻系

開口	1等 2等	開口呼(介母無)	3等 4等	齊齒呼(介母 /j/)
合口	1等 2等	合口呼(介母 /w/)	3等 4等	撮口呼(介母 /jw/)

그렇다면 중국음운학의 지식을 바탕으로 하여 모든 언어학적인 이론을 전개시켰던 훈민정음(신문자) 창제 당시에 있어서 등운학에서의 설명을 적용 안 했을 이치가 없다.

그런데 훈민정음해례본의 制字解에서는 기본자 'ㆍㅡㅣ' 등 세 모음에 대한 설명을 하고 나서

> 此下八聲, 一闔一闢, ㅗ與ㆍ同而口蹙…ㅏ與ㆍ同而口張…ㅜ與ㅡ同而口蹙…ㅓ與ㅡ同而口張…ㅛ與ㅗ同而起於ㅣ, ㅑ與ㅏ同而起於ㅣ, ㅠ與ㅜ同而起於ㅣ, ㅕ與ㅓ同而起於ㅣ

라고 하였고, 申叔舟의 『四聲通攷』 凡例 제7항에서는

> (前略) 如中聲ㅏㅑㅓㅕ張口之字, 則初聲所發之口, 不變, ㅗㅛㅜㅠ縮口之字, 則初聲所發之舌, 不變 (下略)

이라고 하였다. 여기의 '闢·闔'이란 邵雍이 말한 '闢·翕'과 같은 뜻을 가진 글자들이고,[2] 〈통고〉 범례의 '張口·縮口'라는 것도 결국 제자해의 '口張·口蹙'과 같은 표현이고, '闢·闔'을 달리 표현한 것으로 보이므로 '開口·合口'를 의미하는 것이라고 해석될 수밖에 없다.

본시 개구와 합구의 구별이란 /w/·/j/·/jw/(또는 [u]·[i]·[y]) 등 介母만의 구별이 아니라 핵모음이 [u]·[i]·[y]냐에 따르는 구별도 되는 것이다.[3] 그런데 간략한 관찰로도 제자해의 설명과 『사성통고』 범례의 설명 가운데 'ㅗ, ㅜ, ㅛ, ㅠ'는 합구에 속하는 분류요, 'ㅏ, ㅓ, ㅑ, ㅕ' 는 개구에 속하는 분류다. 이제 좀 자세히 고찰해 보기로 하겠다.

2. 開口와 合口

운도는 개구와 합구를 구별하고 1, 2, 3, 4등을 구별하여 운모의 세밀한 차이를 나타낸 것이지만, 宋·元 시대의 등운학자들은 운도에서 원래 이에 대한 설명이나 그 기준을 명시한 바가 없었기 때문에 후세 학자들의 해석도 구구하였다.

Karlgren의 설을 취한 姜亮夫는 다음과 같이 설명하였다.[4]

等呼者, 字音因脣之張弇作用, 而生開合洪細之殊, 凡有四等, 卽 1等開口洪音, 名曰開口音, 簡稱曰「開」, 2等開口細音, 爲齊齒呼, 簡稱曰「齊」, 3等合口洪音, 爲合口呼, 簡稱曰「合」, 4等合口細音, 爲撮口呼, 簡稱曰「撮」

---

2) 本稿 제3장 및 洪起文(1947), 『正音發達史』, 上 p.84 참조.
3) 董同龢(1984 초판, 1961 4판), 『中語音韻史』, p.13.
4) 姜亮夫(1933), 『中國聲韻學』, 上海 p.129.

等呼라는 것은 자음이 입술의 개폐 작용으로 말미암아 開·合·洪·細의 차이가 생긴 것을 말한다. 4등 가운데 1등은 개구 홍음이며, 개구음 또는 '개'라고 하며, 2등은 개구 세음이며 제치호 또는 '제'라고 한다. 3등은 합구 홍음이며 합구호 또는 '합'이라고 하며, 4등은 합구 세음이며 촬구호 또는 '촬'이라고 한다.

이 설명은 이 글의 첫머리에서 인용한 藤堂 씨의 설명과 거의 비슷한 내용으로 되어 있다.

이밖에도 여러 설명들이 있으나 等에 대한 설명으로는 淸代 학자 江永이 '音學辨微'에서 밝힌 바 '1等 洪大, 2等 次大, 3·4 皆細, 而4尤細'라는 설로써 대표되는 '等呼乃排列韻之音節等第或順序者也'라는 것이 있다. 이에 대한 姜亮夫의 설명을 일부만 다시 인용해 보겠다.[5]

所謂以音節排列標準而分等者, 其四等之分, 大抵 1等最低, 2等稍高, 3等更高, 4等最高

'等'이란 高母音, 低母音의 구별임을 말하고 있다. 그러나 우리가 밝히고자 하는 바는 '開·合'의 구별이므로 '等'에 대한 고찰은 이 정도로 하거니와 等의 구별은 開·合에 모두 있는 것이다. 개·합의 구별에 대한 설명을 보면 역시 淸代 학자 潘耒의 설로 대표되는 것인데 먼저 그 기준을 보면 '韻之脣的 狀態'로 구별하는 것이다. 역시 姜 氏의 紹介를 보면

盖不圓脣之後韻(Back vowel) 或中韻(Mixed vowel, 或開前韻 Open front vowel), 與不圓脣之合前韻(Closed front vowel), 其脣之作用有別, 前者爲自然脣, 後者爲平脣, 於是名前者爲開口, 名後者爲齊齒, 又圓脣之後韻, 與圓脣之前韻亦異, 前者爲內圓脣(inner rounding) 後者爲外圓脣(outer rounding), 於是名前者曰合口, 後者曰撮口

---

5) 姜亮夫(1933), 『中國聲韻學』, p.132.

라고 하여, 우리가 가장 관심을 갖는 合口(撮口 포함)를 '圓脣之後韻', '圓脣之前韻', '內圓脣'과 '外圓脣'이라고 규정한 것이다. 이것으로 보면 '合口'란 圓脣母音임을 알겠으나, Sweet의 설에 의하면[6] inner rounding이란 back vowels(u, o 등)와 mixed vowels(ㅂ 등)를 말하는 것이라고 하므로 [u]와 [o]가 다 여기에 속하는 것이라고 할 수 있다.

다시 潘耒의 설명을 보면 다음과 같다.[7]

凡音皆自內而外, 初出於喉, 平舌舒脣, 謂之開口, 擧舌對齒, 聲在舌腭之間, 謂之齊齒, 斂脣而蓄之, 聲滿頤輔之間, 謂之合口, 蹙脣而成聲, 爲之撮口, 撮口與齊齒相應, 合口與開口相應

모든 음은 안으로부터 밖으로 조음되는데, 맨 처음에 후두에서 조음되며, 혀를 펴고 입술을 열며 조음하는 것을 개구라고 한다. 혀를 이(齒)에 대고 조음한 음이 혀와 잇몸 사이에 있는 것을 제치라고 한다. 입술을 모으고 조음한 음이 턱과 볼 사이에 가득 차 있는 것을 합구라고 한다. 입술을 오므리고 조음한 음을 촬구라고 한다. 촬구와 제치가 대응하며 합구와 개구가 대응한다.

즉 '開口'와 '齊齒'는 舌의 상태로, '合口'와 '撮口'에 대하여는 입술의 모양으로 설명하여 '斂脣'과 '蹙脣'이라는 설명을 가하고 있다.

이로 보면 합구는 '圓脣母音'임을 알 수 있는데 역시 실례가 되는 모음을 열거하지 않았으므로, 어떤 모음이 이에 속하는지 분명치 않다.

그런데 王力(1935)의 『中國音韻學』上 p.138과 p.139 사이에 삽입된 潘耒의 '平上去聲24類及入聲十類分列圖'(역시 『類音』에서 인용한 것)를 보면 '全音'과 '分音'이란 구별이 있고, 그에 대한 설명은 '口啓而半含謂之全音, 脣敝而盡放謂之分音'이라고 하였으며 開口欄에는 全音인

---

6) Sweet(1906, 3판), Primer of Phonetics, Oxford(服部四郎, 『音聲學』, pp.88~89에 인용된 것을 재인용함)

7) 潘耒, 「類音」(姜亮夫, 『中國聲韻學』, p.129 및 杜學知, 『文字學槪要』, p.116에 인용된 것을 재인용함).

'敷·模 o', '尤·侯 ou', '東·冬 oŋ', '屋·燭 ok' 등이 배열되어 있다.

이런 설명으로 보면 같은 後舌母音일지라도 위에 나열된 운들의 o 모음은 潘耒가 말한 '斂脣', '蹙脣'에는 해당되지 않는지 合口에 배열하지는 않았다.

董同龢 씨는 현대중국어에 입각하여 4等呼를 다음과 같이 설명하였다.[8]

沒有任何介音 或主要元音不是 [i] [u] [y]的 叫「開口」音, 有介音[i] 或主要元音是[i]的 叫 「齊齒」音, 有介音[u] 或主要元音是[u]的 叫 「合口」音, 有介音[y] 或主要元音是[y]的 叫「撮口」音. 有時我們又把「開口」與「合口」合稱「洪音」, 「齊齒」與「撮口」合稱「細音」, 「細音」包含高元音 [i] 或 [y] 洪音沒有. 「開口」與「齊齒」 都沒有圓脣元音, 有時合稱爲 「開口」, 「合口」與「撮口」 都有圓脣元音, 有時合稱「合口」. 所以, 「開口」與「合口」都各有狹義與廣義的意義.

어떠한 개음도 없거나 핵모음이 [i] [u] [y]가 아닌 것을 개구음이라 하고, 개음이 [i]거나 핵모음이 [i]인 것을 제치음, 개음이 [u]거나 핵모음이 [u]인 것을 합구음, 개음이 [y]거나 핵모음이 [y]인 것을 촬구음이라고 한다. 경우에 따라 우리들은 또 개구와 합구를 넓은 음이라 하고, 제치와 촬구를 좁은 음이라고 하며, 좁은 음에는 고모음인 [i]나 [y]가 있고 넓은 음은 없다. 개구와 제치에는 원순모음이 없으며 때로는 이 둘을 합해서 개구라고 한다. 합구와 촬구에는 모두 원순모음이 있으며, 때로는 이 둘을 합해서 합구라고 한다. 그러므로 개구와 합구에는 각각 협의와 광의의 뜻이 있다.

이상과 같은 董 氏의 설에서 우리는 開·合의 구별을 모음의 원순성 여부로 하였으며 '合口'란 역시 '원순모음'이어야 하고 [u] 모음은 분명히 合口에 속한다는 것을 알았으며, 다음과 같은 배열에서 ou[əw]를 開口 난에 배당하고 있는 이유를 알 수 있는 것이다.

---

8) 董同龢(1961), 『中國語音史』, pp. 13~14.

依 [開] [齊] [合] [撮]的 觀念, 國語的韻母 可以很整齊的排列如下

ï	a	ɤ	ai	ei	au	ou	an	ən	aŋ	əŋ
i	ia	ie			iau	iou	ian	in	iaŋ	iŋ
u	ua	uo	uai	uei			uan	uən	uaŋ	uŋ
y		ye					yan	yn		yuŋ

藤堂明保 씨의 설을 빌리면 北京語에서의 운모 [ow]⁹⁾는 [-əw]라고 해석되며 운모 [-w] 때문에 모음이 원순성을 띠게 되어 [o]에 가깝게 들리는 것에 지나지 않는다고 하였다. 이런 설에 의거하면 현대 중국어에서 ou[əw]가 개구로 배당된 이유를 또다시 수긍할 수 있다.

이상 여러 설로 보면 合口란 광의로 해석하여 圓脣後舌母音, 또는 圓脣前舌母音(撮口의 경우)을 갖는 운모를 가리키는 것이다.

3. 訓民正音 創制 시기 여러 文獻上의 術語 해석

그러면 훈민정음 창제 시기의 우리 학자들은 合口와 開口의 개념을 어떻게 파악하고, 'ㅗ' 모음과 'ㅜ' 모음을 어떻게 처리했을까?

여러 문헌상에 나타난 기록을 보면 다음과 같다.

訓民正音解例 制字解

此下八聲, 一闔一闢, ㅗ與•同而口蹙… ㅏ與•同而口張… ㅜ與一同而口蹙… ㅓ與一同而口張… ㅛ與ㅗ同而起於ㅣ, ㅑ與ㅏ同而起於ㅣ, ㅠ與ㅜ同而起於¹⁰⁾ㅣ, ㅕ與ㅓ同而起於ㅣ…

---

9) 藤堂明保, 中國語音韻論 p.42 및 北京語의 音韻(中國語學事典, 東京) 所收에 의함. 藤堂 씨는 韻母 [u]를 [w]로 인정한다.¹⁾

水火未離乎氣, 陰陽交合之初, 故闔, 木金陰陽之定質, 故闢.

中聲者, 一深一淺, 一闔一闢, 是則陰陽分而五行之氣具焉.

中聲, 以深淺闔闢, 唱之於前, 初聲, 以五音淸濁, 和之於後.

中聲解(訣)

母字之音, 各音中, 須就中聲尋闔闢

東國正韻 序

然其呼吸旋轉之間, 輕重翕闢之機, 亦必有自牽於語音者, 此其字音之
所以亦隨而變也.

洪武正韻譯訓 序

遡求淸濁開闔之源

四聲通攷 凡例

如中聲ㅏㅑㅓㅕ張口之字, 則初聲所發之口, 不變, ㅗㅛㅜㅠ縮口之字,
則初聲所發之舌, 不變.

이상과 같은 문헌 가운데 『훈민정음해례본』만 여러 사람의 합작이요,
나머지 글은 모두 申叔舟의 作인데 해례본 편찬자 속에 신숙주도 끼어
있었으므로 해례본의 이론도 신숙주의 생각이 반영된 설명으로 볼 수
있다.

다음에 위의 여러 문헌에 나온 술어를 해석하여 보고자 한다.

1) 闔·闢에 대하여

훈민정음 창제시기에 중국의 다른 운서나 운도도 보았으련만 한결같
이 훈민정음 해례에서는 '闔, 闢'이란 술어를 사용하고 있는 것은, 그 시

기에 집필자들이 무엇보다도 『性理大全』의 영향을 크게 받았던 데서
오는 것이다.10)

즉 소옹의 聲音圖에서는 合·開의 개념을 翕·闢이라는 술어로 썼
고, 거기에 대한 '註'들이 『성리대전』에 수록되어 있다. 그래서 훈민정음
창제 당시 여기에 나오는 술어를 즐겨 쓴 것으로 보인다.

『性理大全』권8에는 성음도의 주에 다음과 같이 나타난다.

> 鍾氏過曰…凡日月星辰四象爲聲, 水火土石四象爲音, 聲有淸濁, 音有闢
> 翕 …
> 伊川丈人曰…天有陰陽, 地有剛柔, 律有闢翕, 呂有唱和 …一闢一翕交
> 而平上去入備焉

그리고 신숙주 등이 '韻圖'의 성격이 무엇인가를 알고 있었던 증거는
여러 기록으로 알 수 있지만 『홍무정운역훈』 서에서 "切惟, 音韻衡有
七音, 縱有四聲, 四聲肇於江左, 七音起於西域, 至于宋儒作譜, 而
經緯始合爲一"이라고 하였으니, '闢翕'의 개념도 분명히 알았을 것임에
틀림없다.

2) 一闢一闢에 대하여

이와 같이 '闢·闢'이란 '合·開'임을 알았는데 제자해의 '一闢一闢'이
란 바로 소옹의 아버지인 伊川丈人(邵古)의 주에 나온 문구다. 그리하
여 그 뜻은 "하나가 闢이면 하나가 闢"이라는 것으로서 서로 交差적으
로 개·합이 배열된 것을 의미한다. 즉 '此下八聲, 一闢一闢'이란 다음

---

10) 姜信沆(1965), 「訓民正音 解例理論과 性理大全과의 聯關性」(『국어국문학』 26호)
    pp.177~185.

과 같이 해석할 수밖에 없는 것이다.

ᅩ合, ㅏ開, ᅮ合, ·開, ᅭ合, ㅑ開, ᅲ合, ㅕ開

훈민정음 해례 작성자들의 이러한 사고방식은 해례에서

中聲者, 一深一淺一闔一闢, 是則陰陽分而五行之氣具焉

이라고 한 구절에도 나타나 있으니, 이것도 결국은

중성은 하나가 深이면(즉 ·母音—필자 주, 이하 同) 하나가 淺이요(즉 ㅣ
모음), 하나가 闔이면(ㅗ 등) 하나가 闢이다(ㅏ 등)

라는 뜻이다.

또한 'ᅩᅭᅮᅲ'가 '闔'이요 'ㅏ·ㅑ·ㅓ·ㅕ'가 '闢'임은 같은 제자해에서 모
음의 '位'와 '數'를 따짐에 있어서 "水火(즉 ᅩᅭᅮᅲ—필자 주, 이하 同)
未離乎氣, 陰陽交合之初, 故闔, 木金(즉 ㅏ·ㅑ·ㅓ·ㅕ)陰陽之定質, 故闢"
이라고 한 설명으로 분명하다.

3) 口蹙·口張에 대하여

다음에는 이들이 어떤 성질의 모음이었던가도 명시되어 있다. 즉 'ㅗ,
ㅜ'는 '口蹙'이요 'ㅏ, ㅓ'는 '口張'이다. '口張'이란 '平舌舒脣'으로 설명
된 비원순모음이요, '口蹙'이란 바로 潘耒가 설명한 대로 '斂脣'과 '蹙脣'
으로 설명되는 원순모음이라고 생각할 수밖에 없다. 潘耒(1646~1708)는
淸나라 康熙 시대의 학자로서 현대 언어학자라기보다는 재래식 중국음
운학자다. 그의 설명과 제자해의 설명이 일치된다는 것은 결코 우연이

아니다. 이것은 신숙주 등이 모음의 구별을 원순성 여부에 기초를 둔 開合의 구별에 입각하였기 때문이다. 그리고 『사성통고』 범례에서 '張口之字'와 '縮口之字'로 분류하였는데 '縮'자는 '蹙'자와 같은 뜻이므로 더 논할 필요가 없다. 또 'ㅛ與ㅗ同而起於ㅣ'라는 것은 '此下八聲, 一闔一闢'이라는 문구로 명시한 바와 같이 'ㅛ'는 'ㅗ'와 마찬가지로 '闔'인 동시에 'ㅁ蹙'임을 말한 것이다.

그리하여 훈민정음의 모음은 앞에서도 언급한 바와 같이 일단 다음과 같이 분류됨을 알 수 있다.[11]

| 合口 | ㅗ | ㅜ | (ㅛ | ㅠ) |
| 開口 | ㅏ | ㅓ | (ㅑ: | :ㅕ) |

이것을 母音圖에 응용하면 다음과 같이 될 것이다.

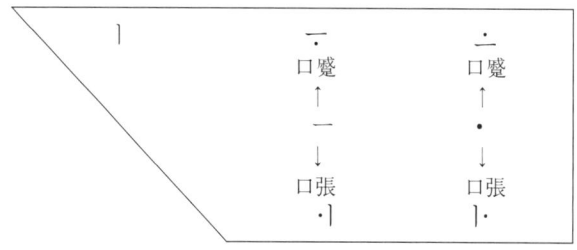

그런데 2장에서 고구한 바로는 'ㅗ'가 단순히 원순모음이라는 점만으로도 合口가 된다. 물론 '合口'가 '洪音'이라는 설명도 있기는 하나 이것은 어디까지나 '撮口'가 '細音'이라는 것과 對比的으로 쓰이는 것이요, 合口가 반드시 개모음이라는 뜻은 아니다. 그러므로 'ㅗ'가 합구가 되려

---

11) 兪昌均 敎授는 「訓民正音 中聲體系 構成의 根據」(『語文學』 10호)에서 '闔'이 '원순', '闢'이 '비원순'임을 인정하고 있으나 訓民正音 창제 당시에 'ㅗ·ㅜ'를 合口로 처리하지 않고 '開口'로 처리하였다고 주장한 바 있다.

면 원순모음인 동시에 합구의 가장 큰 특징인 介母 [u](/w/) 또는 核母音 [u]와 근사한 어떤 성질의 모음이어야 할 것이다.

　이러한 관점에서 보면 신숙주 등이 合口를 의미하는 '闔'에다가 'ㅗ'를 배당시켰던 것은 무슨 이유일까? 이것이 바로 그 당시 'ㅗ' 모음이 'ㅜ'[u]와 비슷한 원순모음적인 성질을 가졌음을 증언한 것이다.

　　(陶南趙潤濟博士回甲紀念論文集(1964)에 수록되었던 글에서 일부만 옮김)

참고 문헌

姜信沆(1965), 「訓民正音 解例理論과 性理大全과의 關聯性」, 『國語國文學』 제26호.

金完鎭(1963), 「國語母音體系의 新考察」, 『震檀學報』 제24호.

金喆憲(1960), 「東國正韻 韻母攷」, 『國語國文學』 제21호.

俞昌均(1964), 「訓民正音 中聲體系 構成의 根據」, 『語文學』 10호, 韓國語文學會(대구).

洪起文(1947), 『正音發達史』 上.

王　力(1935), 『中國音韻學』, 商務印書館.

姜亮夫(1933), 『中國聲韻學』, 上海.

董同龢(1961), 『中國音韻史』, 臺北.

Sweet(1906), *Primer of Phonetics*, Oxford(服部四郎 : 音聲學 pp.88~89에서 재인용)

제6장 15세기 중세국어의 ' ㅓ'에 대하여

『洪武正韻譯訓』 '歌韻'의 한글 表音으로 보아

1. 머리말

1443년(세종 25)에 창제된 신문자 훈민정음(이하 한글이라 함)은 四聲通攷 凡例(1450년경)에서 '今訓民正音 出於本國之音'이라고 증언하였듯이, 15세기 중세국어를 정확하게 표기하기 위하여 마련된 표음문자였다. 그리고 동 범례에서 '若用於漢音則必變而通之 乃得無礙'라고 한 것처럼 똑같은 한글을 가지고 국어와 漢語의 語音을 동일하게 표음할 수는 없었다.

그리하여 초성자는 초성자대로 문제가 있어서 『국역본 훈민정음』에서

> 牙舌脣喉之字는 通用於漢音ㅎㄴ니라

라고 하였으나 齒音字만은 '通用於漢音'이 아니었으므로 『사성통고』(이하 〈통고〉라 함) 범례에서 다음과 같이 규정했다.

我國齒聲ㅅㅈㅊ在齒頭整齒之間 於訓民正音無齒頭整齒之別 今以齒頭
爲ㅅㅈㅊ 以整齒爲ㅅㅈㅊ 以別之

이와 같이 초성자에 있어서는 한음 표기에 通用될 수 없는 한글의
치음 글자 字體를 變形시켜 이용할 수 있도록 했었다. 그러나 中聲字
는 이런 방법을 취할 수가 없었다. 즉 〈통고〉 범례에서

若用於漢音則必變而通之 乃得無礙

라고 표현한 '必變而通之'가 초성자에서는 치음자의 字體變形으로 나
타나고, 중성자에 있어서는 발음의 차이를 인식시키는 것으로 나타났다.

如中聲ㅏㅑㅓㅕ張口之字 則初聲所發之口不變 ㅗㅛㅜㅠ縮口之字 則
初聲所發之舌不變 故中聲爲ㅏ之字則讀如ㅏ·之間 爲ㅑ之字則讀如ㅑ·
之間 ㅓ則ㅓ一之間…然後庶合中國之音矣

여기에서 말하는 '口不變'이나 '舌不變'이 무엇을 뜻하는 것인지 깊이
고찰할 필요가 있겠으나, 이 글에서는 'ㅓ則ㅓ一之間'에 대해서만 고찰
코자 한다.

2. 'ㅓ則ㅓ一之間'에 대하여

『洪武正韻譯訓』(이하 〈역훈〉이라 함) 편찬자들은 『홍무정운』의 體裁
와 수록자들을 거의 원상대로 그대로 놓고서, 그들이 인식하고 있던 『홍
무정운』의 音系를 한글로 표음하였다. 이러한 과정에서 『홍무정운』이

보여 주고 있는 음계대로 표음한 것을 正音, 당시의 中國 北方 實際音
에 가깝도록 표음한 것을 俗音이라고 하였다. 그러면서 歌韻條의 표음
에서는 다음과 같은 주를 첫머리에 달고 있다.

十四 歌
韻內諸字中聲 若直讀以ㅓ則不合於時音 特以口不變而讀如ㅓㅡ之間
故其聲近於ㅗ ㅓ之字 亦同

여기의 '特以口不變而讀如ㅓㅡ之間'이라는 표현은, 〈통고〉凡例에
서 다음과 같이 말한 것과 부합되는 내용이다.

如中聲ㅏㅑㅓㅕ張口之字則初聲所發之口不變 … 故中聲ㅓ則ㅓㅡ之間 …
(강조는 지은이)

그러나 〈통고〉 범례에는 '初聲所發之口不變'이라고 되어 있고 〈역
훈〉에는 '特以口不變'이라고 되어 있어서, 〈통고〉 범례의 '初聲'이 聲母
를 뜻하는 것이 아니라 中聲(모음) 發音時의 첫 단계를 뜻하는 것으로
보인다.

여기서 〈역훈〉의 註記와 〈통고〉 범례의 설명을 다시 정리해 보면 다
음과 같다.

① 歌韻의 'ㅓ' 한글 표음을 그대로 발음하면 時音에 맞지 않는다.
② 그래서 'ㅓ' 한글 표음을 'ㅓ' 발음 때의 입모습을 바꾸지 말고 'ㅓ'와 'ㅡ'
의 間音처럼 발음해라.
③ 그러면 그 음이 'ㅗ'음에 가깝게 된다.
④ 'ㅓ'로 표음한 글자들도 역시 마찬가지다('ㅗ'음에 가깝게 된다).

이러한 글의 뜻을 좀더 자세히 파악하기 위하여 『四聲通解』(이하 〈통
해〉라 함)에서 歌韻條에 註記한 내용을 살펴보기로 하겠다.

韻 中聲 ㅓ ㅓ 歌 平聲 哿 上聲 箇 去聲

諸字中聲 蒙韻皆讀如ㅗ 今俗呼 或ㅗ 或ㅏ 故今乃逐字 各著時音

〈통해〉의 표음방식은 〈역훈〉의 정음과 속음을 그대로 옮겨 적고, 다시 崔世珍이 16세기의 時音이라고 생각한 今俗音을 기록한 것인데, 이 금속음이 혹은 'ㅗ', 혹은 'ㅓ'이어서 蒙韻 'ㅗ'와 부합되는 점이 있음을 말하고 있다.

〈역훈〉의 주기에서 말한 '蒙韻'이 어느 韻書의 音系를 가리키는 것인지 확실히 알 수는 없다. 다만 『사성통해』 범례 제1조에서 다음과 같이 기술하고 있는 내용을 가지고 미루어 짐작해 볼 수밖에 없다.

元나라 때 편찬된 『蒙古韻略』은 그 음을 정밀하게 표기하였으며, 『四聲通攷』의 俗音도 이 '蒙韻之音'과 같은 것이 많다. 그래서 이 『사성통해』를 편찬할 때에도 반드시 '蒙音'을 참고로 하여 正·俗音과 같은 음 및 다른 음을 밝혔다.[1]

여기의 '蒙音'이란, '蒙韻'의 음, 곧 『몽고운략』 등 몽고시대 운서의 음을 뜻하는 것으로 보인다. 몽고시대의 운서로는 『古今韻會擧要』 (1297)도 있는데, 〈통해〉의 범례 속에 '黃公紹作韻會字音'이란 문구가 나오는 것으로 보아, 이 운서도 참고하였을 것이다.

이러한 과정을 거쳐서 〈역훈〉과 〈통해〉에서는 歌韻의 한글 표음을 다음과 같이 하였다.

歌韻　　　　　　譯訓 ㅓ ㅓ(聲近於ㅗ)
　　　　　　　　通解 ㅓ ㅓ ㅗ

---

1)『四聲通解』凡例 第1條의 原文은 다음과 같다.
蒙古韻略元朝所撰也 胡元入主中國 乃以國字飜漢字之音 作韻書 以教國人者也 其取音作字至精且切 四聲通攷所著俗音 或同蒙韻之音者多矣 故今撰通解 必參以蒙音 以證其正俗音之同異

그러면 歌韻의 표음에 대한 종래의 견해는 어떠하였는지 살펴보기로 하겠다.

먼저 李基文(1972):『國語音韻史硏究』p.105에서는 다음과 같이 설명하고 있다.

① 中原音韻의 歌韻字들은 o로 추정되고 있다.
② 蒙古字韻(蒙古韻略)에서도 o였다.
③ 洪武正韻譯訓과 四聲通解에서는 ㅓ다.
④ 그러나 通解 歌韻條의 注에서는 蒙韻에서 'ㅗ'로 발음된다고 註記하고 많은 歌韻字가 'ㅗ'로도 발음된다고 註하고 있다.
⑤ 飜譯朴通事의 右側音(現實音－필자 주)은 모두 'ㅗ'다.
⑥ 이러한 사실은 15세기의 'ㅓ'가 [o](ㅗ)와 매우 가깝게 주로 中舌의 [ə]로, 때로는 後舌의 [ɔ]의 音域에까지 걸쳐 실현되었다고 보지 않고는 합리적으로 설명될 수 없다.

결국 歌韻 소속자들이 'ㅓ'와 'ㅗ'로 표음된 것을 歌韻 소속자 자체들의 異音으로 보지 않고, 한글의 'ㅓ' 자체의 음가가 [ə]로부터 [ɔ]의 音域까지에 걸쳐 실현되었던 것으로 보고 있다.

崔玲愛(1975):『洪武正韻硏究』p.111에서는 〈역훈〉의 歌韻條의 주기로 보아 당시의 실제 음가는 [ɔ]였음이 분명하다고 하였다. 그러면서 pp.172~173에서는, 비록 〈역훈〉에서 [ə]로 표음하고 있으나 〈역훈〉의 歌韻條 註로 보아 그 음가는 [-(w)ɔ]임을 알 수 있다고 하였다. 이를 요약하면 다음과 같이 된다.

歌韻의 실제 음가	[ɔ]	[(w)ɔ]
譯訓의 표음	ㅓ	ㅝ
通解의 표음	ㅓ	ㅝ

그리고 동서 p.173에서는 〈통해〉의 표음을 다음과 같이 이해하고 있다.

通解의 표음 : ㅓ 開口 [ɤ]에 가까운 음
ㅗ 合口 [uo]

3. 『사성통해』 표음의 실례

이제 〈역훈〉과 〈통해〉에서 歌韻字를 한글로 어떻게 표음했는지 〈통해〉를 중심으로 해서 고찰해 보겠다. 원래 〈통해〉의 정음과 속음은 〈역훈〉의 그것을 그대로 옮겨 놓은 것이므로 〈통해〉를 기준으로 해서 고찰하더라도 〈역훈〉과 〈통해〉의 音系上에는 차이가 없다.

牙喉音 開口音字[2]

字母	見			溪			疑			影		曉		匣			
例字	歌	哿	箇	珂	可	軻	莪	我	餓	阿	妸	訶	呵	何	荷	賀	和
聲調	平	上	去	平	上	去	平	上	去	平	上	平	去	平	上	去	去
反切	居	嘉	古	丘	口	口	牛	五	五	於	烏	虎	呼	寒	下	胡	胡
	何	我	荷	何	我	个	何	可	箇	何	可	何	个	歌	可	臥	臥
正音		거	거	커	커	커	어	어	어	허	허	허	허	ᅘᅥ	ᅘᅥ	ᅘᅥ	ᅘᅥ
俗音							어	어	어	하							
今俗音	ㅓ	ㅓ	ㅓ	ㅓ	ㅓ	ㅗ	ㅗ	ㅗ			ㅗ	ㅓ	ㅓ	ㅓ	ㅓ	ㅓ	ㅗ
														ㅕ	ㅕ	ㅕ	
蒙音							외	외	외								ㅕ
																	ㅓ
T	ko	ko	ko	kʼo	kʼo	kʼo	uo	uo	o	o	o	o	xo		xo	xo	xo	xo
								ŋo									
E	ko	ko	ko	kʼo	kʼo	kʼo	ɔ	ɔ	ɔ	ɔ	ɔ	ɔ	cx		cx	cx	cx	cx
H	ko	ko	ko	kʼo	kʼo	kʼo	ɔ	ɔ	ɔ	ɔ	ɔ	ɔ	cx			cx		cx

---

2) 이 표 가운데 反切은 『洪武正韻』音, 今俗音은 『四聲通解』 今俗音, T는 『中原音韻』音(董同龢 씨 추정음), E는 『韻略易通』(1442), H는 『韻略匯通』(1642)音(모두 陸志韋 씨 추정음), 이하 正音＝正, 俗音＝俗, 今俗音＝今, 蒙音＝蒙으로 약칭함.

開口音字의 正音 가운데 '어' 대신 俗音 '어'로 표음된 것은 聲母 疑母가 15세기의 中國北方音에서 소실된 것을 보인 것이다.

牙喉音 合口音字

字母	見			溪			疑		影			曉		匣	
例字	戈	果	過	科	顆	課	訛	姽	渦	媒	涴	火	貨	禾	禍
聲調	平	上	去	平	上	去	平	上	平	上	去	上	去	平	上
反切	古禾	古火	古臥	苦禾	苦果	古臥	吾禾	吾果	烏禾	烏果	烏臥	虎果	呼臥	戶戈	胡果
正	궈	궈	궈	궈	퀴	궈	위	위	워	워	워	훠	훠	훯	훯
俗							워	워							
今	ㅗ	ㅗ	ㅗ	ㅗ	ㅗ	ㅗ	ㅗ	ㅗ	ㅗ	ㅗ	ㅗ	ㅗ	ㅗ	ㅗ	ㅗ
蒙							ㅓ	ㅓ							

```
T    kuo kuo kuo kʼuo   kʼuo kʼuo uo      uo uo uo xuo xuo xuo xuo
E    kuɔ kuɔ kuɔ        kʼuo kʼuo uɔ      uɔ uɔ uɔ xuɔ xuɔ xuɔ
H    kuɔ kuɔ kuɔ        kʼuo kʼuo uɔ      uɔ uɔ uɔ xuɔ xuɔ xuɔ
```

이상의 표가 〈통해〉(〈역훈〉 포함)에서 표음한 歌韻의 喉牙音 개구와 합구자들이다. 이들을 反切下字 중심으로 정리해 보면 다음과 같다.

開口

聲調	平	上	去
下字	何歌	我可	荷个箇臥
正	ㅓ	ㅓ	ㅓ
俗	ㅓ	ㅓ	ㅓ
今	ㅓㅗㅓ	ㅓㅗㅓ	ㅓㅗ
蒙	ㅓ	ㅓ	ㅓㅓ

合口

聲調	平	上	去
下字	禾戈	火果	臥
正	ㅓ	ㅓ	ㅓ
俗	ㅓ	ㅓ	ㅓ
今	ㅗ	ㅗ	ㅗ
蒙	ㅓ	ㅓ	

反切下字를 중심으로 해서 한글 표음들을 검토해 보면, 정음과 속음

은 개구자와 합구자의 차이에 의하여 'ㅓ'와 'ㅝ'로 구별하여 표음하고 있다. 그러나 今俗音에 있어서는

開口	ㅓ	ㅗ	ㅕ
合口	ㅗ		

로 표음하고 있고, 蒙音은 오히려 開口字를 'ㅕ'로, 合口字를 'ㅓ'로 표음하고 있다.

그리고 反切下字 가운데 '臥'자(正音·俗音 ㅓ, 금속음 ㅗ)는 開·合 양쪽에 쓰이었는데, 開口字로는 賀·和字의 反切(胡臥切)로 쓰이고, 合口字의 反切로도 널리 쓰이고 있다. 이는 '臥'자의 음가가 개·합 양쪽으로 실현되고 있었음을 보여 주는 것이다.

〈역훈〉 歌韻條의 註記에서 'ㅓ…而讀如ㅓㅡ之間 故其聲近於ㅗ'라고 하고, 이어서 'ㅝ之字 亦同'이라고 하였는데, 통해의 한글 표음은 이를 반영한 듯, 合口字(正音 ㅝ, 俗音 ㅝ)의 今俗音을 'ㅗ'로 표음하고 있어서, 'ㅝ之字 亦同'이라는 '亦同'이, '故其聲近於ㅗ'를 가리킨다는 것을 알 수 있다. 開口字의 今俗音과 蒙音을 'ㅗ, ㅕ'로 한 것과 合口字의 今俗音을 'ㅗ'로 한 것은, 'ㅓ'라는 한글 자체의 음가와는 상관없이 歌韻字들의 음가가 [uə](또는 [uo])와 近似해서 한글의 'ㅗ'로 이를 표음한 것으로 볼 수 있다. 또 歌韻 喉牙音字도 合口에 가깝게 [ɔ]로 실현되고 있던 시기였으므로 今俗音은 이를 'ㅗ'로 반영하고 있는 것이다(다음의 歌韻의 變遷項 참조).

그러나 T·E·H에서는 분명히 구별하고 있다. T에서는 喉牙音 開口字를 -o로(莪·我만 uo), 喉牙音 合口字를 -uo로 추정하고 있고, E·H는 喉牙音 開口字를 -cu로, 喉牙音 合口字를 -uɔ로 추정하고 있다. T에서 喉牙音 開口字를 -o로 추정하고 있으나, 이들은 현대 중국 북방음에서 [ɤ]로 실현되고 있고 14세기에는 開口의 [ɔ]였다.[3]

이제 舌齒音字들에 대한 한글 표음을 고찰해 보기로 하겠다. 원래 中古音의 果攝 소속자이었던 歌·戈韻은 喉牙音系와 舌齒音系가 별도로 발달되어 왔었다.

舌齒音 開口音字

字母	端		透		定				呢		娜	來			
例字	多	朶	剎	訑	妥	唾	詑	扡	惰	儺	娜	懦	羅	鼇	攞
聲調	平	上	去	平	上	去	平	上	去	平	上	去	平	上	去
反切	得何	都火	丁佐	湯何	吐火	吐臥	唐何	待可	杜臥	奴何	奴可	乃个	郎何	魯果	郎佐
正俗	더	더	더	터	터	터	떠	떠	떠	너	너	너/나	러	러	러
今	ㅗ	ㅗ	ㅗ	ㅗ	ㅗ	ㅗ	ㅗ		ㅗ	ㅗ	ㅗ	ㅗ	ㅗ	ㅗ	ㅗ
蒙		ㅓ		ㅓ		ㅓ			ㅓ			ㅓ		ㅓ	ㅓ/ㅓ
T	tuo	tuo	tuo	t'uo	t'uo	t'uo	t'uo		tuo	nuo	nuo	nuo	luo		luo
E	tɔ	tɔ	tɔ	t'ɔ	t'ɔ	t'ɔ	t'ɔ	tɔ	tɔ	nɔ	nɔ	nɔ	lɔ		lɔ
H	tɔ	tɔ	tɔ	t'ɔ	t'ɔ	t'ɔ	t'ɔ	tɔ	tɔ	nɔ	nɔ	nɔ	lɔ		lɔ

字母	精	清			從		心	
例字	左	佐	搓	瑳	醝	剉	蓑	些
聲調	上	去	平	上	平	去	平	去
反切	臧可	子賀	倉何	千可	才何	才臥	桑何	蘇簡
正	저	저	처	처	쩌	쩌	서	서
今	ㅗ	ㅗ	ㅗ	ㅗ	ㅗ	ㅗ	ㅗ	ㅗ
蒙						쳐/거	거	
T	tsuo/tso	tsuo	ts'uo		ts'uo	ts'uo	suo	suo
E	tsɔ	tsɔ	ts'ɔ	ts'ɔ	ts'ɔ	ts'ɔ	sɔ	sɔ
H	tsɔ	tsɔ	ts'ɔ	ts'ɔ	ts'ɔ	ts'ɔ	sɔ	sɔ

---

3) 王力(1958), 『漢語史稿』 上 p.150에서는 다음과 같이 설명하고 있다.
近古的 o, 大約在十四世紀(或較早) 就形成了, 當時可能是 開口 ɔ.
忌浮："中原音韻 二十五聲母集說", 『中國語文』 1964年 5期, 第132期에서는 中原音韻의 歌韻 음가를 ɔ(例字：我哦蛾峨…)로 추정하고 있다. 合口는 uɔ(例字：臥).

舌齒音 合口音字

字母	幫		滂			並	明		從		心
例字	波	跛	播	坡	頗	破	婆	摩	麽	脞	坐	鎖
聲調	平	上	去	平	上	去	平	平	上	去	上	去	上
反切	補禾	補火	補過	普禾	普火	普過	蓮禾	眉波	忙果	莫臥	徂果	徂臥	蘇果
正	붜	붜	붜	풔	풔	풔	뻐	뭐	뭐	뭐	쬬	쬬	쉬
蒙							ㅓ	ㅓ	ㅓ	쳐 쳐		
T	puo	puo	puo	pʻuo	pʻuo	pʻuo	puo	muɯ	muɔ	ouɯ	tsʻuo	tsuo	suo
E	puɔ	puɔ	puɔ	pʻuɔ	pʻuɔ	pʻuɔ	puɔ	muɯ	muɔ	ouɯ	tsʻɔ	tsɔ	sɔ
H	puɔ	puɔ	puɔ	pʻuɔ	pʻuɔ	pʻuɔ	puɔ	muɯ	muɔ	ouɯ	tsʻɔ	tsɔ	sɔ

이들을 다시 反切下字 중심으로 정리해 보겠다.

舌齒音 開口

聲調	平	上	去
下字	何	火可果	佐臥个賀箇
正	ㅓ	ㅓ	ㅓ
今	ㅗ	ㅗ	ㅗ
蒙	ㅕ	ㅕ ㅓ	ㅕ ㅓ

여기서도 今俗音과 蒙音은 'ㅗ=ㅕ, ㅓ'임을 보여주고 있는데, 開口音字들의 反切下字 가운데에는 合口音字에 속할 듯한 下字도 포함되어 있으므로 이들의 음을 살펴보기로 하겠다.

下字	何	火	可	果	佐	臥	个	賀	箇
正	혀	훠	커	궈	저	어	거	혀	거
今	ㅓ, ㅕ		ㅓ		ㅗ		ㅓ	ㅓ, ㅕ	ㅓ
T	xo	xuo	kʻo	kuo	tsuo	uo	ko	xo	ko
E	xɔ	xuɔ	kʻɔ	kuɔ	tsɔ	uɔ	kɔ	xɔ	kɔ
H	xɔ	xuɔ	kʻɔ	kuɔ	tsɔ	uɔ	kɔ	xɔ	kɔ

開口字로 표시되어야 할 反切下字 자체 속에 合口字인 '火·果·臥'가 들어 있고 '佐'도 『中原音韻』에서는 합구자였다. 이 시기에 반절

하자 자체의 음가가 변하고 있었음을 보여 주고 있다. 王力(1958) : 『漢語史稿』上 p.147에서는 中古音의 歌戈 兩韻이 中古로부터 현대에 이르는 사이에 舌齒音 開口呼가 合口呼로 변했고, 喉(牙)音 合口呼가 대부분 開口呼로 변했다고 했는데, 『洪武正韻』(이하 〈정운〉이라 함)의 반절은 이를 반영하지 않고 있어서, 〈역훈〉과 〈통해〉의 正音에서는 〈정운〉의 반절대로 표음하고, 그 반면 금속음과 몽음의 한글 표음에서 변화상을 반영하고 있는 것이다. 그 결과 〈통해〉 금속음이 'ㅗ'로 나타난 것과, 'ㅗ=ɔ(E·H)'도 이해할 수 있다. 따라서 한글의 'ㅗ'는 [uo uə ɔ] 등을 나타내는 데 이용된 글자임을 알 수 있고, 'ㅓㅡ之間音'이 '近於ㅗ'인 것도 이해할 수 있다.

舌齒音 합구자의 반절하자는 모두 합구자인 '禾·火·過·波·果·臥'자들이며, 이들은 正音이 ㅓ, ㅜ ou, E·H uɔ이어서 대체로 일치하고 있다.

이상에서 예시한 표음 대조표와 한글 中聲字 'ㅓ, ㅗ'들의 관계를 좀 더 확실히 하기 위하여 漢語 자체 내에서 歌韻이 어떻게 변화해 왔으며, 이것이 〈정운〉에는 어떻게 반영되고, 〈역훈〉과 〈통해〉에서는 어떻게 표음하였는지 알아보기로 하겠다.

王力(1958) : 『漢語史稿』上 p.147과 p.155에 의하면 中古音의 歌·戈韻은 다음과 같이 변하였다.[4]

歌韻	開口	$ɑ > o$
戈韻	合口	$uɑ > uo$
歌韻	舌齒音字	$ɑ > uo$
	其他(喉牙音 등) 모두	$ɑ > ə$
戈韻	喉牙音字 일부	$uɑ > ə$
	其他 모두	$uɑ > o, uo$

---

4) 近世 北方音(官話系)에서 宋代에 歌韻의 變化는 나타나기 시작하였다. 集韻에서 開口인 歌韻의 喉牙音字 >ə 변화상은 아직 안 나타나지만, 舌·齒頭音字 >uə의 변화는 보이고 있다고 한다. 坂井健一(1956), 「集韻における果·假攝の特色に就いて」, 『中國文化研究會會報』第6, 通卷 12號, 1956. 12. pp.53~64 참조.

위 표에 의하면 歌·戈韻의 喉牙音이, 開·合을 막론하고 ə로 변했고, 舌齒音이 合口音인 o, uo로 변한 것으로 되어 있다. 그리고 同書 p.149와 p.157에서 이들의 변화 단계를 다음과 같이 보이었다.

```
歌戈   ɑ, uɑ ── ɑ, uɑ ── ɔ, uɔ ── ɔ, uɔ ── uo, o
歌     ɑ(喉) ──── ɑ ──── ɔ ──── ɔ ──── ə
喉     uɑ(喉) ── uɑ ──── ɔ ──── ɔ ──── ə
```

위 표에서 우리는 ɔ가 ə로 변한 것을 알 수 있다. 同書 p.157에서는 현대 북경어의 'ə'는 複合母音 [ɤʌ]로서 'o'의 變體라고 할 수 있는데, [ɤ]는 非圓脣的인 'o'였고, [ʌ]는 非圓脣的인 'ɔ'이었기 때문이라고 하였다[5]. 이로 보면 開口의 'ɔ'가 非圓脣母音으로 인정되고 있음을 알 수 있다.

다음에는 王力(1958):『漢語史稿』上 p.147에서 보인 歌·戈韻 소속자의 變化例 몇 자씩만 추려서, 〈통해〉의 표음과 대조해 보기로 하겠다.

歌韻 舌齒音字					喉牙音字(예외)
ɑ〉uo					ɑ〉uo
例字	多	駝	羅	搓	我
反切	得何	唐何	郎何	倉何	五可
正	더	떠	러	처	어
今	ㅗ	ㅗ	ㅗ	ㅗ	ㅗ
蒙					외
T	tuo	tʻuo	luo	tsʻuo	uo, ŋo
E	tɔ	tʻɔ	lɔ	tsɔ	ɔ
H	tɔ	tʻɔ	lɔ	tsʻɔ	ɔ

---

5) 王力 : 漢語史稿 上 p.157에는 다음과 같이 되어 있다.
現代北京話裏的ə實際是個複合元音, 卽[ɤʌ]. 這個[ɤʌ]可以認爲o的變體, 因爲ɤ是不圓脣的o, ʌ是不圓脣的ɔ, 只是原來的o變爲不圓脣而且複雜化了.

戈韻 舌齒音

uɑ > uo

例字	妥	螺	蓑	坐
反切	吐火	郎何	桑何	徂臥
正	터	러	서	쪄
今	ㅗ	ㅗ	ㅗ	
蒙	ㅓ	ㅓ	ㅓ	
T	tʻuo	lou	suo	tsuo
E	tʻɔ	lɔ	sɔ	tsɔ
H	tʻɔ	lɔ	sɔ	tsɔ

喉牙音

ɑ > uo

例字	鍋	火	臥	貨
反切	古禾	虎果	五箇	呼臥
正	궈	훠	어	훠
T	kuo	xuo	uo	xuo
E	kuɔ	xuɔ	o	xuɔ
H	kuɔ	xuɔ	o	xuɔ

위의 相互對照表를 보면, 비록 『中原音韻』에서는 -uo로 되어 있어도, 〈易通〉과 〈匯通〉에서는 아직 -ɔ의 단계이었고, 〈정운〉은 이와 마찬가지였던 듯, 이런 모습을 正音은 'ㅓ'로 표음하고 있다. 그러나 蒙音이 'ㅓ'로 나타나 있듯이 한편으로는 -uo 단계로 들어가고 있었던 듯, 今俗音은 이를 'ㅗ'로 표음하고 있다. 다만 분명히 합구인 것은 'ㅓ'로 표음하면서, 蒙韻의 'ㅓ'나 'ㅕ'와 함께 'ㅗ'로 표음한 것은, 'ㅗ=ㅓ'가 아닌 어떤 音聲上의 차이를 느낀 결과라고 생각한다.

戈韻 唇音字

uɑ > uo

例字	波	坡	婆	魔
反切	補火	普禾	蒲禾	眉波
正	붜	풔	뿨	뭐
T	puo	pʻuo	pʻuo	muo
E	puɔ	pʻuɔ	pʻuɔ	muɔ
H	puɔ	pʻuɔ	pʻuɔ	muɔ

현대 북방어에서는 唇音 아래에서의 合口가 분명하게 드러나지 않지만, 위의 표에서는 合口가 모두 다 일치하고 있다.

현대한어의 ə의 유래를, 王力(1958) : 『漢語史稿』 上 p.157에서는 다음과 같이 표로 보이고 있다.

歌 ɑ(喉) —— ɑ —— ɔ ┐
戈 uɑ(喉) —— uɑ —— ɔ ┘ɔ>c>ə

이 표에 의하면 現代北京語의 ə는 中古音의 歌韻 喉牙音字와 戈韻 喉牙音字의 일부가 ɔ를 거쳐 ə로 변한 것인데, 王力(1958)：『漢語史稿』上 p.155에서 보인 예와 〈역훈〉·〈통해〉들의 표음을 보겠다.

歌韻 喉牙音

ɑ >ə

例字	歌	軻	個	蛾	俄	餓	何	河	荷
反切	居何	丘何	古荷	牛何	牛何	五箇	寒歌	寒歌	寒歌
正	거	커	거				혀	혀	혀
今	ㅓ	ㅓ	ㅓ	ㅗ	ㅗ	ㅗ	ㅓ,ㅕ	ㅓ,ㅕ	ㅓ,ㅕ
蒙				외	외	외			
T	ko	kʻo				o	xo	xo	xo
E	kɔ	kʻɔ	kɔ	ɔ	ɔ	ɔ	xɔ	xɔ	xɔ
H	kɔ	kʻɔ	kɔ	ɔ	ɔ	ɔ	xɔ	xɔ	xɔ

歌韻 喉牙音字 가운데 ‘我’字만이 예외적으로 合口로 변하여 비록 〈정운〉의 반절이 五可切(開口)로 되어 있으나 〈통해〉의 금속음도 ‘ㅗ’로, 蒙音도 ‘외’로 표음하고 있는데, ‘蛾·俄·餓’도 이의 유추로 금속음 ‘ㅗ’, 蒙音 ‘외’가 보여 주는 바와 같이 合口에 가깝게 발음되었던 것으로 보인다. ‘何’자들도 합구와 개구의 양면성을 보여 주고 있다.

戈韻 喉牙音 平聲 대부분

uɑ >ə

例字	戈	科	窠	訛	和	禾
反切	古禾	苦禾	苦禾	五禾	戶戈	戶戈
正	궈	궈	궈	워	훽	훽
今			或 외			
蒙				ㅓ		
T	kuo	kʻuo	kʻuo	uo	xuo	xuo
E	kuɔ	kʻuɔ	kʻuɔ	uɔ	xuɔ	xuɔ
H	kuɔ	kʻuɔ	kʻuɔ	uɔ	xuɔ	xuɔ

戈韻 合口字인 경우에는 아직 ə 단계에 이르지 않았던 듯, 正音 ㅓ, ㅜ -uo, ㅌ·ㅂ -uɔ가 일치하고, '訛'字만 蒙音에 'ㅓ'가 나타나고 있을 뿐이다. 그러나 이들 합구자에 금속음으로 'ㅗ'가 나타나 있지는 않다.

4. 맺음말

이상에서 살펴본 바와 같이, 중세국어를 표기하기 위하여 마련된 한글이 漢音 表記에 이용되었다고 하여, 그것이 곧 한글 箇箇字의 음가대로 한음을 정확하게 표기하였다는 뜻은 아니었다[6]. 더군다나 한음을 정확하게 표음하였는지 세밀히 검토도 안해 본 상태에서, 한글로 표기된 한음의 자료를 근거로 하여 15세기 중세국어 모음의 음가를 추정한다는 것은 매우 위험한 일일 것이다. 그래서 이 글에서는 한글의 中聲字를 가지고 한음을 표음하면서, 『洪武正韻譯訓』이나 『四聲通解』에서 'ㅓ…讀如 ㅓ ㅡ 之間 故其聲近於ㅗ'라고 주기한 뜻이 무엇인지, 한글 표음을 중심으로 해서 고찰해 보았다.

이러한 고찰 과정에서 얻어진 결론은 다음과 같다.

① 漢語 中古音의 歌韻(ɑ)과 戈韻(uɑ)은 중고음으로부터 현대북방어로 이르는 사이에 喉牙音이 ə로 변하고 舌齒音은 uo가 되었다. 唇音 뒤에서는 o(음가는 ɤ)가 되었다.

② 이러한 변화 과정에서 14세기경에는 歌戈韻이 ɔ, uɔ의 상태였다.

③ 그런데 『홍무정운』 반절 표시에 따라 開合을 구별하여, 개구자를 'ㅓ'로,

---

6) 이런 實際音과 한글 표음 사이의 괴리는 齒音字의 경우에도 마찬가지였다. 拙稿, 「齒音과 한글表記」, 『國語學』 12, 國語學會, 1983, pp.13~34 참조.

합구자를 'ㅓ'로 표음한 〈역훈〉 및 〈통해〉 편찬자는, 歌韻의 북방현실음 [ɔ]를 간과할 수 없었다. 그리하여 〈역훈〉의 歌韻條에서는 'ㅓ…讀如ㅓ 一之間 故其聲近於ㅗ'라고 주기하고, 〈통해〉 금속음에서는 'ㅗ'로 표음 한 것으로 보인다. 그러므로 'ㅓ…讀如ㅓ一之間 故其聲近於ㅗ'라는 표 현은, 한글 'ㅓ' 자체의 音價가 '近於ㅗ'라는 뜻이 아니라, 'ㅓ'로 표음된 歌韻 소속자들의 음가가 '近於ㅗ'라는 뜻이고, 이렇게 이 구절을 이해해 야만 〈역훈〉의 주기에서 '故其聲近於ㅗ ㅓ之字 亦同'이라고 말한 뜻이, "'ㅓ'로 표음한 歌韻 소속자들의 실제 음가는 'ㅗ'에 가깝고, 'ㅓ'로 표음된 글자들의 실제 음가도 역시 'ㅗ'에 가깝다"라는 뜻이라는 것을 알 수 있게 될 것이다.

(『선오당김형기선생팔질기념국어학논총』, 1985)

참고 문헌

朴炳采(1983), 『洪武正韻譯訓의 新研究』, 高大出版部, 서울.

李基文(1972), 『國語音韻史研究』, 서울대 韓國文化研究所, 서울.

崔玲愛(1975), 『洪武正韻研究』, 臺灣大 博士論文, 臺北.

董同龢(1968), 『漢語音韻學』, 臺灣學生書局, 臺北.

陸志韋(1971), 『漢語音韻學論集』 1 · 2集, 崇文書店, 香港.

王　力(1958), 『漢語史稿』 上, 科學出版社, 北京.

_____(1958), 『漢語音韻』, 文昌書局, 香港.

方孝岳(1979), 『漢語語音史概要』, 商務印書館, 香港.

坂井健一(1956), 「集韻における果 · 假攝の特色に就いて」, 『中國文化研究會會 報』 第6, 通卷 12號, pp.53~64. 東京.

忌　浮(1964), 「中原音韻 二十五聲母集說」, 『中國語文』 1964年 5期, 第132 期, pp.337~359. 北京.

제7장 15세기 국어의 'ㅏ'에 대하여

『洪武正韻譯訓』韻母音의 한글 表音으로 보아

1. 머리말

崔世珍(1468~1542)이 지은 『四聲通解』(1517)가 나타내는 音系는 본질적으로 『洪武正韻譯訓』(1455)이 보여 주는 음계를 따른 것이지만, 韻母中聲에 대한 註記에 있어서는 兩者가 꼭 같은 것이 아니다. 그런데 필자가 『사성통해』의 음계를 고찰하였던 1970년대 초기는 『洪武正韻譯訓』 (이하 〈역훈〉이라 칭함)의 내용을 자세히 볼 수 있는 시기가 아니었다. 그래서 당시로서는 가장 훌륭한 연구 업적이었던 李崇寧(1959) : 「洪武正韻譯訓의 硏究」(震檀學報 20)와 鄭然粲(1972) : 『洪武正韻譯訓의 硏究』 (一潮閣)에 인용된 내용이나 연구 성과에 기댈 수밖에 없었다.

그러다가 1973년에 『홍무정운역훈』의 영인본(고려대 출판부)이 출간되고, 이에 대한 새로운 연구 성과[1]가 연이어 발표되자, 특히 이 자료에

---

1) 이러한 연구 업적으로는 다음과 같은 것이 있다.

관하여 집중적으로 연구한 朴炳采(1983) :『洪武正韻譯訓의 新研究』(고려대 민족문화연구소)를 통하여, 〈역훈〉과 『사성통해』(이하 〈통해〉라 칭함)의 여러 내용을 새로이 알 수 있게 되었다.

이러한 과정에서 새삼스러이 〈역훈〉과 〈통해〉와의 異同에 관심을 갖게 되고, 『四聲通攷』의 범례의 내용도 다시 깊이 생각해 볼 필요를 느끼게 되었다. 그래서 본 고찰에서는 사성통해 범례의 한 항목인 다음 사항을 중심으로 해서 〈역훈〉 운모음의 한글 表音字에 대하여 고찰해 보고자 한다.

〈通攷〉 凡例의 한 항목
① 大抵 本國之音 輕而淺 中國之音 重而深
② 今訓民正音 出於本國之音 若用於漢音則必變而通之 乃得無礙
③ 如中聲ㅏㅑㅓㅕ張口之字 則初聲所發之口不變
④ ㅗㅛㅜㅠ縮口之字 則初聲所發之舌不變
⑤ 故中聲爲ㅏ之字 則讀如ㅏ•之間 爲ㅑ之字 則讀如ㅑ•之間
　　ㅓ則ㅓㅡ之間 ㅕ則ㅕㅡ之間
　　ㅗ則ㅗ•之間 ㅛ則ㅛ•之間
　　•則•ㅡ之間 ㅡ則ㅡ•之間
　　ㅣ則ㅣㅡ之間
　　然後庶合中國之音矣
⑥ 今中聲變者 逐韻同中聲首字之下論釋之

범례의 이 항목에 관해서는 柳僖의 『諺文志』(1824) 中聲例에서 '餘音說'을 가지고 설명한 이래로 몇 편의 論著에서 이미 깊이 고찰한 바가 있다.[2] 그래서 새삼스럽게 다시 고찰할 필요가 없는 듯하나, 이 범례

朴炳采(1973), 「洪武正韻譯訓의 板本에 對한 考察」, 『人文論集』 18, 高麗大.
_____(1974), 「原本洪武正韻譯訓의 缺本復原에 關한 研究」, 『亞細亞研究』 51.
_____(1975), 「洪武正韻譯訓의 俗音攷」, 『人文論集』 20, 高麗大.
2) 이에 관한 기존의 업적을 보면 다음과 같다.

의 내용을 얼핏 보면, '•則•一之間'이나 '一則一•之間'만 보더라도 결국은 동일한 결과를 두 가지로 설명한 듯하며, 전반적으로 너무나도 기계적인 설명같으므로, 이제 다시 한번 살펴보고자 한다. 물론 '•一之間'과 '一•之間'을 글자대로 해석하면, 위에서 말한 대로 동일한 결과를 두 가지로 설명한 듯이 되지만 달리 생각하면 • 모음과 一 모음 사이(音域)에서 조음되는 음이라고 볼 수도 있다.

2. 〈역훈〉 운모음과 한글 표음

1) 〈역훈〉과 〈통해〉의 주

위에서 인용한 『사성통고』 범례의 내용이 〈역훈〉과 〈통해〉 중성의 주에 어떻게 반영되고 있는지 먼저 비교해 보기로 하겠다. 두 韻書의 운모체계는 전자가 76, 후자가 80으로 되어 있으나 후자는 전자의 眞, 軫, 震, 質韻 등 4韻을 운모음의 차이에 따라서 眞(平), 軫(上), 震(去), 質(入)과 文(平), 吻(上), 問(去), 物(入) 등 8韻으로 분류한 것이어서, 〈역훈〉 眞韻에서 한 종류로 다루었던 중성을 〈통해〉에서 眞韻(ㅡㅣ)과 文韻(ㅜㅠ)으로 나눈 것이다. 또 〈통해〉에는 〈역훈〉에 없는 주가 기록되어 있는 경우가 있다. 예를 들면 支紙寘韻에는

李崇寧(1949), 「•音攷」, 『朝鮮語音韻論研究』 第1集, 乙酉文化社.
鄭然粲(1970), 「餘音說詮議」, 『學術院論文集』 9.
朴炳采(1983), 『洪武正韻의 新研究』, 高大 民族文化研究所.
前二者는 범례의 '重而深'을 '漢語의 聲調의 資質을 설명한 것'으로 이해하였고, 後者는 '漢音을 발음할 때 국어의 母音보다는 좀 늘이어 발음하면 漢語의 聲調에 맞게 餘音이 생기고 重深感을 줄 수 있다'는 것으로 이해하려고 하였다.

三韻內齒音諸字 初呼口舌不變而以△韻爲終聲 然後可盡其妙 (下略)

와 같은 주가 있다. 그러나 이 문제는 이 글에서는 일단 논외로 하겠다.

中聲 ㅏ ㅒ ㅙ

韻	註	
皆	譯訓	韻內中聲ㅏ音諸字 其聲稍深 宜以ㅏ·之間 讀之 唯脣音正齒音 以ㅏ呼之 韻中諸字中聲同.
	通解	註記 無.
解		同 上.
泰	譯訓	韻內中聲ㅏ音諸字 其聲稍深 宜以ㅏ·之間 唯脣音正齒音 直以ㅏ呼之 韻中諸字中聲同.
	通解	註記 無.

中聲 ㅓ ㅝ

寒旱翰曷	譯訓	註記 無.
	通解	平上去三聲內中聲ㅓ音諸字 俗呼及蒙韻 皆從ㅏ 今亦從ㅏ 但恐文煩故 不著俗音於各字之下 如通攷也 入聲則否.

中聲 ㅏ ㅑ ㅘ

刪	譯訓	韻內中聲ㅏ音諸字 其聲稍深 當以ㅏ·之間 讀之 唯脣音正齒音 以ㅏ讀之.
	通解	註記 無.
産	譯訓	韻內中聲ㅏ音諸字 其聲稍深 當以ㅏ·之間 讀之. 唯脣音正齒音 以ㅏ呼之.
	通解	註記 無.
諫	譯訓	韻內中聲ㅏ音諸字 其聲稍深 宜以ㅏ·之間 讀之. 唯脣音正齒音 以ㅏ呼之.
	通解	註記 無.
轄		刪韻과 同.

中聲 ㅕ

蕭篠嘯	譯訓	韻內諸字中聲 若直讀以ㅕ 則不合時音 特以口不變 故讀 如ㅕㅡ之間 俗音 샾. 韻中諸字中聲 並同.
	通解	中聲ㅕ 俗ㅑ 其外 註記 無.

中聲 ㅏ ㅑ

爻　譯訓　韻內中聲ㅏ音諸字 其聲稍深 宜以ㅏ‧之間 讀之 唯脣音
　　　　正齒音 以ㅏ讀之 韻中諸字中聲 並同.
　　通解　註記 無.
巧　譯訓　韻內…之間 呼之. 其外 同.
　　通解　註記 無.
効　　　　註記 無.

中聲 ㅓ ㅕ

歌 ┐ 譯訓　韻內諸字中聲 若直讀以ㅓ 則不合於時音 特以口不變 而
哥 │　　　讀如ㅓㅡ之間 故其聲近於ㅗ ㆆ之字 亦同.
箇 ┘ 通解　諸字中聲 蒙韻皆讀如ㅗ 今俗呼或ㅗ或ㅓ 故今乃逐字 各
　　　　　著時音.

中聲 ㅏ ㅑ ㅘ

陽　譯訓　韻內中聲ㅏ音諸字 其聲稍深 唯脣音正齒音 以ㅏ讀之.
　　　　其餘諸字 宜以ㅏ‧之間 讀之.
　　通解　註記 無.
養　譯訓　韻內…稍深 宜以ㅏ‧之間 唯脣…以ㅏ呼之.
　　通解　註記 無.
漾　　　　陽韻과 同.
藥　　　　陽韻과 同.

中聲 ㅏ ㅑ

覃　譯訓　韻內中聲ㅏ音諸字 其聲稍深 宜讀以ㅏ‧之間 唯脣音正
　　　　齒音 以ㅏ呼之 俗音ㄸ 韻中諸字終聲同
　　通解　註記 無.
感　　　　同 上.
勘　譯訓　韻內…稍深 宜以ㅏ‧之間 讀之. 唯以下 同.
　　通解　註記 無.
合　　　　覃韻과 同.

　위에서 정리해 보인 주기를 보면, 『사성통고』 범례에서는 훈민정음의
중성 11자에 관해서 모두 언급하였으나, 실제의 주는 다음과 같은 내용
이었음을 알 수 있다.3)

① 중성에 대한 주기는, 張口之字인 ㅏ, ㅓ, ㅕ 세 중성에만 기록되어 있다.

② 〈통해〉에서는 〈역훈〉의 주기를 전연 옮기지 않았고, 오직 歌韻(ㅏ, ㅓ) 과 寒韻(ㅓ, ㅓ)에 한하여 俗呼와 蒙韻의 음만을 기록하고 있다.

③ ㅏ, ㅓ, ㅕ 세 중성에 소속된 운에 기록된 주의 내용은 거의 같으며, 다 음과 같이 두 종류로 분류된다.

中聲 ㅏ音 皆 刪 爻 陽 覃音.

其聲稍深 宜以ㅏ·之間讀之 唯唇音正齒音 以ㅏ讀之.

中聲 ㅓ音 歌韻 ㅓ音 蕭韻.

若直讀以ㅓ 則不合於時音 特以口不變 而讀如ㅓ一之間
(故其聲近於ㅗ ㅓ之字亦同).
若直讀以ㅕ…而讀如ㅕ一之間.

2) 〈역훈〉 운모음과 한글 표음

그러면 『홍무정운』 운모음 전반에 걸쳐서, 훈민정음 11 중성자가 표음 에 어떻게 이용되어서 〈역훈〉이 편찬되었는지 알아보기로 하겠다.

『홍무정운』은 중국의 南北音을 절충한 音系를 표시한 韻書이었으므 로, 운모음은 14세기의 중국 북방음을 나타낸 『中原音韻』音과 거의 같 은 음계를 표시하고 있다. 그래서 다음에 『중원음운』의 운모음(董同龢 씨 추정음)과 『홍무정운』의 운모음(趙蔭棠 씨 추정음)도 아울러 보이겠다.[4] 일람표에서는 『홍무정운』의 韻目 순서대로 배열하지 않고 훈민정음 11 중성의 순서에 따라서 배열하겠다. 또한 운모음은 종성(운미음)과도 밀접 한 관계가 있으므로 각 운의 종성(운미음)도 아울러 보이겠다. 운목 이름

---

3) 이에 대해서는 朴炳采(1983), 『洪武正韻의 新硏究』의 pp.239~240에서도 이미 지적 되어 있고, '凡例에서 言及한 것을 이들 7韻部만으로 대표케 하여 하나하나 붙이는 논석 의 번거로움을 피한 것으로 생각된다'고 하였다.

4) 『音注中原音韻』(董同龢 推定音 依據 劉德智 注音, 臺北 廣文書局, 1969 再版) 과 趙蔭棠(1956), 『中原音韻硏究』(商務印書館, 上海)에 의함. 단 趙씨의 『洪武正韻』 推定音에서는 介音이 생략되어 있음.

은 平聲韻을 대표로 삼겠다.

(1) ㆍ 모음

〈역훈〉에서 ㆍ 모음으로 표음된 자음은 없다. 따라서 'ㆍ則ㆍ一之間'
은 해당되는 자음이 없는 셈이다.

(2) ㅡ ㅣ 모음

韻	中聲	終聲	中原		洪武
支	ㅡ ㅣ		ï	i	Ɪ ɿ
眞	ㅣ ㅡ	ㄴ	iən	ən	en
庚	ㅣ ㅓ	ㅇ	iəŋ	əŋ	eŋ
尤	ㅡ ㅣ		ou	iou	ou
侵	ㅡ ㅣ	ㅁ(俗ㄴ)	əm	iəm	im

〈역훈〉에서 『홍무정운』의 표음에 이용한 한글의 'ㅡ, ㅣ'중성자는
支, 眞, 庚(일부), 尤, 侵 등 5個韻인데, 『중원음운』과의 대조에서도 알
수 있듯이 'ㅡ, ㅣ'중성자가 나타내는 漢音의 음가가 동일하지 않다.
이것은 역훈 표음자들이 漢語 韻母音의 어느 음, 즉 介音 또는 韻腹
音 가운데 어느 쪽에 더 역점을 두고 표음했는가 하는 데서 온 차이인
것이다. 따라서 尤韻의 ou를 /əu/로, iou를 /iəu/로 본다면, 한글의 'ㅡ'
중성자는 한음의 /i/ 또는 /ə/를 표음한 것이라고 할 수 있다. 또 'ㅣ'중
성자의 경우에는, 支韻의 'ㅣ : i'를 제외하고 한음의 운복음(핵모음)인 /ə/
를 표음한 것이 아니라, 韻母音 iən, iəm, iəŋ, iəu 가운데에서 介音인
/j/음을 'ㅣ'중성자로 표음한 것이다.[5] 이러한 경우 介音 /j/음은 핵모

---

5) 趙蔭棠(1956), 〔中原音韻研究〕에서 추정한 음들은 다음과 같이 〈역훈〉 표음자와 마
   찬가지로 介音이 중심이 되어 있다.
   支 Ɪ ɿ,   眞 in en,   庚 iŋ,   尤 ou,   侵 im.

음인 /ə/음에 이끌리어, 약간 中舌母音 쪽에서 조음된다고 볼 수 있으므로, 이렇게 개음 /j/를 표음한 'ㅣ' 중성자를 중설모음 쪽으로 가까운 모음이라고 인식한다면, 범례에서 말한 'ㅣ則ㅣ一之間 然後庶合中國之音'을 이해할 수 있다.

(3) ㅗ(ㅛ) 모음

근세 한음의 운모음에는 /o/와 /u/의 구별이 없는 것을 반영한 듯, 〈역훈〉의 표음에서는 훈민정음의 'ㅗ' 또는 'ㅛ' 중성자로 표음한 운모음이 없다. 다만 歌韻에서는, 운모음 'ㅓ'를 'ㅓ一之間'으로 발음하면 '其聲近於ㅗ'가 된다는 주를 달았고, 〈통해〉에서는 歌韻 소속자의 중성을 '蒙韻 皆讀如ㅗ 今俗呼 或ㅗ或ㅓ'라고 설명하고 있을 뿐이다. 이에 대해서는 'ㅓ' 모음 항에서 다시 고찰키로 하겠다.

(4) ㅏ(ㅑ) 모음

〈역훈〉에서 한글의 'ㅏ' 중성자를 가지고 표음한 운모음은 다음과 같다. 그리고 'ㅑ' 모음은 『훈민정음』 제자해에서 'ㅑ與ㅏ同而起於ㅣ'라고 하여 'ㅑ' 모음이 'ㅣ' 모음과 'ㅏ' 모음이 결합된 모음으로 설명하고 있으므로, 'ㅏ' 모음과 함께 여기에서 다루었다.

韻	中聲			終聲	中原			洪武
皆	ㅐ	ㅒ	ㅙ		ai	iai	uai	ɑi
刪	ㅏ	ㅑ	ㅘ	ㄴ	an	ian	uan	ɑn
爻	ㅏ	ㅑ		ㅱ	ɑu	au		ɑu
麻	ㅏ	ㅑ	ㅘ		a	(ia)	ua	ɑ
陽	ㅏ	ㅑ	ㅘ	ㆁ	aŋ	iaŋ	uaŋ	ɑŋ
覃	ㅏ	ㅑ		ㅁ	am	iam		ɑm

위에서 보인 表音例들은, 한글의 ㅏ 중성자가 한결같이 皆韻 이하 여섯 韻의 운복음(핵모음)을 표음하고 있음을 보여 주고 있다. 이들 운의 운복음은 爻韻의 경우 운미음 –u에 이끌리어 核母音이 ɑ로 추정되고 있을 뿐, 모든 운의 핵모음이 a로 추정되고 있다.

그런데 이들 운에 대하여 한글로 표음한 역훈 편찬자들은 각 운의 평성 소속 字音들 가운데 하나의 小韻 代表字 밑에만 주를 단 것이 아니라, 平聲과 相配를 이루는 上·去·入聲 안에서도 하나의 소운 대표자 밑에 평성의 주기와 거의 같은 내용으로 된 주를 꼭 기록하고 있다.

이와 같이 漢音의 운모음 가운데 /a/ 모음으로 추정되고 있는 모든 운모음에 대하여, 한글의 'ㅏ' 중성자로 표음하면서 공통적인 주를 기록했다는 것은, 한글의 'ㅏ' 중성자를 가지고는 『홍무정운』의 운모음을 제대로 나타낼 수 없을 것이라고 믿었기 때문일 것이다.

그러면 주의 내용을 살펴보겠다.

몇 글자씩 차이가 있는 경우도 있으나 주의 내용은 대체로 다음과 같이 되어 있다.

　　① 韻內中聲ㅏ音諸字 其聲稍深
　　② 宜以ㅏ·之間 讀之
　　③ 唯唇音正齒音 以ㅏㅏ 呼之

그러면 한음의 'ㅏ' 중성은 무엇과 비교하여 '其聲稍深'인지, 그 뜻을 먼저 살펴보겠다.

『훈민정음해례본』 제자해에는 다음과 같이 되어 있다.

　　中聲凡十一字
　　·舌縮而聲深
　　一舌小縮而聲不深不淺
　　ㅣ舌不縮而聲淺

ㅗ與 •同而口蹙
ㅏ與 •同而口張
ㅜ與一同而口蹙
ㅓ與一同而口張

이들 일곱 모음에 대한 설명 가운데에서 '深'을 가지고 설명한 것은 '聲深'뿐인데, 이것은 다음과 같은 조건 밑에서 對를 이루고 있다.

母音	調音狀態	音響感(開口度)
•	舌縮	聲深
一	舌小縮	聲不深不淺
ㅣ	舌不縮	聲淺

이러한 세 모음에 대한 설명은 이미 여러 논저에서 충분히 고찰한 바와 같이 開口度와 前舌・中舌・後舌母音 등 모음의 조음위치를 아울러 설명한 것으로 볼 수 있다.[6] '•聲深'과 'ㅣ聲淺'을 기준으로 하여 '一聲不深不淺'이라고 한 것을 보면, '•' 모음은 세 모음 가운데에서 가장 후설적이고 개구도가 큰 모음이었던 것으로 보인다.

그런데 'ㅏ' 모음에 대해서는 '深・淺'에 의한 설명이 없고, 다만 'ㅏ與 •同而口張'이라고만 되어 있다. 여기에서 말하는 '同'은 'ㅗ與 •同'과 'ㅏ與 •同', 'ㅜ與一同', 'ㅓ與一同'으로 구분한 것으로 보아서, '•ㅗㅏ'를 한 종류의 모음으로, '一ㅜㅓ'를 또 한 종류의 모음으로 분류한 것이다.

그 다음에는 이들 두 계열의 모음들을 '口蹙'과 '口張'이라는 두 자질로 나누어 다음과 같이 설명하였다.

---

6) 이에 대해서는 일찍이 李崇寧(1955), 『音韻論硏究』, 民衆書館. pp.8~16에서 制字解의 舌縮度와 聲深度에 대한 설명을, 前舌・中舌・後舌母音에 관한 설명으로, 口蹙과 口張을 開口度 大小에 관한 설명으로 보았다.
鄭然粲(1980), 『韓國語音韻論』, 開文社. pp.204~208에서는 蹙은 脣狀을, 張은 開口度를 취한 표현으로 보았다.

ㅣ	ㅜ ↑ ㅡ ↓ ㅓ	ㅗ ↑ · ↓ ㅏ	口蹙 口張

이러한 모음 가운데에서 '·' 모음을 '·舌縮而聲深'이라고 하여 'ㅡ 舌小縮而聲不深不淺'이라고 한 'ㅡ' 모음보다는 개구도가 큰 후설모음 으로 설명하고 있으므로, 'ㅏ與·同'이라고 하였더라도 'ㅏ' 모음이 '·' 모음과 동일한 조음위치에서 발음될 수는 없었을 것이다. 그러므로 李 崇寧(1948, 1954) :「·음고」, 同 :『音韻論研究』(1955 : 16)에서 보인 母音 圖와는 달리, 'ㅏ' 모음은 '·' 모음보다는 개구도가 더 큰 후설모음이기 는 하지만, 오히려 중설 쪽에서 조음되는 中舌低母音으로 볼 수 있다. 이것을 뒷받침해 주는 설명이 『사성통고』 범례와 〈역훈〉의 주라고 할 수 있다.

『사성통고』 범례에서는

大抵 本國之音 輕而淺 中國之音 重而深

이라 하였고, 〈역훈〉의 주에서

韻內中聲ㅏ音諸字 其聲稍深 宜以ㅏ·之間 讀之

라고 하였다. '中國之音'은 '重而深'인데, 그 '深'의 정도가 중세한국어 의 '·' 모음보다 '稍深'이고, 'ㅏ·之間 讀之'라고 한다면, 중세한국어 'ㅏ' 모음의 개구도가 '·' 모음보다 작을 수 없었을 것이다. 또 '稍深'이 라고 하였으므로, '中國之音'을 표음한 'ㅏ' 모음이 '·' 모음보다 더 후 설 쪽에서 조음되지는 않았을 것이다.

따라서 중세한국어의 'ㅏ' 모음은 李基文(1972 : 111)에서 지적되었듯이

中舌 쪽으로 치우친 저모음이었고, '·' 모음은 'ㅏ' 모음보다도 개구도가 작은 半開(中)母音이며 또한 후설모음이었던 것으로 추정할 수 있다. 그리고 이들 두 모음의 중간 위치에서 '稍深'인 漢音의 'ㅏ' 모음이 조음되었던 것으로 추정된다.

그런데 주기에는 '唯唇音正齒音 以ㅏ呼之'라고 되어 있다. 이것은 한글의 'ㅏ' 중성자로 표음된 성모음 가운데 운모가 순음과 정치음인 것은, 중세한국어의 'ㅏ' 모음이 조음되는 조음위치에서 그대로 'ㅏ'음을 발음하여도 한음의 'ㅏ' 모음과 부합된다는 설명이다. 이와 같은 설명은, 순음의 조음위치가 'ㅏ' 모음과는 멀기 때문에 이에 이끌리어서 순음과 결합되는 'ㅏ' 모음은 보통의 漢音 'ㅏ' 모음보다 앞의 위치에서 조음되는 중세한국어의 'ㅏ' 모음과 같게 조음된다고 설명한 것이라고 할 수 있다.

正齒音의 경우에도 14·15세기의 한음에서는 정치음이 이미 권설음화하여 『사성통고』 범례에서 '整齒則捲舌點腭'이라고 표현했듯이, 혀를 높이 올려서 조음하는 관계로 다른 성모와 결합된 'ㅏ' 모음처럼 후설 쪽에서 발음할 수 없어서, 중세한국어의 'ㅏ' 모음처럼 중설모음 쪽에서 조음되었던 것으로 보인다.

(5) ㅜ 모음

한글의 'ㅜ' 중성자로 표음된 〈역훈〉의 운모음은 다음과 같은 것들이다. 'ㅣ'와 결합된 'ㅟ' 중성자도 함께 다룬다.

韻	中聲			終聲	中原		洪武
東	ㅜ	ㅠ		ㆁ	uŋ	iuŋ	uŋ
魚		ㅠ				iu	ỳ
模	ㅜ				u		u
灰			ㅟ		uei		ei
眞(文)	ㅜ	ㅠ		ㄴ	uən	yən	en
庚			ㅟ	ㅟ	ㆁ	uəŋ	yəŋ	eŋ

近世漢語에서는 ㅜ(u)와 ㅗ(o)와 구별이 없었으므로, 훈민정음의 'ㅗ' 중성자는 〈역훈〉의 운모음 표음에 이용된 일이 없고 'ㅜ' 중성자만이 漢音의 u 또는 U 운모음을 표음하는 데 이용되었다. 한글의 'ㅜ' 중성자가, 한음의 u(U)음을 표음하는 데 이용되고, 한음의 iu 또는 y음을 표음하는 경우에는 'ㅠ' 중성자를 이용했다는 것은, 한글의 'ㅜ' 중성자 음가가 [u]이었음을 말하는 것이다.

中古漢語에서 구별되던 遇攝 소속자인 模韻과 魚(虞)韻은 현대한어에 이르러 u와 y로 되었는데, 14세기에 편찬된 『홍무정운』에서는 아직 u와 iu의 단계였기 때문에, 〈역훈〉의 표음에서도 이를 그대로 반영하여 한글의 'ㅜ, ㅠ' 중성자로 기록한 것이다.

『洪武正韻』의 灰韻은 蟹·止攝의 合口字만 모아 놓은 것으로서 灰韻 소속자의 『中原音韻』 추정음은 -uei인데, 다른 운의 경우와 마찬가지로 〈역훈〉 표음자들은 한음의 韻腹音인 -e-까지 함께 표음할 수 있는 적절한 한글의 중성자가 없었으므로, -uei를 'ㅜㅔ'나 'ㅞ'로 표음하는 대신에 介音에 중점을 두어 'ㅟ'(-ui)로 표음한 것이다.

臻攝 소속자 眞(文)韻의 운모음은 『中原音韻』에서 ən, iən, uən, yən으로 추정되는 음인데, 이들을 〈역훈〉에는 '느, 닌, ㄹ, ㄹ'으로 표음하였다. '느'과 '닌'은 이미 앞에서 설명하였거니와, 漢音의 -uən, -yən을 역훈에서 'ㄹ'과 'ㄹ'으로 표음한 것은 역시 漢音의 核母音 -ə-를 표음하지 않고 介音을 중심으로 하여 표음한 것이다.

『中原音韻』에서 əŋ, iəŋ, yəŋ으로 추정되는 『洪武正韻』의 庚韻이, 〈역훈〉에서는 '닝, 닝, 닝, 닝'으로 표음되었다. -əŋ은 〈역훈〉의 俗音에서 '닝'으로도 표음했지만, 〈역훈〉의 한글 표음은 역시 漢音 운모음의 核母音 -ə-를 표음하지 않고 'əŋ : 닝', 'iəŋ : 닝', 'uəŋ : 닝', 'yəŋ : 닝'과 같이 표음하여, 介音인 -i-, -u-, -y-를 중점적으로 표음한 것이다. -əŋ 등이 '닝'(iiŋ) 등과 같이 표음된 것은 韻尾 -ŋ의 口蓋性에 이끌리어 운미 앞에 -i-음을 더 삽입하여 표음한 것이다.[7]

(6) ㅓ(ㅕ) 모음

역훈에서 한글의 'ㅓ' 중성자로 표음한 〈正韻〉의 운모음들은 다음과 같다. 'ㅣ' 중성자와 결합된 'ㅕ' 중성자도 여기에서 함께 다루겠다.

韻	中聲				終聲	中原		洪武
齊			ㅖ		ㄴ	i	ei	i
寒	ㅓ	ㅕ			ㄴ	on		æn
先			ㅕ	ㆀ	ㅁ	ien	yen	iɛn
蕭			ㅕ	(俗 ㅑ)		iau		au
歌	ㅓ	ㅕ				o	uo	o
遮			ㅕ	ㆀ		ie	ye	ɛ
鹽			ㅕ		ㅁ	iem		iɛm

이상의 여러 韻 가운데서, 한글의 'ㅓ' 또는 'ㅕ' 중성자를 '讀如ㅓㅣ之間' 또는 '讀如ㅕㅣ之間'이라고 주기를 한 운모음은 蕭韻과 歌韻뿐이다.

韻目順에 따라 한글의 'ㅓ'와 'ㅕ'로 표음한 운모음을 보면, 齊韻은 中古漢語의 蟹攝·止攝 소속자 가운데서 開口에 속하는 字音들만 〈正韻〉에서 수록한 것이다. 이들의 中古音(추정음)은 iei(iɛi), jɛi, jei이 었으나, 『中原音韻』에서는 -i가 되고 四聲通解의 주에서도

中聲ㅖ 今俗音 皆呼爲ㅣ 如雞계字기 今合從之

라고 하고 있다. 그러나 〈역훈〉에서는 아직도 'ㅖ'(iəi)로 표음하고 있다. 따라서 여기에서는 한글의 'ㅓ' 중성자가 漢音의 -ə- 핵모음을 표음한 셈이다.

寒韻은 中古漢音의 桓韻 계열이다. 『中原音韻』에서는 桓歡韻類 (추정음 on)가 되고, 〈正韻〉에서는 寒旱翰韻으로 분류되었다. 이것을

---

7) -ㅁ 韻尾의 口蓋性에 관해서는 河野六郎(1968), 『朝鮮漢字音の硏究』, 日本 天理時報社, pp.132~135 참조.

〈역훈〉에서는 한글의 'ㅓ, ㅕ' 중성자로 표음한 것인데, 통해에서는 이러한 표음법이 현실음을 제대로 반영하고 있지 않다고 생각하였던지 다음과 같이 주를 달았다.

平上去三聲內中聲ㅓ音諸字 俗呼及蒙韻 皆從ㅏ 今亦從ㅏ 但恐文煩故不著俗音於各字之下 如通攷也 入聲則否

이것은 〈通攷〉(〈역훈〉) 때부터 寒韻의 현실음(속음)이 'ㅏ'음이었음을 밝히고 있는 글이다. 따라서 〈역훈〉의 寒韻을 한글의 'ㅓ' 중성자로 표음한 것은 『洪武正韻』의 寒韻音인 -æn(趙蔭棠 씨 추정음)이나 〈통해〉에서 지적한 현실음을 반영한 것이라고 볼 수 없다. 그러나 『中原音韻』의 추정음이 -on인 것을 보면, 한어의 寒韻은 'ㅓ'에서 'ㅏ'로 변해 간 것으로 보인다.

先·遮·鹽韻에 대한 〈역훈〉의 한글 표음은 『중원음운』과 『홍무정운』의 ie(ε), ien(iεn), iem(iεm), ye, yen 등 운모음을 각각 'ㅕ, ㅕ, ㅝ, ㅕㅁ'으로 표음한 것으로서, 한음의 -ɐ 운복음이 -i- 또는 -y- 介音에 이끌리어 -e(ε)-음으로 변한 것으로 본다면, 漢音의 -ie(실지로는 iə) 등을 한글의 'ㅕ' 중성자로 표음한 것은 상호 부합되는 것으로 볼 수 있다.

蕭韻에는 주 끝에 '俗音샿 韻中諸字中聲並同'이라고 단서가 붙어 있어서, 『중원음운』의 운모음(추정음) -iau와 서로 부합된다. 이에 대해서는 아래에서 다시 논하겠다.

3) 'ㅏ·之間讀之'와 '讀如ㅓ(ㅕ)ㅡ之間'의 차이

그러면 다음에 蕭·歌韻의 주에 대하여 살펴보기로 하겠다.
〈역훈〉의 주를 종합해 보면 결국 다음과 같이 요약될 수 있고, 또 상호간의 차이를 발견할 수 있다.

A. ㅏ音
韻內中聲ㅏ音諸字 其聲稍深 當(宜)以ㅏ·之間 讀之

B. ㅓ(ㅕ)音
韻內諸字中聲 若直讀以ㅓ(ㅕ) 則不合於時音
① 特以口不變 而讀如ㅓㅡ之間 故其聲近於ㅗ ㅓ之字 亦同
② 特以口不變 故讀如ㅕㅡ之間

B항에 관해서는 이미 다른 글에서 자세히 논한 바가 있다[8]. 이제
A·B 두 항을 비교해 보면, 두 항이 모두 漢音의 'ㅏ'와 'ㅓ' 운모음의
성질에 관하여 설명한 것이지만, A항은 'ㅏ' 운모음의 조음위치를 밝힌
것이고, B항은 'ㅓ' 운모음의 조음방법을 밝힌 것이다. 자세히 분석해 보
면 다음과 같이 된다.

A. ㅏ音

한음의 'ㅏ' 운모음은 중세한국어의 'ㅏ' 모음보다 약간 후설 쪽에서
조음되는 음(其聲稍深)이므로, 중세한국어의 중설모음인 'ㅏ' 모음과 후
설모음인 '·' 모음과의 중간 위치에서 조음되는 음이 되도록 조음되어야
한다(當以ㅏ·之間 讀之).

B. ㅓ(ㅕ)音

'ㅓ(ㅕ)' 중성자로 표음된 歌韻과 蕭韻의 운모음은 중설중모음인 중세
한국어의 'ㅓ(ㅕ)' 모음대로 조음하면 漢語의 時音(현실음)에 맞지 않으

---

8) 拙稿「洪武正韻譯訓 '歌韻'의 한글 表音字에 대하여」(1985) 참조.

니(不合於時音), ① 調音時 특별히 입의 모양을 변화시키지 말고 중세 한국어의 중설중모음인 'ㅓ' 모음과 중설고모음인 'ㅡ' 모음의 중간음처럼 조음해야 한다. 그래야만 그 음이 15세기경의 漢語 歌韻의 현실음인 'ㅗ'(ɔ)에 가깝고(其聲近於ㅗ), 'ㅓ' 중성자로 표음된 字音들도 현실음인 'ㅗ'(ɔ uɔ)에 가깝게 된다(ㅓ之字 亦同).

이것은 14·15세기경의 漢語 歌韻의 현실운모음이 -ɔ -uɔ이었으므로 이 음들을 한글의 'ㅓ' 중성자로 표음하기는 하였으나, 'ㅓ'와 'ㅡ' 모음의 중간 音域에서 조음하도록 하여 'ㅗ'음(ɔ, uɔ)에 가깝게 발음하기를 희망한 설명이다. 그리고 한글의 'ㅡ' 중성자는 漢音의 -ə 운모음을 표음하는 데 이용되었으므로, 중세한국어의 'ㅡ' 모음과 'ㅓ' 모음은 현대한국어의 'ㅡ' 모음이나 'ㅓ' 모음보다 開口度가 좀더 컸던 것으로 보인다. 또는 중세한국어의 'ㅡ' 모음이 한어의 -ə 운모음에 가장 가까웠으므로 이를 이용한 것이다. ② 한글의 'ㅓ' 중성자로 표음된 蕭韻의 'ㅓ' 운모음은 'ㅣ' 모음과 결합된 중세한국어의 'ㅓ' 모음대로 조음하면 漢語 蕭韻의 현실음(時音)에 맞지 않으니, 조음 때 특별히 입의 모양을 변화시키지 말고 중세한국어의 'ㅓ' 모음과 'ㅡ' 모음의 중간음처럼 조음해야 한다.

이 註記는 바로 이어서 '俗音 샹 韻中諸字中聲並同'이라고 단서를 단 것처럼 사실과 맞지 않는 설명이다. '時音'이 '俗音'을 뜻하는 것이라고 하더라도 'ㅑ' 모음으로 발음해야 될 '俗音'과 '讀如ㅓㅡ之間'이라는 설명이 맞지 않고, '時音'과 '俗音'을 별도로 보고서 '時音'을 『洪武正韻』의 音系라고 보더라도 〈정운〉의 음은 (i)au(추정음)이므로 이 음과도 맞지 않는다. 원래 〈정운〉의 蕭韻은 效攝 3·4等 소속자가 수록된 것인데, 이들의 中古音은 3等韻(宵)이 -jɛu(jæu), 4等韻(蕭)이 -ieu(iɛu)이므로, 〈역훈〉에서 'ㅓ' 중성자로 〈정운〉의 蕭韻音을 표음한 것은 오히려 漢音의 中古音에 가깝게 표음한 것이 되고, 또한 '讀如ㅓㅡ之間'은 'ㅓ' 모음과 결합된 'ㅣ' 모음의 영향으로 중설모음인 'ㅓ' 모음보다는 전설 쪽에서 조음되는 것을 설명한 것으로 보인다.

4) '重而深'과 漢語의 韻母音

『사성통고』 범례에서 '聲淺'과 '聲深'을 가지고 음성의 자질을 설명한 곳은 치음에 관한 대목에도 나온다.

이러한 설명은 같은 漢音 내에서 齒頭音과 整齒音의 조음위치를 가지고 '聲淺'과 '聲深'을 설명한 것으로서, 조음위치가 앞 部位면 '淺', 뒤部位면 '深'이 되는 것이다.

따라서 범례에서 '本國之音 輕而淺'이라고 한 것은 중세한국어 모음의 조음위치가 '重而深'이라고 한 '中國之音' 모음의 조음위치보다 전반적으로 앞이었음을 말하는 것이다.

'輕·重'과 함께 다루지는 않았지만, '淺·深'은 중세한국어의 기본모음 '•ㅡㅣ'를 설명하는 경우에도 적용되었음은 이미 앞에서 설명하였다. 즉 세 기본모음 가운데 조음위치가 후설이고, 개구도가 크면 深, 조음위치가 전설이고 개구도가 작으면 淺, 조음위치가 중설이면 그 중간인 不深不淺이라고 하였던 것이다.

한음의 모음과 중세한국어의 조음 위치를 비교해 본 결과, 전반적으로 한음의 모음들이 중세한국어의 모음보다 조금씩 뒤쪽에서 조음된다고 한다면, 한음의 舌頭音 가운데 i 모음과 결합된 음들이 口蓋音化하지 않은 원인을 알 수 있다. 두 언어를 비교해 볼 때, 한국어는 통시적으로 i 모음과 결합된 舌端音(ㄷㅌ 등)이 구개음화한 반면에 i 모음과 결합된 연구개음(설근음)은 구개음화되지 않았다(中部方言의 경우). 그러나 한음의 경우에는 북방음에 있어서 i 모음과 결합된 설두음은 구개음화하지 않은 반면에(丁 tiŋ, 天 tien 등), 舌根音(喉牙音)의 경우에는 구개음화하였다(基 tɕi, 孝 ɕiao 등). 이것은 漢音의 i 모음이 설두음과는 거리가 먼 위치에서 조음되어, 두 음이 결합되어도 구개음화가 이루어지지 않았고, 자연히 조음위치가 가까워진 舌根音(喉牙音)은 구개음화된 것으로 보인다. 이런 현상이 한국어의 경우에는 i 모음이 漢音의 i 모음보다 앞

위치에서 조음되어 설단음이 구개음화되고, i 모음과 먼 위치에 있는 설근음은 구개음화되지 않은 것으로 추정할 수 있다.

3. 맺음말

이상에서 고찰한 바를 요약하면 다음과 같다.

『사성통고』 범례에서 훈민정음의 11 중성이 漢音(洪武正韻譯訓音)의 운모음을 표음하는 데 이용되었으나, '本國之音'은 '輕而淺'하고 '中國之音'은 '重而深'하여 漢音은 'ㅏ則讀如ㅏ•之間'처럼 조음해야 한다고 하였다.

그러나 『홍무정운역훈』 전반에 걸쳐서 운모음에 주를 단 모음은 'ㅏ, ㅓ(ㅕ)' 중성자의 경우뿐이고, 훈민정음의 '•, ㅗ, ㅛ' 중성자로 표음된 〈역훈〉의 운모음은 존재하지 않는다.

'ㅏ, ㅓ(ㅕ)' 중성자의 주에도 차이가 있어서 'ㅏ' 중성자의 경우에는 "中聲ㅏ音諸字 其聲稍深 當以ㅏ•之間 讀之"라고 되어 있고, 'ㅓ(ㅕ)' 중성자의 경우에는 "諸字中聲 若直讀以ㅓ(ㅕ) 則不合時音 特以ㅁ不變 故讀如ㅓ(ㅕ)ㅡ之間"이라고 되어 있다.

『四聲通攷』에서 말하는 '淺•深'은 조음위치의 전후를 말하는 것이므로, 'ㅏ' 모음의 경우 '其聲稍深'이라고 한 것은 漢音의 'ㅏ' 모음이 중세한국어의 'ㅏ' 모음보다 약간 뒤에서 조음되어 결국 '當以ㅏ•之間 讀之'가 된다는 뜻이다.

'ㅓ(ㅕ)' 모음의 경우에는 '不合時音'이라고 하고 시음과 부합시키기 위해서는 調音時 특별히 입의 모양을 바꾸지 말고 'ㅓ(ㅕ)ㅡ之間'처럼 조음해야 된다고 하였다.

〈역훈〉에서 'ㅏ' 중성자로 표음된 운은 皆·刪·爻·陽·覃韻 등이므로 이들의 운모음 'ㅏ'(a)는 모두 중세한국어의 'ㅏ'음(중설저모음)보다 약간 뒤쪽에서 조음되도록 해야 한다고 하였고, 'ㅓ' 중성자로 표음된 운은 歌韻뿐인데, ㅓㅡ之間에서 조음하면, 時音인 'ㅗ'(ɔ uɔ), 'ㅓ'(uɔ)에 부합된다고 하였다. 'ㅕ' 중성자로 표음된 운은 蕭韻뿐인데, ㅕㅡ之間에서 조음하면, 時音인 -ieu(-iɛu)와 부합된다고 하였다(단, 蕭韻의 時音은 -iau이며, -ieu는 오히려 中古音임).

漢語의 모음이 모두 중세한국어의 모음보다 약간씩 뒤쪽에서 조음된다면, i 모음과 결합된 漢音의 舌頭音이 구개음화되지 않은 원인도 이해할 수 있다.

(『二靜鄭然粲先生回甲紀念論叢』, 1989)

참고 문헌

姜信沆(1973), 『四聲通解 研究』, 新雅社.

_____(1985), 「洪武正韻譯訓 '歌韻'의 한글 表音字에 대하여」, 『羨烏堂 金炯基先生八耋紀念 國語學論叢』.

金完鎭(1978), 「母音體系와 母音調和에 대한 反省」, 『語學研究』 14-2.

朴炳采(1983), 『洪武正韻譯訓의 新研究』, 高大出版部.

李基文(1972), 『國語音韻史研究』, 서울大 韓國文化研究所, (1977) 탑출판사.

_____(1979), 「中世國語 母音論의 現狀과 課題」, 『東洋學』 9, 檀國大 東洋學研究所.

李崇寧(1949), 「·'音攷」, 『朝鮮語 音韻論 研究』 第1集, 乙酉文化社.

_____(1955), 『音韻論研究』, 民衆書館.

鄭然粲(1980), 『韓國語 音韻論』, 開文社.

許 雄(1965), 『國語音韻學』, 正音社.

董同龢(1968), 『漢語音韻學』, 學生書局.

趙蔭棠(1956), 『中原音韻研究』, 商務印書館.

王 力(1958), 『漢語史稿』 上, 科學出版社.

河野六郎(1968), 『朝鮮漢字音の研究』, 天理時報社.

주요 참고 논저(1945년 이후 것만)

姜吉云(1964), 「世宗朝의 韻書刊行에 대하여」, 『陶南趙潤濟博士回甲紀念論文集』.

_____(1972), 「訓民正音創制의 當初目的에 對하여」, 『국어국문학』 55~57 합병호, 국어국문학회.

姜信沆(1963), 「訓民正音解例理論과 性理大全과의 關聯性」, 『국어국문학』 26, 국어국문학회.

_____(1967ㄱ), 「韓國語學史 上」, 『韓國文化史大系』 5, 高麗大民族文化研究所.

_____(1967ㄴ), 『〈韻解訓民正音〉研究』, 韓國研究院.

_____(1974), 『譯註 訓民正音』, 新丘文化社.

_____(1978), 『李朝時代의 譯學政策과 譯學者』, 塔出版社.

_____(1979), 『國語學史』, 普成文化社.

_____(1981), 「朝鮮初期受宋代文字論的影響」(中文), 『臺北中央研究院國際漢學會議論文集』

_____(1984), 「世宗朝의 語文政策」, 『世宗朝文化研究 II』, 韓國精神文化研究院.

孔在錫(1967), 「한글古篆起源說에 대한 한 考察」, 『中國學報』 7, 中語中文學會.

權在善(1983), 「한글의 起源」, 『秋江黃希榮博士頌壽紀念論叢』.

김계곤(1964), 「訓民正音원본 발견 경위에 대하여」, 『普成』 3, 普成高校.

金東旭(1957), 「正音方始末」, 『서울大論文集』 5, 서울大學校.

金敏洙(1955), 「한글頒布의 時期―세종 25년 12월을 주장함」, 『국어국문학』 14, 국어국문학회.

_____(1957ㄱ), 『注解 訓民正音』, 通文館.

_____(1957ㄴ), 「훈민정음 해제」, 『한글』 121, 한글학회.

_____(1969), 「訓民正音創制의 始末」, 『金載元博士回甲紀念論叢』.

_____(1978), 『新國語學史』, 一潮閣.

_____(1985), 「〈訓民正音〉(解例)의 번역에 대하여」, 『말』 10, 연세대한국어학당.

金錫得(1971), 「훈민정음해례의 언어학적 분석」, 『한글학회 50돌 기념논문집』, 한글학회.

_____(1973), 「韓國語研究史에 나타난 東洋哲學」, 『省谷論叢』 4, 省谷學術文化財團.

_____(1975), 『韓國語研究史』, 延世大出版部.

_____(1983), 『우리말연구사』, 正音文化社.

金永松(1976), 「訓民正音의 홀소리 體系」, 『論文集』 15, 釜山大.

_____(1977), 「訓民正音의 '舌縮' 資質」, 『언어학』 2, 한국언어학회.

金完鎭(1963), 「國語母音體系의 新考察」, 『震壇學報』 24, 震壇學會.

_____(1972), 「世宗代의 語文政策에 對한 研究」, 『省谷論叢』 3, 省谷學術文化財團.

_____(1973), 『中世國語聲調의 研究』, 서울大大學院.

_____(1975), 「訓民正音子音字와 加劃의 原理」, 『語文研究』 7·8호, 韓國語文敎育研究會.

金允經(1954), 『韓國文字及語學史』 4판, 東國文化社.

_____(1957), 「훈민정음에 대한 몇 가지 고찰」, 『李熙昇先生頌壽紀念論叢』.

金天明(1960), 「訓民正音考」, 『語文論集 1』, 中央大國語國文學會.

金亨奎(1947), 「訓民正音과 그 前의 우리 文字」, 『한글』 12-1(통권 99), 朝鮮語學會.

_____(1955), 「한글의 本質」, 『한글』 114, 한글학회.

南廣祐(1982), 『國語國字論集』, 一潮閣.

南豊鉉(1978), 「訓民正音과 借字表記法과의 關係」, 『國文學論集』 9, 檀國大學校.

都守熙(1971), 「各字並書研究」, 『한글학회 50돌 기념논문집』, 한글학회.

朴炳采(1976), 『譯解〈訓民正音〉』, 博英社.

_____(1983ㄱ), 『洪武正韻譯訓의 新研究』, 高麗大民族文化研究所.

_____(1983ㄴ), 「洪武正韻譯訓의 發音註釋에 대하여」, 『秋江黃希榮博士頌壽紀念論叢』.

박종국(1976), 『주해〈훈민정음〉』, 正音社.

박지홍(1979), 「한문본 훈민정음의 번역에 대하여」, 『한글』 164, 한글학회.

_____(1984), 『풀이한 訓民正音』, 科學社.

方鍾鉉(1946ㄱ), 「訓民正音史略」, 『한글』 11-4, 朝鮮語學會.

_____(1946ㄴ), 『訓民正音通史』, 一成堂書店.

_____(1946ㄷ), 『原本解釋 訓民正音』, 衆學出版協會.

_____(1947), 「訓民正音과 訓蒙字會와의 比較」, 『國學』 2-1(통권 2호), 國學
　　　　專門.

_____(1963), 『一蓑國語學論集』, 民衆書館.

徐炳國(1964), 「訓民正音解例本의 制字解研究」, 『慶北大論文集』 8.

_____(1973), 「中國韻學이 〈訓民正音〉 製定에 미친 影響에 關한 研究」, 『敎
　　　　育研究誌 15』, 慶北大學校師範大.

_____(1975), 『新講訓民正音』, 慶北大出版部.

_____(1982), 『大學國語學史』, 學文社.

成樂薰(1978), 『韓國思想論稿』, 放隱紀念事業會編.

成元慶(1970), 「訓民正音制字理論과 中國韻書와의 關係」, 『學術誌』 11, 建
　　　　國大學術研究院.

_____(1983), 「訓民正音解例中 〈韻書疑與喩多用混用〉攷」, 『秋江黃希榮博
　　　　士頌壽紀念論叢』.

申昌淳(1975), 「訓民正音에 대하여」, 『부산대국어국문학』 12.

安秉禧(1976), 「訓民正音의 異本」, 『震壇學報』 42, 震壇學會.

_____(1977), 『中世國語의 口訣研究』, 一志社.

_____(1979), 「中世語의 한글資料에 대한 綜合的研究」, 『奎章閣』 3, 서울大
　　　　圖書館.

_____(1986), 「訓民正音解例本의 復原에 대하여」, 『國語學新研究』(若泉金
　　　　敏洙敎授華甲紀念論叢).

安春根(1983), 「訓民正音 解例本의 書誌學的 考察」, 『秋江黃希榮博士頌壽
　　　　紀念論叢』.

柳正基(1968), 「訓民正音의 哲學的體系」, 『東洋文化』 6·7집, 嶺南大東洋文
　　　　化研究所.

柳穆相(1983), 「訓民正音字母攷」, 『秋江黃希榮博士頌壽紀念論叢』.

兪昌均(1959), 『國語學史』, 螢雪出版社.

_____(1963), 「訓民正音中聲體系構成의 근거」, 『語文學』 10, 韓國語文學會.

_____(1966ㄱ),「象形而字倣古篆에 대하여」,『震壇學報』29・30호, 震壇學會.

_____(1966ㄴ),『東國正韻研究』, 螢雪出版社.

_____(1969),『新稿國語學史』, 螢雪出版社.

_____(1974),『訓民正音』, 螢雪出版社.

_____(1978),「朝鮮時代世宗朝言語政策の歷史的性格」(日文),『東洋學報』
　　　　　59-3・4, 東洋文庫.

李觀洙(1977),「蒙古의 語文政策과 訓民正音」,『月巖朴晟義博士還曆紀念論
　　　　　叢』.

_____(1978),『朝鮮朝의 語文政策研究』, 高麗大大學院 博士學位論文.

_____(1983),「訓民正音創制와 그 政策」,『秋江黃希榮博士頌壽紀念論叢』.

李基文(1959),「16世紀國語의 研究」,『文理論集』4, 高麗大學校.

_____(1963),『國語表記法의 歷史的考察』, 韓國研究院.

_____(1972),『國語音韻史研究』, 서울大 韓國文化研究所.

_____(1974),「訓民正音에 關聯된 몇 問題」,『國語學』2, 國語學會.

_____(1976),「최근의 訓民正音研究에서 提起된 몇 問題」,『震壇學報』42,
　　　　　震壇學會.

_____(1981),『國語史槪說』, 塔出版社.

李男德(1973),「〈訓民正音〉과 〈方格規矩四神鏡〉에 나타난 古代東方思想」,
　　　　　『국어국문학』62・63호, 국어국문학회.

李東林(1963),「訓民正音의 制字上 形成問題」,『梁柱東博士華誕紀念論文集』.

_____(1970),『東國正韻研究』, 東亞出版社.

_____(1972),「訓民正音과 東國正韻」,『문화비평』4-1, 亞韓學會.

_____(1973),「諺文字母俗所謂'反切二十七字'策定根據」,『梁柱東博士古
　　　　　稀紀念論文集』.

_____(1974),「訓民正音創制經緯에 對하여'俗所謂 反切二十七字와 相關
　　　　　해서'」,『국어국문학』64, 국어국문학회.

李相伯(1957),『한글의 起源』, 通文館.

李成九(1980),「訓民正音解例의 易學的 考察」,『論文集』5, 明知實業專門大學.

_____(1983),「訓民正音과 太極思想」,『蘭台李應百博士回甲紀念論文集』.

_____(1984),「訓民正音의 哲學的 考察; 解例本에 나타난 制字原理를 中心
　　　　　으로」,『論文集』8, 明知實業專門大學.

_____(1985), 『訓民正音研究』, 東文社.

李晟衍(1980), 「世宗의 語文政策에 대한 研究」, 『韓國言語文學』 19, 韓國言語文學會.

李崇寧(1947ㄱ), 「訓民正音母音論」, 『한글』 12-1(통권 100호), 朝鮮語學會.

_____(1947ㄴ), 「訓民正音과 母音論」, 『朝鮮文化叢說』, 東省社.

_____(1949), 『朝鮮語音韻論研究·'·'音攷』, 乙酉文化社.

_____(1956), 「國語學史」, 『思想界』 34~41호 連載, 思想界社.

_____(1958), 「世宗의 言語政策에 관한 研究」, 『亞細亞研究』 1-2, 高麗大亞細亞問題研究所.

_____(1981), 『世宗大王의 學問과 思想』, 亞細亞文化社.

_____(1982), 『革新國語學史』, 博英社.

李正浩(1972ㄱ), 「訓民正音의 易學的 研究」, 『論文集』 11, 忠南大.

_____(1972ㄴ), 「〈訓民正音〉에 對하여」, 『百濟研究』 3, 忠南大百濟研究所.

_____(1975), 「訓民正音의 올바른 字體」, 『論文集』 3, 國際大學.

_____(1978), 『訓民正音의 構造原理』, 亞細亞文化社.

_____(1984), 「世宗大王의 哲學精神-人間尊嚴思想과 訓民正音의 創制原理를 中心으로」, 『世宗朝文化研究』 II, 韓國精神文化研究院.

李鉉奎(1976), 「訓民正音 字素體系의 修正」, 『韓國語文學大系』 3, 螢雪出版社.

_____(1983), 「訓民正音解例의 언어학적 연구」, 『秋江黃希榮博士頌壽紀念論叢』.

李熙昇(1955), 『國語學槪說』, 民衆書館.

鄭然粲(1971), 「開合과 闔闢에 대하여」, 『金亨奎先生頌壽紀念論叢』.

_____(1972), 『洪武正韻譯訓의 研究』, 一潮閣.

_____(1980), 『韓國語音韻論』, 開文社.

曺永鎭(1969), 「訓民正音字形의 起源에 대하여」, 『국어국문학』 44·45호, 국어국문학회.

崔世和(1975), 『15世紀國語의 重母音研究』, 東國大大學院.

_____(1979), 「中世國語의 破擦音攷」, 『국어국문학』 79·80호, 국어국문학회.

崔鉉培(1961), 『고친 한글갈』, 正音社.

許 雄(1965), 『國語音韻學』, 正音社.

_____(1974), 『한글과 민족문화』, 세종대왕기념사업회.

洪起文(1946), 『正音發達史 上・下』, 서울신문사.

홍이섭(1973), 『세종대왕』, 세종대왕기념사업회.

田蒙秀・洪起文 譯註(1949), 『訓民正音譯解』, 조선어문고 제1책, 조선어문연
　　　　구회, 평양.

小倉進平(1940), 『增訂 朝鮮語學史』, 刀江書院, 東京.

河野六郎(1959), 「再び東國正韻について」, 『朝鮮學報』 14, 日本朝鮮學會.

中村完(1968), 「訓民正音における文化の意識について」, 『朝鮮學報』 47, 日本
　　　　朝鮮學會.

國語學會編(1974), 『國語學資料選集』 4, 一潮閣.

엘・르・꼰쩨비치(1979), 『訓民正音』, 동방문헌총서 58, 모스크바.

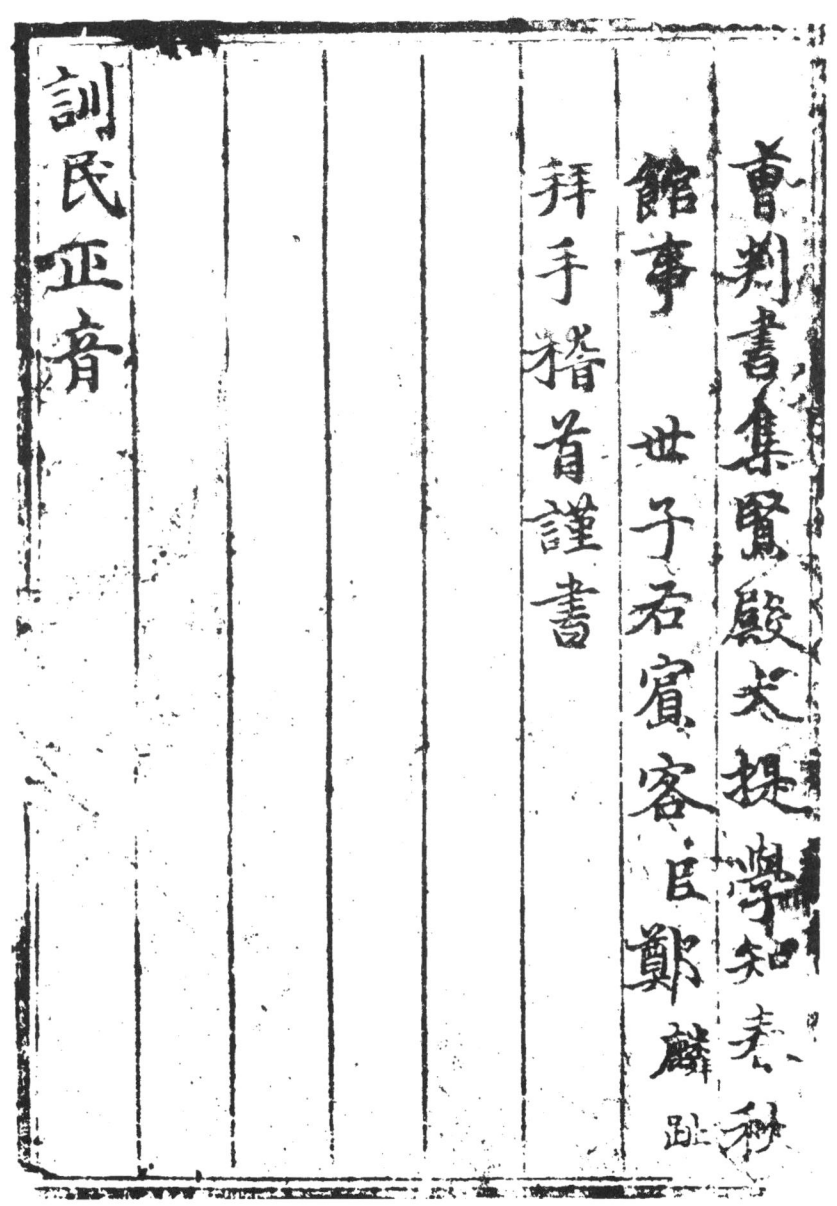

曹判書集賢殿大提學知春秋

館事 世子右賓客臣鄭麟趾

拜手稽首謹書

訓民正音

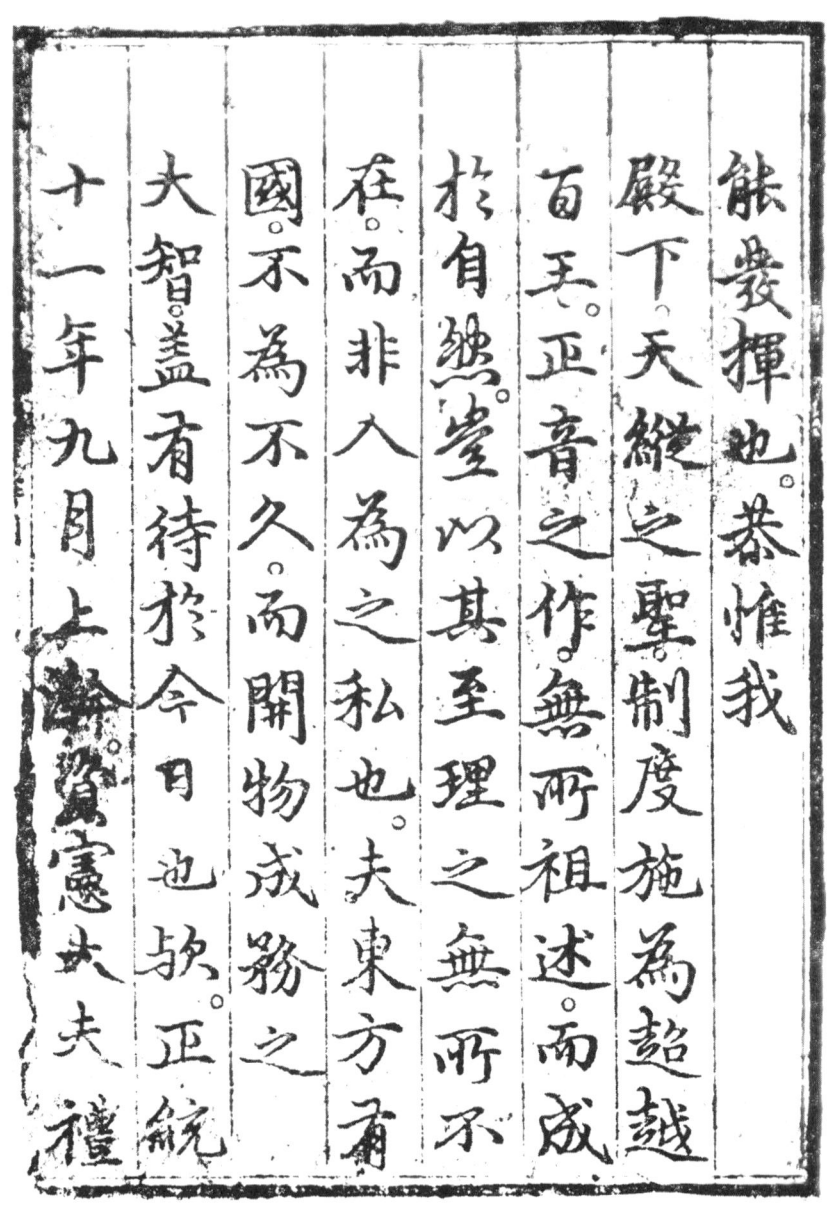

能發揮也。恭惟我

殿下。天縱之聖。制度施爲超越

百王。正音之作。無所祖述。而成

於自然。豈以其至理之無所不

在。而非人爲之私也。夫東方有

國。不爲不久。而開物成務之

大智。蓋有待於今日也歟。正統

十一年九月上澣。資憲大夫禮

命詳加解釋。以喻諸人。於是。臣
與集賢殿應教臣崔恒。副校理
臣朴彭年。臣申叔舟。備撰臣成
三問。敦寧府注簿臣姜希顏。行
集賢殿副備撰臣李塏。臣李善
老等謹作諸解及例。以叙其梗
槩。庶使觀者不師而自悟若其
淵源精義之妙。則非臣等之所

括以二十八字而轉換無窮簡
而要精而通。故智者不終朝而
會愚者可浹旬而學。以是解書
可以知其義以是聽訟。可以得
其情字韻則清濁之能辨樂歌
則律呂之克諧。無所用而不備。
無所往而不達。雖風聲鶴唳。雞
鳴狗吠。皆可得而書矣。遂

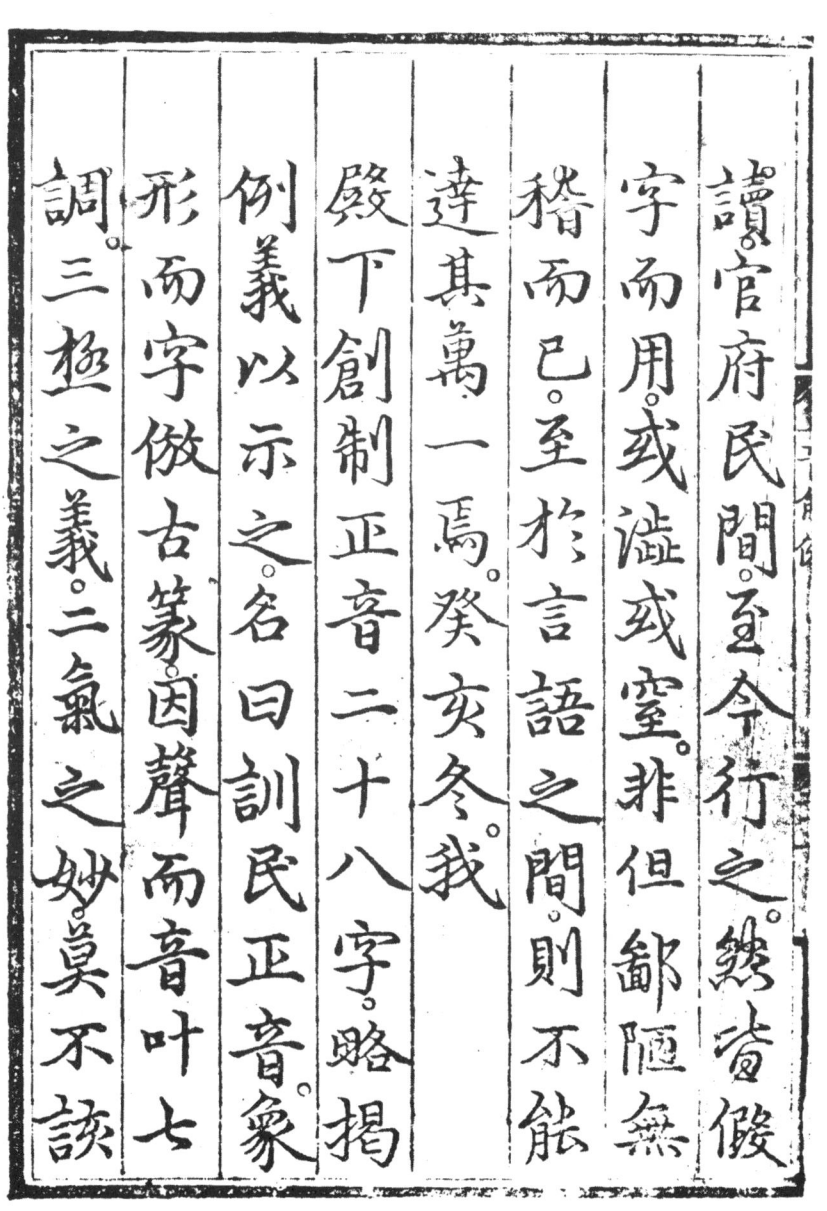

讀官府民間。至今行之。然皆假

字而用。或澁或窒。非但鄙陋無

稽而已。至於言語之間。則不能

達其萬一焉。癸亥冬我

殿下創制正音二十八字。略揭

例義以示之。名曰訓民正音。象

形而字倣古篆。因聲而音叶七

調。三極之義。二氣之妙。莫不該

之語有其聲而無其字。假中國
之字以通其用。是猶枘鑿之鉏
鋙也。豈能達而無礙乎。要皆各
隨所處而安。不可强之使同也。
吾東方禮樂文章。侔擬華夏。但
方言俚語。不與之同。學書者患
其旨趣之難曉。治獄者病其曲
折之難通。昔新羅薛聰。始作吏

되為螢口。如

굽為薪굽為蹄口。如

벙為虎십為泉ㅅ。如ᄍ為海·송·ᄭ

為池·이。如·드·為月·별為星之類

有天地自然之聲則必有天地

自然之文所以古人因聲制字

以通萬物之情以載三才之道

而後世不能易也。然四方風土

區別聲氣亦隨而異焉。盖外國

爲梬。쇼爲牛。삽됴爲蒼术菜。ㅑ。如
남샹爲龜。약爲龜鼊。다야爲匜。쟈
감爲蕎麥皮。ㅠ。如율믜爲薏苡。쥭
爲飯臿。슈룹爲雨繖。쥬련爲帨。
ㅕ。如엿爲飴餹。뎔爲佛寺。벼爲稻。져
비爲燕。終聲ㄱ。如닥爲楮。독爲甕。
ㆁ。如굼벙爲蠐螬。올창爲蝌蚪。ㄷ。
如갇爲笠。싣爲楓。ㄴ。如신爲屨。반

如ᄆᆯ為水·밯爲跟그력爲鴈ㄷ

레爲汲器ᅵ·如ᄀᆞᆨᄉ爲巢ᄢᅴ爲蠟ㅍ爲

爲稷키爲箕ㅅ·如논爲水田낟爲

飯낟爲鎌이아爲綜사ᅙᆞᆷ爲鹿ㅏ

鉏ᄒᆞᄆᆡ爲鉏ᄆᆞ로爲硯ㅏ·如밥爲

如ㅅ爲炭슬爲籬ㅔ爲蠶구리

爲銅ㅏ·如브섭爲竈늴爲板서리

爲霜블爲柳ㅑ·如죠爲奴교봄

如：뫼爲山·마爲薯藇。ㅸ如사·ᄫᅵ爲蝦드·ᄫᅵ爲瓠。ㅈ如·자爲尺죠·ᄒᆡ爲紙。ㅊ如·체爲籭·채爲鞭。ㅅ如·손爲手：셤爲島。ㅎ如·부헝爲鵂鶹·힘爲筋。○如·비육爲鷄雛ᄇᆞ얌爲蛇。ㄹ如·무뤼爲雹어·름爲氷。ㅿ如아ᅀᆞ爲弟너시爲鴇中聲·如ᄐᆞᆨ爲頤·ᄑᆞᆺ爲小豆ᄃᆞ리爲橋ᄀᆞ래爲楸。

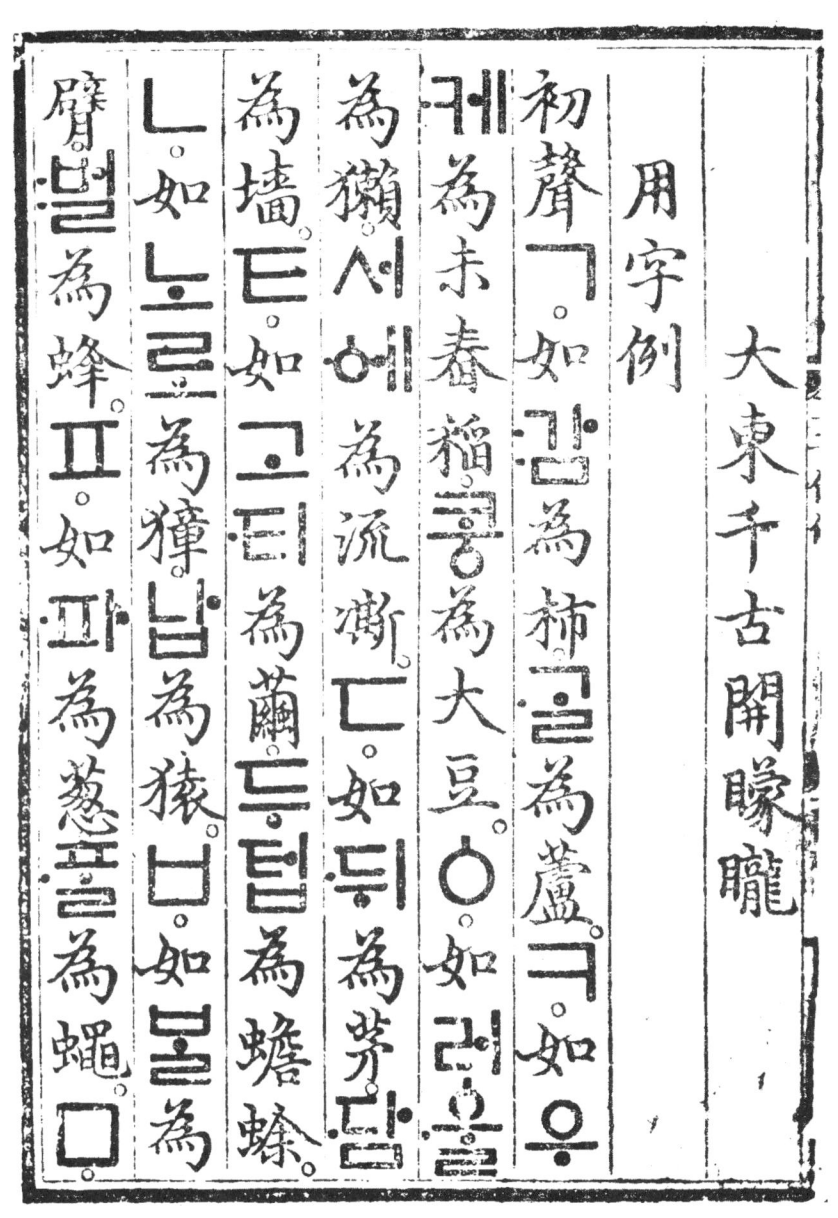

用字例

初聲ㄱ。如감為柿。골為蘆。ㅋ。如우케為未舂稻콩為大豆。ㆁ。如러울為獺서에為流澌。ㄷ。如뒤為茅담為墻。ㅌ。如고티為繭두텁為蟾蜍。ㄴ。如노로為獐납為猿。ㅂ。如블為臂벌為蜂。ㅍ。如파為葱폴為蠅。ㅁ。

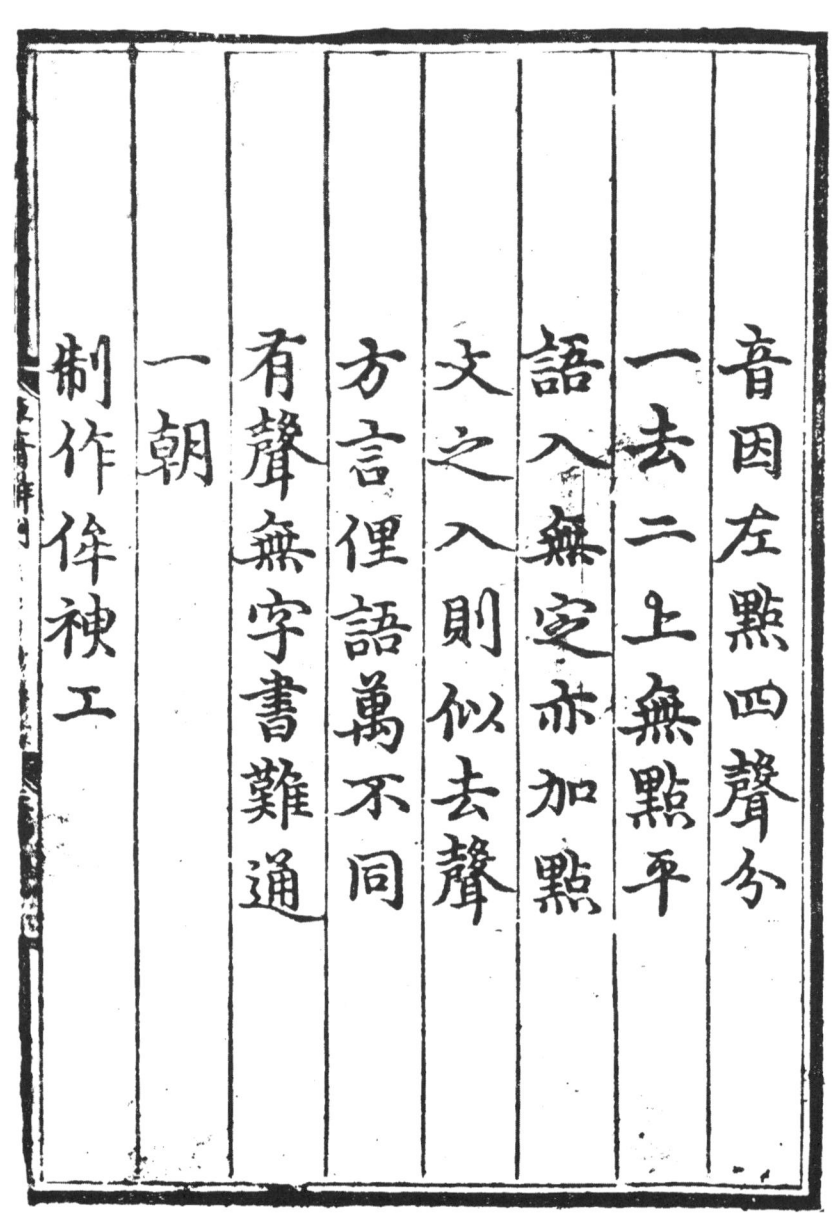

音因左點四聲分
一去二上無點平
語入無定亦加點
文之入則似去聲
方言俚語萬不同
有聲無字書難通
一朝
制作侔神工

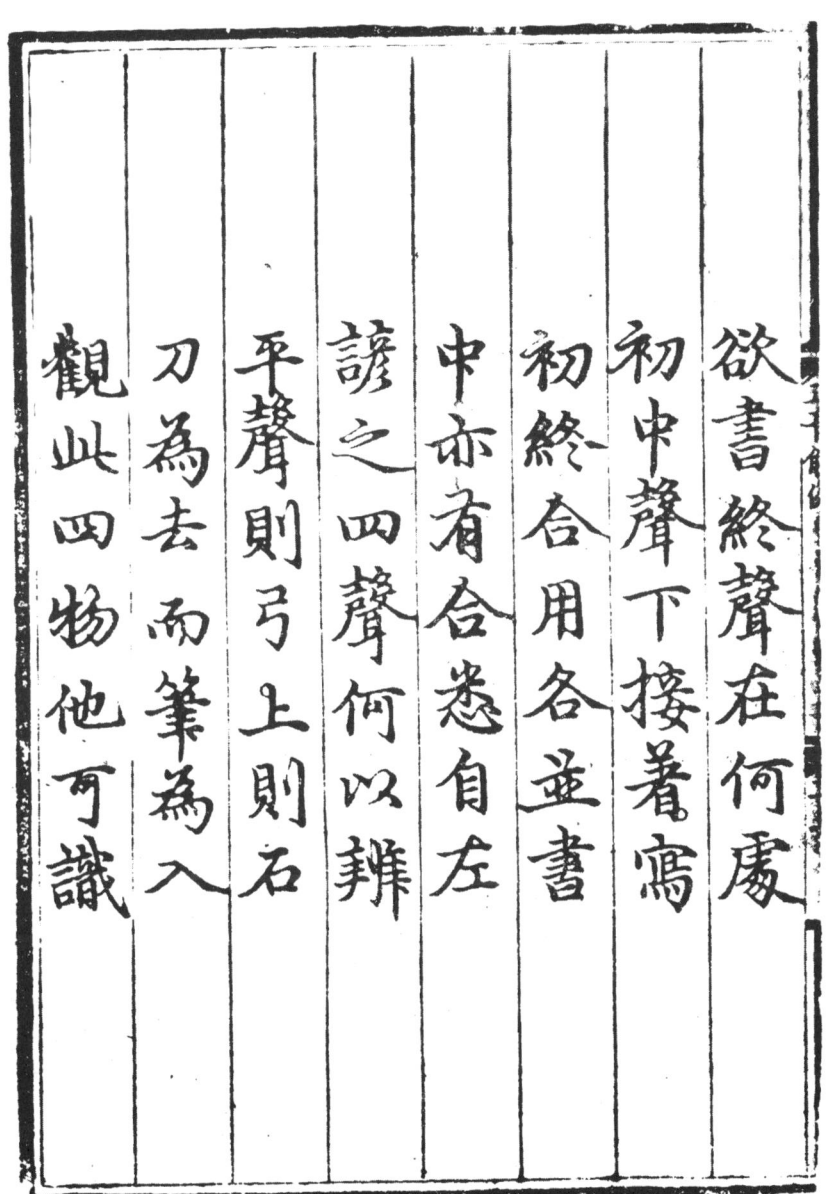

欲書終聲在何處

初中聲下接著寫

初終合用各並書

中亦有合悉自左

諺之四聲何以辨

平聲則弓上則石

刀為去而筆為入

觀此四物他可識

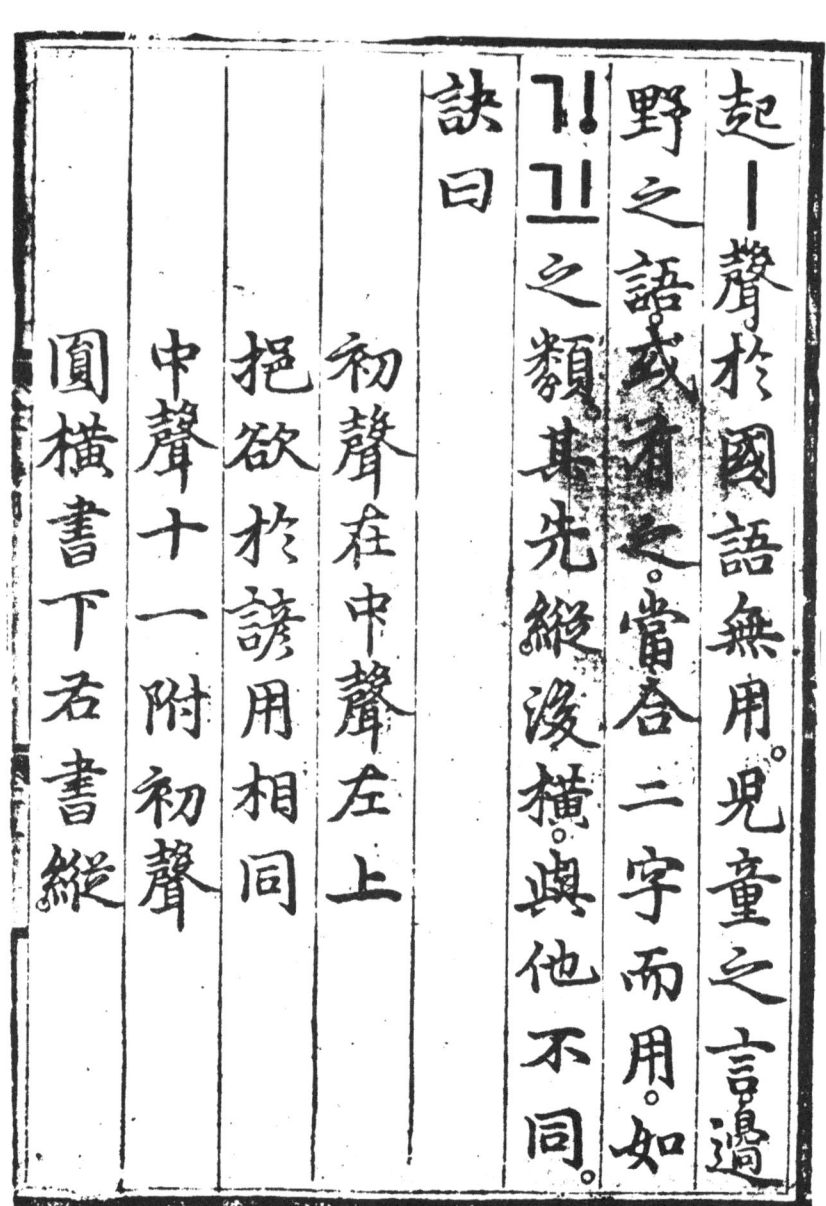

起ㅣ聲於國語無用。兒童之言邊
野之語或有之。當合二字而用。如
ㄱㅣㄱㅣ之類其先縱後橫。與他不同。

訣曰

初聲在中聲左上

挹欲於諺用相同

中聲十一附初聲

圓橫書下右書縱

萬物舒泰。上聲和而舉。夏也。萬物

漸盛。去聲舉而壯。秋也。萬物成熟。

入聲促而塞。冬也。萬物閉藏初聲

之○與○相似。於諺可以通用也。

半舌有輕重二音。然韻書字母唯

一。且國語雖不分輕重。皆得成音。

若欲備用。則依脣輕例。○連書ㄹ

下。為半舌輕音。舌乍附上腭。•一

上갈爲刀而其聲去붇爲筆而其
聲入之類凡字之左。加一點爲去
聲二點爲上聲無點爲平聲而文
之入聲與去聲相似。諺之入聲無
定。或似平聲。如긷爲柱넙爲脅或
似上聲。如낟爲穀깁爲繒或似去
聲。如몯爲釘입爲口之類其加點
則與平上去同。平聲安而和。春也。

字三字合用。如諺語·과為琴柱。·홰

為炬之類。終聲二字三字合用。如

諺語훍為土。낛為釣。듥·삐為酉時

之類。其合用並書。自左而右。初中

終三聲皆同。文與諺雜用則有因

字音而補以中終聲者。如孔子ㅣ

魯ㅅ사·ㄹㆍㅁ之類。諺語平上去入。如

활為弓而其聲平。·돌為石而其聲

下。即字ㆍ在ㅈ下。侵字ㅣ在ㅊ右之類。終聲在初中之下。如君字ㄴ在ㄱ下。業字ㅂ在ㅓ下之類。初聲二字三字合用並書。如諺語ᄯᅡ為地ᄢᅡ為隻ᄢᅳᆷ為隙之類。各自並書。如諺語ᅘᅧ為舌而ᅘᅧ為引。고ᄫᅵ為我愛人而고ᄫᅵ為人愛我。소다為覆物而ᄡᅩ다為射之之類。中聲二

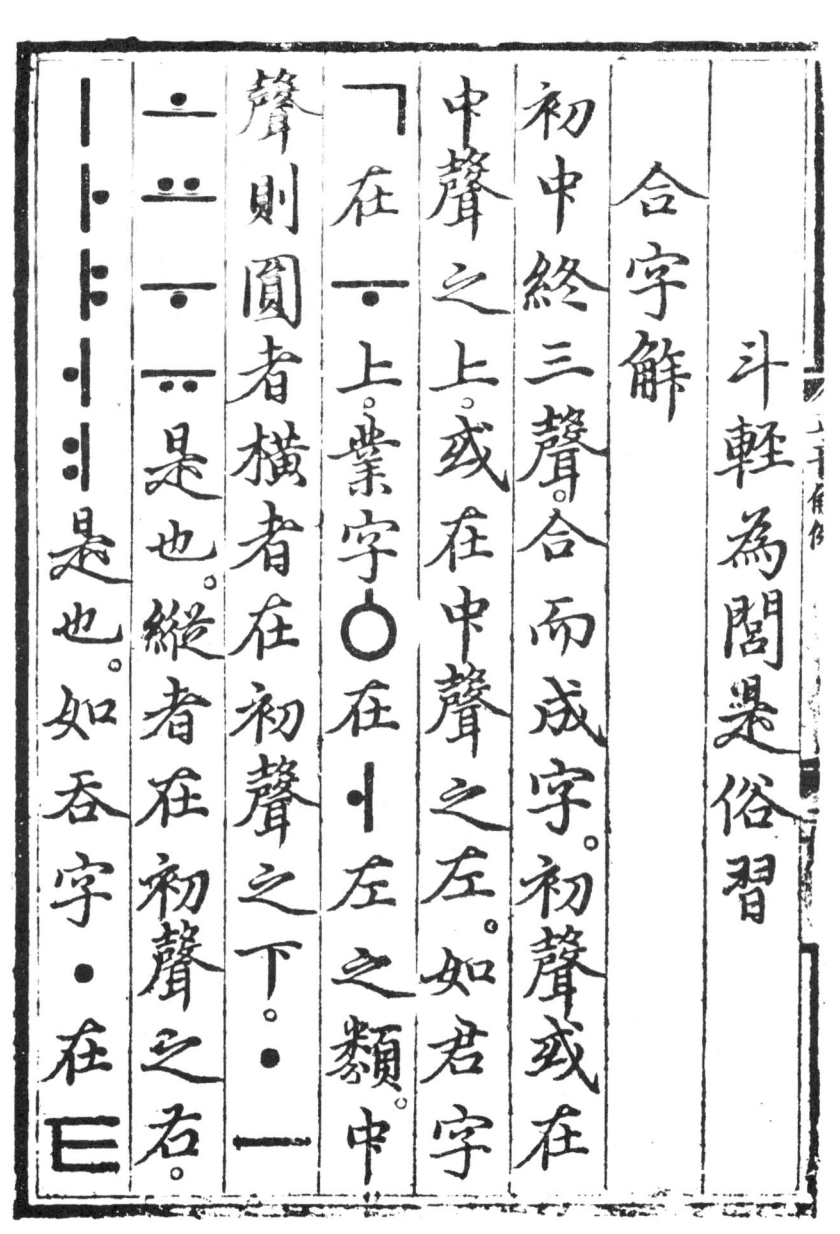

斗輕爲閭是俗習

合字解

初中終三聲。合而成字。初聲或在
中聲之上。或在中聲之左。如君字
ㄱ在ㅜ上。業字ㆁ在ㅓ左之類。中
聲則圓者橫者在初聲之下。•ㅡㅗㅛㅜㅠ是也。
縱者在初聲之右。ㅣㅏㅑㅓㅕ是也。如吞字•在
ㅌ

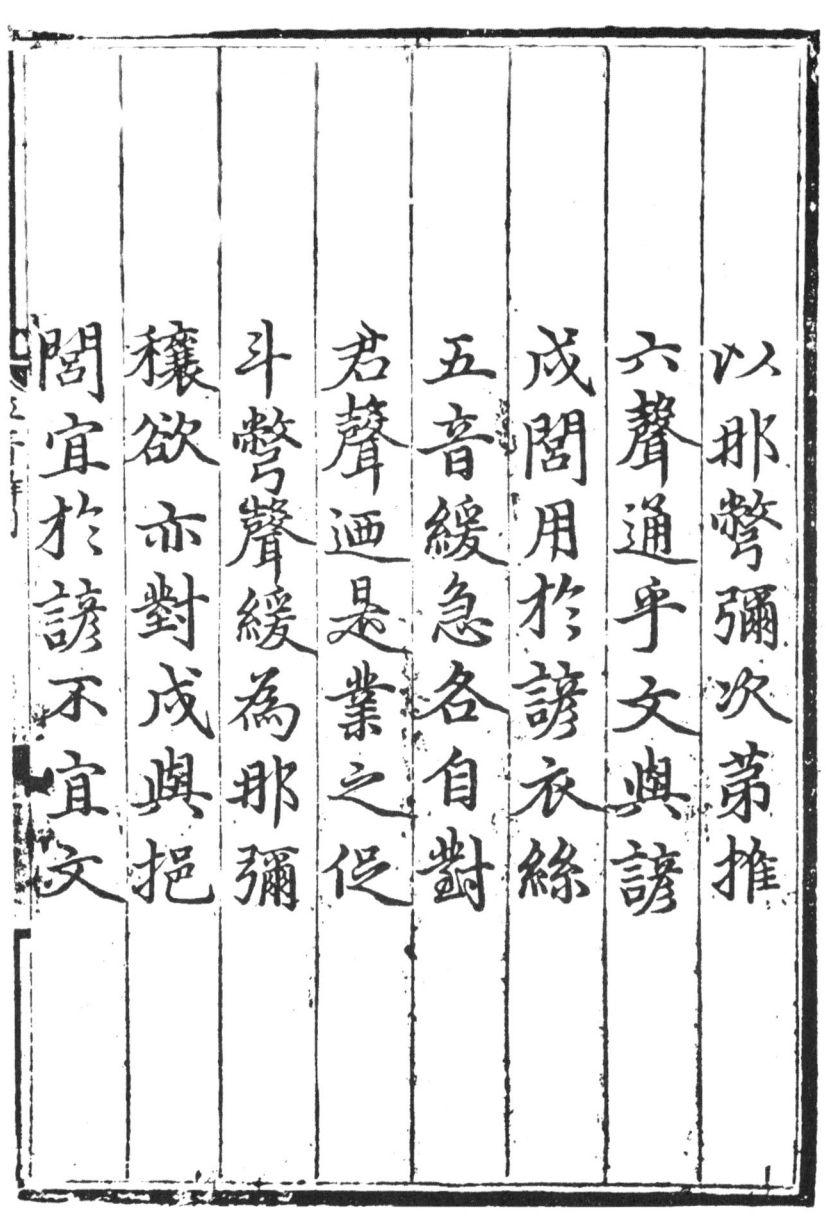

以那彆彌次苐推

六聲通乎文與諺

戍閭用於諺衣絲

五音緩急各自對

君聲迺是業之促

斗彆聲緩為那彌

穰欲亦對戍與挹

閭宜於諺不宜文

是皆爲入聲之促也

初作終聲理固然

只將八字用不窮

唯有欲聲所當處

中聲成音亦可通

若書即字終用君

洪彆亦以業斗終

君業覃終又何如

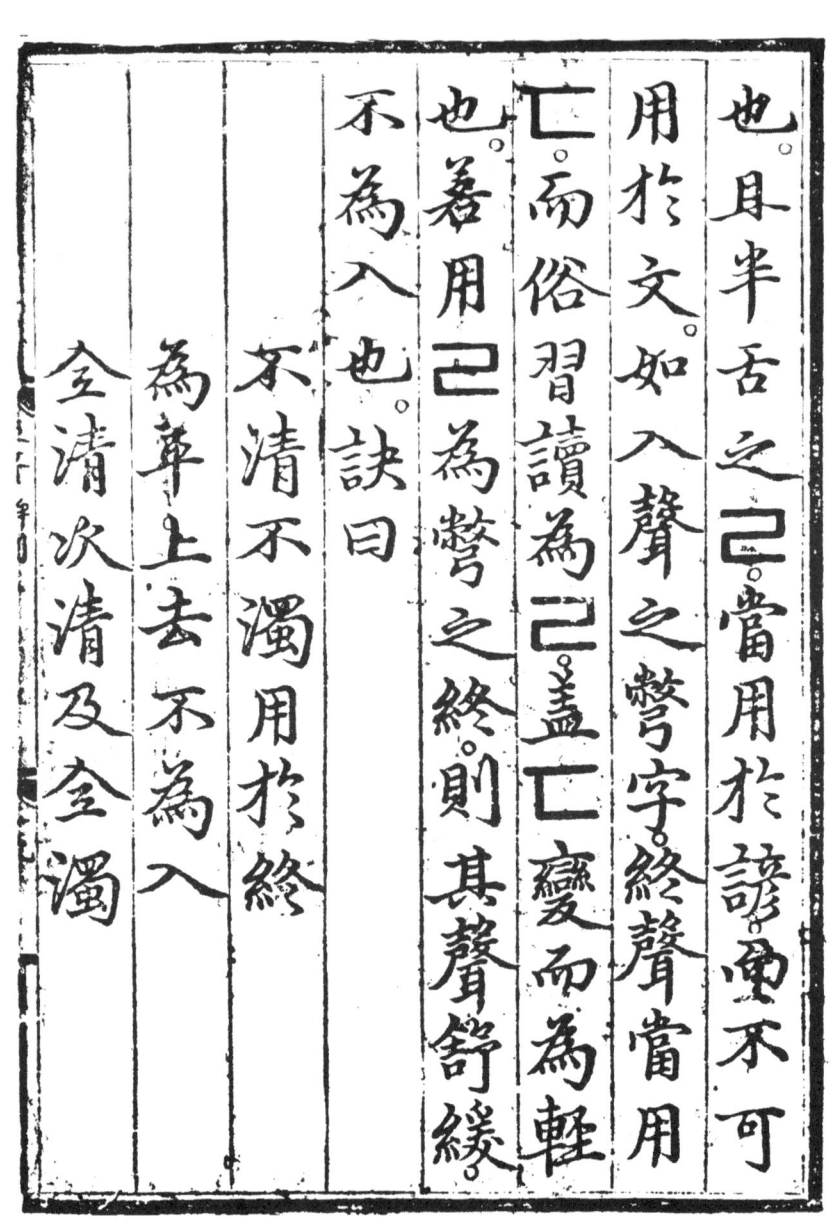

也。且半舌之ㄹ。當用於諺。而不可
用於文。如入聲之彆字終聲當用
ㄷ。而俗習讀為ㄹ。盖ㄷ變而為輕
也。若用ㄹ為彆之終。則其聲舒緩
不為入也。訣曰

不清不濁用於終
為平上去不為入
全清次清及全濁

中聲可得成音也。ㄷ如ꢙ為彆。ㄹ
如ꢰ為君。ㅂ如ꚇ為業。ㅁ如ꗦ為
覃。ㅅ如諺語○ㅿ為衣。ㄹ如諺語∧|
為絲之類。五音之緩急。亦各自為
對如牙之○與ㄱ為對。而○促呼
則變為ㄱ而急。ㄱ舒出則變為○
而緩。舌之ㄴㄷ。脣之ㅁㅂ。齒之△
∧。喉之○ㆆ。其緩急相對。亦猶是

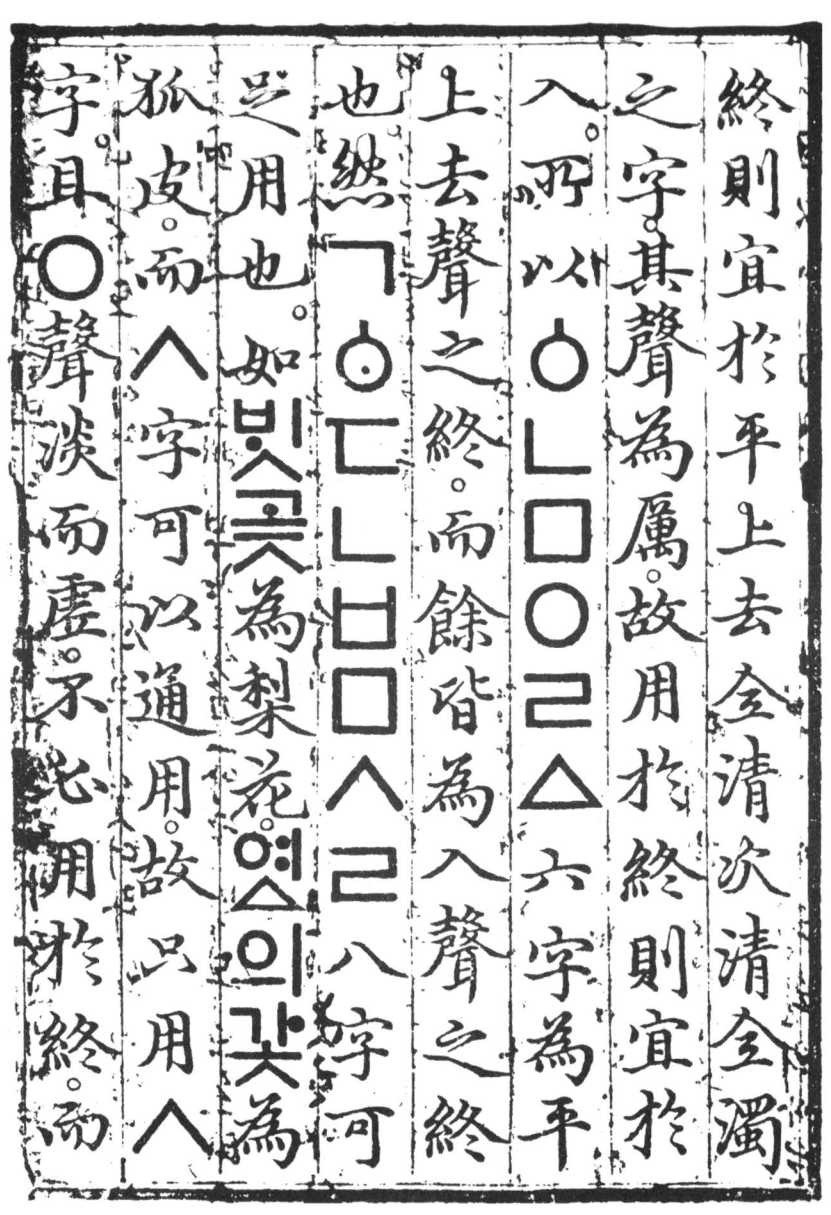

終則宜於平上去全清次清全濁

之字其聲為屬。故用於終則宜於平

入。所以ㆁㄴㅁㅇㄹㅿ六字為平

上去聲之終。而餘皆為入聲之終

也。然ㄱㆁㄷㄴㅂㅁㅅㄹ八字可

足用也。如빗곶為梨花영의갗為

狐皮。而ㅅ字可以通用。故只用ㅅ

字。且ㅇ聲淡而虛不必用於終。而

終聲解

終聲者，承初中而成字韻。如即字
終聲是ㄱ，ㄱ居즉終而爲즉。洪字
終聲是ㆁ，ㆁ居뽕終而爲뽕之類。
舌脣齒喉皆同聲有緩急之殊。故
平上去其終聲不類入聲之促急。
不清不濁之字，其聲不厲，故用於

撮十四聲偏相隨

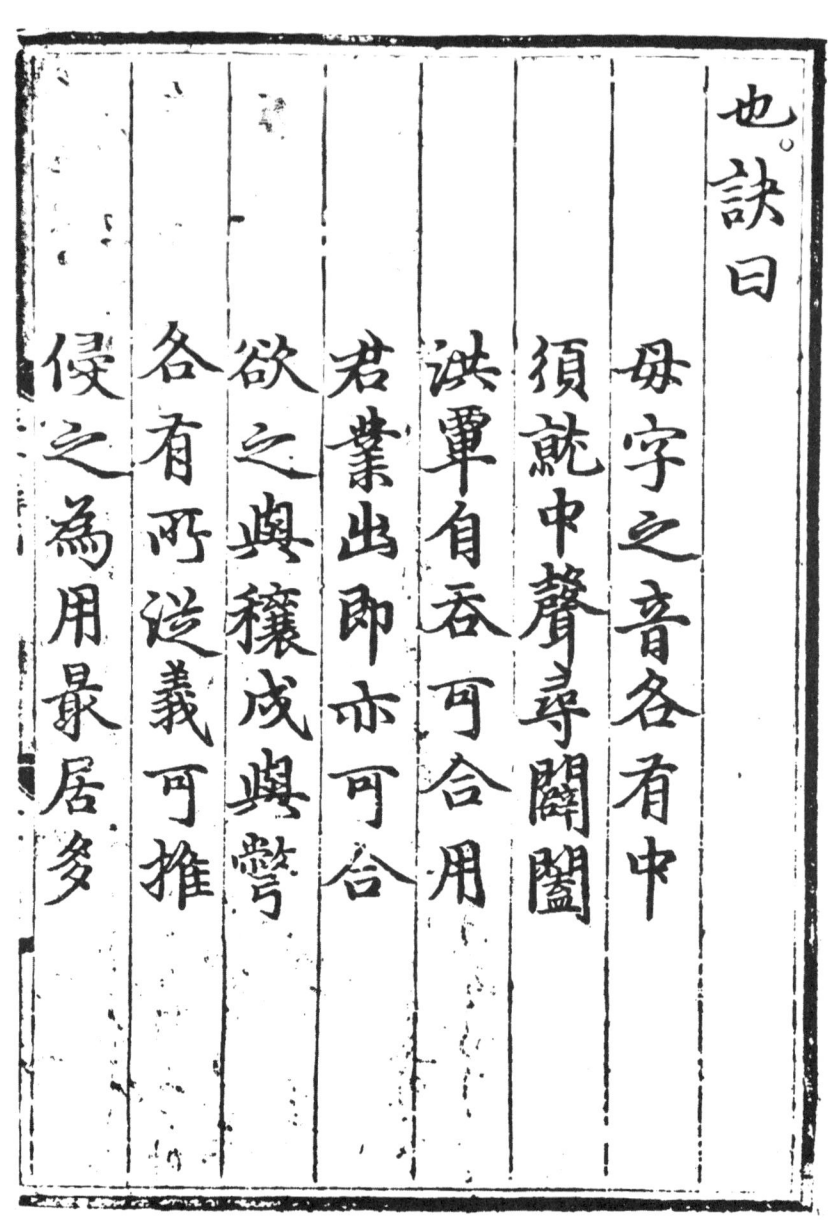

也。訣曰

母字之音各有中

須就中聲尋闢闔

洪覃自吞可合用

君業出即亦可合

欲之與穰戌與彆

各有所從義可推

侵之爲用最居多

ㅠㅕ又同出於ㅣ，故合而爲ㆊㅛㅑ。以其

同出而爲類，故相合而不悖也。

字中聲之與ㅣ相合者十，ㆍㅣ

ㆎㅚㅐㅟㅔㅛㅣㆇㅒ

ㅠㅣㆊㅖ是也。二字中聲

之與ㅣ相合者四，ㅙㅞ

ㆈㆋ是也。

ㅣ於深淺闔闢之聲，並能相隨者，

以其舌展聲淺而便於開口也。亦

可見人之參贊開物而無所不通

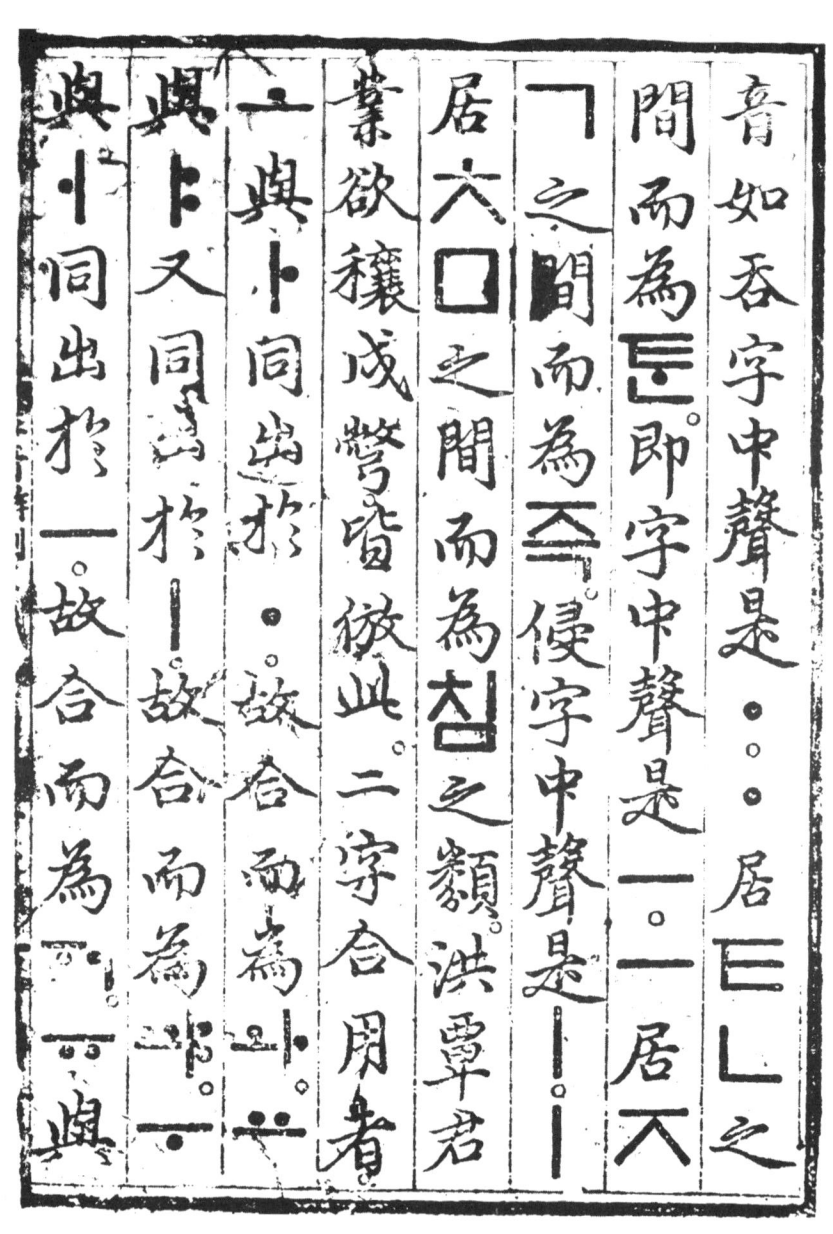

音如吞字中聲是ㆍ居

ㅌㄴ之間而為ᄐᆞ即字中聲是ㅡ居ㅈ

ㄱ之間而為즉侵字中聲是ㅣ

居ㅊㅁ之間而為침之類洪覃君

業欲穰戌彆皆從此二字合用者

ㅗ與ㅏ同出於ㆍ故合而為ㅘ

ㅛ與ㅑ又同出於ㅣ故合而為ㆇ

ㅜ與ㅓ同出於ㅡ故合而為ㅝ與

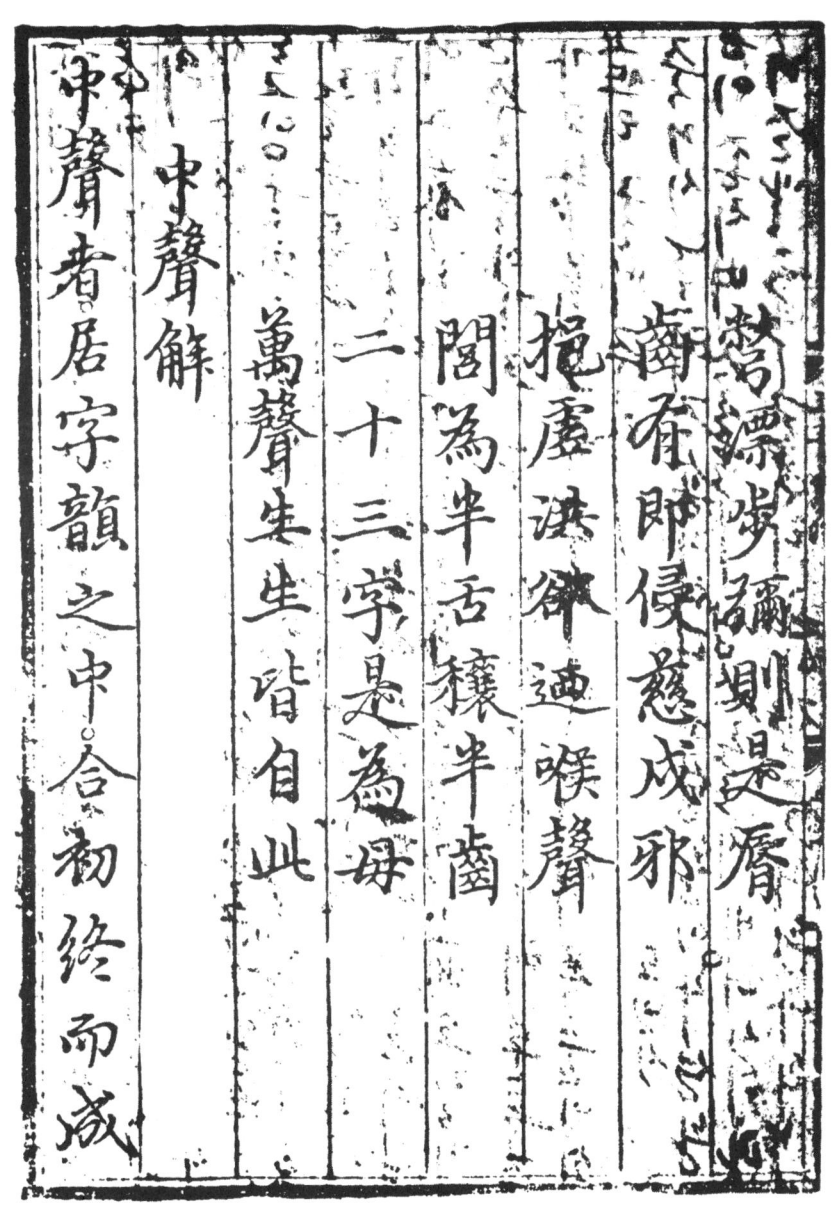

營漂步彌則是脣

齒有即侵慈戌邪

挹虛洪欲迺喉聲

闆為半舌穰半齒

二十三字是為母

萬聲生生皆自此

中聲解

中聲者居字韻之中合初終而成

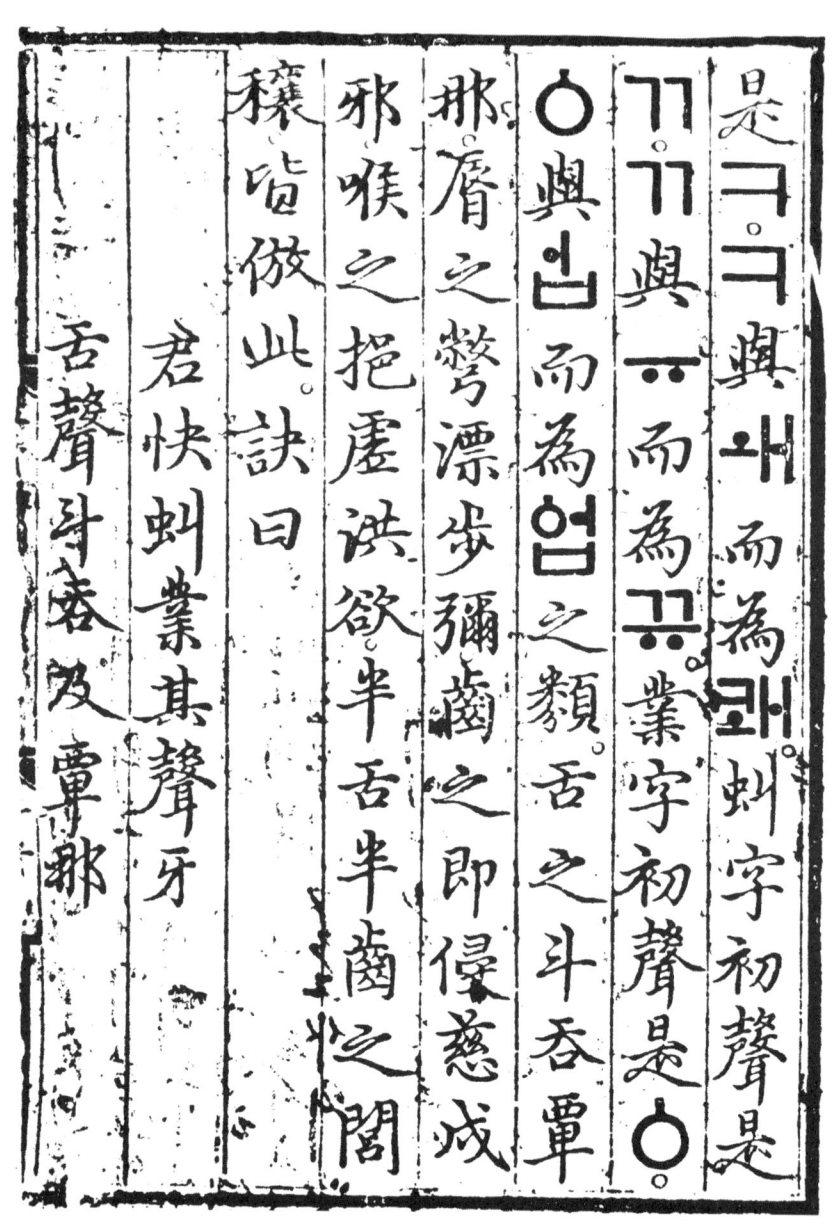

是ㅋ與ㅛ而爲ㅖ蚪字初聲是ㅇ。

ㄲㄲ與ㅛ而爲ㅉ業字初聲是ㅇ。

ㅇ與ㅛ而爲업之類。舌之斗吞單

ㅂ脣之彆漂步彌齒之即侵慈戌

ㅿ喉之挹虛洪欲半舌半齒之閭

穰閭傲此訣曰。

君快虯業其聲牙

舌聲斗吞及覃那

正音之字只廿八

探賾錯綜窮深幾

指遠言近牖民易

天授何曾智巧為

初聲解 ㄱ

正音初聲。即韻書之字母也。聲音
由此而生。故曰母。如牙音君字初
聲是ㄱ。ㄱ與ㅡㄴ而為군。快字初聲

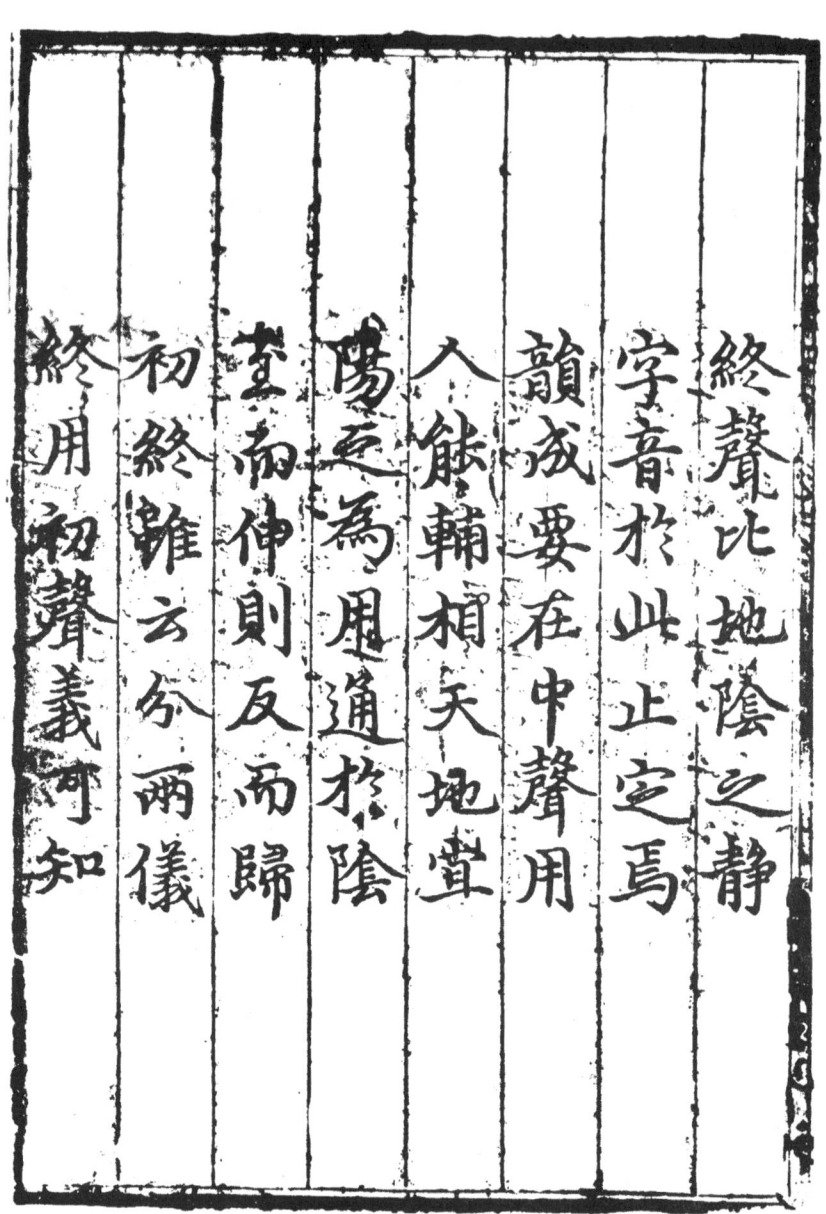

終聲比地陰之靜

字音於此止定焉

韻成要在中聲用

入能輔相天地宜

陽之為用通於陰

至而伸則反而歸

初終雖云分兩儀

終用初聲義可知

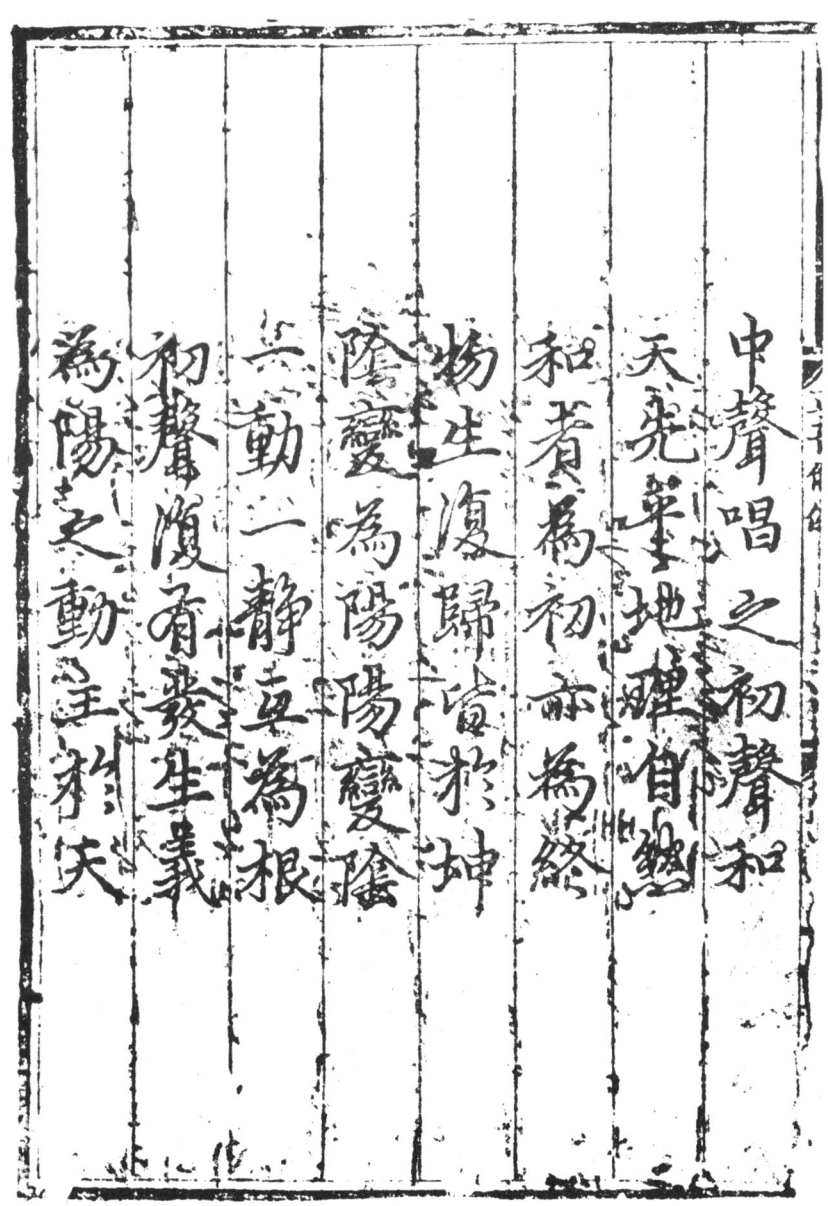

中聲唱之初聲和

天先乎地理自然

和者為初亦為終

物生復歸皆於坤

陰變為陽陽變陰

一動一靜互為根

初聲復有發生義

為陽之動主於天

吞之爲字貫八聲

維天之用徧流行

四聲兼人亦有由

入參天地爲最靈

且就三聲究至理

自有剛柔與陰陽

中是天用陰陽交

初迺地功剛柔彰

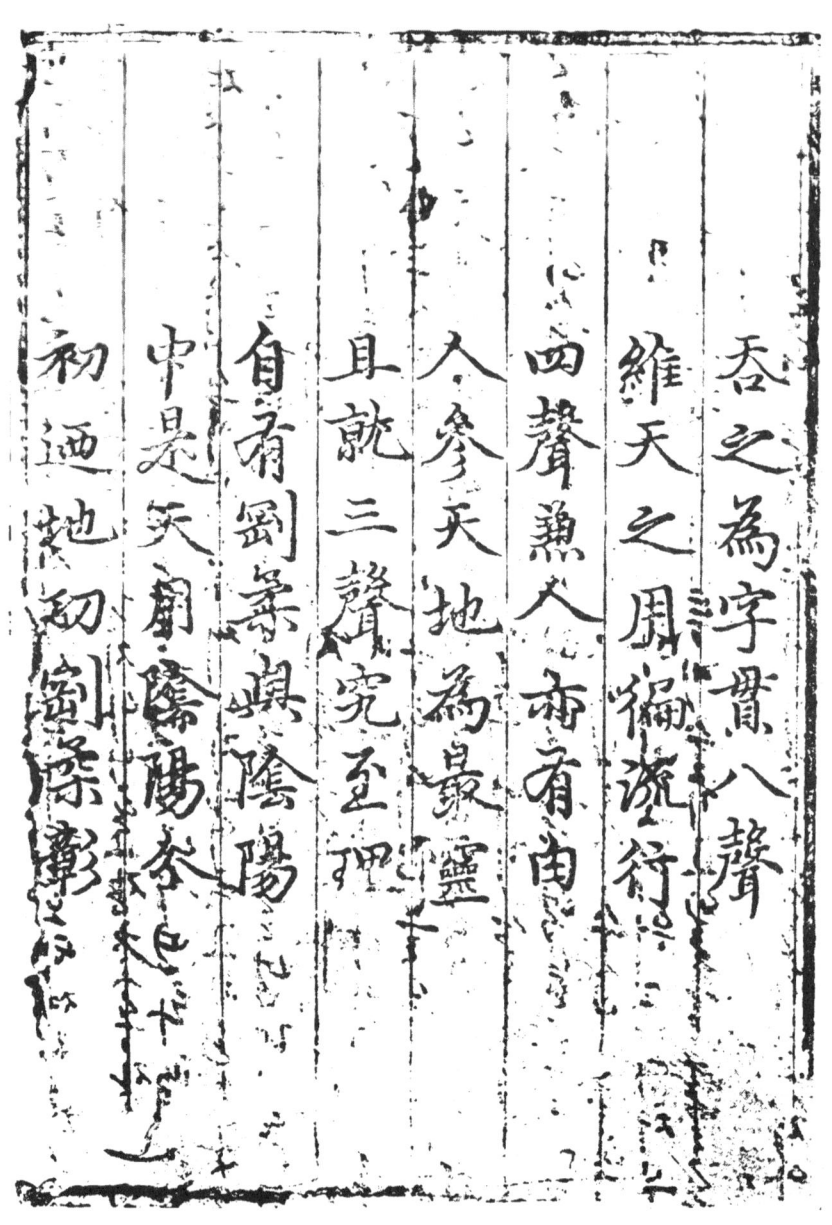

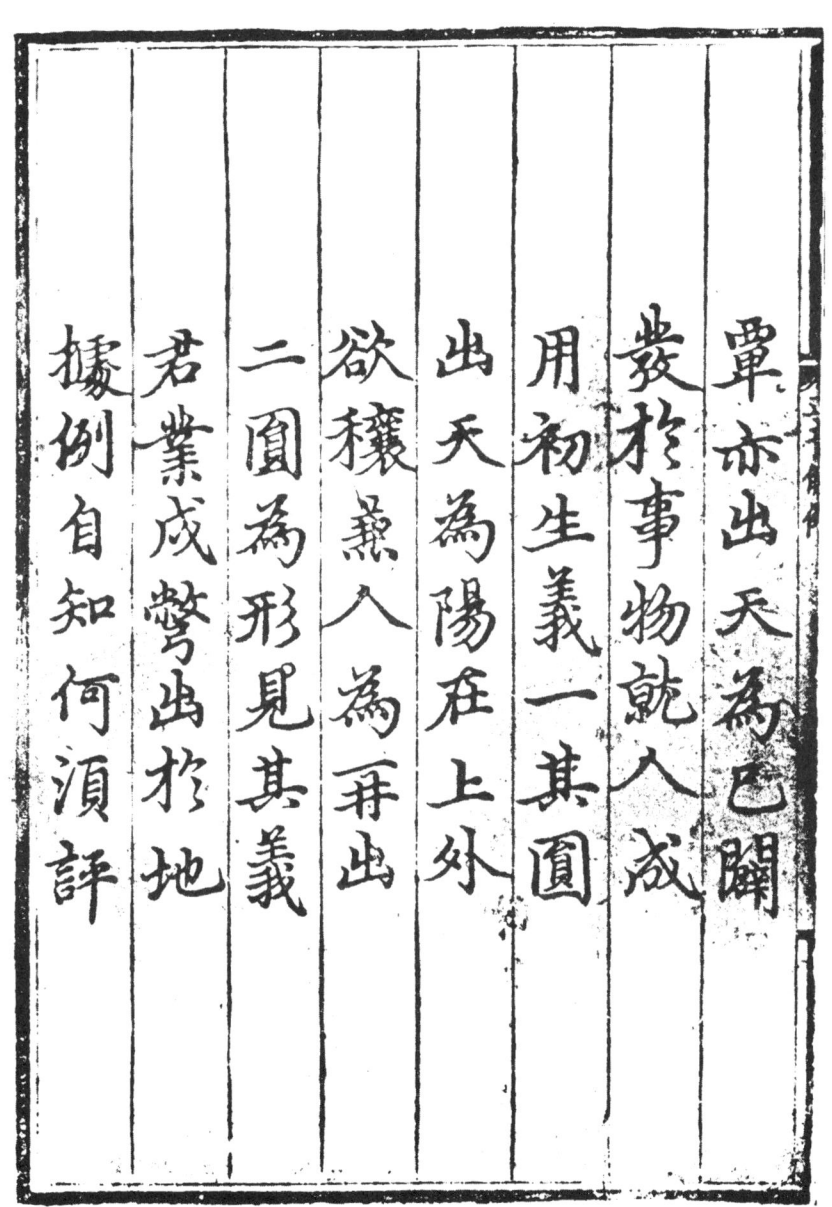

單亦出天為已闔

發於事物就人成

用初生義一其圓

出天為陽在上外

欲穰兼人為再出

二圓為形見其義

君業成彆出於地

據例自知何須評

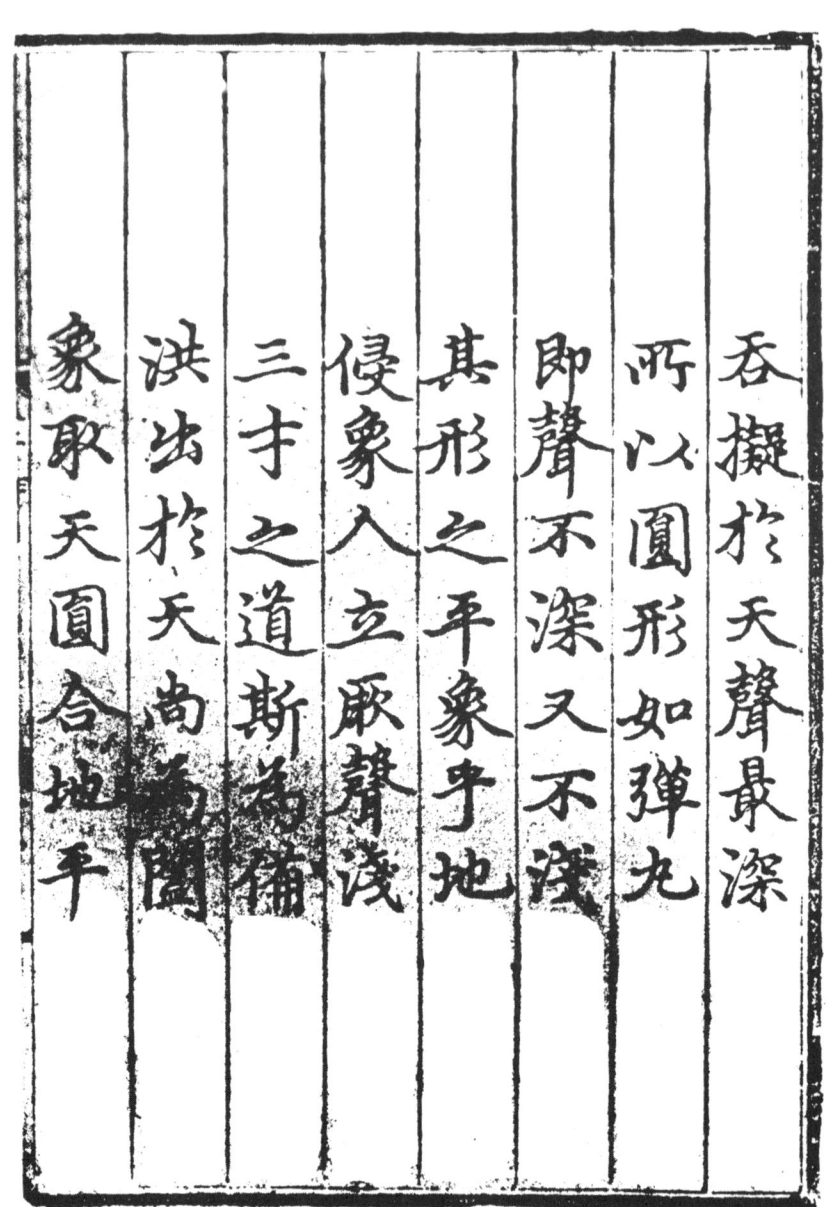

吞擬於天聲最深

所以圓形如彈丸

即聲不深又不淺

其形之平象于地

侵象入立厥聲淺

三才之道斯為備

洪出於天尚為闔

象取天圓合地平

全清並書為全濁

唯洪自虛是不同

業那彌欲及閭穰

其聲不清又不濁

欲之連書為脣輕

喉聲多而脣乍合

中聲十一亦取象

精義未可容易觀

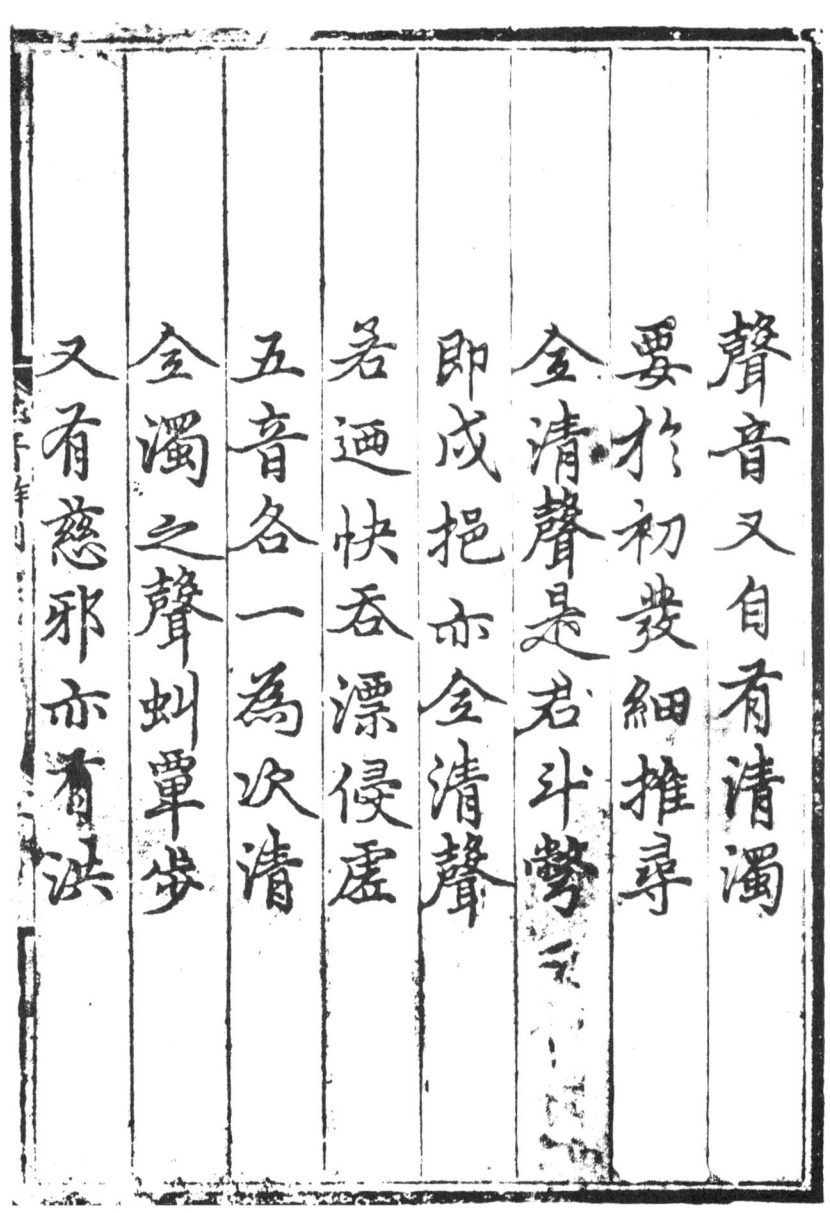

聲音又自有清濁

要於初發細推尋

全清聲是君斗彆

即戍挹亦全清聲

若逦快吞漂侵虛

五音各一為次清

全濁之聲虯覃步

又有慈邪亦有洪

配諸四時與冲氣

五行五音無不協

維喉為水冬與羽

牙迺春木其音角

徵音夏火是舌聲

齒則商秋又是金

於位數本無定

而季夏為宮音

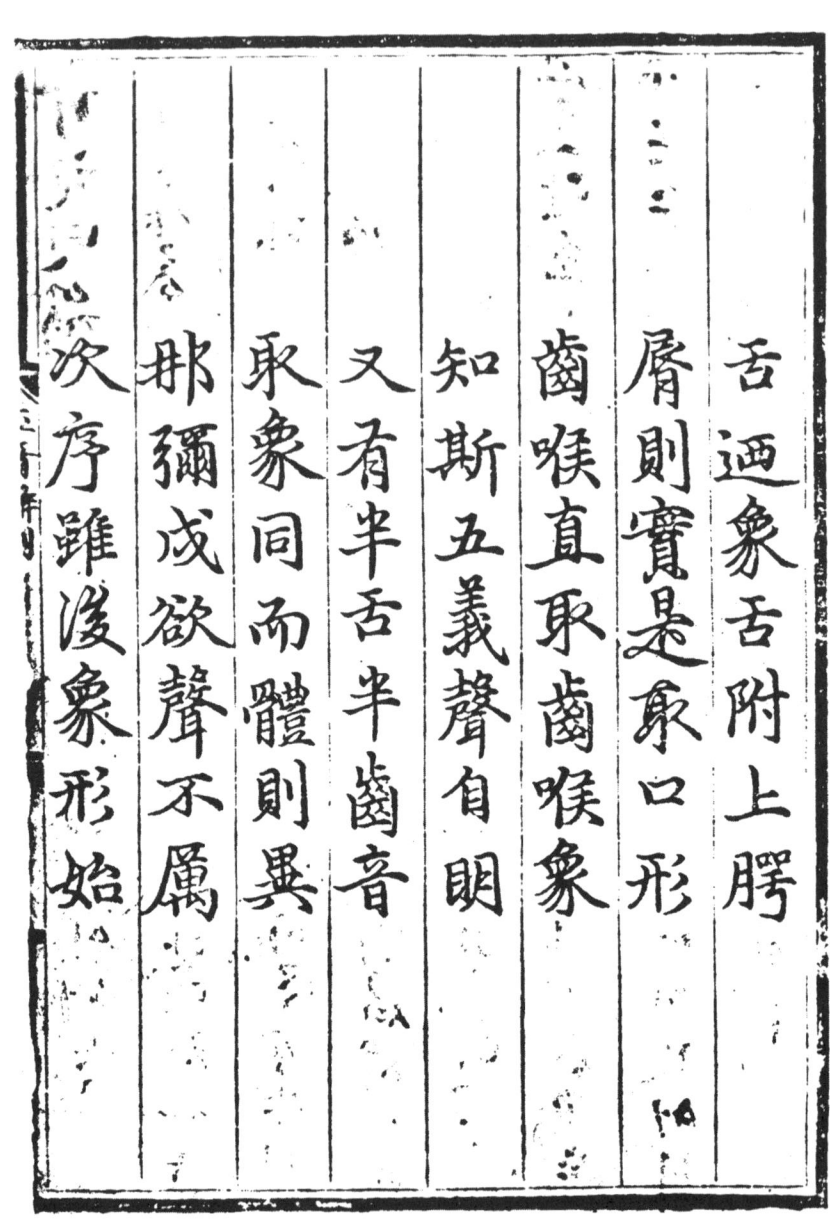

舌迺象舌附上腭

脣則實是取口形

齒喉直取齒喉象

知斯五義聲自明

又有半舌半齒音

取象同而體則異

那彌戌欲聲不屬

次序雖後象形始

物於兩間有形聲

元本無二理數通

正音制字尚其象

因聲之屬每加畫

音出牙舌脣齒喉

是為初聲字十七

牙承舌根閉喉形

唯業似欲取義別

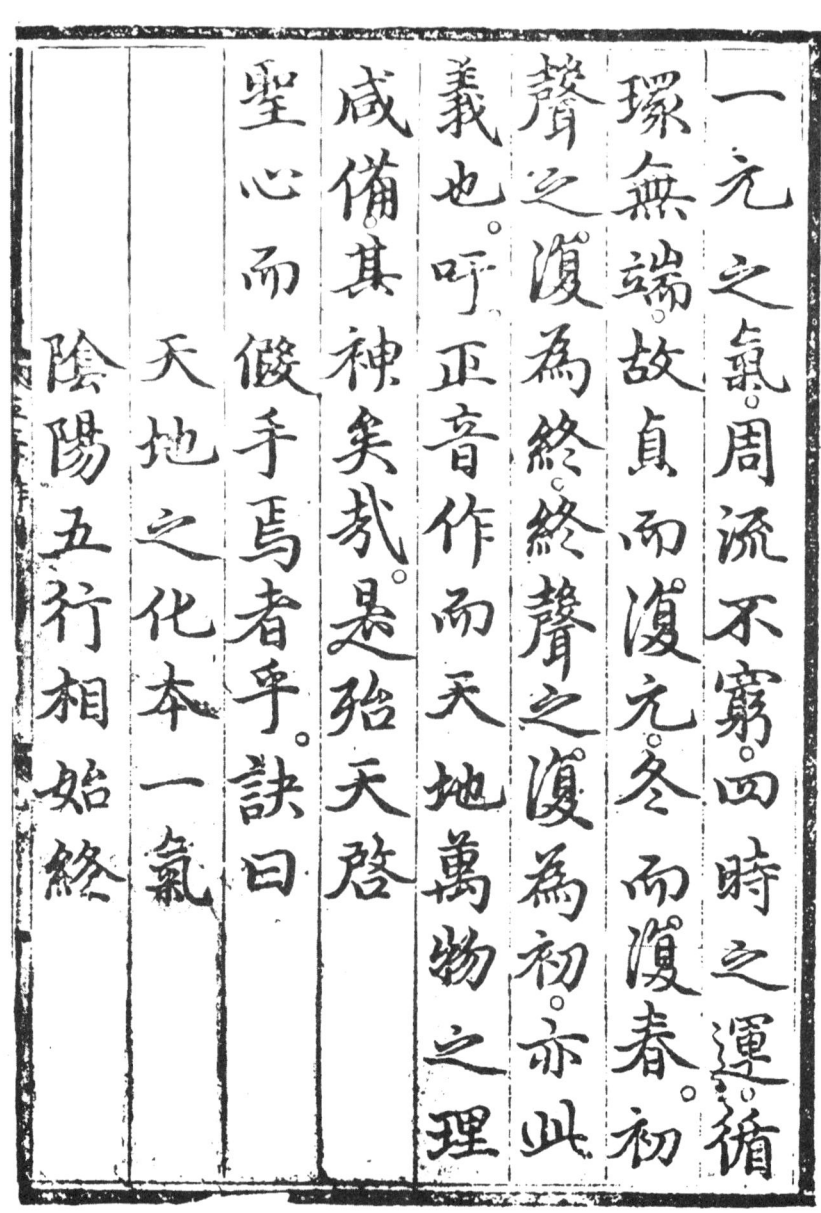

一元之氣。周流不窮。四時之運。循
環無端。故貞而復元。冬而復春。初
聲之復為終。終聲之復為初。亦此
義也。吁正音作而天地萬物之理
咸備其神矣哉。是殆天啓
聖心而假手焉者乎。訣曰

天地之化本一氣
陰陽五行相始終

聲有發動之義。天之事也。終聲有
止定之義。地之事也。中聲承初之
生接終之成。人之事也。蓋字韻之
要在於中聲。初終合而成音。亦猶
天地生成萬物。而其財成輔相則
必賴乎人也。終聲之復用初聲者。
以其動而陽者乾也。靜而陰者亦
乾也。乾實分陰陽而無不君宰也。

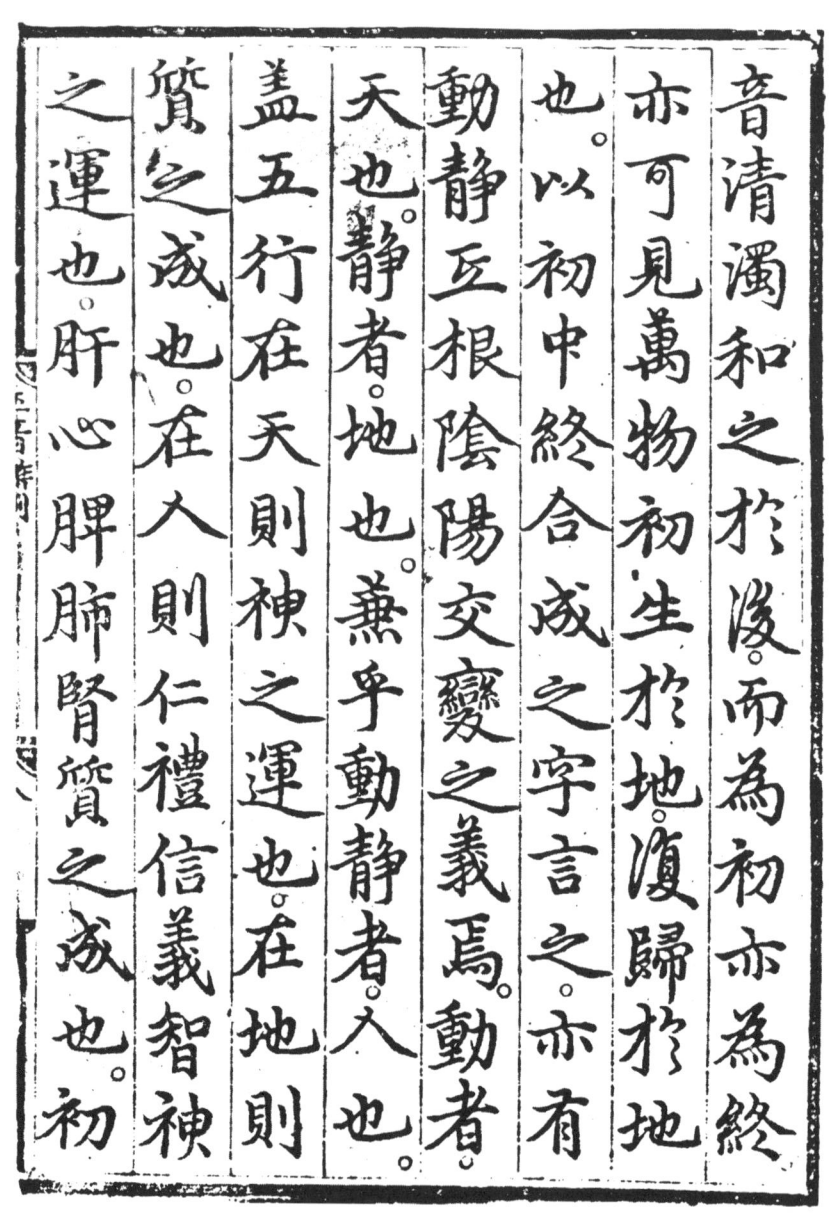

音清濁和之於後。而為初亦為終
亦可見萬物初生於地。復歸於地
也。以初中終合成之字言之。亦有
動靜互根陰陽交變之義焉。動者
天也。靜者地也。兼乎動靜者人也。
蓋五行在天則神之運也。在地則
質之成也。在人則仁禮信義智神
之運也。肝心脾肺腎質之成也。初

554　訓民正音研究

亦自有陰陽五行方位之數也。以
初聲對中聲而言之。陰陽。天道也。
剛柔。地道也。中聲者。一深一淺一
闔一闢。是則陰陽分而五行之氣
具焉。天之用也。初聲者。或虛或實
或颺或滯或重若輕。是則剛柔著
而五行之質成焉。地之功也。中聲
以深淺闔闢唱之於前。初聲以五

水之數也。再生於地。地六成
成金之數也。次之。地八成木之數

而三才之道備矣然三才為萬物

之先。而天又為三才之始。猶 ·

｜三字為八聲之首。而 ·又為三

字之冠也。·一初生於天。天一生水

之位也。卜次之。天三生木之位也

：初生於地。地二生火之位也 ｜

次之。地四生金之位也。⁝再生於

天。天七成火之數也。卜次之。天九

也。ㆍ•ㅑ•ㅑ之二其圓者取其再

生之義也。ㅗㅏㅛㅑ之圓居上與

外者。以其出於天而為陽也。ㅜㅓ

ㅠㅕ之圓居下與内者。以其出於

地而為陰也。ㆍ之貫於八聲者猶

陽之統陰而周流萬物也。ㅛㅑ

ㅠㅕ之皆兼乎人者。以人為萬物之

靈而能參兩儀也。取象於天地人

與一同而口張。其形則ㆍ與一合
而成。亦取天地之用發於事物待
人而成也。ㅛ與ㅗ同而起於
與ㅏ同而起於丨。ㅓ與ㅡ同而起
於丨與ㅕ同而起於丨。ㅑ與丨
丨始於天地。為初出也。
起於丨而兼乎人。為再出也。
ㆍ丨之一其圓者。取其初生之義

縮而聲淺。人生於寅也。形之立象
乎人也。此下八聲。一闔一闢。ㅗ與
·同而口蹙。其形則·與一合而
成。取天地初交之義也。ㅏ與·
同而口張。其形則一與·合而成。取
天地之用發於事物待人而成也。
ㅜ與一同而口蹙。其形則一與·
合而成。亦取天地初交之義也。ㅓ

也。唯喉音次清爲全濁者。盖以ㆆ

聲深不爲之凝。ㄲ比ㆆ聲淺。故凝

而爲全濁也。○連書脣音之下則

爲脣輕音者。以輕音脣乍合而喉

聲多也。中聲凡十一字。‧舌縮而

聲深。天開於子也。形之圓象乎天

也。一舌小縮而聲不深不淺。地闢

於丑也。形之平象乎地也。ㅣ舌不

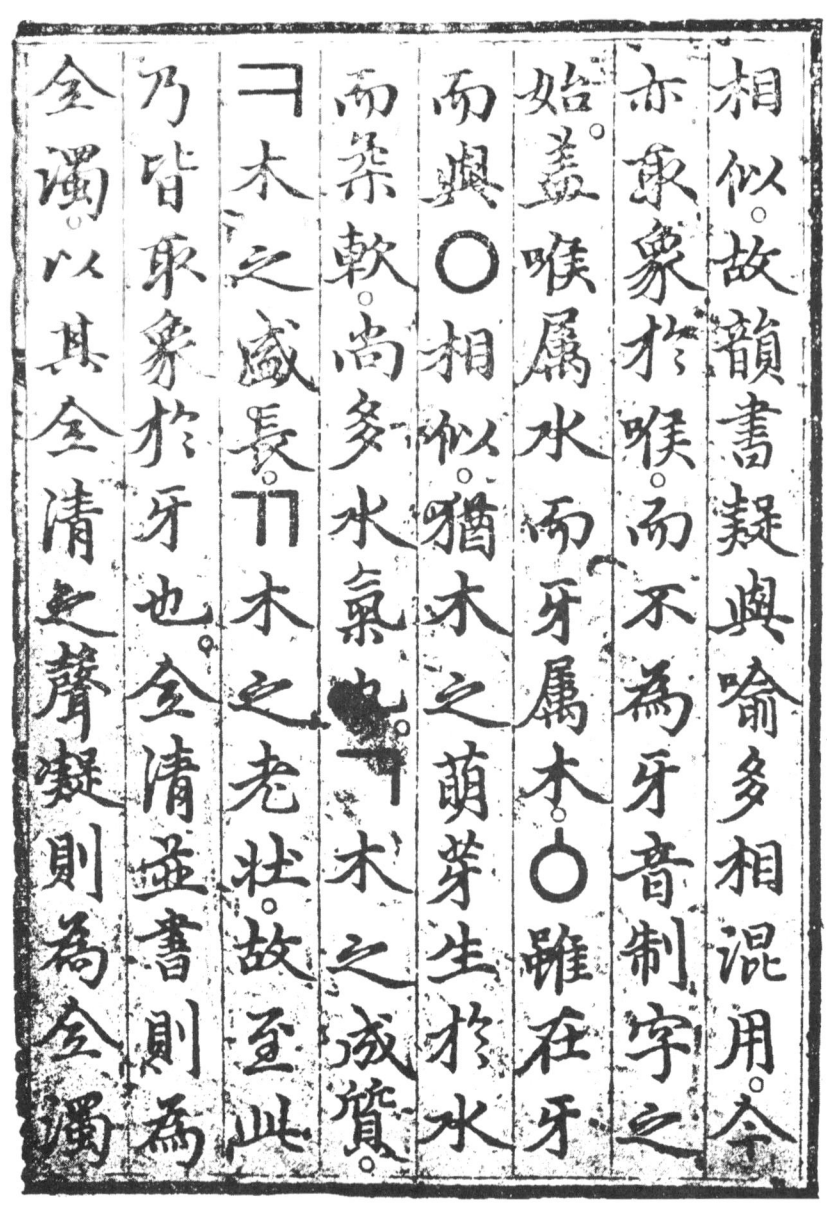

相似。故韻書疑與喻多相混用。今
亦取象於喉。而不為牙音制字之
始。盖喉屬水而牙屬木。○雖在牙
而與○相似。猶木之萌芽生於水
而柔軟。尚多水氣也。ㄱ木之成質。
ㅋ木之盛長。ㄲ木之老壯。故至此
乃皆取象於牙也。全清並書則為
全濁。以其全清之聲凝則為全濁

濁而言之。ㄱㄷㅂㅈㅅㆆ為全清。ㅋㅌㅍㅊㅎ為次清。ㄲㄸㅃㅉㅆㆅ為全濁。ㆁㄴㅁㅇㄹㅿ為不清不濁。ㄴㅁㅇ其聲㝡不厲。故次序雖在於後。而象形制字則為之始。ㅅㅈ雖皆為全清。而ㅅ比ㅈ聲不厲。故亦為制字之始。唯牙之ㆁ。雖舌根閉喉聲氣出鼻。而其聲與ㅇ

宮然水乃生物之源火乃成物之
用。故五行之中水火為大。喉乃出
聲之門。舌乃辨聲之管。故五音之
中喉舌為主也。喉居後而牙齒次之
北東之位也。舌齒又次之。南西之
位也。唇居末。土無定位而寄旺四
季之義也。是則初聲之中自有陰
陽五行方位之數也。又以聲音清

喉而實。如木之生於水而有形也。

於時為春。於音為角。舌銳而動火

也。聲轉而颺。如火之轉展而揚揚

也。於時為夏。於音為徵。齒剛而斷

金也。聲屑而滯。如金之屑瑣而鍛

成也。於時為秋。於音為商。脣方而

合土也。聲含而廣。如土之含蓄萬

物而廣大也。於時為季夏。於音為

ㅇ而ㆆ。ㆆ而ㅎ。其因聲加畫之

義皆同。而唯ㆁ為異。半舌音

齒音△。亦象舌齒之形而異其體。ㄹ半

無加畫之義焉。夫人之有聲本於

五行。故合諸四時而不悖。叶之五

音而不戾。喉邃而潤。水也。聲虛而

通。如水之虛明而流通也。於時為

冬。於音為羽。牙錯而長。木也。聲似

理而已。理既不二。則何得不與天地鬼神同其用也。正音二十八字。各象其形而制之。初聲凡十七字。牙音ㄱ。象舌根閉喉之形。舌音ㄴ。象舌附上腭之形。脣音ㅁ。象口形。齒音ㅅ。象齒形。喉音ㅇ。象喉形。ㅋ比ㄱ。聲出稍厲。故加畫。ㄴ而ㄷ。ㄷ而ㅌ。ㅁ而ㅂ。ㅂ而ㅍ。ㅅ而

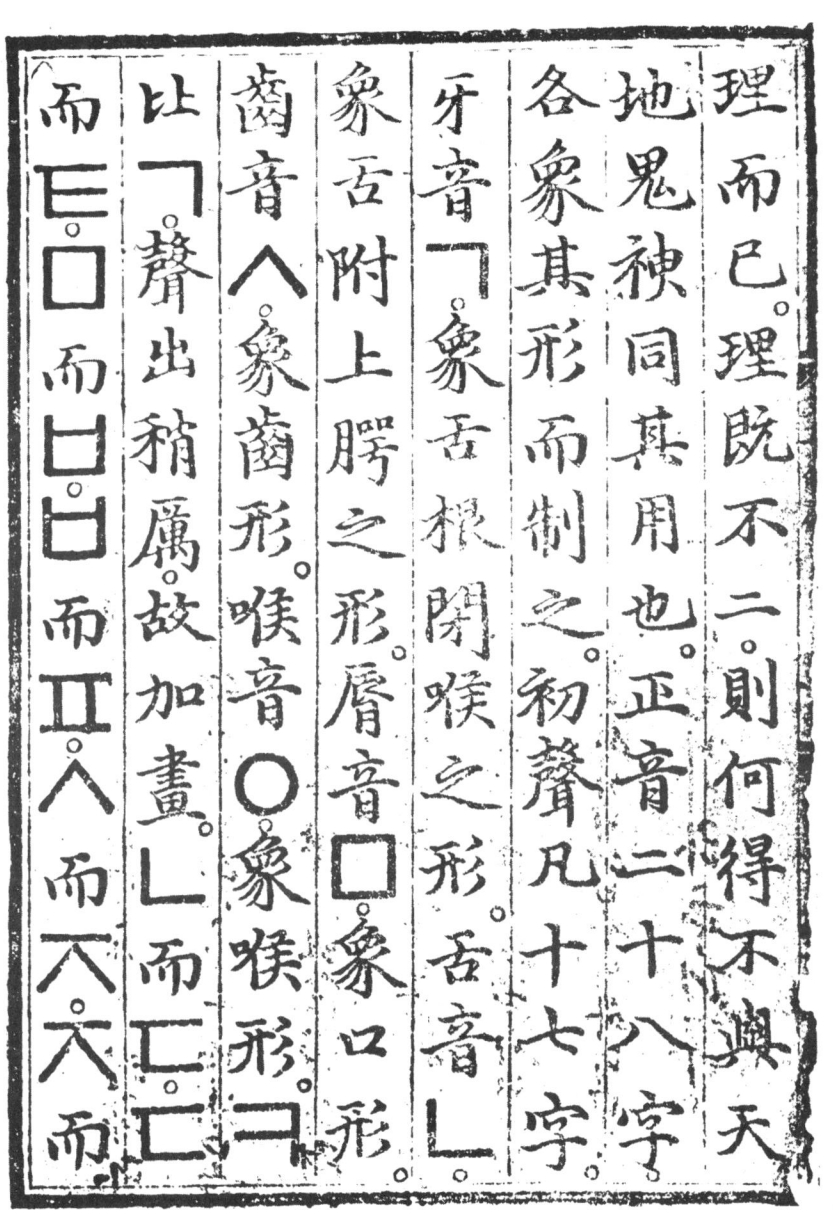

訓民正音解例

制字解

天地之道、一陰陽五行而已。坤復

之間為太極。而動靜之後為陰陽。

凡有生類在天地之間者、捨陰陽

而何之。故人之聲音、皆有陰陽之

理。顧人不察耳。今正音之作、初非

智營而力索。但因其聲音而極其

訓民正音解例

制字解

天地之道一陰陽五行而已坤復

之間為太極而動靜之後為陰陽

凡有生類在天地之間者捨陰陽

或問大學之道在明明德

在止於止善何也曰古之

則並書終聲同。

ᅳ一附書初聲之下。ᅵ丨

ᅥ附書於右。凡字必合而成

音左加一點則去聲二則上

聲無則平聲入聲加點同而

促急

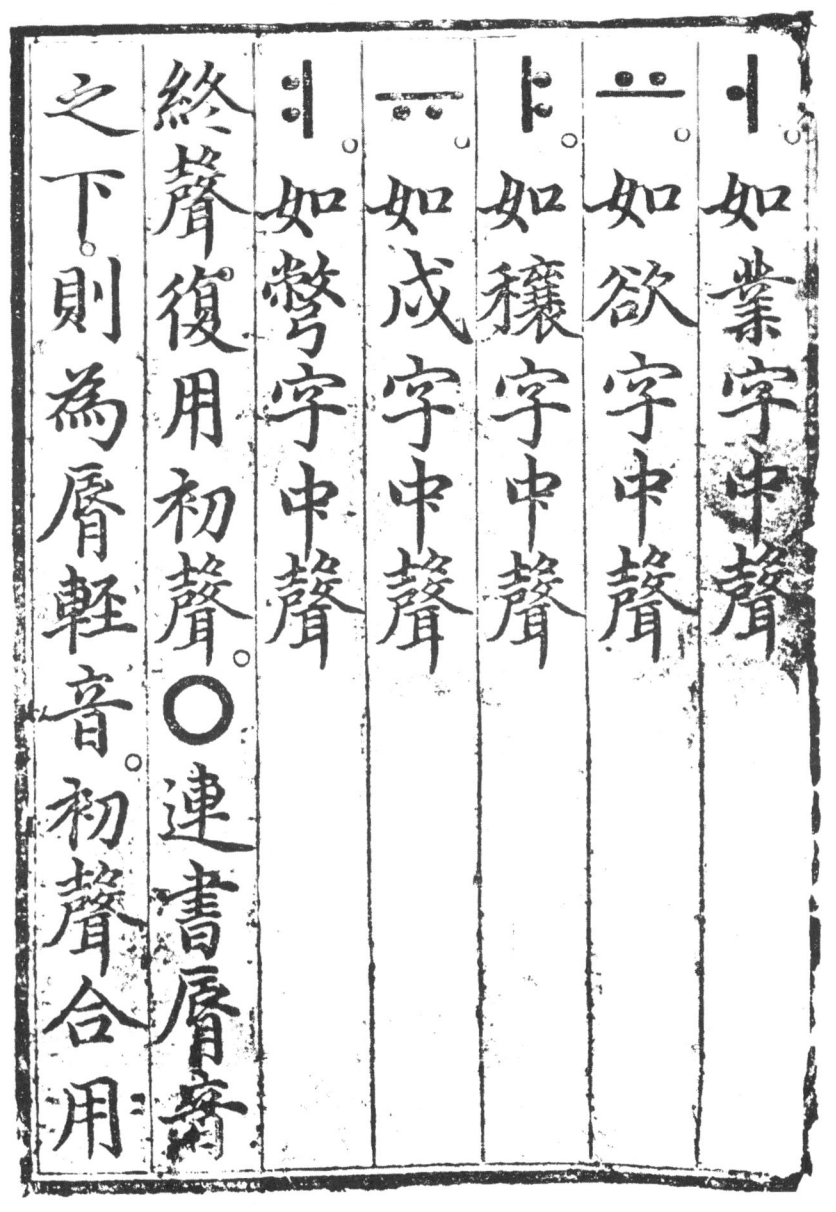

ㅓ 如業字中聲

ㅛ 如欲字中聲

ㅑ 如穰字中聲

ㅠ 如戌字中聲

ㅕ 如彆字中聲

終聲復用初聲。○連書脣音

之下則爲脣輕音。初聲合用

△半齒音。如穰字初發聲

· 如吞字中聲

ㅡ 如即字中聲

ㅣ 如侵字中聲

ㅗ 如洪字中聲

ㅏ 如覃字中聲

ㅜ 如戌字中聲

ㅅ。齒音。如戌字初發聲
並書。如邪字初發聲

ㆆ。喉音。如挹字初發聲

ㅎ。喉音。如虛字初發聲
並書。如洪字初發聲

ㅇ。喉音。如欲字初發聲

ㄹ。半舌音。如閭字初發聲

ㅂ. 脣音. 如彆字初發聲

並書. 如步字初發聲

ㅍ. 脣音. 如漂字初發聲

ㅁ. 脣音. 如彌字初發聲

ㅈ. 齒音. 如即字初發聲

並書. 如慈字初發聲

ㅊ. 齒音. 如侵字初發聲

並書如蚪字初發聲

ㅋ 牙音如快字初發聲

ㆁ 牙音如業字初發聲

ㄷ 舌音如斗字初發聲

並書如覃字初發聲

ㅌ 舌音如吞字初發聲

ㄴ 舌音如那字初發聲

〔國語學會編　國語學資料選集　Ⅳ　收錄影印本〕

訓民正音

國之語音。異乎中國與文字
不相流通。故愚民有所欲言
而終不得伸其情者多矣。予
為此憫然新制二十八字。欲
使人人易習便於日用矣。

ㄱ。牙音。如君字初發聲